詳録 新日本史史料集成

◉監修
坂本賞三
福田豊彦
頼祺一

◇史料465 ― ★で出題頻度表示

第一学習社

目次

	東山道													北陸道									
国名	陸奥(むつ)*					出羽(でわ)*																	
	陸奥(むつ)	陸中(りくちゅう)	陸前(りくぜん)	磐城(いわき)	岩代(いわしろ)	羽後(うご)	羽前(うぜん)	下野(しもつけ)	上野(こうずけ)	信濃(しなの)	飛騨(ひだ)	美濃(みの)	近江(おうみ)	越後(えちご)	佐渡(さど)	越中(えっちゅう)	能登(のと)	加賀(かが)	越前(えちぜん)	若狭(わかさ)	安房(あわ)	上総(かずさ)	下総(しもうさ)
廃藩置県	青森	秋田 盛岡	水沢 仙台	磐前(いわさき) 福島	若松	秋田 酒田(さかた)	山形 置賜(おきたま)	宇都宮 栃木	群馬	長野	筑摩	岐阜	長浜 大津	若松 新潟 柏崎(かしわざき)	相川(あいかわ)	新川(にいかわ)	七尾(ななお)	金沢	足羽(あすわ)	敦賀(つるが)	木更津(きさらづ)		新治(にいはり) 印旛(いんば)
都道府県名	青森	秋田 岩手	宮城	福島		秋田	山形	栃木	群馬	長野	岐阜		滋賀	新潟		富山	石川		福井		千葉		

	山陰道								山陽道								西海道										
国名	但馬(たじま)	丹波(たんば)	丹後(たんご)	因幡(いなば)	伯耆(ほうき)	隠岐(おき)	出雲(いずも)	石見(いわみ)	播磨(はりま)	美作(みまさか)	備前(びぜん)	備中(びっちゅう)	備後(びんご)	安芸(あき)	周防(すおう)	長門(ながと)	筑前(ちくぜん)	筑後(ちくご)	豊前(ぶぜん)	豊後(ぶんご)	肥前(ひぜん)	壱岐(いき)	対馬(つしま)	肥後(ひご)	日向(ひゅうが)	大隅(おおすみ)	薩摩(さつま)
廃藩置県	豊岡	京都		鳥取		島根		浜田	飾磨(しかま)	北条	岡山	深津		広島	山口		福岡	三潴(みずま)	小倉	大分	伊万里(いまり) 長崎		伊万里	八代(やつしろ) 熊本	美々津(みみつ)	都城(みやこのじょう)	鹿児島
都道府県名	兵庫	京都		鳥取		島根			兵庫	岡山			広島		山口		福岡			大分	佐賀	長崎		熊本	宮崎	鹿児島	

干支順位表

1 甲(こう)子(し) きのえ ね	2 乙(いつ)丑(ちゅう) きのと うし	3 丙(へい)寅(いん) ひのえ とら	4 丁(てい)卯(ぼう) ひのと う	5 戊(ぼ)辰(しん) つちのえ たつ	6 己(き)巳(し) つちのと み
7 庚(こう)午(ご) かのえ うま	8 辛(しん)未(び) かのと ひつじ	9 壬(じん)申(しん) みずのえ さる	10 癸(き)酉(ゆう) みずのと とり	11 甲(こう)戌(じゅつ) きのえ いぬ	12 乙(いつ)亥(がい) きのと い
13 丙(へい)子(し) ひのえ ね	14 丁(てい)丑(ちゅう) ひのと うし	15 戊(ぼ)寅(いん) つちのえ とら	16 己(き)卯(ぼう) つちのと う	17 庚(こう)辰(しん) かのえ たつ	18 辛(しん)巳(し) かのと み
19 壬(じん)午(ご) みずのえ うま	20 癸(き)未(び) みずのと ひつじ	21 甲(こう)申(しん) きのえ さる	22 乙(いつ)酉(ゆう) きのと とり	23 丙(へい)戌(じゅつ) ひのえ いぬ	24 丁(てい)亥(がい) ひのと い
25 戊(ぼ)子(し) つちのえ ね	26 己(き)丑(ちゅう) つちのと うし	27 庚(こう)寅(いん) かのえ とら	28 辛(しん)卯(ぼう) かのと う	29 壬(じん)辰(しん) みずのえ たつ	30 癸(き)巳(し) みずのと み
31 甲(こう)午(ご) きのえ うま	32 乙(いつ)未(び) きのと ひつじ	33 丙(へい)申(しん) ひのえ さる	34 丁(てい)酉(ゆう) ひのと とり	35 戊(ぼ)戌(じゅつ) つちのえ いぬ	36 己(き)亥(がい) つちのと い
37 庚(こう)子(し) かのえ ね	38 辛(しん)丑(ちゅう) かのと うし	39 壬(じん)寅(いん) みずのえ とら	40 癸(き)卯(ぼう) みずのと う	41 甲(こう)辰(しん) きのえ たつ	42 乙(いつ)巳(し) きのと み
43 丙(へい)午(ご) ひのえ うま	44 丁(てい)未(び) ひのと ひつじ	45 戊(ぼ)申(しん) つちのえ さる	46 己(き)酉(ゆう) つちのと とり	47 庚(こう)戌(じゅつ) かのえ いぬ	48 辛(しん)亥(がい) かのと い
49 壬(じん)子(し) みずのえ ね	50 癸(き)丑(ちゅう) みずのと うし	51 甲(こう)寅(いん) きのえ とら	52 乙(いつ)卯(ぼう) きのと う	53 丙(へい)辰(しん) ひのえ たつ	54 丁(てい)巳(し) ひのと み
55 戊(ぼ)午(ご) つちのえ うま	56 己(き)未(び) つちのと ひつじ	57 庚(こう)申(しん) かのえ さる	58 辛(しん)酉(ゆう) かのと とり	59 壬(じん)戌(じゅつ) みずのえ いぬ	60 癸(き)亥(がい) みずのと い

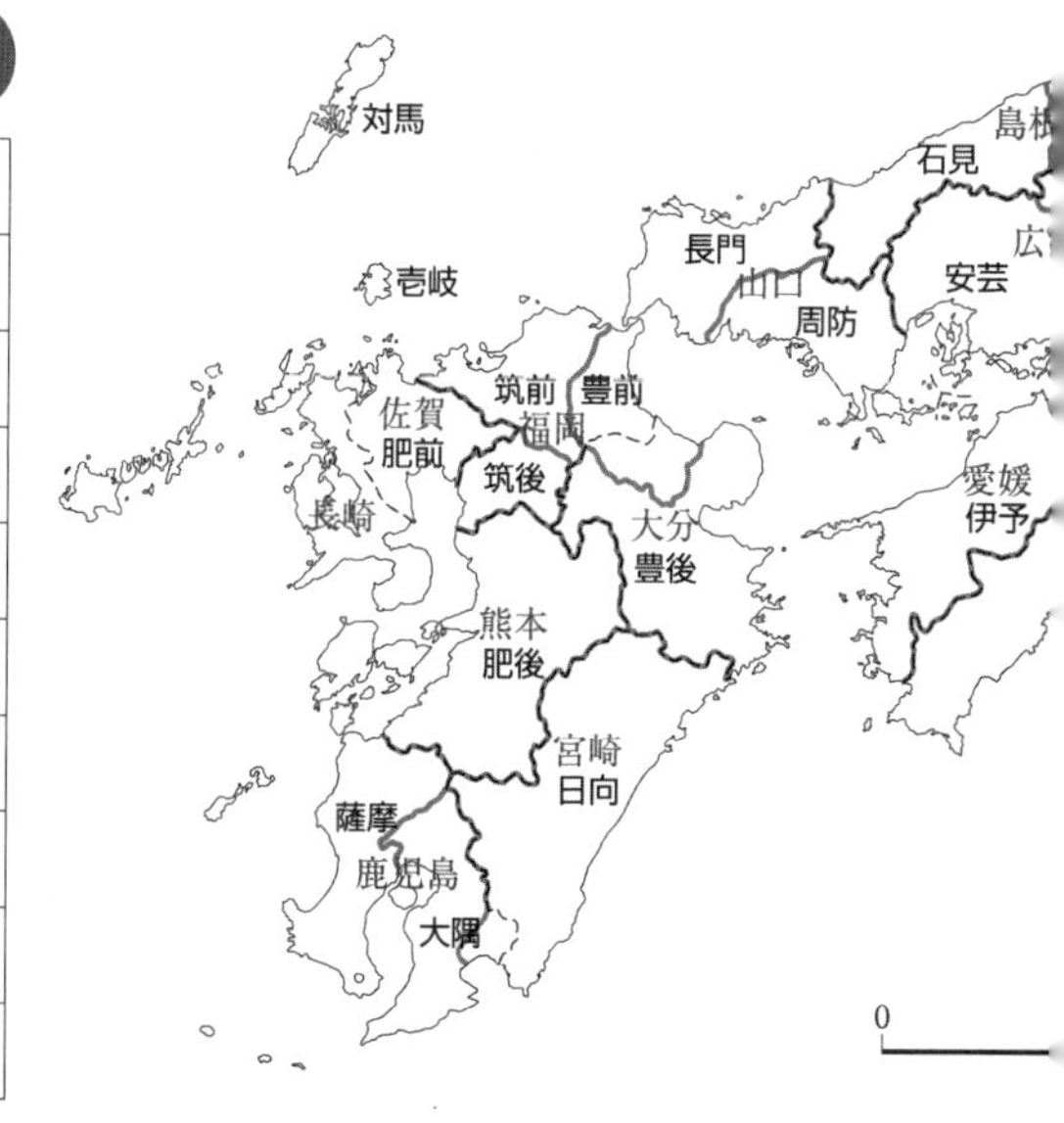

本書の特色

●日本史の理解を深める上で必要かつ重要な史料を収録しています。
●史料は、本文・通釈（現代語訳）・注・解説・原典解説で構成しています。それぞれの段階を経ることによって、より史料に対する理解を深められるようにしています。
●注釈は、史料の適切な読解を助けるため、できるだけ多くの用語につけています。また、史料読解上のポイントとなる用語には 重要 と明示し、史料におけるキーワードを明確にするとともに、入試対策としての利用の便宜をはかりました。
●解説は、すべての史料について、それぞれ歴史的背景や史料の意義などをふまえ、詳しく記述しています。
●基本的な史料のほか、さらに学習の理解を深められるような「参考史料」を掲載しています。
●そのほか、学習の確認ができる「設問」を随所に設けています。

凡　例

1、本書は全体を一二五テーマに分け、テーマに沿って史料（全四六五史料）を配列した。
2、個々の史料について、最近五年間の大学入試問題に出題された件数を調査し、その引用総数によって、★で区別した。★は五つを最高として、以下史料の出題頻度を★の多さによって示し、大学入試問題での重要度の目安とした。
3、史料の重要部分、解説の重要事項はゴチックで示した。
4、頭注は、利用しやすいよう解説事項を引用して解説した。
5、原典解説は原則として初出箇所に入れた。再出については、初出ページを明示した。

第5章　武家社会の展開と庶民の台頭

第3編 近世

第6章 幕藩体制の成立

第4編　近現代

第8章　近代国家の成立

第9章　国際情勢の推移と日本

第10章　現代の世界と日本

第1編

原始・古代

「伴大納言絵巻」
東京■出光美術館蔵

第1章 日本文化の黎明

❶日本文化の黎明

先土器文化の発見

❶私　相沢忠洋。岩宿遺跡の発見者

❷商い　行商

❸赤土　関東ローム層とよばれる赤褐色の火山灰土で、富士山などの火山活動で噴出した

黒曜石の尖頭石器（群馬・岩宿遺跡）

1 先土器文化の発見——岩宿遺跡　★

私❶は村々での商い❷の帰路を急いだ。丘陵地の畑道を歩きつづけているうちに、山と山とのすそが迫っている間のせまい切り通しにさしかかった。両側が二メートルほどの崖となり赤土❸の肌があらわれていた。そのなかばくずれかかった崖の断面に、ふと私は吸いよせられた。そこに小さな石片が顔をだしているのに気づいたからであった。私は手をのばして、荒れた赤土の地はだから、石片をひろいあげてみた。長さ三センチばかり幅一センチほどの小さなその石片は、てのひらのうえで、ガラスのような透明なはだを見せて黒光りしていた。その形はすすきの葉をきったように両側がカミソリの刃のように鋭かった。……私はなお崖の断面をつぶさに見ながら、三片だけだったが同じような石の剥片を採集することができた。そしてほかに何か土器片がないものかとよく見てみたが、それは見当たらない。

（相沢忠洋『「岩宿」の発見』）

解説

いまから約二百六十万年前にはじまり約一万年前までつづいた更新世では、現在の日本列島はまだアジア大陸と地つづきになっていた。そこに、いまから十数万年前、人類が住みはじめた。彼らの存在とその文化についての手がかりは、彼らの化石化した人骨と彼らが使用した打製石器に求められる。

一九三一（昭和六）年に、直良信夫が化石人骨と思われるものを発見した（明石人）が、神話が歴史的事実として教えられていた当時では、そこから直ちに更新世の日本における先土器文化をさぐろうという動きはおこらなかった。戦後、神話から歴史の研究と教育が解き放されると、日本史の黎明をさぐる学

問として考古学がクローズアップされてきた。相沢忠洋は、一九四六(昭和二十一)年に、群馬県新田郡笠懸村(現、みどり市)岩宿の地で、更新世にできた火山灰の堆積地層である関東ローム層の断崖から黒曜石を尖頭状に打ちかいてつくった石器を発見した。史料は、相沢がそれを発見したときの模様を伝える彼の自伝の一節である。この岩宿遺跡の発見をきっかけに、先土器文化の研究がすすみ、今日では三千か所をこえる遺跡が発見され、浜北(静岡県)や港川(沖縄県)で化石人骨も確認されている。更新世人類は、男性で身長が百五十センチメートル程度と推定され、この時代の終わりごろには尖頭器や細石器を槍先につけた手槍や投槍で狩猟生活を送っていたと考えられる。野尻湖底遺跡(長野県)ではナウマン象なども猟の対象になったのではないかと思われる形跡もあらわれている。

2 大森貝塚 ★

横浜に上陸して数日後、初めて東京へ行った時❶、線路の切割に貝殻の堆積があるのを、通行中の汽車の窓から見て、私❷は即座にこれを本当の貝墟❸であると知った。私はメイン州❹海岸で、貝塚を沢山研究したから、ここにある物の性質もすぐ認めた。私は数か月間誰かが私より先にそこへ行きはしないかということを、絶えず恐れながら、この貝墟を訪れる機会を待っていた。……当❺日朝早く、私は松村氏及び特別学生二人と共に出発した。……我々は東京から六マイルの大森まで汽車に乗り、それから築堤までの半マイルは、線路を歩いて行った。……最後に現場に到達するや否や、我々は古代陶器の素晴しい破片を拾い始め、学生達は私が以前ここへ来たに違いないといい張った。私はうれしさの余りまったく夢中になって了ったが、学生達も私の熱中に仲間入りした。

(E・S・モース「日本その日その日」)

大森貝塚

❶初めて東京へ行った時　一八七七(明治十)年六月二十日ごろ

❷私　エドワード・シルベスター・モース。アメリカ人の動物学者。外国人教師の一人で、東京大学教授となった

❸貝墟　貝塚

❹メイン州　アメリカ東部の州

❺当日　一八七七(明治十)年九月十六日

設問

問❶　相沢忠洋が発見した更新世の地層中の遺跡は何か。

問❷　日本で最初に発見された貝塚はどこか。

問❸　日本で最初に貝塚を発見・調査したのはだれか。

解説

地球は約一万年前に完新世とよばれる新しい時代をむかえる。地球全体の気候が温暖化し、氷河がとけて海水面が上昇し、従来陸地であったところが水没し始める(縄文海進)。その結果、日本列島が誕生することになる。列島上には、磨製石器や弓矢を使用し、食料の煮沸や貯蔵に使う縄目模様のついた土

縄文文化と弥生文化

		縄　文　文　化	弥　生　文　化
年　代		約1万6500年前～約2700年前	紀元前3世紀～紀元後3世紀
遺物	土　器	**分布**　東日本中心	西日本中心
		形態　厚手、変化に富んだ形、中期に大形化	薄手、用途が分化、曲線的
		文様　縄文が特徴的、撚糸文、押型文等多様	単純な幾何学文様から無文へ
		材質　焼成度が数百度のため厚手のわりにもろい	約千度ちかくで焼成のため薄手だが硬い
		色調　黒褐色のものが多い	赤褐色のものが多い
	石　器	**採集用具**－石斧・石鏃・石槍 **調理用具**－石匙(小刀)・石皿・臼	**農耕用具**－石包丁(穂首刈り) 石製紡錘(木製織機も出土)
	骨角器	**漁労用具**－釣針・銛・骨鏃 **装身具**－腕輪・耳飾	
	木　器	**採集用具**－弓・矢	**農耕用具**－木鍬・鋤・田下駄・大足 **調理用具**－杵・臼・甑
	金属器	なし	**青銅器**－銅剣・銅矛・銅戈・銅鐸・銅鏡 **鉄　器**－鉄剣・鉄鍬・鉄鎌・鉇
遺跡	住　居	竪穴式・平地式・敷石式 (山裾の台地・川海の沿岸台地)	竪穴式・高床式(倉庫) (低地での定住へと向かう)
	墓	土壙墓(屈葬・伸展葬)(抱石葬もある)	甕棺・石棺(伸展葬)・方形周溝墓・副葬品
社会生活	日常生活	狩猟・漁労・採集(板付遺跡で水田跡) 貧富的身分の差の少ない共同生活	狩猟・農耕(米作)がはじまる 貧富・階級的身分の差が生まれる
	精神生活	土偶・屈葬・抜歯(呪術的風習) 環状列石(自然崇拝)	自然崇拝→氏族神(人格神)・農業神

器(縄文土器)を製作し、竪穴住居で生活する、今日の日本人の祖先たちの文化と考えられる縄文文化が成立する。その存在は、一八七七(明治十)年、アメリカ人の動物学者E・S・モースが大森貝塚を発見・調査して以後、明らかとなった。モースは、腕足類の研究のため単身日本を訪れ、同年六月十七日に横浜に上陸し、数日滞在ののち、東京へ向かったが、その途中、開通まもない鉄道の車窓からこれを発見した。その後、彼は東京大学の生物学科の教師となり、九月十六日、はじめて線路づたいにそこへ出かけ、十一月まで発掘を続けた。史料は彼がその日本滞在記の中で当時を回顧した一節である。その後の研究で、縄文人は、狩猟・採集を共同で営む人々と集落をつくり、内部に階級の差異はなかったと考えられている。また、縄文時代は土器の変遷により六つの時期に細区分され、草創期・早期には土器の製作が始まり、前期には住居の中に炉が出現し、中期には集落規模の拡大と共同墓地、土偶や石棒などの呪術的風習をうかがわせる多量の遺物があらわれ、後・晩期には抜歯の風習が広がっている。さらに、黒曜石やサヌカイトなど特定の場所からのみ採取できる素材を用いた石器の広範囲な分布から交易の存在も想定されている。文化の地域的な差異も明らかになり、青森県の亀ヶ岡式土器に代表される精巧な土器が分布する東日本は、実用的な突帯文土器が分布する西日本とは異なり、豊かなサケ・マス資源にめぐまれていたとも考えられる。東西間の差異は農耕文化への移行の仕方にも投影しているとされている。

第2章 古代国家の形成と発展

❶小国の分立

1 百余国 ★★★★

夫れ楽浪❶海中に倭人❷有り。分れて百余国と為る。歳時を以て来り献見❸すと云ふ。（『漢書』地理志）

❖通釈❖

楽浪郡の海の向うには、倭人がいて、百余の小国に分かれている。そして定期的に貢物をもってお目にかかりに来るということだ。

❖解説❖

集落の政治的統合がすすんだ紀元前後から、倭人の首長は朝鮮半島、さらには中国との交渉をもつようになり、その結果、中国の歴史書に倭人についての記述が登場するようになる。当時の中国では日本のことを「倭」とよんでいた。中国の文献で最初にそれが登場するのは『山海経』だが、確かな史料としては『漢書』地理志が最古となる。倭とよばれた地域も九州北部と日本全土との説があり、さらに朝鮮半島南部と内モンゴルに南北の倭があったとの説もある。『漢書』地理志は倭が百あまりの「国」に分かれて、定期的に貢物をささげてあいさつに来たと書いているが、この国はいくつかの集落がある程度の政治的統合をとげた姿を指し、まだ統治機構をととのえた国家というべき状態には達していないと考えられる。また、朝貢した先も前漢が朝鮮半島北部に置いた四郡、とりわけその中心をなす楽浪郡であって、そこから都の長安へ伝達されたものと思われる。朝貢の目的は、中国との交渉で先進技術（者）や政治的権威を獲得し、それにより国の内部統合を強化することなどであった。

2 小国統合への動き ★★★★★

建武中元二年❶、倭の奴国❷、貢を奉じて朝賀す。

❖通釈❖

建武中元二（五七）年、倭の奴国が、朝貢して

百余国

❶楽浪 重要 紀元前一〇八年、漢の武帝が朝鮮半島に置いた四郡（楽浪・臨屯・真番・玄菟）の一つ。今のピョンヤン付近にあたる

❷倭人 中国で用いられた日本列島にくらす人々の古称

❸献見 貢物をもって、お目にかかる

原典解説

漢書 前漢（前二〇二～後八年）の正史で、後漢の班固の撰

小国統合への動き

❶建武中元二年 西暦五七年

❷奴国 重要 九州北部の福岡平野一帯を支配していたと考えられる

使人自ら大夫❸と称す。倭国の極南界なり。光武、賜ふに印綬❹を以てす。
　安帝の永初元年❺、倭の国王帥升等、生口❻百六十人を献じ、請見❼を願ふ。
　桓・霊❽の間、倭国大いに乱れ、更々相攻伐し、歴年主無し。
（『後漢書』倭伝）

きた。その使いは自分のことを大夫と称した。奴国は倭の最南端にある。光武帝はこの奴国王に印綬を授けた。
　安帝の永初元（一〇七）年には、倭の国王帥升らが、百六十人の奴隷を献上し、お目にかかりたいと願い出た。……桓帝と霊帝の時代（二世紀後半）、倭の国内が大いに乱れ、たがいに争い、長い間、統一されなかった。

❸**大夫**　中国の官名で、卿に次ぐ地位
❹**印綬**　印章とそれを身につける組みひも
❺**安帝の永初元年**　西暦一〇七年
❻**生口**　奴隷と考えられる
❼**請見**　安帝にお目にかかる
❽**桓・霊**　後漢の桓帝・霊帝の時代、二世紀後半

原典解説

後漢書　後漢（二五～二二〇年）の正史で、南朝の宋の范曄と晋の司馬彪の撰

設問

問❶　後漢の光武帝から金印を与えられた倭の小国はどこか。
問❷　『後漢書』倭伝に登場する倭の国王はだれか。
問❸　倭から後漢に献上された奴隷と考えられる人々を何というか。

解説

　弥生時代中期に成立した小国（クニ）とその統合がすすむ日本の様子は、『後漢書』倭伝にうかがうことができる。それは三つの記事からなる。
〈倭の奴国〉　西暦紀元五七年、倭の奴国から「大夫」（大臣）と自称する使者が朝貢している。この「倭奴国」を「伊都国」とみる説もあるが、一般には「倭の奴国」と読む。福岡県の博多が古代には那津とよばれ、ヤマト政権や律令国家の対朝鮮・中国通交の窓口となり、この港を管理するため大宰府が置かれたことなどから、ここにあった小国と考えられている。また、後漢の初代皇帝光武帝はこれに「印綬」をあたえたとあるが、「漢委奴国王」の印文をもつ金印が博多湾の出口にある志賀島から一七八四（天明四）年に出土しており、両者は同一物とみられている。「印綬」の下賜は後漢が奴国の王を臣下として扱ったことを意味する。
〈倭の国王帥升〉　一〇七年、倭の国王「帥升」らが「生口」百六十人を献上して、後漢の皇帝、安帝に拝謁を願い出ている。日本史上、中国の歴史書に登場する最初の人物である「帥升」らは、朝鮮半島北部にある後漢の出先機関をまずたずね、その案内で都の洛陽まではるばるやってきたのであろう。彼らがともなっている「生口」はおそらく奴隷と考えられ、ここに「王」と「生口」という階級の差異を確認できる。
〈倭国大乱〉　後漢の桓帝（在位一四六～一六八年）と霊帝（在位一六八～八九年）の時期に、倭国では大乱がおこったという。この二世紀後半の倭国大乱は、小国の統合過程でおきたものと思われる。高地性集落や環濠集落は当時をうかがわせる遺跡である。

❷ 邪馬台国

1 邪馬台国と卑弥呼 ★★★★★

(1) 道程 ★★★★

倭人は帯方[1]の東南大海の中にあり、山島に依りて国邑をなす。旧百余国。漢の時朝見する者あり。今、使訳通ずる所[2]三十国。郡より倭に至るには、海岸に循ひて水行し、韓国を歴て、乍は南し乍は東し、その北岸狗邪韓国に到る七千余里。始めて一海を度る千余里、対馬国に至る。……また南一海を渡る千余里、名づけて瀚海といふ。一大国に至る。……また一海を渡る千余里、末盧国に至る。四千余戸有り。……東南陸行五百里にして、伊都国に到る。……世々王あるも、皆女王国に統属す。郡使[3]の往来常に駐まる所なり。東南奴国に至る百里。……東行不弥国に至る百里。……南、投馬国に至る水行二十日。……南、邪馬壹国[4]に至る。女王の都する所、水行十日陸行一月。……七万余戸ばかり。……その南に狗奴国あり、男子を王とな

通釈

倭人は帯方郡の東南方の大海の中にある山がちな島に国や邑をつくっている。もと百余国に分かれ、漢の時に朝貢するものもあった。現在使いを遣わして来るものは三十国である。

帯方郡から倭国に行くには、海岸ぞいを航海し、韓国を経て、あるいは南の方へ、あるいは東の方へいって、狗邪韓国につくまで七千里ほどある。はじめて海を千里ほど渡ると対馬につく。……また、南へ千里ほど海を渡るが、この海を瀚海という。一大国(壱岐)につく。……また、海を千里ほど渡ると、末盧国(松浦)につく。ここの戸数は四千戸ほどである。……東南へ陸を五百里いくと、伊都国につく。……代々王がいるが、皆、女王国(邪馬台〈壹〉国)に服属している。帯方郡からの使者が邪馬台(壹)国と帯方郡を往復するとき、かならず立ち寄るところである。東南へ百里いくと、奴国につく。……東へ百里いくと、不弥国につく。……南へ船で二十日いくと、投馬国につく。……南へ船で十日、さらに(あるいは)陸を一か月いくと、邪馬台(壹)国につく。女王が都をおいているところ

邪馬台国と卑弥呼

(1) 道程

1 帯方 重要 後漢末、楽浪郡の南に新設した郡

2 使訳通ずる 中国に使節を送る

3 郡使 帯方郡からの使者

4 邪馬壹国 重要 『後漢書』には邪馬臺(台)とあり、壹は臺の誤りとする説が有力だが、邪馬壹国とする説もある

邪馬台国への里程

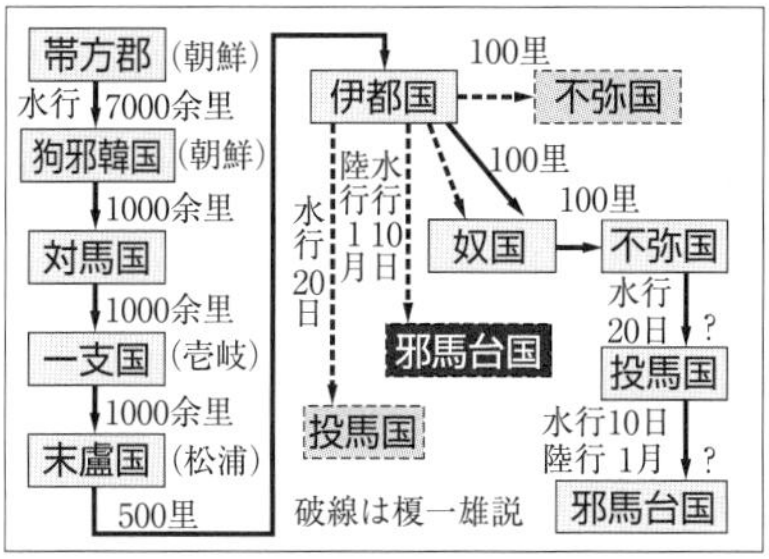

帯方郡(朝鮮)
水行 7000余里
狗邪韓国(朝鮮)
1000余里
対馬国
1000余里
一支国(壱岐)
1000余里
末盧国(松浦)
500里
伊都国
100里 不弥国
100里 奴国
100里 不弥国
水行20日 ? 投馬国
水行10日 陸行1月 ? 邪馬台国
水行10日 陸行1月 邪馬台国
水行20日 投馬国
破線は榎一雄説

す。……女王に属せず。郡[5]より女王国に至る万二千余里。

(2) 習俗・産物 ★★

男子は大小となく、皆黥面文身す[1]。……その風俗淫ならず。男子は皆露紒し[2]、木緜を以て頭に招け、その衣は横幅[3]、ただ結束して相連ね、ほぼ縫ふことなし。婦人は被髪屈紒し[4]、衣を作ること単被の如く、その中央を穿ち、頭を貫きてこれを衣る。[5]禾稲・紵麻を種え[6]、蚕桑緝績し[7]、細紵[8]・縑緜[9]を出だす。その地には牛・馬・虎・豹・羊・鵲なし。兵には矛・楯・木弓を用う。木弓は下を短く上を長くし、竹箭はあるいは鉄鏃、あるいは骨鏃なり。……倭の地は温暖、冬夏生菜を食す。皆徒跣[10]。屋室あり、父母兄弟、臥息処を異にす。朱丹を以てその身体に塗る。……食飲には籩豆を[11]用ひ手食す[12]。その死には棺あるも槨なく[13]、土を封じて冢を作る。……その俗挙事行来に[14]、云為する所あれば、輒ち骨を灼きて卜し、以て吉凶を占い[15]、

である。……その戸口は七万余ほどある。……その南に狗奴国があり、男性を王としている。……この国は女王に服属していない。帯方郡から女王国(邪馬台国)にいたる距離は一万二千里あまりである。

通釈

この国の男子は成年・少年にかかわらず、顔や体にいれずみをしている。……その風俗は淫ではない。男子は髪を「みずら」にゆい、植物製の布を頭にまき、その着物はけさ衣のように結んで、縫っていない。女性は髪を束ねてまげて結び、貫頭衣を着ている。稲や麻の一種を植え、蚕を飼い、糸を紡ぎ、細糸の麻布やかたく織った絹布と真綿を産する。その地には牛・馬・虎・豹・羊・鵲はいない。武具として矛・楯・木弓を用い、木弓は下を短く、上を長くして、竹の矢は鉄製又は骨製の矢じりをつけている。……日本の気候は温暖で、冬も夏も生野菜を食べ、はだしで歩く。住居は、父母兄弟でおのおの寝所が別々になっている。朱を体に塗っている。……飲食には高坏様の食器を用い、手づかみで食べる。死んだ場合は、死体を棺に納めるが、外棺はない。土に埋めて塚をつくる。……その風習として、いろいろなことをやっていく上に、問題があれば、鹿の骨をやいてそのひび割れを見て占い、よいか悪いかを決める。

---

5 **郡** 帯方郡

(2) 習俗・産物

1 **黥面文身** いれずみをしている
2 **露紒** 髪をみずらに結っている
3 **横幅** 布をけさがけにしている
4 **被髪屈紒** 髪をうしろで結う
5 **中央を穿ち、頭を貫きてこれを衣る** 貫頭衣ともいい、布の中に穴をあけて頭を入れる
6 **紵麻** 麻の一種
7 **蚕桑緝績** 蚕を飼って生糸をつむぐ
8 **細紵** 細糸の麻布
9 **縑緜** かたく織った絹布と真綿
10 **徒跣** はだし
11 **籩豆** 高坏様の食器
12 **手食す** 手で食べる
13 **槨** 外棺。粘土をつきかためるなどしてつくった棺をおさめるスペース
14 **挙事行来** 言論行為、しわざ
15 **骨を灼きて…を占い** 鹿の肩甲骨をやいて、そのひび割れを見て占う

先ずトする所を告ぐ。

(3) 社会 ★★

その会同・坐起には、父子男女別なし、人性酒を嗜む。大人❶の敬する所を見れば、ただ手を搏ち以て跪拝❷に当つ。……その俗、国の大人は皆四、五婦、下戸❸もあるいは二、三婦。婦人淫せず、妒忌❹せず、盗窃せず❺、諍訟少なし。その法を犯すや、軽き者はその妻子を没し❻、重き者はその門戸および宗族❼を没（滅）す。尊卑各々差序あり、相臣服するに足る。租賦❽を収む邸閣あり。国国市あり、有無を交易し、大倭❾をしてこれを監せしむ。

女王国より以北には、特に一大率❿を置き、諸国を検察せしむ。諸国これを畏憚す。常に伊都国に治す。……

下戸、大人と道路に相逢へば、逡巡して草に入り、辞を伝へ事を説くには、あるいは蹲りあるいは跪き、両手は地に拠り、これが恭敬をなす。対応の声を噫といふ。比するに然諾の如し。

通釈

人々の集会の場で、父子・男女による差別はない。生まれつき酒をたしなみ、身分の高い人に対しては手をうって敬礼し、中国の跪拝のようにひざまずいて拝む。……その風習として、身分の高い者は皆四、五人の妻をもち、身分の低い者でも二、三人の妻をもっている。女性の貞操観念は堅く、ねたんだりしない。盗みをする者もなく、訴えごとも少ない。法を犯した場合は、罪の軽い者は妻子をとりあげて奴隷とし、重罪の者は、一族および親類全部をみな殺しにする。身分に上下の差別がある。おたがいにふさわしい態度をとる。租税をおさめる宮殿と倉庫がある。国々には市場があり、物々交換がおこなわれ、大倭という役人がそれを監督している。

女王国の北には、一大率という役人をおいて諸国を検察している。諸国はそれをおそれている。伊都国に常駐している。……

身分の低い者が身分の高い人に道で出あった時は、おそるおそる草むらに入ってしまう。何か申し上げる時は、うずくまったり、ひざまずいたりしながら、うやうやしく両手を地につけ、返事をする方は、「あい」というが、これは中国で然諾（承知）というのと同じだ。

(3) 社会

❶大人 重要 身分の高い人
❷跪拝 ひざまずいて拝む
❸下戸 重要 身分の低い者
❹妒忌 ねたむ
❺盗窃せず ぬすみをしない
❻妻子を没し 妻子をとりあげて奴隷とする
❼宗族 一族
❽租賦 生産物の貢納や労役の負担を内容とする租税
❾大倭 重要 倭人の中の大人とする説や、ヤマト政権とする説などがある
❿一大率 重要 官名、地方官の一種

(4) 女王卑弥呼 ★★★★

その国、本また男子を以て王となし、住まること七、八十年。倭国乱れ、相攻伐すること歴年、乃ち共に一女子を立てて王となす。名づけて卑弥呼といふ。鬼道❶に事へ、能く衆を惑はす。年已に長大なるも、夫壻❷なく、男弟あり、佐けて国を治む。王となりしより以来、見るある者少なく、婢千人を以て自ら侍せしむ。ただ男子一人あり、飲食を給し、辞を伝え居処に出入す。宮室・楼観❸・城柵、厳かに設け、常に人あり、兵を持して守衛す。……

通釈

その国は、もと男王が七、八十年支配していたが、倭国が乱れて何年間もたがいに攻め争うようになった。そこで諸国は共同して一人の女子を王に立てた。この女王の名を卑弥呼といい、女王は、呪術をよくして人々を従えた。年をとっても結婚せず、弟が政治をたすけた。王位について以後、彼女に会うことができる者は少なく、侍女千人を従えていたが、ただ一人の男子が、飲食の給仕をして、女王の言葉を伝え、居室に出入りしていた。宮室・ものみ台・とりでを厳重に設け、いつも護衛兵が守っている。……

(4) 女王卑弥呼

❶鬼道 重要 呪術

❷夫壻 夫

❸楼観 ものみやぐら。遠くを見渡すために高く築いたやぐら

ものみやぐら(復元)(佐賀・吉野ヶ里遺跡)

(5) 魏との交渉 ★★★

景初二年❶六月、倭の女王、大夫難升米等を遣はし、郡❷に詣り、天子に詣りて朝献せんことを求む。太守❸劉夏、吏を遣はし、将て送りて京都❹に詣らしむ。その年十二月、詔書して倭の女王に報じて曰く、「……今汝を以て親魏倭王となし、金印紫綬❺を仮し、装封して帯方の太守に付し❻仮授せしむ。……又、特に汝に……白絹五十匹……銅鏡百枚❼……を賜い、……悉く以て汝が国中の人に示し、国家汝を哀れむと知らしむ可し。……」と。

通釈

魏の明帝の時、景初三(二三九)年六月に女王は大臣の難升米らを帯方郡に遣わして、魏の天子に朝献できるように願い出た。帯方郡の長官の劉夏は、郡の役人を遣わして彼らを都(洛陽)まで送らせた。……同じ年の十二月、明帝は詔書を下して倭の女王に報じていうには、「……今、あなたを『親魏倭王』とし、金印紫綬をさずけ、封をして帯方郡の長官にことづける。……また、とくに汝に……白絹五十匹……銅鏡百枚……を与え、……それらの下賜品のすべてを汝の国中の人に示して、わが国が汝をいつくしんでいることを知らしめよ。……」と。

(5) 魏との交渉

❶景初二年 魏の明帝の年号、二年は三年の誤りと考えられ、二三九年にあたる

❷郡 帯方郡

❸太守 地方官の官名。郡の長官

❹京都 魏の都、洛陽

❺金印紫綬 重要 中国では位に応じて印綬が授与されたが、後漢では太子および諸王が金印朱綬、丞相など三公が金印紫綬、大臣(九卿)が銀印青綬であった

6 **装封して帯方郡の太守に付し**　封をして帯方郡の長官にことづける

7 **銅鏡百枚**　景初三年銘の銅鏡が島根県雲南市の神原神社古墳(三角縁神獣鏡)や大阪府和泉市の黄金塚古墳(画文帯神獣鏡)から出土し、奈良県天理市黒塚古墳からは画文帯神獣鏡(木棺内の頭部付近で発見)と三十三枚もの三角縁神獣鏡が出土している。三角縁神獣鏡は中国では未発見だが、日本では四百枚ほど見つかっており、魏から下賜された画文帯神獣鏡を模した国産鏡とする説もある。

(6)卑弥呼の死後

1 **径百余歩**　一歩を一・五メートルとすれば、直径百五十メートルになる

2 **徇葬**　貴人の死にしたがい葬ること

3 **宗女**　一族の女、または、あとをつぐ娘

4 **壹与** 重要　臺与(とよ)の誤りと考えられ、崇神天皇の皇女豊鍬入姫にあてる説もあるが、明らかではない

(6)卑弥呼の死後 ★★

卑弥呼以て死す。大いに冢を作る。径百余歩、1 徇葬2する者、奴婢百余人。更に男王を立てしも、国中服せず。更々相誅殺し、当時千余人を殺す。また卑弥呼の宗女3壹与4年十三なるを立てて王となし、国中遂に定まる。……（『魏志』倭人伝）

75

通釈

卑弥呼が死んだ。大きな墓をつくった。その直径は百余歩で、女王に殉死した奴婢が百余人であった。その後、男王が立ったが人々は服しなかった。おたがいに殺しあい、千人ほど死んだ。卑弥呼の一族の女、壱与が十三歳で王となると、国中が安定した。……

解説

「倭国大乱」後の三世紀の日本の姿は、『魏志』倭人伝にその手がかりが得られる。同書は三世紀後半に成立したものであり、その記述の信憑性は高い。しかし、その内容は中国人の眼にうつった日本の姿であり、すべてを事実として信用することもできない。また、そこに登場する邪馬台国の名称も、『魏志』倭人伝の伝本がみな「邪馬壹國」となっているのを、近世以来「壹(壱)」は「臺(台)」の誤りとしてきたものであり、近年それに対して批判も出されている。

〈道程〉　邪馬台国の所在地については今日にいたるまで未解決な論争が続いている。『魏志』倭人伝に登場する末盧国は肥前国松浦郡、伊都国は筑前国怡土郡、奴国は筑前国那珂郡、不弥国は筑前国糟屋郡宇美の地がそれぞれあてられているが、それから先の投馬国、そして邪馬台国の位置は定まっていない。『魏志』倭人伝の記述を、不弥国から南へ水行二十日で投馬国、さらに南へ水行十日、陸行一月で邪馬台国に達すると読むと、邪馬台国は九州のはるか南方海上に位置することになる。そこで、邪馬台国をヤマト国と読んで畿内大和をあて、のち日本を統一するヤマト政権の前身と考える**畿内大和説**が出された。この説では『魏志』倭人伝の長い里程を説明できるが、方角は南から東へ改めなければならない。これに対して、九州北部の筑後国山門郡や肥後国山門郡をあてる**北九州説**も出されたが、方角は妥当するものの、里程があわない。さらに、『魏志』倭人伝の読み方を改め、伊都国を起点に放射状に奴国・不弥国・投馬国・邪馬台国への方角と里程が記述されているという**放射状説**(榎一雄説)も出されている。しかし、これでも邪馬台国を九州北部にあったとするには里程が長すぎ、水行ならば十日、陸行ならば一月と読み、水行十日陸行一月とつづける場合は一月を一日に改めねばならない。いずれにせよ、『魏志』倭人伝の記述を改めるという方法をとらないかぎり、どの説も妥当性を得ることはむずかしい。

原典解説

『魏志』倭人伝　三世紀末に、晋の陳寿の著した、『三国志』の『魏書』東夷伝中、倭人に関する記述の俗称である。その原拠は、魚豢の『魏略』によったといわれている

設問

問❶ 邪馬台国の女王卑弥呼が、魏から授かった称号は何か。

問❷ 邪馬台国の女王の宗教的性格は何か。

問❸ 魏が朝鮮半島においた郡で邪馬台国との交渉の窓口となったのはどこか。

ところで、畿内大和説をとると、三世紀中葉には畿内から九州北部までの政治的統合が成立していたことになる。一方、北九州説では、邪馬台国をヤマト政権の前身と考えて東遷したとするか、あるいはヤマト政権に征服されたとみるかに分かれる。邪馬台国の所在地をめぐる論争は日本の国家形成過程の理解ともかかわっているのである。

〈習俗・産物〉 邪馬台国の男性は顔や身体にみないれずみをし、はだしで歩き、冬でも生野菜を食べ、食物は箸を用いず手で食べるとあり、南方的な習俗をうかがうことができる。牛馬がいないというのも注目しておきたい。また、父母兄弟は住居を別にしており、夫婦が同居して子どもを養育するという家族形態をとっていないことがわかる。さらに、卜占といった呪術的風習もあり、墳墓もつくられている。墳墓は棺をそのまま土中に埋めるもので、槨をもつ古墳時代の墓制にはまだ達していないらしい。

〈社会〉 邪馬台国には、王・**大人**(貴族)・**下戸**(平民)・奴婢(奴隷)という身分の区別がある。大人は下戸などによってひざまずいてあいさつされるような権威をもつ。また、一夫多妻制をとっているというが、集会の席次に父子や男女の差別がないともいうから、かならずしも女性の地位が低かったとはいえないようである。さらに、軽罪でも妻子の奴隷化、重罪では一族みな殺しという過酷な刑罰があるためか、犯罪や訴訟は少ないという。

〈女王卑弥呼〉 魏と交渉があるのは三十か国だが、そのうち二十八か国が邪馬台国を盟主とした連合を形成している。それを統合しているのは女王卑弥呼である。男王ではおさまらず、呪術によって神意を伝えるシャーマン(巫女)だと考えられる卑弥呼をたててようやくまとまったというから、おそらくまだ法による政治は未成熟で、卑弥呼の呪術能力に依存した祭政一致の状態にあったのだろう。ただ、男弟が補佐しており、宗教的女王と政治的男王の組みあわせという初期のヤマト政権にもみられる王権の構造をとっていると考えてよかろう。卑弥呼の宮殿には守備兵がおり、大倭・一大率・大夫などの役人もいて、一応権力機関としての要件もそなえている。

〈中国との交渉〉 対外的には、狗奴国という対立勢力の存在や連合傘下の国々との関係もあってか、魏との交渉を重んじ、**親魏倭王**の称号と金印紫綬、銅鏡百枚などを与えられている。こうした魏の厚遇は高句麗やそれと結ぶ呉との対抗関係のためと考えられ、邪馬台国は三世紀の東アジア世界で一定の役割を演じる存在であったことはまちがいなかろう。

〈卑弥呼の死後〉 卑弥呼が死ぬと、直径が百五十メートルもあると考えられる大きな墓がつくられ、男女の奴隷百人ほどが一緒に葬られている。この卑弥呼の**大冢**を、大和説をとる論者の中には最初期の前方後円墳と考えられる箸墓古墳(奈良県)にあてる見解もある。卑弥呼の死後男王をたてたが、再び内乱がおこり、千人ほどの犠牲者が出た。そこで、卑弥呼の一族で十三歳の**壱与**という少女を女王にしたら、内乱はおさまったという。この壱与も卑弥呼同様、シャーマンだったと考えてよかろう。

③ 統一国家の形成

1 朝鮮半島への進出 ★★★

百残❶・新羅は旧より是れ属民にして、由来、朝貢す。而るに倭、以て辛卯の年❷来、海を渡りて百残を破り、新羅を□□し、以て臣民と為す。以て、六年の丙申、王躬ら□軍を率い、残国を討伐す。……百残王困逼して男女生口一千人、細布千匹を献出し、王に帰して自ら誓ふ。「今より以後、永く奴客と為らん」と。……九年己亥❸、百残、誓に違ひ、倭と和通す。王平穣❹を巡下す。而して新羅、使を遣はして、王に白ひて云く、「倭人、其の国境に満ち、城池を潰破❺し、奴客❻を以て民と為せり。王に帰して命を請はん」と。……十年庚子❼、歩騎❽五万を遣はして、往きて新羅を救はしむ。男居城従り新羅城に至る。倭、其の中に満てり。官兵方に至り、倭賊退く。……十四年甲辰、而ち倭は不軌❾にして、帯方の界に侵入す。……倭寇は潰敗し、斬殺されるもの無数なり。……(高句麗好太王碑文)

通釈

百済・新羅は元来高句麗に服属し、朝献して来ていた。ところが、倭が三九一年以来、海を越えて襲来し、百済や新羅を破って服属させてしまった。三九六年好太王自らが軍を率いて百済を討伐した。……百済王は困って奴隷千人と美細な布千匹を献上し好太王に帰順して自ら誓った。「これからは好太王の奴隷となります」と。……三九九年、百済はその誓約を破って倭に通じていたので、好太王は南下して平壌に赴いた。その時、新羅は使いを遣わして、「倭人が新羅に迫って、その国境に充満し、城を破り、新羅の民を征服してしまった。王様の御指示を仰ぎたい」と申し上げた。……四〇〇年、王は歩兵と騎兵をあわせて五万を送って新羅の救援にゆかせた。その軍が男居城から新羅城に至ったところ、倭人がその地にみちみちていた。しかし、高句麗の兵が到着すると、倭軍は退却した。……四〇四年、日本はそむいて、またもも帯方郡の地域(三一三年に高麗によって滅亡)に侵入して来た。……しかし、倭軍は敗れ去り、斬り殺されたものは数知れなかった。……

朝鮮半島への進出

❶百残　百済のこと。残は、ことさらに悪い字を用いたもの
❷辛卯の年　[重要]　三九一年と推定される
❸九年己亥　三九九年
❹平穣　今のピョンヤン付近か
❺城池を潰破　城を破壊する
❻奴客　新羅がみずからをさす
❼十年庚子　四〇〇年
❽歩騎　歩兵と騎兵
❾不軌　そむく

好太王碑(中国吉林省集安市)

原典解説

高句麗好太王碑文　好太王(広開土王)の子長寿王が、父の功績を記念して、当時の王城、丸都城(中国の吉林省)に高さ六メートル余の方形の自然石に、千八百字の文を刻んで立てた。この中に、この記事がある

倭の五王

〈宋書〉
讃(賛)―珍(彌)……済―興、武
(　)は梁書

〈記紀〉
15 応神―16 仁徳―17 履中、18 反正、19 允恭―20 安康、21 雄略

倭王武の上表文
❶高祖の永初二年　四二一年
❷太祖の元嘉二年　四二五年

解説

ヤマト政権の成立時期は、四世紀の日本についての記述を欠く中国の歴史書にその手がかりを求めることはできない。鏡や剣、石碑などの銘文(金石文)が手がかりとなるが、高句麗の好太王(広開土王)の顕彰碑の銘文もその一つである。

高句麗は、一世紀に勃興し、三一三年には楽浪郡を滅ぼして平壌を都とした。四世紀後半には、朝鮮半島南部に誕生した百済や新羅、さらにそこと密接な関係をもつと考えられる倭と対立するようになる。好太王はその最盛期をきずき、その碑は四一四年に建てられた。碑文中の「倭以辛卯年来渡海破百残□□・□羅以為臣民」について、「倭は三九一年に海をわたって百済や新羅をやぶり臣従させた」と読めば、四世紀末には朝鮮半島にまで侵攻できるような勢力、つまり日本列島の大半を統一したヤマト政権が成立していた証拠となる。

この碑文については、明治時代に日本の軍部が碑文の表面に石灰を塗って改ざんしたとの説も出されている。しかし、近年、現地調査で石灰の塗布が確認される一方、その目的は補強とみなされ、また石灰塗布以前の拓本も発見され、塗布後の拓本と大差がないとされ、学界の大勢は改ざん説を支持していない。いずれにせよ、日本における統一国家形成が朝鮮半島と深いかかわりのもとにすすめられたことはまちがいないだろう。

2 倭王武の上表文　★★★★★

高祖の永初二年❶、詔して曰く、「倭の讃、万里貢を修む。遠誠宜しく甄すべく、除授を賜ふべし」と。

太祖の元嘉二年❷、讃又司馬曹達を遣はして表を奉り方物を献ず。讃死して弟珍立つ。……二十年、倭国王済、使を遣はして奉献す。また以て安東将軍倭国王と為す。……済死す。世子興、使を遣は

通釈

宋の高祖の永初二(四二一)年、詔が出された。「倭王の讃が万里をこえて貢物を献上してきた。遠方からよく誠意をあらわしてきたので官職を授けてやれ」と。

太祖の元嘉二(四二五)年、倭王の讃が司馬曹達を遣わして国書をさしあげ貢物を献上した。讃王が死んで弟の珍が王となった。……二十年、倭国王の済が使いを遣わして献上した。それで、安東将軍倭国王とした。……済王が死んで、あとつぎの興が使いを遣わして貢物をさしあげた。

して貢献す。……興死して弟武立ち、自ら使持節都督[3]倭・百済・新羅・任那・加羅・秦韓・慕韓七国諸軍事、安東大将軍、倭国王と称す。

順帝の昇明二年[4]、使を遣はして表を上りて曰く、「封国[5]は偏遠にして、藩を外に作す。昔より祖禰[6]躬ら甲冑を擐き、山川を跋渉し、寧処に遑あらず。[7]東は毛人[8]を征すること五十五国、西は衆夷[9]を服すること六十六国、渡りて海北[10]を平ぐること九十五国。……」と。詔して武を使持節都督倭・新羅・任那・加羅・秦韓[11]・慕韓[12]六国諸軍事、安東大将軍、倭王に除す。

（『宋書』倭国伝）

……興が死んで、弟の武が即位し、倭・百済・新羅・任那・加羅・秦韓・慕韓七か国の軍事的指揮権をもつ安東大将軍、倭国王と自称した。

倭王武は、順帝の昇明二(四七八)年、使いを送って上表した。その上表文には、「私の国は、中国からは偏遠なところに国をたてていますが、昔から私の祖先は、国土を平定するために、みずから甲冑を身につけて武装し、山川をかけめぐり、休む暇もありませんでした。そして、東は五十五か国、西は六十六か国、そして海を越えて海北に進み、九十五か国を征服しました……」とあった。そこで皇帝は、武王を、倭・新羅・任那・加羅・秦韓・慕韓の六か国の軍事的指揮権をもつことをゆるした安東大将軍である倭国王に任命した。

[3] **使持節都督**　軍政官
[4] **順帝の昇明二年**　四七八年
[5] **封国**　領域の意
[6] **祖禰**　父祖の意とする説と、祖先の弥(珍)の誤り、つまり仁徳天皇の誤りとする説がある
[7] **遑あらず**　落ちつく暇もない
[8] **毛人**　東日本の人々。『日本書紀』に登場する東国の蝦夷にあてる説もある
[9] **衆夷**　西日本の人々。『日本書紀』に登場する九州の熊襲にあてる説もある
[10] **海北**　日本列島およびその周辺のどの地域を指すかは不明
[11] **秦韓**　辰韓
[12] **慕韓**　馬韓

原典解説

宋書　沈約の著した正史で百巻からなる。五世紀の朝鮮半島や中国との交渉史を伝えている

設問

問❶　四世紀末の倭と朝鮮半島との関係を知るてがかりは何か。
問❷　倭の五王のうち、南朝への上表文が残っているのはだれか。
問❸　倭の五王と南朝との交渉を伝える中国史書は何か。

解説

五世紀にはいると、中国の歴史書に相次いで五人の倭国王が登場する。讃・珍・済・興・武で、倭の五王という。彼らは、当時、南北に分かれて対立していた中国の南朝の方へしばしば使者を派遣して貢物をさしだし、朝鮮半島南部に対する支配的地位の承認を求めた。史料の省略部分(十六行目)では、倭王の武が南朝の宋の皇帝順帝に対し、百済を従え朝鮮半島南部を制圧しようとしたが、高句麗に阻まれた上、父や兄の倭王が亡くなったため、頓挫している事情が述べられている。南朝は、北朝に対抗する必要から倭国王を利用しようとする一方、百済にも同じ理由で配慮していた。そこで、百済を含む「七国諸軍事安東大将軍倭国王」を自称する武に対して、百済を除く「六国諸軍事安東大将軍倭王」の称を与えるにとどまっている。

この倭の五王は、ヤマト政権の大王の名の一部をとって中国風に一字で表現したものと考えられ、たとえば武は大泊瀬幼武(雄略天皇)とみられる。

❹ヤマト政権と大陸文化

1 漢字の使用 ★★

(1) 江田船山古墳出土鉄刀銘 ★

天の下治めす獲□□□鹵大王[1]の世、奉□(事)典曹人、名は无□(利)弖、八月中、大いなる□釜を用ひ、四尺の廷刀を幷べて、八十練り、六十捃して、上好の□刀を□□す。[2] 此刀を服る者は長寿にして、子孫は注々、其の恩を得る也。其の統ぶる所を失はず。刀を作る者の名は伊太□(加)、書く者は張安也。

(2) 隅田八幡神社人物画像鏡銘 ★

癸未年[1]八月、日十大王の年、男弟王、意柴沙加宮[2]に在しし時、斯麻[3]、長寿せんと念じ、開中[4]費直穢人・今州利の二人等を遣はし、白上同[5]二百旱を取り、此の竟を作る。

解説

江田船山古墳出土鉄刀銘(熊本県)には七五字の銘文が背の部分にある。①「治天下」など漢文で普通用いない語法、②王名での年紀、③日本的な人名などから、これが日本で製作されたことはまちがいない。かつて「復□□□歯大王」(反正天皇)とされた部分は、稲荷山古墳出土鉄剣銘の解読以後、「獲□□□鹵大王」(雄略天皇)とされている。

隅田八幡神社人物画像鏡銘(和歌山県)は、江戸時代の末に同社付近の古墳から発掘されたものと伝えられている。「癸未年」を四四三年にあて、「意柴沙加宮」を允恭天皇の皇后忍坂大中姫が住んだ大和の忍坂宮だとする考え方と、「男弟王」を男大迹王(継体天皇)と読み「癸未年」を五〇三年とする考え方とがある。①「男弟」を男大迹と読むのは音韻上無理があり、②継体天皇が即位前に大和にいた形跡がなく、③鏡自体の考古学的研究から五世紀の製作とみられることなどから、四四三年(允恭)説の方が妥当だと考えられる。

漢字の使用

(1) 江田船山古墳出土鉄刀銘

[1] 獲□□□鹵大王 重要 雄略天皇と考えられる

[2] 八十練り、六十捃して、上好の□刀を□□す よく鍛えて大刀をつくる

(2) 隅田八幡神社人物画像鏡銘

[1] 癸未年 四四三年(五〇三年説もある)

[2] 意柴沙加宮 忍坂宮

[3] 斯麻 人名

[4] 開中 河内

[5] 白上同 同は銅、白銅は錫

原典解説

江田船山古墳出土鉄刀銘 熊本県玉名郡にある前方後円墳の副装品。鉄製の環頭大刀の背に銀象嵌の銘文がある

隅田八幡神社人物画像鏡銘 和歌山県橋本市にある隅田八幡神社が所蔵する銅鏡の銘文

2 ワカタケル大王 ★★

（表）辛亥年[1]七月中記す。乎獲居臣。上祖、名は意冨比垝[2]。其の児、多加利足尼。其の児、名は弖已加利獲居。其の児、名は多加披次獲居。其の児、名は多沙鬼獲居。其の児、名は半弖比。

（裏）其の児、名は加差披余。其の児、名は乎獲居臣[3]。世々、杖刀人[4]の首と為り、奉事し来り今に至る。獲加多支鹵大王[5]の寺、斯鬼宮[6]に在る時、吾、天下を左治し、此の百練の利刀を作らしめ、吾が奉事の根原を記す也。

（稲荷山古墳出土鉄剣銘）

解説

稲荷山古墳出土鉄剣銘（埼玉県）は、埼玉古墳群にある稲荷山古墳（一九六八年発掘、主軸の長さ百十五メートル）から出土した鉄剣に防錆処理のためX線撮影を行った結果、一九七八（昭和五十三）年に発見された百十五字の金象嵌の銘文である。「辛亥年」を四七一年にあて、「獲加多支鹵大王」は大泊瀬幼武（雄略天皇）を指し、江田船山古墳出土鉄刀銘の大王も同一人物と考える説が出された。この説が正しければ、ヤマト政権は五世紀末には九州北部から関東までを勢力下におさめていたことになる。

3 渡来人 ★

是の歳[1]、弓月君[2]百済より来帰す。因りて以て奏して曰く。「臣、己国の人夫百廿県を領ゐ帰化す。然れども、新羅人の拒ぐに因りて皆加羅国[3]に留れり。」と。ここに葛城襲津彦を遣して、弓月の人夫を加羅に召す。

（日本書紀）

十五年[4]秋八月……丁卯、百済王、阿直岐を遣はして良馬二匹を貢る。……阿直岐、亦能く経典を読めり。即ち太子菟道稚郎子[5]の師としたまふ。是に天皇、阿直岐に問ひて曰く、「如し汝に勝れる博士亦有りや」と。対へて曰く、「王仁[6]といふ者有り、是れ秀れたり」と。……仍りて王仁

ワカタケル大王

[1]辛亥年　四七一年と五三一年の説がある

[2]意冨比垝　大彦命にあてる説がある。大彦命は、崇神天皇が征服のため各地に派遣した四道将軍の一人で、北陸道を征服したと『日本書紀』に伝承されている

[3]乎獲居臣　乎獲居臣にいたる八代の名前の読み方は定まっていない

[4]杖刀人　「たちはき」と読み、のちの舎人（大王の親衛軍）にあたるとする説もある

[5]獲加多支鹵大王　重要　「ワカタケル」と読み、雄略天皇にあてる

[6]斯鬼宮　ワカタケル大王の宮廷があった場所だが、どこにあてるか定まっていない

原典解説

稲荷山古墳出土鉄剣銘　埼玉県行田市にある稲荷山古墳から出土した鉄剣の金象嵌の銘がX線で解読された

渡来人

[1]是の歳　応神天皇十四年

[2]弓月君　重要　渡来人のはじめ。秦氏の祖

を徴さしむ。（日本書紀）

廿年秋九月、倭漢直の祖❼、阿知使主、その子の都加使主、並びに己が党類十七県を率ひて来帰す。（日本書紀）

❖解説❖

朝鮮半島における国家統一の動きは、それまで中国の支配下にあった北部やヤマト政権の影響下にあった南部から渡来人の集団的な移住や亡命をもたらした。かつて、彼らは天皇の徳を慕って帰服した人々という意味で「帰化人」とよばれ、その多くは捕虜として連行されたものと考えられていた。しかし、渡来人は、現在ではヤマト政権の国家統一事業や対外交渉に決定的な役割をはたした先進技術者集団だったとされている。九世紀初頭に成立した『新撰姓氏録』では、畿内五か国千五十九氏のうち渡来人系が三百七十三氏を占めている。平安初期の時点で、中央貴族や地方豪族の三分の一が渡来人系であることは、ヤマト政権の性格を考える上でも参考になるだろう。

弓月君は四～五世紀頃（応神朝のときと伝えられる）、百二十七県の民を率いて渡来し、養蚕、機織を伝えたとされる秦氏の祖という。**王仁**は、五世紀頃に渡来した百済の博士で、「論語」や「千字文」をもたらし、文筆・出納を担当した西文氏（文首）の祖という。**阿知使主**は、四～五世紀の頃（応神朝のときと伝えられる）、十七県の民を率いて渡来し、文筆に優れた漢氏・東漢氏（文直）の祖という。

古墳文化

	出現期・前期	中　期	後　期
時期	3世紀中・後半～4世紀末	4世紀末～5世紀末	5世紀末～7世紀
墳形	前方後円墳、前方後方墳（丘陵上に築造、表面に葺石）	前方後円墳（巨大化、環濠・陪塚）	円墳、方墳（墳丘が小規模化） 群集墳（小円墳の集団）
内部構造	竪穴式石室 粘土槨	竪穴式石室 長持形石棺	横穴式石室（5世紀中頃出現） 家形石棺・陶棺
副葬品	鏡・玉類・農具 土師器・司祭者的性格	馬具・甲冑・冠・金銀装身具、大陸伝来品・権力者的性格	馬具・須恵器・工芸的装身具 有力農民も被葬者に
埴輪	円筒埴輪が多い	形象埴輪（家形・器財埴輪等）多い	形象埴輪（人物・動物埴輪等）多い
分布実例	畿内中心 箸墓古墳（奈良） 五色塚古墳（兵庫）	全国的にひろまる 大仙陵古墳（大阪） 西都原古墳群（宮崎）	各地に群集して残存 吉見百穴（埼玉）、石舞台古墳（奈良） 岩橋千塚古墳群（和歌山）

❸**加羅国**　朝鮮半島南部（慶尚北道高霊郡）にあった小国か

❹**十五年**　応神天皇即位十五年

❺**菟道稚郎子**　応神天皇の皇子、仁徳天皇の弟

❻**王仁**　重要　西文氏の祖。「論語」「千字文」を伝えたと記されている

❼**倭漢直**　東漢氏のこと。直は姓の一種

原典解説

日本書紀　神代より、持統天皇までを記した正史。奈良時代七二〇（養老四）年に成立

設問

問❶　最古の漢字使用例を示すもののひとつとみられる銅鏡は何か。

問❷　稲荷山古墳の副葬品から実在が確認された大王はだれか。

❺ 仏教の伝来

1 仏教の公伝 ★★★

(1)戊午説（五三八年）★★

志癸嶋天皇❶の御世、戊午年❷の十月十二日に、百済国主の明王❸、始めて仏像経教并に僧等を度し奉る。勅して、蘇我稲目宿禰の大臣に授けて興隆せしむ。（上宮聖徳法王帝説）

(2)壬申説（五五二年）★★

（欽明天皇十三年）❶冬十月に、百済の聖明王、西部❷・姫氏達率❸怒唎斯致契らを遣はし、釈迦仏の金銅像一軀・幡蓋若干❹・経論若干巻を献る。……乃ち群臣に歴問ひて曰く、「西蕃の献れる仏の相貌端厳し❺。全ら未だ曾て看ず。礼ふべきや不や」と。蘇我大臣稲目宿禰奏して曰さく、「西蕃の諸国、一に皆礼ふ。豊秋❻日本、豈独り背かむや」と。物部大連尾輿・中臣連鎌子、同じく奏して曰さく、「我が国家の、天下に王とましますは、恒に天地社稷の百八十神❼を以て、春夏秋冬、祭拝を

通釈

欽明天皇の治世、戊午の年（五三八）の十月十二日に、百済国の聖明王が初めて仏像・経文を伝え、僧侶をおくってきた。そこで天皇は命令を下し、大臣の蘇我稲目に仏像などをさずけ、仏法を盛んにさせたのである。

通釈

欽明天皇十三（五五二）年冬十月に、百済の聖明王が、西部の姫氏達率怒唎斯致契らを遣わし、釈迦仏の金銅像一体と幡蓋と、何巻かの経論を献上した。……そこで（天皇は）群臣一人一人に問いかけられた。「百済から献上された仏像の顔だちは端正で美しい。いまだかつて見たことがないものである。礼拝すべきかどうか」と。大臣の蘇我稲目が申し上げた。「西蕃の諸国ではすべて礼拝しています。どうして日本だけがそむけましょうか」と。大連の物部尾輿と中臣鎌子が同じように申し上げた。「わが国で天下を支配されている天皇は、常に天地の多くの神々を春夏秋冬お祭りされてきました。今、そ

仏教の公伝

(1)戊午説

❶志癸嶋天皇　欽明天皇
❷戊午年 重要　五三八年
❸明王　聖明王（在位五二三〜五五四）

(2)壬申説

❶欽明天皇十三年　五五二年、壬申
❷西部　西部は百済の行政区画名である
❸達率　百済官位の第二階
❹幡蓋　竿柱に六流の旗を六角形に下げた幢幡と、仏の上にかざす天蓋
❺端厳し　端正で美しい
❻豊秋　日本の形容詞、美称
❼百八十神　たくさんの神々

事とす。方に今改めて蕃神を拝みたまはば、恐るらくは国神の怒を致したまはむ」と。天皇曰はく、「宜しく情願ふ人、稲目宿禰に付けて、試に礼ひ拝ましむべし」と。

（日本書紀）

れを改めて外国の神を拝まれるならば、おそらくわが国の神の怒りをまねくことになりましょう」と。すると天皇は、「では、礼拝を希望している稲目に仏像を授け、試みに礼拝させてみることにしよう」とのべられた。

参考史料

仏教の私伝 ★

継体天皇即位十六年❶壬寅大唐の漢人案部村主司馬達止❷、此の年の春二月に入朝す。即ち草堂を大和国高市郡坂田原に結び、本尊を安置し、帰依礼拝す。世を挙げて皆云ふ。是れ大唐の神なりと。

（扶桑略記）

❖解説❖

ヤマト政権は、豪族を服属させ、仏教を国教化していた新羅や百済に対抗するため、仏教の受容へと向かっていく。仏教の公伝は、『日本書紀』欽明天皇十三年（壬申年、五五二年）条に百済の聖明王から仏像・仏具・経典などが奉献されたとあるが、厩戸皇子（聖徳太子）の伝記である『上宮聖徳法王帝説』や『元興寺伽藍縁起并流記資財帳』にある戊午年（五三八年）の方が妥当だと考えられている。百済は、五三八年、新羅に圧迫されて都を熊津から扶余へ移しており、この時点で日本との関係緊密化をはかる手段として仏教を利用した可能性が高い。仏教の受容をめぐって、崇仏派の蘇我氏と、伝統的な神祇信仰を重んじる排仏派の物部氏や中臣氏とが対立し、ヤマト政権内部の主導権争いもからみ、六世紀末には政治危機をまねいていった。

なお、仏教は一部の渡来人によって公伝以前に持ちこまれていたらしい。『扶桑略記』は渡来人で飛鳥時代の著名な仏師鞍作鳥（止利仏師）の祖父司馬達等（止）が六世紀前半に仏像を安置した草庵を大和高市郡に結んでいると記載している。六世紀の古墳の中には仏教と密接にかかわる葬法である火葬の遺骨も発見されている。蘇我氏は仏教の受容を主張することで渡来人との結びつきを強め、ヤマト政権内で台頭していく。

仏教の私伝

❶**継体天皇即位十六年**　五二二年

❷**司馬達止**　重要　鞍作鳥（止利仏師）の祖父。村主は姓の一つ

原典解説

上宮聖徳法王帝説　厩戸皇子（聖徳太子）に関する伝説・金石文等を集めた伝記。平安中期に完成したものである

日本書紀　二八ページ参照

扶桑略記　平安末期に成立した歴史書。著者は皇円。神武から堀河天皇までの期間を記し、仏教関係の記述が多い

設問

問❶　仏教を日本に伝えた百済王はだれか。

問❷　仏教を百済王から伝えられた大王（天皇）はだれか。

問❸　仏教の受容を主張した豪族は何氏か。

❻ヤマト政権の動揺

1 磐井の乱 ★★

二十一年の夏六月の壬辰の朔甲午(三日)に、近江毛野臣、衆六万を率て、任那に往きて、新羅に破られし南加羅[1]・喙己呑[2]を為復し興建てて、任那に合せむとす。是に、筑紫国造磐井、陰に叛逆くことを謨りて、猶預[3]して年を経。……恒に間隙を伺ふ。新羅、是を知りて、密に貨賂を磐井が所に行りて、勧むらく、毛野臣の軍を防遏へよ[4]と。是に、磐井、火・豊[5]、二つの国に掩ひ拠りて、使修職らず[6]。外は海路を邀へて、高麗・百済・新羅・任那等の国の年に職貢船を誘り致し、内は任那に遣せる毛野臣の軍を遮りて、……天皇、大伴大連金村・物部大連麁鹿火・許勢大臣男人等に詔して曰く、「筑紫の磐井反き掩ひて、西の戎の地を有つ。今誰か将たるべき者」と。大伴大連等僉曰さく、「正に直しく仁み勇みて兵事に通へる[7]は、今麁鹿火が右に出づるひと無し」と。天皇曰く、「可」と。

(日本書紀)

❖解説❖

六世紀には朝鮮半島で国家統一の動きがはじまり、新羅が勃興する一方、百済が衰え、『日本書紀』にはヤマト政権の勢力の下にあったとする「任那」(加耶)も滅亡した(五六二年)と記されている。こうした情勢は、朝鮮からの鉄や先進技術の導入をてこに国家統一事業をすすめてきたヤマト政権を動揺させ、政権の内紛や地方の反乱をまねいた。『日本書紀』によれば、継体天皇二十一(五二七)年、「任那」が新羅に侵略され、これを回復するため近江毛野が六万の大軍をひきいて朝鮮半島へ渡海しようとしたが、筑紫国造磐井が新羅から賄賂をもらい九州北部全域で反乱をおこし、その渡海を阻止したので、大連物部麁鹿火が二年がかりで鎮圧したという。年月などをそのまま事実と考えることはできないが、六世紀前半にこうした大反乱が九州でおこったことはまちがいないと思われている。

磐井の乱

[1] 南加羅　金官国とその周辺。金官国は慶尚南道金海。南加羅は洛東江口

[2] 喙己呑　慶尚北道達城郡慶山か

[3] 猶預　うらおもての意。心で思い、ぐずぐずして実行しないこと

[4] 防遏へよ　防ぎ止める

[5] 火・豊　火は肥前・肥後の肥。豊は豊前・豊後の豊

[6] 掩ひ拠りて、使修職らず　勢力を張って、職務を行わない

[7] 通へる　心得がある

原典解説

日本書紀　二八ページ参照

設問

問❶ 六世紀前半に九州で反乱をおこしたのはだれか。

問❷ 九州で反乱をおこした豪族と結んでいたとされる朝鮮半島の国家はどこか。

7 推古朝の政治

1 憲法十七条 ★★★★

(推古天皇十二年)[1] 夏四月丙寅の朔戊辰に、皇太子[2]親ら肇めて憲法十七条を作りたまふ。

一に曰く、和を以て貴しとし[3]、忤ふること[4]無きを、宗とせよ。人皆党有り[5]、亦達る者少し。是を以て或いは君父に順はず。乍た隣里に違ふ。然れども、上和ぎ下睦びて、事を論ふに諧ふ[6]ときは、事理自らに通ふ[7]。何事か成らざらむ。

二に曰く、篤く三宝を敬へ。三宝とは仏・法・僧なり[8]。……

三に曰く、詔[9]を承りては必ず謹め。君をば天とす。臣をば地とす[10]。……

四に曰く、群卿百寮[11]、礼を以て本とせよ。其れ民を治むるが本、要ず礼に在り。……

五に曰く、餮[12]を絶ち欲[13]することを棄てて、明かに訴訟を辨めよ。……

六に曰く、悪を懲し善を勧むるは古の良き典なり[14]。

通釈

推古天皇の十二(六〇四)年夏、四月三日に、皇太子(厩戸皇子〈聖徳太子〉)はみずからはじめて憲法十七条をつくられた。

一、すべて和を貴び、人に逆らわないことを心がけよ。人には仲間があるが、理をさとっている者も少ない。それで、あるいは君主や父の命に従わず、また隣近所とも仲よくいかない。しかし上下の者が互に仲よく親しみあい、意見を十分に出しあえば、道理が自然に通じあって、すべての事がうまくいく。

二、三宝を深く敬え。三宝とは仏とその教えと教えを説く僧侶である。……

三、天皇の詔を受けたならば、必ず心から謹んでこれに従え。君の位は天のように高く、臣下は地のように天の下に在るべきものである。……

四、官人(役人)は、礼を本として重んじよ。民を治めていく根本は礼にある。……

五、食欲や物欲を捨てて訴訟を正しくさばくこと。……

六、善をすすめ、悪をこらしめるという教えは、昔からのよい教えである。……

憲法十七条

[1] **推古天皇十二年**　六〇四年

[2] **皇太子**　厩戸皇子(後世、聖徳太子とよばれる)。『日本書紀』は厩戸皇子を皇太子とする

[3] **和を以て貴しとし**　『論語』の「礼之用、和為レ貴」による

[4] **忤ふる**　さからう

[5] **党**　仲間、党

[6] **事を論ふに諧ふ**　意見を十分に出しあう

[7] **事理自らに通ふ**　道理が自然に通ずる

[8] **仏・法・僧**　仏は悟りをひらいた者、法はその教え、僧は法を伝えるもの、合わせて仏教のこと

[9] **詔**　天皇の命令

[10] **君をば天とす。臣をば地とす**　『中庸』の「君臣者天地之位也」に通ずる

[11] **群卿百寮**　官庁の役人たち

[12] **餮**　食欲

[13] **欲**　財欲

[14] **古の良き典**　『春秋左氏伝』に当たる

[15]忿　内心のいかり
[16]瞋　顔に表すいかり
[17]百姓に斂る　民から収奪すること
[18]私を背きて公に向く　私欲をすてて、公共の利益をはかる
[19]民を使ふに時を以てする　民を使うには農閑期を見てする

原典解説
日本書紀　二八ページ参照

冠位十二階

位階名	
徳	大・小
仁	大・小
礼	大・小
信	大・小
義	大・小
智	大・小

徳・仁・礼・信・義・智という儒教の徳目からとった六種を大小に分けて十二階として、色別の冠を授ける冠位制度。氏ではなく個人の朝廷内の地位を示した

……

七に曰く、人各任有り、掌ること濫れざるべし。……

八に曰く、群卿百寮、早く朝り晏く退でよ。……

九に曰く、信は是義の本なり。事毎に信有るべし。……

十に曰く、忿[15]を絶ち、瞋[16]を棄て、人の違うことを怒らざれ。……

十一に曰く、功過を明に察て、賞し罰うること必ず当てよ。……

十二に曰く、国司・国造、百姓に斂らざれ[17]。国に二の君非ず。民に両の主無し。……

十三に曰く、諸の官に任せる者同じく職掌を知れ。……

十四に曰く、群臣百寮、嫉み妬むこと有ること無れ。……

十五に曰く、私を背きて公に向くは[18]、是臣が道なり。……

十六に曰く、民を使ふに時を以てするは[19]、古の良き典なり。……

十七に曰く、夫れ事独り断むべからず。必ず衆と論ふべし。……

（日本書紀）

七、役人は、おのおの任務があるので、職務を誤らないようにせよ。……
八、官人は、朝は早く出仕し、遅く退出しなさい。……
九、信は義の本である。すべて信をもとにせよ。……
十、心の怒り、表にあらわれた怒りを捨て、人のあやまちを責めるな。……
十一、賞罰を厳正にするように注意せよ。……
十二、国司や国造は、自分勝手に百姓を収奪してはいけない。国に二人の君はなく、民に二人の主はない。……
十三、官人たちは自分の受けもつつとめをよく承知すること。……
十四、官人たちは、嫉妬してはいけない。……
十五、私心を去って公に尽くすことは、臣下の道である。……
十六、民を使うのは、農閑期などを利用せよとは、古えからのよるべき道である。……
十七、物事は独断で決定してはいけない。必ずみなで議論しなさい。……

❖解説❖

五九二年の崇峻天皇暗殺後、最初の女帝推古天皇が即位する。推古朝では、天皇と蘇我馬子、有力王族の厩戸皇子（後世、聖徳太子とよばれる）が協力しあう体制がとられた。六〇三年には冠位十二階が制定され、氏姓にとらわれない官人登用の道がひらかれた。さらに六〇四年には憲法十七条が定められたが、これは『日本書紀』編纂時に偽作されたとする説がある。その内容は、①和の精神（一条）、②仏教の奨励（二条）、③天皇への服従（三条）、④土地と人民はすべて天皇のもの（十二条）を前提とした官人の服務規律であり、儒家や法家などの思想の影響が混在している。これらによって、推古朝では天皇を中心に官人がそれを支える中央集権体制の実現をめざしていたものといえよう。

2 遣隋使の派遣　★★★★★

開皇二十年❶、倭王あり、姓は阿毎、字は多利思比孤、❷阿輩雞弥❸と号す。使を遣はして闕❹に詣る。……大業三年❺、その王多利思比孤、使❻を遣はして朝貢す。使者曰く、「聞く、海西の菩薩天子❼重ねて仏法を興すと。故に遣はして朝拝せしめ、兼ねて沙門❽数十人、来りて仏法を学ぶ」と。その国書に曰く、「日出づる処の天子、書を日没する処の天子に致す、恙なきや❾、云々」と。帝、之を覧て悦ばず、鴻臚卿❿に謂ひて曰く、「蛮夷の書、無礼なる者有り。復た以て聞する勿れ」と。明年、上⓫、文林郎裴清⓬を遣はして倭国に使せし

遣隋使の派遣

❶**開皇二十年**　隋の文帝の年号、六〇〇年。『日本書紀』にはこの年の遣隋使派遣の記事はない

❷**姓は阿毎、字は多利思比孤**　大王（天皇）の訓である「アメタラシヒコ」を姓と字だとうけとったらしい

❸**阿輩雞弥**　オオキミ（大王）あるいはアメキミ（天君）

❹**闕**　宮廷のことで、皇帝をさす

❺**大業三年**　隋の煬帝の年号、六〇七年

❻**使**　遣隋大使の小野妹子

❼**菩薩天子**　煬帝

❽**沙門**　出家、僧侶

❾**恙なき**　何事もなく健康である

❿**鴻臚卿**　外交の担当者

⓫**上**　煬帝

⓬**文林郎裴清**　重要　裴世清、文林郎はその地位を示す

❖通釈❖

開皇二十（六〇〇）年、姓を阿毎、字を多利思比孤、号を阿輩雞弥という倭王が使者を皇帝（文帝）のもとに派遣してきた。……大業三（六〇七）年に、倭の国王の多利思比孤が、使いをおくって朝貢してきた。使者は言った。「聞くところによると、海の西、隋の聖天子（煬帝）が大いに仏法を興されたということです。そこで私が遣わされてごあいさつするのですが、あわせて僧侶も数十人参りまして仏法を学びたいと存じます」と。倭の国王の国書には、「太陽の昇る東方の国の天子が、手紙を太陽の沈む西方の国の天子にいたす。かわりはないか……」と書いてあった。煬帝はこれを見て不愉快に思い、鴻臚卿にいった。「野蛮な外国からの手紙に無礼なところがある。ふたたび上奏するな」と。その翌年、煬帝は文林郎の裴世清を使者として

[13]辛巳　推古天皇十六（六〇八）年九月十一日

[14]日文 重要　旻（みん）

原典解説

隋書　隋の正史。唐のはじめ、魏徴の撰

主な遣隋使

年代	使　節	備　考
607出 608帰	小野妹子 鞍作福利	隋使裴世清ら13人を伴って帰国
608出 609帰	小野妹子 吉士雄成 鞍作福利	高向玄理・僧旻・南淵請安らを伴い、隋使裴世清の送使として入隋
614出 615帰	犬上御田鍬 矢田部造某	百済使を伴って帰国

設問

問❶　六〇七年の遣隋使はだれか。

問❷　隋から来日した答礼使はだれか。

む。（『隋書』倭国伝）

（九月）辛巳に、[13]唐の客裴世清、罷り帰りぬ。則ち復た小野妹子臣を以て大使とす。……爰に天皇、唐の帝を聘ふ。其の辞に曰はく、「東の天皇、敬みて西の皇帝に白す。……」と。……是の時に、唐の国に遣す学生は倭漢直福因・奈羅訳語恵明・高向漢人玄理・新漢人大圀、学問僧は新漢人日文[14]・南淵漢人請安・志賀漢人慧隠・新漢人広済等、幷て八人なり。（日本書紀）

倭国へ遣わした。

通釈

推古天皇十六（六〇八）年九月十一日に、隋の使者裴世清が帰国した。そこで、また小野妹子を大使として遣わした。……そのとき、天皇は煬帝へのあいさつの書のなかに「東の天皇がつつしんで西の皇帝に申しあげる。……」と記した。……このとき、隋の国に派遣された留学生は倭漢福因・奈羅恵明・高向玄理・新大圀、留学僧は旻・南淵請安・志賀慧隠・新広済らで、あわせて八人である。

解説

五八九年に隋の文帝が中国を統一し、五九八年に高句麗遠征を行った。つづく煬帝の治世の六〇七年に小野妹子が遣隋使として派遣された。この遣使は、隋と対等の立場を求めたわけではなく、使者が煬帝を「菩薩天子」とたたえているように、東アジアでの仏教の興隆をふまえた外交を行おうとしていたものと考えられる。「日出づる処の天子」の呼称は煬帝を不快にさせたが、翌六〇八年、隋は答礼使として裴世清を派遣した。同年、小野妹子は裴世清を送って再び遣唐使として中国へ渡るが、その際八名の留学生・学問僧をともなっていた。遣隋使派遣の理由は、隋のすすんだ仏教文化の吸収であり、国内政治の改革にとって隋の仏教や政治のあり方を学ぶことは不可欠と考えられていたのであろう。留学生らはいずれも漢人系の渡来人であり、そのうち僧旻・高向玄理・南淵請安の三人は隋唐の王朝交替を見聞し、帰国後、大化の改新の担い手たちを育てている。

❽飛鳥文化

1 法隆寺 ★★

(1)法隆寺の創建 ★★

池辺の大宮に天下治しめしし天皇❶、大御身労づき賜ひし時❷、歳は丙午に次る年❸、大王天皇❹と太子❺とを召して誓願し賜ひ、「我が大御病太平ならんと欲坐が故に、将に寺を造りて薬師の像❻を作り仕へ奉らんとす」と詔したまふ。然るに当時崩じ賜ひて造り堪へず。小治田の大宮に天下治しめしし大王天皇及び東宮聖王❼、大命を受け賜はりて歳は丁卯に次れる年❽仕へ奉る。

（法隆寺薬師如来像光背銘）

(2)法隆寺の焼失 ★

夏四月❶の癸卯の朔壬申❷に、夜半之後に法隆寺に災けり。一屋も余ること無し。大雨ふり雷震る。

（日本書紀）

(3)仏教の興隆 ★

（推古天皇三十二年）秋九月甲戌の朔丙子❶、寺及び僧尼を校へて、具に其の寺の造れる縁❷、亦僧尼の入道ふ縁、及び度せる年月日を録す。是の時に当りて、寺四十六所、僧八百十六人、尼五百六十九人、幷て一千三百八十五人有り。

（日本書紀）

❖解説❖

法隆寺は、同寺の薬師如来像光背銘によれば、用明天皇が病気平癒のため創建を発願し、その没後の六〇七年、推古天皇と厩戸皇子（聖徳太子）が創建したといわれる。しかし、『日本書紀』や『上宮聖徳

法隆寺

(1)法隆寺の創建

❶天皇　用明天皇
❷大御身労づき賜ひし時　病気になられたとき
❸歳は丙午に次る年　五八六年
❹大王天皇　推古天皇
❺太子　厩戸皇子（聖徳太子）
❻薬師の像　薬師如来像
❼東宮聖王　厩戸皇子（聖徳太子）
❽歳は丁卯に次れる年　六〇七年

(2)法隆寺の焼失

❶夏四月　六七〇年
❷朔壬申　四月三十日

(3)仏教の興隆

❶（推古天皇三十二年）……朔丙子　六二四年九月三日
❷縁　寺院創建のいきさつ、縁起

原典解説

法隆寺薬師如来像光背銘　法隆寺金堂にある薬師如来の光背に記された銘文である。しかし、この像と銘文は後世の偽作説が強い

日本書紀　二八ページ参照

設問

問❶　六〇七年に厩戸皇子が創建した寺院は何か。

問❷　法隆寺の火災による焼失を伝える歴史書は何か。

法王帝説』にはそれ以前に、推古天皇が厩戸皇子の経典に関する講説を聞いて感動し、寺地を施入したという記事がある。若草伽藍とよばれる法隆寺の最初の姿であったと考えられる遺構から出土する瓦は、飛鳥寺よりも新しく、四天王寺と同時期のものとみられるから、六世紀末から七世紀初頭の創建はまちがいないだろう。

『日本書紀』天智天皇九(六七〇)年条に法隆寺全焼の記事がある。これを根拠に、現存の伽藍はこれ以後に再建されたとする再建説がとなえられた。これに対して、建築様式や尺度が飛鳥時代のものであることを根拠に、白鳳時代の再建を否定する非再建説が出され、法隆寺再建非再建論争がくりひろげられることになった。一九三九(昭和十四)年、南大門の東の位置で若草伽藍とよばれる四天王寺式の伽藍址が発掘され、以後、再建説が次第に有力になっている。現在では再建時期を八世紀初めに求める説もある。

飛鳥時代における仏教の興隆は、寺院数の増加にあらわれている。『日本書紀』が六二四年の調査として伝える寺院数四十六は、今日、文献や遺跡から確認できる七世紀前半の寺院数が五十五であるから、ほぼ実数とみられる。

飛鳥文化

特色	①最初の仏教文化　②南北朝文化の影響
建築	法隆寺金堂・五重塔・中門・回廊
彫刻	**北魏様式** 飛鳥寺釈迦如来像(鞍作鳥[止利仏師]作) 法隆寺金堂釈迦三尊像(　〃　) 法隆寺夢殿救世観音像 **南梁様式** 法隆寺百済観音像 中宮寺半跏思惟像(弥勒菩薩像) 広隆寺半跏思惟像(弥勒菩薩像)
工芸	法隆寺玉虫厨子・法隆寺四騎獅子狩文錦・伎楽面・法隆寺竜首水瓶 中宮寺天寿国繡帳
文学	暦本～観勒らが伝える 三経義疏～法華経・勝鬘経・維摩経 天皇記・国記(厩戸皇子・蘇我馬子)

法隆寺境内図

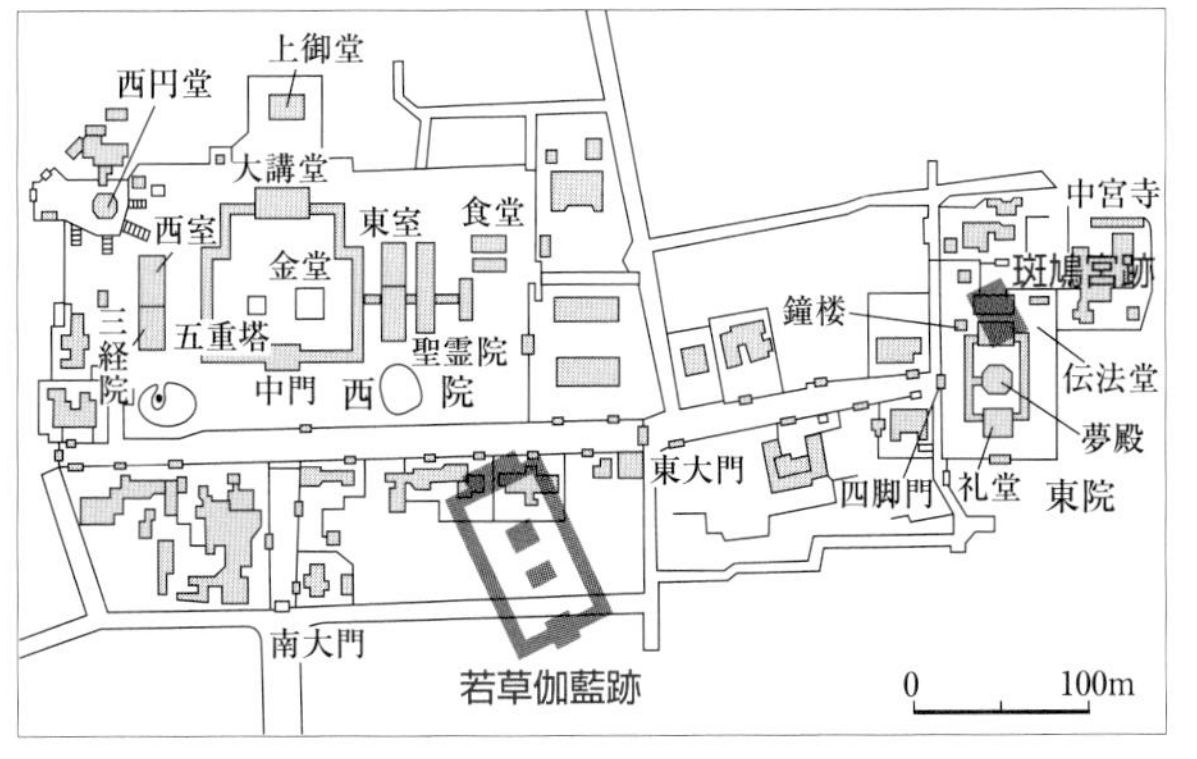

❾ 大化の改新と改新政治

1 改新前夜の情勢 ★

(大化元年九月[1]) 甲申……詔して曰く、「古より以降、天皇の時毎に、代の民[2]を置き標して、名を後に垂る。其れ臣連等・伴造・国造、各己が民を置きて、情の恣に駈使ふ。又、国県の山海・林野・池田を割きとりて、以て己が財と為して、争い戦うこと已まず。或は数万頃[3]の田を兼幷す。或は全く容針少地も無し。調賦[4]を進る時に、其の臣連・伴造等、先ず自ら収斂めて、然る後に分ち進む。……方今、百姓猶乏し。而るに、勢有る者、水陸[5]を分ち割きて、以て私地と為し、百姓に売り与えて、年ごとに其の価を索む[6]。今より以後、地を売ることを得じ。妄りに主と作りて、劣弱を兼幷すこと勿れ」と。百姓大いに悦ぶ。

(日本書紀)

通釈

大化元(六四五)年九月、……詔書が出された。「昔から今に至るまで、天皇の治世ごとに名代の民を設置して、天皇の名を後世に伝えてきた。臣連たちや伴造・国造などの豪族は、みな自分の部民を設置し自由にこき使ってきた。また、国や県の山海・林野・池田を分割して自分の所有とし、争い戦い続けてきた。そこである者は数万頃の田を兼併し、ある者は針をたてる程の少ない土地さえ持てない状態となっている。租税を朝廷に進上する時に、臣・連・伴造などの豪族は、まず自分が取って、のち残りを進上するありさまである。……現在、民はきわめて貧しい。それなのに勢力のある者は田や畑を分割して先どっては自分のものとし、民に貸し与えて毎年地代をとっている。今後は、土地を貸すことを禁じ、勝手に支配者となって、力の劣る弱い者の土地を兼ねあわせてはならない」と布告された。そこで民は大変喜んだ。

解説

七世紀前半の日本は、推古朝の政治改革にもかかわらず、あいかわらず豪族が土地・人民を支配し、—

改新前夜の情勢

[1] 大化元年　六四五年

[2] 代の民　名代の民

[3] 頃　田地の面積を表す単位

[4] 調賦　租税

[5] 水陸　田畑と同じ

[6] 価を索む　貸賃をとる

原典解説

日本書紀　二八ページ参照

ヤマト政権は彼らをゆるやかな統制下におくにとどまっていた。中央でも蘇我氏は、厩戸皇子の死後、その子山背大兄王が皇位につくのをたびたび妨害し、六四三年には王とその一族を攻め滅ぼした。

　しかし、ヤマト政権の国内統一に不可欠な先進的な文化や技術を供給する朝鮮半島では、隋にかわって中国を統一した唐の圧迫が強まるなかで、諸国に変化がおこっていた。高句麗では国王や廷臣多数が惨殺されるクーデタがおこり軍事独裁政権が樹立され、百済は六四二年に新羅を攻めて自力で加耶の地を回復した。渡来人を支配下におき、百済と結んで朝鮮半島から文化・技術導入をはかるという蘇我氏の外交政策は、唐の圧迫下で朝鮮半島に影響力を確保できるような国力を生み出す中央集権体制をつくるにはほど遠い国内政策ともども、情勢の変化に対応できなくなっていたのである。

2 改新の詔 ★★★★

二年の春正月❶の甲子の朔に、賀正礼畢りて、即ち改新之詔を宣ひて曰はく、

「其の一に曰く、昔在の天皇等の立てたまへる子代の民❷、処々の屯倉❸、及び別には臣・連・伴造・国造・村首の所有てる部曲の民❹、処々の田荘❺を罷めよ。仍りて食封❻を大夫以上に賜ふこと、各差有らむ。降りて布帛❼を以て、官人・百姓に賜ふこと差有らむ。……

其の二に曰く、初めて京師❽を修め、畿内国の司・郡司・関塞❾・斥候❿・防人⓫・駅馬・伝馬⓬を置き、及び鈴契⓭を造り、山河を定めよ。……

通釈

大化二(六四六)年一月一日、新年の儀式が終わってから、改新の詔を宣布し、つぎのように言われた。

その一は、昔から天皇が設置した子代の民や、各地の屯倉、または諸豪族の持っていた部民や田荘などの私有地・私有民を廃止せよ。よって食封を大夫以上に、身分に応じて授け、下級役人には布帛を地位に準じて授けることにする。……

その二は、初めて都の制を作り、畿内国の司・郡司や関所・斥候・防人・駅馬・伝馬を置き、駅鈴・関契を造り、地方行政区画を定める。……

その三は、初めて戸籍・計帳・班田収授の法を定める。およそ五十戸を里とし、里毎に一人の長をおく。……およそ田は、長さ三十歩、広

改新の詔

❶二年の春正月　六四六(大化二)年一月一日

❷子代の民 重要　名代とともに皇后や皇子のためにおかれた部民

❸屯倉 重要　皇室領

❹部曲の民 重要　豪族の私有民

❺田荘 重要　豪族の私有地

❻食封 重要　部曲をやめ一定の戸を定め、そこから上がる貢租を官人に与える制度

❼布帛　麻と絹

❽京師　都

❾関塞　関所

❿斥候　見張りの意

⓫防人 重要　西海守備兵

⓬駅馬・伝馬　駅馬は官道におかれ、伝馬は郡におかれる

⓭鈴契　鈴は諸国に、契は関におき、駅馬・伝馬を使う時の公許の証とした

14計帳 重要 調庸徴収の台帳
15租の稲 重要 租税の稲
16旧の賦役 改新前の税制
17絁 質の悪い絹
18綿 真綿
19匹 布帛二反
20貲布 よみ(糸筋)の細かい布、上質の布
21仕丁 重要 宮廷の雑役夫
22庸布 重要 布は麻布をいう
23采女 宮中の女官

其の三に曰く、初めて戸籍・計帳14・班田収授の法を造れ。凡そ五十戸を里とし、里毎に長一人を置け。……凡そ田は長さ三十歩、広さ十二歩を段とせよ。十段を町とせよ。段ごとに租の稲15二束二把、町ごとに租の稲二十二束とせよ。

其の四に曰く、旧の賦役16を罷めて、田の調を行へ。凡そ絹・絁17・糸・綿18は並びに郷土の出せるに随へ。田一町に絹一丈、四町にして匹19を成す。……別に戸別の調を収れ。一戸の貲布20一丈二尺。……凡そ仕丁21は、舊の三十戸毎に一人せしを改めて、五十戸毎に一人を、以て諸司に充てよ。五十戸を以て仕丁一人が粮に充てよ。一戸に庸布22一丈二尺、庸米五斗。凡そ采女23は、郡の少領以上の姉妹、及び子女の形容端正しき者を貢れ。……」

（日本書紀）

さ十二歩を一段とし、十段を一町とする。一段から租税の稲を二束二把、一町から租稲二十二束徴収する。

その四は、旧来の租税や力役を廃し、田に課する調の制を施行する。絹・絁・糸・綿は郷土の生産品を出せ。田地一町について絹一丈、四町で一匹(二反)とする。……また、一戸ごとに調を徴収する。一戸について、上質の布一丈二尺とする。……また、宮廷に仕える仕丁は、もとの三十戸について一人差し出す方法を改め、五十戸に一人出すことにし、これらの仕丁を各官庁に配当せよ。五十戸から仕丁一人の食料を出せ。一戸に庸の布一丈二尺、庸の米五斗を割りあてる。宮中に仕える采女は、郡の少領以上の者の姉妹および子女で、容姿のきれいな娘を出すようにせよ。……

己亥年十月上挾國阿波評松里

藤原宮出土の木簡
(1967年出土)

解説

『日本書紀』皇極天皇四(六四五)年六月条には、中大兄皇子が中臣鎌足や蘇我倉山田石川麻呂らとはかり、三韓の使節を迎える朝廷の儀式に参加した蘇我入鹿を斬殺し、父の蝦夷をその邸宅に襲って自殺させたとある。いわゆる乙巳の変である。

翌六四六(大化二)年正月元日、中大兄皇子らに擁立された孝徳天皇によって、飛鳥から遷都した難波長柄豊碕宮で、改新の詔四か条が発せられる。その

内容は、①皇室の子代の民(直属民)、朝廷の屯倉(直轄地)、豪族の部曲(私有民)や田荘(私有地)を廃止し、豪族には食封(特定の人民を指定してその租税の収得権を与える)をその代償として支給する(**公地公民制**)、②皇居をおく都の区域(京師)を設け、都がおかれる地域(畿内)には国司や郡司を任命し、地方の行政区画を定め、各地との連絡網(駅伝制)をつくる(**中央集権体制**)、③戸籍・計帳(租税台帳)を作成し、それらにもとづいて人民に土地を配分し租の税を徴収する班田収授法を定める(**班田制**)、④旧来の労役の徴発(賦役)をやめ、田地や家ごとにかける租税(調)を徴収する(**新税制**)、の四か条であり、改新政治の目標を示し、律令体制の骨格をなすものといえる。

しかし、『日本書紀』にある詔文を当時の原文とみることはできないとされている。第一条はともかく、第二条以下は大宝令の条文に酷似しており、のちの修飾ないし造作ではないかという。とくに、第二条の「郡」の字は、七世紀後半のものであることが確実な金石文や木簡などの史料ではいずれも「評」の字を用いていることには注意しておきたい。この問題は、改新の詔に修飾・造作を認めるかどうかをめぐってたたかわされた郡評論争をひきおこしたが、今日では造作の事実はゆるがしがたくなっている。さらに、そのことから改新の詔全体が『日本書紀』の虚構ではないかとする考え方までも出されるにいたっているが、これには批判も少なくない。

3 壬申の乱 ★

(天武天皇元年)❶六月丙戌、……是の時に、近江朝、大皇弟❷東国❸に入りたまふことを聞きて、其の群臣悉に愕ぢて、京の内震動ぐ。或いは遁れて東国に入らむとす。……

七月辛亥。……瀬田❹に至る。時に大友皇子及び群臣等共に橋の西に営して、大に陣を成し、其の後を見ず、旗幟野を蔽い、埃塵天に連る。鉦鼓の声、数十里に聞え、列れる弩乱れ発ちて、矢の下ること雨の如し。其の将智尊❺精兵を率ひて先鋒として距ぐ。……衆悉く乱れて散走り、禁むべからず。時に将軍智尊刀を抜きて退く者を斬る。而も止むること能はず。因て以て智尊を橋の邊に斬る。則ち大友皇子、左右大臣等、僅に身をもて免れて逃ぐ。……是に於て、大友皇子走り

壬申の乱

❶天武天皇元年　六七二年
❷大皇弟　大海人皇子
❸東国　このころは東海道伊賀以東、東山道美濃以東の諸国
❹瀬田　近江の瀬田
❺智尊　近江軍の将軍

て入らむ所無し、乃ち還りて山前❻に隠れて自ら縊れぬ。時に左右大臣及び群臣皆散り亡ぐ。……

（日本書紀）

解説

壬申の乱(六七二年)の直接的な原因は、天智天皇の継承者の地位をめぐるその弟の大海人皇子とその子の大友皇子の対立にある。天智天皇は、皇太弟として皇位継承者の立場にあった大海人皇子をさしおいて、政務総覧という、従来は皇太子があたってきた職務をなす太政大臣を新設し、それに大友皇子を任じた。これは大海人皇子を排そうとする姿勢のあらわれで、大海人皇子が病床の天智天皇に出家の許しを乞い吉野へしりぞいたのは兄弟のあからさまな対立を避け、また後日にそなえるためだったと思われる。天智天皇の死後、両者の対立はついに内乱をひきおこした。内乱の結果、旧来の豪族が結集していた大友皇子側の近江朝廷は崩壊し、大海人皇子(天武天皇)の下で律令体制の構築が一挙に進展していくことになる。

❻山前　場所については、現在の滋賀県大津市の長等山の前とする説や、京都府乙訓郡大山崎町の地とする説など、諸説ある

4 民部・家部の廃止 ★

（天武天皇四年❶二月）己丑、詔して曰く、「甲子の年❷に諸氏に給へりし部曲❸は、自今以後、之を除めよ。又親王❹・諸王及び諸臣幷て諸寺等に賜へりし山沢・嶋浦・林野・陂池は、前も後も並に除めよ」と。

（日本書紀）

解説

白村江の戦いの敗戦の翌年(六六四年)、称制(即位せず天皇の大権をとる)中の中大兄皇子は、大化の改新で否定したはずの豪族の民部・家部と称する部曲(私有民)所有を認めた。これは、敗戦後の国内体制再建に豪族の協力を得るため、その部曲支配の存続を認めた妥協・懐柔策だった。

壬申の乱に勝利して強大な権力を手中におさめた天武天皇は、六七五年、部曲の全廃にふみきり、また豪族に与えた山林原野・地堤の返還も命じた。これにより、豪族への給与は食封にかわり、公地公民制の確立へむかっていくことになる。

民部・家部の廃止

❶天武天皇四年　六七五年

❷甲子の年　六六四年

❸部曲 重要　天智天皇三年、諸氏の民部・家部の保有を認めた

❹親王　天皇の兄弟・皇子

5 天皇の神格化 ★★

壬申の年[1]の乱の平定しぬる以後の歌二首

大君は　神にし坐せば[2]　赤駒の　匍匐ふ田井を[3]　都となしつ　　大伴御行[4]

大君は　神にし坐せば　水鳥の　多集く水沼を[5]　都となしつ　　作者不詳

天皇、雷岳に御遊しし時、柿本朝臣人麿の作る歌一首

大君は　神にし坐せば　天雲の　雷の上に　廬らせるかも　　柿本人麻呂

（万葉集）

解説

天武・持統朝の最大の政治課題は律令体制の構築であったが、その要は豪族を官人として再編成し、中央集権体制の中へ組みこむことにあった。そのため、皇族で政府中枢をかためる皇親政治の形態をとり、八色の姓を制定するなどしている。豪族の官僚化と対照的に天皇の地位の絶対化がすすみ、その神格化がはかられ、「現神」(現人神)となっていく。「大君は神にし坐せば」ではじまる天皇讃歌がさかんにつくられるのもこうした背景があってのことであった。

天皇の神格化

[1] 壬申の年　六七二年

[2] 神にし坐せば　神であられるから

[3] 赤駒の匍匐ふ田井を　栗毛の駒(雄馬)が腹ばいになるような田んぼ

[4] 大伴御行　壬申の乱で大海人皇子方に属した

[5] 水鳥の多集く水沼　水鳥がたくさん巣をつくっているような沼

原典解説

万葉集　二十巻、撰者は定説がない。長歌、短歌、旋頭歌など四千五百余首を収録

設問

問❶　乙巳の変をおこした皇子はだれか。

問❷　六四六年に出された改新政治の目標を示すものは何か。

問❸　天武天皇が即位するにあたっておきた内乱は何か。

白鳳文化

特色	①律令体制形成期の文化 ②初唐文化の影響
建築	薬師寺東塔(裳階つきの三重塔、水煙)
彫刻	興福寺仏頭(もとは山田寺・1937年発見) 薬師寺金堂薬師三尊像・東院堂聖観音像 法隆寺夢違観音像・阿弥陀三尊像
絵画	法隆寺金堂壁画(インドのアジャンター石窟寺院の壁画に類似、1949年焼損) 高松塚古墳壁画(高句麗の壁画に類似、1972年発見)
文学	**和歌**－長歌・短歌の形式確立 柿本人麻呂、額田王 **漢詩** 大津皇子

⑩律令制度

1 戸令 ★★★

凡そ戸は五十戸を以て里と為よ。里毎に長一人置け。掌らむこと、戸口を検校し1、農桑を課せ殖えしむこと、非違を禁め察む2、賦役を催し駈はむこと3。……

凡そ計帳造らむことは4、年毎に六月卅日以前に、京・国の官司、所部の手実5責へ、具に家口6・年紀7を注せ。……

凡そ戸籍は、六年に一たび造れ。十一月上旬より起して、式8に依りて勘へ造れ。里別に巻と為せ。惣べて三通を写せ。……二通は太政官に申し送れ。一通は国に留めよ。……

凡そ戸籍は、恒に五比留めよ9。其れ遠き年のは、次に依りて除け。近江の大津の宮の庚午の年の籍10は除くことせず。

（令義解）

戸令

1検校　とりしらべただす
2非違を禁め察む　法に反することをとりしまる
3賦役を催し　庸調などの税をとりたてる
4計帳 重要　庸調等徴収のための台帳
5手実　戸主の申告した文書
6家口　家族数
7年紀　年齢
8式 重要　令の施行細則
9五比　五回分。一比は六年で六年ごとに造籍するため三十年保存すること
10庚午の年の籍　庚午年籍

原典解説

令義解　養老令の官撰注釈書で、八三三（天長十）年清原夏野らが撰上した。これから養老令の全貌がうかがわれる

解説

律令体制は、全人民の戸籍を作成して掌握し、国家が人民を動員して造成した田地を、戸を単位として配分し、その戸から一定の基準で租税を徴収することを基礎に成り立っている。戸籍は、六年に一回の割で作成され、里（五十戸で構成）ごとに一巻とし、その写しを三通作成し、二通を中央へ提出し、一通を国司のもとにおき、それぞれ三十年間保存することになっていた。戸（郷戸）は、正倉院に現存する戸籍によれば、平均約二十五人で、多いものは百二十四人にも達し、田地の班給や租税の納入の単位となる。七一五（霊亀元）年の郷里制施行以後は、郷戸の内部に房戸という、より小さな単位が設定された。しかし、戸は支配の必要から戸籍上編成された色彩が濃厚であり、当時の家族のあり方をそのまま示しているわけではない。

2 田令 ★★★

凡そ口分田給はむことは、男に二段。女は三分の一を減ぜよ。五年以下には給はざれ。其の地に寛狭有らば、郷土の法[1]に従へよ。易田[2]は倍して給へ。給ひ訖りなば、具に町段及び四至[3]を録せ、……

凡そ田は六年に一たび班へ。神田・寺田は此の限に在らず。若し身死にたるを以て田退くべくは、班はむ年[4]に至らむ毎に、即ち収り授ふに従へよ。

（令義解）

解説

律令体制の下では、田地とその維持に不可欠な水利施設の造成・修築は国家の責任でなされたが、もちろんそのための労役は公民が負担した。それは小規模な開発では不可能な条里制の田地の造成を実現したが、公民に六年ごとに配分（六年一班）された田地（口分田）は、六歳以上の男子に二段（反）、女子に一段百二十歩と、生活の糧を得るには最小限のものであった。しかも、ほとんどの田地が租税を課される輸租田であり、かならずしも重い負担とはいえないが、一段につき二束二把（収穫の約三パーセント）の稲を租として納めなければならなかった。

3 賦役令 ★★

凡そ調の絹・絁[1]・糸・綿[2]・布は、並に郷土の所出に随へよ。正丁一人に、絹・絁は八尺五寸……糸八両、綿一斤、布二丈六尺。……

凡そ調は、皆近きに随ひて合せ成せ。絹・絁・布の両つの頭、及び糸・綿の嚢には、具に国・郡・里・戸主の姓名、年月日を注し、各国印を以て印せ。

凡そ調庸の物は、年毎に八月の中旬より起りて輸せ。……其の運脚[3]は均しく庸調の家に出さしめよ。……

田令

1 郷土の法　その地方の事情

2 易田　地味がやせて、一年おきに耕す田

3 四至　東西南北の境

4 班はむ年 重要　班田収授をする年、六年一班の年

賦役令

1 絁　質の悪い絹

2 綿　まわた

3 運脚 重要　調・庸を都まで運ぶ公民

凡そ正丁の歳役は[4]十日。若し庸収るべくは布二丈六尺。……

凡そ令条の外[5]の雑徭[6]は、人毎に均しく使へ。惣て六十日を過ごすことを得ざれ。（令義解）

解説

律令体制は、豪族からその土地や人民の支配権を国家へ取り上げた代償として、官僚となった彼らにそれぞれの地位にふさわしい生活を公民の労働によって保障することで成り立っていた。公民を都へかりだして直接使役するか、注文した布や食料品などの品々を地方でつくらせるか、また食料や工賃を支給するかどうかなどの違いはあっても、公民に自分たちの生活とは無縁な労働に一定期間従事させる、という本質にかわりはなかった。調や庸、仕丁や雇役のたぐいがそれである。調や庸の布などのうち、錦や綾といった高級品は、国衙(国司の役所)や郡家(役所を兼ねた郡司の邸宅)の工房で中央から派遣された技術指導員の指示に従い統一規格で作成されており、けっして公民の自家生産の余剰ではない。また蘇(乳製品)などはその生産のためわざわざ牛を飼わされている。しかも、それらの中央への輸送(運脚)も負担しなければならないのである。さらに、国司は必要に応じて、年間六十日の枠内で雑徭を徴発できることになっている。もっとも、これは、田地の造成や水利施設の修築といった公共的な事業のための労役が多かったことは注意しておく必要がある。

4 軍防令 ★★

凡そ兵士の上番[1]せむは、京に向はむは一年、防に向はむは三年、行程を計へず。……

凡そ兵士の京に向ふをば、衛士[2]と名づく。……辺[3]守るをば防人[4]と名づく。（令義解）

解説

兵役は、壬申の乱の直後から中央・地方で整備がすすみ、徴兵権は豪族から国家に移った。天武天皇十四(六八五)年、法螺貝・角笛・太鼓・ラッパ・幟・旗などの指揮具と弩・抛などの大型兵器とを豪族の私邸から郡家へ移させた。その後、戸籍にもとづき戸ごとに正丁(二十一～六十歳の男子)三～四人に一人の割で徴兵し、軍団に属させ訓練した。兵士は、武器や食料を自弁するのが原則であった。さら

---

[4] **歳役** 重要 政府に対する労役

[5] **令条の外** 賦役令の条文に規定された以外の

[6] **雑徭** 重要 国司が農民に課す労役

軍防令

[1] **上番** 諸国の軍団から、都や九州へ派遣する

[2] **衛士** 都の警備にあたる

[3] **辺** 九州北部の沿岸・対馬・壱岐

[4] **防人** 九州の防備にあたる

設問

問❶ 六年ごとに作成され、班田収授の台帳となるものは何か。

問❷ 公民に班給される公有の田地を何というか。

問❸ 年六十日を上限とする労役を何というか。

律令の制定

名称	巻数	編者(天皇)	制定年	実施年
近江令	22?	中臣鎌足(天智)	668(天智7)年	671(天智10)年
飛鳥浄御原令	令22	粟田真人(天武)	681(天武9)年	689(持統3)年
大宝律令	律6 令11	刑部親王 藤原不比等(文武)	701(大宝元)年	702(大宝2)年
養老律令	律10令10	藤原不比等(元正)	718(養老2)年	757(天平宝字元)年

に、その中から都の警備にあたる衛士や大宰府の管轄のもと九州北部の沿岸や対馬・壱岐の警備にあたる防人をえらび出した。兵役従事者は庸と雑徭は免除されるが、その負担は過大であった。防人の徴発が東国に限定されたのも、遠隔地からの徴発で逃亡の防止をねらった面があることも見落せまい。

5 律令貴族

役人の年収

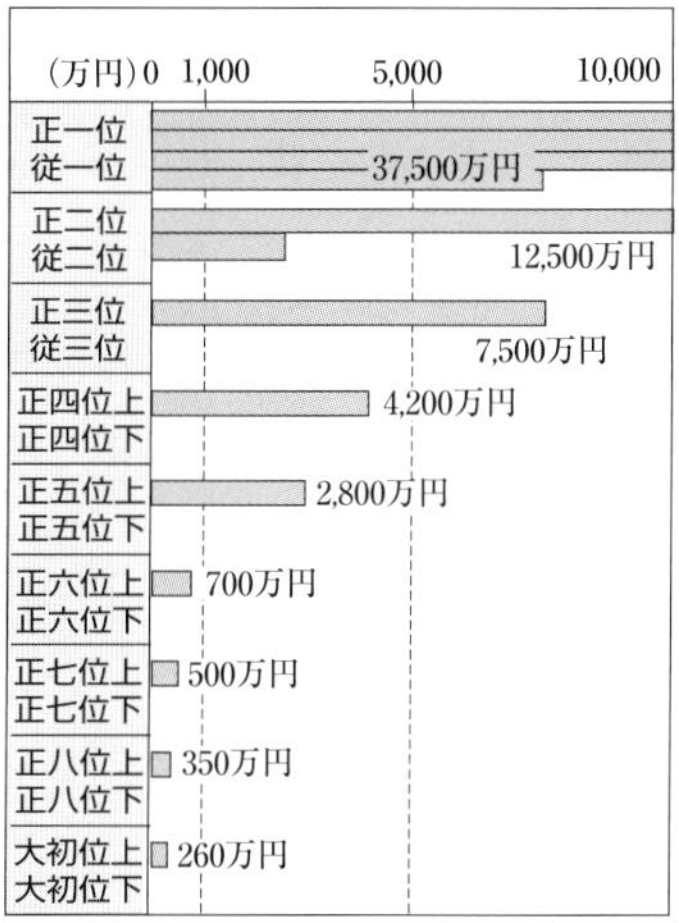

(万円) 0 1,000 5,000 10,000

位階	年収
正一位・従一位	37,500万円
正二位・従二位	12,500万円
正三位・従三位	7,500万円
正四位上・正四位下	4,200万円
正五位上・正五位下	2,800万円
正六位上・正六位下	700万円
正七位上・正七位下	500万円
正八位上・正八位下	350万円
大初位上・大初位下	260万円

解説

律令体制下の官人は、正一位から少初位下までの三十階に分かれた位階に応じて官職についた(官位相当制)。中でも五位以上の位階をもつ官人は、中央では百数十人、地方で数十人しかいなかった。上層の官人には田地(位田・職田)や、封戸(位封・職封)が与えられた。その子孫ははじめから高位を与えられ、早くしかも高い地位につくことができ(蔭位の制)、刑法上も特典があった。さまざまな特権により、五位以上の官人は、実質的には世襲貴族となっており、律令貴族とよばれる。

四等官表

	神祇官	太政官	省	大宰府	国	郡
長官	伯	太政大臣 左大臣 右大臣	卿	帥	守	大領
次官	大副 少副	大納言	大輔 少輔	大弐 少弐	介	少領
判官	大祐 少祐	少納言 左弁官 右弁官	大丞 少丞	大監 少監	大掾 少掾	主政
主典	大史 少史	外記 史	大録 少録	大典 少典	大目 少目	主帳

律令官人の経済的特権

位階	季禄(半年分)				資人	位田	位封
	絁 匹	綿 屯	布 端	鍬 口	人	町	戸
正一位	30	30	100	140	100	80	300
正二位	20	20	60	100	80	60	200
正三位	14	14	42	80	60	40	130
正四位	8	8	22	30	40	24	
正五位	5	5	12	20	25	12	
正六位	3	3	5	15			
正七位	2	2	4	15			
正八位	1	1	3	15			
大初位	1	1	2	10			

11 農民の生活

1 戸籍と計帳 ★

(1) 戸籍 ★

「筑前国嶋郡川邊里[1] 大寶二年籍[2]」
戸主追正八位[3]上勲十等肥君猪手年伍拾参歳
　正丁　大領　課戸[4]
庶母宅蘇吉志須彌豆賣年陸拾伍歳　老女[5]
妻、哿多奈賣年伍拾貳歳　丁妻
妾、宅蘇吉志橘賣年肆拾漆歳　丁妾
妾、黒賣年肆拾貳歳　丁妾
妾、刀自賣年参拾伍歳　丁妾
男、肥君与呂志年貳拾玖歳　正丁　嫡子
男、勲十等肥君泥麻呂年貳拾漆歳　正丁
　妾橘賣男
男、肥君太哉年貳拾参歳　正丁　嫡弟
男、肥君乎麻呂年拾捌歳　小丁
男、肥君久漏麻呂年拾陸歳　小子
男、肥君夜惠麻呂年拾伍歳　小子

(2) 計帳 ★

「山背国愛宕郡出雲郷計帳　神亀三年[1]」
戸主　少初位上出雲臣深嶋　年肆拾伍歳　正丁
　造宮省工　右手於灸
男　出雲臣大津年拾参歳　小子　左鼻辺黒子
女　出雲臣大羽売　年参拾歳　丁女
弟　出雲臣古麻呂　年肆拾貳歳　正丁
　左頬黒子　営厨司工
男　出雲臣大足　年拾壹歳　小子
　右耳於黒子
男　出雲臣弟足　年肆歳　小子
姉　出雲臣家虫売　年伍拾肆歳　丁女
　右目後黒子
姉　出雲臣漆重売　年伍拾壹歳　丁女
　左頬黒子
妹　出雲臣難毛売　年参拾肆歳　丁女

戸籍と計帳

(1)戸籍

[1]筑前国嶋郡川邊里　福岡県糸島郡志摩町

[2]大寶二年　七〇二年

[3]追正八位　新官位の正八位が旧官位の追にあたることを示す。大宝律令後しばらくの間使われた書き方

[4]課戸 重要 庸調を負担する課丁のいる戸

[5]老女　令の年齢規定で六十一～六十五歳の女

(2)計帳

[1]神亀三年　七二六年

年齢規定

緑児・緑女	1～3歳
小子・小女	4～16歳
中男(少丁)・次女	17～20歳
正丁・丁女	21～60歳
次丁(老丁)・老女	61～65歳
耆老・耆女	66歳以上

上件三口妾橘賣男……

……（正倉院文書）

妹　出雲臣奈由比売　年参拾伍歳　丁女

……（正倉院文書）

解説

戸籍や計帳は正倉院の紙背文書として現存している。おそらく、三十年の保存期間をすぎた戸籍などが反古とされ、写経などの料紙に用いられたのであろう。戸籍の史料として掲出した肥君猪手の戸は、現存のものでは最大で百二十四人が属し、うち奴婢が三十七人を占め、郡司(大領)の性格を示している。計帳は中央財源である調・庸の賦課台帳であり、毎年六月三十日以前に各戸主から戸口の氏名・年齢・性別・容貌上の特徴・課または不課の区別などを申告させ、これを郡ごとにまとめ、各国の人口や課口の数、調・庸の総数を算出する。二通作成し、一通は八月三十日以前に中央へ送って検査を受ける。中央はこの計帳によって歳入の見通しをたてることができた。

2 農民の労苦 ★

(1) 運脚の苦しみ ★

（和銅六年）❶三月壬午、……又詔すらく、「諸国の地、江山遐かに阻たりて、負担の輩、久しく行役に苦しむ。資粮❷を具備へむとすれば、納貢の恒数❸を闕き重負を減損せむとすれば、路に饉るの少なからざることを恐る。宜しく各々一嚢の銭を持たしめ、爐に当って給する❹事を作して、永く労費を省き、往還便りを得しむべし。宜しく国郡司等、豪富の家に募りて、米を路の側に置て、其の売買に任せしむべし。」と。

（続日本紀）

(2) 防人の歌 ★

大君の　命かしこみ　磯に触り❶　海原渡る　父母を置きて

わが妻も　絵に描きとらむ　暇もが❷　旅行く吾は　見つつしのはむ

数字の表記

六	七	八	九	十
陸	漆	捌	玖	拾
一	二	三	四	五
壱	弐	参	肆	伍

原典解説

正倉院文書　東大寺正倉院に収められている一万点あまりの文書で、戸籍や計帳を反古にして作成された書類などがある

農民の労苦

(1) 運脚の苦しみ

❶**和銅六年**　七一三年

❷**資粮**　食料

❸**納貢の恒数**　調・庸の納入規定数

❹**爐に当って給する**　食事をするための用にあてる

(2) 防人の歌

❶**触り**　沿って

❷**暇もが**　いとまがあったらなあの意

父母が　頭かき撫で　幸くあれて[3]　いひし言葉ぜ[4]　忘れかねつる
韓衣　裾に取りつき　泣く子らを　置きてそ来ぬや　母なしにして
防人に　行くは誰が背　と問ふ人を　見るが羨しさ　物思もせず
（万葉集）

解説

運脚は、調や庸などの貢納物をかついで都まで運んだ公民（またはその労役）のことである。律令体制下の輸送の主力をなし、都との往復の間は生産労働から切り離された上、食料も自弁であったため、公民にとって、運脚は大きな負担となった。史料は、つくられはじめてまもない和同開珎を運脚にもたせて食料を途中で購入させるようにした。そのため国司・郡司らに、有力農民に米を売らせるようにすることを指示している。こうした指示もあまり効果はなかったようである。

3 木簡 ★

(1) 調の荷札 ★

（表）伊豆国賀茂郡三嶋郷[1]戸主占部久須里戸占部広庭、調麁堅魚拾壱斤

（裏）拾両　員十連三節　天平十八年[2]十月

(2) 長屋王家への貢納★

長屋親王[1]宮鮑大贄[2]十編

解説

木簡は、簡単な命令や伝達、物資の請求や支給・進上、出納にかかわる伝票や記録、また官人の勤務評定用のカードとしても用いられた。多くは、長さ十五～二十五センチメートルの短冊の形をしている。

---

3 幸くあれて　幸福であれと

4 言葉ぜ　言葉で。方言で「言葉ぞ」と同じ

原典解説

続日本紀　『日本書紀』のあとをついで六九七年から七九一（延暦十）年までの九五年間の歴史を編年体で記したもので、菅野真道らにより七九七（延暦十六）年完成した

万葉集　四三ページ参照

木簡

(1) 調の荷札

1 伊豆国賀茂郡三嶋郷　現在の東京都伊豆七島の一部にあったと推定される

2 天平十八年　七四六年

(2) 長屋王家への貢納

1 長屋親王　重要　長屋王（六八四～七二九年）、天武天皇の孫、太政大臣高市皇子の子。藤原不比等の死後、左大臣にまでのぼったが七二九（天平元）年の長屋王の変で、妻子とともに自殺した

発掘された長屋王の邸宅跡から三万点もの木簡がみつかった。これらにより、長屋王に仕える人々と役所、経済基盤、邸宅内の食生活などの貴族生活の様子や、彼が「長屋親王」と称されていたことなどがわかった。

2贄　贄は神や天皇に納める食料品だったが、令制下では調の一部として存続していた。おそらく、長屋王の封戸が納めたものだろう

4 貧窮問答歌 ★★

風交じり　雨降る夜の　雨交じり　雪降る夜は
すべもなく　寒くしあれば　堅塩**1**を　取りつづし
ろひ　糟湯酒**2**　うちすすろひて　しはぶかひ**3**　鼻
びしびしに**4**　然とあらぬ**5**　ひげ掻き撫でて　我を
除きて　人はあらじと　誇ろへど　寒くしあれば
麻衾**6**　引き被り　布肩衣**7**　有りのことごと**8**　着襲
へども**9**　寒き夜すらを　我よりも　貧しき人の
父母は　飢ゑ寒ゆらむ　妻子どもは　乞ふ乞ふ泣
くらむ　この時は　いかにしつつか　汝が世は渡
る
天地は　広しといへど　我がためは　狭くやな
りぬる　日月は　明しといへど　我がためは　照
りや給はぬ　人皆か　我のみや然る　わくらばに**10**
人とはあるを　人並に　我も作るを　綿も無き
布肩衣の　海松**11**のごと　わわけ下がれる**12**　かかふ**13**

通釈

風交じりに雨が降り、その雨にまた雪が交じって降る夜は、どうしようもないほど寒いので、固まった塩を少しずつたべ、酒の粕をといた湯をすすり、せきをし、鼻水をすすりあげる。たいして生えてもいないひげをなでて、自分をさしおいてはえらい人間はあるまいと自慢をしてみるけど、いかにも寒いことだから麻ぶとんをひっかぶり、袖なしの布衣をありったけ重ね着しても、それでも寒い晩なのに、私よりも貧乏な人の父母は本当に寒いことだろう。その妻子は、物をたべさせてくれと泣くことだろう。こういう時には、どうやって、お前の生活をたてていくのか。

天地の間は広いとはいうけれど、私には狭くなったのでしょうか。日や月は明るいものだというけれど、私のためには照って下さらぬのでしょうか。世の人が皆そうなのでしょうか。私ばかりがそうなのでしょうか。たまたま人と生まれ、人なみに私も働いているのに、綿も入らぬ布の袖なしの、海松のように破れてぶら下がったぼろばかりを肩にかけて、低いまがった小

貧窮問答歌

1堅塩　固まった塩
2糟湯酒　酒のかすを湯にとかしたもの
3しはぶかひ　せきをする
4鼻びしびし　鼻汁をすすりあげる形容
5然とあらぬ　あまり生えてない
6麻衾　麻でつくった夜具
7布肩衣　布製の袖なしの衣
8有りのことごと　あるだけ全部
9着襲へども　着重ねても
10わくらばに　たまたま
11海松　海草の名
12わわけ下がれる　破れてぶらさがった
13かかふ　ぼろ着

のみ　肩にうち掛け　伏せ廬[14]の　曲げ廬[15]の内に
直土[16]に　藁解き敷きて　父母は　枕の方に　妻子
どもは　足の方に　囲み居て　憂へ吟ひ[17]　かまど
には　火気ふき立てず　甑[18]には　蜘蛛の巣かきて
飯炊く　ことも忘れて　ぬえ鳥[19]の　のどよひ居る
に　いとのきて　短き物を　端切ると[20]　云へるが
ごとく　しもと取る[21]　里長[22]が声は　寝屋処まで
来立ち呼ばひぬ　かくばかり　すべなきものか
世の中の道
　世の中を　憂しとやさしと　思へども　飛び立
ちかねつ　鳥にしあらねば　（万葉集）

屋の中に、地べたにじかに藁をといてしいて、父母は自分の枕の方にねかせ、妻子は足もとの方にねかして、自分をかこんでいて悲しんだりうなったりしており、かまどでは煙をふき立てることもなく、米をむす甑には蜘蛛が巣をかけていて、米を蒸すことも忘れたふうで、ぬえ鳥のように嘆きうなっているのに、それでなくても短いものを、その端を切るという諺のように、むちをとった里長の租税をとりにくる声が、寝室まできこえてきます。こんなにまで、やるせないものなのでしょうか、人の世の中の道とは。

　世の中を、身も細るばかりにつらいとは思うけれども、鳥ではないので、飛んでいってしまうこともできません。

解説

　遣唐使の一員として渡唐(七〇二～七〇四年)経験もある山上憶良が筑前国守であった頃に実際に見聞したことをもとに長歌と短歌による問答歌形式で詠んだのが**貧窮問答歌**である。作歌は七三一(天平三)年七月から七三三(天平五)年三月の間だと考えられている。憶良は国司という立場にありながら、竪穴住居の中で、かまどにはクモの巣がはるような食うや食わずの生活をしている貧しい公民が里長によってムチで労役にかりたてられていく様子に目を向け、この現実は何とかならぬかと苦悩している。その背景には儒教の政治的理想主義があり、平安貴族にはみられない一面に注目したい。また、憶良が渡唐経験をもつことと関連して、当時唐で流行していた王梵志の漢詩から影響を受けていたともいわれる。さらに、この歌は公民の負担というものの現実の姿をも写し出している。

14 伏せ廬　屋根の低い家
15 曲げ廬　ゆがみ傾いた家
16 直土　土にじかに
17 吟ひ　うめく
18 甑　むし器
19 ぬえ鳥　「のどよひ」の枕詞。細々と力のない声で鳴く
20 端切る　短いものをさらに端をきって短くすること
21 しもと取る　むちをとった
22 里長 重要　原文は「五十戸良」。五十戸一里の長の意。里長

原典解説

万葉集　四三ページ参照

設問

問❶　公民から徴税するために毎年作成される台帳は何か。

問❷　調や庸を都へ運ぶ公民（またはその労役）を何というか。

問❸　奈良時代の厳しい農民生活を描く貧窮問答歌の作者はだれか。

農民の負担

名称		正丁(21~60歳)	次丁(老丁)(61~65歳)	中男(少丁)(17~20歳)	備考	性格
課(物納税)	租	1段につき稲2束2把(706年より1束5把)(収穫高の3%) (束の単位大きくなる)	同左	同左	国府の財政	口分田に課税
	調	○正規の調 絹・絁8尺5寸、糸8両、綿1斤、布2丈6尺等のうち1種 ○雑物(代替品) その他の特産物34種	正丁の1/2	正丁の1/4	京・畿内は正丁に調布1丈3尺、次丁1/2、中男は1/4	良民男子への人頭税
	庸(歳役)	布2丈6尺 (10日)	布1丈3尺 (5日)	なし	京・畿内免除 (歳役30日で租・調免除)	
	調副物	調の付加物 38種、染料、麻、油、調味料容器など(717年廃止)	なし	なし	京・畿内免除	
(雑税)	出挙	春稲を貸し秋利息をつけて返納(年利息は公出挙で5割) はじめ貧民救済→のち強制貸付となる			地方財源に当てる	
	義倉	凶作にそなえ、毎年一定額の粟等の穀類を義倉に納める (9等級の戸に応じ2石~1斗)			等外の戸を除く全戸	戸毎の雑税
役(労働税)	雑徭	年間60日以下の労役	30日以下	15日以下	国司が使役	良民男子への税
	仕丁	50戸ごとに正丁2人 (3年間服務)	なし	なし	中央官庁の労役	
	兵役	正丁3~4人に1人の割合で徴兵 軍団 衛士(1年)、防人(3年)	なし	なし	兵士は役免除 衛士・防人は課役免除	

註：租以外は、皇親八位以上、16歳以下、66歳以上、蔭子孫、廃疾、篤疾、女子、家人、奴婢は不課

⑫ 平城京

1 平城遷都 ★

(1) 平城京 ★

あをによし[1] 寧楽の京師は　咲く花の　薫ふがごとく　今盛りなり
大宰少弐[2]小野朝臣老
（万葉集）

(2) 造営工事の困難 ★

（和銅四年[1]九月）丙子、勅すらく[2]、「頃ごろ聞く、諸国の役民、造都[3]に労して奔亡[4]猶お多し。禁ずと雖も止まず。今、宮垣[5]いまだ成らず。防守備わらず。宜しく権に軍営[6]を立て兵庫[7]を禁守すべし。」
（続日本紀）

解説

平城京は東西四・三キロメートル、南北四・八キロメートルからなり、のちに東大寺・興福寺・元興寺が春日山・三笠山のふもとに建立されたので外京が付加された。人口は諸説あり、かつては二十万人と推計されたが、今では十万人程度ではないかとされている。うち、皇族以下の役人や雑役夫なども含めて、役所勤務の人は、二万人程度とみられる。

都の造営目的は、支配階級をすべて官人として組織し、全人民を中央集権的に統治するためだけでなく、唐帝国には遣使の礼をとって対立を避けながら、しかも唐同様、周辺諸国に君臨し朝貢させるような帝国であろうとする律令貴族の国際意識が、唐の長安城のミニチュアをつくらせたのであろう。

しかし、造営工事は、工事にかり出された公民の逃亡が相次ぎ、なかなか進展しなかった。史料は皇居と政府庁舎を含む大内裏である平城宮を取り囲む築地塀が未完成なので、兵の駐屯所を仮設して武器庫の警備にあたらせるよう指示したものである。結局、都全体をめぐる羅城はつくられず、その正門である羅城門のみがつくられたにとどまった。

平城遷都

(1) 平城京

1 あをによし　奈良の枕詞
2 大宰少弐　大宰府の次官。小野老は九州の大宰府にあって、奈良の都をしのびこの歌を詠んだ

(2) 造営工事の困難

1 和銅四年　七一一年
2 勅す　元明天皇の勅命
3 造都　平城京の造営
4 奔亡　逃亡
5 宮垣　平城宮の築地塀
6 軍営　兵士の駐屯所
7 兵庫　武器庫

原典解説

万葉集　四三ページ参照
続日本紀　五〇ページ参照

和同開珎と蓄銭叙位令 → p.55

(1) 和同開珎

1 和銅元年　七〇八年

2 和同開珎と蓄銭叙位令 ★★

(1) 和同開珎 ★

和銅元年春正月乙巳❶、武蔵国秩父郡❷、和銅❸を献ず。詔して曰く、「……東方武蔵国に自然作成る和銅❹出在り。……慶雲五年を改めて、和銅元年として御世の年号と定め賜ふ。」

五月壬寅❺、始て銀銭❻を行う。

八月己巳❼、始て銅銭❽を行う。

（続日本紀）

(2) 蓄銭叙位令 ★★

（和銅四年❶冬十月甲子）詔して曰く、「夫れ銭の用たる、財を通じ有無を貿易❷する所以なり。当今百姓なほ習俗に迷ひて❸、未だ其の理を解せず、僅かに売買すと雖も、猶銭を蓄ふる者無し。其の多少に随ひて節級して❹位を授けむ。其れ従六位以下蓄銭一十貫❺以上有らむ者には、位一階を進めて叙す。廿貫以上には二階を進めて叙す。」

（続日本紀）

解説

和同開珎は、七〇八（和銅元）年五月に銀銭、八月に銅銭の鋳造がはじまった。官吏の都での生活や地方との交通の便宜をはかろうとしたものと考えられる。唐の開元通宝を模し、書体もそれにならっている。銅銭は山口県で鋳型が発見されるなどしていたが、銀銭も一九七〇（昭和四十五）年に中国の西安（長安）近郊で実物の存在が確認された。なお、近年では和同開珎以前に鋳造されたことが確実な富本銭も奈良県明日香村の飛鳥池遺跡で発見された。

政府はその流通を奨励するため、七一一（和銅四）年に蓄銭叙位令を出した。翌年には調の代銭納も認め、七二二（養老六）年には畿内周辺八か国（伊賀・伊勢・尾張・近江・越前・丹波・播磨・紀伊）に初めて調銭の納入を命じた。また、官吏の給与に用い、さらに郡司任命の条件を蓄銭六貫以上としたり、田地売買に銭の使用を命じたりもしている。なお、蓄銭叙位令は銭貨の死蔵をまねいたため、八〇〇（延暦十九）年に廃止された。

❷**武蔵国秩父郡**　現在の埼玉県秩父市
❸**和銅**　精練された銅
❹**自然作成る和銅**　自然に存在する銅で、精練されたものと同じ質の銅
❺**五月壬寅**　七〇八（和銅元）年五月十一日
❻**銀銭**　和同開珎の銀銭。一九七〇年中国の西安で発見された
❼**八月己巳**　七〇八（和銅元）年八月十日
❽**銅銭**　和同開珎の銅銭

(2) 蓄銭叙位令
❶**和銅四年**　七一一年
❷**貿易**　交換・売買のこと
❸**習俗に迷ひて**　古い習慣に従って。物々交換のこと
❹**節級して**　段階をつけて
❺**一十貫**　一万枚（文）

設問

問❶ 平城京の繁栄を花にたとえて和歌に詠んだ小野老が勤務していた役所はどこか。
問❷ 和銅元年に銀銭と銅銭が鋳造された貨幣は何か。
問❸ 貨幣の流通をうながすため制定された法令は何か。

⑬遣唐使

1 鑑真の来日 ★

日本国天平五年[1]歳は癸酉に次る、沙門[2]栄叡・普照等、遣唐大使丹墀真人広成に随ひて唐国に至り、留りて学問す。……（天宝元載[3]冬十月）時に大和上[4]揚州大明寺にあり、衆のために律[5]を講ず。栄叡・普照師大明寺に至り、大和上の足下に頂礼[6]し、具さに本意を述べて曰く、「……願はくは和上東遊して化を興せ[7]」と。大和上答へて曰く、「……誠に是れ仏法興隆有縁[8]の国なり。今我が同法の衆中、誰かこの遠請[9]に応じ、日本国に向ひて法を伝ふる者あるや」と。時に衆黙然として一の対ふる者なし。……和上曰く、「これ法事のためなり。何ぞ身命を惜しまむ。諸人去かざれば、我すなわち去るのみ」と。……（天宝九載[10]）……時に和上頻りに炎熱を経て、眼光暗昧[11]たり。……遂に療治を加ふるも、眼遂に失明せり。

（唐大和上東征伝）

❖解説❖

遣唐使は、六三〇年の犬上御田鍬派遣にはじまり、八九四(寛平六)年の菅原道真任命まで、二百六十余年間に二十回任命され、実際には十六回渡唐した。この間、唐使は九回来日している。渡唐規模は、排水量百五十～三百トン程度の船二～四隻で、多いときは五百人余の大使節団となる。目的は、①唐文化の輸入、②新羅に対する優越的地位の唐による承認、③朝貢貿易の利益などであった。

唐文化の輸入では仏教の比重が大きかった。当時、授戒は国内では行えず、七三三(天平五)年の遣唐使で、栄叡・普照が派遣され、鑑真に来日を承諾させた。鑑真は失明にもめげず、六度も渡航を試み、七五三(天平勝宝五)年、来日に成功し、東大寺に戒壇を設立した。七五九(天平宝字三)年に唐招提寺を創建し、七六三(天平宝字七)年に七十六歳で没した。彼のもとで正式の授戒がはじまり、聖武太上天皇・光明皇太后・孝謙天皇など四百数十名が受戒し、日本仏教はようやく自立への道がひらけた。

鑑真の来日

1 **天平五年**　七三三年
2 **沙門**　出家・僧侶
3 **天宝元載**　唐の玄宗皇帝の年号、七四二年
4 **和上**　和尚。律宗等の僧の尊称
5 **律**　仏法の戒律
6 **頂礼**　頭を地につけて拝むこと
7 **化を興せ**　教化
8 **有縁**　縁のあること
9 **遠請**　遠方からの招請
10 **天宝九載**　七五〇年
11 **暗昧**　暗くぼんやりしてくる

原典解説

唐大和上東征伝　鑑真が日本に戒律を伝えた経過や鑑真の事蹟などが記されている。淡海三船著。七七九(宝亀十)年成立

遣唐使の苦難 ➡ p.57

1 **もろこし**　唐
2 **春日**　現在の奈良市、春日大社の付近
3 **三笠の山**　春日山の一峰三笠山

原典解説

古今和歌集　八六ページ参照

遣唐使の墓誌 ➡ p.57

1 **尚衣奉御**　唐の位階。従五品上
2 **姓は井、字は真成**　井真成。姓を中国風に改めたもので、本姓は葛井・井上など諸説ある

[3]天縦　生まれつき優れている
[4]上国　唐
[5]馳騁　かけつける
[6]開元二十二年　七三四年
[7]官第に終わる　官舎で死去する
[8]春秋　享年
[9]皇上　皇帝。玄宗のこと
[10]滻水　長安の東側、万年県を流れる川
[11]素車　棺を運ぶ白木の車
[12]丹旐　葬列で掲げる旗
[13]夜台　墓前

設問

問❶　来日して、戒律を伝えた中国僧はだれか。

2 遣唐使の苦難—阿倍仲麻呂 ★

もろこし[1]にて月を見てよみける

天の原　ふりさけ見れば　春日[2]なる　三笠の山[3]に　いでし月かも

（古今和歌集）

参考史料　遣唐使の墓誌

★読み下しについては、『東アジアの古代文化』所収、氣賀澤保規氏のものに拠った。

贈尚衣奉御[1]の井公墓誌文并びに序　公、姓は井、字は真成[2]。国は日本と号し、才は天縦[3]と称さる。故に能く命を遠方に□、上国[4]に馳騁[5]す。礼楽を踏み、衣冠を襲い、束帯して朝に□こと、与に儔べ難し。豈に図らんや、強学して倦まず、道を問うこと未だ終わらざるに、□にて移舟に逢い、隙にて奔駟に遇うをや。開元二十二年[6]正月□日を以って、乃ち官第に終わる[7]。春秋[8]三十六。皇上[9]は□傷し、追崇するに典有り。詔して、尚衣奉御を贈り、葬は官をして□しむ。即ち其の年の二月四日を以って、滻水[10]の□原に窆る。礼なり。嗚呼、素車[11]もて暁に引き、丹旐[12]もて行くゆく哀う。遠□に嗟きて暮日に頽れ、窮郊に指き夜台[13]に悲む。其の辞に曰く。乃の天常を□、茲の遠方を哀れむ。形は既に異土に埋められ、魂は故郷に帰るに庶からん。

（「井真成墓誌」銘文）

解説

遣唐使の航路は、朝鮮半島ぞいに北上する**北路**と、東シナ海を横断するきわめて危険な**南路**とがあった。しかし、朝鮮半島情勢の変化により、新羅と外交上の対立が表面化するようになると、南路が採用されるようになった。七一七（養老元）年に渡唐した留学生**阿倍仲麻呂**は帰国できず、唐の朝廷に仕え、奈良の都に想いをはせる歌を詠んでいる。また、二〇〇四（平成十六）年には、七三四（天平六）年に唐で客死した遣唐使留学生「井真成」の墓誌が発見された。玄宗は、真成の死を悼み、位階の追贈と官費による葬儀を行っている。

主な遣唐使

出発年	帰国年	おもな使節・留学生（僧）
630	632	犬上御田鍬、薬師恵日
653	654	吉士長丹、高田根麻呂
654	655	高向玄理、河辺麻呂
659	661	坂合部石布、伊吉博徳
665	667	守大石、坂合部石布
667	668	伊吉博徳、笠諸石
669	670	河内鯨
702	704	粟田真人、高橋笠間 道慈*、山上憶良*
717	718	多治比県守、大伴山守 阿倍仲麻呂*・吉備真備*・玄昉*・井真成*
733	735	多治比広成、中臣名代
746		石上乙麻呂（派遣中止）
752	754	藤原清河、吉備真備
759	761	高元度
761		仲石伴（派遣中止）
762		中臣鷹主（渡海せず）
777	778	佐伯今毛人、小野石根
779	781	布勢清直、多治比浜成
804	805	藤原葛野麻呂、石川道益 橘逸勢*・最澄*・空海*
838	839	藤原常嗣、小野篁、円仁*
894		菅原道真（中止）

＊は留学生・留学僧。

14 国家仏教

1 国分寺建立の詔 ★★★

(天平十三年三月)[1]乙巳、[2]詔して曰く、「朕、薄徳を以て忝くも重き任[3]を承けたまわる。政化弘まらず、寤寐[4]に多く慚づ。……頃者、年穀豊かならず、疫癘[5]頻に至る。慙懼[6]交集りて、唯労きて己を罪えり。是を以て、広く蒼生[7]の為に遍く景福[8]を求めむ。

……天下の諸国をして、各七重塔一区を敬ひ造らしめ、并せて金光明最勝王経[9]・妙法蓮華経[10]、一部を写さしむべし。朕又別に擬りて金字の金光明最勝王経を写し、塔毎に各一部を置かしめむ。冀はくは、聖法[11]の盛、天地と与に永く流り、擁護[12]の恩、幽明[13]を被りて恒に満たむことを。その造塔の寺は、兼ねて国華とせむ。必ず好き処を択びて、実に久しく長かるべし。……又、国毎の僧寺[14]には封五十戸・水田十町を施せ。尼寺[15]には水田十町。僧寺には必ず廿僧有らしめよ。其の寺の名は金光

通釈

天平十三(七四一)年三月、聖武天皇の詔が出された。「自分は徳が薄い身でありながら天皇という重い位をうけたが、まだ政治・教化で成果があがらず、寝てもさめても悩んでいる。……このごろ収穫は豊かでなく、病気も流行している。わが身をはじる思いがつのり、ひとりで苦しんで、自分をせめている。そこで広く人民のために幸福を求める方法を考える。

……日本中の諸国に命じて、国ごとに七重塔を一基ずつつくり、同時に、金光明最勝王経と妙法蓮華経を一部ずつ写させよ。私はそれとは別に金字で金光明最勝王経を写して、各国の塔ごとに一部ずつそれを納めようと思う。このようにする理由は、この造塔と写経の功徳によって、仏法の教えがいつまでも永久に盛んであり、仏の加護がつねに冥界にも人間界にも満ちていることを願うからである。造塔の寺は、国家の事業としても立派なものでなければならない。だから諸国にこれから建てようとする寺はかならずその国の最もいい場所を選んで寺地とし、いつまでも衰えないようにすべきである。……また国ごとの国分寺には封戸五十戸、水田

国分寺建立の詔

[1]天平十三年　七四一年
[2]三月乙巳　三月二十四日。『類聚三代格』などでは、二月十四日とする
[3]重き任　天皇の位
[4]寤寐　寝てもさめても
[5]疫癘　病気が流行する
[6]慙懼　はじおそれる気持ち
[7]蒼生　人民
[8]景福　幸福
[9]金光明最勝王経 重要　諸天善神の加護を得る最勝の法を説いた経典
[10]妙法蓮華経 重要　仏が世に現れる本旨を説いたもので、大乗経典の中で最も高遠な妙法を説いているといわれる。法華経と略称される
[11]聖法　仏法のこと
[12]擁護の恩　仏法がかばい護ってくれる恩恵
[13]幽明　あの世とこの世
[14]僧寺　国分寺
[15]尼寺　国分尼寺

原典解説
続日本紀　五〇ページ参照

明四天王護国之寺とせよ。尼寺は一十尼。其の名を法華滅罪之寺とせよ。……」と。（続日本紀）

十町を、国分尼寺には水田十町を施せ。国分寺には必ず僧二十人を置き、金光明四天王護国之寺と名付けよ。国分尼寺には尼十人を置き、法華滅罪之寺と称せよ。……

解説

聖武天皇は、七四一（天平十三）年、国分寺建立の詔を発した。背景には、藤原広嗣の乱（七四〇年）、凶作や疫病の流行などがある。唐に留学した玄昉らが帰国し、則天武后の大雲寺の例にならって国ごとに二寺ずつ建立するよう天皇にすすめたことがきっかけとなった。金光明最勝王経が国分寺の精神的中枢の地位を占める。この経典では、金光明四天王（持国天、増長天、広目天、多聞天）が帝釈天の命を受け、それぞれ二将軍をひきいて日を定めて巡行して四方鎮護にあたり、国家守護の任をはたすとされている。国分寺の建立は、四天王による国家護持、つまり鎮護国家がねらいだった。

② 大仏造立の詔 ★★★★

（天平十五年）❶冬十月辛巳、詔して曰く「……粤に天平十五年歳は癸未に次る十月十五日を以て、菩薩の大願❷を発して、盧舎那仏❸の金銅像一軀を造り奉る。国の銅を尽して象を鎔、大山を削りて以て堂を構へ、広く法界に及ぼして、朕が智識❹とす、遂に同じく利益を蒙りて共に菩提❺を致さしめむ。夫れ天下の富を有つ者は朕なり。天下の勢を有つ者も朕なり。此の富勢を以て此の尊き像を造らむ。事成り易くして、心至り難し。

通釈

天平十五（七四三）年十月、聖武天皇の詔が出された。……さて天平十五（七四三）年十月十五日、この世に存在するすべての生あるもの（一切衆生）と万物を救おうという大願を立て、盧舎那仏の金銅像一体をお造りする。国中の銅をとかして、仏像を鋳造し、大山から木をきり出して仏殿をたてる大事業である。だから広く全世界に仏法をひろめ、人々を自分の仏道修行の同志としたい。そして最後には自分もすべての生あるものとともに仏の利益をうけて、ともどもにこの上ない正しい悟りを開きたいと思う。天下の富をもつものは自分である。天下の権勢

大仏造立の詔

❶天平十五年　聖武天皇の治世。七四三年

❷菩薩の大願　仏教を興隆し、一切衆生と万物を救おうという悲願

❸盧舎那仏 重要　全宇宙を遍く照らす仏。俗に大仏という。華厳経の本尊

❹智識　同志、仲間

❺菩提　仏のさとり

大仏造営の経費

大仏鋳造材料	銅	739,560斤	大仏鋳造役夫	材木役夫	1,665,071人
	錫	12,618斤		金工役夫	514,902人
	金	10,446両		（計延）	2,179,973人
	水　銀	58,620両		食　　糧	43,599石余
	炭	16,656斛		雇　　賃	28,339貫649文

……是の故に智識に預る者は懇に至れる誠を発し、各介なる福を招きて、日毎に三たび盧舎那仏を拝むべし。自らに念を存して各盧舎那仏を造るべし。如し更に人有りて一枝の草一把の土を持ちて像を助け造らむと情に願はば、恣に聴せ。国郡等の司、この事に因りて百姓を侵し擾し❻、強いて収斂せし❼むること莫れ。……」
（続日本紀）

……を掌握しているのも自分である。この富と権勢をもってすれば、この大仏をつくることは、大事業であっても容易になしとげることができるであろう。しかし、こうした富と勢力にまかせてつくるというやり方をするならば、かえって造像の精神にそわないものとなるであろう。……そこで同志となる者は、まごころをつくし、しあわせを招き、毎日盧舎那仏を三拝し、信仰心をおこして、この像を造るようにせよ。もし人々の中で、一本の草や一にぎりの土を持って協力しようと願うものがあれば、許可せよ。国郡の役人は、この事によって人民をさわがせて、収奪してはいけない。……

❻侵し擾し　生活をみだしさわがすこと
❼収斂　税をとりあげること

❖解説❖

聖武天皇は、七四〇(天平十二)年に平城京を捨て、以後、七四五(天平十七)年に平城京へ還都するまで遷都をくり返す。**大仏造立**の発願は七四三(天平十五)年になされ、近江紫香楽で造立に着手した。だが、これは中止され、平城還都後の七四五年八月に現在の東大寺の地で再開された。原型となる塑像は七四六(天平十八)年にできあがり、外枠を組んでその間に銅を流し込んでつくる仏体は七四九(天平勝宝元)年頃までには完成した。像高約十六・一メートル、重量二百五十トン、塗金の金約五十八・五キログラムの大仏をつくるため、材木関係に延べ約百六十六万人、金工に約五十一万人が動員された。当時の全人口が六百万人程度と考えられているから、およそ国民の三人に一人は動員された計算になる。

聖武天皇は、自ら仏の弟子(菩薩)として仏教をひろめようとの願いを宣言し、造立事業を政府だけではなく国民に参加をよびかけてすすめようとした。これに応えて、広汎な民衆の支持を得ていた行基教団がこの事業に参加している。あれほどの大動員の背景にはこうした事情があることも見落とせない。

大仏開眼 ➡p.61
❶天平勝宝四年　七五二年
❷天皇　孝謙天皇
❸斎　大仏開眼を行う斎場
❹東帰　伝来

行基の布教活動 ➡p.61
❶養老元年　七一七年
❷方今　最近
❸小僧　僧の蔑称

3 大仏開眼 ★

（天平勝宝四年）[1]夏四月乙酉。盧舎那大仏の像も成りて始めて開眼す。この日東大寺に行幸す。天皇[2]みずから文武百官を率ゐ、斎[3]を設けておおいに会せしむ。……僧一万を請ず。すでにして雅楽寮及び諸寺の種々より音楽並にことごとく来集す。……仏法東帰[4]より斎会の儀いまだかつて此の如く盛なるは有らざるなり。

（続日本紀）

解説

盧舎那仏(大仏)は、毘盧舎那仏が正式のよび方であり、煩悩の身体をきよめ、もろもろの徳をそなえ、その徳を日光のようにあまねく照らす世界の中央に坐する如来である。

大仏の開眼供養は、七五二(天平勝宝四)年四月九日、来日したインド僧菩提僊那を導師(法会などのときの主役の僧)に、聖武太上天皇、孝謙天皇、文武百官が参列していとなまれた。

4 行基の布教活動 ★★

（養老元年四月）[1]壬辰、詔して曰く、「……方今、[2]小僧[3]行基[4]幷に弟子等、街衢[5]に零畳[6]して妄りに罪福[7]を説く。朋党を合せ構へ[8]、指臂を焚き剝ぎ[9]、歴門仮説[10]して強ひて余の物を乞ひ、詐りて聖道と称して、百姓[11]を妖惑す。道俗[12]擾乱し、四民[13]業[14]を棄つ。進みては釈経[15]に違ひ、退きては法令[16]を犯す。……」

（続日本紀）

解説

行基は、橋をかけたり、運脚や課役に動員された人々に布施屋(宿泊施設)を提供し、各地に道場を設けて民衆に布教した。七一七(養老元)年、政府はその布教活動を僧尼令の原則を犯すとして弾圧した。

しかし、行基を「小僧」とさげすんだ政府も、七三一(天平三)年には教団を公認し、行基を「大徳」とあがめ、行基も、大仏造立事業に協力し、七四五(天平十七)年には大僧正に任じられた。

[4] 行基 重要 奈良時代に禁を犯して仏教を民間にひろめた僧。のち大仏造立に協力し大僧正となった
[5] 街衢 平城京の市街
[6] 零畳 おちぶれて巷にたむろする
[7] 罪福 人々の罪業や仏教の信仰による救済
[8] 朋党を合せ構へ 信徒で集団をつくる
[9] 指臂を焚き剝ぎ 指を焼き、ひじの皮を剝ぐ
[10] 歴門仮説 家々を訪れて布教する
[11] 百姓 国民
[12] 道俗 僧侶や一般の人々
[13] 四民 国民
[14] 業 仕事
[15] 釈経 仏教の教え
[16] 法令 律令の定め

設問

問❶ 聖武天皇がすすめた仏教興隆政策のねらいは何か。
問❷ 聖武天皇が国ごとに建立させた僧寺は何か。
問❸ 聖武天皇が東大寺に造立した大仏の正式名称は何か。

⑮ 班田制の動揺

1 三世一身法 ★★

(養老七年❶四月)辛亥、太政官奏すらく、「頃者、百姓漸く多くして、田池(地)窄狭なり❷。望み請ふらくは、天下に勧め課せて、田疇❸を開闢かしめむ❹。其れ新たに溝池を造り、開墾を営む者有らば、多少を限らず、給ひて、三世❺に伝へしめむ。若し旧の溝池に逐はば❻、其の一身に給はむ」と。奏するに可としたまふ。(続日本紀)

通釈

養老七(七二三)年四月十七日、太政官は次のように天皇に申し上げた。「このごろ、人口が次第に増加して、口分田が足りなくなってきました。どうか国中に奨励して田地を開墾させたいと存じます。そこで、新しく灌漑設備を造って開墾する者には、その面積の多少を問わず、その墾田は三代の間は所有を認め、旧来の灌漑施設を利用して開墾した地は、本人一代限りの所有を認めることにいたしましょう。」と。この奏上の趣は許可された。

解説

律令政府は、八世紀初頭以来、一貫して農業振興策をとってきた。七二二(養老六)年、陸奥の開発と関連しているとも考えられているが、百万町歩開墾計画をたてている。それは当時の田地総面積を上まわるものであり、しかも公民が労役をきらって避けることが大きな問題となっている状況では現実性の乏しい計画だった。そもそも、口分田不足の背景には、人口増加のみならず、荒廃口分田が増加しているという事情もあったと思われる。

七二三(養老七)年に出された三世一身法は、民間の開墾を奨励する方針に転換したことを示している。荒廃口分田の再開発のため旧来の溝池(水利施設)を利用した場合は一身、まったく新たに溝池を設けた場合には三世の間、開墾した田地を班田収授の対象から除外した。三世は子・孫・曽孫と考えられるが、本人・子・孫とする見解もある。墾田はもちろん輸租田(田租をおさめる水田)であり、田地の所有は課役負担能力を基礎づけ、しかも期限後は収公されることになっていたから、三世一身法のねらいは、公地公民制の補強にあったといえよう。

三世一身法

❶養老七年　七二三年
❷窄狭　せまい
❸田疇　田地
❹開闢かしめむ　開墾させる
❺三世　子・孫・曽孫の三代とする説と、本人・子・孫の三代とする説がある
❻旧の溝池に逐はば　もとからあった溝や池を利用して

原典解説

続日本紀　五〇ページ参照

2 墾田永年私財法 ★★★★

（天平十五年五月❶）乙丑、詔して曰く、「聞くならく、墾田は養老七年の格❷に依りて、限満つる後は例に依りて収授す。是に由りて農夫怠倦して、地を開きし後荒みぬ。今自り以後、任に❸私財とし、三世一身を論ずること無く、咸悉く永年に取ること莫れ。其れ親王の一品❹及び一位❺には五百町、二品及び二位には四百町、……初位已下庶人❻に至るまでには十町。但し郡司には大領少領❼に三十町。……」と。（続日本紀）

通釈

天平十五(七四三)年五月、次のような詔が出された。「聞くところによると、墾田は三世一身法によって、期限が満了したあとは、収公することになっている。そのため農民も怠けてしまい、せっかく開墾した土地もまた元のように荒地になってしまうという。今後は墾田を自由に私財として所有することを認め、三世一身というような制限を設けず、永久にとりあげないことにせよ。親王で一品、官人で一位の者は五百町、二品と二位の者は四百町までの範囲で墾田の私有を許し、……初位から一般人民までは十町。ただし、郡司については、長官・次官には三十町以内で許可をせよ。……」と。

解説

三世一身法は期限後の墾田収公を規定したため、民間の開墾奨励策としてはあまり有効ではなかった。そこで、七四三(天平十五)年、墾田永年私財法が出される。田令に明文規定がない墾田について、身分により開墾面積を制限し、開墾には国司の承認を必要とするようにした。これで違法な墾田は収公される一方、土地公有の原則は大きく崩れていくことになる。貴族や寺院は国司や地方豪族の協力を得て北陸などで大開発にのり出し、初期荘園が形成されていった。初期荘園の経営は公民の賃租(毎年更新の契約耕作)でなされ、耕作者の確保は国司・郡司の公民統治能力に依存していたと考えられる。

3 浮浪人の増加 ★

（養老元年五月❶）丙辰、詔して曰はく、「率土❷の百姓、四方に浮浪❸して課役を規避し❹、遂に王臣❺に

墾田永年私財法

❶天平十五年　七四三年
❷養老七年の格 重要　三世一身法をさす。格は律や令に対する修正・追加の法
❸任に　意のままに
❹一品　親王の位には一品～四品の四階級があった
❺一位　官人の位は一位～八位および初位に分けられた
❻庶人　一般人民
❼大領少領　郡司は大領・少領・主政・主帳の四等に分かれ、職務を分担した

浮浪人の増加

❶養老元年　七一七年
❷率土　国土、全国
❸浮浪 重要　本籍の地を離れているが他国で調庸を納めている
❹規避し　のがれる
❺王臣　皇族や貴族・官人

仕へて、或は資人[6]を望み、或は得度[7]を求む。王臣、本属[8]を経ずして、私に自ら駈使し、国郡に嘱請[9]して、遂にその志を成す。……茲に因りて、天下に流宕[10]して郷里に帰らず、若し斯の輩ありて、輙く私に容止[11]せば、状を揆りて罪を科すること並に律令の如くせよ」と。

（続日本紀）

解説

公民が戸籍に登録してある本貫地を離れて流浪するのを浮浪・逃亡といった。浮浪・逃亡のおもな原因は課役のがれであったが、それには下級の僧侶や貴族の資人(従者)になる方法もあった。寺院や貴族は彼らを労働力としてかかえこんでいた。史料はそれを禁じようとしたものである。

4 墾田の規制 ★★

（天平神護元年[1]三月）丙申、勅すらく、「今聞く、墾田は天平十五年の格[2]に縁るに自今以後、任に私財と為し、三世一身を論ずること無く、咸悉くに永年取ること莫れ、と。是に由りて、天下の諸人競ひて墾田を為し、勢力の家は百姓を駈役し[3]、貧窮の百姓は自存するに暇なし。自今以後、一切に禁断して加墾せしむること勿れ。但し寺は先来の定地開墾の次は禁ずる限に在らず。又当土の百姓、一、二町はまた宜しくこれを許すべし。」

（続日本紀）

解説

初期荘園の拡大は、その開発や経営が浮浪人に生活の途を与えてその増加を刺激する方向で作用する面もあった。道鏡政権は、七六五(天平神護元)年、墾田永年私財法を撤回し、初期荘園の増加に歯止めをかけようとした。もっとも、寺院の開墾や公民の小規模開墾は認めており、不徹底な措置であった。道鏡失脚後、この措置はただちに廃され、七七二(宝亀三)年、墾田永年私財法が再び行われることになり、その際、位階による開墾面積の制限は廃止され、墾田の開発は一層すすんだ。

---

[6] 資人 重要 貴族の護衛・雑用に従事するもの
[7] 得度 重要 出家すること
[8] 本属 本籍
[9] 嘱請 頼み請う
[10] 流宕 流浪してすごす
[11] 容止 かくまう

墾田の規制

[1] 天平神護元年 七六五年
[2] 天平十五年の格 重要 七四三年の墾田永年私財法をさす
[3] 駈役し 使役する

設問

問❶ 開墾を奨励するため、墾田を一定期間、班田収授の対象から除外した法令は何か。

問❷ 開墾した田地の永久私有を認めた法令は何か。

問❸ 墾田の永久私有が認められた結果、発達した貴族や寺社などの大土地所有は何か。

⑯天平文化

1 古事記の序文 ★★

臣安万侶[1]言す。……天皇[2]詔して「朕聞く、諸家の賷る所の帝紀[3]及び本辞[4]既に正実に違ひ、多く虚偽を加ふ。……」と。時に舎人[5]有り、姓は稗田、名は阿礼。……即ち阿礼に勅語して帝皇[6]の日継[7]及び先代の旧辞[8]を誦み習はしむ。……和銅四年九月十八日を以て臣安万侶に詔して、「稗田阿礼の誦む所の勅語の旧辞を撰録して献上せしむ」といへれば、……然れども上古の時、言意並びに朴にして、文を敷き句を構ふること、字に於きて即ち難し。……或は一句の中に音訓を交へ用ゐ、或は一事の内に全く訓を以ちて録しぬ。……幷せて三巻を録して謹みて献上る。

和銅五年[9]正月廿八日

正五位上勲五等太朝臣安万侶

（古事記）

通釈

臣安万侶が申し上げます。……天武天皇が「私が聞くところによると、豪族の家々に伝わる天皇の年代記や古い物語などの記事は、真実と相違し、多くの虚偽が加えられているという。……」とおっしゃった。天皇のお側近くに仕える者に、姓は稗田、名は阿礼という者がおりました。そこで、天皇は阿礼にお命じになって、皇位の継承についての記録や古い物語などをよみ習わせました。……和銅四(七一一)年九月十八日、元明天皇は安万侶に詔して、稗田阿礼のよみ習った天武天皇の勅命によった物語を文書に記録して献上せよと命ぜられました。……しかし、上古の時代は、言葉も内容も素朴で、これを漢字で文に書き表すことが困難です。……この書物の記述では、一句の中に漢字の音と訓を交えて用い、あるいは一つの事を記すのに全く訓だけを使うようにしました。……そして、全三巻を文書に記録して献上します。

和銅五(七一二)年　正月二十八日

正五位上勲五等太朝臣安万侶

古事記の序文

[1] 安万侶 重要 太安万侶(?～七二三年)。一九七九(昭和五十四)年に奈良市内の茶畑から銅板の墓誌が発見され、伝存する『古事記』序文にある「安万侶」の表記が正しいことが確認された

[2] 天皇　天武天皇

[3] 帝紀 重要 歴代の天皇の事績や皇位継承の記録

[4] 本辞　神話や伝説など

[5] 舎人 重要 天皇や皇子などの側近く仕え、雑事を勤めた

[6] 帝皇　天皇

[7] 日継　帝紀と同じ

[8] 旧辞 重要 神話や伝説など。本辞と同じ

[9] 和銅五年　七一二年

解説

『古事記』は、現存するわが国最古の歴史書・文学書である。天武天皇の命により稗田阿礼が『帝紀』と『旧辞』を誦習したのを、元明天皇の時代に太安万侶が撰録した。編纂目的は、国の歴史を明らかにして天皇統治の基礎をかためようとするところにある。上巻は神代、中巻は神武天皇から応神天皇、下巻は仁徳天皇から推古天皇までを扱い、歌謡や固有名詞などの日本語音を漢字で表記している。

その後、舎人親王を総裁として漢文で書かれ、中国風の編年体をとる『日本書紀』が正史として編纂された(七二〇年)。これは平安前期まで五つの続篇が作成され、あわせて六国史と総称される。

原典解説

古事記　稗田阿礼が誦習し、これを太安万侶が撰録した歴史書。七一二(和銅五)年完成

② 風土記の撰上 ★

(和銅六年)❶五月甲子、制すらく、「畿内七道諸国の郡郷名は好き字を着けよ。其の郡内に生ずる所の、銀・銅・彩色・草木・禽獣・魚虫等の物は、具に色目❷を録せしむ。及び土地の沃堉❸、山川原野の名号の所由❹、又古老の相伝旧聞❺異事は、史籍に載せて亦宜しく言上すべし。」

(続日本紀)

風土記の撰上

❶**和銅六年**　七一三年
❷**色目**　種類・品目
❸**沃堉**　肥えているか、やせているか
❹**名号の所由**　名称の由来
❺**古老の相伝旧聞**　古老の伝える古い伝承

解説

七一三(和銅六)年、元明天皇のとき全国に対して地誌の編纂・提出が命ぜられた。その結果、国司によって撰上されたものが、のちに『風土記』と称されるようになった。現存のうち、最古のものは播磨国(七一三年から二、三年以内に撰上)で、常陸国(七一八年以前に撰上)がこれに次ぐ。その他、豊後国・肥前国・出雲国があるが、ほぼ全文そろっているのは出雲国だけである。また、『出雲国風土記』には『古事記』や『日本書紀』とは異なる神話もあり、日本神話の研究には必須の史料となっている。『風土記』は中央集権体制の維持に不可欠であり、国司として赴任する中央貴族が任地について学ぶ手段となったらしい。

原典解説

続日本紀　五〇ページ参照

3 万葉集 ★★★★

田児之浦ゆ1　打出而見者　真白衣　不尽能高嶺尓　雪波零家留　山部赤人2

（田児の浦ゆ　うち出でて見れば　ま白にそ（ぞ）　富士の高嶺に　雪は降りける）

銀母　金母玉母　奈尓世武尓　麻佐礼留多可良　古尓斯迦米夜母　山上憶良3

（銀も　金も玉も　何せむに　優れる宝　子に及かめやも）　（万葉集）

解説

『万葉集』は、仁徳天皇の時代から七五九（天平宝字三）年までの長歌・短歌・旋頭歌など四千五百余首を収録し、漢字の音と訓をたくみに用いて日本語を表記する万葉仮名で記載している。編者は不明だが、大伴家持が深くかかわっているとみられる。全二十巻は四期に分けることができ、第一期（壬申の乱まで）には素朴な歌謡が多く、第二期（平城遷都まで）には柿本人麻呂、第三期（七三三年まで）には山部赤人・山上憶良・大伴旅人、第四期には大伴家持がいる。作者は天皇・貴族から農民・兵士などと実に幅広く、当時の民衆生活についての貴重な史料となっている。

万葉集

1田児之浦　駿河湾の興津から由比・蒲原あたりにかけての海岸

2山部赤人　重要　奈良時代の宮廷歌人

3山上憶良　重要　奈良時代の官人で歌人。七〇二（大宝二）年に遣唐使の一員として渡唐、帰国後、筑前守となる

原典解説

万葉集　四三ページ参照

設問

問❶　完成された日本最初の歴史書で、現存するものは何か。

問❷　律令政府が諸国にその地誌・伝説・産物などを書き出させたものは何か。

問❸　漢字の音訓を組み合わせて日本語を表記し、約四千五百首の歌をおさめた歌集は何か。

六国史

書名	巻数	記載年代	代表編者	成立年代
日本書紀	30	神代～持統	舎人親王	720
続日本紀	40	文武～桓武	藤原継縄	797
日本後紀	40	桓武～淳和	藤原緒嗣	840
続日本後紀	20	仁明一代	藤原良房	869
日本文徳天皇実録	10	文徳一代	藤原基経	879
日本三代実録	50	清和～光孝	藤原時平	901

天平文化

特色		①盛唐文化の影響　②文化の国際的性格　③貴族中心の文化　④仏教文化
絵画		正倉院鳥毛立女屛風、薬師寺吉祥天画像、過去現在絵因果経
工芸		正倉院宝物（螺鈿紫檀五絃琵琶、銀薫炉、白瑠璃碗、瑠璃坏、漆胡瓶）
歴史・文芸	歴史書	古事記（太安万侶、稗田阿礼） 日本書紀（舎人親王）
	地誌	風土記（出雲など5か国現存）
	文芸	懐風藻（淡海三船、石上宅嗣） 万葉集（山上憶良、山部赤人、大伴旅人、大伴家持、大伴坂上郎女）
建築		東大寺法華堂（三月堂）・転害門 正倉院〈校倉造〉、唐招提寺金堂・講堂 法隆寺伝法堂・夢殿
彫刻	乾漆像	東大寺法華堂不空羂索観音像、唐招提寺鑑真和上像、興福寺八部衆像（阿修羅像）・十大弟子像、聖林寺十一面観音像
	塑像	東大寺法華堂日光・月光菩薩像 執金剛神像、戒壇院四天王像 新薬師寺十二神将像

第3章 貴族政治の展開と地方の動き

❶平安遷都

1 平安遷都 ★★

(延暦十三年❶十月)丁卯、……都を遷す。詔して曰く、「云々葛野❷大宮地は、山川も麗しく、四方の国の百姓の参出来ん事も便にして云々。」十一月丁丑、詔す。「……此国山河襟帯、❸自然に城を作す、斯の形勝に因りて、新号を制す可し、宜しく山背の国を改めて山城の国と為すべし。」と。又子来之民、❹謳歌之輩、異口同辞、号して平安京と曰ふ。

(日本紀略)

参考史料 右京の荒廃 ★

予❶二十余年以来、東西の二京を歴く見るに、西京❷は人家漸くに稀らにして、殆に幽墟❸に幾し。人は去ること有りて来ること無く、屋は壊るること有りて造ること無し。其の移徙❹するに処無く、賤貧に憚ること無き者は是れ居り。或は幽隠亡命❺を楽しび、当に山に入り田に帰るべき者は去らず。自ら財貨を蓄へ、奔営❻に心有るが若き者は、一日と雖も住むこと得ず。……東京四条以北、乾❼・艮❽の二方は、人々貴賤と無く、多く群聚する所なり。高き家は門を比べ堂を連ね、少さき屋は壁を隔て簷を接ぬ。東隣に火災有れば、西隣余炎を免れず。南宅に盗賊有れば、北宅流矢を避り難し。

(池亭記)

解説

奈良時代後期の政界は、僧侶の介入などにより混迷を深めていたが、光仁天皇即位後、藤原氏の主導下で政治の不正を除き、財政の緊縮がすすめられた。七八一(天応元)年に即位した桓武天皇は、七八四

平安遷都

❶延暦十三年　七九四年
❷葛野　山城国葛野郡
❸山河襟帯　山が襟のように囲んでそびえ、河が帯のようにめぐって流れ、自然の要害をなしている
❹子来之民　君主に心服した人民

右京の荒廃

❶予　慶滋保胤(?～一〇〇二年)、『日本往生極楽記』の著者
❷西京　平安京の西半分。右京
❸幽墟　廃墟
❹移徙　移住
❺幽隠亡命　隠居生活
❻奔営　仕事
❼乾　西北の方角
❽艮　東北の方角

(延暦三)年、この年の干支(十干と十二支を組み合わせたもの)が甲子で革令(政治改革が行われる)の年にあたることをとらえ、平城京から長岡京へ遷都した。それをきっかけに、僧侶の政治介入を排し、貴族の権力抗争を抑えようというのがねらいであった。しかし、翌七八五(延暦四)年、造営長官であった藤原種継が暗殺され、再遷都論がおこった。七九四(延暦十三)年、和気清麻呂の建言により、山背国を山城国と改称し、葛野郡宇太村に遷都した。これが平安京である。かくて、奈良時代の天武系にかわる天智系の新王朝にふさわしい都城が得られ、開発がすすんだ北陸や東国との交流の便もよくなったのである。しかし、朱雀大路の東側の左京は栄えたが、西側の右京は桂川の湿地帯にあったため荒廃し、ほとんど人が住まない状態になった。院政期には、鴨川の東岸、東山の山麓がひらけ、平安京の都市空間は鴨川の東西に展開するようになっていった。

2 軍事と造作の停止 ★★

(延暦二十四年[1]十二月壬寅) 是日、中納言近衛大将従三位藤原朝臣内麻呂[2]殿上に侍す。勅有りて、参議右衛士督従四位下藤原朝臣緒嗣[3]と参議左大弁正四位下菅野朝臣真道[4]とをして、天下の徳政[5]を相論ぜしむ。時に緒嗣、議して云ふ、「方今、天下の苦しむ所は軍事と造作[6]となり。此の両事を停めば百姓安んぜむ」と。真道、異議を確執し[7]肯えて聴かず。帝、緒嗣の議を善しとし、即ち停廃に従ふ。

(日本後紀)

解説

桓武天皇の政治にとって最重要な事業は、平安京の造営と東北地方の蝦夷の支配の二つであった。たしかに、桓武朝は雑徭を半減するなど公民の負担軽減に努めたが、この二大事業の重圧はやはり公民の疲弊をまねいた。桓武天皇は、こうした状況の下で、八〇五(延暦二十四)年、天下の徳政(善政)はいかにあるべきかを貴族に論議させた。光仁天皇(桓武天皇の父)擁立の中心人物藤原百川の子緒嗣は二大事業の中止を主張し、造営事業の担当者だった菅野真道は緒嗣に反対した。天皇は貴族の大勢を代表する緒嗣の意見を採用し、二大事業を中止した。ついに、平安京は未完成のままにおわったのである。

原典解説

日本紀略　神代より後一条天皇までの編年体の歴史書。六国史の欠を補う点もある。編集未詳

池亭記　慶滋保胤が九八二(天元五)年に著した随筆。藤原明衡編『本朝文粋』(一〇三七～四六年に成立)に収録

軍事と造作の停止

1 **延暦二十四年**　八〇五年
2 **藤原朝臣内麻呂**　藤原冬嗣の父
3 **藤原朝臣緒嗣** 重要 藤原百川の子
4 **菅野朝臣真道**　学者、平安京造営にあたる
5 **徳政**　善い政治
6 **軍事と造作** 重要 蝦夷征伐と平安京の造営
7 **確執し**　自分の意見にこだわる

原典解説

日本後紀　六国史の三番目、桓武天皇～淳和天皇(七九二～八三三年)の間の歴史を編年体で記したもの。藤原緒嗣らにより八四〇(承和七)年に完成

設問

問❶ 平安遷都をおこなった天皇はだれか。

② 律令制の再建と弘仁・貞観文化

1 健児の制 ★

太政官符す。[1]応に健児を差すべき事。

以前、[2]右大臣[3]の宣[4]を被るに偁く、勅を奉るに、今諸国の兵士、辺要の地を除くの外は皆停廃に従へ。其れ兵庫[5]鈴蔵[6]及び国府[7]等の類は、宜しく健児を差して以て守衛に充つべし、宜しく、郡司の子弟を簡び差し、番を作りて守らしむべし。

延暦十一年六月十四日[8]　（類聚三代格）

通釈

太政官より下達する。健児を徴発すべき事。

右について、右大臣（藤原継縄）が次のように命じた。「（桓武）天皇のご命令により、諸国の軍団兵士を、国境の重要な場所を除いてすべて廃止せよ。諸国の武器倉庫、駅鈴の保管庫、国司の役所などは、健児を徴発して警備にあたらせよ。健児は郡司の一族の者から徴発し、順番に交代で警備させよ。」

延暦十一年六月十四日

解説

七八〇（宝亀十一）年、伊治呰麻呂にひきいられた蝦夷が蜂起し、陸奥支配の拠点多賀城も奪われた。桓武天皇は七八八（延暦七）年から遠征を繰り返し、七九七（延暦十六）年、坂上田村麻呂を征夷大将軍に任じてようやく反乱は鎮まっていった。この間、公民の正丁三分の一を徴兵した軍団の兵士が戦意に乏しく、また逃亡もあいついだため、七九二（延暦十一）年、陸奥・出羽・佐渡、大宰府管内諸国を除き、軍団を廃止し、郡司の子弟などから健児を徴集した。健児は、国により二十～二百人が交代で六十日勤務し、国府の守衛などにあたった。

2 格式の制定 ★★

蓋し聞く、律は懲粛[1]を以て宗と為し、令は勧誡[2]を以て本となす。格は則ち時を量りて[3]制を立て、

健児の制

1 符　符とは上級の官庁から下級の官庁へ下す公文書
2 以前　右について
3 右大臣　藤原継縄のこと
4 宣　公卿が奉じた天皇の命を宣とよぶ。この場合は桓武天皇の命令
5 兵庫　武器倉庫
6 鈴蔵　駅鈴の保管庫
7 国府　国司の役所
8 延暦十一年　七九二年

原典解説

類聚三代格　平安初期にできた弘仁、貞観、延喜の三格を神祇・仏事などの内容にしたがって分類して編集したもの。十～十一世紀の成立。編集未詳

格式の制定

1 懲粛　こらしめ、つつしませること
2 勧誡　善をすすめ、悪をこらすこと
3 時を量りて　時勢に応じて

式は則ち闕けたるを補ひ遺れるを拾ふ。……律令は是れ政に従ふの本、格式は乃ち職を守るの要たり。

(類聚三代格)

解説

律令は、政治・経済・社会などの諸事情により補足・改廃する必要があったが、それは詔勅や太政官符によってなされた。これを格という。また、律令の施行細則も規定・公布されたが、それは式とよばれる。これらは次第に増加し、単行法令のため、相互に矛盾したり、官庁での検索に不便であったりした。そこで、それらを分類・整理したのが、弘仁・貞観・延喜の三代格式であった。これらは律令を補足するというよりも、むしろ律令に代わる新法典であり、それゆえ、平安時代には新たな律令の編纂はなされなかったのである。

設問

問❶ 軍団にかえて設けられた軍事制度は何か。

問❷ 律令の修正法や施行細則を何というか。

格式の制定

		編者	天皇	撰上・施行
弘仁	格 10 式 40	藤原冬嗣ら	嵯峨	820撰上・施行
貞観	格 12 式 20	藤原氏宗ら	清和	869撰上・施行 871 〃
延喜	格 10 式 50	藤原時平ら 藤原忠平ら	醍醐	907撰上 908施行 927 〃 967 〃

令外官

官名	設置年	天皇	主要任務
中納言	705	文武	大納言を補佐し、勅奏宣旨を司り機密に参与
按察使	719	元正	地方行政の監督官として数か国ごとに設置
参議	731	聖武	朝政に参与する
内大臣	771	光仁	右大臣の次で、太政官の政務を統理する
征夷大将軍	794	桓武	蝦夷征討の最高司令官
勘解由使	782～806	桓武	国司交替の引継文書(解由)を監査する
蔵人頭	810	嵯峨	詔勅・宣旨・機密事務にあずかる
検非違使	810～823	嵯峨	盗賊の逮捕、風俗の取締り、非法の糾弾にあたる
押領使	878	陽成	諸国におかれ、兵を率いて暴徒を鎮圧
関白	884	光孝	万機にあずかり、奏文を天覧以前に見る

弘仁・貞観文化一覧表

特色	①晩唐文化の影響 ②密教の影響 ③国風文化の萌芽
建築	室生寺金堂(和様、現在は**柿葺**)・五重塔(**檜皮葺**)
彫刻	室生寺金堂釈迦如来像(**一木造**)・十一面観音像、 室生寺弥勒堂釈迦如来像(**翻波式**) 元興寺薬師如来像、神護寺薬師如来像 観心寺如意輪観音像、薬師寺僧形八幡神像
絵画 書道	神護寺両界曼荼羅(金剛界と胎蔵界)、園城寺不動明王像(黄不動)、風信帖(空海) **三筆** 嵯峨天皇・橘逸勢・空海
文学	『凌雲集』、『文華秀麗集』 『経国集』、『性霊集』(空海)

③ 摂関政治

1 摂政のはじめ ★

天安二年戊寅[1]　摂政　従一位　藤原良房　五十五　十一月七日宣旨[2]にて摂政と為す。

（公卿補任）

（清和天皇貞観八年[3]八月）十九日辛卯、太政大臣[4]に勅して天下の政を摂行せしむ。

（日本三代実録）

解説

皇族以外で最初に摂政になったのは藤原良房（冬嗣の子、北家）である。良房が摂政をつとめた清和天皇は、彼の外孫であり、三人の兄をこえてわずか九歳で八五八（天安二）年に即位した。この時点で、太政官の最高責任者だった良房が実質的に摂政としての役割をはたしたことはまちがいない（『公卿補任』）。正式の任命は、天皇十七歳の八六六（貞観八）年で、応天門の変で伴善男が逮捕されたのちである（『日本三代実録』）。

2 関白のはじめ ★

摂政太政大臣[1]に万機を関白[2]せしむるの詔を賜ふ。詔して、「朕[3]涼徳[4]を以て茲に乾符[5]を奉ず。……太政大臣の保護扶持に非ざるよりは、何ぞ宝命を黄図に恢め、旋璣を紫極に正しうするを得んや。[6]嗚呼三代[7]政を摂り、心を一つにして忠を輸す。

通釈

摂政太政大臣藤原基経にすべての政務を関白させる詔書を賜うた。詔を下されて、「朕（宇多天皇）は、徳の薄い身ながら皇位についた。……太政大臣基経が朕を守り助けてくれなければ、どうして立派な政治を行っていくことができようか。ああ、基経は三代の世にわたって国

摂政のはじめ

[1] 天安二年　八五八年
[2] 宣旨 重要　蔵人所が当番の公卿に伝えて宣する天皇の命令
[3] 貞観八年　八六六年
[4] 太政大臣　藤原良房をさす

原典解説

公卿補任　神武天皇の代から一八六八年までの公卿の任官・昇叙を書き継いだ記録

日本三代実録　藤原時平らの撰で九〇一（延喜元）年成立。『文徳天皇実録』のあとをうけて、清和・陽成・光孝三代約三十年間の歴史を記している。六国史の最後

関白のはじめ

[1] 摂政太政大臣　藤原基経
[2] 関白　「関り白す」で、すべてに関与するの意
[3] 朕　宇多天皇
[4] 涼徳　徳の薄いこと
[5] 乾符　帝位

先帝❽聖明にして、其の摂録❾を仰ぐ。朕の沖眇重ぬ❿るに孤煢⓫を以てす。其れ万機の巨細、百官己に総べ、⓬皆太政大臣に関白し⓭、然る後奏下すること、一に旧事の如く⓮せよ。主者施行せよ。」と。

仁和三年⓯十一月廿一日

（政事要略）

政を担当し、一心に忠節をつくしてきた。先帝光孝天皇の御代には、摂政としてその務めを果たしてきた。今、朕は年も若く、しかも頼る者もない不安な身である。よって基経は大小の政務一切を行い、朝廷の役人すべてを統率して、すべて皆基経にはかり申した上で、奏上し、下命すること、すべて漢書の故事どおりにせよ。担当者はこの詔を実施せよ。」と述べられた。

仁和三(八八七)年十一月二十一日

❻**宝命を黄図に……するを得んや**　天の道にかなって天皇の命令を全国に伝え天子の使命を正しく行う
❼**三代**　清和・陽成・光孝の三代
❽**先帝**　光孝天皇
❾**摂録**　天皇幼少の時、代わって政治を総覧する
❿**沖眇**　無能無力
⓫**孤煢**　孤独
⓬**万機の巨細、百官己に総べ**　あらゆる政治及び官職を統轄し
⓭**太政大臣に関白し**　重要　太政大臣(藤原基経)を経由して進奏する
⓮**旧事の如く**　『漢書』巻六八霍光伝の故事のように
⓯**仁和三年**　八八七年

原典解説

政事要略　惟宗允亮が平安時代の法令・政務に関する制度・事例を集めたもの

設問

問❶　皇族以外で最初に摂政になったのはだれか。
問❷　最初に関白になったのはだれか。

解説

八八四(元慶八)年、**藤原基経**(良房の養嗣子)は、陽成天皇を廃して光孝天皇を擁立し、**関白**の実を行った。八八七(仁和三)年、**宇多天皇**は即位すると、基経に関白就任を命じたが、これが関白の初見である。基経は慣例により一度辞退し、天皇は橘広相に勅書を起草させ重ねて関白就任を命じた。その中に「宜しく阿衡の任を以て卿の任と為せ」の一節があり、基経は阿衡には閑職との意味もあることをとがめて約半年にわたり政務を放棄した。宇多天皇は、広相を罰して基経の関白就任を実現するが、日記に「朕遂に志を得ず、まげて大臣の請に随ふ、濁世の事かくの如し、長大息をなすべし」と憤懣を綴っている。なお、基経の死後、宇多天皇は親政をしき、菅原道真を重用し反撃に転じることになる(寛平の治)。

藤原氏の他氏排斥

平城太上天皇の変(薬子の変)	810(弘仁元)	平城太上天皇重祚計画、藤原仲成・薬子(式家)滅亡、藤原冬嗣(北家)台頭
承和の変	842(承和９)	恒貞親王擁立計画、伴健岑、橘逸勢失脚・藤原良房の甥道康親王の立太子
応天門の変	866(貞観８)	応天門炎上、伴善男・紀豊城失脚、藤原良房、摂政に正式就任
昌泰の変	901(延喜元)	藤原時平の讒言、菅原道真の左遷
安和の変	969(安和２)	為平親王擁立計画、源高明失脚

④遣唐使派遣の停止

1 遣唐使の停止—菅原道真の建議

諸公卿❶をして遣唐使の進止❷を議定せしめんことを請ふの状

右、臣某❸、謹んで在唐僧中瓘、去年三月商客王訥等に附して到す所の録記を案ずるに、大唐の凋弊❹、之を載せること具なり。……臣等伏して旧記を検するに、度々の使等、或は海を渡りて、命に堪ざる者有り。或は賊に遭ひて遂に身を亡ぼす者有りしも、唯、未だ唐に至り、難阻飢寒❺の悲有りしことを見ず。中瓘申し報ずる所の如くば、未然の事❻、推して知るべし。臣等伏して願くは、中瓘録記の状を以て、遍く公卿、博士に下し、詳に其の可否を定められんことを。国の大事にして独り身の為のみにあらず。且は欵誠❼を陳べて、伏して、処分を請ふ。謹んで言す。

寛平六年❽九月十四日　大使❾参議勘解由次官従四位下兼守❿左大弁行⓫式部権大輔春宮亮⓬菅原朝臣某

★★

通釈

遣唐使を派遣するか停止するかについて公卿の会議を開くことを請う上申書

臣道真、在唐の僧中瓘が、去年の三月唐の商人王訥らにことづけて送って参りました記録を見ますと、唐の国の衰微の有様が詳細に記されています。……私共はこれまでの古い記録を調べて見ますと、毎度の遣唐使の中には、或は航海中に難破して遭難する者もあり、或は賊難にあって命を失う者もありました。しかし、これまでは、いったん唐に到着しさえすれば、それから先の国内旅行では、難路に苦しんだり、飢え凍えるような目にあうことはなく、安心して都へ往復できました。しかし、現在の唐の国内の状況が中瓘の報告して来たような状況だとしますと、今度派遣される遣唐使の苦難は、今から思いやられます。そこで、中瓘の報告書を公卿・博士らに示し、遣唐使派遣の可否について、詳細に審議されるようお願い申し上げます。この遣唐使を派遣するかしないかということは、国家の重大問題でありますので、単に私自身の安全のために審議をお願いするものではありません。ここに私のまごころを述べて、謹んで御

遣唐使の停止

❶公卿 重要 右大臣以上を公、三位以上または参議以上の朝官を卿という
❷進止 派遣するか、やめるか
❸臣某 菅原道真
❹凋弊 おとろえ、内乱のこと
❺難阻飢寒 困難な行路・飢えや寒さ
❻未然の事 これからの事
❼欵誠 まこと
❽寛平六年 八九四年
❾大使 遣唐大使
❿守 位低く官の高いことを表す
⓫行 位高く官の低いことを表す
⓬春宮亮 東宮坊の次官

指示を仰ぐ次第であります。謹言。
寛平六(八九四)年九月十四日　菅原道真

(菅家文草)

解説

八九四(寛平六)年八月、半世紀ぶりに遣唐使が任命された。大使は菅原道真だったが、九月、道真は唐が戦乱のため使節の安全が期し難いことを理由に停止を建議し、宇多天皇はききとどけた。遣唐使停止の背景としては、①宇多天皇が信任の厚い道真を手離したがらなかったという政治的事情に加え、②中国の私貿易船が博多に来航するようになっており、わざわざ莫大な費用をかけ危険を冒してまで遣唐使を派遣する必要がなくなっていた貿易上の事情もあるだろう。もちろん、律令体制の解体が平安貴族の国際意識に変化をもたらし、財政的にも派遣を困難にしていたことが根底にはある。さらに、東アジア全体が既成秩序の解体期にはいっており、そのため中国の私貿易船の来航も可能になったが、同時に新羅の海賊の動きも活発になっていた。航海の危険性がそうした面でも強まっていたのである。

原典解説

菅家文草　菅原道真の詩文を編集したもの。九〇〇(昌泰三)年成立

2 刀伊の入寇 ★

(寛仁三年❶四月十七日)公卿参入し、小除目❷を行はるるの間、大宰府❸の飛駅使❹馬に乗りて左衛門陣❺に馳け入る。是れ、「刀伊国の賊徒五十余艘起り来り、壱岐嶋を虜め、守藤原理忠を殺害し、幷びに人民を虜掠❻し、筑前国怡土郡に来る。」と者り。

(日本紀略)

解説

一〇一九(寛仁三)年、沿海州の女真人である刀伊が五〇艘余の船で高麗、さらに対馬・壱岐、筑前国怡土郡・博多・肥前国松浦郡などに侵入した。日本では侵入者が何者かわからなかったが、のちに高麗からの通報ではじめて女真人であることを知ったという。ときの藤原道長(太政大臣、摂政は子の頼通)政権はなす術もなく、ただただ狼狽するばかりだったが、道長によって大宰府に左遷されていた藤原隆家(伊周の弟)は、武士をひきいてこれと戦い撃退した。その後、高麗が刀伊から日本人捕虜を奪い送還してきたのを機に、博多での高麗との私貿易が始まった。

刀伊の入寇

❶寛仁三年　一〇一九年
❷小除目　臨時におこなう官職任命の儀式
❸大宰府　重要　外交や西海道諸国(九州)の統治にあたる役所
❹飛駅使　緊急に公文書を伝達する使者
❺左衛門陣　左衛門府に属する武官の詰所
❻虜掠　掠奪、乱暴

原典解説

日本紀略　六九ページ参照

設問

問❶　遣唐使の停止を建議したのはだれか。
問❷　十一世紀初頭、九州北部沿岸に女真人が来襲した事件を何というか。

⑤ 延喜・天暦の治

1 延喜の荘園整理令 ★★

太政官符す

応に勅旨開田[1]并びに諸院諸宮[2]及び五位以上の、百姓の田地舎宅を買ひ取り閑地荒田を占請するを停止すべき事

右、案内を検するに[3]、頃年勅旨開田遍く諸国に在り。空閑荒廃の地を占むと雖も、是れ黎元[4]の産業の便を奪ふなり。加之新たに庄家を立て、多く苛法を施す。課責[5]尤も繁く、威脅耐へ難し。且つ諸国の奸濫の百姓、課役を遁れんが為に、動もすれば京師[6]に赴き、好みて豪家[7]に属す。或は田地を以て詐りて寄進[8]と称し、或は舎宅を以て巧みに売与[9]と号し、遂に使に請ひて牒[10]を取り、封を加へ牓を立つ[11]。国吏、……敢て禁制せず。茲に因りて、出挙の日、事を権門[12]に託して正税を請けず。収納の時、穀を私宅に蓄へて官倉に運ばず。賦税の済し難き、斯に由らざるは莫し。……宜しく当代[13]以

通釈

太政官が通達する

勅旨田の設置、皇族や五位以上の貴族が人民の田地や住居を買い取ったり、空閑地や荒廃した公田の占有の許可を申請することをやめるべきこと。

右のような事柄について、記録を調べてみると、最近では勅旨田が全国に開かれている。空閑地や荒廃した公田を占有する場合でも、人民の産業の便を奪うことになる。その上、荘園に管理施設をつくり、農民に苛酷に取り立てている。農民は税の負担の重圧に耐えられなくなっている。さらに、諸国のよくない考えの人民は、課役をのがれるため、都に出かけて権力者の家に所属する。彼らは、土地の寄付だとか、住居の売却だとかと称して、使者を現地に派遣することを求め、荘園設立認可を申請する公文書を取って、自分の田地や住居に国衙の役人が立ち入れないように標示を立ててしまう。国衙の役人は、……これをあえて禁止するようなことはしない。その結果、出挙を割りあてる日には、権力者の保護下にあることを口実に、それをうけようとしない。収穫の時にも、米穀を自分の

延喜の荘園整理令

1 勅旨開田 重要 天皇の命令で皇室領として開墾・耕作された田地

2 諸院諸宮 皇族

3 案内を検する 記録を調べてみると

4 黎元 人民

5 課責 課役の徴収

6 京師 重要 都(平安京)

7 豪家 有力貴族

8 寄進 重要 土地や物品を有力者に献納・寄付すること。この場合は土地所有権の名義を有力者のものにすること

9 売与 売ること

10 牒 重要 役所の間や、役所それに準ずる機関との間でやりとりする文書。権力者が荘園設置を承認するよう政府に求めた申請文書

11 封を加へ牓を立つ 重要 土地を囲い込み、その四方に境界(四至)の標識(牓示)をたてて荘園にする

12 権門 重要 権力者

後、勅旨開田は皆悉く停止して民をして負作せし[14]め、其の寺社・百姓の田地は、各公験[15]に任せて本主に還し与ふべし。……但し、元来相伝して庄家たること券契[16]分明にして、国務に妨げ無くば、此の限りに在らず。……

延喜二年[17]三月十三日　（類聚三代格）

住居に蓄えて、それを国衙の倉へ納税のために運ぼうとはしない。徴税が完了しないのはこのためである。……当代（醍醐天皇）以後、勅旨田の設置はすべてやめ、人民に割りあてて耕作させ、寺社や人民の田地で買い集めたりしたものは、証拠書類に従って、もとの持ち主に返すようにせよ。……ただし、もともと相続してきた庄家であることが証拠書類により明らかで、国司の行政の妨げにならないものは、この限りではない。……

延喜二（九〇二）年三月十三日

13 当代　醍醐天皇
14 負作　割りあてて耕作させること
15 公験　土地の所有権を証明する文書
16 券契 重要　荘園設置の認可文書
17 延喜二年　九〇二年

原典解説
類聚三代格　七〇ページ参照

解説

醍醐天皇は、九〇一（延喜元）年、菅原道真を左遷する一方、藤原時平を左大臣にとどめて親政をすすめた。これを延喜の治という。九〇二（延喜二）年、天皇は一度に九通の太政官符を発し、政治改革に着手した。①班田収授の励行、②調・庸の品質維持（違反者は処罰する）などに加え、**延喜の荘園整理令**が出された。

その内容は、①人民の産業を奪う勅旨田を廃止し、人民の請作にかえる、②諸国の人民の寄進行為を禁止する、③皇族・貴族が空閑地・田地・家屋を占有し、荘園を新設することを禁止する、ただし正式の認可をうけ国司の統治を妨げないものはこの限りではない、というものであった。これらは、班田収授の励行（一紀一行、十二年ごとの実施）とあわせ、公地公民制の再建をめざしたものだった。

公民の階層分化の進展は、賃租農民の確保を困難にして初期荘園を衰退させ、延喜の荘園整理令がめざすところを実現する結果をもたらす一方、班田制の維持を不可能にもした。九〇二（延喜二）年を最後に、班田収授はもはや実施されなかった。

2 三善清行の意見封事十二箇条 ★★

臣某言す。……臣、去ぬる寛平五年[1]に、備中介

通釈

清行が申し上げます。……私は去る寛平五

三善清行の意見封事十二箇条
1 寛平五年　八九三年

[2]邇磨郷　現在の岡山県倉敷市真備町
[3]皇極天皇六年　これは皇極天皇が重祚して斉明天皇となった六年で西暦六六〇年にあたる
[4]勝兵　優秀な兵士
[5]天平神護年中　七六五～七六七年
[6]吉備朝臣　吉備真備
[7]課丁 重要 調庸を負担する農民
[8]彼の国の介たりし時　八六七(貞観九)年。この年に備中権介となる
[9]大帳　大計帳(調庸を課する台帳)
[10]老丁　六十一歳～六十五歳までの男
[11]正丁　二十一歳～六十歳までの男
[12]中男　十七歳～二十歳までの男
[13]延喜十一年　九一一年

に任ず。彼の国下道郡に邇磨郷[2]有り。爰に彼の国の風土記を見るに、皇極天皇六年[3]に、大唐の将軍蘇定方、新羅の軍を率ゐて百済を伐つ。百済、使を遣はして救いを乞ふ。天皇、筑紫に行幸して、将に救の兵を出さんとす。……路に下道郡に宿す。一郷の戸邑甚だ盛んなるを見る。天皇詔を下して、試みに此の郷の軍士を徴す。即ち勝兵[4]、二万人を得たり。天皇、大いに悦び、此の邑を名づけて二万郷と曰ふ。後に改めて邇磨郷と曰ふ。……而るに天平神護年中[5]、右大臣吉備朝臣[6]、大臣を以て本郡の大領を兼ねたり。試みに此の郷の戸口を計るに、纔に課丁[7]千九百余人有り。貞観の初めに、故民部卿藤原保則朝臣、彼の国の介たりし時[8]、……大帳[9]を計るの次に、其の課丁を閲するに、七十余人有り。某、任に到りて、又此の郷の戸口を閲するに、老丁[10]二人・正丁[11]四人中男[12]三人有り。去ぬる延喜十一年[13]に、彼の国の介藤原公利、任満ちて都に帰る。清行、「邇磨郷の戸口、当今幾何ぞ」と問ふに、公利答へて曰く、「一人も有ること無し」と。謹みて年紀を計ふるに、皇極天皇六年庚申よ

(八九三)年に、備中国の国司の次官に任ぜられました。その国の下道郡に邇磨郷があります。ここでこの国の風土記を見ますと、皇極天皇六(六六〇)年に、唐の将軍蘇定方が新羅の軍を率いて百済を討ち、百済は使を倭によこして救援を願いました。天皇は九州へ行幸して救援軍を出そうとされました。……途中、下道郡に軍をやすめたが、その郷を見ると家々が非常ににぎわっておりました。天皇は詔を下され、この郷から兵士を募りました。すぐれた兵を二万人集めることができました。天皇は大いによろこばれ、この郷を二万郷と命名されました。これがのちに邇磨と文字を改めたのです。……ところが、天平神護年間に、右大臣吉備真備は大臣でありながらこの郡の大領を兼任し、ためしにこの郷の人口を調べますと、わずかに課丁千九百余人いるだけでした。貞観の初めごろ、なくなった民部卿の藤原保則が備中介だった時に……大帳をつくるついでに、課丁の数を調べてみますと、七十余人でした。私が寛平五年に任地におもむき、この郷の人口を調べてみますと、老丁二人、正丁四人、中男三人でした。去る延喜十一(九一一)年備中介藤原公利の任期が満了して都に帰ってきました。私が「邇磨郷の人口は現在何人か」と尋ねますと「一人もいない。」と答えました。謹んで年代を計算してみますと、皇極天皇六年から延喜十一年まで、わずかに二

り、延喜十一年辛未に至るまで、纔に二百五十二年。衰弊の速かなること亦既に此の如し。一郷を以て之を推すに、天下の虚耗、[14]掌を指して知るべし。……

一、諸国に勅して見口数[15]に随ひて口分田を授けんことを請ふの事。……

一、平均に百官の季禄[16]を充て給はんことを請ふの事。……

一、諸国の少吏並びに百姓の告言訴訟に依りて、朝使[17]を差遣するを停止せんことを請ふの事。

……

延喜十四年[18]四月廿八日

従四位上式部大輔[19]　三善朝臣清行　上

（本朝文粋）

百五十二年です。この間、郷の衰えが急速であることはこのとおりです。一郷の実例から全体を推測してみますと、天下の疲弊していることがはっきりとうかがわれます。……

解説

九一四（延喜十四）年、文章博士の三善清行が、醍醐天皇の命令により、政治の現状を分析し十二か条からなる対策をまとめた意見書、意見封事十二箇条を提出した。清行は、律令体制の成立期には理想的な政治が行われていたが、奈良・平安時代に造寺・造仏や造都が相次ぎ、国家財政が破綻したとし、備中国下道郡邇磨郷を例にとって租税負担者である課丁の数が激減していく様子を描き出している。そして、対策として、中央・地方の政治改革や経費節減、水害・干害の防止、班田制の改革、官吏任免の公正化などをあげている。対策の有効性はともかく、この史料には律令体制解体過程が如実に示されている。

三善清行と菅原道真

文人官僚として、三善清行は菅原道真の後輩にあたる。清行は官吏登用試験で一度不合格となっているが、このときの試験官が道真だった。以後、清行は、道真とことあるごとに対立し、道真を斥けた延喜政権の下で栄達を上げた。

[14]虚耗　疲弊すること
[15]見口数　現在人口
[16]季禄　春秋の二期のボーナス
[17]朝使　政府の使者
[18]延喜十四年　九一四年
[19]大輔　八省次官のうち上席の官名

原典解説

本朝文粋　中国の文選にならって、平安初期、中期の漢詩文のすぐれたものを集録したもので、藤原明衡の撰

設問

問❶　延喜の荘園整理令を出した天皇はだれか。

問❷　延喜の荘園整理令で廃止された皇室の荘園を何というか。

問❸　三善清行が最大の政治問題と考えていたのは何か。

⑥藤原氏の繁栄

1 藤原道長の栄華 ★★★★

（寛仁二年[1]十月）十六日乙巳、今日女御藤原威子[2]を以て、皇后に立つるの日なり。（前太政大臣[3]第三娘。一家、三后を立つは未曽有なり）……太閤[4]、下官[5]を招き呼びて云く、「和歌を読まむと欲す。必ず和すべし」者。答へて云く、「何ぞ和し奉らざらむや」。又云く、「誇りたる歌になむ有る。但し宿構[6]に非ず」者。「此世をば、我世とぞ思ふ望月のかけたることも無しと思へば。」余[7]申して云く、「御歌優美なり、酬答[8]に方無し。満座只此の御歌を誦すべし……」と。諸卿、余の言に響応して数度吟詠す。太閤和解して、殊に和を責めず。（小右記）

通釈

寛仁二（一〇一八）年十月十六日、今日は、女御の藤原威子を皇后（中宮）に立てる日である。（威子は道長の三女であるが、一家から三人の后が立つ例はこれまでにない。）……道長が私を招いて「和歌を詠もうと思うが、必ず返歌を詠め」といわれるので、「きっと御返歌を差上げましょう」と答えた。すると道長は、「これはおごり高ぶった歌だが、即興の作で、決してあらかじめ用意してきたものではない」といって、「此の世の中は、すべてが満足にそろって、自分の世のように感ずる。（満月が欠けるところのないように、この世の中で自分ののぞむ所のものは何でもかなわぬものはない。）」という歌を詠んだ。私は、「これはすぐれた歌で、とても返歌はつくれません。一同この歌を吟じて味わうのがよろしいでしょう……」と申し上げた。同座した公卿たちも私の言葉に応じて数度この歌を吟じた。道長も納得し、それ以上返歌を求めなかった。

参考史料 摂関家の荘園集積 ★

（万寿二年[1]七月）十一日、辛卯……去る九日、丹生使[2]蔵人検非違使棟仲[3]、大納言能信[4]卿の山城国の庄[5]の雑人[6]に、小舎人[7]の頭を打ち破らる。濫行極まり無し。仍て使[8]の官人を差し遣はすと云々。天下の地、悉く一家[9]の領となり、公領[10]は立錐[11]の地も無き歟。悲しむべきの世なり。（小右記）

藤原道長の栄華

[1] 寛仁二年　一〇一八年
[2] 女御　天皇の后には、皇后・中宮・女御などがあった
[3] 前太政大臣　藤原道長
[4] 太閤 重要　前の摂政・関白の唐名で、ここは道長をさす
[5] 下官　筆者の藤原実資
[6] 宿構　前から作っていたもの
[7] 余　筆者の藤原実資
[8] 酬答　かえしの歌をよむ

摂関家の荘園集積

[1] 万寿二年　一〇二五年
[2] 丹生使　吉野の丹生神社に送られる雨祈りの使者
[3] 棟仲　平棟仲
[4] 能信　藤原能信、道長の五男
[5] 庄　荘園
[6] 雑人　住民
[7] 小舎人　蔵人所に属し、宮廷で殿上人（昇殿を許された上層貴族）の世話をする官人
[8] 使　検非違使
[9] 一家 重要　摂関家
[10] 公領 重要　国衙領
[11] 立錐　錐を立てるほどの

藤原道長（「紫式部日記絵巻」大阪・藤田美術館蔵）

原典解説

小右記　小野宮右大臣とよばれた藤原実資の日記で、道長全盛時代の世相や宮廷のことを記す

設問

問❶　十世紀末に摂関政治を確立したのはだれか。

問❷　藤原道長の栄華を批判的に伝える当時の公家の日記は何か。

解説

摂関政治は、①藤原氏が娘を天皇に嫁がせ、生まれた皇子を天皇に擁立し、その外祖父として天皇を後見する立場に立ち、②陰謀をめぐらして他の有力貴族を宮廷から排斥し、③高位、高官を一族で独占して太政官を掌握することで成り立っていた。当時の慣習では、后妃は実家で出産し、皇子はそこで成人する場合が多かった。また、内裏がしばしば火災にあい、そのときは外戚の家を仮の皇居として政務をとったが、これを里内裏という。これが外戚政権(摂関政治)を成立させる一つの条件となっていた。

藤原道長は、后妃となった娘の縁で、九九五～一〇一六年まで一条・三条天皇の内覧(準関白)、一〇一六～一七年まで後一条天皇の摂政の地位についた。道長の七男八女のうち、五男が公卿、六女が中宮・女御となっている。史料は、三人目の后妃を出したときの道長の喜びを記している。『小右記』は小野宮右大臣藤原実資の日記であり、実資は道長の側近にありながら道長への批判の眼をもっていた。実資は、摂関家と縁があれば、その荘園の住民さえも乱暴をはたらくありさまをなげき、やや誇張の気味はあるが摂関家が荘園を集積し、公領が減少している現状を憂えている。もっとも、晩年の道長は病気に冒され、下痢や背中の腫れ物に苦しみ、自分が建てた法成寺の阿弥陀堂で九体の阿弥陀如来像と自分の手を五色の糸でむすび、六十二歳の生涯を終えている。

皇室と藤原氏の略系図

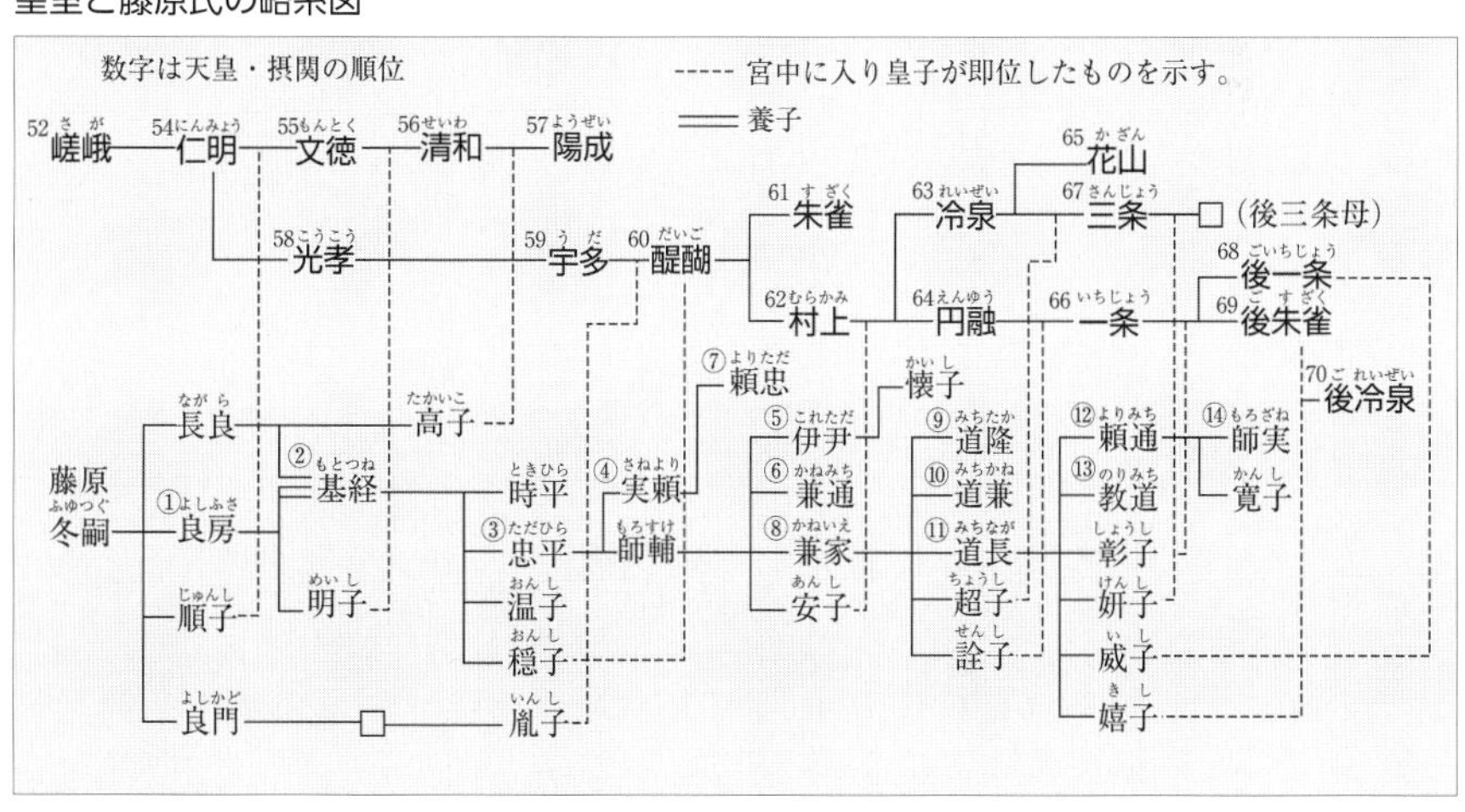

❼ 地方政治の乱れ

1 受領の貪欲　★★

今ハ昔、信濃ノ守藤原ノ陳忠ト云フ人有ケリ。任国ニ下テ国ヲ治テ任畢ニケレバ、上ケルニ御坂❶ヲ越ル間ニ、多ノ馬共ニ荷ヲ懸ケ❷人ノ乗タル馬、員知ラズ、次キテ行ケル程ニ、多ノ人ノ乗タル中ニ、守ノ乗タリケル馬シモ、懸橋ノ鉉❸ノ木ヲ後足ヲ以テ踏折テ、守逆様ニ馬ニ乗乍ラ落入ヌ。底何ラ計トモ不知ヌ深ナレバ、守生テ可有クモ无シ。……守ノ叫テ物云フ音遥ニ遠ク聞ユレバ、……「旅籠❹ニ縄ヲ長ク付テ下セ」ト宣フナリ。……数ノ人懸リテ絡上タルヲ見レバ、守旅籠ニ乗テ絡上ラレタリ。守片手ニハ縄ヲ捕ヘ給ヘリ。今片手ニハ平茸❺ヲ三総許持テ上給ヘリ、引上ツレバ懸橋ノ上ニ居ヘテ、郎等共喜合テ、「抑モ此ハ何ゾノ平茸ニカ候ゾ」ト問ヘバ、守ノ答フル様、「落入ツル時ニ馬ハ疾ク底ニ落入ツルニ、我レハ送レテ❻フメキ落行❼ツル程ニ、木ノ枝ノ滋ク指合タル上ニ

受領の貪欲

❶御坂　今の神坂峠。木曽より伊那へこえる古街道

❷多ノ馬共ニ荷ヲ懸ケ　在任中に農民から徴収した財宝を馬に積んだのであろう

❸鉉　端（はた）の意

❹旅籠　旅行用の駕籠

❺平茸　きのこの一種

❻送レテ　おくれての意

❼フメキ落行　大きく二、三度回転しながら落下する様子

通釈

昔、信濃守の藤原陳忠という人があった。任国の信濃に赴任し、四年の任期が終わったので都へ上る途中、御坂峠にさしかかった。一行は多くの馬に荷をつけ、供の者も大勢であった。ところが、どうしたはずみか、信濃守の乗った馬が懸橋の鉉の木を後足で踏み折って、人馬もろとも真逆さまに深い谷底へ落ちこんでしまった。はかり知れない深い谷底であるので、守は生きてはいまい、と思った。……すると、守がさけぶ声がはるかに遠くから聞こえてきた。……「旅籠に長い縄をつけて下せ。」というのである。……多くの人が、くり上げて見ると守が旅籠に乗っている。片手は縄にしっかりつかまり、いま一方の手には平茸を三房ばかり持って上ってきた。引上げて、懸橋の上に坐らせ、郎等らはよろこんで、「一体これはどうした平茸でございますか」と聞くと、守は「落ちるときは、馬はまっしぐらに谷底に落ち込んでゆき、わたしは少しおくれて落ちていった。そのうち木の枝の茂っているところへ落ちついたのでその木の枝につかまっておりてゆくと……その木に平茸が沢山生えていたので、見棄てがたく、

不意ニ[8]落懸リツレバ、其ノ木ノ枝ヲ捕ヘテ下ツルニ、……其ノ木ニ平茸ノ多ク生タリツレバ見弃テ難クテ、先ヅ手ノ及ビツル限リ取リテ、旅籠ニ入レテ上ツル也。未ダ残リヤ有ツラム。云ハム方無ク[9]多カリツル物カナ、極キ[10]損ヲ取ツル心地コソスレ」ト云ヘバ、郎等共「現ニ[11]御損ニ候」ナド云テ、其ノ時ニゾ集テ散ト[12]咲ヒニケリ。守、「僻事[13]ナ云ヒソ。汝等ヨ、宝ノ山ニ入テ手ヲ空シクシテ返タラム心地ゾスル。『受領ハ倒ル所ニ土ヲツカメ』[14]トコソ云ヘ」ト云ヘバ……此レヲ聞ケム人争ニ[15]ニクミ咲ケルトナム語リ伝ヘタルト也。

（今昔物語集）

まず手のとどくかぎり取って旅籠に入れて上げさせた。まだ沢山残っているだろう。実に沢山あった。全く大損をしたような気がする」といったので、郎等らは、「それはほんとうに御損をなさいました」などと相づちをうちながら集まって顔を見合わせて笑った。すると信濃守は「馬鹿なことをいうな。お前たちよく聞け。宝の山に入りながら、何もとらないで帰って来たような気がする。受領は倒れても土をつかんで立ち上がれというではないか」といったので、……これを聞いた人々は大そう皮肉な笑いをしたと語り伝えたということである。

8 不意ニ　思いがけなく
9 云ハム方無ク　いいようのないほど(多い)
10 極キ　たいへんな、ひどい
11 現ニ　げにの意、まことに
12 散ト　どっと
13 僻事　まちがったこと
14 受領ハ倒ル所ニ土ヲツカメ　重要　受領は任国に赴任している国守。ころんでもただでは起きない受領の貪欲ぶりをいう
15 争ニ　いかに、どれほど、大そう

原典解説

今昔物語集　インド・中国・日本の三国にわたる諸種の説話を「今は昔…」の形で語ったもので、十一～十二世紀に編集されたと考えられる。編者は源隆国とする説があるが確かでない

解説

班田制の崩壊にみられるように、律令制の中央集権支配がなくなった十世紀になると、国ごとに租税額が割り当てられ、国司に大幅な課税裁量権が与えられた。徴税請負人化した国司は、公田(公地)を田堵に請作させ、彼らから厳しく官物を徴収した。もちろん、そこには国司自身が私腹をこやすという面もあったが、国司に任官したり再任されたりするためには朝廷の儀式や寺社などの造営の費用負担を引き受けることがあたり前のようになっていたため、その財源を確保するという面もあった。こうした寄進による任官を成功、再任を重任という。

史料は信濃守藤原陳忠の貪欲ぶりを伝える説話だが、こうした現地に赴任する中級貴族の国司(受領)の貪欲は、班田制が崩壊し荘園制が確立するまでの間の王朝財政のあり方が構造的に生み出したものと言えよう。さらに、上級貴族の国司も在京のまま(遥任)自らの手は汚さずに目代(代官)を現地に派遣して受領とかわらぬ収奪を行っていた。

2 尾張国郡司百姓等解（解文） ★★★

尾張国の郡司百姓等解❶し申し官裁を請ふの事

裁断せられむを請ふ、当国守藤原朝臣元命、三箇年内に責め取る非法の官物❷、并びに濫行横法卌一(三十一)箇条の愁状。

① 一、〔正税の加徴の〕例挙❸の外、三箇年内に収納せる、加徴の正税卌三(四十三)万千二百卌八(四十八)束の息利十二万九千三百七十四束四把一分の事。……

⑦ 一、〔雑物を誣取る〕交易❹と号して誣い取る絹・手作布・信濃布・麻布・漆・油・苧・茜・綿等の事。……

㉖ 一、〔庁務を見ず〕守元命朝臣、庁務無き❺に依り、郡司百姓の愁を通じ難き事。……

㉗ 一、〔子弟郎等の悪事〕守元命朝臣の子弟郎等、郡司百姓の手より、雑物を乞い取る事。……

㉚ 一、〔元命の従類不善の輩〕守元命朝臣京より下向する毎度有官散位❻の従類、同じく不善の輩❼を引率する事。……

㉛ 一、〔官符の未下知〕去る寛和三年❽某月某諸国

通釈

尾張国の郡司と百姓たちが願い出ます。どうか御裁決をお願いします。この国の国司の長官藤原朝臣元命がこの三年間に奪いとった非合法の官物と、乱暴な行動について三十一か条を嘆きをこめて申し上げます。どうぞ裁決をお願いいたします。

一、定例の出挙のほかに三年間にとりあげた余分の稲四十三万千二百四十八束の利息十二万九千三百七十四束四把一分のこと。……

一、国への買い上げだといって、値ぎってだまし取った絹・手作布・信濃布・麻布・漆・油・苧・茜・真綿等のこと。……

一、国守元命朝臣は、国の政庁で政務をとらないので、郡司・百姓等が嘆願をすることができないこと。……

一、国守元命朝臣の子弟や従者が、郡司や百姓からいろいろな物を責めとったこと。……

一、国守元命朝臣は、京からこの国へ下ってくる時いつも有官や散位の従者をしたがえ、またよからぬ者たちをひきつれてくること。……

一、去る寛和三(九八七)年三月七日付で諸国に下した太政官符九か条の内三か条だけは管内に知らせたが、六か条は下達しなかった。

……

尾張国郡司百姓等解（解文）

❶解 重要 律令制下において、下の役所から上の役所に差しだす公文書。平安時代に入り、解の形式でおこなわれていた上申が、役人個人や寺社などまで利用が拡大すると、厳密に解の形式を固守しない文書も多く登場した。これらの文書を総称して、解状または解文というようになり、さらに、その後、用途に応じ、申文・愁文・訴状などの名称が用いられるようになった

❷官物 重要 田租などの系譜をひく平安中期の租税

❸例挙 正式に定められた出挙稲のこと。省略部分には、本来二十四万六千百十束を出挙し、利稲が七万三千八百六十三束だったことが記されている

❹交易 交易雑物のこと。正税の一部でその地方の産物を買い上げて中央に送る制度であるが、元命はひどく値切って規定以上の数量を買い上げた

❺庁務無き 本文によると、元命は常に在京と称し、あるいは物忌と称して政庁に姿をあらわさなかったという

に下し給はる九箇条の官符の内、三箇条を放ち知らしめ、[9] 六箇条を下知せしめざる事。……

……望み請ふらくは件の元命朝臣を停止し、[10] 良吏に改任せられ、将に他の国の牧宰[11]をして治国優民の褒賞[12]を知らしめむとすを以て、……仍て具さに卅一箇条の事状を勒し、謹みて解す。

永延二年[13]十一月八日　郡司百姓等

（平安遺文）

……そこでお願い申し上げたいことは、この元命朝臣を罷免し新しく立派な国司を任命していただき、諸国の国司に、良い政治をおこなったものは報いがあることを知らせたいのです。……よって細かに三十一か条にわたって記し、謹んで申し上げます。

永延二（九八八）年十一月八日　郡司百姓等

6 散位　位のみあって官職のない者

7 不善の輩　本文によると、京より元命に従って多くの者がきて、彼等が検田使となって各郡内を回る場合は記帳の不正、巡検の不正など目にあまるものがあった

8 寛和三年　九八七年

9 三箇条を放ち知らしめ　下知状九か条のうち、元命は自分に都合の悪い六か条を下知しなかったわけである

10 停止　罷免

11 牧宰　国守の唐名

12 褒賞　よい政治を行ったものはほめられること

13 永延二年　九八八年

原典解説

平安遺文　今日に伝わる平安期の文書を集大成したもの

設問

問❶　現地に赴任する国司を何というか。

問❷　九八八年、国守藤原元命の横暴を中央政府に訴えた訴状は何か。

解説

九世紀後半から十二世紀初頭までの間に、地方豪族や農民らが国司の苛政を政府に上訴したり、国衙を襲撃するなどした事件は、現在知られているもので四十件以上にのぼっている。例えば、八七一（貞観十三）年、越前国の百姓（田堵などの農民）らは、国守弘宗王の苛政を上訴して解任させている。また、対馬守立野正岑も八五七（天安元）年、郡司・百姓ら三百余人によって館を襲われ、放火された上、射殺されている。承平・天慶の乱（九三五～四一年）にもこうした側面があると言えよう。十世紀後半以降、こうした国司苛政上訴事件が増加し、受領などの恣意的な地方支配は次第に困難になっていった。

国司の苛政上訴の代表例は、史料にある九八八（永延二）年の**尾張国郡司百姓等解（解文）**である。尾張国の郡司や百姓らは、国守藤原元命の非法（不法行為）を三十一か条にわたって列挙し政府に解任を要求した。下級官司から上級官司へ進達した公文書である解文で訴状が出されている。それによると元命は、定められた租税額の他に莫大な額を徴収し、一族・郎等（家来）をひきいて現地にのりこみ人民の財産を奪い、政務をとらないので、人民の訴えも取り上げられず、政府の命令も自分に都合の悪い部分は隠してしまったという。元命は翌年解任された。しかし、元命は、十年後に吉田祭の行事をつとめ、その子頼方ものちに石見守に任ぜられている。彼らは都へ租税を運んでくる限りにおいて、摂関家などにとっては有能な地方官だったともいえよう。

8 国風文化と浄土教

1 古今和歌集仮名序 ★

やまとうた[1]は、ひとのこゝろをたね[2]として、よろづのことの葉とぞなれりける。世中にある人、ことわざしげき[3]ものなれば、心におもふことを、見るもの、きくものにつけて、いひいだせる[4]なり。花になくうぐひす、みづにすむかはづ[5]のこゑをきけば、いきとしいけるもの[6]、いづれかうたをよまざりける[7]。ちからをもいれずして、あめつちをうごかし、めに見えぬ鬼神をも、あはれとおもはせ[8]、おとこ女のなかをもやはらげ、たけきものゝふのこゝろをも、なぐさむるは哥なり。

（古今和歌集）

参考史料 土佐日記 ★★

をとこ(男)もすなる日記[1]といふものを、をむな(女)もしてみんとてするなり。それのとし(某年)[2]のしはす(十二月)のはつかあまりひとひ(二十日余一日)のひのいぬ(戌)のとき[3]に、かどで(門出)す。そのよし(由)、いさゝかにものにかきつく。

（土佐日記）

解説

かなは真名(漢字)に対する仮名の意味で、経典などの漢文訓読のための補助的記号として漢字の部首(偏など)を用いた片かなと、万葉集に用いられた真仮名(日本語音を同音の漢字で表記、万葉がな)をくずした草がな(平がな)などがある。

草がなは、宮廷女性らによって消息文(書簡)や和歌に用いられ、九世紀後半には使用例がある。紀貫之は、かなで『土佐日記』をあらわしたが、彼が編纂にたずさわった『古今和歌集』には漢文の序文(真名序)のほかにかなの序文(仮名序)も付されている。それは、和歌の漢詩からの自立宣言であると同時に、かな文学の創始をつげるものでもあった。

古今和歌集仮名序

1 **やまとうた** 重要 漢詩に対し和歌をいう

2 **たね** 種。「ことば」を人の心を種として生まれる植物の葉にたとえている

3 **ことわざしげき** いろいろなことがあるので

4 **いひいだせる** 詠んだ歌の意

5 **かはづ** かじか

6 **いきとしいけるもの** あらゆる生き物

7 **いづれかうたをよまざりける** だれが歌を詠まないだろうか、歌を詠まないものはない

8 **あめつちをうごかし……あはれとおもはせ** 天地の神々を感動させる

土佐日記

1 **をとこもすなる** 男も書くという

2 **それのとし** 九三四(承平四)年

3 **いぬのとき** 午後七時から九時までの間

原典解説

古今和歌集 最初の勅撰和歌集として、九〇五(延喜五)年に成立した。紀貫之、凡河内躬恒、壬生忠岑、紀友則らによって撰ばれ、二十巻から成る

2 末法の世 ★

永承七年❶……今年始めて末法に入る。（永保元年❷）……山僧❸数百の兵衆を引率して三井寺に行き向ふ。重ねて残りの堂舎僧房等を焼き畢ると云ふ。……今年末法に入りてより三十年を歴たり。

（扶桑略記）

解説

古代国家の解体がすすむ中で、人々の間に永承七（一〇五二）年に末法が到来するという思想がひろまっていった。末法思想では、釈迦の入滅後、その教えは人々の間で次第に力を失い、ついには破滅すると説く。正法・像法・末法の三つに時期区分し、正法は釈迦の教えがよく行われ、像法は仏の教えとそれを修行するものがいて、造寺、造仏が行われるものの十分に効果があらわれず、末法にいたると仏法は滅び、天災地変・戦乱・疫病が頻発するという。これによって、貴族たちは、平安中期以降の政治的・社会的現実の悪化を理解しようとしていた。これはまた、現世利益から極楽往生へと宗教的要求の転換を媒介する役割もはたし、浄土教信仰がひろまる契機をなしている。

3 往生要集 ★★★

夫れ往生極楽❶の教行❷は、濁世末代❸の目足❹なり。道俗・貴賤、誰か帰せざる者あらむ。但し顕密❺の教法は、其の文、一に非ず。事理の業因❻は、其の行、惟れ多し。利智❼・精進❽の人は、未だ難しと為さざらむも、予が如き頑魯の者❾、豈に敢へてせむや。是の故に念仏の一門に依りて、聊か経論の

通釈

極楽浄土に往生するという教行は、乱れた末世のみちしるべである。出家した僧も俗人も、貴族や庶民も、皆これを信じ、その教えに従わない者があるだろうか。ただし、顕教や密教の教えは、その経文が一つでなく、成仏するための修行も多い。賢い仏道修行の人であれば、それほど困難ではないだろうが、私のようなかたくなでおろかな者は、どうして修行ができよう

土佐日記　紀貫之が、土佐守の任期を終えて帰京するまでを記した旅日記

末法の世

❶永承七年　一〇五二年

❷永保元年　一〇八一年

❸山僧 重要　延暦寺の僧兵

原典解説

扶桑略記　三〇ページ参照

往生要集

❶往生極楽 重要　死後に極楽浄土にいく

❷教行　教えと修行

❸濁世末代　けがれの多い乱れた世の中

❹目足　みちしるべ、導き

❺顕密 重要　顕教と密教。「今までの仏教はすべて」の意

❻事理の業因　真実をさとるための行業

❼利智　かしこくて仏道修行している人

❽精進　成仏するための修行

❾頑魯の者　かたくなで愚かで事理の判断ができない人

要文[10]を集む。之を抜きて之を修すれば、覚り易く、行ひ易からむ。総べて十門[11]有り、分ちて三巻と為す。一には厭離穢土[12]、二には欣求浄土[13]、三には極楽の証拠[14]、四には正修念仏[15]、五には助念の方法[16]、六には別時念仏[17]、七には念仏の利益[18]、八には念仏の証拠[19]、九には往生の諸業[20]、十には問答料簡[21]なり。之を座右に置きて廃忘[22]に備へむや。

（往生要集）

か。このため、念仏の一門によって、経論の中の重要な部分を集めた。これをひらいて修行すれば、悟りやすく、実行もやさしいだろう。これはすべて十部門三巻にまとめてある。一には、このけがれた世界を厭い離れること、二には浄土に往生することを請い願うこと、三には極楽についての経典上の根拠、四には正しい念仏を修めること、五には念仏を助ける方法、六には日を限って修める念仏、七には念仏によってどんな利益があるか、八には念仏によって極楽往生するという経典上の根拠、九には極楽往生するための種々の修行、十には問答して他とはかりくらべることを書いてある。これを座右において信心のすたれや忘却に備えるようにしたい。

参考史料　市聖空也 ★

沙門[1]弘也[2]は、父母[3]を言はず、亡命[4]して世にあり。或は云く、潢流[5]より出でたりといふ。口に常に弥陀仏を唱ふ。故に世に阿弥陀聖[6]と号づく。或は市中に住して仏事を作し、また市聖と号づく。嶮しき路[7]を過れば即ちこれを鏟り、橋なきに当りてはまたこれを造り、井[8]なきを見るときはこれを掘る。号づけて阿弥陀の井と曰ふ。

（日本往生極楽記）

解説

浄土とは悟りをひらき仏となる（成仏）にふさわしい世界のことであり、それぞれつかさどる仏によって阿弥陀・薬師・弥勒・観音などの浄土がある。中国・朝鮮半島・日本で人々をとらえたのは、阿弥陀の西方浄土（極楽）であり、**阿弥陀如来**を信仰してそこに生まれかわろう（往生）とする思想であった。これを**浄土教**という。天台宗の円仁が九世紀前半に比叡山に常行三昧堂を建立して南無阿弥陀仏を称える**念仏**を始めてから普及していった。

九八五（寛和元）年、比叡山で修行していた**源信**

---

[10] **経論の要文**　経と論のなかの重要な部分

[11] **十門**　『往生要集』は十の章からなる。以下はその章の目次

[12] **厭離穢土**　重要　現世を厭い離れる

[13] **欣求浄土**　重要　浄土を願い求める

[14] **極楽の証拠**　極楽についての経典上の根拠

[15] **正修念仏**　念仏を修める本筋の方法

[16] **助念の方法**　念仏を助ける方法

[17] **別時念仏**　日を限って修める念仏

[18] **念仏の利益**　念仏でどんな利益があるか

[19] **念仏の証拠**　念仏によって極楽に生まれるという経典上の根拠

[20] **往生の諸業**　極楽往生をするための種々の修行

[21] **問答料簡**　問答して他とはかりくらべる

[22] **廃忘**　信心のすたれや忘却

市聖空也

[1] **沙門**　僧侶

[2] **弘也**　重要　空也。諸国を遍歴し、念仏を庶民にひろめた

[3] **父母**　父母の名前

[4] **亡命**　本籍地から逃亡する

[5] **潢流**　皇族の血筋

6 **阿弥陀聖**　阿弥陀仏を信仰して苦行する徳の高い修行者
7 **嶮しき**　けわしい
8 **井**　井戸

原典解説

往生要集　源信(恵心僧都)が、極楽往生のために念仏をすべきことを説いたもの。九八五(寛和元)年成立
日本往生極楽記　慶滋保胤が著した最初の往生伝で、九八五年頃(寛和年間)に成立

設問

問❶　『古今和歌集』の撰者のひとりで、仮名序の起草者と考えられているのはだれか。
問❷　浄土教の考えをはじめて体系的にまとめた僧侶はだれか。

(恵心僧都)は『**往生要集**』を著し、念仏による**極楽往生**の道を示した。そこでは、地獄をはじめ人間世界にいたる六道(六つの世界)の苦相を描き、そこからの離脱を説く(厭離穢土)。その方法は、阿弥陀仏を安置した堂内で、目のあたりに極楽浄土の光景を見、念仏三昧の境地にひたるというものであった。

この**観想念仏**の教義は貴族の支持を受け、藤原道長の法成寺、その子頼通の平等院鳳凰堂などの**阿弥陀堂**がさかんに建立された。平等院の建立が末法第一年(一〇五二年)であったことに示されるように、末法思想が浄土教の浸透にはたした役割は大きかったが、貴族にとってはこの世の栄華の来世での継続という要求の方がより主要な信仰動機だったと思われる。さらに、源信は念仏という宗教行為そのものも重視しており、民衆への浄土教普及に決定的意義をもつ**口称(称名)念仏**への方向もそこにはあらわれている。

口称念仏の普及に功績があったのは、市聖とよばれた**空也**である。彼は、各地をめぐり、道をつくり、橋を架け、井戸を掘るなどの事業によって民衆の信頼を得て、念仏をひろめていった。

国風文化

特色	①浄土教の発達―浄土教美術 ②貴族中心の文化
文芸	**和歌**　六歌仙(在原業平、遍昭、喜撰、小野小町、文屋康秀、大友黒主) 『古今和歌集』(最初の勅撰集、紀貫之) →八代集(古今、後撰、拾遺、後拾遺、金葉、詞花、千載) **朗詠**　『和漢朗詠集』(藤原公任) **日記**　『土佐日記』紀貫之 『蜻蛉日記』藤原道綱の母 『紫式部日記』、『和泉式部日記』 『更級日記』菅原孝標の女 **物語**　『竹取物語』、『伊勢物語』、『宇津保物語』、『落窪物語』 『源氏物語』紫式部 **随筆**　『枕草子』清少納言
建築	**寝殿造**　(築地塀、四足門、白木造、遣水、築山) **阿弥陀堂**　平等院鳳凰堂、法界寺阿弥陀堂
彫刻	平等院鳳凰堂阿弥陀如来像(定朝、寄木造) 法界寺阿弥陀如来像 浄瑠璃寺阿弥陀如来像
絵画	**来迎図**　高野山聖衆来迎図、平等院鳳凰堂扉絵 **大和絵**　百済河成、巨勢金岡
工芸	**書道**　三蹟(和風)―小野道風、藤原佐理、藤原行成→世尊寺流 **工芸**　蒔絵、螺鈿
仏教	**浄土教**　空也(市聖)―口称念仏 源信(恵心僧都)―観想念仏、『往生要集』 **往生伝**　『日本往生極楽記』(慶滋保胤) **神仏習合**　本地垂迹説、権現、神宮寺、両部神道 **その他**　修験道、御霊会、陰陽道

9 荘園の発達

1 田堵の経営 ★★

三の君の夫は、出羽権介田中豊益なり。偏に耕農を業と為し、更に他の計なし。数町の戸主[1]、大名の田堵[2]なり。兼ねて水旱[3]の年を想ひて鋤・鍬を調へ、暗に腴え迫せたる地[4]を度りて馬杷・犁を繕ふ。[5]或は堰塞[6]・堤防・溝渠[7]・畔畷の忙[8]に於て、田夫農人[9]を育み、或は種蒔・苗代・耕作・播殖の営に於て、五月男女[10]を労るの上手なり。作るところの稙穜[11]・粳糯[12]、苅穎[13]他人に勝れ、春法[14]年毎に増す。加之、園畠[15]に蒔く所の麦・大豆・大角豆・小角豆・粟・黍・薭・蕎麦・胡麻、員を尽して登熟す。春は一粒をもて地面に散すといへども、秋は万倍をもて蔵の内に納む。凡そ東作より始めて、西収に至るまで、聊も違ひ誤ることなし。

（新猿楽記）

解説

班田制が崩壊し初期荘園が衰退した十世紀の農村には、公田(国有地)と私領(私有地)があった。公田を経営する農民は田堵と呼ばれ、彼らが耕作を請負った田地を名ということから負名とも称された。田堵には、数十町歩に及ぶ経営規模をもち「富豪之輩」とも呼ばれた大名田堵から、二～三町歩程度の小名田堵まで大きな階層差があった。史料は、田中豊益という架空の人物に託して、大名田堵の経営実態を描き出している。

国衙は、田堵との間に公田経営(請作)と租税(官物)負担の契約を一年ごとに更新する一方、たえず荒廃田を調査し、耕作を放棄したり官物を納めようとしない田堵から田地を取り上げ、別に割りあてるようにした。このように、田堵は班田制崩壊後の公田経営の担い手であったが、中央への租税上納額の割りあて制の下で大幅な課税裁量権を手にした国司の収奪にさらされていた。また、農業経営者としては、自家労働力中心のものから、多くの下人、所従らの奴隷的労働力を使役するものや、農奴ともみられる作人に耕作させたりする領主的な存在までを含

田堵の経営

1 戸主　土地所有者
2 大名の田堵 重要　大規模に名を請作する有力農民
3 水旱　水害やひでりの害
4 腴え迫せたる地　肥沃な土地かやせた土地か
5 馬杷・犁を繕ふ　牛馬で耕作する
6 堰塞　川の水をせきとめたところ
7 溝渠　小さなみぞ
8 忙　作業
9 田夫農人　田堵に属する農民
10 五月男女　田植えをおこなう農民
11 稙穜　早稲、晩稲
12 粳糯　うるち米やもち米
13 苅穎　収穫
14 春法　もみを臼で玄米にすること
15 園畠　宅地内の畑

原典解説 **新猿楽記** 藤原明衡が十一世紀初め頃に著し、猿楽を見物する一族に託して当時の職業や生活を滑稽に描いた

荘園の寄進

1 四至 重要 東西南北の境界
2 津守 港の管理者
3 次第知行 代々土地の支配権を相続してきたこと
4 院 東三条院藤原詮子(円融天皇女御)
5 女房 皇居や院の御所で、部屋を賜って住む高位の女官
6 局 宮中の女官の敬称
7 中司職 荘官で、荘園の管理・年貢などの収納権をもつ
8 長徳三年 九九七年

原典解説 **東寺百合文書** 京都の東寺(教王護国寺)の古文書を、いろは順など百箱に分類して保存したもの。現在、京都府立京都学・歴彩館所蔵

んでいる。領主的存在といえども、土地に対する権利の面では国家の規制を強くうけ、到底法的に自立した土地所有権をもっていたとはいえない。しかし、彼らは、一方で私領の拡大にも努めており、中には自己の経営を守るために武装し、周辺の農民をも従えて保護するようなものも出現してくる。こうしたものは、中世の領主(＝武士)の原型をなすものとみられている。

2 荘園の寄進――上桂荘の例 ★

寄進し奉る　所領の事
合はせて壱所者
山城国上桂に在り
四至[1] 東は桂河東堤の樹の東を限る
西は五本松の下路を限る
南は他領の堺(入り交る)を限る
北は□河の北、梅津堺の大榎木を限る

右当所は、桂の津守建立の地也。津守[2]津公・兼枝・則光と次第知行[3]相違なし。爰に御威勢を募り奉らんが為に、当荘を以て永代を限り、院[4]の女房[5]大納言殿御局[6]に寄進し奉る所也。中司職[7]に至りては、則光の子々孫々相伝すべき也。後日のため寄進の状件の如し。

長徳三年[8]九月十日

玉手則光判
玉手則安判
(東寺百合文書)

解説

①公田の荒廃地の再開発、②小名田堵の私領の買得や略奪、③郡司・郷司などの地位利用による一郡一郷全体の私領化などの方法で私領を拡大する**開発**領主があらわれてくる。彼らの開発は、山ぞいの湧水を利用した谷地が多く、これを谷田という。十一世紀半ばに、政府は、こうした開発所領を従来の名とは別の**別名**として公認し、この新行政単位の郷司や保司などに開発領主を任命して、彼らを掌握しよ

うとした。

一方、開発領主や小名田堵の中には、自分たちの私領を権門(有力な貴族や寺社)に寄進し、彼らに一定の年貢(米)・公事(特産物)を納めて名義上の土地所有者とあおぎ、その政治的影響力で国司から自分たちの経営を守ろうとする者もいた。この寄進地系荘園の形成は十二世紀に全国的規模で進展する。寄進には小名田堵クラスの農民が地域的に連合して行う場合と、開発領主が大規模な私領を一括して行う場合とがある。後者のケースでは通例、開発領主が荘官として現地の管理にあたることになる。

史料は、桂川の舟着場の管理者(津守)であった玉手氏一族が円融天皇の女御であった藤原詮子(藤原道長の姉)の女官に、その「御威勢」をたよるため、彼らが開発した上桂の地を、東西南北の境界(四至)を明記して寄進した際の確認文書である。玉手氏一族がこの上桂荘の荘官を務めることも、その中で確認されている。

3 荘園の構造——鹿子木荘の例 ★★★

鹿子木の事[1]

一、当寺(時)の相承は、開発領主[2]沙弥[3]寿妙嫡々相伝の次第也。

一、寿妙の末流高方[4]の時、権威を借らむがために、実政卿[5]を以て領家と号し、年貢四百石を以て割き分ち、高方は庄家領掌進退[6]の預所職[7]となる。……

一、実政の末流の願西[8]微力の間、国衙の乱妨を防がず。是の故に願西、領家得分[9]二百石を以て、高陽院内親王[10]に寄進す。件の宮薨去の後、御菩提の為めに、勝功徳院を立てられ、かの二百石

通釈

鹿子木荘について

一、この荘園が開かれた頃の相続については、最初に開いた在俗の僧寿妙の子孫がうけ伝えてきた。

一、寿妙の孫にあたる中原高方のとき、権威を借りるために、大宰大弐藤原実政卿を領家に立てて、年貢米四百石を上納することとし、高方は現地の荘官(預所職)となった。……

一、実政の曽孫願西は力が衰えていたので国司が不法な圧力を加えてきても防げないから、願西は領家収入のうち二百石をさし出すことにして高陽院内親王に荘園を寄進した。内親王が亡くなられたのち、その菩提を弔うために、勝功徳院を立てられ、その二百石を寄進された。そののち、内親王の母、美福門院の

荘園の構造

[1]鹿子木の事　鹿子木荘のことで、肥後国飽田郡にあった

[2]開発領主 重要 その地を最初に開いた本来の領主

[3]沙弥　在俗の僧

[4]高方　中原高方。寿妙の孫にあたる

[5]実政　藤原実政。参議大宰大弐従二位まで昇進した

[6]庄家領掌進退　庄家は荘園の現地にある倉庫・事務所をいう。すなわち現地の諸施設を管理支配するの意

[7]預所職 重要 荘官の名称のひとつ

[8]願西　実政の曽孫である刑部大輔藤原隆通の法名

9 領家得分　領家の分けまえ、収益

10 高陽院内親王　鳥羽天皇の皇女（叡子内親王）

11 美福門院　高陽院内親王の母得子のこと

12 御室　仁和寺のこと

設問

問❶　十世紀に公田を経営し一定の租税を負担した農民を何というか。

問❷　荘園の現地管理者を何と総称するか。

を寄せらる。その後、美福門院[11]の御計として御室[12]に進付せらる。是れ則ち本家の始め也。……

（東寺百合文書）

はからいで、仁和寺に寄進された。これがこの荘園の本家のはじめである。

❖解説❖

肥後国の鹿子木荘は現在の熊本市の北方にあった。一〇八六（応徳三）年に開発領主沙弥寿妙の孫中原高方が大宰大弐藤原実政に所領を寄進した。年貢四百石の上納と高方の預所（荘官）就任とがそのときの契約である。目的は実政の「権威を借らんがため」とあるが、実政は肥後の国司にとって上司にあたり、かつて後三条天皇の近臣として活躍し、この年に始まった白河院政とも緊密な関係があったらしい。その後、実政の領家の地位は、白河上皇の近臣藤原公実、その女婿大納言藤原経実へと移り、経実の子刑部大輔藤原隆通（願西）が相続した。ところが、願西は政治力に乏しく「国衙の乱妨を防」げなかったため、領家の得分（収益）のうち半分の二百石を鳥羽上皇の皇女高陽院内親王に寄進して本家とあおいだ。なお、この史料は、訴訟のため十三世紀末に作成されたもので、開発領主の権益を引き継いだ預所に有利なように、開発領主の立場と権利がより強調されて描かれているとされる。

鹿子木荘の成立

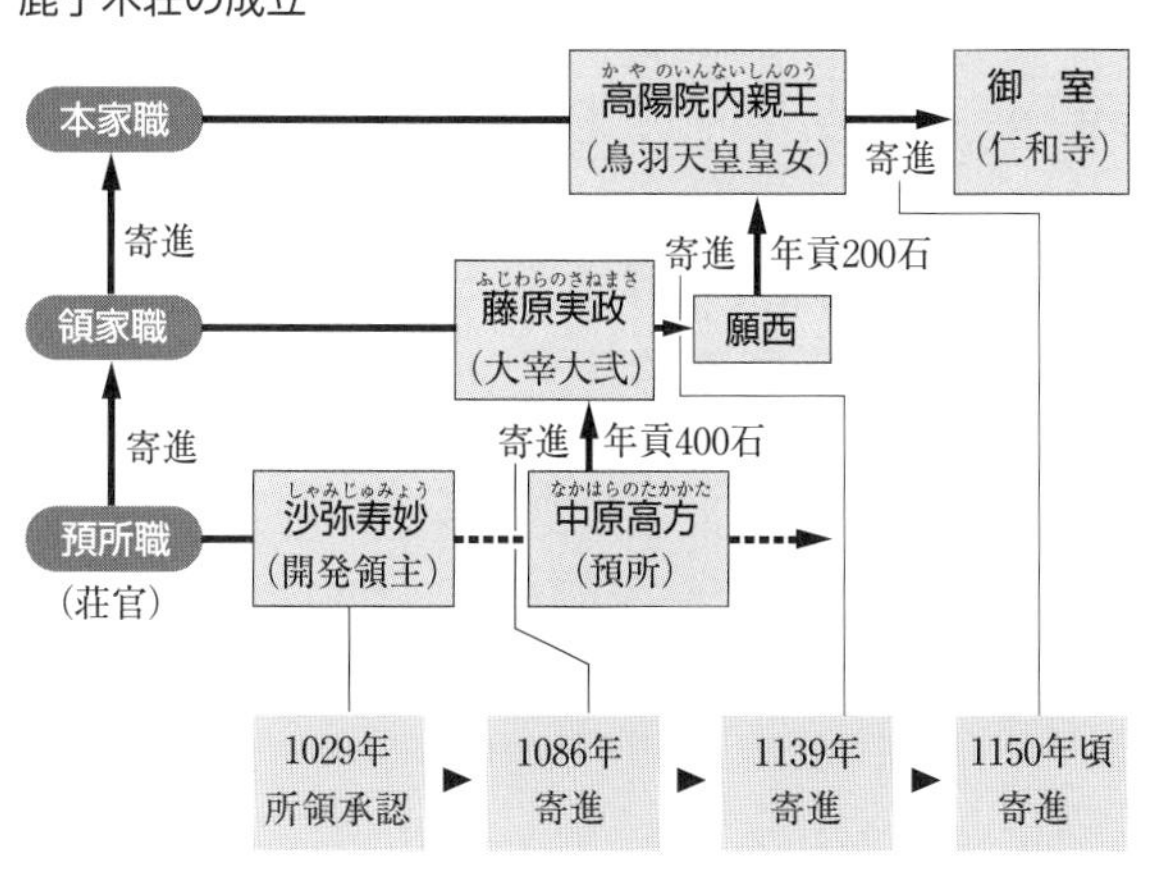

⑩ 武士の台頭

1 僦馬の党 ★

此国❶、頃年、強盗蜂起し、侵害尤も甚し。静かに由緒❷を尋ぬるに、皆僦馬の党❸より出ず。何となれば、坂東諸国❹の富豪之輩❺ただ駄を以て物を運ぶ。其の駄の出ずる所は、皆掠奪による。山道❻の駄を盗みて以て海道❼に就き、海道の馬を掠めて以て山道に赴く。爰に一疋の駑❽に依りて、百姓❾の命を害ひ、遂に群党を結び、既に凶賊と成る。茲に因りて、当国❿隣国⓫共に以て追討し、解散の類⓬、件等の堺⓭に赴く。（類聚三代格）

僦馬の党

❶此国　上野国
❷由緒　強盗の素性
❸僦馬の党 重要　馬を用いて租税などの運搬を請負う地方豪族
❹坂東諸国　東国
❺富豪之輩 重要　大名田堵クラスの有力農民や地方豪族などの富豪層
❻山道　東山道
❼海道　東海道
❽駑　のろい馬
❾百姓 重要　人民
❿当国　上野国
⓫隣国　上野の周辺諸国
⓬解散の類　逃亡をはかる強盗（僦馬の党）
⓭堺　碓氷峠（東山道）や足柄峠（東海道）、これらの峠をこえると東国から脱出できる

通釈

上野国では、最近、強盗の活動による被害が続出している。強盗の素性を調べてみると、みな僦馬の党から出ている。どういうことかというと、東国の富豪層は、馬で物資を輸送するが、その馬はみな掠奪したものである。東山道の物資輸送隊を襲って馬や物資を盗み、東海道でその馬を使って物資を輸送し、東海道で馬を奪って東山道で物資輸送にあたっている。一頭ののろい馬で人民の生命をとり、集まって強盗団をつくっている。そこで、上野国や周辺諸国がともに取締ったので、東国からの逃亡をはかって、彼らは碓氷峠や足柄峠に向かっている。

解説

政府は、八九九（昌泰二）年に太政官符を出して強盗をはたらく僦馬の党が碓氷峠や足柄峠をこえて東国での追及をかわして逃れないよう、峠での取締りを強化するよう命じている。これは上野国からの申請をうけて出されたものだが、その申請によると、富豪之輩は馬で物資輸送にあたる僦馬の党をなしているが、その馬は掠奪したもので、彼らは東山道や東海道で強盗をはたらいていたという。史料はその太政官符の一節である。

富豪之輩と呼ばれているのは、大名田堵や地方豪族（郡司）などの富豪層である。班田制の崩壊とともに地方から中央への租税輸送にあたる運脚のシステムも崩れ、かわってこの富豪層が東国では馬、西国では船を用いて租税の輸送を請負うようになった。彼らは、武装して輸送隊（船）を守る一方、たがいに他を襲ったり、国司と対立して武力衝突をおこした

原典解説　類聚三代格　七〇ページ参照

りするようになっていった。また、彼らは、農民たちを脅す一方で、服従する者を保護し、さらに相互に手を結ぶようになっていった。政府は、この群党(僦馬の党、西国は海民)を凶賊(西国は海賊)とみなして、取締りをくり返したが、その勢力は次第に大きくなっていった。

2 平将門の乱　★★

天慶二年[1]十一月廿一日を以て、常陸国に渉る[2]。国、兼ねて警固を備へて将門を相待つ。……仍りて彼此合戦の程、国の軍三千人、員の如く討ち取らるなり。……時に武蔵権守[3]興世王、竊に将門に議して云う、「案内を検ぜしむる[4]に、一国を討つと雖も、公の責め軽からず。同じくは坂東を虜掠[5]して暫らく気色を聞かん」者。将門報答して云う。……「然らば則ち且つは掌に八国を入れ、且は腰に万民を附けん」者。……将門を名づけて新皇と曰ふ。……便ち、左右大臣・納言・参議・文武百官・六弁[6]・八史[7]、皆以て点じ定め、内印外印[8]の鋳るべき寸法、古文の正字を定め了んぬ。……諸国の長官、魚の如く驚き鳥の如く飛び、早く京洛に上る。然る後、武蔵相模等国迄新皇巡検し、皆印鎰[9]を領掌し、公務を勤む可きの由を留守

平将門の乱

[1] 天慶二年　九三九年
[2] 常陸国に渉る　常陸の藤原玄明を救援するためにいく
[3] 権守　正式の国守に対し、定員外(権官)の国守をいう
[4] 案内を検ぜしむる　文書・記録を調べる
[5] 虜掠　人をとりこにし物をとる
[6] 六弁　左右の大弁・中弁・少弁各一人
[7] 八史　左右の大史・少史・各二人
[8] 内印外印　内印は天皇の印、外印は太政官の印
[9] 印鎰　国司の印と国衙の倉の鍵
[10] 国掌　国の役人

通釈

天慶二(九三九)年十一月二十一日に、将門は常陸国に侵入した。常陸国府ではすでに警固をかためて将門軍を待ちうけていた。……よって両者の合戦の末、常陸国の軍勢三千人が討ち殺された。……その時武蔵権守興世王がひそかに将門にはかりながら「今、記録を調べてみるに、一国を討ってもその罪は軽くない。同じことなら関東全体を侵略して、しばらくようすをみたらどうだろう」といった。将門が答えて……「それでは、すぐに八国を支配下に入れ、その人民を従えよう」といった。……将門を新皇とよんだ。……そして左右大臣・納言以下の役人を任命し、天皇印・太政官印などを、寸法や書体も古式にのっとってつくった。……すると諸国の国司たちは魚や鳥のように驚き、京都に上っていった。その後、武蔵・相模等の国まで新皇が巡検し、印鑑と鍵を受けとって、政務に励むよう在庁の役人たちに命じた。そして皇位についたことを太政官に報告し、相模国から下総国に帰った。そのため、都の役人たち

原典解説　将門記　平将門の乱について記した日本最初の軍記物。九四〇(天慶三)年に成立した

の国掌[10]に仰す。乃ち天位に預る可きの状を太政官に奏し、相模国自り下総に帰る。仍りて京官大いに驚き、宮中騒動す。
（将門記）

は大いに驚き、京中は大騒ぎとなった。

地方の争乱

	年代	概要
平将門の乱	935～40年	一族の内紛で伯父国香殺害→国府襲撃。新皇と称して叛く←平貞盛と藤原秀郷平定
藤原純友の乱	939～41年	瀬戸内海の海賊を率い、国々の国府・大宰府襲撃←小野好古と源経基平定
刀伊の来襲	1019年	刀伊（女真）、対馬・壱岐・筑前に来襲←藤原隆家ら撃退
平忠常の乱	1028～31年	前上総介平忠常、下総で反乱←源頼信・頼義鎮定
前九年合戦	1051～62年	安倍頼時・貞任の反乱←源頼義・義家が清原氏の援助で鎮定
後三年合戦	1083～87年	清原家衡と藤原清衡の内紛←源義家が清衡を助けて鎮定

武士の棟梁 ⊙ p.97

1 寛治五年　一〇九一年

2 宣旨 重要　蔵人所が当番の公卿に伝えて宣する天皇の命令

解説

平将門は、桓武天皇の子孫で東国に土着した高望王の孫である。父良将も陸奥の鎮守府将軍となったが、将門も京都に出て太政大臣藤原忠平（時平の弟）に仕えている。東国に帰ったのち、父の遺領をめぐって伯父の国香や良兼らと争い、国香を殺した。一族の内紛・武力衝突は九三五（承平五）年以降、くり返されていたが、これが直ちに反乱へと発展したわけではない。

九三八（天慶元）年には武蔵国で足立郡司武蔵武芝と国司が対立したのを調停している。この対立は、国司の収奪に地方豪族や田堵が反発しておきたものと考えられる。さらに、翌九三九（天慶二）年、常陸の地方豪族藤原玄明が国司に反抗して租税を納めず、国司に追われて将門の下にのがれてきたので、将門は玄明の赦免を国司に求めたが、許されなかった。ここにいたって、将門は国司、つまり律令国家と対立し、反乱へと向かっていく。

九三九（天慶二）年、将門は常陸国府を襲撃し、常陸介藤原維幾を捕らえた。このとき、史料にあるように、将門に味方した武蔵権守興世王のすすめにしたがい、東国政権の樹立を決意した。そして、諸国の国府を次々に襲って国司を追い払い、下総国の石井を王城の地として新皇と称し、左右大臣以下の文武百官を任命して律令国家の体裁をととのえた。この将門の東国制圧は瀬戸内で海賊をひきいて蜂起した藤原純友の動きとあわせて、藤原忠平政権を震撼させた。政府は、藤原忠文を征東将軍に任命して鎮圧に向かわせたが、九四〇（天慶三）年、その到着以前に平貞盛（国香の子）が下野の豪族藤原秀郷（俵藤太）の助力で将門を滅ぼしていた。

平将門の乱（九三五～四〇年）は、武士による最初の反乱であり、醍醐天皇の親政の下で律令政治再建の最後の試みがなされた延喜の治（八九七～九二三年）と村上天皇が親政を行った天暦の治（九四七～六七年）という二つの時期の中間におこっている。しかも、藤原純友が瀬戸内海の海賊をひきいて大宰府などを襲う事件（藤原純友の乱、九三九～四一年）が同時におこっている。この時期に、律令体制の崩壊が決定的になったといえよう。

これらの反乱の背景には、十世紀にはいってすすんだ国衙の支配体制の再編・強化に対する地方豪族や田堵の不満がある。将門の軍勢は、僦馬の党を基盤とし、従類(下人や作人などの直属軍)が少なく、伴類(田堵などの協力による兵力)が多く、武士団としては未成熟だった。そのことは、将門が伴類を解散して農耕につかせたところを襲われ、あっけなく討たれたことにうかがえる。一方、このような反乱を鎮圧するため、国衙は武力を組織していたが、武士の源流の一つは、こうした国衙に組織された「武勇の輩」などにあったと考えられる。

3 武士の棟梁 ★

(寛治五年❶)六月十二日宣旨❷を五畿七道❸に給ひ、前陸奥守義家随兵❹の入京、并びに諸国の百姓、**田畠の公験❺を以て、好みて義家朝臣に寄する事を停止す。**

(百練抄)

(仁平三年❻)正月十五日乙巳刑部卿忠盛❼朝臣卒す。……数国の吏❽を経、富は巨万を累ね、奴僕は国に満ち、武威人に軼ぐ。然れども、人となり恭倹にして、未だ嘗て奢侈の行有らず。時人これを惜しむ。

(宇槐記抄)

❸**五畿七道** 重要 山城・大和・河内・和泉・摂津を五畿、東海道・東山道・北陸道・山陰道・山陽道・南海道・西海道を七道という。つまり全国のこと

❹**随兵** 護衛兵

❺**田畠の公験** 田畠の所有権について国郡司の証明の付せられた売買証文

❻**仁平三年** 一一五三年

❼**忠盛** 平正盛の子、清盛の父

❽**数国の吏** 播磨・伊勢・備前などの国守を歴任している

原典解説

百練抄 平安中期から鎌倉中期にかけて約三世紀の事柄を年代順に記した記録

宇槐記抄 宇治左大臣(槐府)藤原頼長の日記である『台記』を抄録したもの

設問

問❶ 馬を使って租税輸送を請負う一方、しばしば盗賊行為もはたらいた地方豪族などを何というか。

問❷ 最初に大規模な反乱をおこした東国武士はだれか。

問❸ 土着受領などの中から輩出した武士団の指導者を何というか。

解説

各地に発生した武士団は、**清和源氏**や、**桓武平氏**の族長を**棟梁**とあおぎ、大規模な結束をつくり上げていった。東国では、平忠常の乱(一〇二八~三一年)を**源頼信**が鎮定したのを機に、源氏を棟梁とあおぐ武士が多くなり、この傾向は前九年合戦(一〇五一~六二年)で**頼義**(頼信の子)の下で東国武士の大半が陸奥へ従軍したことで決定的となった。さらに、後三年合戦(一〇八三~八七年)以後、**義家**(頼義の子)の威勢は東国を圧し、政府は義家に荘園寄進が集中するのを防止するため、わざわざ彼への寄進を禁ずる法令を出すほどだった(『百練抄』)。

一方、平氏は、平将門の乱を鎮圧した**平貞盛**の子孫が伊勢に土着し(伊勢平氏)、**正盛**のとき白河上皇の皇女の菩提寺である六条院に私領を寄進したことで**北面の武士**に登用され、西国で源義親(義家の子)の反乱を鎮圧して武名をあげた。源氏が摂関家と結びついて勢力の消長をともにしたのに対し、平氏は院政の下で勢力をのばしていった。忠盛(正盛の子)は、鳥羽上皇の近臣として西国の受領を歴任し、西国の海賊を従えて**日宋貿易**を行い巨万の富を築いている(『宇槐記抄』)。

⑪ 後三条天皇の親政

1 延久の荘園整理令 ★★

（延久元年[1]二月）廿三日、寛徳二年[2]以後の新立庄園を停止すべし。縦ひ彼の年以往と雖も、立券[3]分明ならず、国務に妨げ有らば、同じく停止の由宣下す。閏二月十一日、始めて記録庄園券契所[4]を置き、寄人[5]等を定む……。（百練抄）

通釈

延久元（一〇六九）年二月二十三日、寛徳二（一〇四五）年以後に新しくできた荘園を停止させる。たとえ、寛徳以前であっても、成立手続きが不明な荘園や、国務にさまたげのある荘園も同じく停止させる。閏二月十一日、はじめて記録所を設置し、職員を定めた……。

解説

一〇六八（治暦四）年に即位した後三条天皇は、半世紀にわたって摂政・関白の地位を占めてきた藤原頼通を外戚とせず、受領経験者などの中級貴族を側近として親政を行い、一〇六九（延久元）年、延久の荘園整理令を出した。

延喜の荘園整理令（九〇二年）以後、荘園の新設は原則として禁止されていたが、有名無実化していた。そこで長久元（一〇四〇）年、寛徳二（一〇四五）年、天喜三（一〇五五）年に、相次いで荘園整理令が出された。長久令では、現在国司以後の新立荘園を禁止した。これは、それ以前に設置された荘園を認め、その上で荘園と国衙領の関係を整理し、新たな課税のしくみを確立しようとしたものだった。次の寛徳令では、長久令をうけて、前任国司以後の新立荘園を禁止した。さらに、天喜令では、寛徳令以後の新立荘園を禁止した。延久令は、こうした荘園整理事業を一層推進しようとしたものだった。

延久令は、寛徳令を基準とし、①それ以後の新設荘園を停止し、それ以前でも②券契（荘園領有の証拠書類）が不明なものや、③国司の職務遂行を妨げるものは停止した。さらに、整理事務を従来のように国司まかせとせず、中央に記録荘園券契所（記録所）を設けてすすめた。その結果、一般の荘園は大幅に整理され、石清水八幡宮などは三十四か所の荘園のうち十三か所を没収された。

延久令は、一時的には国衙領（公田）を増やすこと

延久の荘園整理令

1 延久元年　一〇六九年、後三条天皇の時
2 寛徳二年　一〇四五年、後冷泉天皇の代
3 立券 重要 荘園の租税の免除を立証する証文
4 記録庄園券契所 重要 荘園の証拠文書（券契）を記録する役所の意
5 寄人　職員

原典解説

百練抄　九七ページ参照

になり、受領層の支持を獲得した。しかし、より強力な権門を求めて荘園寄進が皇室に集中するきっかけともなった。皇室の権門化は院政の下でさらにすすみ、国衙領も上皇とその側近が国ごとに知行国主となって分配されるにいたった。このように、延久令は荘園制（荘園と国衙領がほぼ同様のしくみで併存するので荘園公領制ともいう）確立にはずみをつけたといえる。

2 藤原頼通の反応 ★★★★

後三条院ノ位ノ御時……延久ノ記録所トテハジメテヲカレタリケルハ、諸国七道❶ノ所領ノ宣旨❷・官符❸モナクテ公田❹ヲカスムル事、一天四海ノ巨害ナリトキコシメシツメテアリケルハ、スナハチ宇治殿❺ノ時、一ノ所ノ御領❻〳〵トノミ云テ、庄園諸国ニミチテ受領❼ノツトメタヘガタシナド云ヲ、キコシメシモチタリケルニコソ❽。サテ宣旨ヲ下サレテ、諸人領知ノ庄園ノ文書ヲメサレケルニ、宇治殿ヘ仰ラレタリケル御返事ニ、「皆、サ心得ラレタリケルニヤ、五十余年君ノ御ウシロミ❾ヲツカウマツリテ候シ間、所領モチテ候者ノ強縁ニセンナンド思ヒツヽヨセタビ❿候ヒシカバ、サニコソナンド申タルバカリニテマカリスギ候キ。ナンデウ⓫文書カハ候ベキ。タヾソレガシガ領ト申候ハン所ノ、

通釈

後三条天皇が位についておいでになった時、……延久の記録荘園券契所というものをはじめて設置されたのは、日本全国にある荘園が、宣旨や官符もないのに国衙領をかすめとっていることが、日本の国にとってこの上ない害悪であるとかねて考えておいでになったからであった。その理由は宇治殿（藤原頼通）の時になって、「摂関家の御領だ、摂関家の御領だ」とばかり称している荘園が諸国に充満し、国司の任務を遂行することはできなくなってしまったなどといわれていたのを御耳にとめておいでになったのである。さて後三条天皇が荘園領主にそれぞれがもっている荘園の文書を提出させる命令を出されたところ、宇治殿からの御返事は、「わたくしのところは皆がそういうように了解していたのではないでしょうか。五十余年も天皇の御後見役をつとめてまいりました間に、あちこちの領主たちがわたくしと縁故を作ろうと思って荘園を寄進してくれたものですから、わたくしの方は『そうか』などというだけで、受けと

藤原頼通の反応

❶**諸国七道** 重要 東海道・東山道・北陸道・山陰道・山陽道・南海道・西海道、全国の意

❷**宣旨** 重要 蔵人が勅旨をのべ伝えるもの。詔勅のような複雑な手続を要しなかった

❸**官符** 重要 太政官から下す公文書、太政官符のこと

❹**公田** 重要 公領（国衙領）

❺**宇治殿** 重要 藤原頼通

❻**一ノ所ノ御領** 重要 摂関家領

❼**受領** 重要 現地赴任の国守。徴税請負人化して、かつては現地収奪に力をふるったが、荘園の発達で徴税が難しくなっていった

❽**キコシメシモチタリケルニコソ** 御耳にとめておいでになった

❾**君ノ御ウシロミ** 摂関職を意味する

❿**強縁ニセンナンド思ヒツヽヨセタビ** 強くむすびつこうとして寄進した

⓫**ナンデウ** どうして

シカルベカラズタシカナラズ聞コシメサレ候ハンヲバ、イサ、カノ御ハヾカリ[12]候ベキ事ニモ候ハズ。カヤウノ事ハカクコソ申サタスベキ身ニテ候ヘバ、カズヲツクシテタヲサレ候ベキナリ」ト、サハヤカニ[13]中サレタリケレバ、アダニ[14]御支度相違ノ事ニテ、ムコニ[15]御案アリテ、別ニ宣旨ヲ下サレテ、「コノ記録所ヘ文書ドモメスコトニハ、前大相国[16]ノ領ヲバノゾク」、ト云宣下アリテ、中〳〵ツヤ〳〵ト[17]御沙汰ナカリケリ。（愚管抄）

って過ごしてきました。そんなところに、どうして証拠の文書なんかがありましょうか。ただ、わたくしの領地だと称している荘園で、不当なものや不正確なものだとお思いになるところがありましたら、少しも御遠慮なさることはありません。だいたい、このように荘園を整理するというようなことは、わたくし（前関白）が進んで処置しなければならない身なのですから、一つ残らず廃止なさるべきです」というものであった。宇治殿がこのようにきっぱりと返答をなさったので、後三条天皇の御計画は狂ってしまい、無駄に終わってしまった。天皇は長い間思案なさった末に、とうとう別に命令を下され、この記録荘園券契所に文書を提出させることについては、前太政大臣（頼通）の荘園を除外することになさって、一向に文書の提出の指示を下されなかったのである。

12 御ハヾカリ　遠慮
13 サハヤカニ　はっきりと
14 アダニ　むだに　いたずらに
15 ムコニ　無期限に　長い間
16 前大相国　前太政大臣で、ここでは頼通をさす
17 ツヤ〳〵ト　一向に

原典解説

愚管抄　天台座主慈円（九条兼実の弟）の著した史書で、神武天皇から承久の乱頃までを記している。三大史論の一つで、歴史の流れを批判的に叙述しているので有名。一二二〇（承久二）年成立

設問

問❶　荘園整理事業をすすめて、摂関家に打撃を与えた天皇はだれか。

問❷　後三条天皇が荘園整理事業をすすめるために設けた機関は何か。

解説

摂関政治の成立にとって決定的な条件は外戚の地位であったが、**藤原頼通**は晩年、ついにそれを得られず、**後三条天皇**の即位をゆるし、宇治へ隠退した。後三条天皇は、頼通の弟教通を関白に任じたが、積極的に親政をすすめていった。しかし、天皇が延久の荘園整理令を出すと、頼通はこれに抵抗し券契文書などはないとその提出を拒否した。史料は、後年、摂関家出身の慈円が伝え聞いたその間の事情をまとめたものである。史料には、天皇は、頼通の荘園を**記録荘園券契所**の調査対象からはずす措置をとったと記されているが、実際には、摂関家関係の荘園にも券契文書を提出させ、さらに枡の規格を公定（**宣旨枡**）して荘園整理事業を推進する一方、皇室直属の荘園である勅旨田を各地に設け、皇室財政の強化をはかった。しかし、天皇は在位四年半で病気のため子の白河天皇に譲位し、親政は終わった。

第2編

中世

「春日権現験記」
宮内庁三の丸尚蔵館

第4章 武家社会の成立

1 院政

1 院政の開始 ★★★

禅定法王[1]、……後三条院[2]崩後、天下之政を秉ること五十七年。……意に任せ法に拘わらず除目[3]・叙位[4]を行い給う。古今未だ有らず。……威四海に満ち天下帰服す。幼主三代[5]之政を秉り、斎王[6]六人の親となる。桓武[7]より以来、絶えて例なし。

（中右記）

白河院[8]……世ノ政ヲハジメテ院中ニテシラセ給。後ニ出家セサセ給テモ猶ソノママニテ御一期[9]ハスゴサセマシ〳〵キ。……執柄[10]世ヲオコナハレシカド、宣旨[11]・官符[12]ニテコソ天下ノ事ハ施行セラレシニ、此御時ヨリ院宣[13]・庁御下文[14]ヲオモクセラレシニヨリテ、在位ノ君[15]又位ニソナハリ給ヘルバカリナリ。

（神皇正統記）

通釈

白河法王は、……後三条天皇が崩御された後、五七年間、国を治められた。……ご自分の意のまま、法の定めにとらわれず、官職を任命し、位階を授与された。……ご威光は全国に及び、皆が従った。幼児を天皇に即位させ、三代にわたり国政をおこなわれ、伊勢神宮に奉仕する斎王六人をその親として立てられた。桓武天皇以来、このような前例は皆無である。

通釈

白河上皇は、……初めて院政をおこなわれた。のちに出家して法皇となられても、そのまま亡くなるまで院政を続けられた。……摂関家が政権をにぎっても、公のことは天皇の宣旨や太政官符でおこなわれていたが、この時から院宣や院庁下文の方が重視されるようになり、天皇はただ形式的に位についているばかりとなってしまった。

院政の開始

[1] **禅定法王** 出家して法王となった上皇。白河上皇のこと
[2] **後三条院** 白河上皇がその皇位を継いだ、父の後三条天皇
[3] **除目** 官職の任命
[4] **叙位** 位階の授与
[5] **幼主三代** 幼児で即位させた堀河・鳥羽・崇徳の三天皇
[6] **斎王** 皇祖神を祀る伊勢神宮に奉仕する未婚の皇女
[7] **桓武** 桓武天皇
[8] **白河院** 白河上皇
[9] **御一期** 御一生
[10] **執柄** 摂政・関白の異称
[11] **宣旨** 重要 蔵人が勅旨をのべ伝えるもの。詔勅のような複雑な手続を要しなかった
[12] **官符** 重要 太政官から下す公文書、蔵人があつかう
[13] **院宣** 重要 院司の一人が上皇の命を奉じて出された文書
[14] **庁御下文** 重要 院の役所から下した公文書
[15] **在位ノ君** 天皇のこと

原典解説

中右記 中御門右大臣藤原宗忠の日記。記事は一〇八七～一一

三八年におよび、院政期の政治・社会の重要記録

神皇正統記　北畠親房が後村上天皇の君徳を養うため神代からの歴史を書いて献上したもの

僧兵の横暴

1寛治七年　一〇九三年

2大衆 重要　衆徒ともよばれ、僧兵の中心となって活動した

3七大寺 重要　南都七大寺。東大寺・興福寺・元興寺・大安寺・薬師寺・西大寺・法隆寺

4洛陽　都すなわち京都をさす

5春日神民　春日神社の神人。神人は神社に所属し、雑役に従事していたもの

6白河の院　白河法皇

7山法師 重要　比叡山延暦寺の僧兵

原典解説

扶桑略記　三〇ページ参照

源平盛衰記　平家の勃興から滅亡まで、源平両氏の争乱を描いた軍記物

設問

問❶　院政をはじめた上皇はだれか。

問❷　院政に反抗した寺社の武装勢力を何というか。

解説

白河天皇（後三条天皇の子）は、一〇八六（応徳三）年、子の堀河天皇に譲位して**上皇**（太上天皇、出家すると法皇）となり、院庁を開設して**院政**を開始した。院庁には受領経験者などの中下級貴族が院司としてつとめ、**院宣**や**院庁下文**などの文書が出され、後白河院政期には法令同様の効力をもつようになった。また、**北面の武士**がおかれ上皇の身辺を警固した。

院は盛んに荘園を集積し、それは千か所以上にのぼった。また、朝廷から国衙領の支配権を取り上げ、国の行政権、国守の推薦権、大半の租税の収得権をもつ**知行国主**の地位に上皇やその側近がついた。院の知行国は、全国六十余か国中、五十九か国に及んだという。院政を行った上皇（治天の君）たちは、豊かな財力を背景に、法勝寺などの寺院（六勝寺）を建立し、熊野参詣などを盛んに行った。

院政の下で、藤原摂関家は朝廷でも大きく後退し、かわって院に重用された貴族が抜擢されて重要な職に進出し、治天の君の乳母の親族や中下級貴族らが**院近臣**として巨富を蓄え、権勢をふるった。一方、北面の武士であった平氏も、忠盛のとき近臣としての台頭が著しかった。

2 僧兵の横暴 ★★

（寛治七年）1八月廿六日辛未、興福寺大衆2数千人、七大寺3等の諸僧を引率して洛陽4に参上す。春日神民5の愁に依るなり。（扶桑略記）

白河の院6は、賀茂川の水、双六の賽、山法師、7是れぞ朕が心に随はぬ者と、常に仰せの有りけるとぞ申し伝へたる。（源平盛衰記）

解説

僧兵の語は江戸時代以降のもので、貴族出身の学生や学侶より低い身分の僧侶である**衆徒・堂衆**がその実体であった。彼らは、寺領荘園の自衛や、延暦寺（山門）と三井寺（園城寺、寺門）の衝突など寺院内外の抗争にそなえて武装した。興福寺（南都）と延暦寺（北嶺）の僧兵は、それぞれ春日神社の神木や日吉神社の神輿をかついで都に乱入し、強訴した。白河法皇は、たびたび氾濫する賀茂川の水や当時流行したさいころ賭博とならべて、山法師（延暦寺の僧兵）を天下三不如意の一つに数えたという。

2 平氏政権

1 平氏の繁栄 ★★★★

祇園精舎[1]の鐘の声、諸行無常[2]の響あり。沙羅双樹[3]の花の色、盛者必衰のことはりをあらはす。おごれる人も久しからず、只春の夜の夢のごとし。たけき者も遂にはほろびぬ、偏に風の前の塵に同じ。……六波羅殿[4]の御一家の君達[5]と言ひてしかば、花族も栄耀[6]も面を向へ、肩を並ぶる人なし。されば入道相国[7]のこじうと[8]、平大納言時忠卿ののたまひけるは、「此一門にあらざらむ人は、皆人非人なるべし」とぞのたまひける。かゝりしかば、いかなる人も、相構て其ゆかりにむすぼゝれむとぞしける[9]。衣文のかきやう[10]、烏帽子のためやう[11]よりはじめて、何事も六波羅様と言ひてげれば、一天四海の人皆是をまなぶ。……吾身の栄花を極るのみならず、一門共に繁昌して嫡子重盛、内大臣の左大将……すべて一門の公卿[12]十六人、殿上人[13]卅余人、諸国の受領、衛府、諸司、都合六十余人

通釈

祇園精舎でつき出す鐘の声には、世のありとあらゆる物の生滅無常であることを告げ知らせる響きがあり、その間で、釈迦が入滅した沙羅双樹に咲く美しい花の色も盛んなものは、必ず衰えるという道理を表している。まことに驕る者は久しく続かず、その運命はただ春の夜に見る夢のように短い。猛き人もやがては亡びる。そのはかないことはひとえに風の前のちりと同じである。……清盛公の一家の御子息とさえいえば、たとえ上層貴族の名門藤原氏一族の貴公子であろうとも肩をならべ、面と面を向かいあわそうとする者はない。それで清盛夫人の弟、大納言平時忠は、「平家でない者は人でない」とまで高言して憚らなかった。そういうわけで、世間の人々は何とかして、平家一門と縁故を結ぼうとした。着物のえりの合わせ方から烏帽子の折り具合にいたるまで、すべて六波羅風とさえ言えば、誰も彼もみなそれを真似たものであった。……清盛は、ひとりわが身の栄華をきわめたばかりでなく、一門ともども繁栄して、嫡子重盛は内大臣左大将に、というように昇進した。……すべて平家一門で、公卿の地位を占め

平氏の繁栄

1 **祇園精舎**　インドのマガダ国に須達長者が釈迦のために建てた寺の名。精舎は寺のこと

2 **諸行無常**　万物は常に流転してしばらくも常住しないということ

3 **沙羅双樹**　インド産の常緑樹。釈迦が涅槃に入った時、四方にあった沙羅樹の一対二本ずつのうちの一本が時ならぬ白い花を咲かせて枯れたという

4 **六波羅殿** 重要　平清盛のこと。六波羅は彼の邸宅の所在地。現京都東山山麓

5 **君達**　公達。貴公子のこと

6 **花族も栄耀も**　ともに貴族の家柄のことで、貴族でも上位の家柄、藤原氏一門をさす

7 **入道相国** 重要　清盛のこと。入道は仏門に入った者、相国は太政大臣の唐名

8 **こじうと**　夫または妻の兄弟。時忠は清盛の妻時子の弟

9 **其ゆかりにむすぼゝれむとぞしける**　何とか工夫して平家に結びついて縁者になろうとした

10 **衣文のかきやう**　着物のえりの合わせ方

11 **ためやう**　まげ方

12 公卿 重要 公は大臣、卿は三位以上の貴族及び四位の参議をいう
13 殿上人 重要 五位以上の貴族及び六位の蔵人

原典解説

平家物語 『徒然草』によれば、信濃前司行長があらわしたとされるが、琵琶法師が語りひろめる間に、次第に増補・改訂されたものと思われる。和漢混淆文で平家の盛衰をえがいている。鎌倉時代の軍記物の代表作である

福原遷都
1 治承四年 一一八〇年
2 水無月 六月
3 にはかに都遷り 急に遷都した
4 嵯峨の天皇 平安遷都は桓武天皇の七九四年である。嵯峨天皇は平城遷都をはかる平城太上天皇派を八一〇(弘仁元)年に倒している。また、『方丈記』執筆

なり。世には又人なくぞ見へられける。……日本秋津嶋は纔に六十六箇国、平家知行の国卅(三十)余箇国、既に半国にこへたり。其外庄園田畠いくらといふ数を知ず。
(平家物語)

る者十六人、殿上人となっている者三十余人、さらに諸国の受領、衛府、諸司の役人等を合わせると、六十余人の多きに達している。まことに、政界は平氏だけで占められたかのように思われた。……今、日本全国を見ると、すべてで六十六か国であるが、その中、平家の知行する国は三十余国で、その過半数を占めている。その他、平家所有の荘園や田畑となると、どの位あるか数もしれない程である。

解説

保元の乱(一一五六年)と平治の乱(一一五九年)を通じて後白河院政における近臣として台頭した**平清盛**は、娘徳子が高倉天皇に入内してから、しだいに後白河法皇と対立するようになり、それは**鹿ケ谷の陰謀**(一一七七年)以降、表面化した。清盛は、一一七九(治承三)年十一月、クーデタをおこし、法皇を幽閉して院政を停止し、翌一一八〇(治承四)年二月、孫の**安徳天皇**を即位させた。このように、**平氏政権**とは、武力で院政を停止させて成立した外戚政権なのである。

平氏政権の武力は家子・郎等が中心であり、保元の乱のとき動員した軍勢は三百騎にすぎなかった。また、五百余か所の荘園と三十余か国の知行国を有し、家人をその**地頭**に補任したとはいえ、貴族政権同様の寄生的性格をぬぐいきることはできなかった。ただ、音戸の瀬戸(安芸国)を開削して瀬戸内海の航路を整備し、福原に近い大輪田泊(摂津国)を修築して**日宋貿易**を推進しようとした政策は、西国武士(海賊)の組織化をめざしたともみられる。

2 福原遷都 ★★

また、治承四年[1]水無月[2]のころ、にはかに都遷り[3]侍りき。いと思ひの外なりし事なり。おほかた、

通釈

治承四(一一八〇)年六月のころ、突然都をうつすということがあった。全く思いがけぬこと

この京のはじめを聞ける事は、嵯峨の天皇[4]の御時、都と定まりにけるより後、すでに四百余歳を経たり。ことなるゆゑなくて、たやすく改まるべくもあらねば、これを世の人安からず憂へあへる、実にことわりにも過ぎたり。[5]されど、とかくいふかひなくて、帝[6]より始め奉りて、大臣・公卿みな悉く移ろひ給ひぬ。……軒を争ひし人の住ひ、日を経つゝ荒れゆく。家はこぼたれて、淀河に浮び、地は目のまへに畠となる。人の心みな改まりて、たゞ馬・鞍をのみ重くす。[7]牛・車を用する人なし。[8]西南海の領所を願ひて、東北の庄園を好まず。その時、おのづから事の便りありて、津の国の今の京[9]に到れり。……その地、程狭くて条里を割るに足らず。……古京[10]はすでに荒れて、新都[11]はいまだ成らず。

（方丈記）

であった。おおよそ、この京のはじめというのは、嵯峨天皇の御時に都と定まってより後、すでに四百年余を経ている。特別の理由もなくて軽々しくかわるはずのものではないから、この遷都を人々が容易なことではないと心配しあったのも、まことに当然の事であった。しかしとやかくいっても仕方がなく、安徳天皇をはじめとして大臣・公卿みなすべて移転された。……ぎっしりと軒を並べていた京の住宅は日に日に荒れていった。家はこわされて筏に組まれて淀川に浮かび、土地はたちまち畠となった。人々の心もすっかり変わり、武家風の乗馬がはやって馬・鞍だけを重んじ、公家風の牛車を用いる人はなくなった。西海道(九州)や南海道(四国)の領地をほしがり、(戦乱がおこっている)東国や東山道の荘園は望まなくなった。私はその時用事のついでがあって摂津国の新しい都福原にいった。……その地は狭くて、条里の地割ができない。……平安京はすでに荒れはてているのに、新しい福原の都はいまだに完成していない。

時点では遷都から四百年が過ぎているが、福原遷都の時点ではまだそこに達していない

5実にことわりにも過ぎたり　容易なことでないと心配しあったのは、まことに当然のことであった

6帝　安徳天皇

7馬・鞍をのみ重くす　武家風の乗馬がはやってきたこと

8牛・車を用する人なし　公家風の牛車はすたれてしまった

9津の国の今の京　福原は摂津国にあった

10古京　平安京

11新都　福原

原典解説

方丈記　鴨長明が、日野山の方丈庵に閑居して書いた随筆である。一二一二(建暦二)年成立。

設問

問❶　最初の武家政権を樹立したのはだれか。

問❷　平氏が安徳天皇を擁して遷都したのはどこか。

解説

一一八〇(治承四)年四月におきた以仁王(後白河法皇の第二皇子)と源頼政の挙兵事件に驚いた平清盛は、奈良の興福寺の僧兵などの動きを警戒し、六月、自らの別荘があり西国への脱出にも便利な福原(摂津)に遷都した。これはかえって公家や寺社の反発をまねき、十月に富士川の戦いで平氏軍が源頼朝に敗退すると、十一月には京都へもどった。

③平安末期の文化

1 今様　★★

①仏は常にいませども　現ならぬぞあはれなる　人の音せぬ暁に　ほのかに夢に見えたまふ
②弥陀[1]の誓ひぞ頼もしき　十悪五逆[2]の人なれど　一度御名を称ふれば　来迎引接[3]疑はず
③極楽浄土のめでたさは　一つも空なること[4]ぞ無き　吹く風立つ波鳥も皆　妙なる法をぞ唱ふなる
④君が愛せし綾藺笠[5]　落ちにけり落ちにけり　賀茂川に川中に　それを求むと尋ぬとせしほどに　明けにけり明けにけり　さらさらさやけの秋の夜は
⑤遊びをせんとや生まれけむ　戯れせんとや生まれけん　遊ぶ子どもの声聞けば　わが身さへこそ揺るがるれ

（梁塵秘抄）

解説

遊女・巫女などによってうたわれた民謡が、十世紀末ごろから貴族の間にも浸透しはじめ、**今様**とか**催馬楽**とかよばれた。七五調の四句からなり、仏の讃歌や神楽歌が合成され、繁栄や平和といった人々の世俗的な願望が投影されている。**後白河法皇**はこの今様をとくに愛好し、その他の雑謡とあわせて分類集成して『**梁塵秘抄**』を編じた。そこには、当時の世相や風俗、思想、社会などを知る上で貴重な手がかりがあるとされている。

今様

1弥陀　阿弥陀仏
2十悪五逆　十悪は、殺生・偸盗（ぬすみ）・邪淫など十種の悪業、五逆は殺父母などの罪深いこと
3来迎引接　阿弥陀仏は、信仰する人を極楽浄土につれていくために迎えにきてくれる
4空なること　はかないこと、無駄なこと
5綾藺笠　藺で編んだ笠

原典解説

梁塵秘抄　平安末期、後白河法皇が、今様とよばれた歌謡を分類して集成したもの

設問

問❶　平安末期に流行した歌謡をあつめた書物は何か。

平安末期の文化

特色	①貴族文化の変貌 ②文化の地方普及
文芸	**歴史物語**　『栄花(華)物語』、 →四鏡(大鏡・今鏡・水鏡・増鏡) **軍記物**　『将門記』、『陸奥話記』 **説話集**　『今昔物語集』 **歌謡集**　『梁塵秘抄』(今様など)
建築	中尊寺金色堂、白水阿弥陀堂 三仏寺投入堂
絵画	**絵巻物**　源氏物語絵巻(藤原隆能) 伴大納言絵巻、信貴山縁起絵巻、鳥獣戯画 **装飾経**　扇面古写経、平家納経
芸能	田楽、猿楽

王城の変貌

院政期の京都

一一七七(安元三)年四月、王城の地、京都は大火にみまわれた。樋口富小路で起きた火事は、折からの南東の風にあおられて、町小路沿いにみるみる燃えひろがり、関白藤原(松殿)基房(忠通の子)の邸宅や、大極殿などを焼いた。

平安京は、遷都後約半世紀で、西の右京が低湿地のため田園に帰し、東の左京を中心に都市形成がすすんだ。十世紀以後、ちょうど、この安元の大火で焼失した地域に、摂関家やそれを取り巻く貴族たちの邸宅が建ち並ぶ格好になっていった。これに対して、白河上皇以来、院の御所や、院によって創建された六勝寺などは、鴨川をはさんでそれに対峙するかのように、東山の山麓に展開していった。こうして、院政期に、鴨川を軸として東西に展開する都市構造とともに、京域外の白河や鳥羽を含んだ地名としての「京都」が成立したのである。

院政を軍事的に支える平氏の邸宅は、単なる居館ではなく、城郭的な機能も備え、南方から侵攻する敵から院政の中枢地域を防衛する位置にあった。六波羅と西八条の邸宅にはさまれた地域は、平氏の台頭とともに、洛中として栄えていくことになる。王城の地、京都は、次第に中世都市へと変貌を遂げていくのである。

権門の集住地

平安京は、官人として国家によって給養される貴族の集住地であった。もちろん、貴族が必要とする物資を十分に確保するためには、従来の国郡制の機構だけではもう間に合わなくなってきており、それ故、北陸に展開する初期荘園からの調達の便をも考えて、遷都に踏み切ったのだった。院政期には、貴族の生活は、もはや国家による給養ではなく、もっぱら荘園や国衙領からの収入に依存するものとなっていた。

摂関家がおさえる宇治に対抗するかのように、院は、鴨川と桂川の合流点で京都への水運の要衝、鳥羽に離宮を造営している。また、後白河法皇の御所、法住寺殿は水路で鴨川とつながっており、物資を舟で直接運び込めるようになっていた。各地からの貢納物の輸送ルートの掌握は、院が摂関家や寺社などの諸権門の上に立つための、一つの条件だったといえよう。

中世の京都は、あいかわらず権門の集住地ではあったが、新仏教諸教団の本山も集まり、宗教都市としての性格をあわせもつようになった。南北朝内乱以後、都市構造も北の上京と南の下京とに分かれる形に変わっていった。上京は幕府や皇居を擁し武家や公家の邸宅が多く、下京は金融業者や各地からの物資を加工する手工業者などが多い商工業地区をなしていた。

応仁の乱で京都は焦土と化し、復興は商工業者が中心となった。彼らは、町々に町組という自治組織をつくり町衆とよばれ、その多くは法華宗徒であった。やがて法華一揆へと発展し、京中の地子銭の不払いを実現し、のち豊臣秀吉によって制度化された。こうして、京都は権門の集住地としての性格を払拭するにいたったのである。

「小京都」としての鎌倉

近年の発掘調査の結果、鎌倉の中心を南北に縦貫する若宮大路に沿った邸宅のいずれもが、大路側に門をもたず、それに背を向けた格好で建っていることがわかってきた。これは、若宮大路は、平安京の朱雀大路に比定されるものではなく、鴨川と同様、市街を東西に二分する役割をはたすものであることを意味している。したがって、鎌倉の都市計画は、院政期の京都を手本としていたと考えられる。

鶴岡八幡宮から由比ヶ浜の海岸にいたる若宮大路と段葛は、源頼朝によって一一八二(寿永元)年に建設された。街路には、東西南北を通る小路や、小路と小路を結ぶ辻子といった京都風の名称がつけられている。市政も、保元の乱後に京都でとられた街路を単位とする保の制度を模倣した。

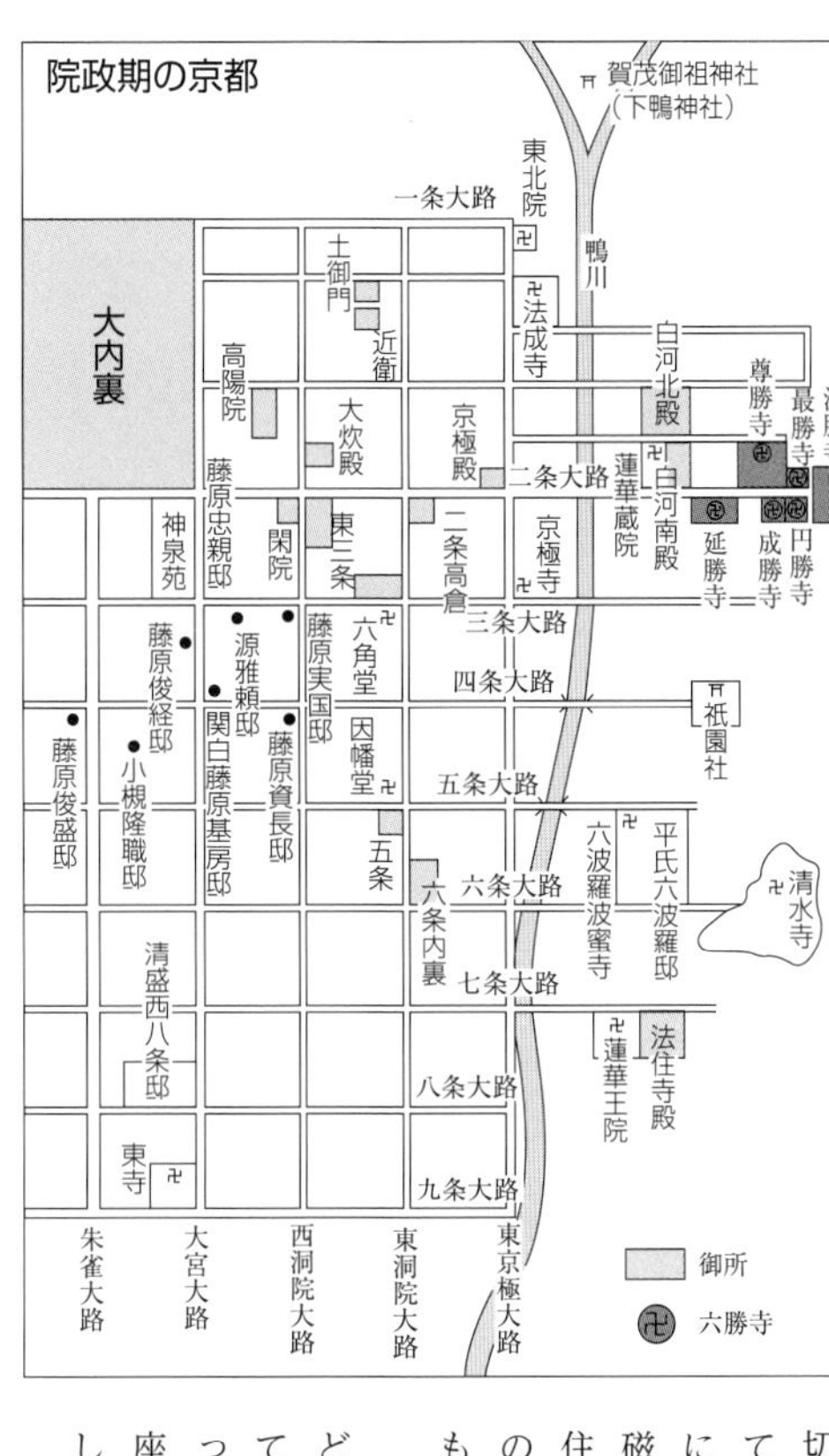

鎌倉への出入りは、城塞的な機能も兼ね備えた七つの切通しをとおしてなされたが、これは京都の七口を模している。また、水運の拠点として、一二三二(貞永元)年に和賀江島が築港されている。ここには、宋や高麗の青磁なども博多を経由して運び込まれているが、鎌倉に集住する北条氏をはじめとする武家領主に対する各地からの貢納物の運輸の便のためにつくられたことはいうまでもない。

都市構造や市政、寄生的な領主が集住する消費都市など、鎌倉という都市の性格は院政期以降の京都と酷似していた。そうした意味で、鎌倉は「小京都」の第一号であったといってよかろう。しかし、京都と異なり、鎌倉七座などの商工業が定着せず、中世後期以降、経済都市として発展せず、大寺院を残して田園へと帰していった。

④鎌倉幕府の成立

1 寿永二年の宣旨 ★

（寿永二年[1]閏十月）十三日……抑、東海・東山・北陸三道之庄園国領[2]、本の如く領知す[3]べきの由、宣下せらるべきの旨、頼朝申し請ふ。仍って宣旨[4]を下さるるの処、北陸道許りは義仲を恐るるに依り、その宣旨を成されず。（玉葉）

通釈

寿永二（一一八三）年閏十月十三日……、もともと東海・東山・北陸の荘園や国衙領は、以前のように、本所・領家や国司が支配するよう命令を下していただきたいと源頼朝が朝廷にお願いしたのである。そこで天皇の命令が出されたのであるが、北陸道だけは源義仲の勢力を恐れたので、命が下されなかった。

解説

寿永二（一一八三）年十月の宣旨によって源頼朝は東海・東山両道について荘園・国衙領の所領紛争解決の権限、治安維持のための軍事的権限を朝廷から認められた。これより先、同年八月、頼朝は後白河法皇に対し、東海・東山・北陸三道の荘園・国衙領を頼朝の手で本来の支配者である本所・国司に返還する旨の宣旨の発布を申請していた。東海・東山両道の大半は頼朝の軍事的制圧下にあったが、これは源義仲支配下の北陸道まで含め、それらの地域の秩序回復権限を獲得して、東国の軍事的支配の合法化、さらに義仲に対する優越的地位の承認をもかちとろうとしたのである。後白河法皇は、都を占領している義仲に配慮し、北陸道を除外して頼朝の申請を認めた。また流罪を赦して頼朝をもとの従五位下にもどした。それは、頼朝に義仲を追討させるための伏線でもあった。義仲は、これに強く反発し、後白河法皇の使者に対し、それを「義仲生涯の遺恨」だとし、「君を怨み奉る」理由の一つにあげている。一方、頼朝は、宣旨の執行を名目に、直ちに伊勢へ使者を派遣し、義仲追討へ動き出している。

寿永二年の宣旨

[1] 寿永二年 重要 一一八三年

[2] 国領 国衙領

[3] 本の如く領知す 本所・国司が以前のように支配する

[4] 宣旨 重要 天皇の命令を伝える文書、蔵人が扱う

原典解説

玉葉 摂政・関白となった九条兼実の日記で、一一六四（長寛二）年から一二〇三（建仁三）年に及び、その間源平の争乱、鎌倉幕府の創立など世の中の大変動がある。兼実は『愚管抄』の著者慈円の兄である

2 守護・地頭の設置 ★★★★

(1) 守護・地頭の設置 ★★

(文治元年[1]十一月)十二日辛卯……凡そ今度の次第[2]、関東の重事たるの間、沙汰の篇、始終の趣、太だ思食し煩ふの処、因幡前司広元[3]申して云く、「世已に澆季[4]、梟悪[5]の者尤も秋を得るなり。天下に反逆の輩有るの条、更に断絶すべからず。而るに東海道の内[6]に於いては、御居所たるに依りて、静謐[7]せしむと雖も、奸濫[8]定めて他方に起らんか。之を相鎮めんがため、毎度東士[9]を発遣せらるるは、人々の煩[10]なり、国の費なり。此次を以て、諸国に御沙汰を交へ[11]、国衙・庄園毎に、守護・地頭を補せらるれば、強ち怖るる所有るべからず。早く申し請はしめ給ふべし」と云々。二品[12]、殊に甘心[13]し、此儀を以て治定す。本末の相応、忠言の然らしむる所なり[14]。……

(文治元年十一月)廿八日丁未、諸国平均に守護・地頭を補任し、権門勢家庄公を論ぜず[15]、兵粮米段別五升を宛て課す[16]べきの由、今夜、北条殿[17]、藤中

通釈

文治元(一一八五)年十一月十二日……およそ今度の事件は、鎌倉幕府にとって重大事であるため、処置の件やことの経過を頼朝公が大変心配しておられたところ、前因幡守の大江広元が申し上げるには「世はすでに末世で悪者どもが活動するのにもっとも好都合な時期であります。世の中に謀叛をおこすものがでてくることは、今後もなくならないでしょう。しかし東海道の地域内では、頼朝公の御居所(幕府)のあるところですので安らかに治まっていますが、よこしまでみだらな者はきっと他の地方に出てくるでしょう。これをしずめるため、関東の武士を動員し遣わすことは、人々の重荷ともなり、国にとってもむだな経費を要することにもなります。だからこの機会に諸国の管理権を得て、国衙・荘園ごとに守護・地頭を任命されれば、それほど恐れることはありません。早く朝廷に御申請なされたらよろしいでしょう」といった。頼朝公は、この意見に大変感心され、このように決定した。事の始終がうまくいっているのは、広元の忠言のたまものなのである。……

文治元年十一月二十八日、諸国全般に守護・地頭を補任し、貴族の荘園や公領を問わず兵粮

守護・地頭の設置

(1) 守護・地頭の設置

1 **文治元年** 一一八五年
2 **今度の次第** 頼朝の叔父行家と弟義経の反逆とする説と、両人の申請によって後白河法皇が頼朝追討の院宣を下したことをさすという二説がある
3 **広元** 重要 大江広元
4 **澆季** 末世
5 **梟悪** ひどくわるいこと
6 **東海道の内** 頼朝の支配地をさす
7 **静謐** 安らかに治まっている
8 **奸濫** よこしまでみだらな者
9 **東士** 関東武士
10 **煩** 負担、重荷
11 **此次を以て、諸国に御沙汰を交へ** この機会に諸国に管理権をえて
12 **二品** 頼朝のこと。当時従二位であったためこうよぶ
13 **甘心** 満足
14 **忠言の然らしむる所なり** 大江広元の忠言によってそのようになったわけである
15 **庄公を論ぜず** 荘園・公領(国衙領)をとわず
16 **課す** 徴収する
17 **北条殿** 重要 北条時政

18 藤中納言経房卿　藤原経房のこと

(2)公家の反発
1 北条丸 重要 北条時政
2 催す　徴収する
3 知行す　支配する

原典解説

吾妻鏡　一一八〇(治承四)年の頼朝の挙兵から一二六六(文永三)年に至る鎌倉幕府の記録を編集したもの
玉葉　一一〇ページ参照

設問

問❶ 守護・地頭の設置を源頼朝にすすめたと伝えられるのはだれか。
問❷ 守護の職務は何と総称されるか。
問❸ 鎌倉幕府の成立事情を伝える公家日記『玉葉』の筆者はだれか。

納言経房卿[18]に謁し申すと云々。（吾妻鏡）

米を、一段につき五升の割で賦課するよう、今夜、北条時政殿が藤中納言経房卿に面会して申し出たという。

(2)公家の反発 ★★

（文治元年十一月）廿八日、丁未……又聞く、件の北条丸[1]以下の郎従等、相分て五畿・山陰・山陽・南海・西海の諸国を賜はり、庄公を論ぜず、兵粮段別五升を宛て催す[2]べし。啻に兵粮の催しのみに非ず、惣じて以て田地を知行す[3]べしと云々。凡そ言語の及ぶ所に非ず。（玉葉）

通釈

文治元(一一八五)年十一月二十八日……聞くところによると、北条時政以下の家来たちが、五畿・山陰・山陽・南海・西海の諸国を賜り、荘園・公領を問わず、兵粮米を一段につき五升の割で徴収することができるようになった。これは単に兵粮米の徴収だけでなく、すべて田地を支配するようになるだろう。言語道断のことである。

解説

一一八五(文治元)年十一月、源頼朝は、源義経・行家追討の院宣を得るとともに、申請によって**守護・地頭**設置の権限を朝廷から与えられた。『吾妻鏡』は、これを**大江広元**の進言によるものと伝えている。直接の目的は義経・行家の追捕で、これをきっかけに幕府は全国の軍事・警察権を掌握した。さらに、それは『玉葉』の記事が指摘しているように、兵粮米の徴収だけでなく、土地の管理権にもおよび幕府による全国的支配権樹立も意味することになる。**守護**は、国ごとに有力御家人一名が任命され、国内の御家人を統制し、彼らに対して宮中警固の京都大番役(のち鎌倉警固の鎌倉番役も)への出動を促し(**大番催促**)、謀叛人や殺害人を追捕することを職務とした。これを**大犯三カ条**という。守護には固有の収入源はないが、守護になるのは御家人にとって名誉とされていた。守護はたいていその管内の地頭を兼ねてその収入を守護の職務遂行のための費用にあてていた。**地頭**は、荘園・国衙領ごとに御家人が任命され、土地の管理・年貢の徴収・治安の維持などにあたった。収入は荘官などが従来得ていたものを継承した。この地頭は、承久の乱後新設された新補地頭と区別して、本補地頭ともいう。また、その設置範囲は、荘園領主の反発で平家没官領や謀叛人所領に限られていた。

5 承久の乱

1 尼将軍 ★★★

(承久三年五月)[1] 十九日、壬寅……二品[2]、家人等を簾下[3]に招き、秋田城介景盛[4]を以て示し含ませて曰く、「皆心一にして奉るべし。是最後の詞なり。故右大将軍[5]、朝敵を征罰し、関東を草創してより以降、官位と云ひ俸禄と云ひ、其の恩、既に山岳よりも高く、溟渤[6]よりも深し。報謝の志浅からむや。而るに、今逆臣の讒に依りて、非義の綸旨[7]を下さる。名を惜しむの族は、早く秀康[8]・胤義[9]等を討ち取り、三代将軍[10]の遺跡を全ふすべし。但し、院中[11]に参らむと欲する者は、只今申し切るべし」者。群参の士悉く命に応じ、且は涙に溺れて返報を申すこと委しからず。只命を軽んじて恩に酬いむことを思ふ。

(吾妻鏡)

通釈

承久三(一二二一)年五月十九日……二品(政子)が、御家人等を簾の下に招いて、秋田城介景盛に政子の意志をよくよく心に留めさせていわせた。「みんな心を一つにしてよく聞け。これは最後のことばである。今は亡き右大将軍源頼朝公が朝敵を征伐し、鎌倉幕府を開いて後、お前たちの戴いた官位や俸禄のことを考えると、その御恩は山よりも高く海よりも深い。この御恩に感謝して報いようという志がどうして浅いことがあろうか。ところで今逆臣という讒によって、間違った(義時追討の)綸旨が下された。名誉を重んずる者は、早く秀康・胤義等を討ちとり、三代将軍の後を守るべきである。ただし、院に味方したい者は、ただ今申し出よ」と。集まった武士たちはすべて命令に従い、或いは涙があふれて返事もはっきりできず、命をかけて恩に報いようと思った。

参考史料 義時追討の官宣旨[1] ★

右弁官下す。五畿内・諸国(東海・東山・北陸・山陰・山陽・南海・大宰府)

応に早く陸奥守平義時朝臣[2]の身を追討し、院庁に参り、裁断を蒙るべき諸国庄園の守護人地頭等の

尼将軍

1 **承久三年**　一二二一年

2 **二品**　北条政子

3 **簾下**　すだれの下、貴人の女性はすだれをへだてて臣下と対面した

4 **秋田城介景盛**　秋田城介という職掌は、出羽国秋田城を出羽介が守ったところから起こる。安達景盛はこの称を頼朝から与えられ、以後その子孫が世襲した

5 **故右大将軍** 重要　頼朝

6 **溟渤**　大海

7 **綸旨** 重要　宣旨よりも更に簡単な手続きによって発する天皇の命令

8 **秀康**　藤原秀康、北面の武士

9 **胤義**　三浦胤義、北面の武士。彼の兄義村は有力な御家人で、評定衆の一員、秀康も胤義も朝廷側に加わった

10 **三代将軍** 重要　頼朝・頼家・実朝の源氏三代の将軍

11 **院中**　後鳥羽上皇の御所

義時追討の官宣旨

1 **官宣旨**　太政官符や太政官牒にかえて太政官から諸国・寺社に下した公文書

2 **義時朝臣** 重要　北条義時

事。

右、内大臣宣す。勅を奉るに、近曽関東の成敗と称し、天下の政務を乱し、纔に将軍[3]の名を帯ぶると雖も猶以て幼稚の齢に在り。然る間彼の義時朝臣、偏に言詞を教命に仮り、恣に裁断を都鄙[4]に致す。……諸国庄園の守護人地頭等、言上を経べきの旨有らば、各、院庁に参れ。……

承久三年五月十五日

（小松美一郎氏所蔵文書）

解説

一二二一(承久三)年、後鳥羽上皇は院宣によって仲恭天皇に北条義時追討の官宣旨を出させ、公家勢力を結集して挙兵した。討幕ではなく、義時追討としたのは、御家人の分裂を期待したためであり、官宣旨では守護・地頭に上皇方への参陣をよびかけている。このとき、御家人の動揺を抑え、東国武士の結束を確保する上で決定的な役割をはたしたのは、故源頼朝の夫人**北条政子**であった。政子は、頼朝が御家人に与えた数々の御恩を彼らに想起させ、鎌倉幕府をまもるために立ち上がるよう訴えた。政子は、頼朝死後、幕政に参与していたが、一二一九(承久元)年、源実朝暗殺によって源氏将軍が断絶し、京都から幼い九条頼経を後継に迎えてからは、その後見として幕政を裁断し、**尼将軍**といわれた。承久の乱という鎌倉幕府成立後最大の危機を救ったのは、この尼将軍だったのである。

2 承久の乱 ★★

頼朝勲功ハ昔ヨリタグヒナキ程ナレド、ヒトヘニ天下ヲ掌ニセシカバ、君トシテヤスカラズオボシメシケルモコトハリナリ。[1]況ヤ其跡タエテ後室ノ尼公[2]陪臣[3]ノ義時ガ世ニナリヌレバ、彼跡ヲケヅリテ[4]御心ノマヽニセラルベシト云モ一往イヒナキニアラズ。シカレド白河・鳥羽ノ御代ノ比ヨリ

通釈

頼朝の手柄は、昔から今まで類のないほどすぐれているが、天下の実権をすべてその手中に握ったので、後鳥羽上皇としては不安に思われたのも当然だろう。まして頼朝の子孫が絶え、尼将軍政子と陪臣の北条義時の時代になったのだから、頼朝の遺領を奪って上皇の御心のままにすべきだと考えられたのも一応理由のないわけではない。しかし、白河・鳥羽院のころから

[3]将軍　九条頼経、当時3歳

[4]都鄙　都市や農村

原典解説

吾妻鏡　一一二ページ参照

小松美一郎氏所蔵文書　小松家は、承久の乱に京方として参加したという伝承をもち、江戸時代には京都上嵯峨の庄屋をつとめた家

承久の乱

[1]君トシテヤスカラズオボシメシケルモコトワリナリ　後鳥羽上皇が不安に思われたのは当然であろう

[2]後室ノ尼公　北条政子、尼将軍といわれた

[3]陪臣 重要　又家来のこと。義時は、朝廷からみると天皇の臣下の征夷大将軍の家来である

[4]彼跡ヲケヅリテ　義時の勢威をなくして

政道ノフルキスガタヤウ〳〵オトロへ、後白河ノ御時兵革[5]オコリテ姧臣世ヲミダル。天下ノ民ホトンド塗炭[6]ニオチニキ。頼朝一臂[7]ヲフル(ヒ)テ其乱ヲタイラゲタリ。王室ハフルキニカヘルマデナカリシカド、九重[8]ノ塵モオサマリ、万民ノ肩モヤスマリヌ。上下堵ヲヤスクシ[9]、東ヨリ西ヨリ其徳ニ伏セシカバ、実朝ナクナリテモソムク者アリトハキコエズ。是ニマサル程ノ徳政ナクシテイカデタヤスククツガヘサルベキ。縦又ウシナハレヌベクトモ[10]、民ヤスカルマジクハ、上天ヨモクミシ給ハジ。

次ニ王者ノ軍ト云ハ、トガアルヲ討ジテ、キズナキヲバホロボサズ。頼朝高官ニノボリ、守護ノ職ヲ給、コレミナ法皇ノ勅裁也。ワタクシニヌスメリトハサダメガタシ[11]。後室ソノ跡ヲハカラヒ、義時久ク彼ガ権ヲトリテ、人望ニソムカザリシカバ、下ニハイマダキズ有トイフベカラズ。一往ノイハレバカリ[12]ニテ追討セラレンハ、上ノ御トガ[13]トヤ申ベキ。謀叛オコシタル朝敵ノ利ヲ得タルニハ比量[14]セラレガタシ。カヽレバ時ノイタラズ、天ノユルサヌコトハウタガヒナシ。(神皇正統記)

政治の古来のあるべき形(天皇親政)がすたれ、後白河院のときには兵乱がおこって、よこしまな臣下が世を乱し、人民のほとんどはひじょうな難儀におちいった。この時頼朝が個人の力でこの兵乱を平定したので、皇室は本来の姿にまではもどらなかったものの、都の戦いもおさまり、人民の負担も軽くなった。すべての人は安心して生活し、東西各地とも頼朝の徳になびいたのだから、その子の三代将軍実朝がなくなっても、幕府に背く者があるといううわさはない。朝廷が幕府の政治にまさるほどの善政をしなければ、どうして簡単に幕府を倒せるだろうか。たとえ義時を滅ぼすことができたとしても、民心が安定しなければ、天帝も決してたすけてはくれないだろう。

次に、王者のおこす戦いとは、罪ある者を討つのであって、非のない者は滅ぼさないものだ。頼朝は高官にのぼり、守護の職をたまわったが、これはすべて後白河上皇の裁断によるところだ。一人で勝手に盗んだものとはいえない。政子もそのあとをうけ、義時も長く権力を握って人望にそむかなかったのだから、臣下に欠点があるとはいえない。一通りの理由だけで追討されるのは、むしろ上皇のあやまちだというべきであろう。謀叛をおこした朝敵が勝利を得たというのとは、比較できない。だから、時が熟さず、天がゆるさぬことであったのは疑いないことで

[5] 後白河ノ御時兵革　保元・平治、治承・寿永の兵乱をいう
[6] 塗炭　苦しい境遇
[7] 一臂　かたうで
[8] 九重　天皇の居所、ここでは都
[9] 上下堵ヲヤスクシ　天下の民がその居所に安んずる
[10] 縦又ウシナハレヌベクトモ　たとえ義時を滅ぼすことができたとしても
[11] ワタクシニヌスメリトハサダメガタシ　不法に政権を奪い取ったというようなものではない
[12] 一往ノイハレバカリ　前文に「一往いひなきにあらず」とみえる理由だけで
[13] 上ノ御トガ　後鳥羽上皇の罪
[14] 比量　くらべる

ある。

原典解説

神皇正統記　一〇三ページ参照

解説

後鳥羽上皇は、一一八三(寿永二)年に祖父後白河法皇の下で即位し、一一九八(建久九)年に子の土御門天皇に譲位して院政をしき、八条院領(二百二十か所以上の荘園)と長講堂領(百十か所以上の荘園)を実質的な支配下において財政的基盤をかためた。一二〇六(建永元)年頃には**西面の武士**を新設して直属の武力を強化した。一二一九(承久元)年、源実朝暗殺後鎌倉幕府が望んだ親王将軍の実現を許さず、逆に上皇の寵姫伊賀局の所領、摂津国長江・倉橋両荘の地頭の解任を求めた。幕府がこれを拒否すると、討幕の決意をかためた。一二二一(承久三)年五月、「流鏑馬ぞろへ」と称し諸国の兵を集める一方、親幕派の公家を逮捕し、孫の仲恭天皇に北条義時を討ち諸国の守護・地頭に院庁への参集を命ずる宣旨を出させ、自らも院宣を下して三浦義村をはじめとする幕府の有力御家人に北条氏追討を呼びかけた。京都守護の伊賀光季は殺され、大江広親(広元の子)は強要され上皇に味方した。しかし、北条泰時・時房が大軍をひきいて京都へ向かい、六月には幕軍が京都を制圧した。これが**承久の乱**である。後鳥羽上皇は隠岐、土御門上皇は土佐(のち阿波)、順徳上皇は佐渡にそれぞれ流され、仲恭天皇は廃位となった。幕府は、後堀河天皇を立て、その父守貞親王(後高倉上皇)に院政を行わせる一方、泰時・時房を京都にとどめ**六波羅探題**を設置し公家政権を監視させた。史料は、後年、南北朝内乱で後醍醐天皇の側近として活躍した北畠親房が『神皇正統記』で承久の乱を評したものだが、後鳥羽上皇方に道理がないとしている。上皇方の敗北は人心を得られなかった当然の結果だった。

3 新補地頭 ★★

去々年の兵乱[1]以後、諸国の庄園郷保に補せらる所の地頭[2]、沙汰の条々

一、得分[3]の事

右、宣旨[4]の状の如くば、仮令[5]、**田畠各拾一町の**

新補地頭

[1] **去々年の兵乱**　承久の乱のこと

[2] **地頭**　重要　いわゆる新補地頭

[3] **得分**　重要　収入、収益の意

[4] **宣旨**　一二二三(貞応二)年六月十五日にだされた後堀河天皇の宣旨のこと

[5] **仮令**　たとえば

[6] **率法**　割合・比率

[7] **免給**　重要　領家側の得分をさいて免田とし、それを地頭に支給すること

[8] **御下知**　命令書

通釈

一昨年の承久の乱以後、諸国の荘園や公領に補任された地頭への指示の条々

一、地頭の収益のこと

右のことについて、宣旨によれば、たとえば、田畠十一町の内、十町は荘園領主あるいは国司

内、十町は領家国司の分、一丁(町)は地頭の分、広博狭小を嫌はず、此の率法[6]を以て免給[7]の上、加徴は段別に五升を充て行はるべしと云々。尤も以て神妙。但し此の中、本より将軍家の御下知を[8]帯し、地頭たる輩の跡、没収の職として、改補せらるる[9]の所々に於ては、得分縦ひ減少すと雖も、今更加増の限りに非ず。是れ旧儀[10]に依るべきの故なり。しかのみならず、新補の中、本司[11]の跡、得分尋常の地に至つては、又以て成敗に及ばず[12]。只得分無き所々を勘注し[13]、宣下の旨を守つて、計ひ充てしむべきなり。……

貞応二年[14]七月六日　　前陸奥守[15]判

相模守殿[16]

(新編追加)

の分とし、一町は地頭の分とする。其の土地に少々の広い狭いがあっても関わりなくこの比率によって支給し、加徴米は一段について五升の割で賦課する。とてももっともなことである。ただし、新しく補任された地頭の中でも、以前から将軍家より命令書を与えられて地頭に任ぜられていた者が、罪によって没収された所領にかわりとして任ぜられた場合は、たとえ得分がいまのべた比率より少ないにしても、新しく加増してはならない。先例がある場合はそれによるべきだからである。さらに新補地頭の中で地頭がおかれる以前の荘官の得分が普通の比率である場合にも、とりたてて問題にしない。ただ、得分のない所々を調べあげて宣旨の要旨に従い、とりはからっていくべきである。……

貞応二(一二二三)年七月六日　前陸奥守判

相模守殿

9 地頭たる輩の跡、没収の職として、改補せらるる　旧来の地頭が、罪科のため所領を没収された跡へ、他の御家人が改めて補任されること

10 旧儀　もとの地頭の得分のまま

11 本司　地頭補任以前にそこにいた荘官

12 成敗に及ばず　地頭の得分を改めないこと

13 勘注　調査記録すること

14 貞応二年　一二二三年

15 前陸奥守　北条義時

16 相模守　六波羅探題北条時房

原典解説

新編追加　『御成敗式目』制定後、鎌倉幕府が発した法令(『式目追加』)を分類編集したものである

解説

鎌倉幕府は、承久の乱後、没収された上皇方の所領三千余か所に戦功のあった御家人を地頭として任命した。その後、地頭の収益や土地支配権をめぐって、地頭と荘園領主や国司との間に紛争がおこった。そこで、幕府は一二二二(貞応元)年四月、守護・地頭の守るべき職務を定め、五月には六波羅探題に西国の守護・地頭の不法行為の取り締りを命じた。ついで、一二二三(貞応二)年六月、新補率法を定めた。これは新たに定めた地頭の収益率でその内容は、①田地十一町ごとに一町の給田(免田)、②段別五升の加徴米である。また、下地の進止(土地そのものの管理・処分・譲与など)は禁止された。承久新置の地頭のうち、得分の先例がなくこの新補率法の適用を受けたものを新補地頭と呼んだが、後年これを承久新置の地頭の総称として用いるようにもなった。

設問

問❶　承久の乱をおこした公家政権の最高権力者はだれか。

問❷　承久の乱で宣旨によって追討対象とされたのはだれか。

問❸　承久の乱後、新たに地頭の収益について規定したものを何というか。

6 御成敗式目の制定

1 式目制定のねらい ★★★

さてこの式目[1]をつくられ候事は、なにを本説として注載せらるるの由、人さだめて謗難[2]を加ふる事候か、ま事にさせる本文にすがりたる事候はねども、[3]たゞどうり[4]のおすところを記され候もの也。かやうに兼日に[5]さだめ候はずして、或はことの理非をつぎにして、其人のつよきよはきにより、或は御裁許ふりたる事[6]をわすらかしておこした候。[7]かくのごとく候ゆへに、かねて御成敗の躰をさだめて、人の高下を論ぜず、偏頗なく裁定せられ候はむために、子細記録しをかれ候もの也。この状は法令[8]のおしへに違するところなど少々候へども、たとへば律令格式は、まなを[9]しりて候物のために、やがて漢字を見候がごとし。かなばかりをしれる物のためには、まなにむかひ候時は人の目をしいたるがごとくにて候へば、この式目は、只かなをしれる物の世間におほく候ごとく、あまねく人に

通釈

さてこの御成敗式目を作られたことは、何をよりどころにして書いたのかと、きっとそしり非難する人もあろうかと思う。確かにこれといううべきほどの典拠によったことはないが、ただ道理のさし示すことを記したのである。このようにあらかじめ定めておかないと、あるいはことの正しいか誤っているかを次にして、その人の強いか弱いかによって判決を下したり、あるいは前に裁決したことを忘れてあらためて問題にしたりすることがおこったりしよう。こんなわけだから、あらかじめ訴訟の裁決のあり方を定めて、人の身分の高い低いを問題にすることなく、公平に裁判することのできるように、細かいことを記録しておくのである。この式目は、律令の説くところと違っている点が少しあるが、たとえば、律令格式は、漢字を知っている者のために書かれているので、ほかならぬ漢字を見ているようなものである。かなばかりを知っている者の為には、漢字に向った時は、目が見えなくなったようになるので、この式目は、かなを知っている者が世の中に多いこともあって、広く人の納得しやすいように定めたもので、武

式目制定のねらい

1 式目 重要 式は法式、目は条目
2 謗難 非難
3 ま事にさせる本文にすがりたる事候はねども 実際にそのような典拠はない
4 どうり 重要 道理。武士社会での慣習・道徳
5 兼日に あらかじめ
6 御裁許ふりたる事 過去の判例
7 わすらかしておこした候 わすれて、無視して、訴訟をおこす
8 法令 重要 律令のこと
9 まな 真名、漢字のこと

心へやすからせむために、武家の人へのはからひのためばかりに候。これによりて京都の御沙汰、律令のおきて聊もあらたまるべきにあらず候也。凡法令のおしへめでたく[10]候なれども、武家のならひ、民間の法、それをうかゞひしりたる物は百千が中に、一両もありがたく候歟。仍諸人しらず候処に、俄に法意をもて、理非を勘候時に、法令の官人心にまかせて軽重の文どもを、ひきかむがへ候なる間[11]、其勘録[12]一同ならず候故に、人皆迷惑と云々、これによりて文盲の輩もかねて思惟し、御成敗も変々ならず候はんために、この式目を注置れ候者也。京都人々の中に謗難を加事候はゞ、此趣を御心得候て御問答あるべく候。恐々謹言

九月[13]十一日　武蔵守在[14]

駿河守殿[15]

（貞永式目　唯浄裏書本）

家の人々の便宜になるように定めただけのことである。これによって、朝廷の御裁断や律令の規定が少しも変更されるものではない。およそ律令の条文は立派にできているが、武家や民間でそれを知っている者は百人千人の中で一人二人もいないだろう。そこで、人々の理解していないところに、にわかに法律の立場で理非を考え、法律を司る役人が自分の判断で、律令のあれこれの法令を適用するので、その判決は同じでなく人は皆迷惑すると聞いている。これによって、文字の読めないものもあらかじめ考えることができ、裁定のあり方もいろいろ変わることのないように、この式目がつくられたのである。京都の人々の中で、非難する者があったら、この趣旨を心得て問答しなさい。

貞永元(一二三二)年九月十一日武蔵守在

駿河守殿

[10] めでたく　結構な
[11] 軽重の文どもを、ひきかむがへ候なる間　律令格式のあれこれを適用するので
[12] 勘録　判決
[13] 九月　貞永元(一二三二)年九月
[14] 武蔵守　北条泰時
[15] 駿河守　北条重時。泰時の弟

参考史料　式目の制定 ★

(貞永元年[1]八月)十日戊午、武州[2]造らしめ給ふ御成敗式目、其の篇を終へらる。五十箇条[3]なり。今日以後、訴論[4]の是非は、固く此の法を守りて、裁許せらる可きの由定めらるると云々。是れ即ち淡海公[5]の律令に比す可きか。彼は海内の亀鏡[6]、是は関東の鴻宝[7]なり。

（吾妻鏡）

式目の制定

[1] 貞永元年　一二三二年
[2] 武州　武蔵守北条泰時
[3] 五十箇条　五十一箇条の誤り
[4] 訴論　裁判における訴人(原告)と論人(被告)双方の主張
[5] 淡海公　藤原不比等。大宝律令・養老律令を編纂
[6] 亀鏡　手本
[7] 鴻宝　すばらしい宝

解説

一二三二(貞永元)年鎌倉幕府は、御成敗式目(貞永式目、関東式目)を制定した。「成敗」とはものごとの道理の正否を決めることであり、「式」は法式(法令)、「目」は目録・条目を意味する。この式目制定の背景には、承久の乱後激しくなった御家人と荘園領主や農民との紛争があり、また、御家人一族内部での所領や家督をめぐる対立があった。これらは、頼朝の時代には彼の単独裁決によって解決されていたが、執権、連署と評定衆による合議によって裁定されるようになってからは、一定の基準が必要となっていた。

そこで執権北条泰時が評定衆と審議して、この式目をまとめた。泰時は、その制定のねらいを六波羅探題である弟の北条重時に二度(八月八日付の史料)にわたって書簡で伝えているが、史料はその消息文である。その内容は、①式目の基準は頼朝以来の先例と道理である、②式目の制定目的は公平な裁判を行うためである、③式目の適用は武家社会に限られ、律令をはじめとする公家法に一切変更がない、というものである。

その後、式目は、単行法令によって追加、補足された(式目追加)。また、公家法も次第に式目の内容に接近していった。さらに、室町幕府も式目を基本法典として単行法令を出し(建武以来追加)、戦国大名も式目を基本理念として分国法を定めたのである。

2 式目の内容　★★★★★

③一、諸国守護人奉行❶の事

右、右大将家❷の御時定め置かるる所は、大番催促❸・謀叛・殺害人〈付けたり、夜討、強盗、山賊、海賊〉等の事❹なり。しかるに近年、代官を郡郷に分ち補し、公事❺を庄保❻に充て課せ、国司にあらずして国務を妨げ、地頭にあらずして地利を貪る❼。所行の企て、はなはだもつて無道なり。……早く右大将家御時の例に任

通釈

(第三条)一、諸国の守護の職掌のこと。

これについて、右大将頼朝公の時に定められた守護の職掌は、大番催促と謀叛・殺害人(夜討・強盗・山賊・海賊などを追加する)等の逮捕などであった。ところが、近ごろになって、かれらは代官を郡や郷に配置し、公事(雑税)を庄や保に賦課し、国司でないのに国務の遂行を妨げ、地頭でないのに土地管理による利をむさぼり、やろうとすることははなはだ道理を無視したひどいことである。……それで早く、右大

原典解説

貞永式目　唯浄裏書本　貞永式目は、鎌倉幕府の基本法典で、御成敗式目ともいう。一二三二(貞永元)年八月十日に成立した。中世を通じて武家法の根幹となった。唯浄裏書本は、六波羅探題の奉行斉藤唯浄が著したその注釈書で、一二八九(正応二)年に成立した

吾妻鏡　一一二ページ参照

式目の内容

❶**奉行**　上の命をうけたまわって事を行う

❷**右大将家** 重要　頼朝

❸**大番催促** 重要　守護が管国内の地頭御家人を大番役(京都にいって皇居を六か月ないし三か月警備する)にかりだすこと

❹**謀叛・殺害人……等の事** 重要　大番催促をあわせて、大犯三カ条という。大番催促は「犯」ではないが、他の二つの重犯の取締り(検断)に準じたものであろう

[5]公事　重要　荘園制下の雑税
[6]庄保　何々庄とか、何々保などと呼ぶ地域の名称。保は起源的には中央官庁領や国衙領の性格が強い
[7]地利　土地からの収益
[8]本所　重要　荘園領主
[9]結解を遂げ勘定を請ふ　清算して裁定を受ける
[10]御口入　干渉。くちばしをいれる
[11]御下文　重要　将軍やその意をうけて政所が出した文書
[12]知行　重要　支配すること
[13]年序を経る　一定の年数がたった
[14]当知行　実際に支配していること
[15]理非　ことの当否
[16]改替　別の者と交代させること
[17]叙用　その主張を認めること
[18]法意　律令による見解
[19]不易の法　かわることのない法(武家の慣習法)で、いちいち数えきれぬほど多い
[20]都鄙　都市や農村
[21]先蹤　前例

せて、大番役ならびに謀叛・殺害のほか、守護の沙汰を停止せしむべし。

⑤一、諸国の地頭、年貢所当を抑留せしむる事

右、年貢を抑留するの由、本所[8]の訴訟あらば、即ち結解を遂げ勘定を請ふ[9]べし。犯用の条もし遁るるところなくば、員数に任せてこれを弁償すべし。

⑥一、国司・領家の成敗は関東の御口入[10]に及ばざる事

⑧一、御下文[11]を帯ると雖も知行[12]せしめず、年序を経る[13]所領の事

右、当知行[14]の後、廿ヶ年(二十)を過ぎば、大将家の例に任せて理非[15]を論ぜず改替[16]にあたはず。しかるに知行の由を申して御下文を掠め給はるの輩、かの状を帯ぶといへども叙用[17]に及ばず。

㉓一、女人養子の事

右、法意[18]の如くんばこれを許さずと雖も、大将家の御時以来当世に至るまで、其の子無きの女人等所領を養子に譲り与ふる事、不易の法[19]勝計べからず。しかのみならず都鄙[20]の例先蹤[21]これ多し。評

将頼朝公時代の慣例によって、大番役と謀叛・殺害人の逮捕以外、守護の職務を停止させるべきである。

(第五条)一、諸国の地頭が、本所領家に納めるべき年貢を抑え留めること。

これについて、年貢を抑留しているという本所からの訴訟があれば、直ちに清算し、裁定をうけなくてはならぬ。その結果、不正が明らかになり、弁明の余地がなければ、定めた数量のとおり、償還しなくてはならぬ。

(第六条)一、国司や領家の訴訟裁決に、幕府は介入しないこと。

(第八条)一、政所が支配権を認めた文書がありながら実際に支配せず、一定の年数がたった所領のこと。

これについて、実際に支配している期間が二十年を過ぎれば、頼朝公の先例により、ことの当否を問わず、その支配をやめさせることはしない。しかし、実際に支配しているとして、幕府から支配を認める文書をだまし取った者が、その文書を根拠に権利を主張しても認めない。

(第二十三条)一、女主人が養子をとって家督をつがせること。

これについては、律令では許されないが、大将頼朝公以来現在まで、子供のない女性が、所領を養子に譲り与えることは、かわることのない武家の慣習法で、(その例は)数えきれないほどある。その上、都市や農村でもそうした前例

議の処(ところ)もつとも信用に足(た)るか。

㉖一、所領を子息に譲り、安堵(あんど)の御下文(おんくだしぶみ)を給はるの後、その領を悔(く)い還(かえ)し[22]、他の子息に譲り与ふる事

右、父母の意に任すべきの由(よし)、具(つぶさ)にもつて先条に載(の)せ畢(おわん)ぬ。よつて先判の譲(ゆずり)[23]につきて安堵(あんど)の御下(くだし)文(ぶみ)を給はるといへども、その親これを悔(く)い還(かえ)し、他子に譲るにおいては、後判(こうはん)の譲に任せて御成敗あるべし。

㊷一、百姓逃散(ちょうさん)[24]の時、逃毀(にげこぼち)[25]と称して損亡(そんもう)せしむる事

右、諸国の住民逃脱(ちょうだつ)[26]の時、其の領主ら逃毀と称して、妻子を抑留し、資材を奪ひ取る。所行の企、甚(はなは)だ仁政に背(そむ)く。若し召し決せらるるの処[27]、年貢所当の未済有らば、其の償(つぐな)ひを致すべし。然らずば早く損物を糺(ただ)し返さるべし。但し、去留(きょりゅう)[28]においては、宜しく民意に任すべきなり。

㊽一、売買所領の事

右、相伝の私領を以て、要用の時沽却(こきゃく)[29]せしむるは定法(じょうほう)[30]なり。而るに或は勲功(くんこう)に募(つの)り、或は勤労に

は多い。評議の結果、この慣習法がもっとも信用できると思われる。

（第二十六条）一、所領を子息に譲り、幕府が所領安堵の下文を下付した後、その所領を譲与したことを後悔してとりもどし、他の子供に譲り与えること。

これについては、父母の考えにまかせるべきであることが、くわしく先の条文にのっている。それで、悔い返すまえの譲状によって所領安堵の下文を給わっていても、その親が後悔してとりもどし、他の子供に譲り与える場合は、あとの譲状によって裁断される。

（第四十二条）一、百姓が農地をすてて逃亡した時、「逃毀」といって百姓の財産を損じ、失わせること。

これについては、諸国の住民が逃亡した時、その領主たちが「逃毀」といって、百姓の妻子をおさえ、財産を奪いとる。このやり方は、はなはだ仁慈ある政治の趣旨に背く。召し出して双方を対決させた上で、幕府が裁定した結果、納めるべき年貢で未納のものがあれば、百姓はその弁償をしなくてはならぬ。だがそうでなければ、直ちに損じたものを調べて百姓に返さなくてはならぬ。ただし、百姓がその居所を去るか留るかは、彼自身の意志に任せよ。

（第四十八条）一、所領を売買する事

これについては、先祖伝来の所領を、お金がいる時、売却するのはあたりまえの慣習となっ

22 悔い還し　譲与したことを後悔して取り返すこと。またはその意志表示を撤回すること

23 譲　悔い返すまえの譲状。判とは書判(かきはん)、つまり花押をいう

24 逃散　重要　地頭の非法にたえかねて離散すること

25 逃毀　農民が年貢を未進したまま離散すること

26 逃脱　逃散と同じ意味

27 若し召し決せらるるの処　召し出して双方を対決させた上で、幕府が裁定した結果

28 去留　農民がその土地を去るか、または依然としてその土地に留まるかということ

29 沽却　売却

30 定法　あたりまえのこと

依りて、別の御恩に預かる輩、恣に売買せしむるの条、所行の旨其の科[31]無きに非ず。自今以後、慥に停止せらるべきなり。若し制符[32]に背き沽却せしめば、売人と云ひ、買人と云ひ、共に以て罪科に処すべし。（貞永式目　唯浄裏書本）

ている。しかし、特別の勲功や勤労によって、将軍から賜ったものを自分勝手に売買するのは、その行為が罪とならないわけはない。今後はきっと禁止すべきである。もし禁制にそむいて売却した場合は、売った者も、買った者も共に罪に処する。

[31] 科　罪
[32] 制符　禁制のことが記してある文書

原典解説

貞永式目　唯浄裏書本　一二〇ページ参照

設問

問❶　御成敗式目を制定した執権はだれか。
問❷　御成敗式目は何を基準としてつくられたか。
問❸　御成敗式目の適用対象は何か。

解説

御成敗式目五十一か条の内容は多岐にわたる。史料はそのうちの主要な条文である。

第三条では、守護の国司への職務を**大犯三カ条**に限定し、第五条では**地頭の年貢横領（荘園侵略）を禁止**している。第六条では国司や荘園領主の裁決への幕府の不介入を宣言している。

第八条では、二十年以上その土地を支配している事実があれば、その事情のいかんを問わず、その支配権を認めることにしている。御家人の現実の所領支配を保護し、鎌倉殿と御家人との主従関係を補強しようとしたものである。第二十三条では、実子の無い女性が養子（**女人養子**）をとり所領を譲ってもよいとし、公家法に従わず、頼朝以来の先例、武家社会の慣習を重んずる式目独自の立場を示している。また、式目が「評議」によってまとめられたこともわかる。第二十六条は、子に所領を相続させ、幕府による確認手続き（安堵状の発給）がすんだのちでも、父母が相続者を変更する（悔い返し）ことを認めている。第四十二条では、逃散（逃亡）した農民の妻子や財産を領主や地頭が奪い取ることを禁じ、年貢納入さえすませば、農民がその地にとどまるかどうかは自由としている（去留の自由）。

第四十八条では、幕府成立以前からの所領（本領、根本所領、開発所領）と区別して、幕府から新恩として給与された所領の売買を禁じている。

御成敗式目の内容

寺社・僧侶（3か条）
守護・地頭の職務（4か条）
　守護の大犯三カ条（第3条）
　地頭の荘園侵略禁止（第5条）
御家人の所領相続（9か条）
　女人養子（第23条）
　親の悔い返し（第20・26条）
　恩給地の売買禁止（第48条）
御家人の所領紛争（13か条）
公家政権との関係（5か条）
　国司・領家の裁決不介入（第6条）
犯罪・刑罰など（9か条）
その他（8か条）

⑦武士と荘園

1 分割相続 ★

所領配分事

嫡男大炊助入道分[1]　相模国大友郷地頭郷司[2]職[3]

次男宅万別当分[4]　豊後国大野庄内志賀村半分地頭職[5]在別注文

大和太郎兵衛尉分[6]　同庄内上村半分地頭職在別注文

八郎[7]分　同庄内志賀村半分地頭職在別注文

九郎入道分[8]　同庄内下村地頭職但し故豊前々司墓堂寄附院主職[9]也

女子犬御前分　同庄内中村地頭職

女子美濃局分　同庄内上村半分地頭職在別注文

帯刀左衛門尉後家分[10]数子これあり　同庄中村内保多田名

右、件の所領らは、故豊前々司能直朝臣、代々の将軍家の御下文[11]を賜はり、相違無く知行し来たる所なり。しかるに尼深妙、亡夫能直の譲りを得て将軍家の御下文を賜はり、領掌せしむる所なり。これに依り能直の遺言に任せ、孚[12]数子らの為に此の如く配分する所なり。**然らば均分の状にまかせて依違無く領掌せしむべきなり。**但し関東御公事[13]仰せ下さるる時は、嫡男大炊助入道の支配を守り、所領の多少に随い、其の沙汰を致すべきなり。仍て後日のため証文惣配分の状、件の如し。

延応弐年[14]四月六日　尼　深妙（花押）

（志賀文書）

分割相続

[1]嫡男大炊助入道　大友能直の長男親秀

[2]郷司 重要　郷司は里長・郷長など、本来は律令村落である郷の役人の意味であるが、荘園制の発達とともに荘官的性格を帯びるようになった

[3]職 重要　役職にともなう権利・収入

[4]次男宅万別当　詫磨能秀

[5]志賀村半分地頭職　志賀村の北半分の地頭の権利

[6]大和太郎兵衛尉　一万田景直

[7]八郎　志賀能郷

[8]九郎入道　大友能職入道明真

[9]故豊前々司墓堂寄附院主職　父の墓をまもる堂に寄付した院主の収入・利権

[10]後家分　大友時直の妻の分

[11]御下文 重要　所領の安堵をした将軍家の下文

[12]孚　孚は育てる、養うの意。ここでは自分の子女たちをさす

[13]関東御公事 重要　鎌倉幕府に納付すべき雑税

[14]延応弐年　一二四〇年

原典解説

志賀文書　豊後大友氏の支族志賀氏の相伝文書。鎌倉～南北朝時代武士団の社会構造を知る絶好の史料

地頭の非法

❶阿テ河ノ上村　紀伊国有田郡、阿氏河庄上村、寂楽寺領（法勝寺の末寺）。のち高野山領となる

❷ヲンサイモクノコト　領家へ納める材木がおくれていること

❸キヤウシヤウ　京都大番役勤仕などのために上京する

❹チカフ　近所の用事で使役される人夫役。ケカウ（下向）と読んで、京から帰る意に解する説もある

❺ヒマ　余暇

❻ソノノコリ　地頭にかり出された残りの人数

❼サイモクノヤマイタシ　領家へ納める材木の切り出し

❽テウマウノアト　逃亡した百姓の耕地

❾ヲイモトシ　山から百姓を追い返す

解説

鎌倉時代の武士団は、同じ名字（苗字）をもち、先祖や一門の氏神の祭祀を共同で行う数家族からなる血縁的な同族結合を軸として結ばれていた。それは、一族の首長である惣領（嫡子）と庶子に分かれ、惣領が所領の大部分をとり、残りは庶子が分割相続した。惣領は、一族を統轄し、戦時には軍事的指揮権を行使した。また、対外的には一族を代表し、将軍と主従関係を結び、軍役や京都大番役、関東御公事などを一族に割りあてた。一方、幕府の所領安堵も惣領を通じてなされた。こうした惣領制は、武士が地縁的な結合をもたない段階での、武士編成と農民支配の方式であった。史料は、大友氏が一二四〇（延応二）年に行った分割相続の際の確認文書であり、嫡男には本領を継がせて惣領とし、庶子には新恩地の豊後国大野荘の地頭職を分割して与えていることや、惣領指揮下で奉公を分担することなどを規定している。

2 地頭の非法—紀伊国阿氏河荘民の訴状　★★

阿テ河ノ上村❶百姓ラツヽシテ（謹）言上

一、ヲンサイモク（御材木）ノコト❷、アルイ（或）ワチトウ（地頭）ノキヤウシヤウ（京上）❸、アルイワチカフ（近夫）❹トマウシ（申）、カクノコトクノ人フ（夫）ヲ、チトウノカタエセメ（責）ツカワレ候ヘハ、テマヒマ候ワス候❺、ソノノコリ（残）❻、ワツカ（僅）ニモレ（洩）ノコリ（残）テ候人フ（夫）ヲ、サイモク（材木）ノヤマイタ（山出）❼シエ、イテタテ（出立）候エハ、テウマウ（逃亡）ノアト（跡）❽ノムキ（麦）マケト候テ、ヲイ（追）モト（戻）シ❾候イヌ、ヲレラカコノ（此）ムキ（麦）マカヌモノナラハ、メコトモ（妻・子供）ヲヲイコメ、ミミ（耳）ヲキリ、ハナ（鼻）ヲソキ、カミ（髪）ヲキリテ、アマ（尼）

通釈

阿氏河荘上村の百姓たちが謹んで申し上げます。

一、領家（寂楽寺）へ納める材木がおくれていることについてですが、地頭（湯浅氏）が、上京のため、或いは急な用務のためだと言っては、多くの人夫を地頭のところで責め使われますので、まったくひまがありません。かり出された残りのわずかな人夫を集めて、材木切り出しのために山に出向きますと、地頭は「逃亡者のあとの畠に麦をまけ」といって追い戻してしまいます。「お前たちがこの麦をまかなかったならば、女・子供を追いこんで、耳を切り、鼻をそぎ、髪を切って尼にし、縄で

ニナシテ、ナワホタシ（縄）（絆）[10]ヲウチテ、サエナマン（苛）[11]ト候ウテ、セメセンカウ（責詮）[12]セラレ候アイタ、ヲンサイモクイヨイヨ、ヲソナワリ候[13]イヌ、ソノウエ百姓ノサイケ（在家）イチウ（一宇）[14]、チトウトノ[15]エコホチ（毀）トリ候イヌ。……

ケンチカンネン（建治元）[16]十月廿八日

百姓ラ（等）カ上

（高野山文書）

しばっていじめるぞ」といわれて、いろいろ責めたて詮議されますので、材木を納めることが、いよいよおそくなってしまいました。その上、地頭は百姓らの住む家一軒をこわし奪いとってしまいました。……

建治元（一二七五）年十月二十八日

百姓等が申し上げます

[10]ナワホタシ　縄でしばり

[11]サエナマン　虐待する

[12]セメセンカウ　詮議、取り調べるの意か

[13]ヲンサイモクイヨイヨ、ヲソナワリ候　材木の納入がいよいよおくれる

[14]イチウ　一宇（一軒）

[15]チトウトノ　地頭殿

[16]ケンチカンネン　建治元（一二七五）年

解説

地頭の荘園侵略（非法）は、農民収奪の強化と荘園領主権の侵害（年貢未進・対捍）の二方向ですすめられた。地頭は、定められた以上の夫役を農民に課し、自分の経営地の農耕や雑役にかり出したり、農民の米・銭、田地や家屋などを略奪した。

一二七五（建治元）年、紀伊国の**阿氏河荘**上村の農民らは、地頭湯浅宗親の非法を領家（法勝寺の末寺である寂楽寺）に訴えている。史料はその訴状（言上状）である。阿氏河荘は、紀伊半島の有田川上流の山間部にあり、耕地は狭く、年貢や公事も絹製品（糸・布・綿）や材木が主要なものであった。そこでは、当時、領家と地頭の間に紛争がおこっており、領家側が農民を指導して訴状を書かせ、六波羅探題に提出させたのである。文字のほとんどが仮名であり、文章もたどたどしく、農民の切実さがにじみ出ている。それによると、領家は木材の伐出しを農民に課していたが、地頭は京都との往復のための人夫を徴発し、また逃亡した農民の耕地に麦まきをさせ、農民がこれをこばむと、妻子をとらえ耳を切ったり、鼻をそいだりするぞと脅迫し、さらに、農民の家屋を破壊して略奪しているという。まさに、「泣く子と地頭には勝てぬ」というわけである。

しかし、農民は、こうした地頭の非法に対して、領家への訴願、逃散（耕作放棄、逃亡）といった抵抗のほか武装して対抗するようにもなっていった。農民の武力抵抗の動きが悪党を生む一つの背景になっている。

もっとも、荘園領主の方も農民から厳しく収奪しており、一二五九（正元元）年には、湯浅氏の方が領家の任命した預所による農民の苛酷な収奪を糾弾している。農民のたたかいは荘園領主と地頭、公武両支配者に向けられていたのである。

原典解説

高野山文書　高野山金剛峯寺に伝わる古文書

3 地頭請 ★

下す　茜部御庄[1]住民等
早く地頭請所[2]として御年貢を進済せしむべき事。
右、当御庄は是れ預所の沙汰たり。百疋千両[3]を弁じ難きに依り、地頭の沙汰として、請文[4]の状に任せ、御年貢を進済せしむ可きなり。住民等宜しく承知し、違失す可からざるの状件の如し。故に下す。
貞応二年[5]八月　日　別当　法務　在判
（東大寺文書）

通釈

茜部御庄の住民等に下す
早く地頭請所として御年貢を納入すべき事
右の御庄は、これまで荘官（預所）の指示で年貢を納入してきたが、絹百疋、真綿千両を用立てることができないので、今後は、地頭の指示により、請文の通りに定額の年貢を納入すべきである。住民たちはこの旨をよく承知し、まちがいがあってはならない。その証としてこの文書を書いておく。よって、このことを知らせる。
貞応二（一二二三）年八月　日　別当
法務　在判

地頭請
1 茜部御庄　岐阜市付近
2 地頭請所 重要 地頭が領家・国司へ納める定額の年貢を請け負った荘園・国衙領
3 百疋千両　絹（織物）百疋・綿（まわた）千両。東大寺ではこれを学僧の衣料にあてていた
4 請文　承った旨を記した文書
5 貞応二年　一二二三年

原典解説

東大寺文書　奈良東大寺に伝わる文書で、日本の古文書の中で最も多い

下地中分 → p.128
1 和与 重要 和解、示談。訴訟当事者の間での譲歩によって和与が成立すると和与状を作成する。ここにあげたものが和与状である

解説

地頭請の起源は源平争乱の時期に東国の武士と荘園領主との間で始まった請所の制度にあるといわれている。請所とは、毎年一定額の年貢の納入を荘園領主・国司に対して請負った武士が現地の管理（下地進止）を全面委任される制度である。地頭は、毎年のように天候不順（水損、風損）などによる収穫減少を理由とし、定められた年貢を荘園領主・国司に納めない（年貢の未進・対捍）場合が少なくなかった。その結果、地頭と荘園領主・国司の紛争が頻発し、その多くは幕府の裁定にゆだねられた。幕府は、しばしば地頭請所（地頭請）を紛争解決のために斡旋したが、その場合は荘園領主・国司が勝手に契約を破棄することはできなかった。もちろん、地頭と荘園領主・国司が幕府の仲介なしに契約を結ぶ場合もあったが、その場合でも幕府の権力を背景とする地頭側は契約解除を容易にゆるさなかった。史料は領家が地頭請の契約を結んだことを農民に対して布告した文書である。かくして、地頭請により地頭は荘園の所領化をすすめたのである。

❷神崎庄 広島県世羅郡世羅町の一部

❸下地 重要 所領において、上分（年貢や公事など土地からの収益）に対しそれら収益の対象となる土地そのもの

❹所務 重要 所領の管理、収益の事務

❺雑掌 寺務に当たる役僧の職名

❻相論 訴訟

❼訴陳 訴訟の場合、訴人（原告）より訴状を、論人（被告）より陳状を各三度提出して論争したことをいう

❽一円の所務 重要 排他的独占的に支配がおこなわれること

❾文保弐年 一三一八年

原典解説

金剛三昧院文書 高野山の塔頭金剛三昧院に伝わる文書

設問

問❶ 鎌倉時代の武士団の組織原理を何というか。

問❷ 地頭が年貢の定額納入を約束して荘園管理を一任されることを何というか。

問❸ 地頭と荘園領主で荘園支配権を分割することを何というか。

4 下地中分 ★★

和与❶ 備後国神崎庄❷下地❸以下所務❹条々の事

右、当庄の領家高野山金剛三昧院内遍照院雑掌❺行盛と、地頭阿野侍従殿（季継）御代官助景と相論❻する当庄下地以下所務条々の事、訴陳❼に番ふと雖も、当寺の知行の間、別儀を以て和与せしめ、田畠山河以下の**下地は中分せしめ、各々一円の所務**❽**を致す可し**。仍て和与の状件の如し。

文保弐年❾二月十七日　地頭代　左衛門尉助景　在判

雑　掌　行盛　在判

（金剛三昧院文書）

通釈

備後国神崎荘の現地管理などに関する訴訟を和解する事

この荘園の領家である高野山金剛三昧院の中にある遍照院の荘官行盛と、地頭である阿野季継の代官助景との間で荘園の土地支配などについて訴訟がおこっている。これに関して、訴人（原告）の行盛と論人（被告）の助景の間で訴状（告訴状）と陳状（反論書）を、幕府を介してやりとりしたが、金剛三昧院が支配する荘園という特別の事情によって和解することにし、田畑や山河などの現地は領家と地頭に分け、それぞれ相手の干渉をうけることなく支配することにした。和解の内容は以上の通りである。

文保二（一三一八）年二月十七日　地頭代　左衛門尉助景　在判

雑　掌　行盛　在判

解説

地頭と荘園領主の紛争は、現地管理（下地進止）権の分割、つまり**下地中分**によって解決される場合もあった。下地とは、その土地からの収益（上分）ではなく、土地そのものを指す。この下地を地頭と荘園領主で折半ないし一定比率で分割し、それぞれ年貢徴収などの管理も別個に行おうというのである。下地中分には、史料のように荘園領主と地頭が示談で決めたもの（和与中分）と、荘園領主の訴えで幕府が判決を下して行わせるもの（強制中分）があった。下地中分の際には、荘園の絵図が作成され、それに分割線を引き、地頭分、領家分とそれぞれの持ち分を明記することがひろく行われた。下地中分によって、荘園の全部ではないにせよ、地頭は領主権を法的に確立するにいたったのである。

❽ 産業の発達

1 二毛作 ★

諸国の百姓、田稲を刈取るの後、其の跡に麦を蒔く。田麦と号して、領主等件の麦の所当❶を徴取すと云々。租税の法豈然るべけんや。自今以後田麦の所当を取るべからず。宜しく農民の依怙❷たるべし。此の旨を存じ、備後・備前両国の御家人等に下知せしむべきの状、仰せに依て執達件の如し。

文永元年❸四月廿六日

武蔵守❹判
相模守❺判

因幡前司殿❻

（新編追加）

解説

鎌倉時代には、東国や九州で大規模な開墾が進められる一方、畿内や山陽道では農耕に牛馬を使用したり、裏作に麦をつくる二毛作がひろまっていった。史料は、一二六四(文永元)年、幕府が裏作の麦に年貢を賦課することを禁ずる旨、備後・備前両国の御家人などに布達したものである。幕府が二毛作を奨励しようとしていたことがこれでわかる。二毛作には田を畑にきりかえる灌漑技術、多量の肥料、深耕可能な農具を必要とする。冬作を可能とする気候的条件もあるが、二毛作を普及させたのは、刈敷や草木灰などの自給肥料の普及と、手工業の発達による農具の改良・増産であったと言える。

2 商業の発達 ★★

かやつ❶の東宿の前を過ぐれば、そこらの人集りて、里も響くばかりに罵りあへり、けふは市の

二毛作

❶所当　年貢米以外の雑税
❷依怙　収益
❸文永元年　一二六四年
❹武蔵守　執権北条長時
❺相模守　連署北条政村
❻因幡前司　備前・備後守護長井泰重

原典解説

新編追加　一一七ページ参照

商業の発達

❶かやつ　萱津。尾張国海部郡、鎌倉時代の東海道の宿駅
❷誂へ物　注文の品物
❸宰府　大宰府
❹室　播磨(兵庫県)の港
❺淀河尻　淀川の河口
❻刀禰　役人

日になむ当りたるとぞいふなる。　（東関紀行）

凡そ京の町人、浜の商人、鎌倉の誂へ物[2]、宰府[3]の交易、室[4]・兵庫の船頭、淀河尻[5]の刀禰[6]、大津・坂本[7]の**馬借**[8]、鳥羽・白河[9]の**車借**[10]、泊々の**借上げ**[11]、湊々の**替銭**[12]、浦々の**問丸**[13]、**割符**[14]を以て之を進上し、俶載に任せ[15]之を運送す。　（庭訓往来）

❖解説❖

鎌倉時代には、農業のみならず、手工業や商業も発達した。京都などには商工業者の同業者組合である**座**が、平安末期に出現した。これは公家や寺社を本所とあおぎ、営業を独占した。各地には月三回の定期市である**三斎市**などがひらかれて行商人が活動した。港では**問丸**が年貢などの保管や販売にあたり、定期航路もでき**廻船**が就航した。陸揚げされた物資は馬借や車借によって京都に運び込まれた。取引には輸入された**宋銭**が用いられ、決済には為替が登場し、**借上**とよばれる高利貸も少なからぬ役割をはたした。年貢もこの流通網を前提として銭納にきりかえられていく。もちろん、そうした背景には、地頭による荘園侵略がすすみ、地頭請や下地中分によって地頭に従来の領主権の一部がさきとられるといった、荘園領主権の後退があった。史料は、こうした鎌倉時代の商品・貨幣経済の展開を物尽し的に描き出している。

鎌倉時代の諸産業

農業	耕地	新田開発（谷田→島田・浮田）、二毛作（表作の米、裏作の麦）
	品種	早稲・中稲・晩稲の別
	肥料	刈敷、草木灰、人糞尿
	耕耘	牛馬耕
	商品作物	楮（紙）、藍（染料）、荏胡麻（灯油）
	経営	反当収穫量の増加、小規模経営の成立、下人の自立、惣村の形成
商工業	手工業	職人の独立（鍛冶、鋳物師、紙漉き、紺屋、番匠）、座の結成
	商業	定期市（三斎市、月３回）、市座、見世棚 問丸（年貢の輸送・保管・販売）
	金融	宋銭・元銭の輸入 為替（替米・替銭、割符で決済） 高利貸（借上）、相互金融（頼母子＝無尽）

[7] **坂本**　琵琶湖畔の港

[8] **馬借** 重要　陸上運送業者

[9] **鳥羽・白河**　ともに京都郊外

[10] **車借** 重要　陸上運送業者

[11] **借上げ** 重要　鎌倉・室町初期の高利貸

[12] **替銭**　替銭、替銭屋。現在の為替と両替を兼ねていた

[13] **問丸** 重要　荘園年貢の保管・輸送業者

[14] **割符** 重要　為替手形

[15] **俶載に任せ**　船に満載して

原典解説

東関紀行　一二四二（仁治三）年、京都から鎌倉に旅し、鎌倉に滞在後、帰途につくまでのことを記した紀行文。筆者は源親行に擬せられている

庭訓往来　鎌倉末から南北朝時代にかけて作られたものと思われる。江戸時代には寺子屋の教科書として用いられた

設問

問❶　米作が終わった田圃を畑に変え麦作を行うことを何というか。

問❷　鎌倉時代に発達した金融業者を何というか。

9 鎌倉仏教

1 専修念仏 ★★

もろこし[1]我がてう(朝)に、もろ〱の智者達のさた[2]し申さるゝ、観念の念[3]ニモ非ズ。又学文[4]をして念の心を悟リテ申念仏ニモ非ズ。たゞ往生極楽のためニハ、**南無阿弥陀仏と申て、疑なく往生スルゾト思とり[5]テ、申外ニハ別ノ子さい(細)候ハず**[6]。……念仏ヲ信ゼン人ハ、たとひ一代ノ法[7]ヲ能々学ストモ、一文不知ノ愚どんの身ニナシテ[8]尼入道ノ無ちノともがら[9]ニ同しテ、ちしや[10]ノふるまいヲせずして、**只一かうに[11]念仏すべし**。

（一枚起請文）

解説

法然は、はじめ比叡山で学んだが満足せず、長い修行の後、これまでの造寺・造仏などを往生の条件とするあり方(自力作善)を批判し、阿弥陀仏の本願を信じひたすら念仏を唱える(**専修念仏**)だけで、貴賤の別なく往生できる(他力本願)と説くにいたった。この教えを他力易行門という。法然は、『**選択本願念仏集**』で称名念仏を往生のためのさまざまな行の中から選択するに至った思想的道すじを述べている。法然の教えは既成仏教側の反発をまねき、その告発によって、一二〇七(承元元)年、彼は四国(讃岐、または土佐という説もある)に配流され、その弟子たちも処罰された。

2 悪人正機説 ★★★★

一、善人[1]なほもつて往生を遂ぐ、況んや悪人[2]をや。しかるを、世の人、常に言はく、「悪人なほ往生す。いかに況んや善人をや」と。この条、一旦[3]、

通釈

善人でさえも極楽往生をする。まして悪人は当然往生できる。ところが世間の人は常にこう言っている。「悪人でさえ往生する。だからまして善人なら当然のことである」。この言い方

専修念仏

1 もろこし　唐土、中国のこと
2 さた　沙汰
3 観念の念　眼をとじて仏の世界を観想する念仏
4 学文　学問
5 思とり　思いこんで
6 子さい　理由、手段
7 一代ノ法　釈迦一代の教え
8 身ニナシテ　身になりきって
9 無ちノともがら　無智の仲間
10 ちしや　智者
11 只一かうに　ひたすら

原典解説

一枚起請文　一二一二(建暦二)年、法然が往生のための要義を一枚の紙に書いて弟子の源智に与えたもの

悪人正機説

1 善人　善行をつんで成仏しようとする人
2 悪人　善行をつんで成仏する能力に欠けていると自覚する人、自分の悪行を自覚する人
3 一旦　一応

その言はれ[4]あるに似たれども、本願・他力[5]の意趣[6]に背けり。その故は、自力作善の人[7]は、偏へに他力を頼む心欠けたるあひだ、弥陀の本願にあらず。しかれども、自力のこゝろをひるがへして、他力をたのみたてまつれば、真実報土[8]の往生をとぐるなり。煩悩具足[9]のわれらはいづれの行にても、生死をはなるゝことあるべからざるを憐み給ひて、願を起し給ふ本意、悪人成仏[10]のためなれば、他力を頼み奉る悪人、もつとも[11]往生の正因[12]なり。よつて「善人だにこそ往生すれ、まして悪人は」と仰せ候ひき。

（歎異抄）

は一応もっともであるようにみえるけれども、純粋に阿弥陀仏の本願(一切の衆生救済の誓い)にすがる(他力)という心にそむいている。そのわけは、自分の修行によって救われると信ずる人は、ひとえに弥陀を信頼する他力の心に欠けているので、弥陀の本願にあわぬ。しかし、自分の修行によって救われようとする心を改めて、他力を信頼申し上げれば、本当に浄土に往生できるのだ。ありとあらゆる迷いや悩みにつきまとわれているわれわれは、どのような修行によっても迷いの世界を離れることができないのをお憐み下さって、すべての人を救うという願いをおたて下さった真意は、悪人を成仏させるためであるから、他力を信頼申し上げる悪人こそ、往生し成仏しうるのである。だから「善人でさえ往生する。ましてや悪人が往生しないことがあるだろうか」と仰せられたのである。

[4] **言はれ**　理由
[5] **本願・他力** 重要　ひたすら弥陀の本願を信ずる
[6] **意趣**　教えのおもむき
[7] **自力作善の人**　自分の修行・努力によって救われると信ずる人
[8] **真実報土**　真実の本願に報われた浄土
[9] **煩悩具足**　ありとあらゆる迷いにつきまとわれている
[10] **悪人成仏**　悪人が浄土で救われる
[11] **もつとも**　もっとも
[12] **正因**　正しい原因

原典解説

歎異抄　親鸞の弟子唯円が親鸞の教えを記したもの。親鸞には『教行信証』等の著作がある

解説

法然の弟子親鸞も、阿弥陀仏の本願が貴賤を区別せず衆生を済度することにあり、ひたすらその本願を信ずれば往生できるという他力本願の思想では師とかわらなかった。しかし、法然は弥陀の本願を信ずればただ一度の念仏で往生できるとあくまで念仏という行にこだわっていた。これに対し、親鸞は、弥陀の本願は他力以外に頼むものをもたない五濁悪世の凡愚をこそ救済の対象とするものである、という絶対他力の思想を説いた。そのため、史料にあるように、親鸞は、自力で善行をつみ往生をはかる善人ではなく、弥陀以外に頼れない悪人こそ、弥陀が救おうとしたものだとさえ説いた(悪人正機説)。つまり、往生の決定的契機は、行(自力)ではなく、信(他力)だというのが、彼の思想の核心である。

3 只管打坐 ★★

一日奘[1]問云、「叢林[2]ノ勤学[3]ノ行履[4]ト云ハ如何。」示云ク、只管[5]打坐[6]也。或ハ閣上、或ハ楼下[7]ニシテ、常坐[8]ヲイトナム。人ニ交リ物語ヲセズ、聾者ノ如ク瘂者ノ如クニシテ、常ニ独坐ヲ好ム也。

（正法眼蔵随聞記）

通釈

あるとき、懐奘が道元禅師に問いかけた。「禅宗の寺院での修行生活とは何ですか」と。道元禅師が答えていうには「ひたすら坐禅をくむことである。場所を選ばずひたすら坐禅をする。人と交わって話もせず、耳の聞こえない者や物を言うことのできない者のようにして、常にひとりで坐ることを好むのだ」と。

解説

坐禅により悟りをひらこうとする禅の思想は奈良時代に伝えられたが、宗派をなすにいたったのは鎌倉時代になって、栄西（臨済宗）と道元（曹洞宗）が出てからである。禅宗では、学問や知識は修行や悟りを得る上で、得悟の妨げになるとする（不立文字）。禅宗の二派のうち臨済宗が幕府に接近し公家や武士の尊信を集めたのに対し、道元は権力者に近づくことはせず、越前の永平寺にこもった。また、公案による問答を重視する臨済宗とは異なり、史料にあるように、ひたすら坐禅することを説く（只管打坐）。道元にとって、坐禅とは単なる修行ではなく、仏法そのものであった。

只管打坐

[1]奘　道元の弟子、この書の筆者の懐奘
[2]叢林　禅宗の寺院
[3]勤学　修行
[4]行履　行いや生活
[5]只管　ひたすら
[6]打坐　坐禅をくむこと
[7]閣上、或ハ楼下　閣上はたかどの上、楼下はたかどのの下、場所を選ばずの意
[8]坐　禅定・坐禅

原典解説

正法眼蔵随聞記　道元の思想や生活態度を知る上でわかりやすい史料。道元の弟子懐奘が師の法語を筆録したもの

4 立正安国論 ★★

若し、先ず国土を安んじて、現当[1]を祈らんと欲せば、速かに情慮[2]を廻らし、いそいで対治[3]を加えよ。所以は何ん。薬師経の七難[4]の内、五難忽ちに起り、二難猶残せり。所以、他国侵逼[5]の難、自界叛逆[6]の難なり。大集経の三災[7]の内、二災早く顕わ

通釈

もし、まず国土を安泰にして現世および来世の幸せを祈ろうと思うならば、ただちに深い考えをめぐらして、急いで対策（正法興隆をさす）をとるべきである。それはなぜなのかというと、薬師経にある七難のうち五つの難はすでにおこり、あと二つの難が残っている。すなわ

立正安国論

[1]現当　現世と来世
[2]情慮　深い考え
[3]対治　煩悩や怠惰な心を断つこと
[4]七難　薬師経に、人々が疾病にかかる難以下七つの災難があげられている
[5]侵逼　侵略
[6]自界叛逆　国内に謀叛がおこる
[7]三災　穀貴（飢饉）・兵革・疾疫の災難

れ、一災未だ起らず。所以兵革の災なり。[8]……仁王経の七難の内、六難今盛んにして一難未だ現ぜず。所以、**四方の賊来りて国を侵すの難なり。**

（立正安国論）

ち、他国が侵略してくるという難と国内での謀叛がおこるという難である。大集経にある三災のうち、二災はすでに現れて、一災がまだおこっていない。それは戦争の災である。……仁王経の七難のうち、六難が今盛んに現れているが一難はまだ現れていない。それは、四方の賊がやってきて国を侵略するという国難である。

[8]兵革の災　戦争の災難

原典解説

立正安国論　一二六〇（文応元）年、日蓮が北条時頼に対して書いたもの

設問

問❶　親鸞の絶対他力の思想をよくあらわす考え方を何というか。

問❷　只管打坐という坐禅重視の思想を説いた僧はだれか。

問❸　日蓮が法華経帰依による国難対処を幕府に説いた書は何か。

❖解説❖

日蓮は、安房の漁師の子として生まれ十二歳で出家して天台宗を学び各地で修行を重ね、**法華経**のみに仏法の真髄があると悟り、故郷に帰って一宗をひらいた。日蓮は、釈迦はその悟りの内容とその功徳をすべて妙法蓮華経の五字にこめて後世に残したので、**南無妙法蓮華経**と**題目**を唱えることで即身成仏できると説いた。また、すべての人々が法華経を信仰するとき、国全体が仏の浄土となるとの立場から、他宗を激しく排斥し、法華経への帰依を強くすすめた。『**立正安国論**』をあらわして、元寇前夜に国難到来を予言し、幕府（北条時頼）にも法華経帰依を求めた。こうした日蓮の言動は、諸宗派の反発や幕府による迫害をまねいた。しかし、日蓮にとって弾圧は法華経の予言するところであり、ますます確信を深め言動を改めなかったため、ついに佐渡へ流罪となったが、なおその確信はゆるがなかった。

鎌倉仏教

宗派	開祖	主　著	教　義	関係寺院
浄土宗（1175）	法然 1133～1212	選択本願念仏集 一枚起請文	称名念仏（仏の名を声に出して称える）	知恩院（京都）
浄土真宗（1221）	親鸞 1173～1262	教行信証 歎異抄（唯円）	一向専修念仏・戒律否定・悪人正機説	本願寺（京都）
時　宗（1276）	一遍 1239～89		踊り念仏、神社信仰・俗信をとり入れる	清浄光寺（神奈川）
日蓮宗（1253）	日蓮 1222～82	立正安国論	題目唱和、辻説法、法華経至上主義	久遠寺（山梨）
臨済宗（1191）	栄西 1141～1215	興禅護国論	坐禅・公案、幕府の保護を受け接近	建仁寺（京都）
曹洞宗（1227）	道元 1200～53	正法眼蔵	只管打坐、世俗的権力を排他	永平寺（福井）

⑩ 鎌倉文化

1 愚管抄 ★

トシニソヘ日ニソヘテハ、❶物ノ道理ヲノミオモヒツヾケテ、老ノネザメ❷ヲモナグサメツヽ、イトヾ年モカタブキマカルマヽニ、❸世中モヒサシクミテ侍レバ、ムカシヨリウツリマカル道理モアハレニオボエテ、❹神ノ御代ハシラズ、人代トナリテ神武天皇ノ御後百王トキコユル、スデニノコリスクナク、八十四代❺ニモナリニケル中ニ、保元ノ乱イデキテノチノコトモ、又世継ノ物ガタリト❻申物モカキツギタル人ナシ。少々アリ❼トカヤウケタマハレドモ、イマダエミ侍ラズ。ソレハミナタヾヨキ事ヲノミシルサントテ侍レバ、保元以後ノコトハ、ミナ乱世ニテ侍レバ、ワロキ事ニテノミアランズルヲハヾカリテ、人モ申ヲカヌニヤト、ヲロカニ覚テ、❽ヒトスヂニ❾世ノウツリカワリ、オトロエタルコトハリヒトスヂヲ申サバヤトオモヒテ思ヒツヾクレバ、マコトニイハレテノミ覚ユ

❖通釈

年が経つにつけ、日が経つにつけ物の道理ばかりを考え続けて、老人のねざめがちな夜のつれづれをなぐさめながら、いよいよ年をとってしまった。世の中のようすも長い間みていると、昔から移りかわってきた道理もしみじみと思われて、神代のことはわからないが、人の世となってからは、神武天皇ののち、百代まで続くのだといわれている。もうすでに残りは少なく、八十四代にもなってしまったが、保元の乱が起こってから後のことも、また世継物語(『大鏡』など)というものを書き継いだ人もない。少々あるとか聞いたこともあるが、まだ見ていない。それはおそらく、みなただ良いことばかりを記そうという態度から、保元の乱以後のことはすべて乱世であるから悪いことばかりになってしまうのを憚って、人も書き残しておかぬのではないかと思って、ただ世の中が一途に進み衰えてしまった道理の一本道をここに申してみたいと思って思い続けていると、本当に道理が立っているようにばかり思われる。……世の中の道理のうつりゆく事を考えると、一切の存在は、ただ道理が根本となっており、その外には何もない。

愚管抄

❶トシニソヘ日ニソヘテハ　年が経つにつけ、日が経つにつけ

❷老ノネザメヲ　老人の寝覚めがちな夜

❸年モカタブキマカルマヽニ　年も終わりに近づくままに

❹アハレニオボエテ　心にしみじみ感じられて

❺八十四代　百王思想により、神武天皇から数えて現在の順徳天皇は第八十四代なので

❻世継ノ物ガタリ　重要　『大鏡』

❼少々アリ　『今鏡』などをさす

❽ヲロカニ覚テ　自分で愚考して

❾ヒトスヂニ　一途に

❿マコトニイハレテノミ覚ユルヲ　本当に道理が立っているように思われるので

⓫法　存在・真理・規範

原典解説

愚管抄　天台座主慈円の著。神武天皇から鎌倉時代の承久の乱ころまでの日本歴史の概論である。道理というものを歴史を貫く原理とみて歴史上の事象を解釈している。彼の思想は仏教的世界観と末法思想をあわせて用いて叙述しており、日本史学上重要な地位を築いている。

ルヲ、[10]……世ノ道理ノウツリユク事ヲタテムニハ、一切ノ法[11]ハタヾ道理ト云ニ文字ガモツ也。其外ニハナニモナキ也。　（愚管抄）

❖解説❖

『愚管抄』の著者慈円は、藤原忠通を父、兼実を兄にもち、後鳥羽上皇に近侍して天台座主の地位にあった。本書は、慈円がたびたび体験した霊告や、源実朝暗殺後の事態の急変に刺激され、一二二〇(承久二)年、後鳥羽上皇の討幕計画を諌めることを意図してまとめられた史論である。そこには、現状を末世とみる末法思想を前提としながらも、その宿命論をのりこえ、道理に基づく因果の応報が歴史を貫いていくという歴史意識があらわれている。そして、個々の歴史的事実の理解や時代像を描くにあたって、道理にかなっているかどうか、当事者たちが道理をわきまえているかどうかが基準とされている。承久の乱後、増補された。

2 鎌倉初期の和歌 ★★★

(1) 新古今和歌集 ★★

をのこども、詩を作りて歌に合はせ侍りしに[1]、水郷ノ春望といふ事を

見渡せば　山もと霞むみなせ川[2]　夕べは秋と何思ひけん[3]　太上天皇[4]

西行法師、すすめて、百首歌よませ侍りけるに

心なき身[5]にもあはれはしられけり　鴫立つ澤[6]の秋の夕暮　西行[7]法師

見渡せば　花ももみぢもなかりけり　浦の苫屋[8]の秋の夕ぐれ　藤原定家[9]朝臣

(2) 金槐和歌集―源実朝 ★

あら磯に浪のよるを見てよめる

慈円の歴史観

1．道理が道理として通る世(神武―成務)
2．道理が人に理解されない(仲哀―欽明)
3．道理と知っても人の心にかなわぬ世(敏達―道長)
4．道理もいわれなきものと思う世(頼通―鳥羽)
5．道理が二つに分かれ威徳ある人の道理に従う世(平家―頼朝)
6．道を道理とする世(後白河―後鳥羽)
7．道理をしらず適当にすごす世(現在)

新古今和歌集

[1]詩を作りて歌に合はせ　一二〇五(元久二)年に行われた詩歌合

[2]みなせ川　水無瀬川

[3]夕べは秋　夕暮の景色は秋が最高である

[4]太上天皇 重要　後鳥羽上皇。一二〇一(建仁元)年、和歌所を設け、『新古今和歌集』を撰上させる。承久の乱(一二二一年)で隠岐へ配流された

[5]心なき　遁世

6 **鴫立つ澤**　鴫が飛び立つ水辺、特定の地名ではない
7 **西行** 重要　もとは北面の武士佐藤義清(憲清)。遁世して各地を遍歴した歌人。歌集『山家集』がある
8 **苫屋**　萱や茅を編んで屋根に葺いた小屋
9 **藤原定家** 重要　『新古今和歌集』の撰者の一人、日記『明月記』を残す

原典解説

新古今和歌集　後鳥羽上皇の命で、藤原定家らが一二〇五(元久二)年に撰上。八代集の最後で、二十巻二千首を収める

金槐和歌集　一二一二(建暦二)年に成立した三代将軍源実朝の私歌集で、七百首を収める。金は鎌倉、槐は右大臣(大臣の唐名は槐門)のことで実朝を意味する

設問

問❶　慈円は『愚管抄』において何を基準に歴史の動きをとらえたか。
問❷　藤原定家らが後鳥羽上皇の命で編んだ勅撰和歌集は何か。

大海の磯もとゞろによする波われてくだけて裂けて散るかも

解説

鎌倉初期は、和歌が文学として頂点に達した時代だったと言える。**後鳥羽上皇**は、公家文化の振興に熱心で、一二〇一(建仁元)年に和歌所を設け、**藤原定家**・藤原家隆・寂蓮ら六人の歌人に八番目の勅撰和歌集の編纂を行わせた。こうして、一二〇五(元久二)年に『新古今和歌集』が撰上された。その特徴は、①洗練された表現による気分の象徴、②体言止、③古歌と同じ題材を特有の技巧で詠む本歌取などである。このころ、自然と旅を愛する西行や、定家の指導をうけ万葉調の歌を詠んだ源実朝らの歌人も輩出した。

鎌倉文化

特色	①文化の二元性 ②庶民文化の進展 ③鎌倉仏教の誕生
歴史 文学	**歴史書**　『今鏡』、『水鏡』、『吾妻鏡』、『愚管抄』慈円 『元亨釈書』虎関師錬 **紀行文**　『東関紀行』、『十六夜日記』阿仏尼 『海道記』 **説話集**　『宇治拾遺物語』、『古今著聞集』橘成季、 『十訓抄』、『沙石集』無住、『古事談』、『発心集』 **軍記物**　『保元物語』、『平治物語』、『平家物語』、 『源平盛衰記』 **随　筆**　『方丈記』鴨長明、『徒然草』兼好法師 **和歌集**　『新古今和歌集』藤原定家ら〔八代集の最後〕 『山家集』西行、『金槐和歌集』源実朝
建築	**大仏様**(天竺様)　東大寺南大門〔重源により再建〕 **禅宗様**(唐　様)　円覚寺舎利殿〔室町時代に移建〕 **和　様**　三十三間堂(蓮華王院本堂)、石山寺多宝塔 **折衷様**　観心寺金堂
彫刻	東大寺南大門金剛力士像(運慶・快慶) 興福寺北円堂無著・世親像(運慶ら) 東大寺僧形八幡神像(快慶) 三十三間堂千手観音像(湛慶) 興福寺天燈鬼・龍燈鬼像(康弁ら) 六波羅蜜寺空也上人像(康勝) 東大寺重源上人像 明月院上杉重房像、六波羅蜜寺平清盛像 高徳院阿弥陀如来像(鎌倉大仏)
絵画	**縁起絵**　北野天神縁起絵巻、春日権現験記(高階隆兼筆) 石山寺縁起絵巻 **伝記絵**　一遍上人絵伝、法然上人絵伝 **合戦絵**　平治物語絵巻、蒙古襲来絵詞、男衾三郎絵巻 **似　絵**　伝源頼朝像、伝平重盛像(伝藤原隆信筆) 後鳥羽上皇像(伝藤原信実筆)

市の風景

一遍上人絵伝

念仏普及のため諸国を遊行した時宗の開祖一遍の行跡を描いた『一遍上人絵伝』は、鎌倉時代の武士や庶民の姿をみごとに活写しており、当時の社会や生活・風俗のあり方を知る貴重な手がかりとなっている。

「絵伝」は、聖戒撰の十二巻本と宗俊撰の十巻本の二系統に分かれる。前者は、製作年代が最も古く、絹本着色で、第十二巻の奥書には、一遍の没後十年目の祥月命日である一二九九(正安元)年八月二十三日に聖戒が調書を作り、絵は法眼円伊の筆になるとある。

聖戒は、一遍の弟で、その遊行に随行し、最初にその弟子となった僧で、一遍に最も身近な人物の一人である。彼は、京都の六条に道場を開き、公家とも接触をもっていたが、おそらくその関係で円伊に「絵伝」を描かせ、また能書家であった世尊寺の経伊に外題の執筆を依頼したのであろう。

絵の内容は、一二五一(建長三)年春、十三歳の一遍が生家を離れて修行に旅立つ場面から始まり、一二八九(正応二)年八月二十三日の入滅まで、四十八段にわたって、諸国を遊行する一遍の姿を、写実的な画風で描いている。一遍の肖像のみならず、周囲の人々や背景となる世態や風俗、山野の風景などもいきいきと描かれており、中世を代表する絵巻物のひとつである。

市に集まる人々

一遍は、念仏普及のため、「南無阿弥陀仏、決定往生六十万人」と記した算を賦る念仏賦算の旅を続けていた。一二七八(弘安元)年の冬、備前国福岡の市で、吉備津神社の神主の子の妻が一遍の教えをうけて出家した。「絵伝」は、第四巻第三段の後半部でそれを描き、ちょうど、市で一遍と出会ったその夫が、妻を出家させた一遍に刀を抜いて切りかかろうとしている場面である。背景には、福岡の市の様子が描かれている。女性が布を売り、男性が銅銭で支払いをしている姿や、女性が銭差の銭を勘定したり、男性が道に出て米を枡ではかり売りしているありさまなどがみえる。このほか、「絵伝」には魚や酒を売る光景などもあり、市のにぎわいぶりが描き出されている。

市の店舗は、粗末な小屋がけではあるが、一応「店」の体裁をとっている。「店」は、行商人や付近の手工業者・農民が商品を持ち寄って並べた「見世棚」が定着したものである。「見世棚」から「店」への発展は、市の機能が地域の経済生活の中に深く根をおろしていく過程でもある。

店番の多くが女性であることも含め、市に集まる人々の中で女性の姿が目立っている。市が立つ日には、付近の武士、農民、職人、僧侶、神官など、あらゆる階層の老若男女が集まり、市は一種のレクリエーション場にもなっていたと考えられる。当然、市に集まる人々を目あてに、諸国を遍歴する職人や行商人、一遍のような布教活動を行う僧などもやってくる。市は、鎌倉時代の社会の縮図だったといってよかろう。

備前国福岡市（『一遍上人絵伝』神奈川・清浄光寺（遊行寺）蔵）

市から町へ

市それ自体は、平安末期に、山城国の石清水宿院河原や近江国高島郡の饗庭川北辺などに出現している。鎌倉時代の半ば以降、**三斎市**などとよばれる月三回の定期市が全国各地にみられるようになる。市は、寺社の門前、荘園・国衙領の地頭・代官の屋敷付近、水陸の交通の要地などに立つ。淀や大津などの市が著名である。

市が立つ日は、仏教の行事と関連して斎日であることが多く、そこから三斎市の称がおこったと考えられる。また、市日により、市には三日市（三日、十三日、二十三日に立つ市）、四日市、五日市などの名称がつけられ、今日それが地名となって残っているところも少なくない。

市の開催日や場所が固定してくると、そこに商工業者や農民が定住するようになり、彼らを市場在家、その家屋を市場屋敷とよぶようになる。市が発展してくると、領主や地頭らは、市場在家の中から市場代官を任命し、市の管理や治安維持にあたらせ、市場公事銭を徴収したりした。

一方、市で営業する商工業者などの間では、販売場所をめぐる紛争を避けるため、領主に市座役を納めて、特定の場所を独占することが行われるようになる。伊勢神宮外宮門前の宇治山田の八日市では、東西を貫く数条の道をはさんで、豆腐・釜・油・御器・麻・酒・魚・麹・紙・米などを販売する市座が並んでいた。

やがて、この**市座**をひとつの要因として、同業者組合である座が結成されていくことになる。それと同時に、市の定住者が次第にふえ、市は町へと発展していくことになる。

元軍との戦い（「蒙古襲来絵詞」宮内庁蔵）

蒙古の牒状

[1] 上天眷命　天のいつくしみを受けている
[2] 朕　フビライ(世祖)
[3] 講信修睦　音信を交わしあい仲よくしあう
[4] 天の明命　帝となるべき天の命令
[5] 区夏を奄有す　天下をおおいたもつ
[6] 遐方異域　遠い地方
[7] 東藩　東方のまもり
[8] 密邇　近接している
[9] 一乗の使　一人の使い

⑪ 蒙古襲来

1 蒙古の牒状（国書）　★★

上天眷命、[1]大蒙古国の皇帝、書を日本国王に奉る。朕[2]惟ふに古より小国の君境土相接するは、尚ほ講信修睦[3]に務む。況んや我が祖宗、天の明命[4]を受け、区夏を奄有す。[5]遐方異域[6]、威を畏れ徳を懐しむ者、数を悉すべからず。……高麗は朕の東藩[7]なり。日本は高麗に密邇[8]し、開国以来、亦た時に中国に通ず。朕の躬に至って、一乗の使[9]も以て和好を通ずること無し。尚ほ恐る、王の国これを知ること未だ審ならざらん。故に特に使を遣はし、書を持して朕の志を布告せしむ。冀は今より以往、通問結好し、以て相親睦せん。且つ聖人は四海を以て家と為す。相通好せざるは、豈に一家の理ならん哉。兵を用ふるに至るは、夫れ孰か好む所ならん。王其れ之を図れ。不宣[10]

至元三年[11]八月　日

（東大寺尊勝院蔵本「蒙古国牒状」）

通釈

天のいつくしみをうけている大蒙古国の皇帝が書を日本国王に奉る。朕が考えるのに、昔から小国の君主で、国境を接しているものは、音信を交わしあい、仲よくしあうよう努めている。ましてわが祖先は、天の明命を受けて天下を領有している。その威を恐れ、徳を慕ってくる遠い異国のものたちは数えられないほどになっている。……高麗は朕の東方の属国であるが、日本は高麗と近接し、開国以来おりにふれて中国に使いを遣わしてきた。しかし朕の時代になってからは一人の使いも親交を結びに来たことがない。王の国が、このようなことを詳しく知らないためではないかと気づかっている。そこで、特に使いを遣わし、書を送って朕の志を知らせる。願わくは今後互いに訪問しあい、親交を結び、親睦を深めようではないか。また、聖人は天下をすべて一つの家とするという。互いに親交を深めなくて、どうして一つの家となったといえよう。兵を用いるようなことをどうして好むであろうか。王はよくこの事を考えてほしい。すべては述べつくしていないが、あとは察してほしい。

至元三（一二六六）年八月　日

⑩不宣　すべてを述べつくしていない、あとは察してほしいの意。臣下扱いにしないため「不宣」の止め句を用いた

⑪至元三年　一二六六年、元の年号

原典解説

蒙古国牒状　東大寺の尊勝院に伝存する当時の国書の写し

非御家人の動員

①蒙古人対馬・壱岐に襲来し　文永の役

②文永十一年　一二七四年

③武蔵守　連署北条義政

④相模守　執権北条時宗

⑤大友兵庫頭入道　豊後国守護の大友頼泰

原典解説

大友文書　豊後国の地頭・守護であった大友氏に関する文書で、祖大友能直（頼朝の御家人）以来のもの

設問

問❶　蒙古襲来のときの幕府の執権はだれか。

問❷　蒙古襲来にそなえて幕府が動員した軍役を何というか。

解説

武力行使をちらつかせながら日本に服属を要求する蒙古の牒状は、一二六八（文永五）年に到来した。ときの執権北条政村は、同年、得宗（北条氏本家の惣領）であり、一二六四（文永元）年から連署の地位にあった北条時宗に執権の地位を譲り、幕府の結束をはかった。時宗は、モンゴルからの使者にはその服属要求に応ぜず断固たる態度をとり、モンゴルに返牒を出そうとした朝廷も制し、また西国の御家人などに異国警固番役を課してモンゴル軍の侵攻にそなえた。

2 非御家人の動員 ★

蒙古人対馬・壱岐に襲来し①、合戦を致すの間、軍兵を差し遣はさるる所なり。且は九国の住人等、其の身縦へ御家人ならずと雖も、軍功を致すの輩有らば、賞を抽ぜらるべきの由、普く告げ知らせしむべきの状、仰に依って執達件の如し。

文永十一年②十一月一日

武蔵守③（判）

相模守④（判）

大友兵庫頭入道⑤殿

（大友文書）

解説

一二七四（文永十一）年、モンゴルは征服した高麗から九百隻の軍船に四万余が分乗して、対馬や壱岐、博多湾に襲来した。この文永の役に際して、幕府は九州に在住する御家人以外の武士も動員した。史料は、豊後国守護の大友氏にあてて執権北条時宗らが非御家人武士の動員を命じたものである。そこで幕府は、非御家人武士にも恩賞を与えることを約束しているが、実際には御家人にさえ満足な恩賞を与えることができなかった。幕府は、蒙古襲来をきっかけに、非御家人武士へも支配を及ぼすようになっていくが、かえってその不満をかかえこむことになったのである。

⑫鎌倉幕府の衰退

1 永仁の徳政令　★★★

関東御事書の法[1]

一、質券売買地[2]の事　永仁五年[3]三月六日

右、地頭・御家人の買得地に於ては、本条[4]を守り、廿箇年を過ぎば、本主[5]取返すに及ばず。非御家人并びに凡下[6]の輩の買得地に至りては、年紀の遠近を謂はず[7]、本主之を取返すべし。

（東寺百合文書）

関東より六波羅へ送られし御事書の法

一、越訴[8]を停止すべき事……

一、質券売買地の事

右、所領を以て或は質券に入れ流し[9]、或いは売買せしむるの条、御家人等侘傺[10]の基也、向後に於ては停止に従ふべし。以前の沽却の分に至りては、本主領掌せしむべし[11]。但し或は御下文・下知状を成し給い、或は知行廿箇年を過ぐるは、公私の領を論ぜず、今更相違有るべからず[12]。若し制符に背

通釈

鎌倉幕府の箇条書きの法

一、質入れや売買された土地　永仁五（一二九七）年三月六日

右については、地頭や御家人の買い取った土地について、貞永式目の規定どおり、売却後二十年をすぎた土地は、売り主は取り返すことができない。非御家人や高利貸商人たちが買い取った土地については、経過した年数の長さに関係なく、売り主は土地を取り返すことができる。

鎌倉幕府から六波羅探題に送られた箇条書の法

一、判決ずみの訴訟の再審請求を受理しない事……

一、質入れや売買された土地の事

右については、所領を質に入れて流してしまったり、売買することは、御家人たちが困窮するもとである。今後は停止する。以前に売却した土地については、本来の持ち主（御家人）に取り返させ支給せよ。ただし（買主が御家人のときは）幕府が下文や下知状で公認した場合、またはその支配が二十年以上たっている場合は、

永仁の徳政令

1 **関東御事書**　見出しを何々の事と書く形式

2 **質券売買地** 重要　質入れや売買された土地

3 **永仁五年**　一二九七年

4 **本条**　御成敗式目第八条の時効規定

5 **本主**　もとの持主（売主）

6 **凡下** 重要　庶民のこと。主として高利貸しをさす

7 **年紀の遠近を謂はず**　年数にかかわりなく

8 **越訴** 重要　すでに判決が終わって敗訴になった者がおこす再審請求のこと

9 **質券に入れ流し**　質流れにすること

10 **侘傺**　困窮すること

11 **以前の沽却の分に至りては、本主領掌せしむべし**　御家人が以前に売った土地については、本主（御家人）はこの法令を承知して土地をとりかえすべきである

12 但し或は御下文・下知状を…… 売った相手が御家人である時は、幕府が売買を認めた公文書を下し、それを知行して二十年を過ぎている場合は、その土地が幕府より恩賞地として与えられた土地であろうと、先祖伝来の土地であろうと、いまさら変更する(とりかえす)ことはできない

13 非御家人・凡下の輩の……売主知行せしむべし 重要 非御家人、凡下が御家人から買った土地は何年経過していても売主(御家人)が知行すべきである(とりかえしうる)

14 利銭出挙 利息づきの金銭貸借

15 甲乙の輩 誰かと限らず、すべての人々

16 負累 負債、借金

17 成敗に及ばず 重要 金銭貸借の訴訟はいっさい取上げない

18 庫倉に入るる 物品を質に入れること

原典解説

東寺百合文書 九一ページ参照

悪党 → p.144

1 当国 播磨国

2 張行 横行

き、濫妨を致すの輩あらば、罪科に処せらるべし。次に**非御家人・凡下の輩の質券買得地の事、年紀を過ぐと雖も、売主知行せしむべし。**[13]

一、利銭出挙[14]の事

右、甲乙の輩[15]要用の時、煩費を顧みず、負累せ[16]しむるに依り、富有の仁は其の利潤を専らにし、窮困の族はいよいよ侘傺に及ぶか。自今以後成敗に及ばず。[17] 縦い下知状を帯し、弁償せざるの由、訴へ申す事ありと雖も、沙汰の限りにあらず。次に質物を庫倉に入るる事[18]、禁制するあたはず。

（東寺百合文書）

公(幕府恩給地)私(先祖伝来の所領)のいずれかを問わず、今さら変更して取り返すことはできない。もし違反する者があれば処罰する。次に非御家人や庶民らが質流れで買い取った土地については、何年経っていようとも、売り主の御家人が取り返して支配すべきである。

一、利息つきの金銭貸借の事

右については、だれと限らずすべての人が、必要な時に、むだの多い出費を考えずに、借金を重ねるので、金持ちの者はその利潤をますますふやし、貧乏人はますます困窮するようになると思われる。今後、幕府はこの訴訟をいっさい取りあげない。たとえ下知状をもち、弁償しない旨を訴え出ても取りあげない。次に質物を高利貸の倉庫に入れることは禁止しない。

❖解説❖

徳政とは、ひろくは君主の徳をあらわす政策をほどこすことをいい、天皇や将軍の代替りに際して、人民の負担を軽減するなどの措置がとられた。一二九七(永仁五)年にだされた**永仁の徳政令**は、蒙古襲来後の御家人の窮乏を解決し、不十分な恩賞への不満解消をねらっている。そこでは、①地頭・御家人が買い主で、買い主が二十年以上にわたって知行している土地は売り主が取り戻せないとした。つまり、売却後二十年未満の土地は、買い主が地頭・御家人でも取り戻せるわけである。二十年が基準となったのは、式目第八条に、たとえ将軍の安堵状(御下文)があっても二十年間以上、実際に知行していなければ、その土地に関する権利を失うと規定されていたことによる。また、②非御家人や凡下(庶民)が買い主の場合は、何年経過していても(二十年の基準にとらわれず)、売り主が取り戻せるとした。これは、非御家人や凡下(庶民)を犠牲にしても、御家人保護を優先しようとする幕府の姿勢をあらわしており、彼らの反発は必至だった。

幕府は、史料にあるようにこの徳政令の施行細則

三か条を六波羅探題にあてて出している。それは、①越訴(再審請求)の禁止、②土地の質入・売買の禁止、売却地の取り戻しの指示、③金銭貸借に関する訴訟の不受理である。元来、御成敗式目でも、私領は売買自由だったが、新恩地の売買は禁じられ、軍役負担の基盤としての御家人所領の保護策がとられていた。しかし、これらは御家人に対する金融の道を塞ぐ結果となり、かえってその不満をまねいたと思われる。

この法令は執権北条貞時(時宗の子)の独裁下で出されたものである。それ故、翌一二九八(永仁六)年に御家人の反発などでそれに大幅な修正(土地の無償取り戻し条項のみ残し他は廃止)をほどこさざるを得なかったことは、得宗の政治的威信を大きくそこなったと言えよう。

2 悪党 ★

問云ク、諸国同事ト申ナカラ、当国**1**ハ殊ニ悪党蜂起ノ聞ヘ候。何ノ比ヨリ、張行候**2**ケルヤラム。

答ヘテ云ク、……正安**3**・乾元**4**ノ比ヨリ、目ニ余リ耳ニ満テ聞エ候シ、所々ノ乱妨、浦々ノ海賊、寄取**5**、強盗、山賊、追ヒ落シ**6**ヒマ無ク、異類異形ナル**7**アリサマ、人倫**8**ニ異ナリ、柿帷**9**ニ六方笠**10**ヲ著テ烏帽子・袴ヲ著ス。人ニ面ヲ合セス忍タル躰**11**ニテ、数々不具ナル高シコ**12**ヲ負ヒ、ツカサヤハゲタル大刀ヲハキ、竹ナカエ**13**、サイホウ杖**14**ハカリニテ、鎧・腹巻**15**等ヲ、著クルマテノ兵具更ニ無シ。……武方ノ沙汰、守護ノ制ニモカヽハラス日ヲ逐テ倍増ス。

(峰相記)

3正安　一二九九～一三〇二年
4乾元　一三〇二～〇三年
5寄取　責務の取り立て
6追ヒ落シ　追いはぎ
7異類異形ナル　重要　異様な
8人倫　普通の人間
9柿帷　柿色の衣類、一般にはこの色の衣類はあまり着なかった
10六方笠　女性用の笠
11忍タル躰　覆面
12高シコ　竹矢籠。矢を入れる竹筒製の容器
13竹ナカエ　竹長柄、竹の長い棒
14サイホウ杖　撮棒、魔除けの棒で、鋲などを打った武器
15鎧・腹巻　足軽などが着る軽装の鎧

原典解説

峰相記　作者不明。一三四八(貞和四)年、播磨国峰相山鶏足寺の参詣者(作者)と老僧との問答の形をとる

解説

鎌倉後期、畿内などの荘園や国衙領では、農業生産力の発達に伴い、名主の中から地主的性格を強め、武士化する者が登場する。彼らは、異様な服装や覆面で身を隠し、不揃いな武具を携えて、しばしば地頭や荘園領主と抗争をひきおこした。幕府や守護は、彼らを悪党として取締ったが、悪党はたがいに横の連絡をとり、守護も彼らを配下に組み入れたりしたため、その取締りは困難だった。

設問

問❶　永仁の徳政令を発布した鎌倉幕府のねらいは何か。
問❷　武士化して領主や地頭に反抗する有力農民を何というか。

第5章 武家社会の展開と庶民の台頭

1 建武の新政

1 建武政権 ★★★

保元・平治・治承より以来、武家の沙汰として[2]政務を恣にせしかども、元弘三年[3]の今は天下一統に成しこそめづらしけれ。君の御聖断[4]は延喜・天暦のむかしに立帰りて、武家安寧に比屋謳歌し[5]、いつしか諸国に国司・守護をさだめ、卿相雲客[6]、各其位階に登りし躰、実に目出かりし善政なり。……御聖断の趣、五畿七道八番[7]に分られ、卿相を以て頭人[8]として、新決所[9]と号て新たにつくらる。是は先代引付の沙汰のたつ所[10]也。大儀におひては記録所におひて裁許あるも、……むかしのごとく武者所をおかる。新田の人々[11]を以て頭人にして諸家の輩を詰番[12]せらる。古の興廃を改めて[13]、「今の例は昔の新儀也。朕が新儀は未来の先例たるべし」とて、新たなる勅裁漸くきこえけり。……爰

（治承[1]）

通釈

保元・平治・治承の内乱以来、武家の支配のもとに政治が勝手に行われてきたが、元弘三（一三三三）年の今、天下一統の世になったのはありがたいことである。後醍醐天皇の御決断されたことは延喜・天暦の昔にもどり、武家も民衆も平和を喜ぶような政治にすることである。諸国には国司と守護がおかれ、上級の公卿もそれぞれ位階にのぼったのは、実にすばらしい善政である。……天皇の裁断により、畿内と七道との計八つの組にわけられ、公卿を頭人として決断所と名づけた役所を新しくつくられた。これは鎌倉時代引付衆が訴訟を扱ったのと同じである。重要なことは記録所において御決議が行われた。……昔のように武者所がおかれた。新田義貞の一族首脳を中心にすえ、諸氏を当番にあてた。昔の先例をあらためて、「今の先例は昔の新例である。自分のはじめる新例は将来の先例となるべきである」といわれて、新しい天皇の決裁が次々と出された。……ここに京都の

建武政権

[1] 治承　治承四（一一八〇）年の頼朝の挙兵のこと
[2] 武家の沙汰　武家政治の成立したことをいう
[3] 元弘三年　一三三三年、鎌倉幕府の滅亡した年
[4] 君の御聖断　後醍醐天皇の決断
[5] 比屋謳歌し　軒なみに、すべての者がほめたたえる
[6] 卿相雲客　公卿・大臣と殿上人、一般に公家階級をさす
[7] 五畿七道八番　畿内と七道との計八つの組
[8] 頭人　長官、かしら
[9] 新決所　重要　雑訴決断所のこと
[10] 先代引付の沙汰のたつ所　鎌倉時代引付方が所務沙汰（土地訴訟）を扱ったのと同じである
[11] 新田の人々　新田義貞をはじめとして一族で首脳を固めたことをいう
[12] 詰番　当番
[13] 古の興廃を改めて　昔の先例をあらためて

に京都の聖断を聞奉るに、記録所・決断所をゝかるといへども、近臣臨時に内奏[14]を経て非義を申し行間、綸言[15]朝に変じ暮に改まりしほどに、諸人の浮沈掌を返すが如し。……又、天下一同の法[16]をもて安堵の綸旨[17]を下さるといへども、所帯をめさるゝ輩[18]、恨をふくむ時分[19]、公家に口ずさみ[20]あり。尊氏なし[21]といふ詞を好みつかひける。……武家して又公家に恨をふくみ奉る輩は、頼朝卿のごとく天下を専らにせむことをいそがしく思へり。故に公家と武家水火の陣にて元弘三年も暮にけれ。
（梅松論）

天皇の御裁断について聞き申し上げたところによると、記録所や雑訴決断所がおかれてはいるが、近臣が勝手に天皇へ内々申し上げて、筋の通らぬことを行うので、天皇の命令は朝に変わり夕にかわるという具合なのである。人々の浮き沈みはまるで手のひらを返すようだ。……また、後醍醐天皇の政権が成立したという理由で、所領を安堵した綸旨を下されたのだが、所領を没収された人々は恨み深く思っていた。そのころ公家の間の噂に「(新政府の要職に)尊氏が参加していない」という言葉を好んで使っていた。武家は公家に恨みを抱き、頼朝のように天下を思いのままにしようと、しきりに考えるようになった。こうして公武は水と火のように対立して争い、元弘三年も暮れてしまった。

❖解説❖

一三三三(元弘三)年六月、滅亡した鎌倉幕府にかわって、建武政権が成立した。後醍醐天皇は、延喜・天暦の天皇親政を理想とし、「朕が新儀は未来の先例たるべし」と政治改革をめざした。しかし、討幕の論功行賞や新政府の人事には、公家に厚く、武家に薄く、武士の間に不満をつのらせた。重要政務は記録所、所領関係の訴訟は公武両勢力が参加した雑訴決断所で処理したが、武者所は新田義貞一派がかため、政務・訴訟を裁可する天皇の綸旨も側近により朝令暮改のあり様だった。武士の間は、新政権で疎外された観のあった足利尊氏による幕府再興への期待が高まっていった。

2 農民の失望──若狭国太良荘農民の訴状 ★

14 **内奏** 天皇に意見を申し上げる
15 **綸言** 天皇の命令
16 **天下一同の法** 旧領回復令や朝敵所領没収令などの一連の法令
17 **安堵の綸旨** 重要 ここでは天皇が出した所領個別安堵法で、所領の所有権・領有権は改めて保障しなおす法
18 **所帯をめさるゝ輩** 所領を没収された人々
19 **時分** その当時
20 **口ずさみ** 口々に噂をする
21 **尊氏なし** 新政府に尊氏が参加していないのはどうしたことかの意味

原典解説

梅松論 鎌倉時代から南北朝時代にかけて、足利氏の繁栄を梅松になぞらえて書いた歴史書で、足利尊氏側近の武将の筆といわれる

農民の失望

1 **東寺** 重要 教王護国寺、京都にある真言宗の寺院
2 **太良御庄** 東寺領荘園の太良荘、現在の福井県小浜市にあった
3 **関東御滅亡** 鎌倉幕府の滅亡
4 **喜悦** よろこび

東寺[1]御領若狭国太良御庄[2]百姓等謹みて言上す。……関東御滅亡[3]、今は、当寺御領に罷り成り、百姓等喜悦[4]の思を成すの処、御所務[5]曽て以て御内御領の例[6]に違はず、剰へ新増せしめ巨多の御使を付せられ[7]、当時[8]農業の最中呵責せらるる[9]の間、愁吟にたえざる[10]によつて、子細を勒し言上す。[11]

（東寺百合文書）

解説

建武政権は、一三三四(建武元)年には大内裏の造営を計画し、地頭に対してその収益の二十分の一の上納を命じた。新たな負担は農民に転嫁され、その反発をまねいた。史料は、東寺領の若狭国太良荘の農民が、新政権の下で期待に反して負担が増加したことを訴え、その軽減を求めている。

3 二条河原落書 ★★★★

口遊[1] 去年[2]八月、二条河原落書云々 元年歟

此比都ニハヤル物、夜討強盗謀綸旨、召人早馬虚騒動、生頸還俗[3]自由出家、俄大名迷者、安堵[4]恩賞虚軍、本領ハナルヽ訴訟人、文書入タル細葛、追従讒人禅律僧、下克上[5]スル成出者、器用ノ堪否沙汰モナク、モルヽ人ナキ決断所[6]、キツケヌ冠上ノキヌ[7]、持モナラハヌ笏[8]持テ、内裏マシハリ珍シヤ、賢者カホナル伝奏[9]ハ、我モ〳〵トミユレトモ、巧ナリケル詐ハ、ヲロカナルニヤヲトルラム、……ハサラ[10]扇ノ五骨、ヒロコシヤセ馬薄小袖、日銭ノ

通釈

このごろ都ではやっているものをあげると、夜討強盗や偽りの綸旨、囚人や早馬が走り、何もないのに騒動がおこる。生首がころがり、僧は俗人に、俗人は勝手に僧になる。急に大名になって宮中でうろうろする者、本領安堵欲しさにありもしない合戦をつくりあげる者もある一方、本領を離れ証拠文書を入れた細つづらをかついだ訴訟人が横行する。おべっかをつかう者、人の悪口をいう者、禅宗や律宗の僧侶や、下剋上する成り上り者が多い。政府では人の才能の有無も考えずに、だれもかれも雑訴決断所の寄人に任用し、着なれない冠や公卿装束をつけ、もちなれない笏をもって内裏に出入りするのも珍しい風情である。利口ぶった伝奏は我こそは

5 御所務　年貢・公事・夫役などの負担
6 御内御領の例　北条氏得宗が地頭であったときの慣例
7 巨多の御使を付せられ　たくさんの負担を課され
8 当時　現在
9 呵責せらるる　せめさいなむ
10 愁吟にたえざる　がまんできない
11 子細を勒し言上す　事情を書きあげて申し上げる

原典解説

東寺百合文書　九一ページ参照

二条河原落書

1 口遊　噂
2 去年　一三三四(建武元)年
3 還俗　一度出家したものが俗人にかえること
4 安堵 重要　土地所有権を保証してもらうこと
5 下克上 重要　下の者が上の者をしのぐ。下剋上
6 決断所 重要　雑訴決断所
7 冠上ノキヌ　束帯用の上衣、袍ともいう
8 笏　正装の時、手にもつ薄板
9 伝奏　天皇への奏聞を司る人
10 ハサラ 重要　婆佐羅、無秩序で派手好みな当時の風俗をさす

[11]日銭ノ質　短期間の質入れ
[12]下衆上臈　身分の低い者も高い者も
[13]大口ニキル美精好　大口袴、上等の絹織物
[14]京鎌倉ヲコキマセテ　京の公家風と鎌倉の武家風が混じ
[15]点者　連歌の優劣を判定する人
[16]譜第非成　家代々の専門家と新興成り上り者
[17]犬田楽 重要 闘犬と田楽
[18]京童 重要 京都の住民

原典解説

建武年間記　建武年間(一三三四〜一三三七)の法制とこの落書を収めた本

設問

問❶　公家や武家の有力者の多くが任命された建武政権の訴訟処理機関は何か。

質[11]ノ古具足、関東武士ノカゴ出仕、下衆上臈[12]ノキハモナク、大口ニキル美精好[13]、鎧直垂猶不レ捨、弓モ引エヌ犬追物、落馬矢数ニマサリタリ、誰ヲ師匠トナケレトモ、遍ハヤル小笠懸、事新キ風情ナリ、京鎌倉ヲコキマセテ[14]、一座ソロハヌエセ連歌、在々所々ノ歌連歌、点者[15]ニナラヌ人ソナキ、譜第非成[16]ノ差別ナク、自由狼藉世界也、犬田楽[17]ハ関東ノ、ホロフル物ト云ナカラ、田楽ハナヲハヤルナリ、……天下一統メツラシヤ、御代ニ生テサマ〱ノ、事ヲミキクソ不思議トモ
京童[18]ノ口スサミ、十分一ヲモラスナリ。（建武年間記）

と自信たっぷりだが、口上手の偽りは、愚直なものに及ばぬようだ。……派手なばさら絵の五本骨の扇をもち、薄小袖を着る姿は、大きな輿にのる身分の高い者から、やせ馬にまたがった身分の低い者にまでみうけられる。古い鎧を質入れしてわずかな金を借り、関東武士が騎馬をやめてかごで出勤する。身分の上下を問わず、美しい精巧織の大口袴をつけ、鎧直垂をすてはせぬが、犬追物をしてもろくに弓を引けず、射る矢数よりも落馬の数の方が多い。誰を師匠とするでもなく小笠懸が広くはやるのも、事新しい風情である。京と鎌倉の方式をかきまぜた調和せぬ一座で怪しげな連歌が行われ、あちこちの連歌で点者にならない者のない有様、代々の者も新興の者も区別がない。まことに自由狼藉の世の中である。闘犬や田楽によって、北条高時の鎌倉幕府は亡びたといわれているが、田楽はなおはやっている。……京都と鎌倉の公武両政権の統合はめでたい。この時代に生まれたおかげで、あれこれ見聞した思いもかけない事柄で、京都の住民たちが噂しているうちの、十分の一ほどを伝えたにすぎない。

解説

二条河原落書は、新政開始直後の一三三四(建武元)年八月、京都二条の鴨川の河原に掲げられ、京都の治安の乱れ、公武両勢力の不協和音など新政の失敗のようすなどを、秩序の崩壊した「自由狼藉世界」と描いている。筆者は「京童」を自称するが、建武政権に好意をもたない公家か僧侶らしい。

❷ 室町幕府の成立

1 建武式目 ★★

鎌倉元の如く柳営[1]たるべきか、他所たるべきや否やの事

右、……就中、鎌倉郡は、文治に右幕下[2]始めて武館を構え、承久に義時朝臣[3]天下を并呑す。武家においては尤も吉土[4]と謂うべきか。……然らば居所の興廃は、政道の善悪に依るべし。是れ人凶は宅凶に非ずの謂なり。但し諸人もし遷移[5]を欲せば、衆人の情に随うべきか。

政道の事

右、時を量り制を設く。和漢の間、何の法を用ひらるべきか。先ず武家全盛の跡[6]を逐い、尤も善政を施さるべきか。……其の最要[7]粗[8]左に註す。

①一、倹約を行わるべき事……

②一、群飲佚遊[9]を制せらるべき事……

④一、私宅の点定を止めらるべき事[10]……

⑤一、京中の空地本主に返さるべき事……

⑥一、無尽銭土倉を興行せらるべき事[11]……

⑦一、諸国の守護人は殊に政務の器用を択ばるべき事[12]……

⑧一、権貴幷に女性禅律僧の口入を止めらるべき事

⑩一、固く賄貨を止めらるべき事……

⑯一、寺社の訴訟は事によつて用捨あるべき事[13]……

建武式目

1 柳営　幕府の所在地

2 右幕下　右近衛大将。源頼朝をさす

3 義時　北条義時

4 吉土　縁起のよい土地

5 遷移　場所の移動

6 武家全盛の跡　全盛とは北条義時、泰時の時代以来のこと

7 最要　重要なこと

8 粗　ざっと、ほぼ

9 群飲佚遊　多人数で遊興酒宴すること

10 私宅の点定を止めらるべき事　個人の私宅徴発を止め本主に返す、南朝について吉野に去った公家の邸などをさす

11 無尽銭土倉を興行せらるべき事　金融業者が社会不安や重税のため営業不能におちいっているのを保護し再開させる

12 政務の器用を択ばるべき事　有能な人を登用すること

13 寺社の訴訟は事によって用捨あるべき事　寺社に対する訴訟は場合によっては取り上げないようにすること

14 十七箇条　厩戸皇子（聖徳太子）の憲法十七条にならい、御成敗式目の三分の一の条数にしたともいう

15 建武三年　一三三六年

以前十七箇条14、大概斯の如し……遠くは延喜・天暦両聖の徳化を訪い、近くは義時・泰時父子の行状を以て近代の師となす。殊に万人帰仰の政道を施さるれば、四海安全の基たるべきか。……

建武三年15十一月七日　真恵
是円

（建武式目）

解説

建武式目十七か条は、足利尊氏が一三三六（建武三）年に光明天皇（持明院統）を擁立した直後、明法家であった中原章賢（是円）と真恵兄弟らに政治方針を諮問したことに対する答申である。第一項に幕府をどこにおくかという諮問をかかげ、政権の興亡は所在地の良否によるのではなく、為政者のあり方によるとする。第二項で鎌倉幕府の政治制度や政策を継承する方針を示し、以下の諸条で倹約・守護任用の心得、賄賂の禁止、裁判の公平などをあげている。

2 南北朝の合一 ★★

御合体の事、連々兼熙卿1を以て申し合はせ候の処、入眼の条珍重に候。三種神器2帰座有るべきの上は、御譲国3の儀式を為すべきの旨、其の意を得候。自今以後、両朝の御流4相代はりて御譲位5治定せしめ候ひ畢んぬ。就中、諸国の国衙6は悉く皆御計たるべく候。長講堂7に於ては、諸国分は一円持明院殿8の御進止たるべく候。

（吉田文書）

解説

約六十年間、分立を続けた南北朝は、一三九二（明徳三）年、三代将軍足利義満が吉田神社の神官吉田兼熙を通じて南朝に交渉した結果、南朝の後亀山天皇が北朝の後小松天皇に三種の神器をわたして皇位を譲り、京都にもどるという形で合体することになった。南北朝合一の条件は、①皇位の両統迭立、②国衙領は大覚寺統、長講堂領は持明院統がそれぞれ支配することなどであった。しかし、この約束は守られず、大覚寺統は没落した。

原典解説

建武式目　尊氏が武家政治の再開を意図して是円・真恵兄弟、僧玄恵らに諮問、施政の要目を答申させた。それが、建武式目とよばれ十七条よりなる。一三三六（建武三）年制定

南北朝の合一

1 兼熙卿　吉田（卜部）兼熙
2 三種神器 重要　皇位を象徴する鏡・剣・勾玉の三つの祭器
3 御譲国　譲位
4 両朝の御流　南朝の大覚寺統と北朝の持明院統
5 相代はりて御譲位　両統迭立
6 国衙　国衙領
7 長講堂　長講堂領。長講堂は後白河法皇の持仏堂で、皇室領荘園はその名義になっていた
8 持明院殿　後小松天皇

原典解説

吉田文書　京都の吉田神社の神官吉田家に伝わる古文書

設問

問1　足利尊氏の諮問に対する答申として作成され、足利政権の政治綱領ともいうべきものは何か。

3 守護大名の成長

1 守護大名 ★

一、諸国の守護たる人廉直(れんちょく)をさきとすべき事。

諸国の国司は一任四ヶ年に過ぎず、当時[1]の守護職は昔の国司に同じといへども、子々孫々につたへて知行(ちぎょう)をいたす事は、春秋の時[2]の十二諸侯、戦国の世の七雄にことならず……しかるに当時の躰(てい)たらく[3]、上裁[4]にもかかはらず、下知(げち)にもしたがはず、ほしいまゝに権威をもて他人の所帯[5]を押領(おうりょう)し、富に富をかさね、欲に欲をくはふる事は、さしあたりて事かけたるゆへにはあらず、たゞ無用の事のしたきと人かずを多くそへん[6]とのため成べし。

（樵談治要(しょうだんちよう)）

通釈

一、諸国の守護となる人は、まず清廉潔白でなくてはならぬこと。

諸国の国司は、一回の任期は四年間にすぎない。現在の守護職は昔の国司と同じような職であるが、子孫に代々相伝して支配しており、そのさまは中国の春秋時代の十二諸侯や戦国時代の七雄と同様な状態である。……しかるに現在の状態を見ると、将軍の裁断にも無関心でその命令にも従おうとせず、自分勝手にその職の権威をもって他人の所領を攻めとり、多くの富をつみかさね、非常な貪欲ぶりを発揮するありさまである。こうしたことをするのは、当面何かが不足しているからではない。ただ必要のないことをやりたいのと、家臣を数多くふやそうとするためなのであろう。

参考史料 守護の権限拡大 ★

同じく[1]守護人非法(ひほう)[2]条々　同日[3]

一　大犯(たいぼん)三箇条[4](付けたり、苅田狼藉(かりたろうぜき)[5]・使節遵行(しせつじゅんぎょう)[6])のほか、所務(しょむ)[7]以下に相綺(あいいろ)ひ[8]、地頭御家人の煩(わずら)ひを成す事

（建武以来追加(けんむいらいついか)）

守護大名

[1]当時　現在のこと
[2]春秋の時　中国の東周時代
[3]躰たらく　ありさま、実状
[4]上裁　将軍の決定
[5]所帯　所領
[6]人かずを多くそへん　家臣の数を多くふやす

守護の権限拡大

[1]同じく　同じ日付で出された法令がその前にある
[2]非法 重要　不法行為、主に荘園侵略
[3]同日　一三四六(貞和(じょうわ)二)年十二月十三日
[4]大犯三箇条 重要　大番催促(おおばんさいそく)・謀叛人(むほんにん)・殺害人の追捕(ついぶ)・検断(けんだん)の三か条で、軍事・警察権に限られていた
[5]苅田狼藉 重要　他人の稲を刈(か)り取ることで、当時の在地紛争でしばしばとられた戦闘方法。ここではその取締りを意味する
[6]使節遵行 重要　将軍の命令や判決を現地の関係者に伝達して執行すること
[7]所務　荘園の現地管理
[8]相綺ひ　介入する

原典解説

樵談治要 一四八〇(文明十二)年一条兼良が九代将軍足利義尚のもとめに応じて、政治の要道を説いた意見書である

建武以来追加 室町幕府が鎌倉の法令(御成敗式目と式目追加)に追加した法令二百十か条をあつめたもの

半済令

(1) **観応令**

[1] **観応三** 一三五二年
[2] **諸国擾乱** 観応の擾乱
[3] **牢籠** 困窮
[4] **静謐の国々** 観応の擾乱にまきこまれなかった国々
[5] **濫吹** 年貢の横領などの荘園侵略
[6] **施行** 荘園侵略の停止
[7] **承引せざる輩** 承諾しない者たち
[8] **分ち召す** 分割して没収する
[9] **所帯** 所領
[10] **遵行** 幕府の命令の伝達・執行
[11] **立帰り** まいもどって
[12] **上裁** 将軍の指示
[13] **不日** ただちに
[14] **在所** 再度侵略された荘園
[15] **雑掌** 荘園領主の代官
[16] **下地** 重要 荘園の現地
[17] **緩怠** 怠る

解説

守護の職務・権限は、鎌倉時代初期には**大犯三カ条**であり、御成敗式目で夜討・強盗・山賊・海賊などの取締りがつけ加わったが、次第に国衙の行政権も手中におさめるようになった。足利政権の下で、守護の権限はさらに強まった。一三三八(暦応元)年には御成敗式目での権限の遵守が定められていたが、一三四六(貞和二)年の諸国の守護の非法を禁ずる法令の中で、大犯三カ条の他に、**刈田狼藉**(他人の田の稲を刈り取ること)の取締りと、**使節遵行**(所領をめぐる紛争の際、判決執行のため、守護が部下を派遣して敗訴した側の妨害を排除すること)とを、守護の権限として確認した。これによって、守護は、在地紛争の裁定に深く関与することとなり、地頭などをつとめ、国人などとよばれた在地武士の中には地域における自己の立場を有利にするため、守護の**被官**(家臣)となる者も増えていった。南北朝内乱の中で、守護はさらにその権限をこえて、年貢を徴収したり、山野河海の用益に賦課(津料・山手・河手)したりするようになり、それをもとに国人の被官化を推進していった。こうして、守護は領域的支配者、つまり**守護大名**への道を歩んでいくことになる。

2 半済令 ★★★

(1) 観応令 ★★★

一 寺社本所領の事　観応三[1]・七・廿四御沙汰

諸国擾乱[2]に依り、寺社の荒廃、本所の牢籠[3]、近年倍増す。而してたまたま静謐の国々[4]も、武士の濫吹[5]未だ休まずと云々。仍つて守護人に仰せ、国の遠近に依り日限を差し、施行[6]すべし。承引せざる輩[7]に於ては、所領の三分一を分ち召す[8]べし。所帯[9]無くば、流刑に処すべし。若し遵行[10]の後立帰り[11]、違乱致さば、上裁[12]を経ず、国中の地頭御家人を相

通釈

一 寺社や公家などの荘園に関する事

一三五二(観応三)年七月二十四日の御命令

諸国の争乱(観応の擾乱)によって、寺社の荒廃や荘園領主の困窮が最近深刻になっている。さらに、たまたま争乱にまきこまれなかった国々でも、武士の荘園侵略が依然として続いているという。そこで、守護に命じて、京都からの距離の遠近によって期限を決め、その期限内にそれぞれ武士の荘園侵略をやめさせよ。もし、守護の命令に逆らって荘園侵略を続ける者がい

催し、不日[13]に在所[14]に馳せ向ひ、治罰を加へ、元の如く沙汰し、雑掌[15]を下地[16]に居え、子細を注申すべし。将又守護人緩怠の儀[17]有らば、其の職を改易すべし。**次に近江・美濃・尾張三ケ国[18]、本所領半分[19]の事、兵粮料所[20]として、当年一作[21]、軍勢に預け置くべきの由**、守護人等に相触れおわんぬ。半分に於ては、宜しく本所に分渡すべし。若し預人[22]、事を左右に寄せ[23]、去渡さざれば、一円[24]本所に返付すべし。

(建武以来追加)

れば、その所領の三分の一を没収せよ。もし所領がなければ、本人を流罪にせよ。もし、守護が荘園侵略をやめさせた後、再び不法行為をはたらいた場合は、将軍の指示をまたず、国内の地頭や御家人を動員して、ただちに現地に急行し、関係者を処罰するとともに、本来の状態にもどし、荘園領主の代官を現地におき、事情を幕府に報告せよ。また、もし、守護がこの命令の実施を怠ることがあれば、その守護は解任せよ。

次に、近江・美濃・尾張の三か国の荘園の半分を兵粮米を徴収する所領として、今年の年貢に限って守護の軍勢にその支配をまかせることを、守護などに通知した。荘園の残り半分については、本所に渡しなさい。もしその支配をまかされた者が、あれこれ口実をもうけて、荘園の残り半分を荘園領主に引き渡さなければ、その荘園の支配権はすべて荘園領主に返還せよ。

[18] **近江・美濃・尾張** 重要 この三か国は東国と西国の接点で、軍事的に重要

[19] **本所領半分** 重要 荘園の半分

[20] **兵粮料所** 重要 兵粮米を徴収する所領

[21] **当年一作** 重要 今年の収穫の処分、つまりそこからの年貢の徴収

[22] **預人** 荘園の半分の支配をまかされた武士

[23] **事を左右に寄せ** あれこれ口実をもうけて

[24] **一円** 重要 すべて

(2)応安令

[1] **応安元** 一三六八年

[2] **禁裏仙洞の御料所** 皇室の荘園

[3] **寺社一円の仏神領** 寺社が地頭をおかずに支配している荘園

[4] **殿下渡領** 重要 藤原氏の氏長者(多くは摂関家)が世襲する荘園

[5] **本所領** 一般の荘園

[6] **暫く半分を相分けて下地を雑掌に沙汰し付け** 荘園の半分を荘園領主側の代官に返させる

[7] **半分の預人** 半済分の土地の支配をまかされた武士

[8] **過分の掠領** 半分以上を侵略する

(2)応安令 ★

一、寺社本所領の事　応安元[1]、六、十七

禁裏仙洞の御料所[2]、寺社一円の仏神領[3]、殿下渡領[4]等、他に異なるの間、かつて半済の儀あるべからず、固く武士の妨を停止すべし。**その外の諸国本所領[5]は、暫く半分を相分けて下地を雑掌に沙汰し付け[6]、向後の知行を全うせしむべし。**この上もし半分の預人[7]、或いは雑掌方に違乱し、或いは過分の掠領[8]を致さば、一円に本所に付けられ、濫妨人に至りては、罪科に処すべきなり。

(建武以来追加)

❖解説❖

一三五二(観応三)年七月、足利尊氏は、弟直義と争った観応の擾乱終結後、近江(六角義信)・美濃(土岐頼康)・尾張(同上)の三か国に限り一年だけ、荘園年貢の半分を守護が徴収し部下に分配することを認めた。この半済令は、守護や国人による荘園侵略の停止を命じた法令の例外規定として登場したものだった。しかし、守護は、この観応令を荘園年貢の横取りを部分的にせよ合法化するものととらえ、半済は全国化・恒常化していった。

南北朝内乱の中で兵粮米の現地調達、つまり荘園年貢の略奪が日常化していたが、尊氏は、反対した直義を暗殺した後、北朝の許可を得て兵粮米の徴収率を定めたという。このように考えると、観応令は元来、全国化・恒常化していくべき性質のものだったといえよう。一三六八(応安元)年六月の応安令は、天皇・上皇・摂関家・寺社一円(地頭をおかず直接支配)の荘園を除き、半済の全国化・恒常化の現状を追認したものである。さらにこの応安令では、下地(荘園の現地)の支配権を分割することも明確に規定している。半済は、守護が国人などを被官化し、守護領国を形成していくうえで、有力な手段となった。

原典解説

建武以来追加　一五二ページ参照

3 守護請 ★

高野領備後国太田庄并桑原方地頭職❶尾道倉敷以下の事

下地❷に於ては知行❸致し、年貢に至りては毎年千石を寺に納む可きの旨、山名右衛門佐入道常熙❹仰せられおはんぬ。早く存知す可きの由仰下さるる所也。仍て執達件の如し。

応永九年❺七月十九日　　沙弥❻(花押)

当寺衆徒中

(高野山文書)

守護請

❶地頭職 重要　地頭の地位と収入

❷下地 重要　現地

❸知行 重要　支配

❹山名右衛門佐入道常熙　備後国守護山名時熙

❺応永九年　一四〇二年

❻沙弥　管領畠山基国

原典解説

高野山文書　同山金剛峯寺に伝わる古文書。これは、管領畠山基国が将軍の命で出したもので、これを将軍家御教書という

設問

問❶　守護による荘園侵略を合法化する結果となった足利政権の法令を何というか。

問❷　守護が年貢の定額納入を約束して荘園管理権を手に入れ、被官化した国人に現地管理をまかせることを何というか。

❖解説❖

鎌倉時代の地頭請とは別に、鎌倉時代末期から南北朝内乱期にかけて、地頭や国人などが請所になったと勝手に称して荘園を横領しはじめた。南北朝期に守護とこれらの在地武士とが主従関係を結ぶことがひろまっていったため、荘園領主は守護に年貢の納入を請け負わせるようになった。

❹ 日明貿易

1 足利義満の国書 ★★★

日本准三后某❶書を大明皇帝陛下❷に上る。日本国開闢以来、聘問❸を上邦❹に通ぜざるなし。某、幸に国鈞❺を秉り海内虞れなし。特に往古の規法に遵いて、肥富❻をして祖阿❼に相副へて好を通じ方物❽を献ぜしむ。金千両、馬十匹、薄様❾千帖、扇百本、屏風三双、鎧一領、筒丸❿一領、劔十腰、刀一柄、硯筥一合、同文台⓫一箇。海島に漂寄せる者⓬幾許人を捜り尋ねて、これを還す。某誠惶誠恐頓首頓首謹言。

応永八年⓭五月十三日　（善隣国宝記）

通釈

日本の准三后である私（足利義満）が、国書を大明皇帝陛下にさし上げます。日本国がはじまって以来中国に対してあいさつの使いを送らなかったことはありません。私は、幸いにして国の政治を行い、国内を平和的に治めることができております。ここにとくに昔からの方式に従って、商人肥富を祖阿に同行させて、親交を結ぶために、お土産として、金千両、馬十匹、上質の鳥の子紙千帖、扇百本、屏風三双、鎧一領、筒丸一領、剣十腰、刀一柄、硯箱一合、文机一箇を献上します。また、日本に漂着した人々を捜し求め、若干人をお返し致します。私は、心から畏れつつしみ、敬意を表して申し上げます。

応永八（一四〇一）年五月十三日

参考史料　明の国書 ★

……朕❶大位を嗣ぎてより四夷の君長朝献する者十百を以て計う。苟も大義に戻るに非ざれば皆礼を以てこれを撫柔する❷を思う。ここになんじ日本国王源道義❸、心王室に存し、君を愛するの誠を懐き波濤を踰越し❹、使を遣して来朝し、……朕甚嘉す。……今使者道彝・一如を遣し、大統暦❺を班示し、正朔❻を奉ぜしめ、錦綺❼二十匹を賜う。……

建文四年❽二月初六日　（善隣国宝記）

足利義満の国書

❶准三后某　太皇太后・皇太后・皇后に准ずる資格をいう。足利義満のこと
❷大明皇帝陛下　明の第二代皇帝恵帝
❸聘問　あいさつの使
❹上邦　あなたの国
❺国鈞　国政
❻肥富　重要　博多の富商
❼祖阿　重要　同朋衆の名
❽方物　地方の物産、ここでは日本の産物
❾薄様　薄くすいた上質紙
❿筒丸　鎧の一種、胴をかこむ鎧
⓫文台　小机
⓬漂寄せる者　倭寇が捕掠した中国人のこと
⓭応永八年　一四〇一年

明の国書

❶朕　明の恵帝
❷撫柔する　あわれみ安んずる
❸日本国王源道義　重要　義満は明の皇帝によって「日本国王」の称号を許された。「道義」は義満の法号
❹踰越し　こえて
❺大統暦　明の暦

6正朔　中国の暦のこと。それを用いることは明を宗主国として臣属することを意味する
7錦綺　綿と綾絹
8建文四年　明の恵帝の年号、一四〇二年

原典解説

善隣国宝記　幕府の外交顧問であった僧瑞渓周鳳の集録した日中外交史で、義満の対明外交政策を批判

設問

問❶　明の皇帝に臣下の礼をとり、勘合貿易をはじめた室町幕府の将軍はだれか。
問❷　明が幕府の派遣船であることを確認するために交付した証票は何か。

解説

一三九五(応永二)年、三代将軍**足利義満**は、九州探題今川貞世(了俊)を解任し、一三九九(応永六)年には大内義弘を討ち(**応永の乱**)、西国に勢力をのばした。九州や瀬戸内海の一部の武士は、対外交易に従事し、明や高麗の沿岸で海賊行為をはたらき**倭寇**とよばれていた。義満は彼らを鎮圧し、対明外交に着手した。以前、明は九州の南朝方の征西将軍懐良親王に倭寇禁圧を求めたことがあった。

義満は、明から帰国した博多の商人肥富から貿易の利益について聞き、一四〇一(応永八)年、肥富と同朋衆の**祖阿**を明へ派遣し、倭寇が掠奪してきた中国人を送還した。通交開始の経済的動機は、①脆弱な幕府財政の補強、②北山山荘(金閣)造営費の捻出、③幕府財政を支える京都の商工業者の貨幣需要に応える明銭の輸入などがあろう。明は、私貿易を禁じ官許の**朝貢貿易**のみを認め、日本側の入貢(輸出)に対する明銭などの回賜(輸入)という形で、十年一貢(一回)を原則とした(これは、一四六五年以後適用。それ以前は毎年行われた)。一四〇四(応永十一)年以降は、義満が明の皇帝の臣下となり、「日本国王」に冊封される形式をとった。①私貿易禁止による貿易の利益の独占、②明銭の輸入独占による国内の貨幣流通の統制、③朝廷や守護大名に対する権威強化がそのねらいだろう。

日本側は、寧波の港で明の官吏によって査証をうけ、北京で交易を行った。寧波では日本側が持参した**勘合**を明の官吏が底簿と照合し、北京でもその墨色や字合が検査された。勘合は縦二尺八寸(八十センチメートル強)、幅一尺三寸(四十センチメートル弱)の証票で、裏面には進貢物件数や乗船員数などが記載されている。

勘合船の派遣は一四〇四(応永十一)年から一五四七(天文十六)年までの百四十三年間に十七回、あわせて八十四隻であったが、この**勘合貿易**は三つの時期に分けられる。第一期は一四〇一～一〇年で、幕府が朝貢形式で明銭の輸入を独占した。その後、四代将軍義持(義満の子)が朝貢形式をきらったため貿易は中断した。なお、この時期に琉球の入貢を実現し、その仲介貿易によって明からの輸入の途絶を補おうとしたようだ。第二期は一四三二～九三年で、幕府以外にも、山名・細川・大内氏などの有力守護大名や有力大寺院が参加した。貿易を再開した六代将軍義教が嘉吉の乱(一四四一年)で殺された後、貿易の実権は有力守護大名に移り、さらに大内氏と結ぶ博多商人や細川氏と結ぶ堺商人へと移っていった。第三期は一五〇六～四七年で、博多と堺の商人が主導権を争った。一五二三(大永三)年に両者が寧波で衝突した事件(**寧波の乱**)以後は、大内氏と結ぶ博多商人が独占するようになったが、一五五一(天文二十)年に保護者の大内氏が滅亡して貿易は途絶した。

5 惣村の発達

1 惣村の掟 ★★

定　今堀[1]地下掟の事　合延徳元年[2]己酉十一月四日

一、惣[3]ヨリ屋敷請け候て、村人ニテ無き物(者)置くべからざる事

一、他所の人を地下ニ請人[4]候ハて置くへからさる事

一、惣ノ地ト私ノ地ト、サイメ相論[5]ハ金ニテすますべシ

一、犬かうへからす事

一、二月六月サルカク[6]ノ六[7]ヲ壱貫文ツ(ず)ヽ、惣銭ヲ出すべきものなり。

一、家売タル人ノ方ヨリ、百文ニハ三文ツヽ、壱貫文ニハ卅(三十)文ツヽ、惣へ出すべきものなり。此旨に背く村人ハ座[8]ヲヌクベキなり。

一、家売タル代、カクシタル人ヲハ、罰状ヲスヘシ。

（今堀日吉神社文書）

通釈

定める。近江国今堀郷の掟について、延徳元(一四八九)年十一月四日村の寄合で決定した。

一、惣から屋敷を借り請けて、村人でない者を住まわせてはならない。

一、よその郷の人を、この郷のなかに身元保証人がない場合においてはならない。

一、惣の共有地と個人の私有地との境界についての争いごとがおこった場合は金銭で解決すること。

一、犬を飼ってはならない。

一、二月、六月に行う神事の猿楽に出す礼金は、一貫文ずつ惣の共有財産から出すこととする。

一、家を売った場合、売主は百文について三文ずつ、一貫文について三十文ずつ惣へ出すべきものとする。この約束にそむく者がいれば、村の宮座から除名する。

一、家を売った代金をかくした者は処罰をする。

惣村の掟

[1] 今堀　現在の滋賀県東近江市今堀町

[2] 延徳元年　一四八九年

[3] 惣　重要　村の自治組織

[4] 請人　村人の引請人

[5] サイメ相論　土地境界の争い

[6] サルカク　猿楽

[7] 六　禄(給金)のことか

[8] 座　重要　村の氏神の宮座

参考史料 惣の掟—文安五年 ★★

定　条々事

一、寄合ふれ❶❷二度に出でざる人は、五十文咎たるべきものなり。

一、森林木なへ(苗)切木ハ、五百文充の咎たるべきものなり。

一、木柴併にくわ(桑)の木ハ、百文充の咎たるべきものなり。

衆議によって定むる所、件のごとし。

文安五年❸十一月十四日　之を始む。

(今堀日吉神社文書)

解説

鎌倉時代以来の農業生産力の上昇は、荘園内の農業経営単位であった名田(名主)経営の分解をまねき、**加地子名主**(地主)を出現させる一方、下人などの自立化を可能とした。**二毛作**などの農業生産力の上昇は、**牛馬耕**や**肥料**(**刈敷**や草木灰など)の改良、用水の整備などによって支えられていた。牛馬は名主が保有して、小百姓に対する地主支配の手段となったが、肥料や用水の供給源となる山野や河川は個々の名主が支配できるものではなかった。そこで、採草地(**入会地**)や用水を管理するため、鎮守神の祭礼などにあたる**宮座**などを土台として、名主層の自治的結合である**惣**(惣村)が荘園内に形成されていった。

はじめ惣の運営は乙名・番頭・沙汰人などとよばれる指導者のもとで名主層の**寄合**によってなされていたが、次第に小百姓も参加するようになっていった。

惣の運営のため**村掟**(地下掟・郷置目・村極などともいう)が制定されたが、史料の近江国蒲生郡得珍保**今堀郷**のものはその代表例である。得珍保は延暦寺の荘園であり、今堀郷はその中にできた惣の一つで、今堀日吉神社の宮座を中核としている。そこでは、①村内居住の認可、②惣有財産の管理、③惣の行事や費用、④惣の運営経費の財源、⑤違反者の処分などについて、具体的に規定されている。

2 郷村の形成—桂川の分水 ★

桂川要水今井の事、

右、契約の旨趣は、此の要水の事に就き、自然煩違乱❶等出来の時は、久世、河嶋、寺戸❷尤も

惣の掟

❶寄合 重要　惣村の会合

❷ふれ　招集の連絡

❸文安五年　一四四八年

原典解説

今堀日吉神社文書　滋賀県東近江市今堀日吉神社に伝わる文書

郷村の形成

❶煩違乱　苦情

❷久世、河嶋、寺戸　東寺領上久世荘、三条・西園寺・山科家領革島荘、仁和寺領寺戸荘

❸私曲　不正行為

此の流水を受くるの上は、彼の三ケ郷一身同心せしめ、合体の思を成し、面々私曲なく[3]其の沙汰有るべし。若し同心の儀に背く郷においては、要水之を打止むべし。……

暦応□年[4]七月　日

上久世季継[5]（花押）
河（革）嶋安定[6]（花押）
寺戸親智[7]（花押）

（革島文書）

[4]暦応□年　一三三八～四一年（北朝年号）、暦応二年か三年
[5]上久世季継　東寺領上久世荘の公文で記録文筆をつかさどる下級の荘官
[6]河（革）嶋安定　山科家領革島荘の下司（現地の荘官の責任者）
[7]寺戸親智　仁和寺領寺戸荘の下級荘官らしい

原典解説

革島文書　京都市革島家所蔵の文書。中世から近代にわたる文書・系譜類千六百三十点を収めている

設問

問❶　室町時代に発達した農民の自治的結合を何というか。
問❷　惣村を運営するためにひらかれる会合を何というか。
問❸　鎮守神の祭祀組織で、惣村成立の土台となったものは何か。
問❹　惣村が水利などのために荘園の枠組みをこえてつくった地域的連合を何というか。

解説

惣は、用水系統や共通の利害関係などを土台に、荘園の枠をこえた地域結合をつくっていった。これを郷村制という。史料は、京都西部を流れる桂川から引いた灌漑用水の下流にある三つの惣村が、用水をめぐる紛争の発生にそなえ、たがいに協調することを約束したものである。文書の署名者はそれぞれ領主を異にする荘園の荘官であり、荘園の内部に出現した惣村が荘域をこえて地域的な結合をつくり出していることがわかる。この郷村制は土一揆の担い手を生み出す母胎ともなっていった。このように、荘園領主は、守護領国の形成によって荘園の支配権を蚕食された上に、惣村自治の発達によって下からもその支配権を脅され、荘園制の解体が本格化していく。

山城国桂川用水図

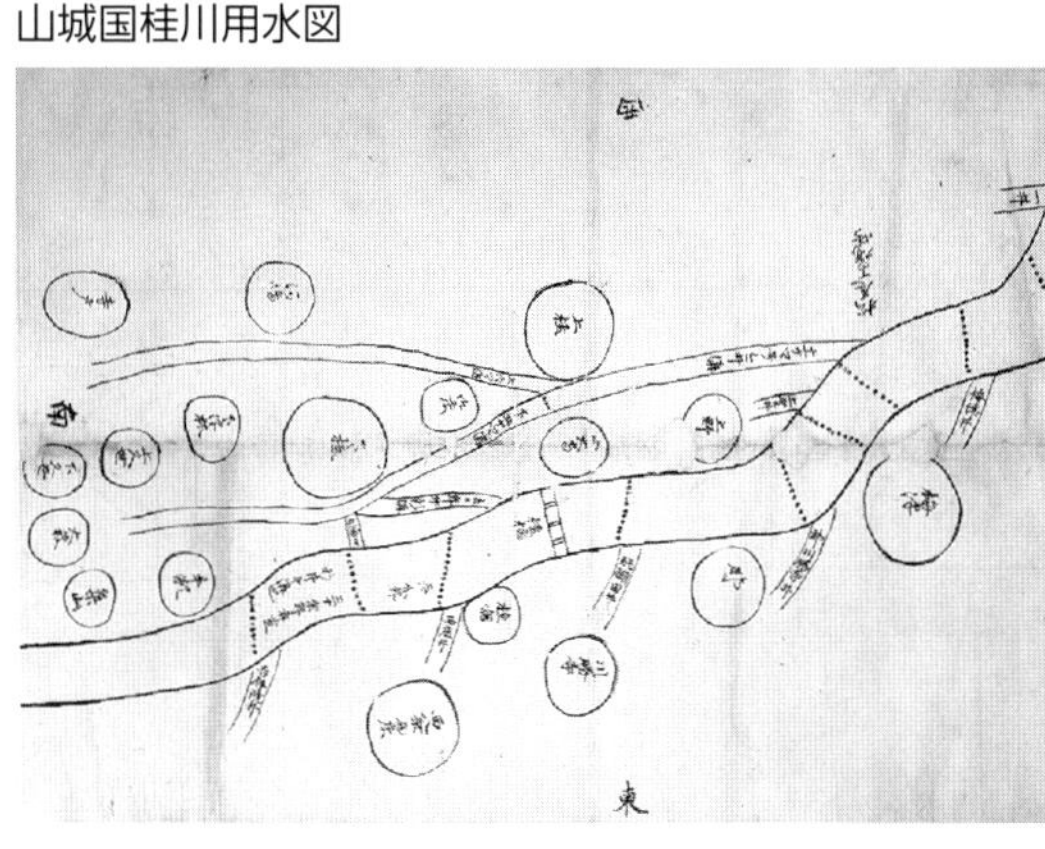

⑥土一揆

1 正長の土一揆 ★★★★★

(正長元年)❶九月　日、一天下の**土民蜂起す**。**徳政と号し、酒屋・土倉**❷**・寺院等を破却せしめ、雑物等恣にこれを取り、借銭等悉くこれを破る**。❸官領❹これを成敗す。およそ亡国の基これに過ぐべからず。日本開白❺以来、**土民蜂起これ初めなり**。(大乗院日記目録)

正長の土一揆

❶正長元年　一四二八年

❷土倉 重要 金融業者

❸破る　破棄する

❹官領 重要 管領畠山満家

❺開白　開闢。歴史の開けはじめ

通釈

正長元(一四二八)年九月、天下の土民が蜂起した。徳政といって、高利貸の酒屋・土倉・寺院を破壊し、雑物等を勝手に奪い取り、借用証文などをすべて破った。管領はこれを武力をもって鎮圧した。亡国の原因としてこれ以上のものはない。日本がはじまって以来、これが土一揆のはじめである。

解説

土一揆は、土民一揆のことである。土民とは当時の支配者が一般庶民を見下して総称したものであり、一揆とは本来盟約を結び、行動をともにするという意味だが、しばしばその行動が武力蜂起の形をとったので、そうした意味にかわっていった。土一揆には、**地侍**(武士化した上層農民)を含む農民や**馬借**(荷駄を扱う運送業者で農民出身が多い)などが参加した。その原型は、荘園内で年貢や夫役の減免、代官の改替などを要求した十四世紀以来の強訴(**荘家の一揆**)だった。土一揆は、郷村制を土台として、惣の自治を破壊する高利貸活動を営む**酒屋**や**土倉**、祠堂銭(伽藍修築費)を運用するとの名目で金融を営んでいた**寺院**などへの債務を破棄する**徳政**を求める場合が多く徳政一揆ともいう。

一四二八(正長元)年の**正長の土一揆**は政情不安の中でおこった。一月には、五代将軍義量早世後、再び政務をとっていた義持(四代将軍)が後嗣者を決めぬまま死去し、六代将軍にクジで選ばれた義教が就任した。五月には、義教と将軍の座を争った鎌倉公方**足利持氏**の謀殺計画が露顕している。また、前年からの天候不順で不作であり、三日病という疫病も流行していた。こうした情勢の下で、八月に近江の**坂本**や**大津**の馬借が蜂起し、九月には山城へ波及していった。

正長元年柳生徳政碑

正長元年ヨリ
(以前は)サキ者　カンへ　四カン(神戸　四か郷に)
(負債)カウニヲヰメアル
ヘカラス

原典解説 **大乗院日記目録** 全四巻。『大乗院寺社雑事記』から重要事項を選んで編集した目録

播磨の土一揆
❶旧冬の京辺の如く　正長の土一揆
❷諸庄園代官　国内の荘園代官
❸赤松入道　播磨国守護赤松満祐

原典解説 **薩戒記**　権大納言中山定親の日記で、一四一八(応永二十五)年から一四四三(嘉吉三)年までの二十六年間におよぶ室町中期の史料。書名は、筆者の名前の最初の「さ」と最後の「か」をとってつけられた

史料にあるように、土一揆は、徳政だと称して、各所の高利貸を襲って借金証文を破棄し、質入れした品々を奪い返している。おそらく、将軍代替りが徳政要求の理由とされたのであろう。そこで**管領畠山満家**が兵をひきいて鎮圧にのり出し、**侍所所司赤松満祐**も出兵している。しかし、一向にその勢いは衰えず、九月下旬には京都市中に乱入し、奈良にも波及した。史料の筆者である興福寺大乗院門跡尋尊は、日本史上最初の土民蜂起だとし、亡国の原因としてこれ以上のものはないと驚いている。幕府は結局、徳政令を出さなかったが、**大和国柳生**では徳政宣言が地蔵岩にきざみつけられており、実力を背景として個々の惣村レベルの債務破棄は実現したと思われる(**在地徳政・私徳政**)。

2 播磨の土一揆 ★★★

或る人いわく、播磨国の土民、旧冬の京辺の如く❶蜂起し、国中の侍を悉く攻むるの間、諸庄園代官❷、加之守護方軍兵、彼等のために或は命を失い、或は追落さる。**一国の騒動希代の非法なりと云々。およそ土民の申すところは、侍をして国中にあらしむべからずと云々。**乱世の至りなり。よつて赤松入道❸発向しおわんぬ者。（薩戒記）

通釈

ある人が言うには、「播磨国の農民たちが、昨年冬の京都付近のように武装蜂起し、同国内の武士をことごとく攻撃したので、各荘園の代官だけでなく、守護の軍兵も、彼らのためにあるいは命を失い、あるいは国外へ追い出された。一国で起こった騒動としては前代未聞の事態である。」という。おおよそ農民たちの言うところでは、「武士を国内にはおいておかない。」ということだ。乱世の極みである。そこで、(同国守護の)赤松満祐が(京都から現地へ鎮圧のため)出発したそうだ。

解説

一四二九(永享元)年二月、前年の秋から冬にかけて京都周辺でおこった正長の土一揆の影響をうけて、**播磨の土一揆**がおこった。これは、徳政を要求したものではなく、史料にあるように、播磨国の農民らが、国内の荘園代官ばかりか**守護赤松満祐**配下の軍兵の国外退去を求めるという政治的色彩の濃厚なものだった。史料の筆者は公卿の中山定親だが、彼は、土民が「武士を播磨国内においておかない」と豪語していると記し、前代未聞の騒動であり、乱世がこうした事件をおこすのだと嘆いている。

3 嘉吉の徳政一揆 ★★

三日丁酉❶、……近日四辺の土民蜂起す。土一揆と号し、御徳政と称して借物を破り、少分を以て❷押して質物を請く。縡は江州より起こる。守護佐々木六角張行せしむ❸。坂本・三井寺辺・鳥羽・竹田・伏見・嵯峨・仁和寺・賀茂辺物忩❹にして常篇を絶す❺。今日法性寺辺この事有りて火災に及ぶ。侍所多勢を以て防戦するもなお承引せず。土民数万の間防ぎえずと云々。賀茂の辺か、今夜時(鬨)の声を揚ぐ。……今土民等代始❻に此の沙汰先例と称す❼と云々。

十日、今度土一揆蜂起の事、土蔵一衆❽まず管領❾に訴え千貫の賄賂を出す。元来政道のため濫吹❿を止め防戦すべきの由領状⓫の処、今防ぎ得ず候。諸大名等(畠山等)且は同心せざる人々これあり⓬、よりて管領千貫を返し防禦をやむと云々。

十四日、定む徳政の事。

右一国平均の沙汰たるべきの旨、触れ仰せられおわんぬ。早く存知せしむべきの由、仰せ下さ

通釈

嘉吉元(一四四一)年九月三日。……最近、京都周辺の農民たちが蜂起した。彼らは土一揆だといい、徳政だといっては借金の証文をやぶり捨て、わずかの金額でむりやり、質入した品物を取り返した。この動きは近江国(守護の佐々木六角氏がすでに徳政令を出していた)からおこった。坂本・三井寺のあたり、鳥羽・竹田・伏見・嵯峨・仁和寺・賀茂のあたりは物騒で平常な状態ではない。今日は法性寺のあたりで騒ぎがあり、火災がおきた。侍所はたくさんの兵で防戦したが、一揆の連中はいうことをきかず、農民は数万にもふえてとても防ぎきれないという。賀茂の付近からか、今夜、鬨の声をあげている。……現在、農民たちは、新将軍の代がかわったときは、徳政を行うのが、正長のときからの先例だといっているそうだ。

嘉吉の徳政一揆

❶三日　嘉吉元(一四四一)年九月三日
❷少分を以て　わずかな金銭で
❸佐々木六角張行せしむ　佐々木氏のうち、六角氏と称した系統(佐々木六角)がすでに八月に徳政令を出している
❹物忩　物騒
❺常篇を絶す　ふつうの状態ではない
❻代始　この年六月、将軍義教が赤松満祐に殺され(嘉吉の乱)、子の義勝がついだ
❼沙汰先例と称す　正長の土一揆のときも、その年初めに将軍義持が病死したことがきっかけとなっている
❽土蔵一衆　土倉、金融業者
❾管領　細川持之
❿濫吹　乱暴
⓫領状　承諾
⓬諸大名等且は同心せざる人々これあり　大名なども借金していて徳政で利益を得るので、一揆鎮圧に消極的だった

13嘉吉元年　一四四一年
14中務少輔源朝臣　京極持清。侍所所司で山城国守護を兼ねていた
15閏九十　閏九月十日
16永領地　永代売却の土地
17銭主　買主
18本主　売主
19凡下　一般庶民
20年紀　年限

原典解説

建内記　内大臣万里小路時房の日記で、一四一四(応永二十一)年から一四五五(康正元)年までの四十年余におよぶ。書名は、建聖院(法号)内府(内大臣、官職)記を省略したもの

設問

問❶　正長の土一揆をおこした近江坂本の運輸業者を何というか。

問❷　土一揆の中心的な要求は何か。

問❸　室町時代にはじめて徳政令を出させた土一揆は何とよばれているか。

るる所なり。仍て下知件の如し。

嘉吉元年**13**九月十二日　　中務少輔源朝臣**14**

徳政条々　嘉吉元閏九十**15**

一、永領地**16**の事。元亨の例に任せ廿箇年を過ぐるものは、銭主**17**領知すべし、未満に至っては本主**18**に返付せらるべし、但し凡下**19**の輩たらば、年紀**20**によらず銭主相計るべし。（建内記）

解説

一四四一(嘉吉元)年、六代将軍**義教**が暗殺された政治的混乱(**嘉吉の変**)に乗じて、京都周辺で**嘉吉の徳政一揆**がおこった。一揆側は、将軍の代始めに徳政を行うのは先例だと称し、幕府に**徳政令**の発布を要求した。この一揆は、正長の土一揆のように畿内各地へ波及せず、京都を包囲・襲撃する形をとった。六月に義教が暗殺されると、八月末に近江の**馬借**に不穏な動きがおこり、九月にはいると、東寺が二～三千の一揆勢に占拠され、丹波口と西八条がそれぞれ千人ほどの一揆勢によって封鎖され、北野社(北野天満宮)も二～三千人に占拠された。こうして京都を包囲し外部の交通を遮断した上で、**酒屋**や**土倉**、**寺院**を襲撃した。

一揆勢は地侍の指導の下で組織的に行動し、混乱に乗じた勝手な略奪を取締った。また、幕府が農民を対象とした徳政令の発布で事態を収拾しようとしたのに対し、公家や武家を含む**「一国平均」の徳政令**を要求して、自分たちの要求の支持層の拡大もはかっている。一方、土倉の中には管領細川持之に賄賂をおくって特別の保護を願う者もおり、それを知った守護大名たちは一揆鎮圧のための出兵を拒否するといった状態で、幕府側は混乱した。ついに、九月、幕府は一揆勢の要求どおり山城国「一国平均」の徳政令の発布にふみきったのである。これによって、幕府の政治的権威は著しく傷つけられた。

一揆関係略年表

	事　項
1354	近江の土一揆(土一揆という語の初見)
1426	近江坂本の馬借一揆
1428	正長の土一揆
1429	播磨の土一揆
1432	伊勢の土一揆
1441	嘉吉の徳政一揆
1447	山城西岡の土一揆
1454	山城の徳政一揆
1457	山城・大和の徳政一揆
1460	寛正の大飢饉(～62)
1480	山城の土一揆
1485	山城の国一揆(～93)
1488	加賀の一向一揆(～1580)

⑦応仁の乱

1 嘉吉の変 ★★

(嘉吉元年六月)[1] 廿五日、晴れ。昨日の儀粗聞く。[2] ……内方とゞめく。[3] 何事ぞと御尋ねあり。雷鳴かなど三条[4]申さるるの処、御後障子引あけて武士数輩出て則ち公方[5]討ち申す。……細川下野守[6]・大内[7]等腰刀ばかりにて振舞と雖も敵を取るに及ばず、手負て引退、管領[8]・細川讃州[9]・一色五郎・赤松伊豆[10]等は逃走す。其外人々右往左往し逃散す。御前に於て腹切る人なし。赤松落行き追懸けて討つ人なし。未練いわんばかりなし。諸大名同心か、その意を得ざる事なり。[11] 所詮、赤松討たるべき御企て露顕の間、遮りて討ち申すと云々。自業自得無力の果て力無きか。**将軍此の如き犬死、古来その例を聞かざる事なり。**(看聞日記)

❖解説❖

一四四一(嘉吉元)年六月、有力守護大名**赤松満祐**が六代将軍**義教**を暗殺し、**嘉吉の変**がおこった。原因は、満祐が兼ねる播磨・備前・美作三か国の守護職を、義教が寵愛する赤松貞村に与えようとしているとの噂にある。義教は、前年五月に一色義貫・土岐持頼を殺し、この年四月にはさきに討たれた鎌倉公方**足利持氏**の遺児を擁して挙兵した結城氏朝を滅ぼしていた(結城合戦)。天台座主から還俗し、クジで選ばれた義教はその地位の不安定さから、有力守護大名を力づくで抑えこむ方針をとっており、赤松氏についても瀬戸内の要地を占めるその領国を取り上げるのがねらいとみられる。満祐は次は自分だと察知し、先手をうって義教を暗殺したのである。

史料は、義持・義教時代の幕府と密接な関係にあった皇族伏見宮貞成親王の日記だが、義教は自業自得であり、このような犬死は前代未聞とする一方、幕府首脳部が手をこまねいているのはだらしがないとしながら、もしかすると満祐と共謀しているのではないかと疑っている。

九月、**山名持豊**(宗全)によって満祐は討たれ

嘉吉の変

1 **嘉吉元年**　一四四一年
2 **昨日の儀粗聞く**　昨日の義教殺害事件のあらましを聞く
3 **内方とゞめく**　邸内が騒がしい
4 **三条**　三条実雅
5 **公方** 重要 将軍足利義教
6 **細川下野守**　細川持春
7 **大内**　大内持世
8 **管領**　細川持之
9 **細川讃州**　細川持常
10 **赤松伊豆**　赤松貞村
11 **諸大名同心か、その意を得ざる事なり**　赤松以外の大名にも同調者がいるのが、納得できない気持ち

原典解説

看聞日記　伏見宮貞成親王の日記で、一四一六(応永二十三)年から一四四八(文安五)年の三十年余におよぶ。宮廷や幕府(義持・義教)の内情について詳しく記している

た。嘉吉の徳政一揆に脅されて幕府首脳部が手をこまねいている間に満祐を討滅した持豊は、明徳の乱（一三九一年）以来衰微していた山名氏の勢力を挽回し、以後、幕府中枢を左右する有力者となっていく。

2 応仁の乱と京都の荒廃 ★★★

応仁丁亥ノ歳[1]天下大ニ動乱シ、ソレヨリ永ク五畿七道悉ク乱ル。其起ヲ尋ルニ尊氏将軍ノ七代目ノ将軍義政公ノ天下ノ成敗[2]ヲ有道[3]ノ管領ニ不任、只御台所[4]或ハ香樹院[5]或ハ春日局ナド云、理非ヲモ不弁、公事[6]政道ヲモ不知給青女房[7]、比丘尼[8]達計ヒトシテ酒宴淫楽ノ紛レニ申沙汰セラレ……今迄贔負ニ募テ論人[9]ニ申与ベキ所領ヲモ、又耽賄賂ニ訴人[10]ニ理ヲ付[11]、又奉行所ヨリ本主安堵[12]ヲ給レバ御台所ヨリ恩賞ニ被行。……若此時忠臣アラバ、ナドカ不奉諫之哉。然レドモ只天下ハ破レバ破ヨ。世間ハ滅バ滅ヨ。人ハトモアレ我身サヘ富貴ナラバ、他ヨリ一段瑩羹様[13]ニ振舞ント成行ケリ。……嗚呼、鹿苑院殿[14]御代ニ倉役[15]四季ニカヽリ、普広院殿[16]ノ御代ニ成、一年ニ十二度カカリケル。当御代[17]臨時ノ倉役トテ、大嘗会[18]ノ有リシ十一月ハ九ヶ度、十二月八ヶ度也。又彼借銭ヲ破ラントテ、前代未聞徳

応仁の乱と京都の荒廃

[1] 応仁丁亥ノ歳　一四六七年
[2] 成敗　政治
[3] 有道　有能な
[4] 御台所 重要 義政の妻日野富子
[5] 香樹院　将軍の女房
[6] 公事　裁判
[7] 青女房　若い未熟な女房、春日局をさす
[8] 比丘尼　尼、ここでは香樹院をさす
[9] 論人　被告
[10] 訴人　訴えた人、原告
[11] 理ヲ付　道理があると理屈をこじつける
[12] 本主安堵　本来の領主がその領有権の確認をうけること
[13] 瑩羹様　栄えるよう
[14] 鹿苑院殿　義満
[15] 倉役　土倉質屋高利貸業者にかける税
[16] 普広院殿　義教
[17] 当御代　義政
[18] 大嘗会 重要 天皇即位後初の新嘗祭
[19] 倉方　土倉業者
[20] 地下方　地方の土倉で幕府御用以外の業者

通釈

応仁元（一四六七）年に、世の中は大いに乱れ、それ以後長年にわたって全国すべて戦乱状態となった。その原因は、尊氏将軍から七代目の将軍義政公が、政治を有能な管領にまかせず、ただ奥方、あるいは香樹院、春日局などの、道理もわからず、裁判や政治も知らないような若い未熟な女房や尼たちの処理として、酒宴やたわむれの席でいい加減に片づけたことによる。……えこひいきにより論人（被告）に与えようとした所領までも、今度は賄賂をうけて訴人（原告）に理由をこじつけて与えてしまう。またある時は、奉行所で、本来の所有者が所領を安堵されたのに、他方で奥方がその土地を別人に恩賞として与えたりした。……もしこの時に忠臣がいれば、諌めたであろう。しかし、天下は破れるなら破れてもよい。世間が滅びるなら滅びてもよい。人はどうであれ、自分さえ富み栄え、他人よりきらびやかに振舞おうという風潮になっているのである。……ああ、義満公の代には土倉役が一年に四度、季節ごとにかかり、義教公の代になって一年に十二度かかるようになった。今の代になって臨時の土倉役として大嘗会

政ト云事ヲ此御代二十三ヶ度迄行レケレバ、倉方[19]モ地下方[20]ヘ皆絶ハテケリ。サレバ大乱ノ可起ヲ天予メ示サレケルカ、寛正六年[21]九月十三日夜亥ノ刻[22]ニ坤方ヨリ艮方[23]エ光ル物飛渡ケル。

……不計万歳[24]期セシ花ノ都[25]、今何ンゾ狐狼ノ伏土[26]トナラントハ、適残ル東寺北野[27]サヘ灰土トナルヲ。古ニモ治乱興亡ノナラヒアリトイエドモ、応仁ノ一変ハ仏法王法[28]トモニ破滅シ、諸宗皆悉ク絶ハテヌルヲ、不堪感歎飯尾彦六左衛門尉、一首ノ歌ヲ詠ジケル

汝ヤシル都ハ野辺ノ夕雲雀
アカルヲ見テモ落ルナミダハ　（応仁記）

のあった十一月には九度、十二月には八度もかかったのである。また、借金を破棄してしまおうと、前代未聞の徳政を今の代だけで十三度も行われたので、土倉も幕府御用以外の業者はみな没落してしまった。大乱のおこることを、天はあらかじめ示されたのか、寛正六（一四六五）年九月十三日の夜十時ごろ、西南から東北の方向に光るものが飛んでいった。……思いもかけぬ結果となった。永久に栄えると思われた花の都は、今や狐や狼のすみかとなってしまい、たまたま焼け残った東寺や北野天満宮さえも灰や土のかたまりのようになった。昔から治乱興亡は世のならいとはいうが、この応仁の乱によって仏教の教えも国の法もともに破滅し、諸宗もすべて絶え果ててしまった。この歎きをおさえられずに、飯尾彦六左衛門尉が一首、歌をよんだ。「あなたは御存知でしょうか。都は焼け野が原となって、夕暮にはひばりが空に飛び立って鳴くありさまです。これを見るにつけても落ちる涙をとめることができません。」

21 **寛正六年**　一四六五年
22 **亥ノ刻**　夜の十時
23 **坤方ヨリ艮方**　西南から東北の方角
24 **万歳**　永久に続くべきはずの
25 **花ノ都**　京都のこと
26 **伏土**　すみか
27 **北野**　北野天満宮
28 **仏法王法**　仏の教えも国の法も

原典解説

応仁記　応仁の乱を『太平記』に模して記した戦記物である。三巻あるが作者、成立年代不明

応仁の乱関係図

将軍家
- 義教 ─ 義政 ＝ 日野富子
  - 義政・日野富子 ─ 義尚（山名方のち細川方）
- 義教 ─ 義視（細川方のち山名方）

斯波家
- 山名持豊 ─ 女 ＝ 義廉
- 斯波義健 ┈ 義廉（山名方）
- 斯波義健 ┈ 義敏（細川方）

畠山家
- 満家 ─ 持国 ┈ 義就（山名方）
- 満家 ─ 持富 ─ 政長（細川方）

┈┈ は養子関係

❖解説❖

六代将軍義教の跡を継いだ義勝は短命で、一四四三（嘉吉三）年、義政（義教の次男）が家督を相続した。幕政は、当初、畠山持国・細川勝元・山名持豊（宗全）らによって補佐されていたが、義政成人後は、妻の日野富子や側室たち、寵臣の伊勢貞親らが介入するようになっていった。義政は、土倉役を増徴し、徳政令を頻発して、幕府財政を支える土倉などの高利貸の経営に打撃を与えた。そこに、将軍継嗣問題がおこった。弟の義視をおす勝元と、子の義尚をおす持豊が対立し、これに畠山氏（政長と義就）、斯波

氏(義敏と義廉)の家督紛争がからみ、一四六七(応仁元)年一月、畠山氏両派の京都での武力衝突に端を発し、十一年間にわたる応仁の乱が勃発する。勝元は政長・義敏と結び二十四か国から十六万(東軍)、持豊は義就・義廉と結び二十か国から十一万(西軍)の兵力を動員し、京都とその付近で戦闘をくりひろげた。

内乱は一四七三(文明五)年三月に持豊、五月に勝元が相次いで死去し、十二月には義政が義尚に将軍職を譲って隠居したことで転機を迎えた。翌一四七四(文明六)年四月、勝元の子政元と持豊の子政豊が講和し、一四七七(文明九)年十一月、ようやく諸将が撤兵して、内乱は一応終結した。

3 幕府権威の失墜 ★

(文明九年1十二月十日)……就中天下の事、更に以て目出度き子細これなし。近国においては、近江、三乃(美濃)、尾帳(尾張)、遠江、三川(三河)、飛驒、能登、加賀、越前、大和、河内、此等ハ悉く皆御下知に2応ぜず、年貢等一向進上せざる国共なり。其の外ハ紀州、摂州、越中、和泉、此等は国中乱るるの間、年貢等の事、是非に及ばざる者なり3。サテ公方4御下知の国々は幡摩(播磨)、備前、美作、備中、備後、伊勢、伊賀、淡路、四国等なり。一切御下知に応ぜず。守護の躰、則躰においては5、御下知畏れ入るの由申し入れ、遵行等これを成す6といへども、守護代以下在国の者、中々承引に能はざる事共なり。**よりて日本国ハ悉く以て御下知に応ぜざるなり。**

(大乗院寺社雑事記)

解説

嘉吉の変(一四四一年)は幕府の権威を失墜させ、応仁の乱は有力守護大名の連合政権としても室町幕府が存続できないことを示した。応仁の乱は、京都を荒廃させ、幕府の地方統治、守護大名の領国支配を崩壊させた。史料は、①不服従・年貢未進、②内乱継続・年貢未進、③守護服従・守護代以下の国人不服従の三つに分類し、幕命に服する国は皆無と結論している。

幕府権威の失墜

1 **文明九年**　一四七七年
2 **御下知**　将軍の命令
3 **是非に及ばざる**　やむをえない
4 **公方**　将軍足利義尚
5 **守護の躰、則躰においては**　守護の様子を別の面からみると
6 **御下知畏れ入るの由申し入れ、遵行等これを成す**　将軍の命令をうけて、守護がその執行を守護代などの家臣に命ずる

原典解説

大乗院寺社雑事記　興福寺の大乗院門跡、尋尊・政覚・経尋三代の日記。一四五〇(宝徳二)年から一五二七(大永七)年の約八十年間にわたる当時の重要史料

設問

問❶　赤松満祐に暗殺された将軍はだれか。
問❷　失政を重ね、その後継者問題が応仁の乱の一因となった将軍はだれか。
問❸　応仁の乱で東軍の総帥となったのはだれか。

8 国一揆と一向一揆

1 山城の国一揆 ★★★★★

(文明十七年[1]十二月)十一日……一、今日山城国人[2]集会す、上ハ六十歳下ハ十五・六歳云々同じく一国中の土民等群集す。今度両陣[3]の時宜[4]を申し定めんが為の故と云々。然るべきか、但し又下極上[5]の至也。……

(文明十七年十二月)十七日、……両陣の武家衆各引退き了んぬ。山城一国中の国人等申し合す故也。自今以後に於ては両畠山方は国中に入るべからず。本所領共各本の如くたるべし[6]。新関[7]等一切これを立つべからずと云々。珍重の事也。

(文明十八年[8]二月)十三日、……今日山城国人、平等院[9]に会合す。国中の掟法[10]猶以てこれを定むべしと云々。凡そ神妙。但し興成[11]せしめば天下のため然るべからざる事か。

(大乗院寺社雑事記)

山城の国一揆

[1] 文明十七年　一四八五年
[2] 国人　国衆。地域の領主
[3] 両陣 重要　畠山政長と義就の両畠山軍のこと
[4] 時宜　事態に対処すべき対応策
[5] 下極上　下剋上
[6] 各本の如くたるべし　荘園領主の土地は元のようにその支配を認める
[7] 新関　新しく設けられた関銭徴収のための関所
[8] 文明十八年　一四八六年
[9] 平等院　宇治の平等院
[10] 国中の掟法　国中を支配する掟
[11] 興成　勢いが盛んになる

原典解説　大乗院寺社雑事記　一六七ページ参照

通釈

文明十七(一四八五)年十二月十一日……一、今日山城の国人が集会した。上は六十歳の老人から下は十五・六歳の若者まで集まったという。同様に、国中の土民たちもまた集まった。それは今度の両畠山氏の戦闘に対処すべき対応策を考え、処置をきめるためのものだったという。もっともなことであろう。しかし、これはまた下剋上の極みである。……

文明十七(一四八五)年十二月十七日……両畠山氏の軍にいた武士たちはそれぞれ引きあげてしまった。山城一国中の国人たちが相談してきめたからである。その内容は、今後、両畠山氏は山城国へ入ってはならぬ。本所支配下の荘園はそれぞれもとのように本所の直接支配にもどす。新しい関所など一切立ててはならぬというものである。まことに結構なことだ。

文明十八(一四八六)年二月十三日……今日、山城の国人が宇治平等院で会合した。山城の国内の掟をあらためて定めるためであるという。殊勝なことだ。しかしあまり勢いが強くなりすぎると、天下のためにはよくないことと思う。

室町時代のおもな一揆

年代	一揆	関連事項
1428	正長の土一揆	義教が足利氏家督相続
1429	播磨の土一揆	守護赤松満祐が鎮圧
1441	嘉吉の徳政一揆	嘉吉の変で勃発、徳政令発布
1485～93	山城の国一揆	守護畠山氏の内紛で勃発。細川政元による畠山政長打倒で解体
1488～1580	加賀の一向一揆	守護富樫氏の内紛で勃発。織田信長の石山本願寺打倒で解体

加賀の一向一揆
❶文明六年　一四七四年
❷一向宗土民　浄土真宗の信者
❸確執す　争いをおこす
❹合力する　加勢する
❺こすぎ　小杉氏

解説

一四八五(文明十七)～九三(明応二)年の八年間、南山城国の国人と農民は結束して守護を排除し、自治を行った。これを**山城の国一揆**という。応仁の乱の一因となった**畠山氏**の家督紛争(政長と義就の争い)は乱終結後も山城・大和・河内で散発的に続いていた。大和の国人は興福寺と畠山氏に両属する形をとっていたが、一四八五(文明十七)年の夏から秋にかけて畠山氏の両派に分かれた彼らは交通の要衝をなす南山城で対陣するにいたった。戦いが長期化の様相を呈したため、史料にあるように、年末の十二月十一日、山城の国人が集会をひらき、また農民も集まって、ともに両派の軍兵の撤退を要求した。その結果、十七日には大和の国人たちは撤兵し、翌一四八六(文明十八)年二月十三日、山城の国人が宇治の平等院に集まって「国中の掟法」(国掟)を定め、自治の態勢を固めた。

惣国と称する国一揆は、国人の中から**月行事**を決めて輪番で国内の行政や治安維持にあたり、半済によってその財源を確保した。それは、①荘園の領主の直接支配によって中間搾取を排して年貢負担を軽減し、また、②新設された関所を撤去するなど、農民に利益をもたらした。しかし、惣国の主導権は国人にあり、国人間にも幕府中枢部の権力抗争と結びついた対立があった。一四九三(明応二)年四月、細川政元が十代将軍足利義稙を追放し、義澄を将軍とし、翌月に管領畠山政長を滅ぼすと、八月、山城の国人たちの多くは政元と結ぶ伊勢貞陸を守護としてむかえいれることにふみきった。ここに、八年間にわたった山城の国一揆は幕を閉じることになる。

2 加賀の一向一揆 ★★★

(文明六年❶十一月一日) 加賀国一向宗土民、❷**侍分と確執す。**❸侍分悉く以て**土民方より国中を払はる**、守護代侍方に合力するの間、❹守護代こすぎ❺打たれ了んぬ。一向宗方二千人計り打たれ了んぬ、国中焼け失せ了んぬ。

(大乗院寺社雑事記)

通釈

文明六(一四七四)年十一月一日、加賀国の一向宗信者の土民たちが武士の連中と争った。その結果、武士たちはすべて土民たちによって国中から追い出され、守護代も武士側に味方したので、守護代小杉氏も討たれてしまった。一向宗側でも二千人ばかりが討たれてしまった。加賀国の国中は焼けてしまった。

（長享二年六月）❻廿五日……叔和西堂語りて云く、今月五日越前府中に行く。其以前越前合力勢❼賀州に赴く。然と雖も、一揆衆二十万人、富樫城❽を取回く。故を以て、同九日城を攻落さる。皆生害す。❾而るに富樫一家の者❿一人之を取立つ。

（蔭凉軒日録）

……泰高ヲ守護トシテヨリ、百姓トリ立富樫ニテ候アヒダ、百姓等ノウチツヨク成テ近年ハ百姓ノ持タル国ノヨウニナリ行キ候コトニテ候。

（実悟記拾遺）

長享二（一四八八）年六月二十五日、……叔和西堂が語ったことによると、「今月五日、越前の府中へ行った。それ以前に守護朝倉氏の援軍が加賀国へ向って出発した。しかし、一向一揆の軍勢二十万人が、富樫の高尾城を取りまいていた。こういうわけで、六月九日に城は攻め落とされ、みな自害した。そして富樫一族の者の一人、富樫泰高が加賀国守護に取り立てられた。」

泰高を守護としてからは、百姓たちが取り立てた富樫であったから百姓の力が強くなって、近頃は加賀国は百姓が支配している国のようになってしまったということだ。

❻**長享二年**　一四八八年
❼**越前合力勢**　救援にいった朝倉の軍
❽**富樫城**　加賀国守護富樫政親の居城高尾城（現在の石川県金沢市高尾町）
❾**生害す**　自害する
❿**富樫一家の者**　富樫泰高、名目上の守護となる

原典解説

蔭凉軒日録　京都相国寺内蔭凉軒で記録された日記で十五世紀の様子を伝える
実悟記拾遺　蓮如の子、実悟の本願寺関係記録である『実悟記』を補ったもの

❖解説❖

一四七一（文明三）年、蓮如が越前の吉崎を拠点に布教をはじめると、北陸では浄土真宗（一向宗）本願寺派の勢力が急速にひろまった。加賀の守護富樫氏は応仁の乱に際し、政親は東軍、その弟幸千代は西軍に分かれて争った。越前の有力国人朝倉孝景が東軍につくと、政親は一向宗徒に接近し、これに対して幸千代は同じ浄土真宗の高田専修寺派と結んだ。幸千代派は一四七四（文明六）年に倒されたが、勝利した政親は一転して一向宗徒を抑圧しはじめた。そこで、一四八八（長享二）年、加賀の一向一揆は政親を自殺に追い込んだ。一揆勢は富樫泰高を守護に擁立し、加賀を支配するにいたった。

一向一揆は、国人、地侍、農民が阿弥陀信仰で結束した講の組織を土台に成り立っていたが、多数の農民門徒の存在が史料の「百姓のもちたる国」との印象を生んだのであろう。しかし、一揆の本質は惣国一揆であり、信仰によってもその内部矛盾の露呈は避けられなかった。一時は武力衝突にまで発展した内紛は石山本願寺の介入で抑えられ、それ以後は本願寺の領国のようになっていった。ただ、それは、戦国大名の成立、織豊政権によるその統一というコースとは異なる可能性のあらわれと考えられている。

3 百姓は王孫 ★

一、諸国ノ百姓ミナ主ヲ持タジ〳〵トスルモノ多アリ。京ノオホトノヤ[1]ノ衆モ主ヲ持タズ。人ノ飯ヲ汚シ[2]、冷板ヲ暖ムル[3]モノハ、人ノ御相伴[4]ヲセザルゾヤ。主ノナキ百姓マチ太郎ハ貴人ノ御末座へ参ル。百姓ハ王孫ノ故ナレバ也。公家・公（卿）ハ、百姓ヲバ御相伴ヲサセラルヽ。侍モノヽフハ百姓ヲバサゲシムル[5]ゾ。

（本福寺跡書）

解説

一向一揆は大名権力を排して加賀などで自治を行ったが、それに参加した地侍や農民の意識を理解する手がかりがこの史料にある。そこでは、諸国の百姓の多くが公家と同様、守護大名などの武士を主君とあおがず、その被官とならないことが指摘され、その理由を百姓が「王孫」(天皇の子孫)であることに求めている。これが一向宗の信仰によらないで組み立てられた、大名権力さらには武士(領主)の支配を排する論理であることに注目したい。この「百姓は王孫」という思想を克服する論理を用意することなしに、武家領主制を土台とした天下統一はあり得ず、実際、豊臣・徳川政権は、「百姓は公儀のもの」という論理を組み立てて行くことになる。

惣国一揆の問題点

山城の国一揆や加賀の一向一揆は、国人の地縁結合(国人一揆)と土一揆が大連合した惣国一揆であり、それによって守護大名の領国支配を排して、自治を行ったものといえる。大連合の接着剤は、土一揆を指導する地侍層だった。地侍は、武士(領主)と農民の身分的な区別が固定化されていない兵農未分離の条件の下で、地主化した上層名主の中から出現した。地侍は、地盤である惣村の自治を守ろうとする点では小百姓などと利害が共通し、土一揆をおこしたりする。その一方、領主化も志向し、そのために守護大名や国人とは、競合・対立したり、協力・依存したりする。地侍は、領主化の道を歩むためには土一揆の枠組から脱皮しなければならないが、惣国一揆はその第一歩だったといえる。国人は、早晩、農民に譲歩を余儀なくされる大連合を放棄し、地侍を被官化して自ら大名になる道を選ぶ。地侍も、この戦国大名の軍役を負担して、領主化の道をすすんでいく。

百姓は王孫

[1] オホトノヤ　大殿屋。宮殿や貴人の邸宅

[2] 人ノ飯ヲ汚シ　他人に仕える

[3] 冷板ヲ暖ムル　主君に忠実に仕える

[4] 相伴　宴席で正客の相手となって同じく饗応を受けること

[5] サゲシムル　「サゲスム」と同じ

原典解説

本福寺跡書　近江国堅田の本福寺に伝わる古記録。十六世紀中葉に成立したものとみられる

設問

問❶　応仁の乱後、在地武士や農民たちが守護大名の支配をしりぞけて自治を行った最初の動きを何というか。

問❷　加賀の一向一揆によって滅ぼされた守護大名はだれか。

問❸　一向一揆による自治が行われた加賀は、そこでの農民の役割が大きいところから、何とよばれたか。

9 下剋上の世

1「例」と「時」★

山名金吾入道宗全、[1]いにし大乱の比をひ、[2]或大臣家[3]にまいりて、当代乱世にて、諸人これに苦しむなど、さまざまの物語りして侍りける折ふし、亭の大臣[4]ふるき例[5]をひき給ひて、さまざまかしこく[6]申されけるに、宗全たけくいさめる者[7]なれば、臆したる気色[8]もなく申侍るは、君のおほせ事、一往はきこえ侍れど、[9]あながちそれに乗じて例をひかせらるる事しかるべからず。[10]凡そ例という文字をば、向後[11]は時[12]といふ文字にかへて御心えあるべし。……凡そ例といふは其時が例也。大法不易[13]政道は例を引てよろしかるべし。其外の事、いささかにも例をひかるる事心えず。一概に例になづみ[14]て、時を知らざるゆへに、或ひは衰微して門家とぼしく、[15]或ひは官位のみ競望して其智節をいはず、[16]かくの如くして終に武家に恥かしめられて、天下うばはれ媚をなす。[17]

（塵塚物語）

通釈

山名持豊(宗全)が、去る応仁の乱のころ、ある大臣の家に行き、いまの世は乱れていて多くの人がそのために苦しんでいることなど、いろいろに物語りしていた時、その家の大臣が古い先例などを引用して物知り顔に言ったのに対し、持豊は勇猛な性格なので、気おくれした様子もなく言うのには、「あなたのおっしゃる事は一応はわかりますが、それにかこつけ、すべてについて先例を引用されることは納得しかねます。大体今後は「例」という字を「時」という字にかえてお考えになるとよろしいと思います。……およそ先例というものはその時の例であるにすぎない。真理で時やところを超越して変わらないような政道には先例を引いてよろしいですが、その外の事に関して先例をひくことは決して承知できません。一様に先例にこだわりすぎて、時勢の流れを知らぬがために、とうとう家勢が衰え、あるいは官位の昇進で競い合い、知識や節操を重んじない。このようにしてついに武家にはずかしめられ、政治の実権をうばわれ、ご機嫌をとる有様です。

「例」と「時」

[1] 山名金吾入道宗全 重要 山名持豊(宗全)のこと。金吾は衛門督の唐名

[2] いにし大乱の比をひ すぎた応仁の乱のころ

[3] 或大臣家 ある大臣の邸宅

[4] 亭の大臣 その家の主人である大臣

[5] ふるき例 先例

[6] かしこく 賢そうに

[7] たけくいさめる者 自信にあふれてものおじしない人

[8] 臆したる気色 気おくれしたようす

[9] 一往はきこえ侍れど いちおうもっともであるが

[10] あながちそれに乗じて例をひかせらるる事しかるべからず 何もかも無理に先例を引用するのはよろしくない

[11] 向後 今後

[12] 時 時勢、現実

[13] 大法不易 大法(真理)で時と処を超越して変わらないような

[14] 例になづみ 先例にこだわりすぎる

15 衰微して門家とぼしく　家勢衰えて

16 智節をいはず　知識や節操を重んじない

17 媚をなす　武家の機嫌をとってこびへつらう

原典解説

塵塚物語　戦国時代から桃山時代の見聞・説話等を記したもの。僧侶の手によると考えられる

解説

応仁の乱は、下剋上の風潮、つまり実力主義の時代の扉をひらいた。史料は、応仁の乱における西軍の総帥山名持豊(宗全)が慣例(例)にとらわれた公家が情勢(時)に機敏に対応した武家に権力を奪われるのは当然だと述べたことを伝えている。持豊は「例」を「時」におきかえよと語り、一切の慣例、従って既成の権威にとらわれない実力主義を説いている。一四三三(永享五)年に但馬・備後・安芸の守護になり、一四四一(嘉吉元)年に赤松満祐を討滅して赤松の領国播磨をあわせ、同年、一族で九か国の守護を兼ね、幕政を左右するようになった。明徳の乱以来衰えていた山名氏の勢力が挽回できたのも、応仁の乱で足利氏一門で三管領のひとつ細川氏と覇を争ったのも、「例」を「時」にかえよとの彼の考え方によるといえよう。しかし、彼は他の守護大名と比べて突出していたわけではなく、それがこの時代の一般的風潮であった。

2 足軽の出現 ★★

一、足がる(軽)といふ者、長く停止せらるべき事。

昔より天下の乱るゝことは侍れど、足がるといふことは旧記などにもしるさゞる名目❶也。……此たび❷はじめて出来れる足がるは超過したる悪党なり。其故は洛中洛外の諸社・諸寺・五山十刹❸・公家・門跡❹の滅亡はかれらが所行也。かたきのたて籠たらん所にをきては力なし。❺ さもなき所々を打ちやぶり、或は火をかけて財宝をみさぐる❻事は、ひとへにひる強盗といふべし。かゝるためしは先代未聞のこと也。是はしかしながら、武芸のすた

通釈

足軽という者長く停止されるべきであること。

昔から世の中が乱れたことはあるが、足軽という者は古い記録などにも記されていない呼称である。……応仁の乱ではじめて出現した足軽は、度の過ぎた悪党である。その理由は、都の内外の神社や寺院、五山十刹の禅宗寺院、公家や門跡寺院が亡んだのは彼らの仕業だからである。敵が(陣地として)立て籠っている所については、(攻撃を仕掛けても)仕方ない。そうでない所々を打ち破り、あるいは火をつけて財宝を略奪することは、単なる昼強盗というべきである。このようなことは前代未聞のことだ。これはしかしながら、武士の力が衰えたためにこのようなことがおこった。一かどの武士が戦うべ

足軽の出現

1 名目　名まえ、名辞

2 此たび　応仁の乱をさす

3 五山十刹 重要　室町時代の臨済宗の寺院格式制度

4 門跡　皇族、公家が住持する格式の高い寺院

5 かたきのたて籠たらん所にをきては力なし　敵の守備の前では無力である

6 みさぐる　略奪する

るゝ所に[7]、かゝる事は出来れり。名有侍の戦ふべき所を[8]、かれらにぬきゝせたるゆへ[9]なるべし。されば随分の人[10]の、足軽の一矢に命をおとして、当座の恥辱のみならず、末代までの瑕瑾[11]を残せるたぐひも有とぞ聞へし。（樵談治要）

きところを足軽どもにまかせたからだ。ところで、相当身分のある有名な武士が足軽の放った一矢に当たって命を落としたらその場で恥をかくだけでなく末代まで不名誉を残すようなものだと聞いている。

参考史料　朝廷の衰微　★

後奈良院[1]宸筆之物世に多きはことはりなり。此時公家以ての外に微々にして紫宸殿之御築地やぶれて、三条之橋より内侍所[2]の御あかしの光見へしとなり。左近[3]の橘之もとには煎もの居てあきのふ。其例によつて、其茶うりし人の子孫とも、年に一たび天子に茶を奉るといふ。此時銀など様の物に札つけて、たとへば百人一首、伊勢物語などいふ札つけて御簾に結びつけておくに、日を経てのちまいれば、宸筆を染てさし出されたりといふ。此比は京中を関白料との袋にて米をもらふてあるきし。其袋今も二条殿にありとかやいふ。（遺老物語）

解説

応仁の乱では、**足軽**の活躍がめざましかった。足軽は、臨時徴発で戦場にかり出された雑兵で、後方の撹乱や奇襲などの戦力として用いられた。当時の戦闘の主力は騎馬武者同士の一騎打であったが、京都での市街戦として展開された応仁の乱では集団戦闘への変化の中で足軽が大きな役割をはたすことになった。内乱で動員された足軽は、惣を土台に集団をつくって部将に属した。寺院や邸宅を奪い合う陣地戦をくり返す際の放火、略奪が彼らの役割であり、奪った品々が彼らの恩賞であった。まさに、**下剋上**の象徴といえる。

史料は、関白、太政大臣の地位につき有職故実家としても著名な**一条兼良**が九代将軍義尚の諮問に応えて一四八〇（文明十二）年に執筆・提出した政治意見書（『**樵談治要**』）の一節である。足軽に邸宅や文庫を焼かれて、子の尋尊のいる興福寺に避難した経験をもつだけに、足軽を一切の法を無視する無法者、昼強盗と決めている。

---

7 武芸のすたるゝ所　武士の力が衰えたから
8 名有侍の戦ふべき所を　一かどの武士が戦うべき所を
9 ぬきゝせたる　まかせる
10 随分の人　有名な人
11 瑕瑾　きず、不名誉

原典解説

樵談治要　一五二ページ参照

朝廷の衰微
1 後奈良院　後奈良天皇
2 内侍所　賢所。三種の神器のひとつ、神鏡がまつられている
3 左近　右近のあやまり

原典解説

遺老物語　著者不詳。戦国〜江戸時代初期の説話を集めたもの

設問

問❶　先例を重んじる公家を嘲笑し、これからは現実が大切だと言い放ったと伝えられる武士はだれか。

問❷　応仁の乱で活躍し、下剋上の象徴的存在とされる雑兵を何というか。

⑩ 産業の発達

1 座の発達 ★

石清水八幡宮大山崎神人等❶、公事❷并びに土倉役の事、免除せらるる所なり。将又摂州❸道祖小路・天王寺・木村・住吉・遠里小野❹并びに江州小秋❺散在土民等、恣に荏胡麻❻を売買せしむと云々。向後❼は彼の油器を破却すべき由、仰せ❽下さるる所なり。仍て下知件の如し。

応永四年❾五月廿六日　沙弥❿（花押）

（離宮八幡宮文書）

座の発達

❶大山崎神人　石清水八幡宮の末社、大山崎離宮八幡宮に属する座の商人

❷公事　室町幕府の課する雑税

❸摂州　摂津（現在の大阪市そのほか）

❹遠里小野　現在の大阪市住吉区遠里小野町

❺江州小秋　近江の小脇（八日市市）

❻荏胡麻 重要 シソ科の一年草。種子から油をとる

❼向後　これから、以後

❽仰せ　足利将軍義持の仰せ

❾応永四年　一三九七年

❿沙弥　管領斯波義将

原典解説

離宮八幡宮文書　大山崎八幡宮に伝わる文書

通釈

石清水八幡宮の末社、大山崎離宮八幡宮の神人たちに対する雑税および土倉役は免除されるところである。ところで、摂津国の道祖小路・天王寺・木村・住吉・遠里小野および近江国小秋あたりに散在する土民たちが、勝手に荏胡麻を売買しているということである。今後は、彼らの使っている油しぼり機をこわすべきことを将軍から命ぜられた。そこでこの旨をうけて命令を下す次第である。

応永四（一三九七）年五月二十六日　沙弥（花押）

解説

座は平安末期に出現し、室町時代には京都や奈良を中心にさかんとなった。現在知られているものは、京都で九十四、大和で百十にのぼり、その他、近江・摂津・伊勢などの諸国にあった（一七六ページ表参照）。座は寺社・公家・朝廷各官司・幕府などを本所として、畿内近国の営業を独占したり、課税を免除されたりした。祇園社（八坂神社）の綿座（真綿）、北野社（北野天満宮）の麴座（麴、酒・味噌の醸造原料）、近衛府などの四府駕輿丁座（米・鋤鍬・呉服・絹など九品目）などが有名だが、中でも大山崎油座は、石清水八幡宮の末社である離宮八幡宮に属し、灯明用の灯油等の原料である荏胡麻の仕入れを独占して大きな経済力をもっていた。史料から、この油座が免税になっていること、また荏胡麻を売買し、油を製造している座以外の者の取締りが幕府から命ぜられていることなどがわかる。

2 撰銭令 ★

定　撰銭の事、京銭[1]、打平等[2]を限る。

右、唐銭[3]に於ては、善悪をいとはず、少瑕[4]を求めず悉く以って諸人相互いに取り用ふべし。次に悪銭売買の事同じく停止の上は、彼といひ、これといひ、若し違犯の輩有らば、其の身を死罪に行ひ、私宅に至りては結封[5]せらるべきの由、仰せ下さる所也。よって下知くだんの如し。

永正弐年[6]十月十日

散位[7]　三善朝臣

豊前守　平朝臣

（蜷川家文書）

通釈

定める。撰銭の事、粗悪な南京銭や打平等に限ってえりごのみをしてよろしい。

右のことで、中国銭については、銭のよしあし、小さなきずのあることなどはいわず、すべて人々の間で通用させること。次に悪銭での売買が禁止された上は、銭についてかれこれいって違反する者があれば、その人は死刑に処し、その家は封印をして没収すると仰せ下された。そこでこのことを知らせる。

永正二(一五〇五)年十月十日

散位　三善朝臣

豊前守　平朝臣

撰銭令

[1] 京銭　南京銭。明から輸入された粗悪銭

[2] 打平　小さい銭を打って平たくのばした悪銭

[3] 唐銭　宋・元・明銭

[4] 少瑕　少しのきず

[5] 結封　家屋を封印して没収する

[6] 永正弐年　一五〇五年

[7] 散位　律令制で位だけあって官職のないものを散位という。二人は幕府の奉行人。戦国時代には管領に代わって奉行人が将軍の命を奉じた

原典解説

蜷川家文書　室町幕府の政所代であった蜷川家に伝わる文書

中世の主な座

国名	所在地	座名
山城	木津	塩座
大和	奈良	漆座
〃	〃	紺座
〃	西京	土器座
〃	田原本	檜物座
筑前	博多	油座
美濃	大矢田	紙座
越前	北庄	軽物座
加賀	金沢	麹室座
能登	輪島	素麺座
越後		薬座
和泉	堺	馬座
摂津	天王寺	青苧座
伊勢	丹生	水銀座
近江	枝村	紙座
山城	京都	駕輿丁座
〃	〃	大舎人座
〃	〃	箔屋座
〃	〃	九条藍座
〃	〃	塩合物座
〃	〃	青苧座
〃	〃	練絹座
〃	〃	酒麹座
〃	〃	帯座
〃	〃	摺暦座
〃	〃	太刀屋座
〃	〃	材木座
〃	〃	朱座
〃	大山崎	油座
〃	石清水	朱座

解説

日明貿易によって輸入された銅銭には洪武通宝・永楽通宝(永楽銭)、宣徳通宝などがあった。これらは新銭とよばれ、皇朝十二銭や、唐・宋・元などの輸入銭(古銭)と区別された。一方、日本国内や中国の福建省あたりで私鋳された銅銭が悪銭(びた銭)とされた。流通過程では良質な古銭などの精銭を選んで蓄銭し悪銭を避ける傾向が強かったが、応仁の乱後は焼銭や欠銭が多くなり、ますますこの撰銭がさかんとなった。そこで、室町幕府は一五〇〇(明応九)年以降、十回にわたって撰銭令を出した。史料は一五〇五(永正二)年のもので、永楽銭などの新銭も精銭とし、撰銭の対象を粗悪な輸入銭(京銭)などに限っている。撰銭令の内容は、とくに劣悪なものを除き、精銭と悪銭の交換比率を定めて撰銭を禁じ、両者をともに流通させて流通貨幣の絶対量を増やそうとする方向にすすんだ。戦国大名もこの政策を継承した。

3 三毛作の出現 ★

阿麻沙只村[1]に宿して日本を詠ふ

日本の農家は秋に畓[2]を耕して、大小麦を種き、明年の初夏に大小麦を刈りて苗種[3]を種き、秋初に稲を刈りて木麦を種き、冬初に木麦を刈りて大小麦を種く。一畓に一年三たび種く。乃ち川塞がれば[4]則ち畓と為し、川決すれば[5][6]田と為す。

(老松堂日本行録)

三毛作の出現

1 **阿麻沙只村** 尼崎(摂津)
2 **畓** 水田
3 **苗種** 種の苗
4 **川塞がれば** 川の水をせきとめて田に水を入れると
5 **川決すれば** 川のせきをきって水を出すと
6 **田** 陸田

原典解説

老松堂日本行録 足利義持の遣使に対する朝鮮の答礼使宋希璟(号は老松堂)の日本紀行。来日は一四二〇(応永二十七)年で、成立はその翌年と考えられる

設問

問❶ 商工業者の同業者組合で、公家や寺社を本所とあおぎ、営業の独占などの特権を獲得したものは何か。

問❷ 私鋳銭の流通に対応して出された貨幣流通を規制する法令は何か。

解説

史料は、一四二〇(応永二十七)年に来日した朝鮮からの使節宋希璟の日本見聞録『老松堂日本行録』の一節である。それによると、摂津の尼崎付近では、灌漑と排水によって水田を畑にきりかえ、大麦・小麦、稲、そばの三種を次々に栽培する三毛作が行われていると伝えている。この背景には水利施設・技術の発達のほかに、肥料や鉄製の鋤や鍬の普及がある。とくに、鉄製農具の普及は多毛作の絶対条件である深耕に不可欠のものだった。一五八六(天正十四)年の時点で鍬一丁が銭二十文(大豆四升に相当)となっており、手工業の発達が鉄製農具を次第に入手しやすくしていたのである。

⑪ 室町文化

1 蓮如(れんにょ)の御文(おふみ)（御文章(ごぶんしょう)）★★

夫(それ)人間ノ浮生(ふしょう)[1]ナル相ヲツラ〳〵観ズルニ、オホヨソハカナキモノハコノ世ノ始中終(しじゅうじゅう)、マボロシノゴトクナル一期[2]ナリ、サレバイマダ万歳(ばんざい)ノ人身(にんじん)ヲウケタリトイフ事ヲキカズ、一生スギヤスシ、イマニイタリテタレカ百年ノ形躰(ぎょうたい)[3]ヲタモツベキヤ、我ヤサキ人ヤサキケフトモシラズアストモシラズ、ヲクレサキダツ人ハモトノシズクスエノ露(つゆ)[4]ヨリモシゲシトイヘリ。サレバ朝(あした)ニハ紅顔(こうがん)アリテ夕(ゆうべ)ニハ白骨(はっこつ)トナレル身ナリ、スデニ無常ノ風[5]キタリヌレバ、スナハチフタツノマナコタチマチニトヂ、ヒトツノイキナガクタエヌレバ、紅顔ムナシク変ジテ、桃李ノヨソホヒ[6]ヲウシナヒヌルトキハ、六親眷属(けんぞく)[7]アツマリテ、ナゲキカナシメドモ更ニソノ甲斐(かい)アルベカラズ、サテシモアルベキ事ナラネハトテ野外ニヲクリテ、夜半(よは)ノケブリ[8]トナシハテヌレバ、タダ白骨ノミゾノコレリ、アハレトイウモ

蓮如の御文（御文章）

1 浮生　はかない人生
2 一期　一生
3 形躰　人間の体
4 スエノ露　葉のさきの露
5 無常ノ風　露はかない死の風
6 桃李ノヨソホヒ　桃や李（すもも）の美しい装い
7 六親眷属　父母兄弟妻子などの親族
8 夜半ノケブリ　火葬
9 後生　後の世、死後の世界

通釈

人間のはかない一生の様子をよくよく観察すると、およそはかないものは、この世の中のすべてであり、幻のような人間の一生なのである。だからまだ一万年の寿命をうけたという人のことは聞かない。一生は過ぎやすい。今の時代に一体誰が百年も生きながらえることができよう。自分がさきに死ぬかまたは人が先に死ぬか、今日の命、明日の命とも知れない。この世に残る者と先に死ぬ人のありさまは、たとえにいう「本の雫、末の露」よりもはげしいといわれる。だから朝には紅顔の若者が、夕には死んで白骨となるのである。無常の風が吹いてくると、すぐに両眼をとじ、息も絶えてしまうので、紅顔も空しく変わり、桃や李のような美しい花の姿もなくなってしまった時は、すべての親族が集まって嘆き悲しんでもその甲斐もない。そうはしておられないと野辺の送りをし、夜の（荼毘(だび)の）煙と変わってしまえば、ただ白骨だけが残るのである。これをあわれというのもおろかなことである。だから人間の命ははかなく、老人・少年の境なく死はおとずれるので、誰も早く来世の事を心がけ阿弥陀仏に心からおすがり

中〱ヲロカナリ、サレバ人間ノハカナキ事ハ、老小不定ノサカヒナレバ、タレノ人モハヤク後生ノ[9]一大事ヲ心ニカケテ、阿弥陀仏ヲフカクタノミマイラセテ、念仏マウスヘキモノナリ、アナカシコ〱。

（蓮如上人御文章）

し、念仏を唱えるべきである。あなかしこ。あなかしこ。

原典解説

蓮如上人御文章　蓮如が書いた教化のための手紙文をあつめたもの

解説

蓮如が法灯を継承したとき（八世法主、四十三歳）、本願寺の衰微は著しかった。彼は二十八歳で結婚し、八十五歳で死去するまでに五人の妻に十三男十四女をもうけたが、子沢山の彼の生活はまさに食うや食わずであった。彼は食事を大切にし、機会あるたびに門徒とともに食事して心のふれ合いを求めた。また、現存するもので二百六十四通にのぼる書簡（御文、御文章）を門徒に与え、浄土真宗の基本思想を平易な言葉で簡潔に説いている。史料はその一通で、人生のはかなさを「朝ニハ紅顔アリテ夕ニハ白骨トナレル身ナリ」と表現し、阿弥陀仏の信仰、念仏をすすめた著名なものである。

蓮如の時代に、本願寺は多数の門徒を獲得し、政治的にも経済的にも一大勢力となった。彼は門徒間の平等性、その寄合の重要性をさかんに説き、寄合を核とした講を基礎として、道場、末寺、本山と積み上げる形で教団組織をつくった。講は一向一揆を生みだすとともに、商工業者などのそれは寺内町を成立させた。

2 連歌　★★★

雪ながらやまもとかすむ夕べかな　（発句）宗祇
行く水とほく梅にほふさと　（脇句）肖柏
川風に一むら柳春見えて　（第三）宗長
舟さす音もしるきあけかた　（第四）祇

月や猶露わたる夜に残るらん　（第五）柏
霜おく野はら秋は暮れけり　（第六）長
鳴く蟲の心ともなく草かれて　（第七）祇
（下略、最後の句が挙句）　（水無瀬三吟百韻）

きりたくもあり切りたくもなし[1]
盗人をとらへて見れば我が子なり
さやかなる[2]月を隠せる花[3]の枝
心よき[4]的矢[5]の少し長きをば
（犬筑波集）

❖解説❖

連歌は、和歌を五七五の上句と七七の下句に分けて二人で交互に唱和することからはじまったが、勅撰集では『金葉和歌集』から連歌の部が設けられ、鎌倉時代にはいると五十韻、百韻が登場し、南北朝時代に二条良基が形式を確立した。史料の『水無瀬三吟百韻』は、一四八八(長享二)年、飯尾宗祇と弟子の牡丹花肖柏・柴屋軒宗長の三人が百句を詠んだもので、後鳥羽天皇の歌「見渡せば山もとかすむ水無瀬川夕べは秋と何思ひけむ」を本歌取にして、宗祇が発句にしている。宗祇は寂・撓・細みの幽玄・閑寂の趣きを重んじ、芸術的な正風連歌の境地をひらいた。その後、山崎宗鑑が奇抜や滑稽を追求した俳諧連歌を創始した。

3 能―世阿弥 ★★

幽玄の風体[1]の事
諸道諸事において幽玄なるをもて上果[2]とせり。

1

❖通釈❖

幽玄の芸風の事
すべての芸能では、幽玄であることが最上の境地である。とくに能では幽玄な芸風を第一と

連歌
[1] きりたくも……なし　この七・七を下句として、左の三つの五・七・五の上句が詠まれている
[2] さやかなる　明るく清らかな
[3] 花　普通桜を意味する
[4] 心よき　気に入った
[5] 的矢　的を射るための矢、大的を射るのには三節の矢を用いた

原典解説
水無瀬三吟百韻　一四八八(長享二)年正月に、宗祇・肖柏・宗長の三人が、摂津水無瀬宮で、献詠したものの一部で、古今の名匠の句として有名である
犬筑波集　山崎宗鑑が編んだ俳諧連歌集で、一五二四(大永四)年以降に成立

能
[1] 風体　芸風
[2] 上果　最高の境地

ことさら当芸[3]において、幽玄の風体第一とせり。……

そもそも幽玄の堺[4]とは、まことにはいかなる所にてあるべきやらん。……ただ美しく柔和なる体、幽玄の本体なり。……言葉の幽玄ならんためには歌道を習ひ、姿の幽玄ならんためには、尋常なる仕立[5]の風体を習ひ、一切ことごとく物まね[6]は変るとも、美しく見ゆる一かかり[7]を持つ事、幽玄の種[8]と知るべし。（花鏡）

する。……

それでは、幽玄の境地というのは、ほんとうはどのような境地なのであろうか。……それは、ただうつくしく柔和な風情がその根本である。……言葉が幽玄であるためには、和歌の道を学び、また姿が幽玄になるためには上品な身ごしらえをする芸風を学び、あらゆる点について、物まねの対象は違っても、美しくみえる一つの手がかりをもつようにする心づかいこそ、幽玄の大本であると知らねばならぬ。

解説

能は、もともと芸能・才能を意味し、鎌倉時代には猿楽の能、田楽の能、延年の能などあったが、春日神社に奉仕した結崎(観世)座の観阿弥清次・世阿弥元清が猿楽能を大成し、それが能を意味するようになった。観阿弥の父は伊賀の服部氏の出身で、大和の山田猿楽座の大夫の養子となり、観阿弥も猿楽師の道を歩み、大和結崎に座を結んだ。観阿弥は、卑俗になりがちな物真似芸に歌舞を導入し、小歌節と曲舞節を結合させ、やがて京都へ進出した。

将軍義満(十七歳)がその名声を聞いて京都の今熊野神社で観能し、そこで十二歳の世阿弥に目をとめた。世阿弥は義満の寵愛と庇護をうけ、多数の作品と能楽論を著し、幽玄の芸術としての能を完成させた。史料はその能楽論のひとつで、能において幽玄が最高の境地であることを力説し、役者のさまざまな修業もそれを体得することをめざすものでなければならないとしている。

世阿弥は、義満の死後、不遇となり、とりわけ甥の音阿弥を寵愛する義教によって迫害された。その中で子の元雅が若くして亡くなり、自身も佐渡へ流罪となった。作品の中で幾つもの悲劇を描いた世阿弥の人生も、その後半はそのどれとくらべてもおとらぬほど悲劇的だった。

[3] 当芸　能
[4] 堺　境地
[5] 尋常なる仕立　目だたない上品なよそおい
[6] 物まね　しぐさ
[7] 一かかり　一つの風情
[8] 種　大本

原典解説

花鏡　世阿弥が体得したところを記した秘伝書。『風姿花伝』とともに『世阿弥十六部集』のひとつ

完成された能舞台

4 小歌―「閑吟集」★

年々に人こそふりてなき世なれ、色も香もかはらぬ宿の花ざかり、かはらぬ宿の花ざかり、たれ見はやさん❶とばかりに、❷又めぐりきておぐるま(小車)の❸、我とうき世にあり明の、つきぬやうらみなるらむ、よし❹それとても春の夜の、ゆめのうちなる夢なれや、ゆめのうちなる夢なれや。

たが袖ふれし梅が香ぞ、春に問はばや、物云ふ月に会ひたやなう

我らももちたる尺八を、そでの下よりとりいだし、しばしばふいて松の風、花をや夢と誘ふらん　いつまでかこの尺八吹いて心を慰めむ

柳の蔭にお待ちあれ、人問はばなう、楊枝木❺切るとおしあれ❻

人買舟は沖をこぐ、とても売らるる身を、ただ静かにこげよ、船頭殿

(閑吟集)

小歌
❶見はやさん　ながめて愛で興ずる
❷ばかりに　しばしの間に
❸おぐるま　小車
❹よし　ままよ
❺楊枝木　楊柳は楊枝の材料になる木
❻おしあれ　いいなさい

解説

小歌は、流行の民謡などの総称であり、長さも多様で、形式も三・四・五の繰り返しや、七・七・七・七など自由だった。『閑吟集』は、現存する最古の小歌集であり、宴席で歌われることが多かったからか、恋歌がその大部分を占める。若者の恋、真実の愛、激しい情感を素直に歌いあげる小歌は、形式にとらわれた公家の和歌にないすがすがしさをもっている。しかし、古典に出典をもつものが多い半面、地方や労働にふれたものは少ない。ここには小歌の支持者である町衆の性格が投影していよう。

原典解説

閑吟集　室町時代に流行した小歌などを集めたもの

設問

問❶　吉崎御坊を足場に浄土真宗の北陸布教をすすめた本願寺派の指導者はだれか。

問❷　連歌の芸術性の向上と普及につとめ、正風連歌とよばれる境地をひらいたのはだれか。

問❸　足利義満の保護を得て、能を大成したのはだれか。

北山文化と東山文化

	北山文化	東山文化
特色	①公家・武家文化の融合 ②禅宗・宋元文化の影響	①公家・武家・禅宗文化の一体化 ②幽玄・枯淡・閑寂
歴史・学問・文芸	**歴史**　『増鏡』、『梅松論』『神皇正統記』北畠親房 **有職故実**　『職原抄』北畠親房、『建武年中行事』後醍醐天皇 **軍記物**　『太平記』、『義経記』 **連歌**　『菟玖波集』、『応安新式』(二条良基) **能楽**　観阿弥・世阿弥『風姿花伝』	**歴史**　『善隣国宝記』瑞溪周鳳 **有職故実**　『公事根源』一条兼良 **古典研究**　『花鳥余情』一条兼良 **政治**　『樵談治要』一条兼良 **正風連歌**　『新撰菟玖波集』『水無瀬三吟百韻』飯尾宗祇 **俳諧連歌**　『犬筑波集』山崎宗鑑 **小歌**　『閑吟集』、御伽草子
美術	**建築**　金閣 **絵画**　水墨画(明兆、如拙「瓢鮎図」、周文)	**建築**　銀閣〈書院造〉 **絵画**　水墨画(雪舟) **大和絵**　狩野正信・元信　土佐光信

⑫ 戦国大名

1 分国法 ★★★★★

(1) 家臣の城下町への集住 ★★

一、朝倉が館の外、国内□(に)城郭を構えさせまじく候。惣別分限あらん者❶、一乗谷❷へ引越、郷村には代官ばかり置かるべき事。

（朝倉孝景条々）

通釈

一、わが朝倉家の城郭のほかに、絶対に国中に城郭をかまえてはいけない。すべて領地を多くもつ有力家臣たちは、みな一乗谷の城下へ引越し、郷村の所領には、ただ代官だけを置くようにしなければならない。

(2) 闕所の許可制 ★

一、国中の地頭人❸、子細を申さず❹、恣に罪科の跡❺と称し、私に没収せしむるの条、甚だ自由❻の至なり。若し犯科人晴信❼の被官たらば、地頭の綺❽有るべからず。……

（甲州法度之次第）

通釈

一、国中の武士が、ことわりなしに、勝手に犯罪人の領地だといって没収することは、わがまま勝手である。若し犯人が晴信の家臣であれば地頭は干渉してはならない。

(3) 恩給地の売買禁止 ★

一、私領❾の名田の外、恩地領❿、左右無く⓫沽却⓬せしむる事、これを停止せしめ訖ぬ。……

（甲州法度之次第）

通釈

一、もとから自分の所領であった田地をのぞき、主君から御恩として与えられた領地は、理由もなく売ることを禁止する。

分国法

(1)家臣の城下町への集住

❶分限あらん者　領地を多くもつ有力な家臣

❷一乗谷　重要　朝倉氏の居城、現在の福井県福井市

(2)闕所の許可制

❸地頭人　この場合武田氏の家臣である在地の有力武士をいう

❹子細を申さず　ことわりなしに

❺罪科の跡　犯罪者の領地

❻甚だ自由　わがまま勝手

❼晴信　武田信玄の俗名

❽綺　干渉

(3)恩給地の売買禁止

❾私領　重要　主君から恩給されたものを除き、相伝・買得した土地をいう

❿恩地領　重要　主君から恩賞として給与された土地

⓫左右無く　理由もなく

⓬沽却　売却

(4)他国との通信の許可制

[13]内儀　内諾

(5)他国との婚姻の許可制

[14]駿遠両国の輩　駿河(するが)・遠江(とおとうみ)両国にいる今川氏の家臣

[15]わたくしとして　今川氏の許可を得ないで勝手に

(7)犯罪者の親族連坐制

[16]とか　罪

[17]ひとつ家に候　一軒の家に一緒に住んでいる

[18]時宜　そのときにふさわしく処置すること

(8)年貢未納の百姓の他領移動禁止

[19]ねんくしよたう　年貢その他の負担

---

(4)他国との通信の許可制 ★★

一、内儀(ないぎ)[13]を得ずして他国へ音物(いんもつ)書札(しょさつ)を遣はす事、一向に停止(ちょうじ)せしめ畢(おわん)ぬ。……(甲州法度之次第)

(5)他国との婚姻の許可制 ★★★

一、駿遠(すんえん)両国の輩(ともがら)[14]、或(あるい)ハわたくしとして[15]他国よりよめ(嫁)を取、或ハむこ(婿)に取、むすめ(娘)をつかハす事、自今以後之を停止(ちょうじ)し畢(おわん)ぬ。(今川仮名目録(いまがわかなもくろく))

(6)喧嘩両成敗(けんかりょうせいばい) ★★

一、喧嘩(けんか)の事、是非に覃(およ)ばず成敗(せいばい)を加うべし。但(ただ)し取り懸(かか)ると雖(いえど)も堪忍(かんにん)せしむるの輩(ともがら)に於いては、罪科に処すべからず。然れども、贔屓偏頗(ひいきへんぱ)を以て合力せしむる族(やから)は、理非を論ぜず同科たるべし。……(甲州法度之次第)

(7)犯罪者の親族連坐制 ★

一、たうそく(盗賊)に付て、おやこ(親子)のとか(咎)[16]の事、おや(親)のとか(咎)ハこ(子)にかけへし。……こ(子)のとか(咎)おや(親)にかけへからす。たゝしひとつ家に候ハゝ[17]とうさい(同罪)たるへし。又時宜[18]によるへきなり。(塵芥集(じんかいしゅう))

(8)年貢未納の百姓の他領移動禁止 ★★

一、ひやくしやう(百姓)、ちとう(地頭)のねんぐ(年貢)しよたう(所当)[19]相つ

❖通釈❖

一、内諾(許可)を得ないで他国へ贈り物や手紙を送ることはすべて禁止する。

❖通釈❖

一、駿河・遠江両国の今川氏の家臣たちは、自分勝手に他国から嫁をもらったり、婿をむかえたり、娘を嫁にやることは今後禁止する。

❖通釈❖

一、喧嘩については、どちらがよいか悪いかにかかわらず、罪科に処す。但し喧嘩を仕掛けられても、反撃せずに堪え忍んだ者については、罪科に処すことはしない。しかし、どちらか一方に肩入れして参戦した者は、どのような理由があろうと同罪として処罪する。

❖通釈❖

一、盗賊というような親子の罪については、親の罪は子の罪となる。……子の罪は親にかけてはならない。ただし親子が同居している場合は、親子とも同罪である。その他については、そのときにふさわしい処理をすること。

❖通釈❖

一、百姓が領主に年貢・公事を納めず、他領へ

とめす、たりやう(他領)へまかり(罷)さる(去)事、ぬす(盗)人のさいくハ(罪科)たるへし。仍かのひやくしやう(百姓)きよよう(許容)のかた **20** へ、申とつくる(届)のうへ、せういん(承引)いたさす候ハヽ、かくこ(格護) **21** 候やから(族)とうさい(同罪)たるへきなり。

（塵芥集）

移り住むことは盗みの罪とせよ。よって、そうした百姓をかくまっているところに、引き渡しを要求しても、承知しなければ、かくまった者も同罪とせよ。

20 **きよようのかた**　かくまっているところ
21 **かくこ**　かくまうこと

原典解説

朝倉孝景条々　十七か条、一四七九(文明十一)～八一(十三)年頃に成立。朝倉英林壁書ともいう(英林は孝景の法名)

甲州法度之次第　五十五か条、のちに信玄家法ともいう。一五四七(天文十六)年に成立、一五五四(天文二十三)年ごろ増補された

今川仮名目録　三十三か条、一五二六(大永六)年に成立。今川氏親が制定、のち今川義元が一五五三(天文二十二)年に追加(二十一か条)を制定

塵芥集　百七十一か条で、分国法の中で条数が最も多い。一五三六(天文五)年に成立。伊達稙宗が制定

解説

守護大名もその領国に対して単行法令を制定しているが、**戦国大名**は領国(分国)統治のための基本法典として**分国法**(家法)を制定した。その基軸は家臣団統制のための規定だが、百姓支配に関する規定もみられる。史料にはその代表的な個条として、①家臣の城下町への集住(朝倉氏)、②闕所(罪人の所領地などの没収)の許可制(武田氏)、③恩給地の売買禁止(武田氏)、④他国との通信の許可制(武田氏)、⑤他国との婚姻の許可制(今川氏)、⑥**喧嘩両成敗**(武田氏)、⑦犯罪者の親族連坐制(伊達氏)、⑧年貢未納の百姓の他領移動禁止(伊達氏)、の八つをあげてある。

理非にかかわらず当事者双方を罰するという喧嘩両成敗の規定は、理非を重んじた御成敗式目との差異として注目され、戦陣の法としての分国法の性格をよくあらわすとされている。また、家臣の婚姻や通信の規制などは、戦国大名の専制的な家臣団統制の手段としての面を示している。しかし、相良氏や六角氏などの分国法は、大名と家臣団の協約として制定されており、そこには大名の権力濫用をふせいで家臣側の利益を守ろうとする面もあった。分国法のこうした矛盾した諸側面は、そのまま戦国大名の権力、分国統治のあり方の問題でもあるといえる。

百姓支配では、年貢未納のまま百姓が他領へ移ることを禁ずるなどしている。家臣の領地処分権の制約も恩給地にとどまっている半面、領主である家臣をこえて百姓を直接規制しているのは、戦国大名が家臣の個別領主権を吸収して一円支配を志向していることのあらわれとみることもできる。これは、戦国大名が行った**指出**(申告)形式の**検地**がどこまで百姓の経営を掌握できたかの理解ともかかわる。戦国大名が在地領主制を前提とし、それに手を触れない在地不介入を原則としていたのか、それとも在地領主制を否定する近世大名の前身といえるか、という議論がそこから生じている。

2 自治都市堺 ★★★

堺の町は甚だ広大にして、大なる商人多数あり。此の町はベニス市[1]の如く執政官に依りて治めらる。……

〔一五六一（永禄四）年八月十七日〕

日本全国当堺の町より安全なる所なく、他の諸国に於て動乱あるも、此町には嘗て無く、敗者も勝者も、此町に来住すれば皆平和に生活し、諸人相和し、他人に害を加うる者なし。市街に於ては嘗て紛擾起ることなく、敵味方の差別なく皆大なる愛情と礼儀を以て応対せり。市街には悉く門ありて番人を付し、紛擾あれば直に之を閉づることも一の理由なるべし。紛擾を起す時は犯人其他悉く捕えて処罰す。……町は甚だ堅固にして、西方は海を以て、又他の側は深き堀を以て囲まれ、常に水充満せり。

〔一五六二（永禄五）年〕

（耶蘇会士日本通信）

解説

堺（和泉）は、鎌倉時代に市場としてはじまり、応永の乱（一三九九年）以後、細川氏の守護領国の中心として発展し、十六世紀には人口は五万に達した。勘合貿易の港として繁栄し、琉球船も出入するようになり、東アジア諸国と日本の国内経済の接点をなすにいたった。また、刀剣・鋳物・漆器・絹織物、さらに鉄砲の産地としても栄えた。

イエズス会（耶蘇会）の宣教師ガスパル・ヴィレラは、一五六一（永禄四）年には堺がベニス（ヴェネツィア）のように自治都市であるとし、翌一五六二（永禄五）年には戦乱の中で海と三方の濠で堅固に守られ中立を保っていると述べている。堺の市政は、和泉屋や臙脂屋など三十六人の有力商人からなる会合衆が、三人ずつの月行事を出して輪番で運営する自治体制をとった。ヴィレラがいう執政官とはこの月行事を指すと思われる。堺は戦国大名たちの争奪の的となったが、会合衆は牢人を雇って自衛力を備える一方、戦国大名間の対立をたくみに利用して戦火を避けて自治を守った。

自治都市堺

1 ベニス市　イタリアの自治都市ヴェネツィア

原典解説

耶蘇会士日本通信　日本で布教活動にたずさわっているイエズス会の宣教師が、インドやヨーロッパの同会関係者に送った書簡集。一五四九（天文十八）～八〇（天正八）年までの書簡が収録されている

設問

問1　戦国大名が家臣の私闘を禁ずるために分国法などで定めた法的原則は何か。

問2　家臣の城下町集住を強制した北陸の戦国大名の分国法は何か。

問3　キリスト教宣教師によって自治都市ベニスのようだとされた港町はどこか。

第3編

近世

「南蛮屏風」
東京■サントリー美術館

第6章 幕藩体制の成立

❶ ヨーロッパ人の来航

1 鉄砲の伝来 ★★

隅州❶の南に一嶋あり。州を去ること一十八里、名づけて種子と曰う。……天文癸卯❷秋八月二十五日丁酉、我が西村の小浦❸に一の大船❹あり。何れの国より来たるかを知らず。船客百余人、その形類せず❺、その語通ぜず。見る者もつて奇怪となす。その中に大明の儒生一人、名は五峯❻なる者あり。……賈胡❼の長二人❽あり、……手に一物を携う。長さ二、三尺。その体為るや、中通じ外直にして❾重きをもつて質となす。その中は常に通ずと雖も、その底は密塞を要す。その傍らに一穴あり、火を通ずるの路なり。形象、物の比倫すべきなきなり。……その用為るや、妙薬をその中に入れて、添ふるに小団鉛をもつてす。……親ら一物を手にして、その身を修め❿、その目を眇にして⓫、其の一穴より火を放つときは、

通釈

大隅国の南に一つの島が、十八里ほど離れたところにある。その名を種子島という。……天文十二(一五四三)年八月二十五日秋、種子島西村の小浦に大きな船が着いた。何処の国から来たのかわからない。船客は百人あまりで、その容貌が日本人と違い、言葉が通じないので、これを見た人は皆あやしげな人たちだと思った。その中に、明の儒生で、名を五峯という者がいた。……外国商人の長が二人いて、……手に一つのものをもっている。その長さは二、三尺で、その形状は中は空で外はまっすぐで、大変重い材質のものである。横に一つの穴があり、そこが火をつけるみちとなっている。その形は何に譬えようもない。……火薬をその中に入れ、その上に小さな鉛の玉をこめる。……鉄砲を手にもち、体をかまえ、目を細くしてねらい、小さい穴から火をはなつと直ぐに命中する。……島主時堯は、その価が非常に高いのにもかかわらず、外国製の鉄砲二挺を買い、家宝とした。

鉄砲の伝来

❶**隅州** 重要 大隅

❷**天文癸卯** 天文十二(一五四三)年。アントニオ・ガルバンの『世界発見史』は一五四二(天文十一)年としている

❸**西村の小浦** 種子島の港

❹**一の大船** 一般的にはポルトガル船のようにいわれているが、前掲の『世界発見史』には、「一艘のジュンコ」とあり、中国船が正しいのであろう

❺**形類せず** 容貌・服装が似ていない

❻**五峯** のちに倭寇の頭領として頭角をあらわす王直に比定される

❼**賈胡** 賈は商人、胡は蛮人を意味するが、ここでは、ポルトガル人をいう

❽**二人** フランシスコ・ゼイモトとアントニオ・ダ・モッタと推定される

❾**中通じ外直にして** 中は空洞で外はまっすぐ

すなわち立に中らざる莫し。……時堯[12]、その価の高くして及び難きことを言わずして、蛮種の二鉄炮を求めて、もつて家珍[13]となす。……（鉄炮記）

……

解説

史料の『鉄炮記』によると、一五四三(天文十二)年、種子島の西村小浦にポルトガル人を乗せた中国船が流れつき、その乗組員から領主種子島時堯が鉄砲二挺を買い取り、また火薬の製造法を伝授されたという。その後、紀伊国根来寺の使者が種子島を訪れて鉄砲一挺を譲り受け、また堺の商人橘屋又三郎(鉄砲又)が鉄砲の製法を学んで帰った。鉄砲は島津氏を通じて足利将軍家にも献上され、近江国国友村の鍛冶がそれを手本にして製作をはじめた。鉄砲は、根来・堺・国友の三か所を製造地として急速に普及し、騎馬戦法を集団戦闘に、城も山城を平城に変えていった。堺や国友を支配した織田信長は、長篠合戦(一五七五年)で、足軽鉄砲隊によって武田勝頼の騎馬隊を潰滅させた。

2 フランシスコ・ザビエルの来日 ★

一五四九年八月、聖母の祭日[1]、サンタ・フェーのパウロ[2]の故国なる鹿児島に着きたり。彼の親戚その他は大なる愛情を示して我等を迎へたり。……

日本に付きては我等が見聞して知り得たる所を左に述ぶべし。第一我等が今日まで交際したる人は新発見地中の最良なる者にして、異教徒中には日本人に優れたる者を見ること能はざるべしと思はる。此国の人は礼節を重んじ、一般に善良にして悪心を懐かず、何よりも名誉を大切とするは驚くべきことなり。国民は一般に貧窮にして、武士の間にも武士にあらざる者の間にも貧窮を恥辱と思はず。彼等の間には基督教諸国に有りと思はれざるもの一つ有り。即ち武士は甚だ貧しきも、武士にあらずして大なる富を有する者之を大に尊敬して、甚だ富裕なる者に対するが如

---

10 身を修め　身構えてねらいを定め

11 目を眇にして　目を細くして

12 時堯 重要　種子島の島主種子島時堯

13 家珍　家宝

原典解説 鉄炮記　禅僧の南浦文之が一六〇六(慶長十一)年に著した鉄砲の伝来に関する日本側の唯一の史料

フランシスコ・ザビエルの来日

1 聖母の祭日　マリア昇天日(太陽暦八月十五日)

2 サンタ・フェーのパウロ　ヤジロウ(アンジロー)の洗礼名。この青年がザビエルを案内してきた。サンタ・フェーはゴアのサン・パウロという意味

原典解説 耶蘇会士日本通信　一八六ページ参照

くすることなり。又武士は甚だ貧しくして多額の財産を贈らるゝも、決して武士にあらざる階級の者と結婚することなし。……彼等は此の如く富よりも名誉を重んず。（耶蘇会士日本通信）

解説

スペイン人の宣教師でイエズス会の創設者のひとりであるフランシスコ・ザビエルは、一五四九(天文十八)年七月、日本人ヤジロウ(アンジロー)を道案内人として鹿児島に上陸した。彼は、日本人の文化水準を高く評価し貿易を利用して布教をすすめようとした。一五五〇(天文十九)年、彼は平戸・山口を経て京都にはいったが、比叡山への入山を拒まれ、将軍にも面会できず、平戸までもどった。一五五一(天文二十)年、再び山口へ赴き、領主大内義隆の保護をうけ、豊後の大友氏にも招かれ、十月に日本を去った。

3 キリシタンの増加 ★

本年、日本に在るキリシタンの数はビジタドール❶の得た報告に依れば、十五万人内外で其中には豊後・有馬及び土佐のキリシタンの王（大友宗麟・有馬晴信・一条兼定）❷の外にも高貴な人で親戚及び家臣と共に、キリシタンになつた者が多数ある。キリシタンの大部分は下❸の地方、有馬・大村・平戸・天草等に居り、又五島及び志岐❹の地にもキリシタンが在って、其数は十一万五千人に上り、豊後国には一万人、都地方には二万五千人❺ある。（耶蘇会日本年報）

解説

キリシタンは、ザビエルの離日前後には千人程度、一五八二(天正十)年には十五万人を数えている。一五七九(天正七)年に来日したアレッサンドロ・ヴァリニャーニは、都(近畿・中国・四国)・豊後・下(肥前・肥後地方)の三布教区を設け、各地に教会や学校を建てた。十五万人の信者の内訳は都区二万五千人、豊後区一万人、下区十一万五千人と、九州が大半を占める。これは南蛮貿易の利益を得るため、自ら改宗し、家臣や領民にも入信を強制したキリシタン大名の所在と密接な関係がある。

キリシタンの増加

❶**ビジタドール**　イエズス会の巡察使。ここではアレッサンドロ・ヴァリニャーニをさす
❷**一条兼定**　一条兼良の子孫。土佐の国守。のち長宗我部元親のために追われた
❸**下**　肥前および肥後地方
❹**志岐**　壱岐のこと
❺**二万五千人**　この数には畿内・山口その他に散在する信徒数が含まれている

原典解説

耶蘇会日本年報　日本イエズス会がローマの同会総長にあてて直接送った年次報告をまとめたもの

設問

問❶　一五四三(天文十二)年に種子島に漂着したヨーロッパ人はどこの国の人か。
問❷　一五四九(天文十八)年に鹿児島に来航し、キリスト教を伝えたのはだれか。

② 信長の統一事業

1 延暦寺焼打ち ★

十二日[1]辛未、天晴。……織田弾正忠[2]、暁天より上坂本[3]を破られ火を放つ。次いで日吉社残らず、山上の東塔、西塔、無童子[4]残らず火を放つ。山衆[5]悉く討死すと云々。……講堂以下諸堂に火を放ち、僧俗男女三四千を伐り捨て、堅田[6]等に火を放つ。仏法の破滅、説ふべからず、説ふべからず。王法は如何があるべき事哉。大講堂、中堂、谷々の伽藍[7]一宇も残さず火を放つと云々。

（言継卿記）

解説

織田信長は、一五六八（永禄十一）年、足利義昭を擁して入京したが、義昭と対立し、これを支援する比叡山延暦寺を一五七一（元亀二）年九月、焼打ちした。平安時代以来、鎮護国家の仏法を唱える延暦寺は、公家・寺社勢力（荘園領主）の精神的支柱をなし、その財力や軍事力も無視できず、朝廷の動きや京都の市政には大きな影響力をもっていた。つまり、延暦寺の仏法によって荘園領主の王法は護持されていたのである。信長は、延暦寺に代表される僧侶の腐敗堕落を攻撃し、またキリスト教の宣教師を保護して仏教による精神世界の独占の打破をはかるとともに、楽市令や関所の撤廃などの政策をすすめて荘園領主の経済基盤を破壊していった。信長によってその仏法・王法ともに脅威にさらされた延暦寺は、義昭と結び、信長とたたかう朝倉義景（越前）や浅井長政（近江）を支援した。信長は、史料にあるように延暦寺の大伽藍はもとより、それらに属する日吉神社や近江一帯にひろがる末寺、さらに琵琶湖側の山麓にある坂本や堅田などの町も焼払い、三、四千人にのぼる僧侶・信徒を殺した。この延暦寺焼打ちによって、畿内における延暦寺の影響力は一掃され、荘園領主勢力は回復不能な打撃をこうむったのである。

延暦寺焼打ち

1 十二日　一五七一（元亀二）年九月
2 織田弾正忠 重要　織田信長
3 坂本 重要　琵琶湖岸にある比叡山延暦寺の門前町
4 無童子　無動寺のこと
5 山衆　山門の衆徒
6 堅田　坂本の北にあり、琵琶湖の舟運の要地として栄えた
7 伽藍　寺院

原典解説　言継卿記　大納言山科言継の日記で、一五二七（大永七）～七六（天正四）年間のことを記している

2 楽市令 ★★★

定　安土山下町中[1]

一、当所中楽市[2]として仰せ付けらるるの上は、諸座・諸役・諸公事[3]等、悉く免許[4]の事。

一、往還の商人、上海道[5]はこれを相留め、上下[6]とも当町に至り寄宿[7]すべし。……

一、普請[8]免除の事。……

一、伝馬[9]免許の事。

一、分国中徳政を行なうと雖も、当所中は免除[10]の事。

一、他国幷びに他所の族、当所に罷り越し有り付き候者、先々より居住の者と同前[11]、誰々の家来たりと雖も、異儀あるべからず。若し給人[12]と号し臨時の課役停止の事。

一、喧嘩口論幷びに国質・所質[13]・押買[14]・押売、宿の押借以下一切停止の事。

一、博労[15]の儀、国中の馬の売買、悉く当所に於いて仕るべきの事。

右の条々、若し違背の族有らば、速かに厳科に

楽市令

[1]**安土山下町** 重要　安土城の城下町

[2]**楽市** 重要　座に属さない新儀商人の営業を認めて自由な市場にすること

[3]**諸役・諸公事**　諸役は棟別銭・兵粮米などの課役。諸公事はいろいろな名目の雑税

[4]**免許**　座の特権の否定と座役・雑税の免除

[5]**上海道**　中山道のこと。山下町には下街道が通っていた

[6]**上下**　上りは京都へ行くこと。下りは京都から来ること

[7]**寄宿**　立ち寄って宿泊すること

[8]**普請**　建築・土木工事と、それへの徴発を含む

[9]**伝馬**　軍需物資の輸送、家臣の往来のために馬と労役を提供すること

[10]**当所中は免除**　その理由は、徳政令が商業の発展を阻害し町民を不安におとしいれるためである

[11]**先々より居住の者と同前**　新しく移住してきたものに対してなんらの差別待遇をしない

[12]**給人**　信長の家臣

通釈

安土城下町に対して次のように定める。

一、この町を楽市として命ぜられた上は、いろいろな座は撤廃し、課役・公事はすべて免除する。

一、往来する商人は、上街道を通ってはならず、この町に泊るようにせよ。……

一、建築、土木工事に人夫として徴発することをしない。……

一、伝馬役を免除する。

一、信長の領国内で徳政を実施しても、この町では免除する。

一、他国ならびに他所の者で、この町に来て住みついた者は、以前から住んでいた者と同じ待遇をうけられる。誰の家来であっても異議があってはならない。たとえ、給人と称して臨時の課役を命ずることがあっても停止する。

一、喧嘩・口論は禁止する。また、国質・所質という財産没収契約も禁止する。押売・押買、宿をむりやりに借りるというような不当なことは一切禁止する。

一、馬の売買人について、国中の馬の売買はすべてこの町でするようにせよ。

右の条々について、もし違反の者があれば、ただちに処罰するものである。

天正五(一五七七)年六月　日

処せらるべき者なり。
　天正五年[16]　六月　日（天下布武の朱印[17]）
（近江八幡市役所所蔵文書）

[13] **国質・所質**　債権取り立てなどのために、債権者が債務者の同じ国・同じ所の第三者の財産を差し押さえること
[14] **押買**　売り手が納得しないのに無理やり安い値段でもって商品を買うこと
[15] **博労**　馬を売買する人
[16] **天正五年**　一五七七年
[17] **天下布武の朱印**　信長の印。「天下に武を布く」と読む。全国統一に対する彼の意欲を示す

原典解説
近江八幡市役所所蔵文書　滋賀県近江八幡市の共有文書。『滋賀県八幡町史』に収録

解説

室町時代以降、農村では惣、京都では**町衆**と称される都市民による自治が形成されてきたが、地方の市場にも自治的に運営されるものがあらわれ、これを**楽市場**という。楽市場は、①戦国大名などの警察権の介入を許さない不入権をもち、②その住民は諸国往来の自由通行権や免税の特権を認められ、③そこでは年貢の納入や負債の返済を請求されず、④下人などもここに逃げ込めば身分的隷属関係を断ち切られるとされていた。当然、ここでは座の営業独占特権などは認められず、もともと座が無いという意味で楽座の場であった。この楽市場は、縁切寺などと同じく、世俗ないし既成の縁(関係)が断ち切られる**無縁**の場だとされている。戦国大名はこうした楽市場のあり方を認め、領国経済の繁栄をはかるとともに、城下町建設にあたってもそこを楽市場とすることを布告した。

織田信長も一五七七(天正五)年、**安土**の城下町建設にあたり、史料としてあげた**楽市令**を出している。従来、これは座の特権の否定をめざす信長の政策としての楽市・楽座令と理解されてきた。しかし、戦国大名はもとより、信長も座一般を解体するような政策はとっておらず、他の地域では彼によって座が保護されている。この楽市令では、①安土城下における座の特権の否認、②商人来往の奨励、③住民に対する土木工事(普請)や物資輸送(伝馬)などの賦課・徴発の免除、④徳政令の適用除外、⑤来往者への旧領主による課役の禁止などが規定されている。もちろん、こうした楽市令によって楽市場が増加してゆけば、座の特権のもつ経済的意味が低下しその衰退をまねき、その本所として座役を徴収していた公家・寺社勢力が打撃を受けることは必至であった。

3 関所の撤廃 ★

永禄十一年[1]十月……且は[2]天下の御為、且は往還の旅人御憐愍[3]の儀を思しめされ、御分国中に数多ある諸関諸役上させられ、都鄙[4]の貴賤一同に忝と拝し奉り、満足仕り候いおわんぬ。

関所の撤廃
[1] **永禄十一年**　一五六八年
[2] **且は**　一方では
[3] **御憐愍**　御あわれみ
[4] **都鄙**　都市と田舎

原典解説

信長公記　信長の右筆太田牛一の書いた信長の伝記である

指出検地

[1] **廿六日**　一五八〇(天正八)年の九月

[2] **当国**　大和国

[3] **国衆**　大和土着の武士、国人

[4] **指出** 重要　信長に指し出すべき所領の台帳やその写しのこと

原典解説

多聞院日記　奈良興福寺の中の多聞院の住職英俊らの日記で、戦国～安土桃山期の史料として貴重な存在

設問

問❶　織田信長が安土の城下町に自由な商業活動を許した法令を何というか。

問❷　織田信長が領国でくり返し実施した土地調査を何というか。

(信長公記)

解説

織田信長は、史料にあるように、一五六八(永禄十一)年十月、領国内の**関所**を撤廃し、**関銭**の徴収を停止した。翌一五六九(永禄十二)年には、伊勢の北畠氏を屈服させ、伊勢神宮への参詣者をめあてとして数多く設けられていた関所を撤廃した。これは、小規模な領地でも関所を設けることで財政的自立を維持していた国人領主からその独立性を奪い、常備軍団への編入をはかるための措置だった。また同時に、関所を利用して近江・伊勢の商品流通を支配していた近江商人やその保護者であった荘園領主勢力にも打撃を与え、伊勢は信長の領国経済へ組み入れられることになった。関所の撤廃は信長の領国経営にとって不可欠の政策だったといえよう。

4 指出検地 ★

廿六日[1]、**当国**[2]**中寺社・本所・諸寺・諸山・国衆**[3]**悉く以て一円ニ指出**[4]**出す**べきの旨、悉く以て相触れられおはんぬ。沈思沈思。……前代未聞、是非無き次第。日月地に落ちず、神慮頼み奉る計り也。……

(多聞院日記)

解説

戦国大名は、財政基盤を確立するため、領国内の田畑の面積・土地からの収益を算出する**検地**を行った。それは、家臣や農民に申告させる**指出**の方式をとり、収益も収穫高そのものではなく、銭納換算の年貢額で表示する(**貫高制**)場合が多かった。

織田信長も**指出検地**を領国や征服地で行ったが、史料は大和国でそれを行った際のものである。そこでは、同国の大荘園領主であった興福寺の僧侶が「前代未聞」と反発しながらも、「是非なき次第」とあきらめて、傍観せざるを得なかった様子がわかる。検地の結果は軍役賦課などに利用されたので、指出による不徹底さを残しながらも、これは国人や荘園領主の土地に対する権利に制約を加えていくきっかけになったといえる。それゆえ、興福寺のような反発もおこるわけだが、軍事的制圧を前提に実施されており、反抗はきわめて困難だった。

❸ 太閤検地

1 検地の強行 ★★★

一、其許[1]検地の儀、一昨日仰せ出され候如く、斗代[2]等の儀は御朱印[3]の旨に任せて、何も所々[4]、いかにも念を入れ申し付くべく候。もしそさう(粗相)ニ仕り候ハヽ各越度[5]たるべく候事。……

一、仰せ出され候趣、国人[6]幷百姓共ニ合点行き候様ニ能々申聞かすべく候。自然[7]相届かざる[8]覚悟の輩これあるに於ては、城主にて候ハヽ、其もの城へ追入れ、各相談じ、一人も残置かず、なできりニ申し付くべく候。百姓以下に至るまで相届かざるニ付ては、一郷も二郷も悉くなできり仕るべく候。六十余州堅く仰せ付けられ、出羽、奥州迄そさうニハさせられ間敷候。たとへ亡所[9]ニ成り候ても苦しからず候間、其意を得べく候[10]。山のおく、海ハろかい(櫓櫂)のつゝき候迄、念を入るべき事専一に候。自然各退屈する[11]に於ては、関白殿御自身御座成され候ても、仰せつ

通釈

一、その方の検地のことについては、一昨日、仰せ出されたように、斗代のことは、秀吉の命を伝えた朱印状の趣旨にそって、どこでも、十分に念を入れて申しつけるようにせよ。もし粗略に扱うとお前達の過失とする。……

一、検地について申し渡した事がらの主旨を国人や百姓たちに納得ゆくように、よく申し聞かすべきである。もしもこれに不服従の者がある場合は、その者が城主であれば、これを城へ追い込め、奉行らが相談の上、一人残らずなで切りにせよ。また、百姓以下の者までこれに従わぬ場合は、一郷でも二郷でもことごとくなで切りにせよ。日本全土六十余州に堅く命令したからには、出羽、奥州のへんぴな諸国においても、いいかげんにしてしまってはならない。たとえ田畑が耕作者のいない土地となってしまってもよいから、この旨を十分承知せよ。山の奥まで、海は艪櫂のおよぶ所まで念を入れて施行せよ。もしその方どもが怠けるようなことがあれば、関白秀吉殿御自身が出かけられて命令される。必ずこの手紙の返事をしなさい。

検地の強行

1 其許　その方の場所(ここでは奥州のこと)
2 斗代　一段当たりの公定収穫高。上・中・下・下々の四等級に分け、上田の斗代は一石五斗(五斗代)で以下二斗ずつ減じる。
3 御朱印　秀吉の命を伝えた朱印状
4 何も所々　どこでも
5 越度　過失
6 国人　国衆。地域の領主。地侍
7 自然　もしも
8 相届かざる　不服従のもの
9 亡所　耕作者がいなくなって荒れはててしまった土地
10 其意を得べく候　そのつもりでやるように
11 退屈する　怠けるようなことがあれば

けらるべく候。急与此返事然るべく候也。
八月十二日[12]　（朱印）（豊臣秀吉）
浅野弾正少弼とのへ[13]
（浅野家文書）

八月十二日　秀吉
浅野長政どの

❖解説❖

豊臣秀吉は、奥羽平定後の一五九〇（天正十八）年八月十二日、奉行浅野長政に陸奥・出羽両国の検地を行うよう命じた。史料はその指示文書である。全体は四か条からなり、ここには第二・四条をのせてある。第二条では統一基準での検地を実施することを指示し、第四条では検地に反抗する者は国人であろうと農民であろうと「なでぎり」（皆殺し）にせよと命じている。ここで、秀吉は、この検地が日本全国くまなく実施されるものであって、山奥でも島でも徹底してやるのだと宣言し、長政らがいい加減にやるならば秀吉自身が出向いて陣頭指揮をとるとまでいい切っている。

秀吉がこのようにこだわった太閤検地（天正の石直し）は、一五八二（天正十）年、山崎の合戦に勝利した後、山城・丹波両国で実施したのに始まる。当初は織田信長と同様、家臣や農民に申告させる指出方式をとったが、その後は奉行を決めて直接調査させる方式を畿内近国でくり返した。一五八六（天正十四）年には、①二公一民の年貢率、②年貢減免の禁止、③農民の移住禁止などの農民支配原則を定め、検地の方式も固めた。畿内近国に始まった検地は、秀吉の統一事業にともなって全国で実施されるようになった。一五九〇年の奥羽検地で一応全国くまなく検地された形になったが、一五九四（文禄三）年には検地条目を定めて全国一斉に検地をやり直した（文禄検地）。

2 検地の方法　★★

右今度御検地を以て相定むる条々

一、六尺三寸[1]の棹[2]を以て、五間六拾間、三百歩壱反に相極むる事。

一、田畠幷在所[3]の上中下能々見届け、斗代相定むる事。

---

[12] 八月十二日　一五九〇（天正十八）年

[13] 浅野弾正少弼　浅野長政、五奉行のひとり

原典解説

浅野家文書　旧広島藩主浅野家に伝わる文書

検地の方法

[1] 六尺三寸　荘園時代の一歩は方六尺、六尺三寸、六尺五寸などまちまちであり、一段三百六十歩であった。徳川家光のときに現行の方六尺となる

一、口米[4]壱石に付いて弐升宛、其外役共一切出すべからざる事。

一、**京升[5]を以て年貢を納所致すべく候**、売買も同じ升たるべき事。

一、年貢米、五里、百姓として持届くべし。其外ハ代官給人[6]として持届くべき事。

慶長三年[7]七月十八日　木村宗左衛門尉[8]（花押）

はら村[9]次郎右衛門方　惣百姓中

（西福寺文書）

解説

太閤検地は統一基準で実施されたが、史料は一五九八（慶長三）年七月という秀吉死去（八月）直前のもので、その最終的な姿を示している。そこでは、①六尺三寸を一間とし、一間四方を一歩、三百歩を一反（十反を一町）とする。②田畑や村ごとに等級を区分して**石盛**（斗代、一反当たりの米の公定収穫量）を定める。③**京枡**を用いることなどが規定されている。

太閤検地は、①田畑などの土地の公定生産高である**石高**を定める一方、②**一地一作人の原則**によりその土地の耕作者を決めて年貢を負担させるようにした。その結果、地侍・名主層は、大名の家臣としてその土地の支配をまかされる領主となる者と、農民として村にとどまる者とに分かれていった。後者は、従来のように「おとな百姓」として「ひらの百姓」を使役したり「作あい」（作徳・加地子、小作料のこと）をとることを否定された。こうして、太閤検地によって一つの土地には一人の領主と一人の耕作者がいるという関係がつくり出され、一つの土地に年貢や小作料をとる者が何人もいるという荘園制特有の重層的な土地権利関係は一掃されたのである。

太閤検地で使用された京枡（大阪府教育委員会蔵）

近世の度量衡

度	1丈＝10尺＝100寸（1尺＝約30.3cm）
量	1石＝10斗＝100升＝1000合 京枡1升（4寸9分平方、深さ2寸7分）＝約1.8リットル
衡	1貫＝1000匁＝3.75kg
面積	1町＝10反＝100畝＝3000歩

2 棹　木や竹の棒で、目もりをつけて長さをはかる

3 在所　村のことだが、ここでは屋敷地のこと

4 口米 重要　年貢の付加税

5 京升 重要　戦国時代、京都で使用されたもので、江戸時代から全国標準となった

6 代官給人　直轄領の代官と在地の家臣

7 慶長三年　一五九八年

8 木村宗左衛門尉　木村由信、秀吉の家臣

9 はら村　現在の福井県敦賀市原

原典解説

西福寺文書　福井県敦賀市にある西福寺の所蔵文書

設問

問❶ 豊臣秀吉が全国でおこなった土地調査を何というか。

問❷ 田畑を収穫高によって等級づけることを何というか。

❹ 兵農分離

1 刀狩令 ★★★★

条々

一、諸国百姓、刀、脇指、弓、やり(槍)、てつはう(鉄砲)、其外武具のたぐひ(類)所持候事、堅く御停止候。其子細[1]は、入らざる道具をあひたくはへ(蓄)、年貢・所当[2]を難渋せしめ、自然、一揆を企て、給人[3]にたいし非儀の動[4]をなすやから(族)、勿論御成敗あるべし。然れば其所の田畠不作せしめ、知行ついえ(潰え)[5]になり候の間、其国主、給人、代官として、右武具、悉取りあつめ、進上致すべき事。

一、右取をかる(置)べき刀、脇指、ついえにさせらるべき儀にあらず候の間、今度大仏御建立[6]の釘、かすかひに仰せ付けらるべし。然れば、今生の儀は申すに及ばず、来世までも百姓たすかる儀に候事。

一、百姓は農具さへもち、耕作専に仕り候へハ、子々孫々まで長久に候。百姓御あはれミ(憐)をもつ

通釈

一、諸国の百姓たちが、刀・脇指・弓・槍・鉄砲その外武具の類をもつことをかたく禁止する。その理由は、不必要な武器を所有し、年貢や所当(雑税)を出し渋り、もしも一揆をおこし、給人(大名の家臣で俸禄を与えられたもの)に対して非道な反抗をするようになれば、そのような連中はもちろん処罰されるのであるから、そうなればその所の田畑は耕作されず、その土地から年貢があがらなくなるからである。其の地の領主、給人あるいは代官(直轄領の代官)の責任において以上のような武具を全部集めて差し出すようにせよ。

一、右の没収される刀や脇指は無駄にされるのではなくて、今度、大仏建立にあたって、釘やかすがいとして用いようと思う。そうすれば、現世はいうまでもなく、来世までも百姓のためとなるであろう。

一、百姓は農具さえもって、耕作だけを一生懸命やっていれば、子孫代々長久に暮せるのである。百姓のためを思い、お上の御情をもってこのように命ぜられたのである。だから、この命令はまことに国土が安全で、万民が楽

刀狩令

[1] 其子細　そのわけ

[2] 年貢・所当　年貢や年貢以外の諸貢租の割り当て

[3] 給人　領主から特定の土地を給分として与えられている武士

[4] 非儀の動　けしからぬ行動

[5] ついえ　無駄

[6] 大仏御建立　重要　京都の方広寺の大仏殿建立

て、此の如く仰せ出され候。誠に国土安全万民快楽の基也。異国にては唐堯[7]のそのかミ、天下を鎮撫せしめ、宝剣利刀を農器にもちいると也。……**此旨を守り、各其趣を存知し、百姓は農桑を精に入べき事。**

右道具急度取り集め、進上有るべく候也。

天正十六年[8]七月八日　(豊臣秀吉)朱印

（小早川家文書）

しく暮せる基礎となるものだ。外国では堯帝の昔、天下を鎮めるため、宝剣利刀をとかして農具を造ったとのことである。この命令をよく守り、みなその方針を十分理解し、百姓たちは、農耕・養蚕に精を出すべきである。

右にのべた武器の類は、かならずとり集めて差し出すようにせよ。

天正十六(一五八八)年七月八日　秀吉

[7] 堯　中国の伝説時代の理想的帝王。徳をもって天下を治めたと伝えられている

[8] 天正十六年　一五八八年

参考史料　刀狩の目的—一揆の停止 ★

一、天下ノ百姓ノ刀ヲ悉く之を取る、大仏ノ釘ニ之を遣ふべし、現ニハ[1]刀故闘諍[2]に及び身命相果つるヲ助けんがため、後生ハ[3]釘ニ之を遣ひ、万民利益、現当ノ方便[4]ト仰付けられ了んぬと云々。**内証ハ[5]一揆停止の為也ト**沙汰[6]之在り、種々ノ計略也。

（多聞院日記）

刀狩の目的

[1] 現　現世

[2] 闘諍　たたかい争う

[3] 後生　死後

[4] 現当ノ方便　現世と未来の幸福のための手段

[5] 内証ハ　真意は

[6] 沙汰　評判、うわさ

❖解説❖

太閤検地は、一五八七(天正十五)年に肥後国一揆、一五九〇(天正十八)年に大崎・葛西一揆(陸奥)など、国人・地侍・名主層の検地反対一揆をひきおこした。これに対し、一五八八(天正十六)年七月、秀吉は各領主にあてて**刀狩令**を発し、①農民の武器保有が年貢不納や一揆をひきおこし、領主・農民間の武力衝突は結局両者ともに損失となるとして、農民から武器を没収するよう領主に命じ、②集めた武器はつぶして京都の方広寺大仏殿の建立に用いるので、無駄にならず、武器の提出が功徳をつむ結果となり、後生がよくなり、③農民に耕作専念が幸福のもとだと説いている。

原典解説

小早川家文書　安芸国沼田荘の地頭から戦国大名となった小早川家に伝わる文書。刀狩令のとき小早川隆景は筑前の大名

多聞院日記　一九四ページ参照

秀吉の刀狩令は、農民の武装解除による一揆の根絶をめざしており、興福寺の僧侶もその本質が「一揆停止」の「計略」だと断じている。刀狩令の性格は、①兵農分離政策の一環、②中世の自力救済を否定したいわゆる「平和令」などと考えられている。

2 人掃令 ★★

(1)天正十九年令 ★★

定

一、奉公人[1]、侍[2]・中間[3]・小者[4]・あらし子[5]に至る迄、去七月奥州え御出勢より以後、新儀ニ町人百姓ニ成候者之在らば、其町中地下人[6]として相改、一切をくべからず。若かくし置ニ付いては、其一町一在所御成敗を加えらるべき事[7]。

一、在々百姓等、田畠を打捨、或はあきない、或は賃仕事ニ罷出輩之あらば、そのものの事は申すに及ばず、地下中御成敗為るべし。幷に奉公をも仕らず、田畠もつくらざるもの、代官給人としてかたく相改、をくべからず。……

右条々、定置かるる所件の如し。

天正十九年[8]八月廿一日 (豊臣秀吉)(朱印)

(小早川家文書)

通釈

一、武家奉公人、つまり若党などの侍・中間・小者・あらし子たちで、去る天正十八(一五九〇)年七月奥州へ御出兵になってからのち、新しく町人・百姓になった者があれば、その町中および百姓全部の責任において調べ、いっさい置いてはならない。もし、これをかくしておくようなことがあれば、その町、あるいは村全体に処罰を加える。

一、村々の百姓たちが、田畠をすてて、あるいは商売または賃仕事に出る者があれば、その者はいうまでもなく村人すべてを処罰するものとする。ならびに、奉公もせず、田畠も耕作しない者は、代官や役人が調べあげ、そのような者を村々に置いてはならない。……

右の条々が定められたのである。

天正十九(一五九一)年八月二十一日 秀吉

人掃令

(1)天正十九年令

[1]奉公人 武家奉公人、以下の「侍・中間・小者・あらし子」の総称

[2]侍 領地をもつ武士に仕える若党などの従者で、一応武士身分に属する

[3]中間 若党などと小者の間に位置する武家の召使

[4]小者 武家の雑役に使われるもの

[5]あらし子 荒しごとをする者。戦場の雑役に使われる。以上は身分上武士として扱われる

[6]地下人 百姓

[7]御成敗を加えらるべき事 処罰する

[8]天正十九年 一五九一年

原典解説 小早川家文書 一九九ページ参照

(2) 天正二十年令 ★

急度申し候

一、当関白様[1]従り六十六ケ国へ人掃[2]の儀仰せ出され候の事。……

一、家数、人数、男女、老若共ニ一村切ニ書付けらるべき事。

付、奉公人[3]ハ奉公人、町人ハ町人、百姓者百姓、一所ニ書出すべき事。……

天正十九年[4]三月六日

（吉川家文書）

解説

秀吉は、一五九一(天正十九)年八月、朝鮮侵攻の動員準備の一環として**人掃令**を出した。そこでは、①前年七月の奥州出陣の時点を基準として、大名などから領地を与えられた武士に仕える武家奉公人(若党などの侍、中間、小者、あらし子)が町人や百姓になることを禁ずる一方、各町村に調査を命じ、もしそのような者を隠し置いた場合には、町村全体を処罰するとし、②百姓の転業を禁止し、武家奉公もせず耕作もしない者を村から追放するよう命じ、③武家奉公人が勝手に主人を替えることを禁じた。①、③で兵力、②で兵粮米の生産者ないし陣夫の数量の確定をめざしている。

人掃令は、翌年再令され、全国の戸口調査を命じ、一村単位の家数・人数・男女・老若・職業を明記した書類を作成して提出させた。

人掃令の再令は、従来の一五九一(天正十九)年説が誤りで、近年では一五九二(天正二十、十二月八日に文禄に改元)年とされている。一五九二年一月の朝鮮侵略に関する法令の第一条(武家奉公人の逃亡禁止)と天正十九年令にもとづき、新入者の追放を町村に命じたところから「人掃い」といわれる。さらに、従来「身分統制令」と称されていた天正十九年令も、翌年と同じ目的の法令と考えられ、近年では「人掃令」と呼ばれるようになった。

人掃令の直接の目的は、朝鮮侵攻のための動員可能な兵力や人夫の数量の把握だったが、**兵農分離**の確立につながっていく。

(2) 天正二十年令

[1] **関白様** 重要 豊臣秀次。秀吉の甥で一五九一年関白職を譲られたが、のち秀吉との関係が悪化し、一五九五年に高野山で自殺させられた

[2] **人掃** 戸口調査

[3] **奉公人** 家臣

[4] **天正十九年** 一五九一年。一五九二(天正二十、文禄元)年の誤りと考えられている

原典解説

吉川家文書 周防の吉川家に伝わる文書

設問

問❶ 武士と農民の身分の固定をはかった豊臣秀吉の一連の政策を何と総称するか。

問❷ 武家奉公人が町人・百姓になることや、百姓の転業を禁じた法令は何か。

⑤秀吉の対外政策

1 キリシタン大名の規制 ★

一、伴天連門徒[1]の儀は、其者の心次第[2]たるべき事。

一、弐百町二三千貫[3]より上の者、伴天連ニ成候に於ゐてハ、公儀の御意[4]を得奉り次第ニ成申すべき事。

一、右の知行より下を取候ハバ、八宗九宗の儀候間[5]、其主一人宛ハ心次第成るべき事。

一、国郡又は在所を持候大名、其家中の者共、伴天連門徒ニ押付成候事[6]ハ、本願寺門徒の寺内を立[7]しより太然るべからざる義に候間、天下のさわり[8]ニ成るべく候条、其分別これ無き者ハ御成敗を加へらるべく候事。

一、大唐[9]、南蛮[10]、高麗え日本仁を売遣候[11]事曲事。付、日本ニおゐて人の売買停止の事。

一、牛馬を売買しころし食事、是又曲事たるべき事。

右の条々、堅く停止せられ畢、若違犯の族これ有らば、忽厳科に処せらるべき者也。

天正十五年[12]六月十八日　御朱印

（神宮文庫所蔵文書）

❖解説❖

秀吉は、一五八七(天正十五)年六月十八日、九州平定のため赴いた博多でキリシタンに関する布告を発した。そこでは、①キリスト教の信仰は本人の心次第である、②領主が領内の農民にキリスト教の信仰を強制してはならない、③秀吉が大名(さらに家臣)に領地を与えるのは「当座」(一時)のことであり、領主がかわっても農民はかわらないのだから、領民に対して理不尽なことを行えば処罰する、④二百町・二千貫以上の領主がキリシタンとなる場合は秀吉の許可を必要とする、ただしそれ以下の領主につ

キリシタン大名の規制

1 **伴天連** 重要 キリスト教の宣教師。ここではキリスト教をさす

2 **心次第** 心のまま、自由

3 **弐百町二三千貫** 知行地二百町は貫高(銭納換算年貢額)二〜三千貫に相当した

4 **公儀の御意** 秀吉の許可

5 **八宗九宗の儀候間** 仏教にもいろいろと宗派があるから。八宗とは南都六宗と天台宗・真言宗。九宗はこれに禅宗を加える

6 **伴天連門徒ニ押付成候事** キリスト教への入信を強制する

7 **本願寺門徒の寺内を立し** 一向宗徒が寺内町をつくること。一向一揆の拠点となった

8 **さわり** 障害

9 **大唐** 明

10 **南蛮** 重要 ポルトガル・スペイン

11 **日本仁を売遣候** 日本人を奴隷として海外に輸出する

12 **天正十五年** 一五八七年

いては本人の心次第である、⑤大名やその家臣がキリスト教の信仰を領民に強制するのは、一向宗徒(本願寺門徒)が寺内町をつくる以上にけしからぬことであり、「天下のさわり」になるので処罰する、⑥明・南蛮・朝鮮へ日本人を売ってはならない、一般に人身売買は禁ずる、⑦牛馬を売買し、殺して食ってはならない、などと規定されている。この布告は大名やその家臣を対象にしたもので、その内容は、①キリスト教の信仰は自由だが、②一向一揆・寺内町との類推から領主と領民が同じ信仰で結ばれることを警戒して、また、領民への信仰の強制を禁じ、③その徹底のため中級クラス以上の領主の入信を許可制としたものである。また、領民への入信強制禁止の根拠として、個別領主権の「当座」性、「公儀」による委託という論理を組み立てていることに注目したい。

原典解説

神宮文庫所蔵文書　伊勢神宮の内宮・外宮に伝わる記録などが収められている

2 バテレン追放令 ★★★★

一、日本ハ神国たる処、きりしたん国より邪法[1]を授け候儀、太だ以て然るべからず候事。

一、其国郡の者を近付け、門徒になし、神社仏閣を打ち破るの由、前代未聞に候。国郡在所[2]知行等給人に下され候儀は当座[3]の事に候。天下よりの御法度を相守り、諸事其意を得べき[4]のところ、下々として猥りの義[5]曲事[6]の事。

一、伴天連[7]其知恵の法[8]を以て、心さし次第ニ檀那を持候と、思し召され候へハ[9]、右の如く日域[10]の仏法を相破る事曲事に候条、伴天連儀日本の地ニハおかせられ間敷候間、今日より廿日の間ニ

バテレン追放令

[1] **邪法** 重要 キリスト教

[2] **在所** 村

[3] **当座** しばらくの間のこと

[4] **得べき** 承知しておく

[5] **猥りの義** 大名などが勝手に給地の一部を耶蘇会に寄進するようなことをいう

[6] **曲事** けしからんこと

[7] **伴天連** 重要 ポルトガル語のパードレ(Padre)の転訛したバテレンに漢字をあてたもの。神父・教父のこと。キリスト教宣教師のうち司祭の職にあるもの

[8] **知恵の法** 「切支丹伴天連の法」とよばれる自然科学や医学の術

[9] **思し召され候へハ** 秀吉公がお思いになっているから。檀那とは元来寺院の檀家をさす言葉である

[10] **日域** 重要 日本

通釈

一、日本は古くから神国であるのに、キリシタン国から邪法を伝えひろめているのは、まことに不都合なことである。

一、其の国郡の人々にすすめて信徒にし、神社仏閣を打ちこわすという事であるが、まことにけしからぬことである。国郡や村の知行などを給人に与えているのは一時的なことで、すべて秀吉の支配すべきものである。秀吉から出された法令をよく守り、諸事のその趣旨を承知しておかなくてはいけないのに、大名などが勝手に給地の一部を耶蘇会に寄進するようなことはまことにけしからぬことである。

一、宣教師が知恵の法をもって、思いどおりに檀那(信徒)を獲得していると、秀吉公がお考えになられたので、以上のように日本の仏法を破壊しているのはけしからぬことであるか

用意仕り、帰国すべく候。其中に下々伴天連に謂はれざる儀申し懸くるものこれ在らハ曲事たるべき事。

一、黒船[11]の儀ハ商売の事に候間、各別[12]に候の条、年月を経[13]、諸事売買いたすべき事。

一、自今以後仏法のさまたげを成さざる輩は、商人の儀ハ申すに及ばず、いづれにてもきりしたん国より往還[14]くるしからず候、其意を成すべき[15]事。

已上

天正十五年[16]六月十九日　（松浦家文書）

ら、宣教師どもは、日本の地におくことはできない。今日から二十日以内に準備をして帰国するようにせよ。その間に人民どもで宣教師に対して不法な行為をする者は処罰する。

一、ポルトガルの貿易船については商売のことであるから特別に取り扱う。今後ともいろいろ売買するようにせよ。

一、今からのち、仏法の妨害をしないものどもは、商人は申すまでもなく、だれであってもキリシタン国から往来してさしつかえないから、そのつもりでいるようにせよ。

以上

天正十五（一五八七）年六月十九日　朱印

[11] 黒船 重要 ポルトガル船のこと。船体を黒く塗装していたので、このようによんだ

[12] 各別　それとは別である

[13] 年月を経　これから以後もずっと

[14] 往還　ゆきき

[15] 其意を成すべき　そのように承知する

[16] 天正十五年　一五八七年

原典解説

松浦家文書　平戸の松浦家に伝わる文書

解説

秀吉は、一五八七（天正十五）年六月十九日、前日の布告（史料[1]）に続いて、バテレン（宣教師）追放令を発した。そこでは、①前日の布告とは異なり、「日本ハ神国たる処」としてキリスト教を「邪法」と決めつけ、その布教を不法行為とし、②領主による領民への入信強制を前回同様禁じ、③宣教師に対して二十日以内に国外退去するよう命じている。しかし、④南蛮貿易は「商売の事」として継続する方針を示し、⑤「仏法」をさまたげない南蛮人は商人以外でも来日を許すとしている。

「邪法」禁止は、前日の布告での入信自由制をわずか一日で否定したことになる。しかし、それはバテレン追放の根拠を示すためのものであり、その一方で南蛮貿易は継続する方針をとっており、この法令が禁教令として作用する余地は当初から乏しかったといえよう。むしろ、秀吉の真のねらいは、一向一揆の再版としてのキリシタン一揆の危険性を叫んでキリシタン大名を牽制し、その南蛮貿易独占体制を打破することにあったと考えられる。

3 朝鮮侵略の目的 ★★

覚

一、殿下陣用意❶、由断有るべからず候。来年正二月比、進発為るべき事。

一、高麗都❷去二日落去候。然る間弥急度御渡海成され、此度大明国迄も残らず仰せ付けられ、大唐❸の関白職御渡し成さるべく候事。……

一、大唐の都へ叡慮❹うつし申すべく候。其の用意有るべく候。明後年行幸たるべく候。然れば都廻の国十ケ国これを進上すべく候。其内にて諸公家衆何も知行仰せ付けらるべく候。下の衆ハ十増倍たるべく候。其上の衆ハ仁躰❺に依るべき事。

一、大唐関白、右仰せられ候如く秀次❻え譲らせらるべく候。然れば都の廻り百ケ国御渡し成さるべく候。日本之関白は大和中納言❼、備前宰相❽両人の内、覚悟次第仰せ付けらるべき事。

一、日本帝位の儀、若宮❾、八条殿❿何にても相究めらるべく候事。

一、高麗の儀は、岐阜宰相⓫歟、然らざれば、備前宰相を置かるべく候。……

一、高麗国、大明までも、御手間入らず⓬仰せ付けられ候。……

五月十八日⓭　秀吉　朱印

関白殿⓮

（前田家文書）

参考史料 秀吉の遺言状 ★

返々、秀より❶事たのみ申候。五人のしゆ❷たのみ申候〳〵。いさい❸五人の物❹に申わたし候、なごりおしく候、以上。

秀より事なりたち候やうに、此書付候しゆ❺としてたのみ申候。なに事も此ほかにわ、おもひのこ

朝鮮侵略の目的

❶殿下　豊臣秀次。殿下とは関白をよぶ語

❷高麗都　漢城。現在のソウル

❸大唐　明のこと、唐は中国をさす一般名詞

❹叡慮　天皇(後陽成)のこと

❺仁躰　人物次第ということ

❻秀次　秀吉の姉の子

❼大和中納言　羽柴秀保。秀吉の姉の子(秀次・秀勝の弟)

❽備前宰相　宇喜多秀家

❾若宮　良仁親王

❿八条殿　智仁親王

⓫岐阜宰相　羽柴秀勝。秀吉の養子、秀次の弟。この年朝鮮侵略の陣中で死去

⓬御手間入らず　簡単に

⓭五月十八日　一五九二(文禄元)年

⓮関白殿　秀次が当時関白であったので、彼をさす

秀吉の遺言状

❶秀より　豊臣秀頼

❷五人のしゆ 重要　五人の衆、五大老

❸いさい　委細、詳細

❹五人の物 重要　五奉行

❺此書付候しゆ　あて名の衆、五大老

す事なく候、かしく。

八月五日❻

秀吉　御判

（毛利家文書）

❖解説❖

文禄・慶長の役は、当時の日本では「高麗陣」、明では「万暦朝鮮の役」、朝鮮では「壬辰・丁酉倭乱」とよばれている。秀吉は、信長の部将時代から外征の抱負をいだいていたが、一五八五（天正十三）年に公式に表明し、一五八七（天正十五）年の九州出兵の際、対馬の**宗氏**を介して朝鮮と交渉を始めている。秀吉は、明の征服のため、まず朝鮮に服属と先導を要求したが、朝鮮に経済的に依存する対馬の領主である宗氏とそれに同調した秀吉の部将**小西行長**の画策により、朝鮮からは日本の国内統一を祝う使者がやってきた。これを朝鮮が服属したものと思い込んだ秀吉は、明への先導を重ねて朝鮮に命じた。困った宗氏と行長は「明に入るため道を借りる」という形で朝鮮に伝えたが、明と宗属関係にあった朝鮮は「明は父国」とこれを拒んだ。ところが、秀吉の方は着々と「唐入り」（明の征服）計画をすすめ、**肥前名護屋城**を築いて本営とし、一五九一（天正十九）年九月、諸大名に朝鮮に兵を出すよう命じて十五万八千七百人の大兵力を動員し、一五九二（文禄元）年四月には釜山に上陸して侵攻を開始した（文禄の役）。五月には都の漢城が陥落し、この報に接した秀吉は、朝鮮と明を征服した後の東アジア帝国の支配体制の構想を甥の関白豊臣秀次に書き送っている。そこでは後陽成天皇を北京へ移し秀次を大唐関白にするといい、日本の天皇や関白の人選、朝鮮を誰にまかせるかなどを論じている。

朝鮮に侵攻した秀吉軍は、緒戦では勝利を得たが、①秀吉軍の兵粮略奪に反発した朝鮮民衆の蜂起が各地におこり、②**李舜臣**が朝鮮水軍をひきいて秀吉軍の補給を妨げ、さらに、③明の大軍が秀吉軍を苦境におとしいれた。一五九三（文禄二）年一月の碧蹄館の戦をきっかけに、日明間の和平交渉がはじめられた。そこで秀吉は、朝鮮南部四道の割譲や勘合貿易の復活などを要求したが、明は秀吉を日本国王に封ずるとしたのみだった。そのため、和議は破談となり一五九七（慶長二）年一月、侵攻が再開された（慶長の役）。その目的は、講和交渉で要求した朝鮮南部四道の実力確保をはかり、文禄の役に動員した諸大名の恩賞地を獲得することにあって、もはや明の征服ではなかった。戦争は、朝鮮に甚大な被害を与え、一五九八（慶長三）年八月、秀吉の死によって終結した。これを機に、豊臣政権は崩壊していく。

---

❻八月五日　一五九八（慶長三）年八月五日

原典解説

前田家文書　旧加賀藩主前田家に伝わる文書

毛利家文書　旧長州藩主毛利家に伝わる文書

五大老・五奉行

五大老	五奉行（主職掌）
徳川家康	浅野長政（司法）
前田利家	石田三成（行政）
宇喜多秀家	増田長盛（土木）
毛利輝元	長束正家（財政）
小早川隆景（上杉景勝）	前田玄以（宗教）

設問

問❶　バテレン追放令でヨーロッパ人との貿易はどうなったか。

問❷　朝鮮に侵攻した秀吉軍を、水軍をひきいて苦しめた朝鮮の将軍はだれか。

6 桃山文化

1 北野の大茶会 ★★

御定の事

一、北野の森において十月朔日[1]より十日の間、天気次第、大茶湯御沙汰成さるるに付て、御名物[2]共残らず相揃えられ、数寄執心[3]の者に見せらるべき御ため、御催成され候事。

一、茶湯執心においては、また若党・町人・百姓以下によらず、釜一、つるべ一、呑物一、茶なきものはこがし[4]にても苦しからず候間、提げ来り仕るべく候事。……

一、遠国の者まで見せらるべき為、十月朔日まで日限御延しなされ候事。

一、侘者[5]においては、誰々遠国の者によらず、御手前にて御茶下さるべき旨仰せ出だされ候事。

（北野大茶湯之記）

解説

一五八七(天正十五)年十月、秀吉が企画し、千利休(宗易)が演出して、京都の北野天満宮で北野の大茶会を催した。史料は、秀吉がたてた高札であり、貴賤、貧富の別なく参加をよびかけている。参会者は千余名にのぼり、秀吉や利休のほか、茶人の津田宗及や今井宗久が亭主となり、天下の名器を集めて茶席を飾った。秀吉の茶は大坂城に黄金づくめの茶室をつくったことにみられるように権力と富を象徴するものだったが、利休の茶は彼が建てたといわれる妙喜庵待庵などの草庵の茶室に象徴される侘茶である。北野の大茶会はこの両者によるぎりぎりの妥協の所産であったといえよう。利休は一五九一(天正十九)年、秀吉に切腹を命ぜられる。

北野の大茶会

1 十月朔日　一五八七(天正十五)年十月一日

2 御名物　名器

3 数寄執心　茶を好み、茶器を見るのが好きな

4 こがし　煎麦の粉

5 侘者　茶の湯の愛好家

原典解説

北野大茶湯之記　秀吉の開いた北野大茶会の記録で、高札・茶席道具等の覚書を集めている

2 阿国歌舞伎 ★

此比[1]かふき躍と云事有り。是は出雲国神子女[2](名は国、但好女に非ず)仕り出し[3]、京都え上る。縦ば異風なる男のまねをして[4]、刀・脇指・衣装以下殊に異相。彼男茶屋の女と戯る体[5]有難したり[6]。京中の上下賞翫する事斜めならず[7]。伏見城[8]えも参上し度々躍る。其後これを学ぶかふきの座いくらも有て諸国へ下る。……

(当代記)

解説

史料は阿国を出雲大社ないし出雲出身の巫女としているが、ただの巫女ではなく雑芸をたずさえて各地を遊歴する巫女だったとする説もある。しかし、実像は不明である。阿国の名の初見は、一五八二(天正十)年、奈良の春日大社若宮拝殿で「ややこ踊」を演じたという興福寺の記録である。その後、慶長年間に京都の四条河原などでさかんに興行し、女が男装し男が女装して所作事を演じる「歌舞伎踊」が大変な人気を博し、伏見城にも参上したという。ここでいう「歌舞伎」は、異様な風態や振舞いを指す「傾く」から出た語であり、阿国たちがそうした「傾き者」であったか、あるいはそれを演じたことに由来していると思われる。

阿国歌舞伎

1 此比　一六〇三(慶長八)年ごろ

2 出雲国神子女　出雲大社の巫女とも、出雲国出身の巫女とも受取られる

3 仕り出し　よそおいをこらし

4 異風なる男のまねをして　珍しい男装をして

5 体　ようす

6 有難したり　たいへん上手である

7 賞翫する事斜めならず　賞翫とはもてはやすことをいう。たいへんなもてはやしようである

8 伏見城　京都の南郊の伏見桃山に秀吉が築いた城郭

原典解説

当代記　天文～慶長年間(一五三二～一六一五)の政治や世相についての記録

設問

問❶　歌舞伎踊りをはじめた出雲出身の女性はだれか。

問❷　侘茶を大成したが、秀吉の命で切腹したのはだれか。

桃山文化

特色	①新鮮味豊かで豪華な美術工芸が発達 ②仏教色がうすれ、現実的 ③南蛮文化の影響が強くあらわれる
建築	**城郭**　姫路城〈白鷺城〉(天守閣)、二条城(書院) **城郭遺構**　西本願寺飛雲閣(聚楽第)、西本願寺書院(鴻の間)、西本願寺唐門 都久夫須麻神社(琵琶湖竹生島)本殿・唐門 (以上は伏見城) **茶室**　妙喜庵待庵(千利休)、如庵(織田有楽斎)
絵画	**屛風絵**　洛中洛外図屛風・唐獅子図屛風(狩野永徳) 花下遊楽図屛風、山水図屛風(海北友松) 松林図屛風(長谷川等伯) **襖絵**　智積院襖絵楓図(長谷川等伯)
工芸	高台寺蒔絵

⑦ 江戸幕府の成立

1 武家諸法度 ★★★★★

(1)元和令 ★★★

① 一、文武弓馬の道❶、専ら相嗜むべき事。

② 一、群飲佚遊を制すべき事……。

③ 一、法度❷を背く輩ら、国々に隠し置くべからざる事。……

④ 一、国々の大名、小名幷に諸給人❸各々相抱ゆるの士卒❹、叛逆を為し殺害人の告げ有らば、速かに追い出すべき事。

⑥ 一、諸国の居城、修補をなすと雖も、必ず言上すべし。況んや新儀❺の構営堅く停止せしむる事。……

⑦ 一、隣国に於て新儀を企て❻徒党を結ぶ者有之ば、早く言上致すべき事。

⑧ 一、私に❼婚姻を締ぶべからざる事。

⑨ 一、諸大名参勤作法の事。……

慶長廿年❽七月

(御触書寛保集成)

武家諸法度

(1)元和令

❶文武弓馬の道　学問と武道

❷法度　法令

❸給人　知行地をもつ大名の家臣

❹士卒　士は武士、卒は足軽など

❺新儀　新たに

❻新儀を企て　変わったことをくわだて

❼私に　許可なく、勝手に

❽慶長廿年　一六一五年。同年七月十三日に元和と改元

通釈

一、学問と武道はつねに心がけてはげむべきである。

一、仲間で酒を飲んだり、遊びほうけたりしてはならない。……

一、法令に違反した者を領国内に隠しおいてはならない。……

一、国々の大小の大名やその家臣たちが召し抱える侍や足軽などで、以前仕えた主人に反逆した者や殺人を犯した者であることが告発された場合は、ただちに追放すること。

一、諸大名の居城は、修補をする時でも幕府に届け出てすること。まして新たに城を造営することは禁止する。……

一、隣国で新たに事を企てたり、徒党を組んだことがわかった場合、すみやかに報告すること。

一、幕府の許可なく結婚してはならない。

一、諸大名が京都に参勤する時の作法について。……

慶長二十(一六一五)年七月

(2) 寛永令 ★★★★★

① 一、文武弓馬の道、専ら相嗜むべき事。

② 一、大名小名❶、在江戸交替相定むる所なり。毎歳夏❷四月中参勤致すべし。従者の員数近来甚だ多し。且は国郡の費且は人民の労なり。向後其相応を以て、之を減少すべし。……

③ 一、新儀の城郭構営は堅くこれを禁止す。居城の隍塁❸、石壁以下敗壊の時、奉行所に達し、その旨を受くべきなり。櫓・塀・門等の分は、先規の如く修補すべき事。

⑯ 一、私の関所、新法の津留❹、制禁の事。

⑰ 一、五百石積以上の船、停止の事。

⑲ 一、万事江戸の法度❺の如く、国々所々に於てこれを遵行すべき事。

寛永十二年❻六月廿一日（御触書寛保集成）

(3) 天和令 ★★★★

① 一、文武忠孝を励し、礼儀を正すべきの事。

⑫ 一、養子は同姓❶・相応の者を撰び、若し之無きにおゐては、由緒❷を正し、存生❸の内、言上致すべし。五拾以上十七以下の輩、末期❹に及び

通釈

一、文武弓馬の道はつねに心がけてはげむこと。

一、大名小名の国元と江戸を交替して居住することを定める。毎年夏四月に参勤（江戸出府）すること。参勤の際の従者の人数が、近年大変多いが、これは一面では領国の無駄な出費であり、一面では領民の労苦のもとである。今後は身分相応にしてこれを減らすこと。

一、新たに城郭を構えることはこれを禁止する。居城の濠や、土塁、石垣などがこわれた時は、幕府の奉行所に届け、その指示を受けるべきこと。櫓や塀・門などについては、元和の法度の規定に従って修補すること。

一、大名が私設の関所や、津留を設けることは禁止する。

一、五百石積み以上の大船は建造を禁止する。

一、何事についても、幕府の法令で定められたように、全国どこでもそれに従わなければならない。

寛永十二（一六三五）年六月二十一日

通釈

一、学問と武芸、忠孝の道徳を励行し、礼儀を正しくするようにせよ。

一、養子は、同族の中から身分や家柄が相応の者を選び、もしふさわしい者がいない場合は、養子との血縁関係などを明らかにして、存命

---

(2)寛永令

❶大名小名 重要 将軍から一万石以上の領知（土地・人民の支配権）を与えられた領主を大名という。小さな領知の大名を小名といった

❷夏 旧暦では四・五・六月が夏

❸隍塁 濠と土塁

❹津留 新規に港・河川に関所を設けること

❺法度 幕府の法令

❻寛永十二年 一六三五年

(3)天和令

❶同姓 同じ姓の一族

❷由緒 異なる姓でも血縁関係などの関わりがあること

❸存生 生きていること

❹末期 死に際。臨終

養子致すと雖も、吟味の上、之を立つべし。縦え、実子と雖も筋目違たる儀、之を立つべからざる事。

附、殉死[5]の儀、弥制禁せしむる事。

天和三年[6]七月廿五日　（御触書寛保集成）

40

中に幕府へ養子縁組みを申請せよ。五十歳以上・十七歳以下の者が死の間際に養子を決める場合でも、(従来は許されなかったが)一族の者で相談し、適切な者を養子とせよ。(しかし)たとえ実子でも、(母親の身分や本人の人柄に問題があるなど)家柄にふさわしくない者は養子としてはならない。

付則。殉死はいよいよ厳禁する。

天和三年七月二十五日

5 殉死　死去した主君の後を追って家臣が自殺し、死後も主君に仕えようとすること

6 天和三年　一六八三年

原典解説

御触書寛保集成　一六一五(元和元)～一七四三(寛保三)年の間の幕府の触書を評定所が編纂したもの

解説

一六一一(慶長十六)年四月、徳川家康は、①頼朝以来の法典・慣例を守ること、②幕府の法令に服すこと、③謀叛人・殺害人を家臣としたり隠したりせぬことの三か条を示して、京都にいた二十二名の大名から誓紙をとり、翌一六一二(慶長十七)年一月には六十一名の大名からも誓紙をとった。この三か条を基礎に、「黒衣の宰相」とよばれた側近金地院崇伝が起草して、一六一五(元和元)年七月、二代将軍秀忠の名で武家諸法度(元和令)を制定した。そこでは、①文武の奨励、②遊興の禁止、③犯罪者の隠匿禁止、④謀叛人・殺害人の追放、⑤他国人の追放、⑥居城の修補・新造の禁止、⑦隣国の徒党の告発、⑧無断婚姻の禁止、⑨参勤の作法、⑩衣裳の統制、⑪乗輿の制限、⑫倹約の奨励、⑬家老の人選など、大名の心得が規定されている。

一六三五(寛永十二)年の寛永令(三代将軍家光制定)では、第二条で毎年四月に参勤することを制度化し、また第十六条で関所の私設、第十七条で米の積載量で五百石(排水量で五十トンほど)以上の大船の建設を禁止し、さらに第十九条で諸大名に幕府の法令の遵守を求める規定が追加された。

一六八三(天和三)年の天和令(五代将軍綱吉制定)では、第一条に、それまでの「文武弓馬の道」、つまり学問と武芸に励むことに加え、主君への忠誠と親への孝行という儒教の道徳を励行することを定め、儒教の徳治主義に立つ綱吉の文治政治の方針を明示した。また、第十二条では末期養子の禁止を緩和し、殉死も厳禁している。

それ以後は、将軍代替りごとに文面などを若干変更してあらためて発布されたが、基本的な内容は変わらなかった。なお、旗本・御家人には諸士法度が別に定められた。

2 禁中並公家諸法度 ★★★★

① 一、天子諸芸能の事、第一御学問也。……

④ 一、摂家❶たると雖も、その器用❷無き者、三公❸・摂関に任ぜらるべからず。況んやその外をや。

⑦ 一、武家の官位は、公家当官の外たるべき事。❹

⑧ 一、改元、漢朝の年号の内、吉例を以て相定むべし。……

⑯ 一、紫衣❺の寺、住持職先規希有の事也。❻近年猥りに勅許の事、……甚だ然るべからず。向後においては、其の器用を撰び、……申し沙汰有るべき事。……

右此の旨相守らるべき者也。

慶長廿年❼乙卯七月　日

（御当家令条）

通釈

一、天皇のなされる諸芸能のことは、第一に学問である。……

一、摂関になられる家柄（五摂家）の者であっても、それだけの能力がない者は、三公や摂関に任じてはならない。

一、武家に与える官位は、公家の定員以外のとりあつかいをすべきこととする。

一、元号を改めるには、中国で行われる年号のなかからめでたいものを選んで定めるようにせよ。……

一、紫衣を勅許される高僧が住職となる寺は、以前はほとんどなかった。ところが、最近ではみだりに勅許されている。……はなはだけしからぬ。今後は、才能のある立派な人を選び……勅許されるべきである。……

右、この旨をよく守ること。

慶長二十（一六一五）年七月

解説

家康は、朝廷の権威を尊重して大名統制に生かす一方で、**京都所司代**を置いてこれを監視した。一六一三（慶長十八）年、公家衆法度五か条を制定し、公家に学問を奨励し、風俗の粛正を求めた。さらに、一六一五（元和元）年七月、**金地院崇伝**の起草によって**禁中並公家諸法度**十七か条（正式には禁中方御条目）を定め、家康・秀忠父子と関白が署名している。そこでは、①天皇の学問専念、②親王・公卿などの席次、③摂関職や大臣などの任用、④武家の官位の公家の官位体系からの除外、⑤改元、⑥服装、⑦公家の昇進、⑧僧侶への紫衣などの栄爵授与の規制その他が規定されている。これによって、朝廷は儀礼的機能に限定された上、それさえも幕府の厳しい統制下におかれた。

禁中並公家諸法度

❶**摂家**　摂政・関白に就任する家柄（近衛・九条・鷹司・二条・一条の五摂家）

❷**器用**　才能

❸**三公**　太政大臣・左大臣・右大臣

❹**公家当官の外たるべき事**　朝廷の慣習として定められている定員外である

❺**紫衣** 重要　最高の僧衣で、勅許がなければ着用できない

❻**先規希有の事**　先例、ここでは、紫衣を勅許された高僧が住職となった寺はこれまでめったにないこと

❼**慶長廿年**　一六一五（慶長二十）年。七月十三日に元和と改元

原典解説

御当家令条　藤原親長が編纂した江戸幕府の法令集。一七一一年ごろ成立。一五九七年から一六九六年までの法令約六百が収められている

設問

問❶　武家諸法度の寛永令で制度化され、大名に多大な経済的負担を強いたものは何か。

8 農民の統制

1 農政の基調 ★★★

百姓は天下の根本也。是を治めるに法有り。[1] 先づ一人一人の田地の境目を能く立て、[2] さて一年の入用作食をつもらせ、[3] 其の余を年貢に収むべし。百姓は財の余らぬ様に不足なき様に、治むること道なり。毎年立毛[4]の上を以て納むること、古の聖人の法なり。（本佐録）

百姓は飢寒に困窮せぬ程に養ふべし。豊なるに過ぎれば、農事を厭ひ、業を易る[5]者多し。困窮すれば離散す。東照宮上意[6]に、郷村の百姓共は死なぬ様に、生ぬ様にと合点致し、[7] 収納申付様にとの上意は、毎年御代官衆、支配所へ御暇賜る[8]節、仰出されしと云へり。（昇平夜話）

解説

幕府・諸藩による農政の基調は、年貢負担者である本百姓の経営を維持する一方で、農民の手もとに剰余生産物（収穫総量から食料と種籾などの必要経費を差し引いた部分）が残らぬよう年貢を徴収することにおかれた。史料は、これを「百姓は財の余らぬ様に、不足なき様に」とか「百姓共は死なぬ様に、生きぬ様に」とか表現している。そのため、検地がくり返され、寛文・延宝期（一六六一～八一年、将軍は四代家綱）には幕領で太閤検地に匹敵するような大規模な検地がなされたりしている。また、年貢も毎年の作柄を勘案して賦課率を決める**検見法**がとられるのが普通だった。

2 慶安の触書[1] ★★★

諸国郷村え仰せ出さる

① 一、公儀御法度[2]を怠り、地頭[3]・代官の事をおろ

通釈

一、幕府の法令を怠り、地頭・代官の事を粗末に考えることなく、さらに名主・組頭を真の

農政の基調

[1] **治めるに法**　治める手段
[2] **境目を能く立て**　境界をはっきりとし、面積を正確にすること
[3] **入用作食をつもらせ**　必要な食料と種籾の量を計算させ
[4] **立毛**　刈り取り前の稲のできぐあい
[5] **業を易る**　転業する
[6] **東照宮上意**　家康の考え
[7] **合点致し**　心得て
[8] **御暇賜る**　任地へ出発する

原典解説

本佐録　家康の重臣本多佐渡守正信の著書といわれる。将軍秀忠に対しての政治上の意見書で、主として天道を説き、百姓の取り扱い方を述べたもの

昇平夜話　一七九六（寛政八）年、越後の儒者高野常道が、江戸時代の制度・儀礼・慣習および政治・社会上の諸問題について武士の心得を説いたもの

慶安の触書

[1] **慶安の触書**　近年の研究では、幕府の法令として発令されたものではないとされる（二一六ページ解説参照）
[2] **公儀御法度**　幕府の法令
[3] **地頭** 重要　知行地をもつ旗本

[4] 名主・組頭 重要　名主(庄屋)は、江戸時代の村長、組頭はその下で名主の仕事を補助する

[5] 分別もなく　物事の判断もつかぬ

[6] 末の考　将来についての考え

[7] 正月二月三月時分之心をもち　春の端境期ごろの心で

[8] おはたをかせぎ　苧(麻の一種)からとった糸ではたをおる

[9] 夕なべ　夜業

[10] 布・木綿　麻布と木綿

農民の支配機構

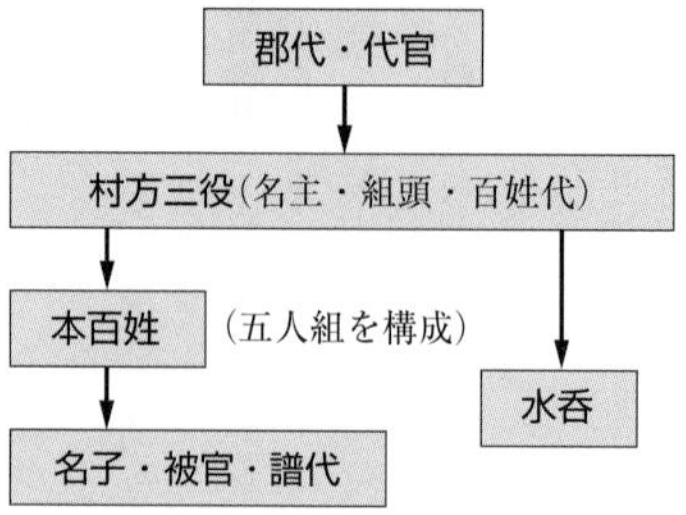

郡代・代官
↓
村方三役(名主・組頭・百姓代)
↓　　　　　　　　↓
本百姓(五人組を構成)　　水呑
↓
名子・被官・譜代

(そ)かに存ぜず、扨又名主・組頭[4]をば真の親とおもふべき事。

⑤一、朝おきを致し、朝草を苅り、昼ハ田畑耕作にかかり、晩には縄をない、たはらをあみ、何にてもそれぞれの仕事油断なく仕るべき事。

⑥一、酒・茶を買、のみ申す間敷候。……

⑪一、百姓ハ分別もなく[5]、末の考もなき者[6]ニ候ゆえ、秋に成候へば、八木雑穀をむさと妻子ニもくハセ候、いつも正月二月三月時分之心をもち、[7]食物を大切ニ可レ仕候ニ付、雑(穀)石専一ニ候間、麦・粟・稗・菜・大根、其外何ニても雑(穀)石を作り、八木を多く喰つぶし候ハぬやうニ可レ仕候。……

⑭一、男は作をかせぎ、女房はおはたをかせぎ[8]、夕なべ[9]を仕り、夫婦ともにかせぎ申すべし。然ば、みめかたちよき女房成共、夫の事をおろ(そ)かに存じ、大茶をのみ、物まいり遊山ずきする女房を離別すべし。……

⑯一、百姓は、衣類の儀、布・木綿[10]より外は、帯・衣裏にも仕る間敷事。

親と思って尊敬すること。

一、早起きをして、朝は草を苅り、日中は田畑の耕作にはげみ、晩には縄をない、俵をあみ、何事にもそれぞれの仕事を念を入れて行うこと。

一、酒や茶を買って飲んではいけない。……

一、百姓は思慮分別もなく、末のことを充分に考えないから、秋(収穫期)になると、米や雑穀を妻子にもむやみに食わせてしまう。いつも正月、二月、三月の冬枯れ時分のつもりで、食物は大切に節約すべきである。雑穀を第一とし、麦・粟・稗・菜・大根その他をとわず雑穀を作り、米を多く食いつぶさぬようにすること。……

一、男は農業に精を出し、女房は苧機を織り、夜なべをして夫婦ともに稼ぐこと。しからば、たとえ美しい女房であっても夫のことをおろそかに考え、茶ばかり飲み、物詣りや行楽好きの女は離別すべきである。……

一、百姓の衣類については、麻の布と木綿以外のものを、帯や着物の裏地にも使ってはならない。

一、たばこをすってはならない。これは食物の足しにもならず、結局、将来病気になるものだ。其の上時間もつぶし、お金もいり、火の用心も悪い。万時、損になるものである。

㉓一、たば粉のミ申間敷候。是ハ食ニも不レ成、結句[11]以来煩ニ成ものニ候。其上隙もかけ、代物[12]を入、火之用心も悪候。万事ニ損成ものニ候事。

……右の如くに物毎念を入れ、身持をかせぎ[13]申すべく候。……年貢さへすまし候へば、百姓程心易きものはこれ無く、よくよく此趣を心がけ、子々孫々迄申伝へ、能々身持をかせぎ申すべきもの也。

慶安二年[14]丑二月廿六日

（条令拾遺）

……右のように物ごとに気をくばり、働くようにせよ。……年貢さえ納めてしまえば、百姓ほど心配のないものは他にないから、十分にこの意味を心にとめて、子や孫にまで申し伝えて、しっかり働いて財産をつくらねばならない。

慶安二(一六四九)年二月二十六日

参考史料　寛永十九年の農村法令　★

一、祭礼・仏事等、結構に仕る間敷事。

一、男女衣類の事、此以前より御法度の如く、庄屋[1]は絹・紬・布・木綿を着すべし。わき百姓[2]は布・もめんたるべし。右の外はえり・帯等にも仕る間敷事。

一、嫁とりなどに乗物[3]無用の事。

一、不似合な家作[4]、自今以後仕る間敷事。

一、御料[5]・私領[6]共に、本田畑にたばこ作らざる様に申付くべき事。

一、荷鞍[7]に毛氈[8]をかけ、乗り申す間敷事。

一、来春より在々所々において、地頭・代官、木苗を植え置き、林を仕立て候様に申付くべき事。

寛永十九年午[9]五月廿四日

（御当家令条）

---

[11] 結句　結局
[12] 代物　代金
[13] 身持をかせぐ　身上をあげるようにかせぐ
[14] 慶安二年　一六四九年

原典解説

条令拾遺　文政年間(一八一八～三〇)頃成立の法令集。収録法令は一五八九年から一六七一年で、全五十四項目。

寛永十九年の農村法令

[1] 庄屋　村役人の責任者
[2] わき百姓　村役人でない一般の百姓
[3] 乗物　引き戸がある上等な駕籠
[4] 家作　家屋の造作
[5] 御料　幕府の直轄領
[6] 私領　大名や旗本の領地
[7] 荷鞍　荷を積んだ馬の鞍
[8] 毛氈　獣の毛を用いた高級な織物
[9] 寛永十九年　一六四二年

原典解説

御当家令条　二一二ページ参照

農民の負担

本年貢(本途物成)	田畑の本租、米納が原則、収穫の4～5割(四公六民、幕領は享保期から5割へ)
小物成	雑税、山手・川手(山や川の産物)、漆年貢など
高掛物	村高への付加税、高掛三役(幕領、伝馬宿入用・六尺給米・蔵前入用)
国役	国役普請、治水工事などの費用を幕領・私領に賦課
助郷役	街道周辺の村々が負担、宿駅への人馬の提供

解説

幕府は、寛永期(一六二四～四四年、将軍は三代家光)から、本百姓経営を維持するため、農民に対してその生活態度などについて具体的な指示を与えていた。参考史料はその一つで、飢饉対策として、一六四二(寛永十九)年五月に出された。冠婚葬祭や衣類、家屋をぜいたくにすることなどを禁じている。この種の農民生活規制の集大成として、一六四九(慶安二)年二月に慶安の触書が出されたという。全文三十二か条からなり、①法令の遵守、領主・代官や村役人への服従を前提として、②勤勉・倹約を生活の基本にすえることを命じ、そのため、③酒・茶・煙草の喫飲の禁止、米以外の雑穀の日常食化、木綿以外の使用禁止など衣食住について具体的に規制している。とりわけ、米をあまり食うなとか、夫婦共稼ぎを命じた上、遊興好きの妻を離別せよとまでいっているが、そのねらいには末尾の「年貢さへすまし候へば、…」とあるように年貢負担者の確保にある。しかし、近年、この触書については、一六九七年に甲府藩が出した「百姓身持之覚書」が幕法とされて広まったものと考えられている。

3 田畑永代売買禁止令 ★★★★

一、身上[1]能き百姓は田地を買い取り、弥宜く成り、身体成らざる者[2]は田畠沽却[3]せしめ、猶々身上成るべからざるの間、向後田畠売買停止たるべき事。

田畑永代売買御仕置

一、売主牢舎[4]の上追放[5]。本人死候時は子同罪。

一、買主過怠牢[6]。本人死候時ハ子同罪。但、買候田畑ハ売主の御代官又ハ地頭え之を取り上ぐ。

一、証人過怠牢。本人死候時ハ子ニ構なし。

通釈

一、資産のある百姓は、田地を買いとり、いよいよ豊かになり、家計の苦しい者は、田畑を売却して、いよいよ家計が苦しくなるので、今後田畑の売買は禁止する。

田畑の永代売買の処罰規定

一、売主は投獄の上、追放刑。本人が死んだ場合はその子を同罪に処する。

一、買主は罰金刑。本人が死んだ場合はその子を同罪に処する。ただし、買った田畑は売主の代官または領主へこれを取り上げる。

一、証人となった者は罰金刑。本人が死んだ場合はその子は無罪。

田畑永代売買禁止令

1 身上　資産
2 身体　家計
3 沽却　売却
4 牢舎　牢獄に入れる
5 追放　居住地からの追放
6 過怠牢　過怠は罰金または労役刑で、その代わりに入牢する

一、質に取り候者は作り取り[7]ニして、質に置き候者より年貢役相勤候得は、永代売同前の御仕置[8]、
但、頼納買[9]といふ。
右の通り、田畑永代売買御停止の旨仰せ出され候。
寛永二十年[10]未三月
（御触書寛保集成）

一、田畑を質にとった者が、質地を耕作し、収穫し、その質地の年貢諸役を質入れ人が負担する場合は、永代売同様に処罰する。このような質入れを頼納買という。
右の通り、田畑永代売買を禁止する旨、仰せ出された。
寛永二十（一六四三）年三月

解説

農民の土地売買の禁止は戦国大名によってなされる例もあったが、徳川幕府は一六四三（寛永二十）年、田畑永代売買禁止令を出し、史料にみられるように違反者に対する罰則規定も定めて、その徹底をはかった。罰則は、当初、売り主は追放、買い主は入牢、土地は没収され、子どもも連座するものとされたが、その後、罰金刑に軽減された。また、田畑を質入れして金を借り、田畑はそれを質に取った者が耕作し、年貢・諸役は質入れした元の持主が負担するという頼納も永代売買といっしょに禁じられている。頼納禁止は、検地帳に登録され年貢を負担する者と、実際に土地を保有し耕作する者とが分離することを防止しようとしたもので、禁令のねらいもここにある。つまり、検地帳登録者＝耕作者＝年貢負担者という等式こそが年貢の安定収納の前提と考え、それが崩されるのをふせごうとしているのである。しかし、永代売買を根絶することは難しかった。さらに、質入主が質地を小作し、質取主に小作料を払いつつ年貢も負担するという質地地主—小作関係がひろまり、質入れの際の借金の返済期限がすぎて質流れになるという形で、名義上も土地保有者が質取主に移ってしまう場合も少なくなかった。

4 分地制限令 ★★

(1) 寛文十三年令[1] ★★

一、名主、百姓、田畑持候大積り[2]、名主弐拾石以上、百姓は拾石以上、それより内ニ持候者は石

[7] 作り取り　耕作し、収穫する
[8] 仕置　処罰のこと
[9] 頼納 重要　田畑の所持者が質入の形をとってその用益権を質取主に売り渡して耕作しなくなったにもかかわらず、その田畑にかかる年貢を負担すること
[10] 寛永二十年　一六四三年

原典解説
御触書寛保集成　二一一ページ参照

分地制限令
(1) 寛文十三年令
[1] 寛文十三年　一六七三年。この年六月に発令、なお同年九月に延宝と改元
[2] 大積り　おおよその見積り

高猥りに分け申間敷旨、御公儀様より仰せ渡され候間、自今以後其旨堅く相守り申すべき旨、仰せ付けられ畏み奉り候。若相背き申し候ハバ、何様の曲事ニ❸も仰せ付けらるべく候事。

（憲教類典）

(2) 正徳三年令❶ ★

田畑配分の儀御書付

高拾石　地面壱町

右の定めより少く分ケ候儀、停止たり❷。尤分方ニ限らず、残り高も此定より少し残べからず。然ル上は弐拾石・地面弐町より少き田地持ち、子供を初め諸親類の内江田地配分相成らず候間、厄介人❸有る者ハ、在所❹ニて耕作の働❺ニて渡世❻致させ、或は相応の奉公ニ差し出す❼べき事。

（新選憲法秘録）

解説

幕府は、一六七三(寛文十三)年、相続などによる本百姓経営の細分化を防止するため、名主は二十石、一般農民は十石以上保有していなければ、田畑を分割して保有することを禁ずる分地制限令を出した。一七一三(正徳三)年には、分割後の保有田畑がともに石高で十石、面積(段別)で一町(一ヘクタール余)以上でなければならないとし、その制限を厳しくしている。幕府が本百姓経営の再生産可能な規模を十石＝一町と考えていたことは注意しておきたい。

5 田畑勝手作りの禁 ★

一、来年❶より御料私領❷共ニ本田畑にたばこ作申間敷旨、仰せ出され候。

一、田方に木綿作り申す間敷事。

一、田畑共に、油の用として菜種作り申す間敷事。

（徳川禁令考）

---

❸曲事　処罰

(2)正徳三年令

❶正徳三年　一七一三年。同内容の法令が、一七二一(享保六)年に発令されたとする幕府法令集(『徳川禁令考』)もある

❷停止　禁止

❸厄介人　次男・三男などの被扶養者

❹在所　農村

❺耕作の働　農業、この場合は小作か作男(農業労働者)になること

❻渡世　生計をたてる

❼奉公ニ差し出す　都市の商人や富裕な農民のもとへ、働きに出すこと

原典解説

憲教類典　近藤重蔵(守重)が編纂した江戸幕府の法令集で、一七九八(寛政十)年に完成。慶長から寛政までの約二百年間の法令を部門別に収めている

新選憲法秘録　ほぼ江戸時代全般にわたって幕府の法令を収録している

田畑勝手作りの禁

❶来年　一六四四(正保元)年、この法令は一六四三(寛永二十)年八月二十六日付で出されている

❷御料私領　幕領と大名領

❖解説❖

幕府は、石高制の下での年貢が米納を原則とするところから、検地帳に登録されている本田畑への商品作物の作付を制限した。煙草・菜種(照明用の灯油の原料)は田畑とも、綿は田に作付することが禁じられたが、商業的農業の発達を抑えられず、年貢の金納化がすすんでいった。

6 五人組帳前書 ★

一、兼て仰せ出され候通り、大小の百姓五人組を究置き、何事によらず五人組の内にて、御法度相背き候儀は申上ぐるに及ばず、悪事仕り候者之れ有り候はゞ、其の組より早速申上ぐべく候。若し隠し居り、脇より❶申出候はゞ、其者には品により❷御褒美下され、五人組の者名主共に曲事❸に仰せ付けらるべき旨、畏み奉り候。……

一、……壱人身の百姓煩に紛れ無く❹、耕作罷り成らず候時は、五人組は申すに及ばず、一村の者共寄合ひ、田畑仕付け、収納仕候様に相互に助け合い申すべき事。

(徳川禁令考)

❖解説❖

農民に対する賦課は、個々の農民に対してではなく、各農民の保有石高を村単位で合計した村高、つまり村に対してなされた。この村請制を維持するため、村内に近隣の五戸ずつを組み合わせた五人組をつくり、史料にあるように、年貢納入について連帯責任を負わせ、また治安維持のため相互に監視させた。史料の五人組帳は、五人組が遵守すべき法令五十か条前後を記載した前書と、村役人と五人組の構成員とが署名・連判した請書とからなり、一冊は領主に提出し、一冊は村側で保管した。承応期(一六五二~五四年)にはじまり、享保期(一七一六~三五年)には形式が完成した。前書は、毎月または年数回、村役人が五人組の寄合で読み聞かせ、寺子屋の教材などにも用いられた。

原典解説

徳川禁令考　江戸幕府の法令集。前後二部に分かれ、法制、禁令を公家・武家・寺社・庶民・全国総領・外国に分類。司法省で編集され一八九四(明治二十七)年刊行

五人組帳前書

❶脇より　その組以外のところから

❷品により　程度により

❸曲事　処分、しおき

❹煩に紛れ無く　病気であることがまちがいない

設問

問❶ 農民の田畑売買を禁じた法令は何か。

問❷ 分割相続による田畑の細分化を防ぐために出された法令は何か。

9 家制度と女性

1 女大学 ★

婦人には三従の道あり、凡婦人は柔和にして、人にしたがふを道とす。わが心にまかせて行ふべからず。故に三従の道と云事あり。是亦女子にをしゆべし。父の家にありては父にしたがひ、夫の家にゆきては夫にしたがひ、夫死しては子にしたがふを三従といふ。（和俗童子訓）

解説

幕藩体制を支える身分制度は、身分と結びついた家業を固定し、その家を強力な家長権で維持する家制度を基礎としていた。家制度は長子単独相続制をとり、分家の成立を抑えていた。また、女性を法的に無能力な存在とした**女子三従の教え**（道徳）で、結婚前は父親、結婚後は夫、夫の死後は家を相続した子に従うことを求めた。しかし、江戸時代における離婚は協議離婚であったと考えるのが妥当であり、たいてい夫方、妻方、特に妻の実家との話し合いで離婚するという形が原則であった。ただ、**離縁状**が夫から妻に与えられればじめて再婚の道がひらけた。また、鎌倉松ケ岡の東慶寺（駆込寺、縁切寺）や上野国徳川の満徳寺に駆け込めば、夫と離婚できたが、これもなかなか容易ではなかった。

離縁状　（高木侃蔵）

離別一札之事

一　深厚宿縁浅（浅）薄之事
不レ有レ私、後日雖二他え
嫁一、一言違乱無レ之
仍如レ件

弘化四年　国治郎㊞
八月　日　常五郎殿姉
きくどの

駆込寺（満徳寺）　（高木侃蔵）

原典解説

和俗童子訓　貝原益軒が著した児童教育書で、一七一〇（宝永七）年に成立。本書の所説をもとに、後の人がまとめたと見られるのが『女大学』で、世間では益軒の著作として広まり、「女大学」は女性向け道徳書の代名詞となった

設問

問❶　夫が妻を離縁し、再婚を許す文書を何というか。

問❷　妻の方からの離縁要求を取扱い、俗に縁切寺とよばれた鎌倉の禅宗寺院（尼寺）はどこか。

⑩江戸初期の外交と「鎖国」

1 朱印船貿易 ★

一、文禄之初年[1]より長崎・京都・堺之者御朱印を頂戴して広南[2]、東京[3]、占城[4]、柬埔寨[5]、六昆[6]、太泥[7]、暹羅[8]、台湾、呂宋[9]、阿媽港[10]等に商売として渡海する事御免之れ有り。
長崎より五艘、末次平蔵[11]二艘、船本弥平次[12]一艘、荒木宗太郎[13]一艘、糸屋随右衛門[14]一艘、
京都より三艘、茶屋四郎次郎[15]一艘、角倉[16]一艘、伏見屋一艘
堺より一艘、伊予屋一艘

（長崎実録大成）

解説

豊臣政権や初期の徳川幕府は、豪商や大名に海外渡航を許可する**朱印状**を与えて貿易に従事させた。現存する朱印状は徳川家康が一六〇一（慶長六）年に出したものが最古である。一六〇四～三五年の間には少なくとも三百五十～三百六十通以上が発行されたという。貿易従事者は、島津・松浦・鍋島らの大名、角倉了以・末次平蔵・末吉孫左衛門らの豪商、ウィリアム・アダムズらの外国人など百名以上に及んだ。彼らの船は東南アジアに出向き、日本町を各地に建設し、そこで中国の私貿易船などとさかんに交易を行った。

朱印船貿易

1 文禄之初年　一五九二年
2 広南　ベトナム南部の安南
3 東京　ベトナム北部のハノイ付近
4 占城　ベトナム南部
5 柬埔寨　カンボジア
6 六昆　タイの一部、山田長政がその太守となった
7 太泥　マレー半島東岸中部の港
8 暹羅　タイ
9 呂宋　フィリピンのルソン島
10 阿媽港　マカオ
11 末次平蔵　博多出身、長崎の豪商。のち幕府の代官となる
12 船本弥平次　船本顕定、長崎の豪商。幕府の命で安南へ往来
13 荒木宗太郎　長崎の豪商で安南と交易
14 糸屋随右衛門　長崎の豪商。秀吉の時代からルソンと交易
15 茶屋四郎次郎　京都の豪商。家康の側近
16 角倉　角倉了以、京都の豪商

原典解説

長崎実録大成　長崎の地誌。田辺茂啓らが収集した古記録を編纂し、一七六四（明和元）年に献上

2 糸割符制度 ★★

黒船着岸[1]の時、定置年寄共[2]、糸の直いたさざる以前[3]、諸商人長崎へ入るべからず候。糸の直相定候上は、万望次第に商売致すべき者也。……
右の節[4]、御定の題糸高[5]

京　百丸、堺百弐拾丸、長崎百丸
三ヶ所合三百弐拾丸、但壱丸五十斤入　壱斤掛目百六拾目
（糸割符由緒書）

解説

ポルトガルが仲介貿易で日本にもたらす白糸(中国産の生糸)は当時最大の輸入品であった。家康は、一六〇四(慶長九)年、ポルトガル船が舶載した白糸を京都・堺・長崎の豪商に一括購入させ、ポルトガル側が法外な利益を得ることを防止させた。史料はそのときの国内向けの布達である。白糸は京都・長崎に各百、堺に百二十の割合で配分し、一六三一(寛永八)年以降は江戸と大坂を加え、江戸に五十、大坂に三十とした。白糸の配分は糸割符仲間の商人(五カ所商人)に限られ、幕府はこの糸割符制度によって貿易と国内市場との結び目をおさえ、その双方を統制することができるようになった。この制度は、一六五五(明暦元)年に一時廃止され、一六八四(貞享元)年に復活された。しかし、その頃には和糸(国内産の生糸)が増え、白糸の需要は京都の西陣織などの高級品に限られていった。

3「鎖国令」★★★★★

(1)寛永十年令[1]—奉書船以外の渡航禁止 ★★★

①一、異国え奉書船[2]の外、舟遣わし候儀堅く停止の事。

②一、奉書船の外に、日本人異国え遣わし申す間敷候。若忍び候而乗まいり候ものこれ有るに於てハ、其ものハ死罪、其船幷船主共ニ留置き、言上仕るべきの事。

③一、異国え渡り住宅これ在る日本人来り候ハゞ、

通釈

一、外国へ奉書船以外の日本の船を派遣することは堅く禁止する。
一、老中奉書をもっている船のほか、日本人を外国に派遣してはならない。もし、こっそりと渡航する者があった場合は、その人は死刑、その船と船主は共に抑留し、報告すること。
一、外国へ渡って居住している日本人が日本へ帰ってきた場合は、その者は死罪を申しつけること。ただし、やむを得ない理由があって

糸割符制度 ➡p.221

1 黒船　ここではポルトガル船のこと
2 年寄共　糸割符仲間を管理した商人。糸年寄のこと
3 糸の直いたさざる以前　生糸の買入れ価格がきまらない前に
4 右の節　右の法令が出された一六〇四(慶長九)年のとき
5 御定の題　分配率のこと

原典解説

糸割符由緒書　京都における糸割符仲間の由緒書。慶長から文化までの仲間の由来・沿革・許可糸額、義務負担などを記している

「鎖国令」
(1)寛永十年令
1 寛永十年　一六三三年
2 奉書船 重要　老中が将軍の命を奉じて出した許可状をもらった船で、海外渡航には以前の朱印状に加えてこの奉書を必要とした
3 是非に及ばざる仕合　やむを得ない理由
4 穿鑿　吟味・取調べ
5 五ケ所 重要　京都・長崎・堺・大坂・江戸の特定商人

❻割符 重要 幕府は五カ所商人にだけ生糸の買収権を与えた。この年糸割符仲間への分配率は、堺百二十、京都・長崎百、江戸五十、大坂三十であった

原典解説

徳川禁令考　二一九ページ参照

(2) 寛永十二年令

❶寛永十二年　一六三五年

❷両人　長崎奉行榊原飛騨守職直と目付仙石大和守久隆

死罪申し付くべく候。但し是非に及ばざる仕合❸これ有り而異国に逗留致し、五年より内に罷り帰り候ものハ、穿鑿❹を遂げ、日本にとまり申すべきニつきては御免、併異国え又立帰るべきニおゐては死罪申し付くべく候事。

⑫一、異国船につみ来り候白糸、直段を立て候て残らず五ヶ所❺へ割符❻仕るべきの事。

⑰一、薩摩、平戸、其外いづれの浦に着候船も、長崎の糸の直段の如くたるべし。長崎にて直段立ち候ハぬ以前、商売停止の事。

（徳川禁令考）

外国へ滞在して五年以内に帰って来た者は、取り調べの上で、日本にとどまる場合は無罪。しかし、外国へまた立ち帰る場合は死罪に処する。

一、外国船に積んで来た生糸は、値段をつけて幕府指定の五カ所商人に分配すること。

一、薩摩・平戸そのほかどの港についた船も、長崎の生糸の値段のようにし、長崎で値の定まらぬ以前は、取り引きを禁止する。

(2) 寛永十二年令❶―日本人の海外渡航・帰国の全面禁止　★★★

①一、異国江日本の船遣すの儀、堅く停止の事。

②一、日本人異国江遣し申す間敷候。若忍び候て乗渡る者之有るに於ては、其者は死罪、其の舟幷船主共ニとめ置、言上仕るべき事。

③一、異国え渡り住宅仕り之有る日本人来り候はば、死罪申し付くべき事。

④一、伴天連の宗旨これ有る所えハ、両人❷より申

通釈

一、外国へ日本の船を派遣することは堅く禁止する。

一、日本人を外国へ派遣してはならぬ。もしひそかに渡航する者がある場合は、その者は死罪。その船と船主は抑留して報告せよ。

一、外国へ渡航して居住していた日本人が帰国した場合、死罪にする。

し遣はし、穿鑿を遂ぐべき事。

（教令類纂）

(3)寛永十三年令❶―南蛮人子孫の追放 ★

⑤一、伴天連訴人褒美の事。伴天連の訴人は、其品❷ニ寄、或ハ三百枚❸、或ハ弐百枚たるべし。其外ハ此以前の如く相計申すべき事。

⑨一、南蛮人❹の子孫残し置かず、詳ニ堅く申し付くべき事。……

⑩一、南蛮人長崎にて持候子❺幷右の子共の内養子ニ仕る族の父母等❻、悉く死罪たりといへども、身命を助ケ、南蛮人え遣され候間、自然彼の者共の内重ねて日本え来たる歟、又は文通これ有るにおゐてハ、本人は勿論死罪、親類以下迄科❼の軽重に随ひ申し付くべき事。……

（徳川禁令考）

(4)寛永十六年令❶―ポルトガル船の来航禁止 ★★★★

①一、日本国御制禁成され候吉利支丹宗門の儀、

一、バテレンの宗旨（キリシタン）が行われている所へは長崎奉行らが役人を派遣して詳しく取り調べること。

通釈

一、バテレンを訴え出た者には褒美を与えること。

　バテレンを訴え出た者には、その身分や種類によって、或は銀三百枚、または二百枚を与える。その他については、以前のように取り計らうこと。

一、ポルトガル人の子孫は残してはならない。これは、詳しく堅く申しつけること。……

一、ポルトガル人が長崎で生んだ子、ならびにその子のうち養子にした者の父母たちは、すべて死罪である。しかし、ポルトガル人に子を渡した者は命を助ける。もしも彼らが再び日本へ渡航するか、または文通をする者はもちろん死罪とし、その親類以下まで、罪の軽重に従って処罰する。……

通釈

原典解説

教令類纂　私撰の法令集。宮崎成身の編纂

(3)寛永十三年令

❶**寛永十三年**　一六三六年

❷**其品**　伴天連の身分や種類

❸**三百枚**　銀三百枚。前年までは百枚であったのが、三倍となり、禁教をきびしくした。銀一枚は百六十一グラム強

❹**南蛮人** 重要　ポルトガル人

❺**持候子**　日本人女性との間に生まれた子

❻**右の子共の内養子ニ仕る族の父母**　ポルトガル人を父に、日本人を母にもつ子を養子として引きとった養父母

❼**科**　罪科、あやまち

(4)寛永十六年令

❶**寛永十六年**　一六三九年

其趣を存知ながら、彼の法を弘むるの者、今に密々差渡る[2]の事。

② 一、宗門の族、徒党を結び、邪儀を企つれ[3]ば、則ち御誅罰の事。

③ 一、伴天連同宗旨の者、かくれ居る所え、彼国[4]よりつけ届物送りあたふる事。

右、**茲に因りて自今以後**[5]、**かれうた**[6]**渡海の儀、之を停止せられ訖**。此上若し差渡るニおゐては、其船を破却し、幷びに乗来る者速に斬罪に処せらるべきの旨、仰せ出さるる者也。仍執達件の如し。

（御当家令条）

一、日本で禁止されたキリシタンについて、その趣旨を知りながらキリスト教をひろめる者が今でもひそかに渡来していること。

一、信者たちが徒党を結び、悪いたくらみを企てれば、直ちに討伐をする。

一、バテレンと信者たちがかくれているところへ彼国から送りものを届けること。

右の理由により、今後ポルトガル人の来航は禁止されてしまった。さらに来航する場合は、その船はこわし、乗員はすべて斬罪に処する旨、仰せ出されたのでこれを知らせる。

参考史料　全国への禁教令—慶長十八年[1] ★

夫れ日本は、元是神国也。……爰に吉利支丹の徒党適日本に来る。啻に商船を渡して資財を通ずるのみに非ず。叨に邪法を弘め正宗[2]を惑し、以て域中の政号[3]を改め、己が有となさんと欲す。是大禍の萌也。……急ぎ禁ぜざれば、後世必ず国家の患有らん。

（異国日記）

参考史料　島原・天草一揆 ★

数日後、有馬に大乱が勃発したといふ報告[1]が着いた。**島原地方のキリシタン達が暴動を起し、代官とその部下若干名を殺したといふので**、ために全国挙って、武器を執ったのであった。誰も、この反乱を宗教的理由に帰するのであった。然し、これは、真の理由ではなかった。久しい前から、有馬の領主長門殿[2]は、収入を増さんがために、家臣の物資や生命を脅かした。稲や麦や大麦の耕作に課せら

[2] 密々差渡る　ひそかに日本にやってくる

[3] 邪儀を企つ　悪いことをたくらむ。ここでは島原・天草一揆のようなことをさす

[4] 彼国 重要　ポルトガル

[5] 自今以後　寛永十六（一六三九）年以後

[6] かれうた 重要　galeota 帆船のこと。ここではポルトガル船をさす

原典解説

御当家令条　二一二ページ参照

全国への禁教令

[1] 慶長十八年　一六一三年

[2] 正宗　神道や仏教

[3] 域中の政号　日本の国家体制。幕府の権力

島原・天草一揆

[1] 報告　ポルトガル船長デュアルテ・コレアの教皇庁への報告

[2] 長門殿　松倉重政の子、長門守勝家

[3] 九分の一税　コレアの報告書にはNonoとあり、布の意か。九分の一の割で納めるのであろう

れた普通の税に加へて、九分の一税[3]と他に「カンガ」[4]と称するものとの二つの重税を課した。……これが支払ひの出来ない百姓は、酷い虐殺[5]を受けるのであった。……ある名だたる百姓の娘が連れて行かれたのであった。若くて美しいこの娘は、裸にされ、燃えさかる薪で全身を焼かれた。父親は、借金を支払ふまで、ただ娘を人質にとられるだけだと思って、暫の別れを承知したのであった。然るに、娘が犠牲になったといふ酷い取扱ひぶりを聞いて、彼は、悶えて怒り狂ひ、仲間の者を語らって、代官とその家来を襲った。その家来の虐殺された者は、三十人に及んだ。その事件は、十二月十七日に起り、これが一般にわたる反乱の導火線であった。領主側の人々は、島原の城中に囲まれ、町まで焔に託された。

之と同じような原因から、天草の島々でも、多くの村々が反乱を起した。天草の領主寺沢[6]麾下の城代は、三千人の兵を集めて、叛徒を攻撃した。然し、十二月二十七日[7]、彼等は破れ、その軍隊は粉砕された。勝利者の鬨の声は、イエズス・マリヤであった。戦の最中に天草の人々は、自分達はキリシタンで租税のことから立ったのだと叫んだ。

（日本切支丹宗門史）

解説

「鎖国令」の骨子は、①キリスト教の禁止、②貿易の統制、③海外渡航の禁止、の三つである。三代将軍家光は、一六三三（寛永十）～三九（寛永十六）年に五つの法令を出し、これを順次確立していった。

寛永十年令（一六三三）では、①従来の朱印状に加えて老中の奉書をもつことが海外渡航の条件とされ、奉書船以外の渡航禁止という形で朱印船貿易に大幅な制限が加えられた。さらに、②朱印船貿易の副産物ともいうべき東南アジア各地の日本町がキリシタンの温床となっているとの見方に立ち、それを排すべく日本人の外国居住を死罪をもって禁じた。また、③糸割符制度も法令に組み入れ、その厳守を命じている。

寛永十二年令（一六三五）では、日本人の海外渡航を全面禁止した。さらに、寛永十三年令（一六三六）では、ポルトガル人やスペイン人などの南蛮人の子孫を海外追放にした。

島原・天草一揆（一六三七～三八）を鎮圧した幕府は、寛永十六年令（一六三九）を出して、ポルトガル船の来航を禁止した。一六四一（寛永十八）年には、オランダ商館を平戸から長崎の出島に移した。

4 カンガ ポルトガル語で牛の軛（くびき）の意

5 酷い虐殺 百姓に蓑を着けて縛り火をつけて殺す、蓑踊りなどの刑罰

6 天草の領主寺沢 天草は肥前唐津の寺沢広高の領地で、城代は三宅藤兵衛

7 十二月二十七日 一六三七（寛永十四）年、日本陰暦で十一月十一日

原典解説

異国日記 江戸幕府初期の外交を担当した金地院崇伝の覚書。一六〇八（慶長十三）～二九（寛永六）年の史料を収録する

日本切支丹宗門史 レオン・パジェス（一八一四～八六）の著で全三編。彼はフランスの外交官で日本のキリシタン布教史を研究した

設問

問❶ 一六三三（寛永十）年の法令で、海外渡航の際に必要となったものは何か。

問❷ 一六三九（寛永十六）年に日本への来航を禁止された国はどこか。

⑪文治政治への転換

1 末期養子の禁の緩和 ★

跡目[1]の儀、養子は存生[2]の内言上[3]を致すべし。末期[4]に及びこれを申すといへども、これを用うるべからず。然りといへども、其父五拾以下の輩は末期たりといへども、その品により[5]これを立つべし。拾七歳以下のもの養子を致すにおいては、吟味[6]の上許容すべし。

寛文三年[7]八月五日　（御触書寛保集成）

末期養子の禁の緩和

1 跡目　あとつぎ、家督相続
2 存生　生前
3 言上　幕府にとどけ出る
4 末期　重要　死の直前
5 品により　種類によっては
6 吟味　よく調べた上
7 寛文三年　一六六三年

原典解説

御触書寛保集成　二一一ページ参照

解説

江戸時代の武家が養子をとる場合、さまざまな制約があったが、なかでも末期養子（急養子）は重病・危篤の際、遺言により急いで主君に願い出たもので、幕府はこれを認めなかった。そのため、相続者を欠いて家名断絶・領知没収となる大名や旗本が少なくなく、牢人発生の一因となった。一六五一（慶安四）年、慶安事件（由井正雪の乱）の直後、四代将軍家綱の下で、幕府はこの末期養子を、①養父が十七歳以上、五十歳未満であり、②願書が養父本人の意志であることを大目付が病床で確認することを条件に認めることにした。右の史料は、一六六三（寛文三）年に出されているが、その規制が緩和されたものとなっている。

幕府は、大名統制を軸とした武断政治による牢人の問題が原因で、大名の反抗とは別種の政治・社会問題をひきおこすことに気づいた。そこで幕府は、儒学思想に基礎づけられた主従道徳をひろめ、それによって幕府と諸藩、大名と家臣の関係を固定化しようとした。末期養子の禁の緩和はそうした文治政治へと転換する第一歩だった。

これは次の五代将軍綱吉の下でより明確となる。一六八三（天和三）年に改定された武家諸法度（天和令）では、第一条が従来の「文武弓馬の道、専ら相嗜むべき事」から「文武忠孝を励し、礼儀を正すべきの事」と、武士の本分が「弓馬の道」から「忠孝」に変更された。また、天和令には、末期養子の禁の緩和や殉死の禁止も第十二条として盛り込まれている（→二一一ページ「解説」参照）。

2 生類憐みの令 ★★

一、捨子これ有り候ハヽ、早速届くるに及ばず。其所の者いたハリ置き、直ニ養候か、又ハ望の者これ有り候ハヽ、遣すべく候。急度❶付届に及ばず候事。

一、主無き犬、頃日❷は食物給させ申さず候様に相聞候。畢竟❸食物給させ候えハ、其人の犬の様に罷成、以後迄六ヶ敷事と存じ❹、いたはり申さずと相聞、不届候。向後左様これ無き様相心得べき事。

一、犬計に限らず、惣て生類人々慈悲の心を本といたし、あハれミ候儀肝要の事。

（御当家令条）

❖解説❖

五代将軍綱吉は、生母桂昌院や彼女が尊崇する護国寺の僧亮賢や護持院の隆光らのすすめで、一六八五（貞享二）年以降、くり返し生類憐みの令を出した。この法令は、当初、鷹狩を廃止し、馬の筋をのばしたり、その尾を切ることを禁止するといった内容で、仏教の慈悲心や儒学の仁の思想を政策として具体化しようとするものだった。また、それと併行して、農作物を荒らす害鳥・害獣を撃つために農民が保有している鉄砲に対する取締りも行われた。ところが、一六八七（貞享四）年以降、次第に内容が極端なものとなっていった。史料は、一六八七年四月に出された五か条からなる法令で、あらゆる生き物への愛護を説き、とくに犬の保護を厳命している。これは、綱吉が本人・生母ともに戌年生れであることが継嗣のない原因だと信じたためだった。そして、犬を斬った者を流罪や死罪としたり、中野（十六万坪）などに犬小屋を建て四万八千七百匹の野犬を収容し、その費用は関八州の農民と江戸市民に賦課した。人々は、これに反発し、綱吉を「犬公方」とよぶようになった。

綱吉は、湯島聖堂を建て、自ら儒学の経典を講ずるほどであり、生類憐みの令も君主の仁の心を政策として具体化し、仁の心を人々に浸透させようとしたものだった。しかし、それは、徳治主義の思想と現実の社会生活との矛盾を極端な形で露呈する結果となった。

生類憐みの令
❶急度　必ず、ただちに
❷頃日　このごろ
❸畢竟　つまり
❹六ヶ敷事と存じ　かかわりあうと面倒になると思って

原典解説

御当家令条　二一二ページ参照

設問

問❶　徳川家綱がとった大名統制の緩和策をあげよ。

問❷　徳川綱吉が出した極端な動物愛護の法令を何というか。

⑫ 正徳の政治

1 幕府財政の悪化と貨幣改鋳 ★★

今重秀[1]が議り申す所は、御料[2]すべて四百万石、歳々に納めらるる所の金は凡七十六、七万両余（此内長崎の運上[3]といふもの六万両、酒運上[4]といふもの、六千両、これら近江守（荻原重秀）申し行ひし所也）此内、夏冬御給金[5]の料三十万両余を除く外、余る所は四十六、七万両余也。しかるに去歳[6]の国用、凡金百四十万両に及べり。此外に内裏を造りまゐらせらるる所[7]の料、凡金七、八十万両を用ひらるべし。されば、今国財の足らざる所、凡百七、八十万両に余れり。……しかるに、只今御蔵[8]にある所の金、わづかに三十七万両にすぎず。……前代[9]の御時、歳ごとに其出る所の入る所に倍増して、国財すでにつまづきしを以て元禄八年[10]の九月より金銀の製を改造らる。[11]これより此かた、歳々に収められし所の公利、[12]総計金凡五百万両、これを以てつねにその足らざる所を補ひしに、同き十六年の冬、大地震[13]によりて傾き壊れし所々を修治せらるるに至

幕府財政の悪化と貨幣改鋳

1 **重秀** 重要 勘定奉行荻原重秀（近江守）
2 **御料** 幕領
3 **長崎の運上** 長崎貿易に関する税
4 **酒運上** 酒造業者の上納金
5 **御給金** 重要 旗本・御家人に支給する禄
6 **去歳** 宝永五（一七〇八）年
7 **内裏を造りまゐらせらるる所** 宝永五（一七〇八）年の内裏火災で再建中
8 **御蔵** 幕府の金蔵
9 **前代** 五代将軍綱吉
10 **元禄八年** 一六九五年
11 **金銀の製を改造らる** 元禄の改鋳。金貨に銀を、銀貨に銅をまぜ質を下げた
12 **公利** 悪貨改鋳による差額の利、出目という
13 **大地震** 元禄十六（一七〇三）年の南関東大地震。江戸に大被害を及ぼした

通釈

今、荻原重秀が提案したのは次の通りである。幕領はすべてで四百万石、毎年収納される金は大体七十六、七万両あまり。この内長崎の運上金が四万両、酒運上が六千両で、これらは重秀が新設したものである。この内、夏冬二季に旗本・御家人に渡す給金の額三十万両あまりを除くと、余っているのは四十六、七万両である。ところが昨年（一七〇八）の幕府の支出は約百四十万両に達している。このほかに、天皇の御所を造営するための経費として約七十～八十万両を使用しなければならないだろう。従って今、幕府財政の不足分は約百七十～百八十万両あまりにもなる。……しかし、現在、幕府の金蔵にある現金は、わずか三十七万両にすぎない。……前代の時、毎年歳出が歳入の倍となって、国家財政がすでにゆきづまったので、元禄八年九月から金銀貨の改鋳をされた。これ以来、毎年収められた改鋳の差益金は総計およそ五百万両あり、これで不足金を補ってきていたところ、同十六年の冬、大地震によってこわれたところを修理するようになって、毎年収められていた差益金はなくなってしまった。その後、財政不

14 宝永三年　一七〇六年
15 銀貨を改メ造られ [重要]　宝字銀鋳造(元禄銀より悪質)
16 歳用　一年の費用
17 重富　勝手方若年寄、稲垣重富
18 十大銭　一枚十文の大型銅銭新鋳

原典解説
折たく柴の記　新井白石の自叙伝で一七一六(享保元)年成立

小判１両中の金成分比の推移

0　5　10　15(g)

慶長小判(1601)
元禄小判(1695)
宝永小判(1710)
正徳小判(1714)
享保小判(1716)
元文小判(1736)
文政小判(1819)
天保小判(1837)
安政小判(1859)
万延小判(1860)

金の含有量

て、彼歳々に収められし所の公利も忽につきぬ。そののち、また国財たらざる事もとのごとくになりぬれば、宝永三年七月[14]、かさねて又、銀貨を改メ造られ[15]しかど、なほ歳用[16]にたらざれば、去年の春、対馬守重富[17]がはからひにて、当十大銭[18]を鋳出さるゝ事をも申行ひ給ひき此大銭の事は近江守もよからぬ事の由申せしと也「今に至て此急を救はるべき事、金銀の製を改メ造クらるゝの外、其他あるべからず」と申す。……(折たく柴の記)

足がもと通りになったので、宝永三(一七〇六)年七月に再び銀貨を鋳造したが、まだ一年の費用に足らないので、去年の春、対馬守重富の計らいで、当十大銭をつくる事をはじめた。(この十大銭のことは、よくないことだと近江守もいっている)「今日の状態となっては、国家財政の破綻を救うためには、貨幣改鋳以外に方法がない」と。……

解説

明暦の大火(一六五七年)をきっかけに悪化しだした幕府財政は、綱吉時代にゆきづまった。荻原重秀が計算した幕府の歳入出の状況によれば、幕領四百万石からの歳入は金にして七十六～七十七万両、歳出は直参の給金三十万両と国用百四十万両の計百七十万両であり、毎年百万両近くの赤字が出ることになる。その他、京都の御所建設費などの臨時支出もあるという。荻原は、この対策として貨幣改鋳を主張し、一六九五(元禄八)年以来、それを実施して五百万両の改鋳益金(出目)を得た。

幕府財政の悪化は、①明暦の大火や、②綱吉と桂昌院による相次ぐ寺社修築といった直接的な原因のほかに、③金銀採掘量の減少、④輸入、すなわち金銀流出の増加、そして、⑤商品経済の発達にともなう支出の増大などの構造的な原因による。

元禄改鋳は財政改善策であるとともに、商品経済の発達にともなって増大する貨幣需要に応えるという面もあったが、物価上昇の方へと作用し、人々の反発をまねいた。新井白石は、六代将軍家宣に、荻原が金銀座の商人と結んで改鋳によって二十六万両も着服したことを告発してこれをしりぞけ、一七一四(正徳四)年に正徳改鋳を断行して金銀貨の品位をほぼ旧に復した。しかし、これは通貨の減少による金融逼迫をまねき、不評だった。

2 海舶互市新例（正徳新令） ★★

一、長崎表廻銅❶凡一年の定数四百万斤❷より四百五拾万斤迄の間を以て、其限とすべき事。……

一、唐人方❸商売の法、凡一年の船数、口船、奥船❹合せて三拾艘、すべて銀高六千貫目に限り、其内銅三百万斤を相渡すべき事。……

一、阿蘭陀人商売の法、凡一年の船数弐艘、凡て銀高三千貫目限り、其内銅百五拾万斤を渡すべき事。……

正徳五年❺正月十一日

（徳川禁令考）

通釈

一、長崎港へ廻送する輸出用の銅は、大体一年間の決められた額として四百万斤から四百五十万斤までの間を限度とすべきである。……

一、中国人との商売のやり方は、大体、一年間の船数を、中国本土からの船と東南アジア諸地域からの船とを合わせて三十隻とし、貿易額はすべて銀に換算して六千貫目に限定し、そのうち銅を三百万斤渡すようにせよ。……

一、オランダ人との商売のやり方は、大体、一年間の船数は二隻とし貿易額はすべて銀に換算して三千貫目に限り、そのうち銅を百五十万斤渡すことにせよ。……

正徳五（一七一五）年正月十一日

解説

鎖国後、長崎でのオランダや明（のち清）との貿易は国内の商品経済の発達と連動して増加の一途をたどり、新井白石の計算によると、金は国内生産高の四分の一、銀は同じく四分の三が支払いによって海外へ流出したという。そこで、白石は、一七一五（正徳五）年に海舶互市新例（正徳新令）を出した。史料にあるように、そこでは、長崎入船数と貿易額を、①清船は年三十隻、銀六千貫、②オランダ船は年二隻、銀三千貫にそれぞれ限り、③支払いもなるべく銅で行い、その上限を清船は三百万斤、オランダ船は百五十万斤とした。これ以後規制は強化され、また、新たに支払いの主軸とされた銅の生産がのびず、貿易額は停滞した。

海舶互市新例（正徳新令）

❶長崎表廻銅 重要 長崎へ廻送する輸出用の銅

❷斤 一斤は百六十匁（一匁は三・七五グラム）、六百グラム

❸唐人方 中国人、当時は清国

❹口船、奥船 重要 中国船で中国本土から来航するものを口船、東南アジア諸地域から廻航してくるものを奥船とよんだ

❺正徳五年 一七一五年

原典解説

徳川禁令考 二一九ページ参照

設問

問❶ 正徳の政治をすすめた儒学者はだれか。

問❷ 長崎貿易の制限を強化し、金銀の海外流出を抑えようとした法令は何か。

⑬農業の発達

1 金肥（購入肥料）の普及 ★

夫れ田地を作るの糞し[1]、山により原に重なる所[2]は、秣[3]を専ら苅用ひて田地を作るなれば、郷村第一秣場の次第を以て其地の善悪を弁ずべし。近年段々新田新発に成尽して[4]、草一本をば毛を抜ごとく大切にしても、年中田地へ入るゝ程の秣たくはへ兼ねる村々之有り、古しへより秣の馬屋ごへにて耕作を済したるが、段々金を出して色々の糞しを買事世上[5]に専ら多し。仍て国々所々に秣場の公事[6]絶えず、又海を請たる郷村は、人を抱へ舟を造りて色々の海草を、又は種々の貝類を取りてこやしとす。其他里中の村々は山をもはなれ海へも遠く、一草を苅求むべきはなく、皆以て田耕地の中なれば、始終金を出して糞しを買ふ。

（民間省要）

解説

史料は、享保期の代表的な地方巧者（農業・農政に精通した者）であり幕府の代官にも登用された田中丘隅が八代将軍吉宗に提出した意見書『民間省要』の一節である。そこでは、新田開発によって採草地が減って中世以来の刈敷などの自給肥料の確保が難しくなり、それにかわって購入肥料（金肥）が普及していることが述べられている。金肥には、油かす、下肥（人糞尿）のほか大坂周辺の綿作や菜種の栽培などで用いられた干鰯などがある。とくに、干鰯は九十九里浜の地引網漁を発達させ、漁業を肥料産業として農業に結びつける役割をはたし、のちには蝦夷地沿岸の鰊漁もその生産の一翼をになって成長していった。

2 商品作物の栽培 ★

金肥の普及

1 糞し　肥料
2 山により原に重なる所　山や野原に地続きの所
3 秣　馬・牛などの飼料とする草ばかりではなく刈敷をふくむ
4 新田新発に成尽して　新田を開発できるところは開発しつくして
5 世上　世間
6 公事　訴訟。秣場が少なくなったので村と村との間で秣場の権利を争う訴訟が多くなった

原典解説

民間省要　荒川や酒匂川の治水で幕府に認められ名主から役人に登用された田中丘隅の著

綿は用ひざる国なければ何れの国にても作るべき物なれ共、東海道にては尾張・三河・遠江・駿河は作れども関東・北国にて余り作る事を聞かず。又九州の地は能く心がけて種々の産物を出せども、綿を作る事は疎にて多く中国の綿を求め用ひ来れり。……此綿を所[1]に作れば操るに賃を取る女子あり[2]。綿仲買[3]・綿問屋・女の糸をつむぐ抔より、手数拾四、五通もかかれば各利を得るものありて、家業となりて所の賑ひともなる事なれば大いなる国益なり。（広益国産考）

解説

商品作物の栽培による商業的農業は、元禄期ごろから発達するが、それにはいくつかの形態がある。①都市近郊の蔬菜（江戸西北郊の練馬大根、京都南郊の東寺真桑瓜など）、②手工業原料の綿（木綿）、菜種（灯油など）、桑（生糸）、紅花・藍（染料）、楮・三椏（紙）、櫨（蝋）、漆、麻・苧（衣料）、煙草などである。後者は農家副業として手工業生産を発展させ、いずれマニュファクチュア（工場制手工業）形態での農村工業もそこから出現してくる。

史料は一九世紀半ばの農書だが、綿作が農村の社会的分業を発達させ、農家に利益をもたらし、村々の振興につながることを説いている。商品作物は、年貢と食料と種籾の生産をくり返している自然経済状態から農民が脱却する手段であるとともに、その貧富の差をひろげ階層分化をすすめる原因ともなった。その栽培には多くの肥料と人手、したがって資金を要し、利益が大きい半面、天候や市況の影響で投下資金を回収できないといった危険性もあった。

商品作物の栽培

1 所　その村
2 賃を取る女子　綿繰りは女子の賃稼ぎ仕事
3 綿仲買　村々で生産された綿を買い集める仲買人

原典解説

広益国産考　大蔵永常が著した農書で、一八四二（天保十三）年から一八五八（安政五）年にかけて刊行された。商品経済の発達に対応した農家経営のあり方を論じている

設問

問❶　手工業の原料や食料など、販売を目的にして栽培された作物を何と総称するか。

問❷　綿や菜種の栽培などに用いる肥料は何か。

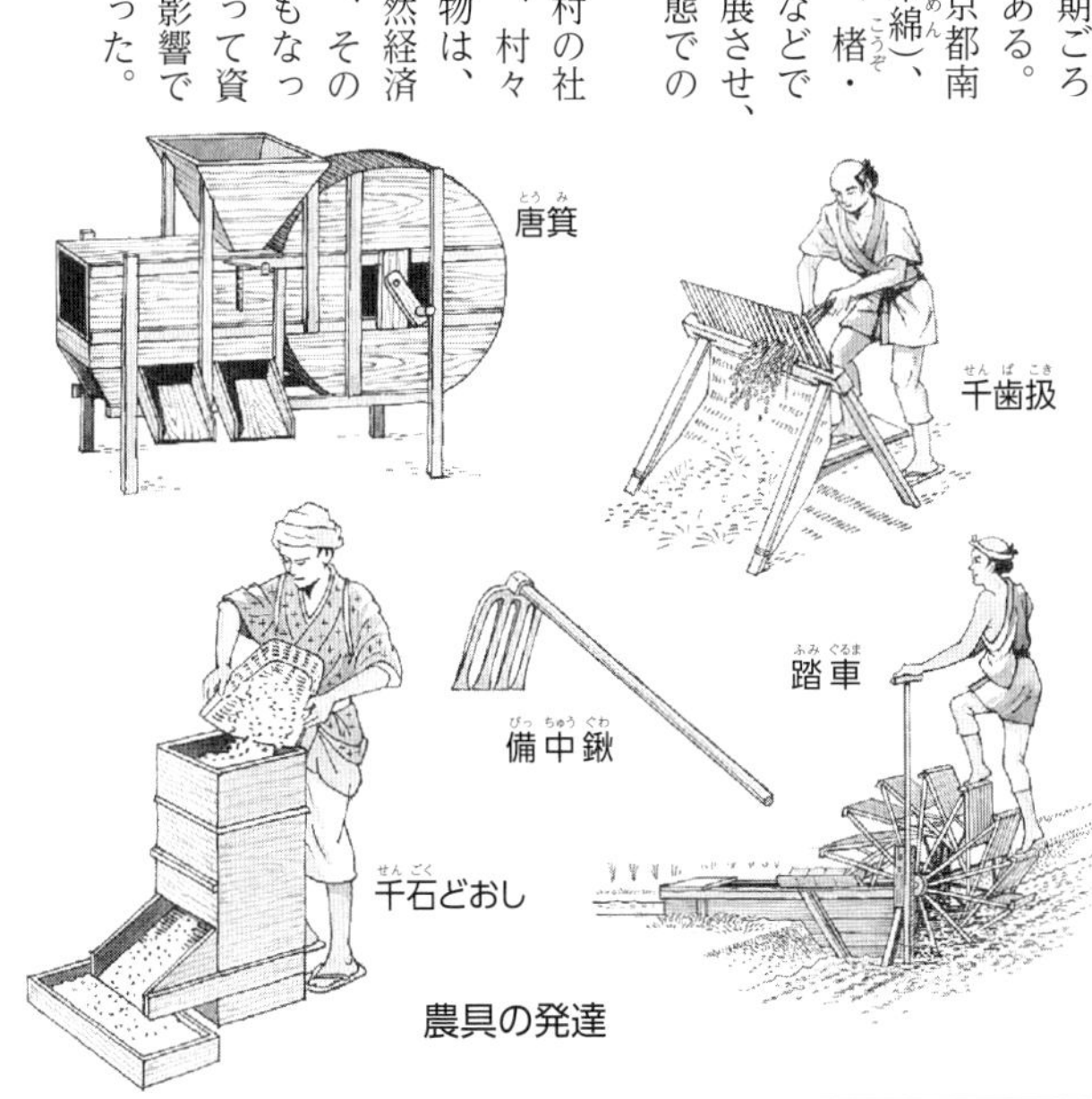

農具の発達

⓮ 商業の発展

1 大坂の繁栄 ★★

物じて北浜の米市は❶、日本第一の津なればこそ、一刻の間に、五万貫目のたてり商❷も有事なり。その米は、蔵々にやまをかさね、夕の嵐朝の雨、日和を見合、雲の立所をかんがへ❸、夜のうちの思ひ入れにて、売人有、買人有、壱分弐分をあらそひ❹、人の山をなし、互に面を見しりたる人には、千石・万石の米をも売買せしに、両人手打て❺後は、少しも是に相違なかりき。世上に金銀の取やりには預り手形❻に請判❼慥に「何時なりとも御用次第」と相定し……契約をたがへず、其日切に、損徳をかまわず売買せしは、扶桑❽第一の大商。人の心も大腹中にして、それ程の世をわたるなる。難波橋より西、見渡しの百景。数千軒の問丸❾、甍をならべ、白土、雪の曙をうばふ。杉ばへ❿の俵物、山もさながら動きて、人馬に付おくれば、大道轟地雷のごとし。上荷・茶船⓫、かぎりもなく川浪に浮びしは、秋の柳にことならず、米さし⓬の先をあらそひ、若ひ者の勢、虎臥竹の林と見へ、大帳、雲を翻し、十露盤、丸雪をはしらせ。天秤、二六時中の鐘にひゞきまさつて、其家の風、暖簾吹きかへしぬ。商人あまた有が、中の嶋に、岡・肥前屋・木屋・深江屋・肥後屋・塩屋・大塚屋・桑名屋・鴻池屋・紙屋・備前屋・宇和嶋屋・塚口屋・淀屋など、此所久しき分限にして商売やめて多く人を過しぬ。昔こゝかしこのわたりにて纔なる人なども、その時にあふて旦那様とよばれて置頭巾、鐘木杖、替草履取るも、是皆、大和・河内・津の国・和泉近在の物つくり⓭せし人の子共。惣領残して、すゑ〴〵をでつち奉公に遣し置、……　（日本永代蔵）

大坂の繁栄

❶北浜の米市　現大阪市中央区大川町。当時の米の取引所。元禄以後堂島に移転

❷たてり商　立売商い。米の相場取引のこと

❸夕の嵐朝の雨、日和を見合、雲の立所をかんがへ　天候を考え合わせて

❹壱分弐分をあらそひ　百分の一、二の相場の高下を争う（一株十石についての高下）

❺両人手打て　売買契約成立のしるしに手をしめる

❻預り手形　借用証文

❼請判　請人の印判・保証人の印

❽扶桑　日本

❾問丸　米の仲買・問屋

❿杉ばへ　杉生え、米俵を積みあげたさまの形容

⓫上荷・茶船　中之島の蔵屋敷・米問屋に廻米を運ぶ川舟、上荷船は三十石、茶船は十石積の船

⓬米さし　米俵につき刺して品質をしらべる竹べら

⓭物つくり　農業のこと

参考史料　大商人の出現　★★

三井九郎右衛門といふ男、手金の光[1]、むかし小判の駿河町[2]と云所に、面九間に四十間に、棟高く長屋作りして、新棚[3]を出し、万現銀売に、かけねなし[4]と相定め、四十余人利発手代[5]を追まはし、一人一色[6]の役目、たとえば金襴類一人、日野・郡内絹類一人、羽二重一人、紗綾類一人。紅類一人、麻袴類一人、毛織類一人。此ごとく手わけをして、天鵞兎一寸四方、緞子毛貫袋になる程。緋繻子鑓印長[7]、竜門の袖覆輪[8]かたかたにても、物の自由に売り渡しぬ。殊更俄目見え[9]の熨斗目[10]、いそぎの羽織などは、其使をまたせ、数十人の手前細工人立ちならび、即座に仕立てこれを渡しぬ。さによつて家栄へ毎日金子百五十両づつならしに[11]商売しけるとなり。

（日本永代蔵）

解説

江戸時代の大坂は、「天下の台所」とよばれ、全国の商業の中心地として繁栄していた。西廻り海運の北前船で日本海や瀬戸内海などの沿岸地域から蔵物（年貢米など）や納屋物（特産物など）が大坂に集まった。これらに、京都などの上方諸都市の手工業製品、周辺農村の綿などの農産加工品を加え、大坂から江戸へ送られた。百万人口をかかえる巨大消費都市江戸への南海路には、菱垣廻船（のちには樽廻船も）が就航していた。江戸への物資供給を仲介する買継問屋も発達し、十八世紀後半には二十四組問屋として株仲間（営業独占権をもつ同業者組合）も公認されている。

その繁栄の核心は、史料にあるように年貢米の換金、売買にあり、それを扱う大商人が出現した。彼らは、諸藩の蔵屋敷に出入して蔵物の換金業務に従事する蔵元や掛屋を営み、金遣い（金貨中心）の江戸と銀遣い（銀貨中心）の大坂との金融決済業務にあたる両替商を兼ね、大名貸を行って諸藩の財政を支えていた。こうして大坂は、年貢米納を原則とする石高制を維持する上でも、諸藩に財政的・経済的な自立を許さず、幕藩体制につなぎとめる上でも、決定的な役割をはたしていた。

大坂は、北組・南組・天満組からなり、十八世紀初めにはそれら三組をあわせて六百町、人口四十一万に達した。堀割が交通路として発達し、八百八橋と称された。一方、江戸も明暦の大火（一六五七年）を機に膨張し、元禄期には参考史料の三井（呉服商を足場に急成長）をはじめ大商人が出現している。

大商人の出現

1 **手金の光**　手持ちの現金の威光
2 **むかし小判の駿河町**　むかし小判をつくったところ
3 **新棚**　新しい店
4 **万現銀売に、かけねなし**　重要　現金・定価販売
5 **利発手代**　利口な店員
6 **一人一色**　一人一種類
7 **鑓印長**　槍の柄につける印の長さ分
8 **袖覆輪**　袖口に細くあらわれている部分
9 **俄目見え**　突然の謁見
10 **熨斗目**　武士の式服
11 **ならしに**　平均して

原典解説

日本永代蔵　井原西鶴の浮世草子、元禄町人の巨富・金銭欲をよく描きつくしている

設問

問❶　大坂は全国商業の中心として繁栄し、何とよばれたか。

問❷　大坂の銀貨と江戸の金貨の交換を中心に、金融を営んだ業者は何か。

⑮ 元禄文化

1 読史余論 ★★

本朝❶天下の大勢、九変して武家の代となり、武家の代また五変して当代におよぶ総論の事。

神皇正統記に、光孝より上つ方は一向❷上古なり。万の例を勘ふるにも、仁和❸より下つかたをぞ申める。五十六代清和幼主にて外祖良房摂政す。是外戚専権の始一変。基経外舅❹の親によりて、陽成を廃し、光孝を建しかば、天下の権藤氏に帰す。そのゝち関白を置き或は置ざる代❺ありしかど、藤氏の権おのづから日日盛也二変。六十三代冷泉より……後冷泉凡八代百三年の間は、外戚権を専にす❻三変。後三条・白河両朝は政天子に出づ四変。堀河……安徳、後白河三十余年凡九代九十七年の間は、政上皇に出づ❼五変。……

武家は源頼朝幕府を開て、父子三代❽天下兵馬の権を司どれり。凡三十三年一変。平義時❾承久の乱後

❖通釈❖

日本の歴史は、九回変化して武家の時代となり、武家の時代は、また五回変化して現代（江戸時代）におよぶ総論について。

神皇正統記に五十八代光孝天皇より前はすべて古代になるとある。（それは次の宇多天皇の時、基経が関白となり、摂関政治がはじまるから）いろんな例を考えても光孝天皇の仁和年代以降を新しい時代としている。五十六代清和天皇は幼くして皇位についたので、外祖父の藤原良房が摂政となった。これが、外戚が権勢をほしいままにする始めである。これで時代が一変した。藤原基経は妻の父のゆかりで陽成天皇を退位させて、光孝天皇を即位させたので、天下の実権は藤原氏が把握した。其の後、関白をおいたりおかなかったことはあるが、藤原氏の権勢はしだいに盛んとなった。これで時代が二変した。六十三代の冷泉天皇から、……後冷泉天皇まで、およそ八代百三年の間は藤原氏が摂関政治をおこなった〈三変〉。後三条・白河天皇の時は、天皇親政であった〈四変〉。堀河天皇から……安徳天皇まで九代九十七年間は院政時代であった〈五変〉。武家は源頼朝が幕府を開

読史余論

❶本朝　日本

❷一向　すべて

❸仁和　仁和元（八八五）年は、光孝天皇のとき

❹外舅　妻の父

❺置ざる代　醍醐・村上天皇時代（延喜・天暦）

❻冷泉より……外戚権を専にす　冷泉天皇時代、藤原実頼が関白になってから後冷泉天皇時代頼通が関白を辞するまでは藤原氏の全盛時代

❼堀河……政上皇に出づ　堀河天皇の応徳三（一〇八六）年から院政がはじまった

❽父子三代　頼朝・頼家・実朝の三代

❾平義時　重要　北条義時

❿源尊氏　重要　足利尊氏

⓫天子蒙塵　都を追われて他所に逃げること

⓬将軍を廃し　天正元（一五七三）年に将軍足利義昭を京都から追放し、室町幕府を滅ぼした

⓭天子を挟み　天皇をいただいて

⓮光秀に弑せらる　本能寺の変

⓯故智　古人の用いた知略

⓰当代　重要　徳川家

新井白石の時代区分

九変	1	2	3	4	5	6	7	8	9		
時期	良房摂政	基経関白	摂関常置	後三条即位	院政開始	鎌倉開幕	執権政治	建武中興	足利開幕	織豊政権	徳川開幕
五変						1	2		3	4	5

原典解説

読史余論　新井白石が、一七一二（正徳二）年、将軍家宣に進講したもの。藤原氏の摂関政治の開始から豊臣氏に至る間の、公家の衰退と武家の勃興を述べ、江戸幕府成立の必然性を明らかにし、歴史の推移を発展段階的にとらえようとしている

天下の権をとる。そののち七代凡百十二年、高時が代に至て滅ぶ二変。後醍醐中興の後、源尊氏反し[10]て天子蒙塵、[11]尊氏、光明院を北朝の主となして、みづから幕府を開く。子孫相継て十二代におよぶ。凡二百三十八年三変。足利殿の末、織田家勃興して将軍を廃し、[12]天子を挟み[13]て天下に令せんと謀りしかど、事未だ成らずして（凡十年がほど）、其臣光秀に弑せらる。[14]豊臣家其故智[15]を用ひ、自ら関白となりて天下の権を恣にせしこと凡十五年四変。そののち終に当代[16]の世となる五変。

（読史余論）

いて、親子三代軍事の権をにぎっていた。その間約三十三年であった〈一変〉。北条義時は、承久の乱後天下の実権を握った。その後、七代約百十二年高時の代に滅んだ〈二変〉。後醍醐天皇が建武中興の後、足利尊氏が謀叛をおこして、天皇が都から逃げた。尊氏は北朝の光明天皇を立てて幕府を開き、その子孫が相続し、十二代に及んだ。その間約二百三十八年間、これで三変。足利氏の末期、織田家がおこって足利将軍を廃し、天皇を頂いて天下に号令せんと謀ったが、統一の事業が未完成のうちに、およそ十年間で、その部下明智光秀に殺された。豊臣家は、古人の用いた知略で自ら関白となり、天下の実権を握った。その間およそ十五年〈四変〉。その後、ついに徳川氏の時代となった〈五変〉。

解説

『読史余論』は、一七一二（正徳二）年、新井白石が六代将軍家宣に歴史を進講した際の講義案である。清和天皇の頃から説きおこし、公家から武家への政権の推移、鎌倉・室町から江戸への幕府の交替を論じている。徳川氏の政権獲得を正当化するとの前提には立つものの、引用したその冒頭部分では公家政権九変、武家政権五変の時代区分を行い、しかも両者が重複する過渡期を設けていることが注目される。現政権を時代区分の中に位置づけたことは、その将来における可変性を論理的に含意するという意味で、歴史の合理的理解に道をひらいたといえよう。

2 町人文化 ★

いにしへは百姓より町人は下座なりといへども、いつ比よりか天下金銀づかひ❶となりて、天下の金銀財宝みな町人の方に主どれる事にて、貴人の御前へも召出さるゝ事もあれば、いつとなく其品❷百姓の上にあるに似たり。況んや、百年以来は天下静謐❸の御代なる故、儒者・医者・歌道者・茶湯・風流❹の諸芸者、多くは町人の中より出で来ることになりぬ。

（町人嚢）

❖解説❖

史料は、長崎の町役人であり鎖国後の海外事情を紹介したこと（『華夷通商考』）でも著名な西川如見が書き残した教訓書の一節である。そこでは、貨幣経済の発達により町人の地位が上昇し、身分序列では百姓の下に位置するはずのものが、その上にあるかのように世間でもうけとられるようになり、儒学者・医者・歌人・茶人など、学問や芸術の担い手も町人の中から輩出するにいたったと述べられている。元禄文化は、上方を中心とする町人文化であり、もはや町人は文化の享受者にとどまらず、創造者ともなっていったのである。

町人文化

❶金銀づかひ　貨幣経済の世の中
❷其品　その身分
❸静謐　平和な時代
❹風流　みやびやかな芸能

原典解説

町人嚢　西川如見が世事教訓などを書き記したもの

設問

問❶　日本の歴史を時代区分して理解する方法をとった新井白石の著書は何か。

元禄文化

特色		①朱子学、自然科学、古典研究の発達 ②人間性の追求（松尾芭蕉・井原西鶴・近松門左衛門らの作品） ③桃山風の継承（尾形光琳・乾山ら）
文芸	国学	『万葉代匠記』契沖、『源氏物語湖月抄』北村季吟
	俳諧	貞門（松永貞徳）、談林（西山宗因）、正風（蕉風）　松尾芭蕉＝『奥の細道』、『笈の小文』、『猿蓑』
	小説	井原西鶴『浮世草子』、好色物＝『好色一代男』、町人物＝『日本永代蔵』、『世間胸算用』、武家物＝『武道伝来記』
	脚本	近松門左衛門　世話物＝『曽根崎心中』、『心中天網島』、時代物＝『国性〔姓〕爺合戦』
美術	琳派	風神雷神図屏風（俵屋宗達）、紅白梅図屏風・燕子花図屏風（尾形光琳）、工芸（尾形乾山）
	浮世絵	見返り美人図（菱川師宣、肉筆）
	蒔絵	舟橋蒔絵硯箱（本阿弥光悦）
	陶磁器	酒井田柿右衛門（赤絵）、野々村仁清（京焼）

第7章

幕藩体制の動揺

① 武家の窮乏

1 貨幣経済の浸透 ★★

当時[1]ハ旅宿ノ境界[2]ナル故、金無テハナラヌ故、米ヲ売テ金ニシテ、商人ヨリ物ヲ買テ日々ヲ送ルコトナレバ、商人主ト成テ武家ハ客也。故ニ諸色[3]ノ直段、武家ノ心儘ニナラヌ事也。武家皆知行処[4]ニ住スルトキハ、米ヲ売ラズニ事スム故、商人米ヲホシガル事ナレバ、武家主ト成テ商人客也。去バ諸色ノ直段ハ武家ノ心ママニナル事也。是皆古聖人ノ広大甚深ナル智恵ヨリ出タル万古不易ノ掟也。（政談）

貨幣経済の浸透

[1] 当時　最近

[2] 旅宿ノ境界　旅行中のような不安定な状態

[3] 諸色　さまざまな品物

[4] 知行処　領地

原典解説

政談　荻生徂徠が将軍吉宗の諮問に答えた意見書。四巻。武士土着論を説く。十八世紀前半成立

通釈

最近は旅行中のような境遇であるため、金がなくてはならないため、米を売って金に換え、商人から物を買って毎日を送るあり様なので、商人が主人で武士は客である。そのため、一般の物価は武士の自由にならない。武士がすべて領地に住めば、米を売らないですみ、商人は米を欲しがるようになるので、武士は主人となり、商人は客となる。そうなれば、諸物価は武士の思いのままになる。これはすべて、中国の聖人たちの広く深い智恵が生み出した永久不変のきまりである。

解説

諸大名は、幕府が課する参勤交代や土木工事の費用を捻出するため、年貢米を売却して貨幣を調達しなければならなかった。このように、幕藩体制を維持するためには、当初から一定の商品・貨幣経済の展開が必要だったのである。その上、商品経済の発達などを背景とした元禄前後の物価上昇は、幕府や諸大名などの貨幣支出をも増大させ、三都(江戸・大坂・京都)の豪商からの**大名貸**に諸大名の財政が依存する度合いを強めさせた。荻生徂徠は、こうした状態を幕藩体制をゆるがすものととらえ、その原

因を追究して彼が「旅宿ノ境界」と表現した支配体制のあり方(武士の城下町集住、米納年貢制など)に求めた。彼はその対策として武士の再土着・帰農を唱えたが、それは近世の国家と社会のあり方を大きく組みかえることになり、到底実行し難いものだった。

2 大名の窮乏 ★★

今ノ世ノ諸侯ハ大モ小モ皆首ヲタレテ町人ニ無心❶ヲイヒ、江戸、京都、大坂、其外処々ノ富商ヲ憑デ、其続ケ❷計ニテ世ヲ渡ル。邑入❸ヲバ悉ク其方ニ振向ケ置テ、収納ノ時節ニハ子銭家ヨリ倉ヲ封ズル類也。子銭家トハ金銀ヲ借(貸)ス者ヲ云フ。邑入ニテ償ヒテモ猶足ラズ、常ニ債ヲ責ラレテ其ノ罪ヲ謝スルニ安キ心モナク、子銭家ヲ見テハ鬼神ヲ畏ルル如ク、士ヲ忘レテ町人ニ俯伏シ、或ハ重代ノ宝器ヲ典当❹シテ時ノ急ヲ免ガレ、家人ヲバ飢サシテ子銭家ヲバ珍膳ニテ饗シ、或ハ子銭家トテ故モナキ商賈ノ輩❺ニ禄俸ヲ与ヘテ家臣ノ列ニ入レ、或ハ貫リタル物❻ノ直ヲ償ハズ。

(経済録)

通釈

今の世(享保)の諸大名は、大大名も小大名も、すべて頭をさげて町人に借金を申し入れ、江戸・京都・大坂などの豪商をたよりとして、その援助だけで財政をまかなっている。領内から収納した年貢はすべて、商人への支払いにふりむけてしまい、年貢収納の時には、高利貸に米蔵を差し押えられている。子銭家とは金銀を貸す者のことをいう。年貢収入で支払いをしてもなお不足で、いつも借金取りたてに追われているので、心もおちつかず、子銭家をみると鬼神をみるようなありさまで、町人に頭を下げ、あるいは家代々の家宝を担保に入れて一時の急をしのぎ、家来どもを飢えさせて、子銭家をごちそうでもてなしたり、あるいは子銭家という素性もわからぬ商人たちに、禄を与えて家臣の一員としたり、あるいは掛けで買い入れた物の代金も払わないありさまである。

解説

諸大名が財政難解決のために依存した**大名貸**の利息は年に三～六パーセントで、比較的低かった。しかし、次第に累積して大名の財政を圧迫し、荻生徂徠の弟子**太宰春台**が描くように、身分制をゆるがし

大名の窮乏

❶**無心** ものをねだる、借金を申し込む
❷**続ケ** 金銭の援助
❸**邑入** 年貢収入
❹**典当** 質入れ
❺**商賈ノ輩** 商人
❻**貫リタル物** 金を払わずに買ったもの

原典解説

経済録 一七二九(享保十四)年、太宰春台の著で、当時の政治、経済、社会等について記している

かねないものにさえなっていった。

3 身分制の動揺 ★

なべて[1]武家は大家も小家も困窮し、別て[2]小禄[3]なるは見体[4]甚見苦しく、或は父祖より持伝へたる武具、及或は先祖の懸命の地[5]に入りし時の武器、其外家に取りて大切の品をも心なく売払ひ、又拝領の品[6]をも厭はず質物に入、或は売物にもし、又御番[7]の往返、他行の節、馬に乗りしも止め、鑓を持たせしも略し、侍若党[8]連れたるも省き、……又其甚敷に至りては、御番に出る時は質屋より偽りて取り寄せ着用いたし、帰りたる時は直に元の質屋へ返す也。……殊に小給の侍、徒士、足軽以下の者は、奉公の間の内職にて傘を張り、提灯、其を張り、下駄足駄の花紐を始め、種々細工を致し、妻子も共に稼ぎ、町人の蔭にて余情を請け[9]渡世[10]のたしに致す。

（世事見聞録）

通釈

おしなべて武家は、大家・小家を問わず困窮しており、とくに禄高の低い者ははなはだ見苦しく、ある時は父祖伝来の武具、ある時は先祖が命がけで戦った折の武器、その他家にとって大切な品を、心ならずも売り払い、また、主君から拝領した品でもかまわず質に入れ、また売り払っている。また御番の往復やよそ行きの際、馬に乗ることもやめ、槍もちをつれて歩いていたのもやめ、若い従者をつれて歩いていたのも省き、……またはなはだしい例としては、御番に出る時は、質屋から衣類をいつわって取り出して着用し、帰ってくるとすぐに質屋にもどすというありさまである。……ことに俸禄の少ない武士、徒士、足軽それ以下の者は、主人に奉公する合間の内職として、傘をはったり、提灯をはったり、下駄足駄の鼻緒をはじめ、いろいろの細工仕事を行って妻や子供も一緒にかせぎ、町人のおかげで情をうけ、生活のたしにしている。

解説

幕府や諸藩の財政難のしわ寄せは家臣、とくに下級の武士の生活を脅かした。武具を処分し、出勤時の乗馬や伴揃えもやめ、衣類も質屋から出し入れし、内職でようやく糊口をしのぐあり様の者もいた。

身分制の動揺

1 なべて　一般に
2 別て　特別に
3 小禄　俸禄の少ないもの
4 見体　見てくれ、見ため
5 懸命の地　命がけの戦場
6 拝領の品　主君から頂いたもの
7 御番　役目当番
8 若党　若い郎党
9 余情を請け　おなさけをうけ
10 渡世　生計

原典解説

世事見聞録　武陽隠士と称する者の著で、一八一六（文化十三）年の成立。化政時代の社会状態が窺える史料である

設問

問❶　近世社会のあり方を「旅宿の境界」と特徴づけた儒学者はだれか。

❷享保の改革

1 相対済し令 ★★

一、近年金銀出入[1]段々多く成り、評定所[2]寄合の節も此儀を専ら取扱ひ、公事訴訟は末に罷成[3]、評定の本旨を失ひ候。借金銀・買懸り[4]等の儀は、人々相対[5]の上の事に候へば、自今は三奉行所[6]にて済口[7]の取扱ひ致す間敷候。併し欲心を以て事を巧み[8]候出入ハ、不届きを糺明いたし、御仕置申し付くべく候事。

一、只今迄奉行所にて取上げ、日切に申付け[9]、段々済寄り候金銀の出入も、向後罷出で間敷由申し付くべく候事。

（御触書寛保集成）

通釈

一、近年、金銀貸借に関する訴訟がしだいに多くなり、評定所で寄合の時もこのことを専ら取り扱い、一般の訴訟がおろそかになり、評定所本来の趣旨を失ってしまっている。そこで、借金銀・売掛け・買掛けなど取引上の問題は、当事者間相互で話し合いによって解決すべきことであるので、今後は三奉行所においては決済の取り扱いはしないことにする。ただし、よこしまな心で悪だくみをしたような場合には、不届きの点を糾明して処罰するようにせよ。

一、現在まで奉行所で取り上げ、日限をかぎって裁決をしてきた金銀貸借の訴訟についても、今後は訴え出ないように申しつけるようにする。

解説

相対済し令は、享保以前にも、一六六一（寛文元）年、一六八五（貞享二）年、一七〇二（元禄十五）年と再三出されている。しかし、その内容は、問屋の売掛けを除外したり、発令以前の訴訟に適用を限るとかいった部分的、一時的なものだった。一七一九（享保四）年の享保令は、金銀貸借、売掛けにかかわる訴訟を将来とも一切取り上げないという徹底したものである。この法令の目的は、かつて説かれていた旗本、御家人の窮乏を救済することにあるというよりも、訴訟の激増による裁判機能の麻痺状態を解消することにあったと考えられている。一七一八（享保三）年の町奉行扱いの訴訟は三万五千七百九十

相対済し令

[1]金銀出入 重要 金銀貸借の訴訟

[2]評定所 訴訟を裁決する最高機関。老中・三奉行・大目付・目付などで構成

[3]公事訴訟は末に罷成 一般の訴訟取扱いがおろそかになる

[4]買懸り ツケで購入すること

[5]相対 重要 当事者相互の話し合い

[6]三奉行 寺社奉行・勘定奉行・江戸町奉行の三奉行

[7]済口 決済

[8]事を巧み 企てる、たくらむ

[9]日切に申付け 日限をかぎって貸借決済をするよう命ずる

件で、うち金銀貸借関係のものが三万三千三十七件、約九十二パーセントにものぼっている。しかも、処理できたのは一万千六百五十一件、約三十三パーセントにすぎなかった。商品・貨幣経済の発達に幕府の裁判機構が対応しきれなくなっている。この法令は一七二九(享保十四)年に廃止されたが、その際の理由は、①諸問屋による取引上の支障の訴え、②不法な債務不履行、③武士への理不尽な督促などである。幕臣への督促では、江戸城の門外で下城時に待ちぶせるというやり方までとられ、町奉行大岡忠相がそうした督促者の処罰を将軍吉宗にうかがい出て、「返さぬ方が悪い」と却下される一幕もあった。廃止の際、示談(内済)の制度化や金利・家賃などの規制措置がとられ、金銀貸借訴訟の増加を抑えようとしている点からも、この法令が裁判事務の軽減にあったことがうかがえる。

2 上げ米 ★★★

御旗本に召し置かれ候御家人、御代々段々相増し候。御蔵入高も❶先規よりは多く候へども、御切米御扶持方、❷其外表立ち候御用筋の渡方に引合候ては、❸畢竟年々不足の事に候。……今年に至て御切米等も相渡し難く、御仕置筋❹の御用も御手支❺の事に候。それに付御代々御沙汰これ無き事に候へども、万石以上の面々❻より八木❼差上げ候様に仰付らるべしと思召し、左候はねば、御家人の内数百人、御扶持召放さるべきより外はこれ無く候故、御恥辱を顧みられず仰せ出され候。高一万石に付八木百石積り差上げらるべく候。……これにより在江戸半年充御免❽成され候間、緩々休息いたし候

通釈

御旗本に登用された幕府の御家人は、代々しだいにその数が増加してきた。幕府の年貢収入も前よりは多くなったけれども、旗本・御家人に渡す俸禄の切米・扶持米や、其の他の経常支出の支払い高とくらべると、結局毎年不足になっている。……今年になって、切米等の支給もできず、一般行政費もさしつかえるようになっている。それで、これまで先例もない事だが、一万石以上の大名から米を幕府に差出させるように命令しようとお考えになった。そのようにしなければ、御家人の中で数百人を解雇する以外に方法がないので、恥をしのんで命令された。石高一万石について米百石の割合で差出すように。……これによって、参勤交代で江戸に居住する期間を半年減免するので、ゆっくりと休息しなさいと命ぜられた。

原典解説

御触書寛保集成　二一一ページ参照

上げ米

❶御蔵入　幕領からの貢租収入

❷御切米御扶持方　幕府の蔵入米から支給される俸禄。切米は春夏秋の三期に給され、扶持米は何人扶持(一人扶持は一日玄米五合)というように給与された

❸表立ち候御用筋の渡方に引合候ては　経常支出の支払高とくらべれば

❹御仕置筋　一般行政関係

❺御手支　さしつかえる

❻万石以上の面々　重要　大名。一万石以上の知行を与えられた将軍の臣下を大名と通称した

❼八木　重要　米のこと。「米」の字を「八」と「木」に分解した

❽在江戸半年充御免　江戸滞在を半年減免する

年貢の増徴

[1]間引　堕胎したり、出産直後に嬰児を殺すこと

[2]神尾氏　神尾春央、一七三七（元文二）～五三（宝暦三）年の間、幕府の勘定奉行をつとめ、享保の改革後半の農政を担当し、年貢増徴政策をすすめた

原典解説

西域物語　本多利明が著した経世論で、一七九八（寛政十）年に成立。ヨーロッパ諸国の国勢や風俗を記し、航海や貿易の必要を説いた

足高の制

[1]享保八年　一七二三年

[2]御役料　幕府の役人に役料が給せられるようになったのは、一六六六（寛文六）年からである

様に仰せ出され候。（御触書寛保集成）

参考史料　年貢の増徴　★★

斯なり行勢ひゆへに、出生の子を間引[1]ことは扨置、餓死人も出来する筈也。斯の如き道理明白なる物を、神尾氏[2]が曰く、「胡麻の油と百姓は絞れば絞る程出るものなり」といへり。（西域物語）

❖解説❖

一七二一（享保六）年の幕府の年貢収入は百三十万石余で、八代将軍吉宗の将軍就任以来最低水準となり、旗本・御家人への給与の支給もとどこおる状態に陥った。吉宗は、事態打開のため、勝手掛老中を新設して財政を専管させ、幕府財政の本格的な再建にのり出した。一七二二（享保七）年七月、史料にあるように、「御恥辱を顧みられず」に、**上げ米**を実施した。諸大名に一万石につき百石の上げ米を命じ、年額十七～十八万石を確保して幕臣への禄米給与にあてて急場をしのごうとした。もし、この措置をとらなければ、「御家人の内数百人も、御扶持を召放」つ状態に陥ってしまうという。諸大名には上げ米の代償として、江戸在府期間を半年に軽減した。その後、年貢収入が種々の改革諸施策によって回復し、財政危機から一応脱出できたので、上げ米は一七三一（享保十六）年に停止された。参勤交代の緩和を伴うこの制度は、幕藩関係にとって不正常な一時的な危機回避策だという認識が当初からあったといえよう。しかし、参考史料にみられる強引な年貢増徴政策は、農民を疲弊させ、その抵抗をまねくことになる。

3 足高の制　★★

享保八年[1]卯六月

諸役人、役柄に応ぜざる小身の面々、前々より御役料[2]定め置かれ下され候処、知行の高下これ有る故、今迄定め置かれ候御役料にては、小身の者

❖通釈❖

享保八（一七二三）年六月

諸役人のうち、役職不相応に禄高の低い人々に対しては、前々から役料を定めて下されていたが、知行の高い者と低い者があるので、従来定めておいた役料では、小身の者は御奉公をつづけることができなくなってきた。そこで、今

3 御吟味これ有り　御調査があって

4 御側衆　将軍の側近、殿中の庶務をあつかう。常置の職ではないが、政務の枢機に参与し将軍の補佐の任に当たるので、権勢は老中をしのぐことがあった

御奉公続き兼ね申すべく候。これに依り、今度御吟味これ有り、3 役柄により、其場所不相応に小身にて御役勤め候者は、御役勤め候内御足高仰せ付けられ、御役料増減これ有り、別紙の通り相極め候。此旨申し渡すべき旨、仰せ出され候。但此度御定の外取り来り候御役料は其儘下し置かれ候。

五千石より内は
五千石の高に成し下さる可く候　御側衆 4
三千石より内は
三千石の高に成し下さる可く候　大目付　町奉行　御勘定奉行

（御触書寛保集成）

度調査をして、役職により、不相応に禄高の低い者が、その役につく場合、在職中に役高から不足する分を補足することとしたので、役料は家禄により増減があることになり別紙のとおり決定された。以上の旨を申し渡すよう仰せ出された。ただし、この度決定されたもの以外の役料は、そのまま下しおかれる。

禄高が五千石より以下のときは
不足を補って五千石にして下される。御側衆
禄高が三千石より以下のときは
不足を補って三千石にして下される。大目付　町奉行　御勘定奉行

解説

文治政治への転換は、新たに幕臣に登用される者を増やし、幕府財政を悪化させる一因となった。一六六五(寛文五)年に大番頭、翌年に大目付以下の諸役人約四十名の役料が定められ、家禄のほかに一定の勤務手当が原則として米で追加支給されることになった。その後、一六八二(天和二)年には家禄に加給することにし、役料制は廃止されたが、一六九二(元禄五)年に復活した。幕臣の勤務は本質的には将軍への役負担であり、勤務に要する費用・人件費は自弁を原則としたため、家禄が少ない場合、勤務に支障を生じることがあった。役料はその対策であり、恒久的な家禄を増さないとの財政的な配慮もはたらいていた。しかし、役料は退役後も家禄に加給されていたため、次第に財政を圧迫するようになっていった。吉宗は、史料にあるようにその弊を除くため、各役職ごとに禄高を定め、基準以下の家禄の者には在職中に限り差額を支給することにした。この**足高**の制によって、下級の幕臣を上級役職に登用することが可能となり、しかも人材登用が財政膨張に連動しないようにすることができた。

4 公事方御定書 ★★

賄賂差し出し候者御仕置[1]の事

一、公事[2]諸願其外請負事等に付て、賄賂差し出し候もの並に取持いたし候もの　軽追放但し賄賂請け候もの其品相返し、申し出るにおいてハ、賄賂差し出し候者並に取持いたし候もの共ニ、村役人[3]ニ候ハバ役儀取上げ、平百姓[4]ニ候ハバ過料申し付くべき事。

盗人御仕置の事

一、人を殺し盗いたし候もの　引廻[5]の上　獄門[6]

一、追剥いたし候もの　獄門

一、手元にこれ有る品を風と盗取り候類

金子ハ拾両より以上、雑物ハ代金に積り拾両位より以上は　死罪

金子ハ拾両より以下、雑物ハ代金に積り拾両位より以下は　入墨・敲

人殺し並に疵つけ等御仕置の事

一、主殺[7]　二日晒[8]、一日引廻、鋸挽[9]の上　磔

一、主人に手負わせ[10]候もの　晒の上　磔

一、親殺　引廻の上　磔

右の趣上聞に達し[11]相極め候。奉行中の外他見有るべからざるもの也。

（徳川禁令考）

解説

吉宗は、老中松平乗邑を主任として、大岡忠相ら三奉行に慶長以来の法令・判例を編纂させた。これが一七四二（寛保二）年に完成した公事方御定書である。上巻は司法・警察関係の重要法令八十一か条、

公事方御定書

1 御仕置　刑罰
2 公事　ここでは訴訟のこと
3 村役人　地方三役。名主（庄屋）・組頭・百姓代
4 平百姓　村役人以外の一般農民
5 引廻　罪人をひいて歩く
6 獄門　死刑にし、首をさらす
7 主殺　主人殺
8 晒　民衆にみせる
9 鋸挽　肩に刀で傷つけ、竹のこに血をつけて側におき、引きたいものにひかせる
10 手負わせ　負傷させる
11 上聞に達し　将軍の許可を得て

原典解説

徳川禁令考　二一九ページ参照

下巻は御定書百箇条とよばれ、刑法・訴訟法関係の規定・判例百三か条をおさめている。史料は後者の一部で、賄賂・盗み・殺人・傷害・放火などについての刑罰を規定している。そこでは、主人への傷害が重罪とされている点や、また、連坐制が廃止され、刑罰が犯罪者個人に対してなされ、その改悛をめざすもの(入墨や敲の導入)に変わっている点が注目される。これらの法文は三奉行・京都所司代・大坂城代以外に非公開のものとされていた。法文の非公開は法網をくぐるような犯罪の発生を防止するためだったが、実際にはその内容は広く知られていた。こうした法典、とりわけ刑法典の整備は、幕府の機構整備、幕臣の吏僚化を推進する政策の一環であるとともに、商品・貨幣経済の発達や江戸などの都市人口の増加にともない、五人組などの共同体的相互規制ではおさえきれない犯罪の増加に対処するためだった。

5 享保の改革への風刺 ★★

上げ米といへ上げ米は気に入らず　金納ならばしじうくろふぞ❶
旗本に今ぞ淋しさまさりけり　御金もとらでくらすと思へば❷
〔物揃〕上の御すきな物　御鷹野と下の難儀❸

(享保世話)

享保の改革への風刺

❶**しじうくろふぞ**　一万石につき百石の上げ米は、金納ならば四十九両となる。これを「始終苦労」とかけている

❷**御金もとらでくらすと思へば**　一七二二(享保七)年、旗本に対する扶持米の支給がとどこおったことを皮肉っている

❸**御鷹野と下の難儀**　吉宗は鷹狩を好んだが、鷹場に指定された地域の農民は農作物を荒らす鳥獣の駆除を禁じられて迷惑した

原典解説

享保世話　旗本新見正朝編の『近世風俗見聞集』に所収、三巻。一七二二(享保七)～二五(享保十)年ころの江戸市中での見聞をあつめている

設問

問❶　享保の改革で、幕府が大名に財政的援助を求めるために出した法令は何か。

問❷　人材の登用と財政の改善をあわせてはかろうとした制度は何か。

問❸　幕府が金銭貸借訴訟を取り上げないことにした法令は何か。

解説

一七二二(享保七)～二五(享保十)年の江戸の巷談を集めた『享保世話』には、享保の改革に対する落首がおさめられている。吉宗は、武芸を奨励し、五代将軍綱吉が廃止した鷹狩を復活した。鷹狩のため江戸周辺に鷹場が設けられ、鷹狩の際の獲物を確保するため、そこでは農作物に害を与えるものも含め鳥獣の捕獲が禁じられ、農民に多大な「難儀」(迷惑)を与えた。しかし、吉宗がとった、より「難儀」な政策は、年貢の増徴(定免法の実施など)、米価の引き上げ(堂島米市場の公認など)、貨幣改鋳(元文金銀)などである。幕府財政は改善されたが、領主と農民の対立、都市下層民の不満は深まった。一七三二(享保十七)年には西日本一帯に享保の大飢饉が発生し、百姓一揆が増え、米将軍吉宗に反発した打ちこわしが江戸でおこる(一七三三)ことになる。

③田沼政治

1 田沼政治の特徴 ★

田沼氏[1]の盛なりしときは、諸家の贈遺[2]様々に心を尽したることどもなりき。中秋の月宴[3]に、島台[4]軽台[5]を始め、負け劣らじと趣向したる中に、或家の進物は小なる青竹籃に、活発たる大鱚七八計に些少の野蔬[6]をあしらひ、青柚一つ家彫萩薄[7]の柄の小刀にて、その柚を貫きたり。……又某家のは、いと大なる竹篭にしび二尾なり。此二をば類無きとて興[8]になりたりと云。又田氏、中暑[9]にて臥したるとき、候問[10]の使价[11]此節は何を翫び給ふやと訊ふ。菖盆[12]を枕辺に置て見られ候と用人[13]答しより、二三日の間諸家各色の石菖[14]を大小と無く持込み、大なる坐敷二計は透間も無く並べたてて取扱にもあぐみし[15]と云。その頃の風儀此の如くぞありける。

(甲子夜話)

参考史料 田沼政治への風刺 ★★

この上はなほ田沼るる度毎にめった取りこむ主殿[1]家来も

年号は安く永しと替れども諸色高直[2]いまに明和九

金とりて田沼るる身のにくさゆへ命捨ててもさのみ惜しまん[3]

❖解説❖

田沼意次は、十代将軍家治の側近(側用人のち老中)として幕政の実権を握った。その権力は、①将軍の寵愛、②大奥勢力との結託、③幕閣有力者との姻戚関係、④進物の授受を背景とした情実人事、⑤身分・格式にとらわれない人材の登用などに支えられていた。田沼は、再び悪化し始めた幕府財政の再建には新たな人事や政策が必要と考えていたようだ。しかし、商人の経済力を活用した幕府財政の再建策がつまずいたとき、こうした田沼の政治は反対派の絶好の攻撃材料となった。

田沼政治の特徴

1 **田沼**　田沼意次
2 **贈遺**　おくりもの
3 **月宴**　月見の宴
4 **島台**　蓬莱山の形にまねた祝儀用の飾台
5 **軽台**　玉で飾った台か
6 **野蔬**　野菜
7 **家彫萩薄**　後藤家の彫金で、はぎすすきを彫りこんだ
8 **興**　よろこぶ
9 **中暑**　暑気あたり
10 **候問**　見舞の
11 **使价**　使者
12 **菖盆**　しょうぶをいけた盆
13 **用人**　取次役
14 **石菖**　しょうぶに似た草
15 **あぐみし**　もてあます

田沼政治への風刺

1 **主殿**　田沼主殿頭意次と「殿」にかける
2 **諸色高直**　諸物価高
3 **さのみ惜しまん**　「さのみ」を佐野と身を惜しむにかける。田沼意知に斬りつけた旗本佐野政言は切腹となったが、江戸の庶民は「世直し大明神」とはやした

2 蝦夷地の開発 ★

扨日本の力を増には蝦夷地❶の金山をひらき、並其出産物を多くするにしくはなし。蝦夷の金山を開く事、昔より山師❷共の云ふらす所なるが、入用と出高と相当せず、これに依りすたれ有所なり。然に先に云所の「ヲロシヤ」❸と交易の事おこらば、この力を以て開発有度事なり。此開発と交易の力をかりて、蝦夷の一国を伏従せしめば、金、銀、銅に限らず一切の産物皆我国の用を助くべし。右交易の場所あながち蝦夷にも限るまじ。長崎をはじめ惣て要害よき❹湊に引請て宜事なり。右に申す通り日本の力を増事蝦夷にしく事なし。

（赤蝦夷風説考）

解説

幕府の年貢収入は明和期（一七六四～一七七二）以降、再び悪化し始めた。これは年貢増徴政策が百姓一揆などの抵抗もあって限界に達したためである。そこで、田沼意次は、**株仲間**を公認し、人参座などを設けて専売制をしき、**冥加金**・**運上金**などの名目で営業税を課して貨幣収入の増加をはかった。それと同時に、貨幣新鋳（文字銀・南鐐二朱銀）による物価の操作をすすめたが、そのため一七六四（明和元）年以降、オランダから金銀を輸入した。当初、輸出品として銅の増産をすすめたが、成果があがらず、**俵物**の輸出を奨励する政策に転じた。俵物は、中国向けの海産物（いりこ・干し鮑・ふかひれなど）であり、主産地は蝦夷地だった。

『**赤蝦夷風説考**』は、仙台藩医**工藤平助**が蘭学を学び、長崎通詞や松前藩の友人から聞いたロシア人（赤蝦夷、赤人といった）の蝦夷地来航についての話などをもとに、蝦夷地の開発やロシアとの交易を説いたもので、一七八三（天明三）年に田沼へ献上された。田沼は、この提言に動かされ、蝦夷地を開発するため、一七八五（天明五）年に**最上徳内**らにその調査を命じている（国後・択捉・得撫の探検）。しかし、若年寄田沼意知（意次の子）が旗本佐野善左衛門によって暗殺される事件（一七八四年）を機に、一七八六（天明六）年に意次は失脚した。

原典解説

甲子夜話 平戸藩主松浦清（静山）の随筆集。一八二一（文政四）年十一月の甲子の夜より記述を始めたことに由来。二十年にわたって執筆

蝦夷地の開発

❶**蝦夷地** 重要 現在の北海道

❷**山師** 鉱山開発にあたる人

❸**ヲロシヤ** ロシア

❹**要害よき** 地勢がけわしく、防衛上便利な場所

原典解説

赤蝦夷風説考 工藤平助がロシアの蝦夷地来航の事情を紹介し、蝦夷地開発やロシアとの交易を説いた。一七八三（天明三）年に成立し、田沼意次に献上した

設問

問❶ 重商主義的な政策をすすめる一方、賄賂の横行などで非難をうけた幕府の老中はだれか。

問❷ 問屋商人などの組合で、排他的な営業独占権を与えられたものは何か。

④ 百姓一揆と打ちこわし

1 天明の飢饉 ★

出羽、陸奥の両国は、常は豊饒[1]の国なりしが、此年[2]はそれに引かへて取わけての不熟[3]にて、南部、津軽[4]に至りては、余所よりは甚しく……父子兄弟を見棄ては我一にと[5]他領に出さまよひ、嘆き食を乞ふ。されど行く先々も同じ飢饉の折がらなれば……日々に千人二千人流民共は餓死せし由、又出で行く事の叶ずして残り留る者共は、食ふべき物の限りは食ひたれど後には尽果て、先に死たる屍を切取ては食ひしまま、或は小児の首を切、頭面の皮を剝去りて焼火の中にて焙りやき、頭蓋のわれめに篦さし入、脳味噌を引出し、草木の根葉を交ぜたきて喰ひし人も有しと也。又或人の語りしは、其頃陸奥にて何がしとかいへる橋打通り侍りしに、其下に餓たる人の死骸あり、是を切割、股の肉、籃に盛行人ある故、何になすぞと問侍れば、是を草木の葉に交て犬の肉と欺て商ふなりと答へし由、……恐ろしかりし年なりし。

（後見草）

解説

田沼時代には、享保の改革以来の収奪強化による疲弊に自然災害の頻発が重なり、農村は重大な危機に陥った。一七五五（宝暦五）年の奥羽地方の冷害による飢饉を皮切りに天災が頻発し、一七七〇（明和七）～七二（明和九）年には全国的に干ばつ・風水害・疫病などがあいついだ。そこで明和九（一七七二）年は「迷惑年」だとして安永と改元された。しかし、一七八二（天明二）年以降、飢饉がおこり、翌一七八三（天明三）年には浅間山が大噴火して成層圏に噴き上げられた火山灰のために日光が遮断され、農作物に甚大な被害が出て、ここに飢饉は深刻かつ長期化していった。これを天明の飢饉といい、享保・天保とならんで江戸時代の三大飢饉とよばれる。

東北地方は、冷害のため大凶作となり、餓死者が続出する惨状を呈した。津軽藩では一七八三～八四（天明三～四）年に、餓死・疫病死十三万人を出した

天明の飢饉

[1] 豊饒　穀物のよくみのる
[2] 此年　一七八四（天明四）年
[3] 不熟　穀物がみのらない
[4] 南部、津軽　岩手県盛岡、青森県弘前地方
[5] 我一にと　われさきにと

原典解説

後見草　亀岡宗山が明暦の大火について書いた上巻についで、中・下巻と杉田玄白が書きついだもので、天明ごろの世相を記している

と伝えられ、耕地の三分の二が荒廃している。凶作は全国に及び、人口も減少し、労働力不足が農業生産の回復を遅らせ、米価をはじめ諸物価の上昇をまねき、都市下層民の生活も直撃した。

2 百姓一揆の原因 ★★

百姓町人大勢徒党して、強訴濫放[1]する事は、昔は治平の世[2]には、おさ〱[3]承り及ばぬ事也。近世に成りても、先年[4]はいと稀なる事なりしに、近年[5]は年々所々にこれ有て、めづらしからぬ事になれり。……いづれも困窮に迫りて、せんかたなき[6]より起るとはいへ共、詮ずる所、上[7]を恐れざるより起れり。……抑々此事の起るを考ふるに、いづれも下[8]の非はなくして、皆上の非なるより起れり。今の世、百姓町人の心もあしく成りたりとはいへども、能々堪へがたきに至らざれば此事[9]はおこる物にあらず。……然るに近年此事の所々に多きは、他国の例を聞て、いよいよ百姓の心も動き、又役人の取計ひもいよいよ非なる事多く、困窮も甚しきが故に、一致しやすきなるべし。……近年たやすく一致し、固まりて此事の起りやすきは、畢竟これ人為[10]にはあらず、上たる人、深く遠慮[11]をめぐらさるべき也。然りとて、いか程おこらぬやうのかねての防ぎ、工夫をなすとも、末をふせぐ計にては止がたかるべし。兎角その因て起る本を直さずば有べからず。其本を直すといふは、非理の計ひ[12]をやめて、民をいたはる是也。仮令いか程困窮はしても、上の計ひだによろしければ、この事は起るものにあらず。

（秘本玉くしげ）

百姓一揆徒党など発る場所は、極めて右体の福有人[13]と困窮人と偏りたる也。百姓の騒動するは、領主地頭[14]の責誣る[15]事のみには有べからず。必其土地に有余のもの[16]有て大勢の小前[17]を貪るゆへ、苦痛に迫りて一揆など企るなり。

（世事見聞録）

百姓一揆の原因

1 濫放　乱暴
2 治平の世　平和な世の中
3 おさ〱　ほとんど
4 先年　江戸時代初期
5 近年　天明ごろをさす
6 せんかたなき　しかたない
7 上　幕府や藩の役人
8 下　百姓・町人
9 此事　百姓一揆
10 人為　人の不当に為せること
11 遠慮　よく考える
12 非理の計ひ　非道なあつかい（悪政）
13 福有人　財産家。農民層が分解して豪農と貧農に分かれてきたのである
14 領主地頭　その土地を支配する大名・旗本
15 責誣る　無理に年貢を取り立てる
16 有余のもの　余裕のあるもの
17 小前　貧農

解説

享保期以降、百姓一揆は、発生件数・規模ともに増加する傾向をみせ、とりわけ、天明期には享保の改革の末期に続いて第二のピークをむかえた。この時期の百姓一揆は、村ぐるみの惣百姓一揆の形態をとり、村役人主導型の代表越訴(十七世紀)や村方騒動を背景とした貧農主体の世直し騒動(世直し一揆、十九世紀)と異なる。そこでは、村役人は一般農民に突き上げられて指導者となるケースが多く、逆に村役人や豪農が打ちこわしをかけられることもあった。その要求は年貢減免や専売制反対であり、全藩規模のものや、要求によっては領主の違いをこえた広域的なものもあった。

本居宣長は、困窮が直接的原因だが、その背景には「上を恐れざる」意識が民衆にあり、その意識は「上の非なるより起」ったという。領主の農政・財政の失敗が民衆の間に領主への不満、そしてあなどりの感情をおこさせ、困窮が行動のエネルギーに火をつけたというわけである。また、『世事見聞録』の著者(武陽隠士、実名は不明)は、領主の収奪のみならず、村役人・豪農層などの地主・高利貸的収奪による農民の困窮が一揆の発生の一因だとする。

原典解説

秘本玉くしげ 本居宣長が一七八七(天明七)年、紀州藩主徳川治貞の諮問に答えた政治意見書

世事見聞録 二四一ページ参照

3 天明の打ちこわし(江戸) ★

此の時、[1]おのれ[2]十九歳。毀したる跡を見たるに、破りたる米俵家の前に散乱し、米ここかしこに山をなす。其の中にひき破りたる色々の染小袖、帳面の類、破りたる金屏風、こはしたる障子・唐紙、大家なりしに内は見えすくやうに[3]残りなく打こはしけり。後に聞けば、はじめ十四五人なりしに、追々加勢にて百人計りなりしとぞ。同夜中、小網町・伊勢町・小船町・神田内外・蔵前・浅草辺[4]・千住・本郷・市ケ谷・四ツ谷、同夜より翌廿二日に至りて暁まで、諸方の蜂起、[5]米屋のみにあらず富商人は手をくだせり。然れども官令寂として声なし。[6]

(蜘蛛の糸巻)

天明の打ちこわし

[1] 此の時　一七八七(天明七)年五月、江戸市中で三日間にわたって打ちこわしがおこった

[2] おのれ　著者、岩瀬京山(山東京伝の弟)

[3] 内は見えすくやうに　家の中が見通せるほどに

[4] 小網町・伊勢町・小船町・神田内外・蔵前・浅草辺　隅田川ぞいの問屋街

[5] 諸方の蜂起　打ちこわし

[6] 官令寂として声なし　町奉行所が動かない

解説

一七八六(天明六)年の関東一帯の大洪水以来、江戸の物価騰貴が著しく、大坂でも諸国の凶作と商人―

の市場操作で米価が高騰した。**打ちこわし**は、一七八七（天明七）年五月十一日の夜、大坂で勃発し、五月二十日の夜には江戸でも発生した。それまで江戸の市民は何度となく町奉行に救済を嘆願したが、効果はなかった。ついに打ちこわしがおこり、三日間にわたって米屋九百八十軒、その他の商家八千余軒が襲撃された。史料はその当時の模様をよく伝えている。参加者は、火災に注意し、盗みを厳禁するなど、町火消の掟によく似た統制に従っていたという。

幕府は、町奉行配下の役人だけでは鎮圧できぬため、正規軍である先手組などを出動させて反抗者の即時斬殺などを命じる一方、富裕町人の自衛措置を許した。江戸は戒厳状態におかれたわけである。そうした状況の下で、幕閣から田沼派が一掃され、六月十九日、**松平定信**が老中首座に就任することになる。杉田玄白は「若此度の騒動なくば、御政事は改るまじきなど申人も侍りき」と書いているが、**天明の打ちこわし**が**寛政の改革**を開幕させたともいえる。

4 差別強化に対する闘い――渋染一揆 ★

穢多共、衣類、新に調え候儀は、無紋[1]渋染[2]・藍染[3]の外、決して相ならず候様、仰せ付けなされ……恐れながら、穢多とは申しながら、御田地御高所持仕り[4]、御年貢上納致し、殊に、非常の御備へ[5]にも相成り居り申す者共に候得ば、右体[6]、別段御隔て[7]仰せ付けなされ候ては、最早一同生きる甲斐なく、勿論、若者共は、農業等も打ち捨て申すべき程に性気[8]を落とし、心外[9]、歎敷存じ奉り候。

（屑者重宝記）

解説

商品・貨幣経済の発達により、生活の格差が縮まり、身分制度の面からも幕藩体制の動揺が深まっていった。そこで、領主は新たな差別強化政策をとって、身分制の維持をはかろうとした。一八五六（安政三）年におこった岡山藩の**渋染一揆**は、藩が被差別部落に対して無地の渋染または藍染以外の衣類は着てはならないと命じたことに端を発し、被差別部落の人々がその撤回を要求したものである。一揆は当初、嘆願運動の形態をとったが、約千五百人が参加する強訴となった。岡山藩は一揆の要求は認めなかったが、この差別強化政策は実施されなかった。一揆は多くの犠牲者を出したが実質的に勝利した。

原典解説

蜘蛛の糸巻　岩瀬京山の見聞録。一八四六（弘化三）年成立

差別強化に対する闘い

[1]**無紋**　模様のない
[2]**渋染**　柿の渋で染めた
[3]**藍染**　藍で染めた
[4]**御田地御高所持仕り**　検地帳に登録された耕地を保有し
[5]**非常の御備へ**　非常事態の際、領主の動員に応ずること
[6]**右体**　そのように
[7]**別段御隔て**　特別の差別
[8]**性気**　正気・活気
[9]**心外**　思いのほか

原典解説

屑者重宝記　著者はこの一揆の嘆願段階での指導者のひとり

設問

問❶　百姓一揆の原因として考えられるものを二つあげよ。

問❷　都市の下層民が米価騰貴などをきっかけにおこした騒動を何というか。

5 寛政の改革

1 倹約令 ★

御代官え申渡

百姓の儀は麁服[1]を着し、髪等も藁を以てつかね候事、古来の風儀ニ候処、近来いつとなく奢に長し、身分の程を忘れ、不相応の品着用等いたし候ものもこれ有り。……右に随ひ候ては次第ニ費の入用多く成候間、村柄[2]も衰へ、離散いたし候様ニ成行き、壱人離散いたし候得は、右のもの御年貢、返納物[3]等弁納ニ相成り、村方難儀も相重り事ニ候。……百姓ニて余業の商ひ等いたし候類、又は村々ニ髪結床等これ有る儀も不埒の儀ニ候。以来は奢かましき儀相改め、随分質素ニいたし、農業相励み申す可く候。

右の趣、村々小前[4]のもの迄も行届き、自然と教諭に感じ、百姓の風俗相改まり候様、厚く申し含めらる可く候。

(天明八年[5]) 申十二月

(御触書天保集成)

解説

松平定信は政権担当以来、大名・旗本・御家人、農民、町人などに対して、再三にわたり倹約令を発している。その背景には、生活がぜいたくになってきたことが物価の上昇や農村の荒廃をまねき、打ちこわしや百姓一揆による社会情勢の悪化、政治的危機をひきおこしている、という定信の考えがある。

史料は、身分不相応な生活が農民経営の破綻や離村者の出現による農村の荒廃をもたらすとして、幕領の代官に対して、農民に倹約の励行を説くように命じたものである。

この農民向けの倹約令は、本百姓の再建という、定信の農政の基調にそっていた。一方、大名向けの

倹約令

1 麁服　そまつな衣服
2 村柄　村勢
3 返納物　代官からかりた食糧や種もみ等
4 小前　小百姓、持高の少ない百姓や無高の百姓
5 天明八年　一七八八年

原典解説

御触書天保集成　一七八八(天明八)~一八三七(天保八)年までの幕府の御触書を集めたもの

倹約令では、武家奉公人の賃金の引き下げがはかられ、それによって江戸の賃金水準、さらには物価の引き下げをもねらっていたといわれている。このように、定信の倹約令は、ぜいたくな風俗をあらためて身分制度をまもるという享保の改革以来の考え方に立つとともに、農民経営をたて直すとか、消費を抑えて物価を引き下げるとかいった経済的効果をねらった面もあることに注意したい。

2 囲米 ★

近年、御物入[1]相重り候上、凶作等打続き[2]、御手当・御救筋[3]莫大に及び候に付、追々御倹約の儀仰せ出され候得共、天下の御備[4]、御手薄ニこれ有り候ては相済まざる儀ニ思召し候。……然しながら広大の御備の儀ニ候得ば、当時[5]の御倹約のミを以て、其手当ニ仰せ付けらるべき様もこれ無く候間、高壱万石に付、五十石の割合を以て、来戌年[6]より寅年[7]迄五ケ年の間、面々[8]領邑[9]ニ囲穀[10]いたし候様ニ仰せ出され候。

（御触書天保集成）

囲米
1 物入　幕府の支出
2 凶作等打続き　天明の飢饉
3 御手当・御救筋　飢えた民衆の救済のための支出
4 天下の御備　備荒貯蓄
5 当時　現在
6 戌年　一七九〇（寛政二）年
7 寅年　一七九四（寛政六）年
8 面々　諸大名がそれぞれ
9 領邑　領地
10 囲穀　囲米

解説

松平定信は、老中首座に就任した直後、打ちこわしの一因となった米価を引き下げるため、大坂に幕府の役人に米を買い付けさせ、窮民の救済にあてようとした。しかし、米価は暴騰しており、予定した数量を到底確保できなかった。この経験から、定信はいざというときには貨幣ではなく米穀そのものが必要だと考えるようになった。そこで、一七八九（寛政元）年九月、諸大名に囲米が命じられた。そこでは、財政事情から諸大名にも備荒貯蓄を分担させるとの趣旨で、一七九〇（寛政二）年から五年間、それぞれ高一万石につき五十石の割合で貯蔵させることになっていた。この他、庶民には、村や町で設ける社倉や、富裕者の負担による義倉も設けさせている。

3 棄捐令 ★★

大目付え

1

通釈

大目付へ

此度御蔵米取[1]御旗本、御家人[2]勝手向[3]御救のため、蔵宿[4]借金仕法御改正仰せ出され候事。

一、御旗本御家人、蔵宿共より借入金利足の儀は、向後金壱両に付銀六分宛の積り、利下げ申渡候間、借り方の儀は、是迄の通蔵宿と相対[5]致すべき事。……

一、旧来の借金は勿論、六ヶ年以前辰年[6]までに借請候金子は、古借新借の差別なく、棄捐の積り相心得べき事。……

一、去る巳年[7]以来、当夏御借米[8]以前迄の借用金済し方[9]の儀は、元金の多少に拘らず、向後壱ヶ月五拾両壱分[10]の利足を加へ、高百俵に付壱ヶ年元金三両づつの済し方勘定相立て、尤も百俵内外共并借金高済し方割合の儀も右に准ずべき事。

……九月[11]　右の趣、万石以下の面々[12]え相触れらるべく候。

（御触書天保集成）

この度幕府から切米を支給されている旗本・御家人の生活を救済するために札差からの借金の方法の改正を仰せ出される。

一、御旗本・御家人が、札差から新たに借りる借金の月利は、今後元金一両につき銀〇・六匁(当時の金銀相場で約一％の月利)とし、利子引下げを命じるから、借金の方法はこれまでのとおり、札差と話し合いですること。……

一、昔からの借金はもちろん、六年以前の天明四(一七八四)年までの借金は、古い借金、新しい借金の区別なく、債権の放棄を命ずるから、そのように心得るように。……

一、天明五(一七八五)年から本年(寛政元〈一七八九〉年)夏の蔵米までに借金した金の返済方法は、元金の多少にかかわらず、今後一か月に二百分の一の利息を加え、切米百俵について一年に元金三両ずつ返済の勘定を立てるようにし、百俵内外と借金高の相違による返済方法の率は右に準じるようにせよ。

……九月右の趣を一万石以下の者たちに触れるよう命令する。

❖解説❖

田沼時代末期の一揆、打ちこわし激発による政治的危機の究極的原因を士風の頽廃に求めた松平定信は、幕臣に文武両道を奨励して綱紀粛正をはかる一方、その窮乏を救済するため、一七八九(寛政元)年九月に棄捐令を出した。その内容は、史料にあるように、旗本・御家人に金を貸している札差に対し、

棄捐令

[1] 御蔵米取 重要 幕領の年貢のうちから俸禄の米を支給される者

[2] 御旗本、御家人 重要 将軍直属の臣で、将軍に直接謁見できるものが旗本で、できないのが御家人

[3] 勝手向 生計

[4] 蔵宿 重要 蔵米を取引きする商人、札差のこと

[5] 相対 重要 直接交渉

[6] 辰年 天明四(一七八四)年

[7] 巳年 天明五(一七八五)年

[8] 御借米 幕府から借りた米

[9] 借用金済し方 借用金の返済方法

[10] 壱ヶ月五拾両壱分 元金五十両に金一分(四分の一両)の月利

[11] 九月 寛政元(一七八九)年九月

[12] 万石以下の面々 重要 旗本・御家人。旗本・御家人の知行・俸禄は一万石以下であった

①六年以前(一七八四まで)の貸金はすべて帳消しにし、②それ(一七八五)以後の貸金を年六パーセントの利息で年賦償還するというものである。これによって、九十六名の札差が百十八万八千両近くの貸金を失った。多額の高利の借金から一挙に解放された旗本や御家人は、役替(昇進)や加増(昇給)よりもよいとよろこんだ。しかし、札差が一斉に金融を停止したため、彼らは財政困難に陥って、逆に定信をうらみ、暴動の予告さえ出るあり様となった。そこで、幕府は、札差に対し八万両を低利で貸し付け、また江戸・猿屋町に新設した貸金会所に一万両を出資して、旗本への貸付資金の不足に悩む札差の救済にあてた。棄捐令とそれに続く救済策は、幕府が金融の直接規制にのり出したことを意味するが、旗本、御家人の窮乏打開にはつながらなかった。

4 寛政異学の禁 ★★★★

寛政二庚戌年五月廿四日❶

学派維持の儀に付、申達　林大学頭え❷

朱学❸の儀は、慶長以来御代々御信用の御事にて、已に其方家代々右学風維持の事仰せ付け置かれ候得ば、油断なく正学❹相励み、門人共取立申すべき筈に候。然る処、近来世上種々新規の説をなし、異学❺流行、風俗を破り候類これ有り、全く正学衰微の故に候哉、甚相済まざる事にて候。其方門人共の内にも、右体学術純正ならざるもの折節はこれ有る様にも相聞へ、如何に候。此度聖堂❻御取締厳重に仰せ付けられ、柴野彦助❼・岡田清助❽儀も右

通釈

寛政二年五月二十四日

学派維持の件について、林大学頭へ申しつける。

朱子学のことについては、慶長以来、将軍家代々御信用の学問で、すでに林家が代々右学風維持のことを仰せつけられているのであるから、たえず朱子学を勉強し、門人達を取り立てなければならない。しかるに、近頃、世間で種々新学説を唱え、異学が流行し、善良な風俗を破る者があるのは、全く朱子学が衰微したためであろうか、大変よろしくない事である。その方の門人共の中にも前に述べたような正しくない学問を学んでいる者も時々あるようなうわさもあるが、けしからぬことである。此の度、聖堂の取り締まりを厳重にし、柴野彦助、岡田清助も、右の御用を仰せつけられることになったので、よくよくこの旨を申しわたし、必ず門人どもが

寛政異学の禁

❶寛政二庚戌　一七九〇年

❷林大学頭　林信敬、大学頭は大学寮の長官(令制)であるが、江戸時代には林家が代々この称号を受けた

❸朱学　朱子学

❹正学 重要 朱子学

❺異学 重要 朱子学以外の儒学の学派を異学とした

❻聖堂　幕府の教学の中心で、湯島にある孔子を祀った堂

❼柴野彦助　柴野栗山

❽岡田清助　岡田寒泉

御用仰せ付けられ候事に候へば、能々此旨申談、急度門人共異学相禁じ、猶又自門に限らず他門に申し合せ、正学講窮[9]致し、人才取り立て候様相心掛申すべく候事。

（徳川禁令考）

異学を学ぶことを禁じ、なおまた自門に限らず他門とも話しあって、朱子学を講じ研究して、人材を取り立てるよう心がけなくてはならない。

解説

松平定信は、田沼時代の賄賂人事による幕臣の綱紀のゆるみを正して文武両道を奨励して人材登用をはかろうとした。しかし、肝心の幕府教学である朱子学が古学派や折衷学派の台頭によって衰退していたため、林家まかせであった教学政策に直接介入していくことになる。まず、柴野栗山、岡田寒泉（のち古賀精里）、尾藤二洲を幕府儒臣に登用し、（寛政の三博士）、林家が創始・管理していた湯島聖堂とそこでの儒学教育に参画させた。さらに、一七九〇（寛政二）年、大学頭林信敬に、寛政異学の禁を申し渡し、聖堂での教育を正学（朱子学）に限り、それ以外の異学の教育を禁じた。また、正学を修めた者を幕吏に登用することとし、翌年より学問吟味（朱子学による幕吏登用試験）という形で具体化した。さらに、一七九三（寛政五）年には継嗣のない信敬の反対をおしきり、林述斎を養子とし、家督を相続させた。一七九七（寛政九）年には、述斎の申請により、聖堂を幕府直轄とし、そこの教育施設を昌平坂学問所と称する幕府直属の学校とした。こうして、素読吟味（幼少者の儒学古典の暗記試験）→学問吟味という朱子学による幕吏登用コースができあがった。このような教学政策には塚田大峰ら民間の儒者（その中心人物五名を寛政の五鬼などという）から批判も出るが、朱子学正学化の動きは諸藩の藩校にもひろがった。こうして朱子学は武士の必須教養となったが、儒学全体の学問的な創造的活力は失われていった。

5 旧里帰農令 ★★

在方[1]より当地え[2]出居[3]候者、故郷え立帰度存じ候得共、路用金[4]調難く候か、立帰候ても夫食[5]・農具代など差支候者は、町役人差添[6]願出づべく候。吟味[7]の上夫々御手当下さるべく候。若村

[9] 講窮　講義・研究

原典解説

徳川禁令考　二一九ページ参照

旧里帰農令

[1] 在方　農村
[2] 当地　江戸
[3] 出居　離村し江戸に流入すること
[4] 路用金　旅費
[5] 夫食　食料
[6] 差添　介添え
[7] 吟味　審査

方に故障8の義これ有るか、身寄の者これ無く、田畑も所持致さず、故郷の外ニても百姓に成申し度存じ候者は、前文の御手当下され、手余地等9これ有る国々え差遣し、相応の田畑下さるべく候。

（御触書天保集成）

8故障　さしさわり
9手余地　耕作者のいない田畑

解説

十八世紀の半ば以降、とくに北関東や東北の農村では、飢饉などをきっかけに、離村者がふえ、耕作者のいない手余地がひろがっていた。一方、江戸は、離村者の流入によって貧民層が増加し、治安が悪化していた。そこで、松平定信は、農村の復興と江戸の治安回復のため、一七九〇（寛政二）年十一月、史料の旧里帰農令を出した。帰農者には、旅費に加え、当面の食料・種籾・農具代・田畑購入費などを支給することにした。こうした定信の農村復興政策は、米穀生産の回復や都市人口の減少と連動して物価を引き下げ、百姓一揆や打ちこわしを防止するという経済的・社会的効果をねらったものといえよう。

6 寛政の改革への風刺 ★★★

世の中に蚊ほど1うるさきものはなし　ぶんぶ2といふて夜もねられず

どこまでもかゆき所にゆきとどく　徳ある君の孫3の手なれば

白川4の清きながれに魚すまず　にごる田沼5の水ぞ恋しき

寛政の改革への風刺

1蚊ほど　「かほど」（これ以上）とかけている

2ぶんぶ　松平定信がさかんに奨励した「文武」とかけている

3徳ある君の孫　定信が八代将軍吉宗（法号は有徳院）の孫であることとかけている

4白川　定信は奥州白河藩主

5田沼　田沼意次をさす

解説

松平定信は、幕臣の綱紀のゆるみが幕政の危機をもたらし、その引き締めには社会風俗を改める必要があると考えた。そこで、一七九〇（寛政二）年五月には寛政異学の禁を出すとともに出版の取締りも命じ、翌一七九一（寛政三）年には山東京伝を、洒落本を出して風俗を乱したとして処罰した。また、華美な衣類や道具類、菓子などの製造・販売などを禁じ、私娼や男女混浴なども厳しく取締った。これは、定信の一連の政策が商業の沈滞をまねいたのとあいまって、庶民の反発をかった。

設問

問❶　松平定信が湯島聖堂で朱子学以外の教育を禁じた法令を何というか。

問❷　旗本・御家人の負債を帳消しにした法令は何か。

❻ 農村の変化

1 農民の階層分化 ★

今夫れ諸国の郷里を審閲する❶に、小民の豪富の家に兼併せられて、既に其産を失ひたる者将に十中三四に及ばんとす。田畠の漸々に荒蕪し❷、戸数の益々減少することは、皆是れ豪農に呑併❸せらるるが為なり。（経済要録）

都て村内にても、上田といへるよき地所は、皆福有❹等が所持となり、（貧農は）下田にして実入悪き地所のみ所持いたし、……又其悪田をも取失ひし族は小作のみを致し、高持百姓❺の下に付て稼尽し、作りたる米は皆地主へ納むれば、其身は粃籾❻、糟糠、藁のみ得て、年中頭の上る瀬なく、息を継ぐ間を得ざるなり。依て盛なるものは次第に栄へて追々田地を取込み、次男三男をも分家いたし、何れも大造❼に構へ、又衰へたるは次第に衰へて田地を離れ、居屋敷を売り、或は老若男女散々になりて困窮に沈み果るなり。当世、斯の如く貧

通釈

現在、諸国の郷村を詳しく調べてみると、小農が富豪の家に兼併されて、すでにその財産を失った者は、十のうち三～四になろうとしている。田畠がしだいに荒れ、戸数がますます減少することは、みな豪農に併合されるためである。

すべて村内にあっても、上田というよい土地は、みな富裕な者たちのものとなり、貧しい百姓は下田で収穫の少ない土地だけを持っている。……またその悪い田地でさえも失ったものは小作だけをして、地主の支配下にあって働き続け、作った米はみな地主へ納めるので、自分自身は実の入っていない籾や糠やわらだけを得るありさまで、一年中地主に頭を下げっぱなしで、息をつくひまさえない状態である。こういうわけだから、勢い盛んな者はだんだん栄えて、次々と田地を自分のものとし、二男・三男たちまで分家し、いずれも立派に家屋敷を構え、また、力の弱まった者は、ますます衰えて田地を手放し、住んでいた家屋敷も売り払い、老若男女がばらばらになって苦しみのどん底に沈んでしまうのである。近頃はこのように貧富の差が大き

農民の階層分化

❶審閲する　くわしくみる
❷荒蕪し　荒れはてる
❸呑併　併合
❹福有　富裕なもの
❺高持百姓　一定の石高の田畑を所持するもので自作農または地主
❻粃籾　実りのわるい籾
❼大造　立派な家屋のつくり
❽有徳人　富めるもの

原典解説

経済要録　佐藤信淵が一八二七（文政十）年に著した経世論で全十五巻。産業の振興、流通の統制、貿易の必要などを説いている

世事見聞録　二四一ページ参照

福偏り勝劣甚しく出来て、有徳人一❽人あれば、其辺に困窮の百姓二十人も三十人も出来……
（世事見聞録）

くなり、すぐれた者と弱い者との差が非常にできて、富裕な者が一人いれば、そのまわりには困窮した百姓が二十人も三十人も出来るありさまである。……

解説

商品・貨幣経済の発達は、農村内部での質地金融をひろめ、その結果、農民の階層分化がすすむことになる。農民の中には耕地を質入れして豪農から金を借り、それと同時に質入れした耕地を小作する契約を結ぶ者が次々にあらわれてくる。質入れの理由は商品作物の栽培から凶作までさまざまだが、一度この質地地主―小作関係にはいると、そこから抜け出すことは難しい。史料は、いずれも十九世紀にはいってからのものだが、豪農による貧農に対する地主支配の様子を描いている。

2 工場制手工業（マニュファクチュア）★

天保六未年❶二月上州桐生領野州足利領機屋共仕末書付

……往古は、百姓農業の片手間、女の方娘等蚕飼❷いたし、糸にとり織物渡世仕り候処、近年次第に繁昌仕り候に随ひ、蚕飼等は相止め、近辺は申すに及ばず、他国よりも糸買入れ、糸問屋多分出来致し❸、機屋共❹は銘々機織女幷びに糸繰・紋引❺等大勢召抱え渡世仕り、尚又、追々他国の者共数多入込み、……唯々商ひ糸織等の渡世のみ専一に心懸候……。

（桐生織物史）

解説

十九世紀にはいると、農村に工場制手工業（マニュファクチュア）が登場してくる。史料には、上州（上野）・桐生や野州（下野）・足利で機屋が貧農の子女などを作業場に集めて、かいこの繭から生糸をとる糸繰り、生糸の染色、絹織物を織る機織りなどの作業を分業させている様子が描かれている。

工場制手工業（マニュファクチュア）

❶天保六未年　一八三五年
❷蚕飼　養蚕
❸多分出来致し　たくさんでき
❹機屋　機織りを備えた業者
❺紋引　糸染め職人

原典解説

桐生織物史　江戸時代初期から第一次世界大戦勃発までの桐生織物業の沿革史。全三巻。一九四〇（昭和十五）年に完成

設問

問❶　絹織物業などの分野でみられた手工業生産の新しい動きで、作業所に労働者を集めて分業させる方式を何というか。

研究資料 3

伊能図の世界

伊能図の成立

伊能忠敬は、上総小堤村の神保家の三男として、同小関村に生まれた。十八歳のとき下総の佐原の伊能家の婿養子となった。当時家運が衰えていた伊能家の再興につとめ、酒造業のほか、米穀の取引にも手を染め、薪問屋を江戸にひらく一方、名主となって窮民の救済に尽力し、幕府から苗字帯刀を許された。家運が回復すると、学問を志して隠居し、一七九五(寛政七)年には江戸に出て、十九歳年下の高橋至時に入門し、天文暦数を学んだ。このとき、忠敬は五十歳をこえていた。

忠敬は、大金を投じて観測器械を入手し、緯度一度の長さを知ろうとして、江戸の測量を企てた。しかし、測量には蝦夷地の方が適していると考え、幕府の許可を得て、自費による測量を開始した。一八〇〇(寛政十二)年十二月、蝦夷東南海岸などの地図を幕府に献上した。これを機に、忠敬は日本全国の測量を企て、着手した。

前後十七年を経て、日本全国の測量を終えたが、その間、忠敬は測量がすみ次第地図を作成して幕府に献上し、幕府も費用を支給するなど測量の便宜をはかるようになっていった。忠敬は、「大日本沿海輿地全図」の編纂にとりかかったが、一八一八(文政元)年四月、七十四歳で没した。事業は弟子によって継続され、一八二一(文政四)年、ついに「伊能図」が完成し、幕府に献上された。

精確さの探求

忠敬は、最初の蝦夷地の測量の際、①歩数による距離の測定、②杖の先に羅針盤をつけた小方位盤による局地的な方位の測定、③大方位盤による山の方位の測定、④象限儀による恒星の高度の夜間測定など、さまざまな測量技術を組み合わせて、個々の技術的欠陥を補正していった。彼は、オランダのスネリウスが発見した三角測量法を知らなかったらしいが、複合的な測量法によって技術的不備を克服したのである。

しかし、それには並々ならぬ努力が必要だった。複歩法とよばれる歩測は、厳しい訓練なしには正確なものとはなり得ない。また、方位をはかる磁石を狂わせないため、帯刀を許されていたにもかかわらず、本物の刀をささず、身には寸鉄も帯びなかったという。

こうした工夫と努力の末、忠敬は、子午線一度＝二十八里二分(百十・八キロメートル)という数値を得た。これは、今日の科学的な測定値が百十一キロメートルだから、大変精確なものだったといえよう。もっとも、当時の日本では磁針がほとんど真北を指し、偏角の補正計算が必要でなかったという事情も、彼に幸いしていた。

幕末にイギリス人の専門家たちを驚かせた「伊能図」は、精確であることのあくなき探求の成果であった。こうした姿勢ないし志向は、忠敬だけのものではなく、江戸時代の実学そして蘭学の中で育まれたものであった。最初、それは、農業や薬草の研究に端を発し、博物学的関心として展開し、稲生若水とその継承者が完成した『庶物類纂』一千巻にひとつの結実をみている。蘭学は、この土壌の上に、より多くの知識をより精確に提供するものとして受容され、そのひとつの実用的帰結が「伊能図」であったといってよかろう。

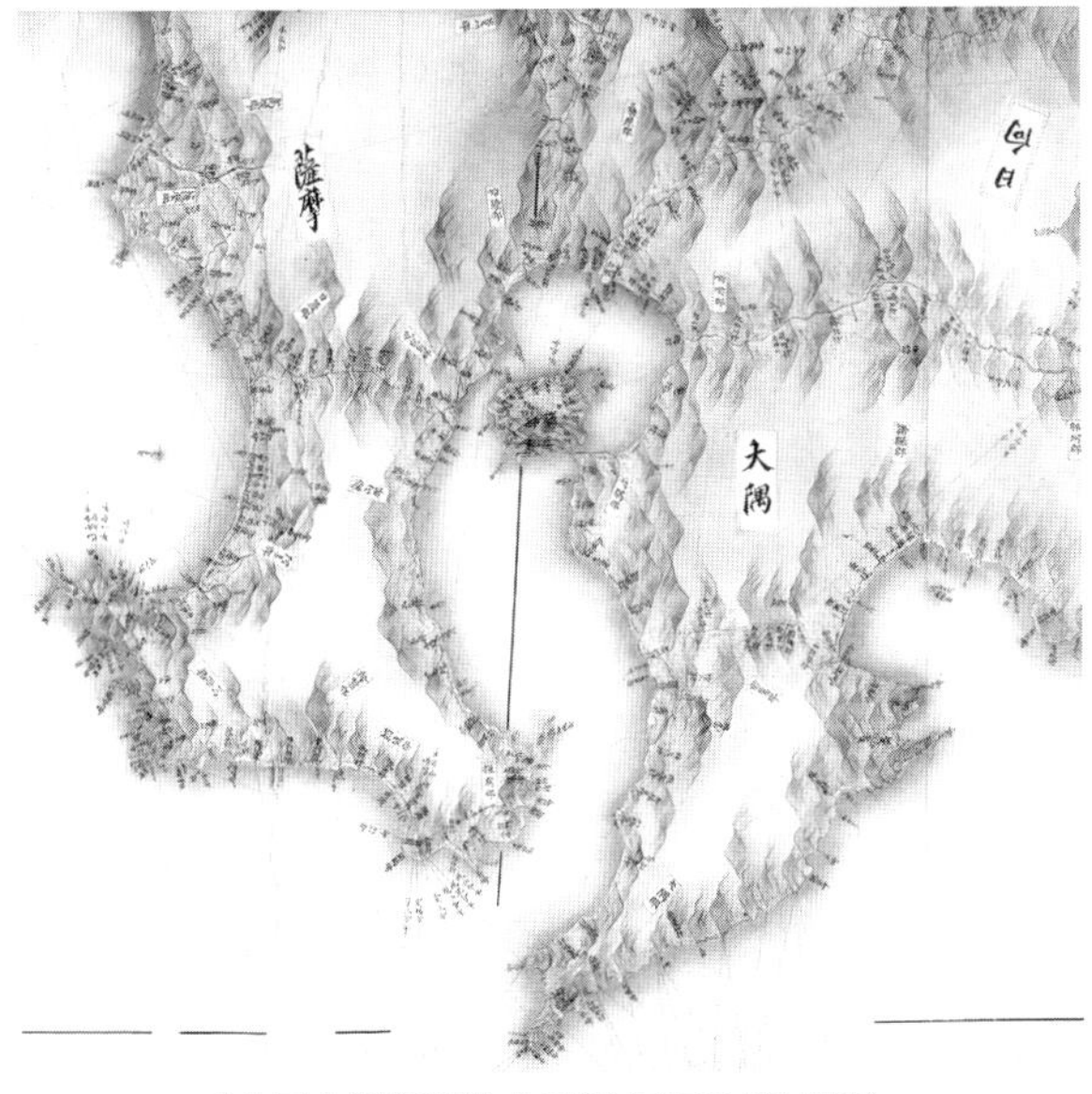

「大日本沿海輿地全図」(東京国立博物館蔵)

シーボルト事件

「伊能図」は数奇な運命をたどっていく。忠敬の師高橋至時は、大坂定番同心であったが、忠敬が彼に入門した年に江戸出府を命ぜられ、幕府天文方の役人として改暦作業にあたり、一七九七(寛政九)年に寛政暦を完成させている(翌年施行)。一八〇四(文化元)年、至時の病死にともない、長男高橋景保が幕府天文方に出仕し、忠敬の測量事業を支援し、忠敬没後は「伊能図」の完成に尽力した。

景保は、幕命により世界地図を作成したり、ロシアとの紛争によって緊張した北辺情勢を背景に、ゴローニンの『日本幽囚記』の翻訳、カラフト地誌や満洲語の研究などに従事するなど、幕吏中有数の海外事情通として活躍していた。一八二六(文政九)年、長崎のオランダ商館付き医師で鳴滝塾をひらいて蘭学を教授していたシーボルトが商館長の江戸参府に同行してきたとき、景保は当然のようにシーボルトと接触し学術上の交流をはじめた。

しかし、一八二八(文政十一)年三月、シーボルトと景保らの贈答が幕府の目付に察知され、景保は身辺をひそかに監視されるようになっていた。シーボルトは、八月に帰国の途についたが、暴風雨のため船が坐礁し、その積荷から日本国内でさえ公刊が許されなかった「伊能図」などが発見された。

シーボルトの来日目的は日本研究にあったから、きわめて精確な「伊能図」はどうしても手に入れたかったのだろう。景保は、シーボルトの求めに応じて写しを渡していたのである。景保は、十月に逮捕され、翌年二月獄死した。

7 大御所時代

1 大塩平八郎の檄文 ★★

此節は米価弥高直に相成り、大坂の奉行幷諸役人とも、万物一体の仁を忘れ、得手勝手[1]の政道をいたし、江戸へ廻米をいたし、天子御在所の京都へは廻米の世話もいたさざるのみならす、五升一斗位の米を買に下り候もの共を召捕抔いたし、……其上勝手我儘の触書等を度々差出し、大坂市中遊民[2]計を大切に心得候は……甚だ以て厚か間敷不届の至り……蟄居[3]の我等、最早堪忍成難く、……拠無く天下のためと存、血族の禍[4]をおかし、此度、有志のものと申合せ、下民を悩し苦しめ候諸役人を先づ誅伐[5]いたし、引続き驕に長じ居候大坂市中金持の丁人〔町〕共を誅戮[6]におよび申すべく候間、右の者共穴蔵に貯え置き候金銀銭等、諸蔵屋敷[7]内に隠し置き候俵米、夫々分散配当いたし遣し候間、摂・河・泉・播の内[8]、田畑所持致さざるもの、たとへ所持いたし候とも、父母妻子家内の養方出来

大塩平八郎の檄文

[1] 得手勝手の　でたらめの
[2] 遊民　大商人、高利貸をさす
[3] 蟄居　平八郎は与力の地位を養子に譲り、隠居していた
[4] 血族の禍　一族に罪が及ぶこと
[5] 誅伐　せめうつ
[6] 誅戮　罪あるものを殺す
[7] 蔵屋敷　諸大名が米や国産物を売りさばくため設けた倉庫施設
[8] 摂・河・泉・播の内　摂津・河内・和泉・播磨の国

通釈

この頃は米価がますます高騰しているが、大坂町奉行や諸役人たちは、万物一体の仁を忘れ、好き勝手の政治をしており、江戸へは米を廻送する手はずを整えながら、天皇のおられる京都へは廻米の世話をしないばかりか、わずか五升一斗ほどの米を買いに来た者を逮捕したりする。……その上わがまま勝手な触書等を出し、大坂市内の商人だけを大切に考えていることは、……はなはだあつかましく不届の至りである。……隠居している自分だが、もはやがまんできず、……やむをえず天下のためと考え、一族に罪が及ぶことを覚悟して、今度、有志の者と相談し、人民を苦しめ悩ましている役人たちをまず討伐し、引きつづいておごりにふけっている大坂市内の町人どもを打ち殺す予定であるから、右の者達が穴蔵に貯蔵している金銀銭等や、蔵屋敷にかくしてある俵米をそれぞれ分配してやるので、摂津・河内・和泉・播磨の国内で田畑をもっていない者、たとえ持っていても父母妻子を養いがたいほどの困窮者へは、右の金米を分けてやるので、何日にでも、大坂市内に騒動が起こったと聞いた場合は、里数の遠近を問わ

難き程の難渋もの[9]へは、右金米等取らせ遣し候間、いつにても大坂市中に騒動起り候と聞伝へ候はば、里数を厭ず一刻も早く大坂へ向け馳参ずべく候面々へ右米金を分け遣し申すべく候。……

天保八丁酉年[10]月日

摂・河・泉・播村々庄屋年寄百姓幷小前百姓共へ

（大塩平八郎一件書留）

ず、一刻も早く大坂へかけつけてきた者達には右の米金を分けてやろう。……

天保八（一八三七）年月日

摂津・河内・和泉・播磨の村々の庄屋、年寄、百姓並びに小百姓どもへ

9 難渋もの　苦しい生活をしている者

10 天保八丁酉年　一八三七年

原典解説

大塩平八郎一件書留　国立史料館編。大塩の乱に関する幕府評定所の裁判記録などを収録。一九八七（昭和六十二）年刊

解説

一八三二（天保三）年よりはじまった**天保の飢饉**は、一八三六（天保七）年にいたって頂点に達し、全国の作柄は平年の四割にとどまった。大坂では、老中**水野忠邦**の実弟で大坂町奉行の跡部良弼が中心となり、各地から集荷された米を江戸へ送っていたため、米価騰貴が深刻となった。大坂東町奉行所の元与力で陽明学者の**大塩平八郎**は、跡部に対して再三にわたって窮民の救済を懇願したが、聞き入れられなかった。そこで、三井や鴻池らの豪商に救済資金の貸出しを求めたが、これも断わられた。ついに、大塩は、蔵書を売り払って六百二十両を一万軒の窮民に分け与えるとともに、挙兵の準備をすすめた。一八三七（天保八）年二月、大塩は、史料の檄文を大坂周辺に配布し、挙兵の理由と目的を明らかにし、蜂起への参加をよびかけ、門弟をひきいて挙兵した。大塩らは町々を打ちこわし、放火しながら進撃し、途中、大坂市中や周辺の窮民や被差別部落民が加わり、三百〜七百人ほどになった。大坂の町の五分の一を焼いたが、蜂起は一日で鎮圧された。この**大塩の乱**は、幕臣が幕政を公然と批判しておこした反乱であり、幕府に与えた衝撃は大きかった。その社会的反響も大きく、史料の檄文は全国に流布され、その年の六月には越後の柏崎で国学者の生田万が「大塩門弟」と称して蜂起している（生田万の乱）。大塩の乱は、下級武士が町人や農民に参加をよびかけ、天皇を自分達の行動の正当化のために持ち出して、幕藩体制に挑戦した点で、幕末に登場する維新推進勢力の原型をなしているとも考えられている。

2 内憂外患——徳川斉昭の戊戌封事 ★

当時太平の御世にハ御座候へ共、人の身にたとへ候得ば、甚不養生❶にて種々さまざまの病症❷きざし居候間、……右の病症委細❸ハ筆紙に尽し兼候得共、大筋ハ内憂❹と外患❺との二つに御座候。内憂は海内❻の憂にて、外患ハ海外の患に御座候。……近年参州・甲州の百姓一揆❼徒党を結び、又ハ大坂の奸賊❽容易ならざる企仕り、猶当年も佐渡の一揆御座候ハ、畢竟下々にて上を怨み候と、上を恐れざるより起り申候。島原騒動❾の後二百年程弓・鉄砲等相用候儀御座無く候処、近頃ハややもすれば弓・砲を用ひ候様罷成候儀、御役人共一と通りに心得候てハ相済ざる事に御座候。

天保九年❿戊戌八月朔日　源斉昭⓫謹上

（水戸藩史料）

解説

一八三八(天保九)年八月、水戸藩主徳川斉昭は、十二代将軍家慶に戊戌封事(戊戌はこの年の干支)とよばれる意見書を提出した。斉昭は、史料にあるように、幕藩体制が陥っている病気は「内憂」と「外患」の二つだとする。「内憂」では一八三六(天保七)年の世直し騒動(甲斐・郡内騒動、三河・加茂一揆)、一八三七(天保八)年の大塩の乱と一八三八(天保九)年の佐渡一国騒動、「外患」では外夷の武力侵略とキリシタンの脅威を、それぞれ具体例としてあげている。そして、原因を民衆が「上を怨み」また「上を恐れざる」ところに求めている。大塩の乱で将軍の地位を家慶に譲った後も大御所として実権を握っていた家斉が一八四一(天保十二)年に没すると、この内憂外患の危機を打開すべく、水野忠邦が天保の改革に着手することになる。

三河・加茂一揆

天保期には民衆の「世直し」願望は強まり、一揆・騒動をそのための行動と自覚するケースも出現した。三河の加茂一揆では、農民が竹槍で武装した一揆鎮圧部隊に向かって、「こざかしい、その竹槍は何にするのじゃ。世直しの神に向かっては、よも働くことはなるまい。」(『鴨の騒立』)といったという。

内憂外患

❶**不養生**　不健康
❷**病症**　病気の症状
❸**委細**　詳細
❹**内憂**　国内の動揺
❺**外患**　対外的危機
❻**海内**　国内
❼**参州・甲州の百姓一揆**　一八三六(天保七)年におこった、三河の加茂一揆と甲斐の郡内騒動。農民は「世直し」を求めていた
❽**大坂の奸賊**　重要　大塩平八郎一党
❾**島原騒動**　重要　島原・天草一揆(一六三七～三八年)
❿**天保九年**　一八三八年
⓫**源斉昭**　前水戸藩主徳川斉昭

原典解説

水戸藩史料　水戸徳川家史料のうちの幕末関係のものをあつめた史料集

設問

問❶　天保の飢饉に対する幕府の無策に怒り、大坂で蜂起した陽明学者はだれか。

問❷　内政や外交をめぐる危機的な情勢を「内憂外患」ととらえ、幕政改革の必要を説いた水戸藩主はだれか。

8 天保の改革

1 株仲間解散令 ★★★

菱垣廻船[1]積問屋共より是迄年々金壱万弐百両づつ冥加[2]上納致来り候処、問屋共不正の趣も相聞候間、以来上納に及ばず候。向後右仲間株札は勿論、此外共都て問屋仲間幷組合抔と唱候儀は相成らず候。

一、右に付てハ、是迄右船ニ積来候諸色（品）ハ勿論、都て何国より出候何品ニても素人直売買[3]勝手次第たるへく候。且又諸家国産[4]類其外、惣て江戸表へ相廻し候品々も、問屋ニ限らず銘々出入のもの共等引受け売捌候儀も、是又勝手次第ニ候間、其の段申し渡さるべく候。……

十二月十三日[5]

（幕末御触書集成）

株仲間解散令

[1] 菱垣廻船 重要 江戸大坂間の廻船、十組問屋への商品を運んだ

[2] 冥加 重要 幕府へ納める税

[3] 直売買 直接売買

[4] 諸家国産 重要 諸藩が専売にしている特産品

[5] 十二月十三日 一八四一（天保十二）年

通釈

菱垣廻船積問屋共からこれまで毎年一万二百両づつの冥加金を上納してきていたが、問屋共に不正があったとの風評もあるので、今後は上納をやめさせる。それにつけて、今後は株仲間の証としての株札はもちろん、このほかすべて問屋仲間とか、問屋組合などの称号を用いてはならない。

一、以上のしだいであるから、これまで廻船に積んできた諸商品はもちろん、すべて何国から出荷される何品でも、素人が、株仲間を通さずに自由に直売買してよろしい。また、諸大名が、江戸へ送ってきた国産品そのほかすべての品物も、問屋だけでなくおのおの出入りの商人が引き受けて自由に販売してもさしつかえないから、そのように申し渡す。……

天保十二（一八四一）年十二月十三日

解説

一八四一（天保十二）年、大御所徳川家斉が没すると、十二代将軍家慶は、家斉側近の幕閣をあいついで罷免し、老中首座の水野忠邦に幕政改革を命じた。忠邦は享保・寛政の両改革を模範として次々に新政

策を打ち出していった。焦眉の課題の一つである物価問題解決のために忠邦がとった措置は、株仲間解散令と物価引き下げ令の発布である。従来、市場を特権的に独占してきた株仲間が物価騰貴の元凶であり、しかもその集荷能力が低下しているとの認識にたって、一八四一(天保十二)年十二月、江戸の十組問屋の特権を剝奪し、仲間・組合をつくることも禁じた。さらに、一八四二(天保十三)年三月には、これを全国すべての株仲間に拡大し、その上、問屋制前貸の方式をも禁止した。株仲間の解散により、幕府は冥加金の収入を失ったが、御用金賦課でその欠を補おうとした。また、解散令は全国に適用され、当然諸藩の専売制や特権商人の存在も否定しようとした。しかし、阿波藩(藍)をはじめ、多くの藩は幕令に従わず、忠邦失脚後、一八五一(嘉永四)年に株仲間再興令が出された。

2 人返しの法 ★★

天保十四卯年[1]三月

諸国人別改方[2]の儀、此度仰せ出され候に付ては、自今以後、在方[3]のもの身上相仕舞[4]、江戸人別に入候儀決して相成らず候間、領分知行所役場[5]等に罷在候家来より、精々勧農の儀申諭、成丈け人別減らざる様取り計、且職分に付、当分出稼のもの幷奉公稼に出府[6]致し候もの共は、村役人共連印の願書差出させ、右願の趣、承届候旨、……在所に罷在候家来へ精々申し付くべく候。……

在方のもの当地え出居馴候に随ひ、……商売等相始め、妻子等持候ものも、一般に差戻に相成候ては、難渋致すべき筋に付、格別の御仁恵を以、是迄年来人別に加り居候分は、帰郷の御沙汰[7]には及ばれず、以後取締方左の通り仰せ出され候。……

(幕末御触書集成)

原典解説

幕末御触書集成　一八三七(天保八)年以降から江戸幕府崩壊に至る法令約六千を収録

人返しの法

1 天保十四卯年　一八四三年
2 諸国人別改方　諸国の戸口調査
3 在方　農村
4 身上相仕舞　所帯をたたむこと
5 役場　大名・旗本の代官所・陣屋
6 出府　江戸に出る
7 御沙汰　命令

解説

大御所時代(化政期)にすすんだ農村の階層分化と、それに続く天保の飢饉などにより、農村から江戸などの都市へ大量に人口が流出した。水野忠邦は、天保の改革に着手する以前からこの問題に取り組み、一八三八(天保九)年に諸国の代官から意見を徴しているが、そこでは、①寛政の旧里帰農奨励は莫大な費用を要したが失敗であり、②江戸の人口増加を防止する方策を講ずべきであり、③帰農をはばむ奢侈の風潮を取締る必要が確認されている。

一八四二(天保十三)年十月、江戸の人別改の実施を南北両町奉行に命じ、一八四三(天保十四)年三月、全国に人別改を命じた。人返しの法とよばれる諸国人別改改正令のねらいは、帰農奨励よりも、流入制限にあるといってよい。さらに、同年十一月には、無宿・野非人を旧里帰郷ないし寄場収容する旨を触れ、とくに寄場の設置を幕領・藩領の区別なく奨励している。だが、その効果は一時的なものに終わった。

3 上知令 ★★

御料所[1]の内、薄地[2]多く御収納免合[3]相劣り、……当時御料所より私領の方[4]、高免[5]の土地多くこれ有り候は不都合の儀と存じ奉り候。仮令如何様の御由緒を以て[6]下され、又は家祖共武功等にて頂戴[7]領地に候とも、加削[8]は当御代思召次第の処……幸此度、江戸・大坂最寄[9]持御取締りと上知仰せ付けられ候。右領分其の余、飛地の領分にも高免の場所もこれ有り、御沙汰次第差上げ、代知の儀如何様にも苦しからず候得共、三ツ五分[10]より宜敷持所にては折角上知相願い候詮もこれ無く候間、御定の通り三ツ五分に過ぎざる土地下され候得ば、有難く安心仕るべく候。

（癸卯日簿）

通釈

幕府の直轄領の中には、やせ地で収穫も少なく年貢収納率の低い土地が多い。……現在、直轄領よりも私領に年貢収納率の高い土地が多いことは不都合なことと思われる。たとえ如何なる由緒によって下された土地でも、または祖先たちが武功等によって拝領した土地でも、加増減封については、現代の将軍のお気持ちしだいである。……今度、江戸・大坂周辺の取り締まりのため、土地を直轄地とし、「上知」するよう命ぜられた。右の領地その他、飛地領にも年貢収納率の高いところがあり、命令が出次第返上し、これにかわる土地はどんな所でもかまわないが、年貢収納率が三割五分よりよい場所は、わざわざ上知を願い出ても意味がないので、お定めの通り三割五分をこえない土地を下されば、有難いことと安心すべきである。

上知令

- **1 御料所** 重要 幕府直轄領、狭義の天領
- **2 薄地** やせた土地
- **3 御収納免合** 年貢収納の率
- **4 私領の方** 幕領以外の大名領と旗本知行所
- **5 高免** 年貢収納率の高い土地
- **6 如何様の御由緒を以て** どのようないわれで
- **7 頂戴** 拝領
- **8 加削** 加増減封
- **9 江戸・大坂最寄** 重要 江戸・大坂周辺
- **10 三ツ五分** 三割五分の租率

参考史料 天保の改革への風刺 ★

此天保の御改革ほどめざましきはなし、むかし享保寛政の御改革をいみじき事にきゝわたりしかど、此度(このたび)のごとくにはあらじとぞ思ふ、かの丑(うし)❶の春雲がくれ❷ありしより、やがて世の中眉(まゆ)に火のつけるが如く❸俄(にわか)に事あらたまりて❹、士農工商おしからめておののくばかりなり。

（寝ぬ夜のすさび）

解説

一八四三(天保十四)年六月、幕府は、江戸城最寄(もより)地、新潟(にいがた)、大坂城最寄地の順で上知令(あげちれい(じょうちれい))を出した。水野忠邦は、①物価政策や農政が抜本的な効果をあげるには、江戸周辺農村の商品生産、流通(江戸地廻(じまわ)り経済圏)の掌握が必要と考え、②上知の対象となる江戸・大坂周辺に多い飛地領の整理が小藩の諸大名の藩体制を強化することになるとし、③海防上必要な場所を上知せよとの十二代将軍家慶(いえよし)の意向にそって、海防体制の強化をはかることをねらっていた。史料は、同年八月、江戸、大坂について上知の趣旨の徹底をはかるために出した布達である。

新潟の上知は実行されたが、江戸・大坂の方は強い抵抗にあった。とくに、大坂周辺では、年貢先納金や御用金の踏み倒しをおそれた農民や、その農民に債権をもつ大坂の町人らが強く反対し、そこに飛地領をもつ老中土井利位(どいとしつら)をつきあげて、上知令の撤回を主張させた。さらに、忠邦の経済政策に反感をもつ紀州藩が土井の主張を支持するに及んで、同年閏九月、ついに上知令は撤回され、忠邦も老中を罷免(ひめん)され、天保の改革は挫折した。

西南雄藩の天保改革

薩摩藩	指導者：**調所広郷**(ずしょひろさと)(1827年登用) 政策：藩債整理(金500万両の250年賦) 砂糖専売制強化(三島砂糖惣(そう)買入れ) 琉球貿易拡大→100万両貯蓄 結果：島津斉彬(なりあきら)の洋式軍備導入、集成館(しゅうせいかん)建設
長州藩	指導者：**村田清風**(せいふう)(1838年登用) 政策：藩債整理(銀８万５千貫を８年で半分返済)、越荷方(こしにかた)(下関通過の廻船への金融)、紙・蠟(ろう)の専売 結果：中下級藩士の進出、豪商との提携、洋式軍備の導入

※肥前藩は均田制(きんでんせい)で成功

※土佐藩は改革派(おこぜ組)と旧守的勢力との対立で失敗。のち安政期の藩政改革(新おこぜ組)で財政改革に成果

天保の改革への風刺

❶丑　一八四一(天保十二)年

❷雲がくれ　この年一月に、大御所徳川家斉が死去した

❸眉に火のつけるが如く　急激に

❹事あらたまりて　天保の改革の新政策が実施された

原典解説

癸卯日簿　水野忠邦の日記。一八二八(文政十一)年十一月から一八四五(弘化二)年二月までの老中在任期間百九十四か月にわたる記録で、百九十四冊が残存している。その多くが、史料のように、干支の下に「日簿」が付けられている標題がある

寝ぬ夜のすさび　幕臣片山賢の随筆で、十九世紀前半の江戸の世相を記録している

設問

問❶　水野忠邦は物価政策をすすめるため、従来の商業政策を大転換させる法令を出したが、それは何か。

問❷　江戸の無宿人を強制的に帰農させる法令は何か。

問❸　江戸・大坂の周辺を幕領とし、そこの領主には替地を与えようとして、失敗した法令は何か。

❾ 化政文化

1 国学の方法 ★

万葉集をよくまなぶべし。此書は、歌の集なるに、二典❶の次に挙て、道をしるに甚益ありといふは、心得ぬことに人おもふらめども、わが師の大人❷の古学のをしへ、専らここにあり。其説に、古の道❸をしらんとならば、まづいにしへの歌を学びて、古風の歌をよみ、次に古の文を学びて、古ぶりの文をつくりて、古言をよく知りて、古事記、日本紀をよくよむべし。古言をしらでは、古意はしられず、古意をしらでは、古の道は知りがたかるべし。　（うひ山ふみ）

通釈

『万葉集』をよく学ぶべきである。この本は歌集であるのに、『古事記』・『日本書紀』の二典の次にあげて、古道を知る上に非常に役立つというのは、理解できぬことだと思うかもしれないが、私の先生賀茂真淵の教えは、もっぱらこの点にある。先生の説に、「古道を知りたいと思えば、まずいにしえの歌を学んで、古風の歌をよみ、次にいにしえの文章を学び、古風の文章を書き、古言をよく知ってのち、『古事記』・『日本書紀』をよくよむべきである。古い言葉を知らなければ、古い文章の意味がわからず、それがわからねば古道を明らかにすることができないであろう。」

解説

本居宣長は、伊勢松坂の町人出身で、医業を営むかたわら、古典の研究を志して賀茂真淵の門人となった。宣長は、①『源氏物語』などの平安文学の研究によって物語の本質は「もののあはれ」の表現にこそあると説いて主情主義的な文学観を完成させ、②一字一句をもゆるがせにしない精緻な文献研究である『古事記伝』を仕上げ、『古事記』に描かれた世界にこそ真心を失わない神意にかなう人間の営みがあったとして、そうした自然な心情に従って生きることこそ人間本来の姿だとする主情主義的な人間観に到達し、さらにそれらを基礎づけるために、③この世の出来事はすべて良いことも悪いことも神々の

国学の方法

❶二典　『古事記』・『日本書紀』

❷わが師の大人　賀茂真淵

❸古の道　日本人の精神の根元で、この古道を研究するのが国学である

原典解説

うひ山ふみ　一七九八（寛政十）年刊。本居宣長が国学を学ぼうとするもののために、修学方法を教えた書物である

はからいであり、神々の究極には産霊（宇宙万物の創造主）と直毘霊（一切の虚偽・汚穢・罪悪を超越する霊力）が存在するという神秘主義的な世界観を造りあげた。

史料は、宣長が初めて国学を学ぶ者にその方法を説いたもので、『万葉集』や『古事記』・『日本書紀』の学習をすすめている。そこで注目されるのは、万葉調の和歌や『古事記』に登場するような文章を実際につくり、それによって古語の理解を実践的に深め、古典そして古道の把握に役立てることを説いている点である。いわば、追体験のすすめであり、古典の世界と一体化することでその理解が得られるとの考え方である。ここでいう古道とは、人間本来の姿であり、「惟神の道」である。それは同時に、宣長の文学、人間、世界観そのものだといえる。こうした古道理解を妨げるものとして、宣長は漢意（儒学思想）や仏教を強く排斥している。そこに、国学が排外思想ともなり得る可能性があらわれている。

2 蘭学事始　★★★

今時、世間に蘭学といふ事専ら行れ、志を立つる人は篤く学び、無識なる者は漫りにこれを誇張す。其初めを顧み思ふに、昔、翁[1]が輩二三人、不図此業に志を興せし事なるが、はや五十年にちかし。今頃斯く迄に至るべしとは露思はざりしに、不思議にも盛んになりしことなり。……

一、帰路は、良沢[2]、淳庵[3]と、翁と三人同行なり。途中にて語り合ひしは、「さてさて、今日の実験[4]一々驚き入る。且つこれまで心付かざるは恥べき事なり。苟くも医の業を以て互ひに主君主君に仕ふる身にして、その術の基本とすべき吾人の形態の真形を知らず、今迄一日〳〵と此業を勤め来りしは面目もなき次第なり。……」……其時、翁、申せしは、「何とぞ此ターヘル・アナトミア[5]の一部、新たに翻訳せば、身体内外の事分明を得、今日治療の上の大益あるべし、いかにもして通詞[6]等の手をからず、読み分けたきものなり」と語りしに……

一、其翌日[7]、良沢が宅に集まり、前日の事を語り合ひ、先づ、彼「ターヘル・アナトミア」の書にうち向ひしに、誠に艫・舵なき船の大海に乗り出だせしが如く、茫洋として寄るべきかたな

蘭学事始

1 翁　杉田玄白
2 良沢　前野良沢
3 淳庵　中川淳庵
4 実験　死刑囚の死体解剖
5 ターヘル・アナトミア　ドイツの『解剖図譜』のオランダ語訳本
6 通詞　通訳
7 其翌日　解剖を見た一七七一（明和八）年三月四日の翌日

く、ただあきれにあきれて居たるまでなり。……　（蘭学事始）

解説

蘭学は医学、とくに解剖学からはじまった。一七七一(明和八)年、前野良沢・杉田玄白らは、江戸千住小塚原の刑場で、刑死者の死体の解剖を見たが、その際、ドイツ人クルムスの『解剖図譜』のオランダ語訳『ターヘル・アナトミア』と対照し、両者が一致していることを確認した。彼らはその翻訳を決意し、桂川甫周らの参加を得て七名で訳業をすすめ、苦労の末、一七七四(安永三)年に刊行にこぎつけた。この『解体新書』の翻訳は、西洋医学を真理とし、人間の身体についての客観的知識こそ適切な治療の基礎であるとの考え方に立脚している。以後、オランダ医学書の和訳による西洋医学(蘭方医学)研究が盛んとなり、蘭学が発展していく。

3 心学 ★★

四民❶ヲ治メ玉フハ君ノ職ナリ。君ヲ相ルハ四民ノ職分ナリ。士ハ元来位アル❷臣ナリ。農人ハ草莽❸ノ臣ナリ。商工ハ市井❹ノ臣ナリ。……商人ノ売買スルハ天下ノ相ナリ。細工人❺ニ作料❻ヲ給ルハ工ノ禄ナリ。農人ニ作間❼ヲ下サルルコトハ、是モ士ノ禄ニ同ジ。天下万民産業ナクシテ、何ヲ以テ立ツベキヤ。商人ノ買利❽モ天下御免シノ禄ナリ。夫ヲ汝独、売買ノ利バカリヲ欲心ニテ道ナシト云ヒ、商人ヲ悪ンデ断絶セントス。何以テ商人計リヲ賤メ嫌フコトゾヤ。　（都鄙問答）

解説

商品・貨幣経済の発達にともなって経済的・社会的実力をつけてきた町人は、勤勉や才覚を軸とした彼らなりの道徳や学問を求めるようになった。石田梅岩の心学はこの要求に応えるものだった。梅岩は、儒学などによって、否定的な評価を与えられていた商業の社会的意義を積極的に肯定し、いやしいとされた町人も他の身分同様、一定の社会的役割をになう人間であることを強調して、町人の劣等感の克服につとめた。また、梅岩は、自分の考えを説くにあたって、神・儒・仏三教を用い、また身分関係を職

原典解説

蘭学事始　杉田玄白が死の三年前、蘭学興隆の歴史を回顧して書いたもの。『解体新書』の翻訳のいきさつや苦心が述べられている。一八一五(文化十二)年成立

心学

❶**四民**　士農工商
❷**位アル**　身分のある
❸**草莽**　民間、在野
❹**市井**　町なか
❺**細工人**　職人
❻**作料**　製作料、工賃
❼**作間**　耕作料
❽**買利**　利益

原典解説

都鄙問答　石田梅岩が心学の根本思想を説いたもので一七三九(元文四)年刊

化政期の世相 ➜p.274

❶**安永**　一七七二～八一年
❷**躰**　容姿
❸**月代**　男性の髪形の部分の名称で、額から頭の中央にかけて毛髪を剃り落とした部分

能のちがいととらえ、封建道徳を町人側から支える思想的役割をはたしている。心学は後継者の手島堵庵や中沢道二らが領主の保護をうけ、各地に心学舎をたてるにおよんで、普及していった。

4 化政期の世相 ★

安永[1]の頃までは、男の躰[2]、月代[3]大きく髪短く、元結[4]多く巻て、衣袴もゆきたけみじかく、帯幅狭かりしを、天明[5]の頃より、月代ちひさく、髪長く高く鶴首の如く結ひ、衣羽織たけ長く、帯幅広く、鼻紙入も小菊紙[6]二折にして入べく広くして、いふ詞も言[7]を略きて聞取がたきを通言[8]といひ、さる人々を通人[9]とも大通[10]ともいへり。安永以前の姿なる人を昔風とも野暮[11]ともいひていやしめそしりたりしを、近き頃は又むかしの野暮がはやり出て当世風となり、大通が古風となりたり。時代のうつりかはりのすみやかなる事三伏[12]の炎天に寒風を忘れ、厳冬の雪霜に暑熱[13]をしらざるがごとし。

（神代余波）

解説

十八世紀の後半、明和・安永期には、江戸に通人が出現した。彼らは、「江戸っ子」という自覚をもち、家業は番頭や手代にまかせ、別宅に妾をおき、毎夜のように吉原の遊郭にふけり、髪形や服装もあかぬけて、粋なものであった。その多くは、旗本や御家人への高利貸で蓄財した札差であり、とくにその中でも花柳界で人気を博したものを大通と称した。

4元結 髪をたばねてたぶさにし、そこを結んだ髪。または髪を結ぶひも
5天明 一七八一～八九年
6小菊紙 鼻紙などに用いる小さい判型の和紙
7言 よけいな言葉
8通言 粋な言葉
9通人 粋な人
10大通 大変に粋な人、花柳界の人気者
11野暮 気がきかず、田舎じみた。「通」の反対
12三伏 残暑、三伏は夏至の後の第三と第四の庚の日。立秋の後の最初の庚の日をさす
13暑熱 夏の暑さ

原典解説

神代余波 国学者斎藤彦麿の随筆。十八世紀末以降の世相を記録している

設問

問❶ 国学の研究方法を確立し、『古事記』の研究などに大きな成果をあげ、儒学や仏教を排斥する思想を明確にした人物はだれか。

問❷ 前野良沢や杉田玄白が中心として翻訳された西洋の人体解剖書は何か。

化政文化

特色		①享楽的・通俗的 ②庶民への普及 ③批判的精神高揚 ④蘭学の影響
文芸	小説	洒落本＝山東京伝 黄表紙＝恋川春町 滑稽本＝十返舎一九 式亭三馬 人情本＝為永春水 読本＝上田秋成・曲亭馬琴 合巻＝柳亭種彦
	詩歌	俳諧＝与謝蕪村・小林一茶 狂歌＝大田南畝（蜀山人） 川柳＝柄井川柳・宿屋飯盛
	脚本	竹田出雲、鶴屋南北
絵画	浮世絵	鈴木春信（錦絵）、喜多川歌麿、東洲斎写楽、葛飾北斎、歌川広重

⑩社会批判の思想

1 身分制の否定―「自然真営道」 ★★★

中平土❶ノ人倫❷ハ十穀❸盛ンニ耕シ出シ、山里ノ人倫ハ薪材ヲ取リテ之ヲ平土ニ出シ、海浜ノ人倫ハ諸魚ヲ取テ之ヲ平土ニ出シ、薪材・十穀・諸魚、之ヲ易シテ……山里ニ少ナク不足モ無ク、海浜ニ過不足モ無ク、彼ニ富メルモ無ク、此ニ貧キモ無ク、此ニ上モ無ク、彼ニ下モ無ク❹、……上❺無ケレバ下ヲ責メ取ル奢欲❻モ無シ、下無ケレバ上ニ諂ヒ巧ムコトモ無シ、……各耕シテ子ヲ育テ、子壮ンニナリ、能ク耕シテ親ヲ養ヒ子ヲ育テ、一人之レヲ為レバ万万人之レヲ為テ、貪リ取ル者無ケレバ貪ラルル者モ無ク、転定❼モ人倫モ別ツコト無ク、転定生ズレバ人倫耕シ、此ノ外一点ノ私事無シ。是レ自然ノ世❽ノ有様ナリ。

（自然真営道）

通釈

平野に住む人々は、穀物を盛んに生産し、山里の人々は薪材をとり出して平野部へ送り出し、海岸の人々は魚をとって平野部に出し、薪材・穀物・魚類を交換して、……山里にも不足がなく、海岸にも過不足がなく、あちらに富者がなく、こちらに貧者もなく、ここかしこに人間階級の上下がなく、……上がなければ下を責めとる欲望もなく、下がなければ上の者にこびへつらう工夫もしないでよい。……各人が耕作に励んで、子を育て親を養うというように一人一人がこれを実行すれば、万人がこれを実現して、貪りとる者もなければ、貪りとられる者もない世が生まれる。天地の動きも人間の活動も分けることはなく、天地があるから人間が耕作するだけで、このほか一つも私意で動くことがない。これが、本来の自然の世の理想の姿なのである。

解説

安藤昌益の詳しい人物像は不明だが、十八世紀中頃、陸奥八戸で町医者を開業し、のち出羽大館に移り、一七六二(宝暦十二)年に没したらしい。一八九九(明治三十二)年『自然真営道』百一巻九十三冊が

身分制の否定

❶中平土　平野
❷人倫　人間
❸十穀　穀物
❹此ニ上モ無ク、彼ニ下モ無ク　支配・被支配の階級もない
❺上　支配階級
❻奢欲　おごれる欲
❼転定　天地と同じ
❽自然ノ世　自然の平等社会

原典解説

自然真営道　安藤昌益の主著。成立年代は不明。明治時代に狩野亨吉によって発見された。はげしく封建社会(法世)を排撃して、理想社会(自然世)の実現を主張している

主な社会・政治思想家

	思想家	著書・特色
重商主義	海保青陵	『稽古談』…藩営専売制の採用を説く
	本多利明	『西域物語』…貿易の振興による富国策を主張
	佐藤信淵	『経済要録』…産業・貿易振興・商業官営化主張
封建制批判	安藤昌益	『自然真営道』…万人耕作の「自然世」を理想
合理主義	富永仲基	『出定後語』…合理的な立場から儒学・仏教などを批判
	山片蟠桃	『夢の代』…合理的な立場から儒学・仏教などを批判
尊王論	竹内式部	公家に尊王論を説き追放(宝暦事件)
	山県大弐	『柳子新論』…尊王論で幕政批判(明和事件)

発見されたが、関東大震災でその大部分が焼失した。その後、『統道真伝』五冊が発見され、戦後、E・H・ノーマン著『忘れられた思想家』でひろく知られるようになった。

昌益は、農民の立場から儒学や身分制を徹底的に批判する。自然は木・火・土・金・水からなり、その本質(真)は土であり、その土に直接はたらきかけて生活の糧を生み出す直耕こそ人間本来の営みだという。昌益は、農民こそ自然の直子と考え、すべての人間がそうなる万人直耕を理想とした。そして、儒学が理想とする帝王や孔子などの聖人が自分では耕さず農民の直耕の成果を盗み取る不耕盗食を合理化するため、四民(士農工商)の区別をたて、不農の三民の存在を許したと非難するのである。史料は、現実の社会(法世)にかわる自然世のあり様を描いた『自然真営道』の一節である。

2 海防論―「海国兵談」 ★★★

海国の武備は海辺にあり。海辺の兵法は水戦にあり。水戦の要は大銃[1]にあり、是れ海国自然の兵制なり。……当世の俗習にて、異国船の入津[2]は長崎に限りたる事にて、別の浦え船を寄する事は決して成らざる事と思へり。実に太平に鼓腹[3]する人と云うべし。……海国なるゆへ何国の浦えも、心に任せて船を寄らるる事なれば、東国なりとて曽て油断は致されざる事也。……当時長崎に厳重に石火矢[4]の備有て、却て、安房・相模[5]の海港に其備なし、此事甚だ不審。細かに思へば、江戸の日本橋より唐・阿蘭陀迄境なしの水路也。……

(海国兵談)

通釈

海に囲まれた国の防衛線は海岸にあり、海岸での戦法は海上戦にあり、海上戦の要は大砲にある。これは海国の自然の兵法である。……今の世のならわしで、外国船の入港は、長崎に限られており、他の港への入航は絶対にあり得ないと考えられている。これは実に太平無事になれすぎた人というべきだ。……日本は海で囲まれた国であるからどこの港へも自由にのり寄せることができる。東国だからといって決して油断はできないのである。……現在、長崎には厳重に大砲の備えがあるが、安房や相模の港にはその備えがない。これは大変おかしい。よく考えてみると江戸の日本橋から中国やオランダまで境のない水路続きである。……

海防論
[1] 大銃　大砲
[2] 入津　入港
[3] 太平に鼓腹　太平を楽しむ、腹つづみをうって太平の世を楽しむこと(十八史略)
[4] 石火矢　大砲

5安房・相模　安房は現在の千葉県南部、相模は現在の神奈川県の主要部の旧国名。それぞれ房総・三浦半島にあり、江戸湾の入口に位置する

原典解説

海国兵談　林子平の著で、海防の重要性を説いたもの。一七八六（天明六）年成立。一七九一（寛政三）年までに刊行されたが幕府は世を迷わすものとして版木を没収した

解説

林子平は、幕臣の子として江戸に生まれ、兄の仕官で仙台へ移る。のち長崎へ遊学し、オランダ商館長からロシアの南下について聞き、『海国兵談』の執筆にとりかかった。江戸にもどって、大槻玄沢・宇田川玄随・桂川甫周らの蘭学者と交遊し、『三国通覧図説』を著して朝鮮・琉球・蝦夷の三隣国の地理を述べ、とくに蝦夷地の開拓を力説した。『海国兵談』は一七八六（天明六）年に完成し、一七九一（寛政三）年に刊行した。そこでは、海国日本の国防は水戦にあり、オランダなどの新軍法の会得をすすめ、史料にあるように、江戸の日本橋の河岸（船着場）から中国・オランダまで隔てるもののない水路だと述べ、安房・相模の沿岸防備を急務と説いた。幕府は、一七九二（寛政四）年、子平のこの二つの著書を奇怪な異説をとなえ、政治を私議したことを理由に発禁とし、版木を没収した上、彼に仙台蟄居を命じた。『海国兵談』はわずか三十八部頒布したにすぎない。松平定信は、子平を処罰する一方で、沿海諸藩に警備強化を命じ、房総・伊豆・相模を巡視して江戸湾の海防強化計画をたてている。

3 開国論―「経世秘策」 ★★

都て大造なる**1**国務も、威儀城郭も、我国の力のみを以てすれば、国民疲れて大業なしがたし。外国の力を合てするを以て、其事如何なる大業にても成就せずと云ことなし。……日本は海国なれば渡海・運送・交易は固より国君**2**の天職最第一の国務なれば、万国へ船舶を遣りて、国用の要用たる産物、及び金銀銅を抜き取て**3**日本へ入れ、国力を厚くすべきは海国具足**4**の仕方なり。自国の力を以て治る計りにては、国力次第に弱り、其弱り皆農

通釈

すべて大規模な国務を行うことも、いかめしい城を築くことも、それらすべてを我が国の力だけでやろうとすると、国民が疲弊してしまい、大きな事業をなしとげることはむずかしい。だが、外国と力をあわせて行えば、どんな大事業でも成就させることができる。……日本は海に囲まれた国なので、航海・運輸・貿易はもともと将軍の天職のうちで第一の国務であるから、万国へ船を派遣し、我が国の必要な物資や金銀銅を輸入し、国力を強めることは海国必然の方法である。自分の国内の力だけで治める時には、国力が次第に弱くなり、その弱点が皆農民にし

開国論

1大造なる　大規模な

2国君　ここでは将軍のこと

3抜き取て　貿易による利益をもってくる意

4具足　必然的につきまとっている

民に当り、農民連年耗減[5]するは自然の勢ひなり。（経世秘策）

わよせされて、農民が毎年おとろえて減少するようになるのは当然のことである。

解説

本多利明は、天明の飢饉の体験と北方問題（ロシアの南下、蝦夷地の開発）への関心に立脚して、『経世秘策』や『西域物語』などの著書で経世論を展開した。その「自然治道」説は、富国のために輸出振興と金銀銅の蓄積をすすめ、①焔硝（道路・運河築設用）、②諸金（貨幣蓄積）、③船舶（官営輸送）、④属島（国土拡張）を国策の四大急務とする重商主義の思想である。開国論を核とするその国策実施には強大な君権の保護、干渉が必要だとして、絶対主義化の方向を自覚していた。

4 合理思想―「夢の代」★

生熟スルモノハ、年数ノ短長ハアレドモ、大テイソレゾレノ持マエアリテ死枯セザルハナシ。生ズレバ智アリ、神アリ、血気アリ、四支・心志・臓腑[1]ミナ働キ、死スレバ智[2]ナシ、神ナシ、血気ナク、四支・心志・臓腑ミナ働クコトナシ。然レバ何クンゾ鬼[3]アラン。又神アラン。……人ノ死シタルヲ鬼トナヅク。コレ亦死シタル後ハ性根ナシ、心志ナシ、コノ鬼ノ外ニ鬼ナシ。（夢の代）

解説

山片蟠桃は、大坂の米仲買商をつとめ、大名貸にたずさわり、仙台藩の財政再建にも参画するなどしている。懐徳堂で中井竹山・履軒兄弟に儒学を学び、町人学者としても著名となった。その主著『夢の代』では、天文・地理・歴史・制度・経済などが論じられ、とりわけ地動説の採用、西洋文明への高い評価、迷信の排撃、鬼神（霊魂）否定など合理的な見地が示されている。史料では、霊魂の存在を否定し、無神論ともいえる合理思想である無鬼論が展開されている。ここには、町人の現世肯定の意識が哲学的に昇華させられた究極の姿があらわれているといってよかろう。

---

5 耗減　弱くなる

原典解説　経世秘策　本多利明の著。彼はこの書で、物価、海運、外国貿易、植民地開発等を論じた

合理思想

1 四支・心志・臓腑　手足・心臓・はらわた

2 智　知能のはたらき

3 鬼　霊魂

原典解説　夢の代　山片蟠桃の著で、唯物論的な無鬼論を展開しているが、経済論においてもすぐれたものをもっている。一八二〇（文政三）年成立、十二巻

設問

問❶　身分制度を全面的に否認し、万人直耕の農本的な共同社会を理想とした東北の思想家はだれか。

問❷　『西域物語』を著し、開国・貿易を主張した経世論者はだれか。

第4編

近現代

東京の銀座通り
東京■GAS MUSEUM／がす資料館

第8章　近代国家の成立

1 外圧の激化

1 異国船打払令（無二念打払令）

一八二五（文政八）年二月　★★★★

文政八酉年[1]二月

異国船渡来の節取計方[2]、前々より数度仰出されこれ有り、をろしや船の儀に付ては、文化の度改めて相触れ候[3]次第も候処、いきりすの船、先年長崎において狼藉に及び[4]、近年は所々へ小船にて乗寄せ、薪水食料を乞ひ、去年[5]に至り候ては猥に上陸致し、或は廻船の米穀、島方の野牛等奪取候段、追々横行の振舞、其上邪宗門[6]勧入れ候致方も相聞へ、旁捨置れ難き事に候。一体いきりすに限らず、南蛮西洋の儀は御制禁邪教の国に候間、以来何れの浦方[7]においても異国船乗寄候を見受候はば、其所に有合候人夫を以て有無に及ばず一図[8]に打払ひ、逃延候はば追船等差出に及ばず、其分に差置き、若し押して上陸致し候はば、搦捕又は打留候

異国船打払令

[1] 文政八酉年　一八二五年
[2] 取計方　取扱い方法
[3] 文化の度改めて相触れ候　文化四（一八〇七）年のロシア船打払令
[4] 長崎において狼藉に及び　文化五（一八〇八）年のフェートン号事件をさす
[5] 去年　「徳川禁令考」には去々年とある。一八二四（文政七）年五月、イギリス船が常陸国大津浜に上陸し、同年七月には薩摩国宝島に上陸した
[6] 邪宗門 重要　キリスト教をさす
[7] 浦方　海辺の村
[8] 一図　直ちに

通釈

文政八（一八二五）年二月

外国船が渡来してきた時の取り扱い方については、以前から数回にわたって命じられている。ロシア船の事については、文化四（一八〇七）年に改めてお触れをだしたことがあったが、イギリスのフェートン号が先年（文化五〈一八〇八〉）長崎において乱暴をし、近頃は各地へ小舟で乗り寄せて薪水食料を求め、昨年（一八二四）においては勝手に常陸や薩摩へ上陸し、あるいは廻船の米穀や島の野牛などを奪いとるというように、しだいに乱暴な行動がつのり、その上、キリスト教に入信をすすめるようなこともあったとわかり、いずれにしても放置できないことである。大体イギリスに限らず、南蛮、西洋の国々は日本で禁じているキリスト教国であるから、今後はどこの港においても外国船が入港したことを発見したときは、その場に居合わせた人々をもって、有無をいわず、直ちに打払い、逃亡した場合は追跡船をだす必要はなく、

ても苦しからず候。……尤唐・朝鮮・琉球などは船形人物も相分かるべく候得共、阿蘭陀船は見分も相成かね申すべく、右等の船万一見損ひ、打誤り候共、御察度[9]はこれ有間敷候間、二念無く[10]打払いを心掛け、図を失わざる様[11]取計ひ候処、専要の事に候条、油断なく申付けらるべく候。
（御触書天保集成）

そのままにしておいてよいが、もし、強行上陸したならば、逮捕し、または打ち殺してもさしつかえない。……

もっとも、中国・朝鮮・琉球の船などは識別できるが、オランダ船は判別できにくいだろうから、そういう船を万一見まちがえ、打ちまちがえても、詳しいお取り調べはしないので、迷うことなく打ち払うことを考え、時機をのがさないように処置することが大切であり、油断のないよう申し付けておく。

9 察度 詳しい御取調べ、処罰

10 二念無く 重要 ためらうことなく直ちに

11 図を失わざる様 機を失わないよう

原典解説

御触書天保集成 二五四ページ参照

解説

一八〇八(文化五)年、ナポレオン支配下のオランダをアジアからしめ出そうとしたイギリスは、軍艦フェートン号を長崎に入港させ、そこのオランダ商館の奪取をはかった。このフェートン号事件は幕府に衝撃を与え、イギリス艦を退去させることができたものの、長崎奉行松平康英は責任をとって切腹し、長崎警衛の任にあたる肥前藩主鍋島斉直も閉門の処分を受けた。幕府は、一七九一(寛政三)年、異国船について、その臨検・抑留・攻撃などの処置を定めていた。蝦夷地沿海でロシアとの緊張が高まると、武力衝突を回避するため、一八〇六(文化三)年、文化の薪水給与令(撫恤令)を出し、敵意のない異国船には燃料の薪や水などを与えて退去させることにした。しかし、フェートン号事件以来、イギリス船が頻繁に出没し、船員が上陸して交易を行うなどにいたり、キリスト教の布教という危惧も生じてきた。そこで、一八二五(文政八)年、異国船打払令(無二念打払令)を発し、中国・オランダの船以外の異国船で沿岸に接近したものは今後、即時武力で撃退するとの強硬方針を打ち出した。そこでは、中国・朝鮮・琉球の船は形で見分けがつくがオランダ船の場合は見分けがつかないけれども、あれこれ迷うことなく撃退せよとまでいっている。この部分が無二念打払令の名称の由来である。

2 モリソン号事件　一八三七(天保八)年六月　★★

イギリス[1]は、日本に対し、敵国には之無く、いはゞ付合も之無き他人に候故、今彼れ漂流人を憐れみ、仁義を名とし、態々送り来り候者を、何事も取合申さず、直に打払[2]に相成候はゞ、日本は民を憐まざる不仁の国と存、若又万一其不仁不義を憤り候はゞ、日本近海にイギリス属島夥しく之有り、始終通行致候得者、後来海上の寇と相成候て、海運の邪魔に罷成申すべく、たとへ右等の事之無く候共、御打払に相成候はゞ、理非も分り申さざる暴国と存じ、不義の国と申し触らし、礼儀国の名を失ひ、是より如何なる患害、萌生仕り[3]候やも計難く、或は又ひたすらイギリスを恐る様に考え付けられ候はゞ、国内衰弱仕り候様にも推察せられ、恐れながら、国家の御武威を損ぜられ候様にも相成候はんやと、恐多くも考えられ候。

(戊戌夢物語)

解説

一八三七(天保八)年、アメリカ船モリソン号が、日本人漂流民七名の送還と通商の開始を求めて江戸湾にはいったが、濃霧で海岸へ接近できなかった上、浦賀奉行が異国船打払令により砲撃したため、ひきあげた。翌年、長崎のオランダ商館長が幕府に提出する『オランダ風説書』で来航の事情を知った幕府では、蘭学に詳しい幕臣や幕府に仕える一部の儒学者の間から、今回の措置や打払令そのものに批判が出された。しかし、論議の末、たとえ日本人漂流民が乗っていようとも武力で撃退することを確認した。風説書が浦賀への再来航の予定を伝えており、この方針は開戦もあり得るとの覚悟の上でのものだった。幕府は、目付の鳥居耀蔵と伊豆韮山代官の江川英龍に伊豆・相模・房総の海岸を巡視させ、海防強化計画を立案させ、蘭学者の協力を得た江川の案を採用した。一方、江川に協力した蘭学者の間では、幕府の方針に危惧をいだく者が多く、とくに渡辺崋山は『慎機論』、高野長英は『戊戌夢物語』をそれぞれ匿名で書いて幕府を批判した。鳥居は、江川案の採用をねたみ、江川や崋山・長英らの蘭学研究会である尚歯会の一部の会員が企てた小笠原諸島への渡航計画を鎖国の禁を破るものとして告発した。一八三九(天保十)年、幕府は崋山・長英らを逮捕し、幕臣を除く尚歯会の会員の弾圧にふみ切った。この蛮社の獄によって、蘭学者たちの研究や発言は大きく制約されることになった。

モリソン号事件

[1] イギリス　高野長英らはモリソン号をイギリス船と誤解した

[2] 直に打払　幕府に許可を請うことなく、武力で撃退する

[3] 萌生仕り　きざしあらわれる

原典解説

戊戌夢物語　高野長英の著。夢の中での知識人との問答を記述し、アメリカ船モリソン号来航に際し打払令の無謀さを説いている

天保の薪水給与令

❶文政八年仰せ出され候　一八二五（文政八）年の異国船打払令をさす
❷享保寛政の御政事に復せられ　天保改革の理想を示す
❸文化三年　一八〇六年
❹取計方　取扱い方法
❺相糺し　よく調べ
❻帰帆　帰国
❼望の品　希望する品物

3 天保の薪水給与令　一八四二（天保十三）年七月二十四日　★★

異国船渡来の節、二念無く打払い申すべき旨、文政八年仰せ出され候❶。然る処当時万事御改正にて、享保寛政の御政事に復せられ❷、何事によらず御仁政を施され度との有難き思召に候。右については、外国のものにても難風に逢い、漂流等にて食物薪水を乞候迄に渡来候を、其の事情相分らざるに、一図に打払い候ては、万国へ対せられ候御所置とも思召されず候。之に依り文化三年❸異国船渡来の節、取計方の儀❹につき仰せ出され候趣に相復し候様仰せ出され候間、異国船と見受け候はゞ、得と様子相糺し❺、食料薪水等乏しく帰帆❻成り難き趣に候はゞ、望の品❼相応に与へ、帰帆致すべき旨申し諭し、尤上陸は致させ間敷候。

（幕末御触書集成）

通釈

外国船が渡来してきたとき、迷うことなく打ち払いを行うべきことを文政八（一八二五）年に命じられた。ところが現在ではすべてを改正する天保の改革を実施中で、享保・寛政の政治にもどされて仁政を行いたいとの有難いお考えである。この事について、外国船であっても暴風にあい、漂流などして食料や薪水を求めるために渡来した場合、事情のわからないまま、ひたすら打ち払ってしまっては、すべての外国に対する適当な処置とはいえないとお考えになった。こういうわけで、外国船が渡来した場合、その取り扱いについては文化三（一八〇六）年の法令にもどすように命じられたので、外国船と見うけたならば、念入りに事情を取り調べ、食料・薪水などが不足して帰国しにくい事情があれば、望みの物資を適当に与え、帰国するように話しきかせるようにせよ。ただし、上陸させてはならない。

解説

一八四〇（天保十一）年に中国（清）でおこったアヘン戦争の報は幕府に大きな衝撃を与えた。幕府は、西洋砲術の採用を建議した長崎の高島秋帆を江戸にまねき、洋式軍備の導入に踏みきった。さらに、一八四二（天保十三）年、オランダ商館長からアヘン戦争終結後、イギリス艦隊が日本に派遣されるとの情報が伝えられ、ついに異国船打払令を撤回し、天保の薪水給与令を出すにいたった。従来の武力撃退方針を一転させ、上陸させないことを条件に、接近した異国船に薪や水などを与えて退去させることにした。しかし、どうしても退去しない場合は、武力行使に及ばざるを得ないことも確認されている。この撫恤方針は恒久的なものではあり得なかった。

原典解説
幕末御触書集成　二六八ページ参照

4 オランダ国王の開国勧告　一八四四(弘化元)年　★★

弘化元年和蘭国王書簡和解　天文方　渋川　六蔵　訳解

近来英吉利国王より支那国帝❶に対し、兵を出して、烈く戦争❷せし本末は、我国の船、毎年長崎に到て呈する風説書❸を見られて、既に知り給ふべし。……謹みて古今の時勢を通考するに天下の民は速に相親しむものにして、其勢は人力のよく防ぐ所に非ず。蒸気船を創製せるより以来、各国相ひ距ること遠て、猶近きに異ならず。斯の如く互に好を通ずる時に当て、独り国を鎖て、万国と相ひ親まざるは人の好みする所にあらず。貴国歴代の法に異国の人と交を結ぶことを厳禁し玉ふは、欧羅巴州にて遍く知る所なり。……是れ殿下❹に丁寧に忠告する所なり。今貴国の幸福なる地をして、兵乱の為に荒廃せざらしめんと欲せば、異国の人を厳禁するの法を弛め給うべし。

（通航一覧続輯）

オランダ国王の開国勧告

❶支那国帝　清の宣宗帝
❷戦争　アヘン戦争のこと
❸風説書　重要　オランダ風説書。オランダ船の入港ごとに幕府へ提出した海外情報書
❹殿下　十二代将軍家慶

原典解説
通航一覧続輯　幕府昌平坂学問所で林韑らにより永禄九年から文政八年までの日本との外交交渉関係史料を国別にまとめたもので、嘉永六年(一八五三)に完成した「通航一覧」の続編

設問
問❶　アヘン戦争の情報を得て、幕府はそれまでの対外政策に手直しを加える法令を出したが、それは何か。
問❷　アヘン戦争後、幕府に開国を勧告した国はどこか。

解説

アヘン戦争後、欧米列強は、対中国貿易の足場を琉球に求め、日本にも開国を迫った。そこで、オランダ国王ウィレム二世は一八四四(弘化元)年、軍艦を長崎に派遣して日本に開国を勧告し、対日貿易の主導権の確保をはかった。アヘン戦争の経緯を説き、侵略を受けぬ前に開国した方がよいとすすめてきたが、幕府(老中阿部正弘が主導)は、翌一八四五(弘化二)年、鎖国は「祖法」としてこの勧告を拒絶し、再びこのような勧告を行わないように、オランダに通告した。

❷開国

1 日米和親条約（神奈川条約）

一八五四（安政元）年三月三日調印 ★★

第一ケ条　一日本と合衆国とは、其人民永世不朽の和親を取結ひ、場所、人柄の差別これなき事

第二ケ条　一伊豆下田・松前地箱館❶の両港は、日本政府に於て、亜墨利加船薪水食料石炭欠乏の品を日本にて、調候丈は給し候為め、渡来の儀差免し候……

第三ケ条　一合衆国の船、日本海浜漂着の時扶助致し、其漂民を下田又は箱館に護送致し、本国❷の者受取申すへし。所持の品物も同様に致すへく候……

第四ケ条　一漂着或は渡来の人民取扱の儀は、他国同様緩優❸にこれ有り、閉籠め候儀致すましく、併しなから正直の法度❹には伏従いたし候事

第五ケ条　一合衆国の漂民其他の者とも、当分、下田箱館逗留中、長崎に於て唐、和蘭人同様閉籠め窮屈の取扱これ無く、下田港内の小島周り

日米和親条約
❶箱館 重要 函館
❷本国　アメリカ
❸緩優　ゆるやか
❹正直の法度　正当な法律

ペリーの上陸（東京国立博物館蔵）

通釈

第一条　日本国と合衆国とは、その人民が永久に変わらない和親条約を結び、場所や人で差別をしないこと。

第二条　伊豆の下田港と北海道の箱館の二港は、日本政府が、アメリカ船が薪水・食料・石炭など欠乏の品を日本で調達するためだけ渡来を許可する。……

第三条　合衆国の船が日本の海岸に漂着した際、助力し、その漂流民を下田または箱館に護送し、アメリカ人が受け取ること。所持品も同様にすること。……

第四条　漂流民や渡来の人民の取り扱い方は、他国と同様にゆるやかにし、監禁したりはしないが、しかし正当な法律には服従すること。

第五条　合衆国の漂流民その他の者たちが、しばらく下田・箱館に逗留中は、長崎において、中国・オランダ人が閉じ込められたような窮屈な取り扱いはしない。下田港内の小島の周囲約七里の中は、自由に散歩してよろしい。箱館については追って取りきめる事。

第七条　合衆国の船、下田・箱館両港に渡来の時、金銀銭や品物で、必要の品を調達するこ

5徘徊　歩きまわる
6第九ケ条　アメリカへ一方的に最恵国待遇を供与した規定である
7当節　現在
8廉　箇条
9約定　条約のこと

原典解説

日本外交年表竝主要文書　外務省編で、一八五四(安政元)年から一九四五(昭和二十)年までの主要な外交文書を収録。一九五五(昭和三十)年、『日本外交文書』(三五〇ページ参照)の不足を補う別冊として刊行された

ペリー来航時の狂歌・川柳
1異国　アメリカ
2洗いはり　着物をほどいて洗たくすること
3浦賀　「裏が」とかけた。日頃しまってあったため、裏が虫喰いだらけの意であろう
4武具・馬具屋　ペリー来航で、武士が一斉に武具や馬を調達したので、大繁盛した
5いにしへの　昔の
6蒙古の時　蒙古襲来の時、鎌倉幕府は元の服属要求を拒否してたたかった

凡七里の内は勝手に徘徊いたし5、箱館港の儀は追て取極め候事

第七ケ条　一合衆国の船右両港に渡来の時、金銀銭竝品物を以て、入用の品相調へ候を差免し候。尤も、日本政府の規定に相従ひ申すへく……

第八ケ条　一薪水食料石炭並欠乏の品求る時には、其地の役人にて取扱すへく、私に取引すへからさる事

第九ケ条6　一日本政府、外国人へ当節7亜墨利加人へ差許さず候廉8相許し候節は、亜墨利加人へも同様差許し申すべく、右に付、談判猶予致さず候事

第十一ケ条　一両国政府に於て、拠なき儀これ有り候時は模様に寄り、合衆国官吏のもの下田に差置候儀もこれ有るべく、尤も約定9調印より十八箇月後にこれ無く候ては、其儀に及ばず候事

(日本外交年表竝主要文書)

解説

一八五二(嘉永五)年八月、長崎のオランダ商館長はアメリカ艦隊が明年来航するとの情報を幕府(老中首座は阿部正弘)にもたらした。翌一八五三(嘉永六)年六月、ペリーは、アメリカ合衆国大統領フィ

とを許可する。もちろん日本政府の法令に従うこと。……

第八条　薪水・食料・石炭や欠乏の品を求める時には、その地の役人が取り扱うこと。一般人の取引は許可しない。

第九条　日本政府が外国人に対して、今回アメリカ人に許可していない事を許す場合には、アメリカ人に対しても同様に許可し、談判に時間をかけない。

第十一条　両国政府は、止むを得ない事情が生じた場合は、合衆国の官吏を下田に駐在させることもある。もっとも、条約調印から一八カ月経過したのちでなくてはならない。

参考史料　ペリー来航時の狂歌・川柳★

日本のあかを異国1で洗いはり2　かえして見れば浦賀3大変

武具・馬具屋4　渡人さまと　そっといひ

いにしへの5蒙古の時6と阿部こべで7　波風立てぬ伊勢の8神風9

日本を茶にして10きたか蒸気船11　たった四はい12でよるも寝ささん

7 阿部こべ　老中阿部正弘と「あべこべ」をかけ、その無策を蒙古襲来時とくらべている
8 伊勢　阿部正弘は伊勢守、これと伊勢神宮をかけている
9 神風　蒙古襲来は伊勢神宮に祈願したおかげで、神風が吹いたと伝えられていた
10 茶にして　茶化す、馬鹿にする
11 蒸気船　上等な茶で、飲むとねむれなくなるといわれた「上喜撰」とかけた
12 四はい　船は一杯・二杯とも数え、茶と船を同じ「四杯」でかけた。なお、実際には蒸気船は二隻で、二隻は帆船だった

日露和親条約
1 エトロプ　エトロフ
2 クリル　千島

ルモアの国書をたずさえ、四隻の軍艦をひきいて浦賀に来航した。幕府は、江戸湾封鎖・物資輸送途絶による江戸の混乱をおそれていたが、実際、江戸は大騒動となった。そこで幕府は、国書を受け取り、明年回答することを約束した。国書の内容は、アメリカの太平洋岸(カリフォルニア)領有と蒸気船の就航による日米両国の時間的距離の短縮を説き、①日本沿岸で遭難したアメリカ船員の保護、②補給・修理のためのアメリカ船の入港、③貿易を要求するものだった。

ペリーは、一八五四(安政元)年一月、再び来航し、三月、ついに幕府は日米和親条約を締結した。条約は全文十二か条からなり、第二条で下田・箱館の開港、第三・四・五条でアメリカ人漂流民の保護、第七・八条でアメリカ船への石炭などの補給(同年五月に締結された和親条約付録協定、いわゆる下田条約で具体的に規定)、第九条で対米片務的最恵国待遇(のちの日米修好通商条約でも継承)、第十一条でアメリカ外交官の下田駐在などを規定している。貿易を認めず、通好のみを許した条約だが、補給に際して、アメリカ側が金銭・物品で対価を日本側の役人に支払うと定め、貿易への糸口がある。

2 日露和親条約　一八五四(安政元)年十二月二十一日調印　★★

第二条　今より後、日本国と魯西亜国との境は「エトロプ」**1** 島と「ウルップ」島との間に在るへし。「エトロプ」全島は日本に属し、「ウルップ」全島夫より北の方「クリル」**2** 諸島は魯西亜に属す。「カラフト」島に至りては日本国と魯西亜国との間に於て界を分たす。これ迄仕来の通たるへし。

(日本外交年表竝主要文書)

解説

ロシア海軍提督プチャーチンは、一八五三(嘉永六)年七月、ペリーの後を追うように、長崎へ来航した。幕府はその開国要求を拒否したが、その後、長崎や大坂に来航した。安政元年十二月(太陽暦では一八五五年二月)、下田に来航し、日露和親条約(通好条約ともいう)を締結した。条約は全九条からなり、第二条で、①日露間の国境を択捉島と得撫島の間とし、②樺太(サハリン)は日露両国の雑居地とした。この条約は、ゴローウニン事件の際の国境合意(一八一三年、択捉から日本領)とならび、北方領土問題を考える際の原点と言えよう。

3 日米修好通商条約　一八五八(安政五)年六月十九日調印　★★★★

第一条　向後(こうご)❶日本大君(たいくん)❷と、亜墨利加(アメリカ)合衆国と世々親睦(しんぼく)なるへし……

第二条　日本国と欧羅巴(ヨーロッパ)中の或(あ)る国との間に、差(さ)し障(さわ)り起る時❸は、日本政府の嘱(もとめ)に応し、合衆国の大統領、和親(わしん)の媒(なかだち)❹となりて扱ふべし……

第三条　下田(しもだ)、箱館(はこだて)の港の外、次にいふ所の場所を左の期限より開くべし

神奈川❺…西洋紀元千八百五十九年七月四日

長崎……同断

新潟❻……千八百六十年一月一日

兵庫❼……千八百六十三年一月一日

若(も)し新潟港を開き難(がた)きことあらは、其代(そのかわ)りとして同所前後に於(おい)て一港を別に撰ふべし

神奈川港を開く後六ケ月にして下田港は鎖すへし。此ケ条の内に載たる各地は、亜墨利加(アメリカ)人に居留(きょりゅう)を許すべし……

江戸❽……千八百六十二年一月一日

大坂❾……千八百六十三年一月一日

通釈

第一条　今後、日本の将軍とアメリカ合衆国とは、いつまでも仲よくしていくこと。……

第二条　日本国とヨーロッパ中のある国との間に、もし紛争事件の起こった時は、日本政府の要請に応じて、合衆国の大統領が、和親の仲介をする。……

第三条　下田・箱館港の外、次の場所を左の期日より開くこと。

神奈川…西暦一八五九年七月四日

長崎　…同じ

新潟　…一八六〇年一月一日

兵庫　…一八六三年一月一日

若し、新潟港を開けない事情があった場合は、その代わりとして、この近くに一港を別に選ぶこと。

神奈川開港後六か月にして下田港は閉鎖すること。この箇条の内に記載した各地においてはアメリカ人が居住することを許可する。

……

江戸…一八六二年一月一日

大坂…一八六三年一月一日

この二か所は、アメリカ人が商売をする間だけ滞在することができる。……

第四条　すべて国内に輸出入の品物は、別冊の通り日本の役所に関税を納めること。……

日米修好通商条約

❶向後　今後

❷大君 重要　将軍をさす

❸差し障り起る時　紛争事件の起こった時

❹媒　仲介

❺神奈川 重要　実際には横浜を開港した

❻新潟 重要　実際には、西暦一八六九(明治二)年一月一日(旧暦一八六八年十一月十九日)に開港

❼兵庫 重要　実際には、西暦一八六八(明治元)年一月一日(旧暦一八六七年十二月七日)に神戸を開港した

❽江戸 重要　実際には、西暦一八六九(明治二)年一月一日(旧暦一八六八年十一月十九日)に開市した

❾大坂 重要　実際には、西暦一八六八(明治元)年一月一日(旧暦一八六七年十二月七日)に開市した

[10]逗留　滞在
[11]別冊　貿易章程
[12]運上 重要 関税
[13]コンシュル裁断所 重要 consul（領事）裁判所
[14]亜墨利加の法度　アメリカの法律（治外法権問題の条）
[15]糺　取り調べ

設問

問❶　幕府がペリーと締結した条約は何か。

問❷　アメリカの初代駐日総領事で、日米修好通商条約を締結したのはだれか。

右二ケ所は、亜墨利加人只商売を為す間にのみ、逗留[10]する事を得べし……

第四条　総て国地に輸入輸出の品々、別冊[11]の通、日本役所へ運上[12]を納むへし……

第五条　外国の諸貨幣は、日本貨幣同種類の同量を以て通用すへし……

第六条　日本人に対し、法を犯せる亜墨利加人は、亜墨利加コンシュル裁断所[13]にて吟味の上、亜墨利加の法度[14]を以て罰すへし。亜墨利加人へ対し法を犯したる日本人は、日本役人糺[15]の上、日本の法度を以て罰すべし……

第十三条　今より凡百七十一ケ月の後（即千八百七十二年七月四日に当る）、双方政府の存意を以て両国の内より一ケ年前に通達し、此条約……及ひ……別冊ともに、双方委任の役人……談判を尽し補ひ或は改る事を得べし

（幕末外国関係文書）

第五条　外国の諸貨幣は、同種類の日本貨幣と同量で通用すること。……

第六条　日本人に対し犯罪を犯したアメリカ人は、アメリカ領事裁判所において取り調べの上、アメリカの法律によって処罰すること。アメリカ人に対して犯罪を犯した日本人は、日本の役人が取調べた上、日本の法律で処罰すること。……

第十三条　今から一七一か月後（一八七二年七月四日に当る）、両国政府のどちらかが一年前に通告して、この条約と別冊ともに、両国の役人が交渉して増補あるいは改正できる。

貿易章程による関税率(%)

輸入	第一類	日本居留用の所持品（貨幣・衣類・家財等）	0%
	第二類	修理用船具・捕鯨漁具・居留民の生活物資など	5%
	三類	酒類（蒸留・醸造酒）	35%
	四類	その他	20%
輸出		金銀貨幣と棹銅以外の品	5%

参考史料　**貿易章程**（日本開きたる港々に於て亜米利加商民貿易の章程）★

第七則　総て日本開港の場所へ陸揚げする物品にハ、左之運上目録に従ひ、其地の運上役所に、租税

を納むべし。……　右ハ、神奈川開港の後五年に到り、日本役人より談判次第、入港出港の税則を再議すべし。（幕末外国関係文書）

日米和親条約と日米修好通商条約

日米和親条約	日米修好通商条約
全12条、1854年ペリーと林大学頭ら調印	全14条、1858年ハリスと井上清直ら調印
下田、箱館の開港	神奈川・長崎・新潟・兵庫の開港
難破船乗組員の救助	江戸・大坂の開市、自由貿易の許可
燃料・食料の供給、私的取引の禁止	協定関税(関税自主権の欠如)
対米片務(一方)的最恵国待遇の供与	内外貨幣の同種同量による通用
米国領事の日本駐在	在日米人被告に対する領事裁判権
同内容の条約：英・露(長崎開港)・蘭	安政の五カ国条約：米・露・英・蘭・仏

原典解説

幕末外国関係文書　東京大学史料編纂所編で、一八五三～一八六八年の外交関係史料を収録

解説

一八五六(安政三)年七月、下田に着任したアメリカ総領事**ハリス**は、翌一八五七(安政四)年五月に日米和親条約の不備を補い在日アメリカ人の権利を拡充する下田条約の調印を実現した。さらに十月、江戸入府をはたして十三代将軍家定に謁見したのち、老中首座**堀田正睦**と会見して、通商条約の締約交渉を開始することに同意させた。彼は、交渉で、アロー戦争(英仏連合軍に清国敗北)の経緯を説き、鎖国維持を不可能とする世界情勢、自由貿易の利益、イギリスの侵略主義とアメリカの平和主義の相違などを強調した。交渉は、一八五八(安政五)年一月に妥結し、堀田が上洛して朝廷に許可を求めたが、**孝明天皇**の勅許を得られなかった。同年四月に大老となった**井伊直弼**は同年六月、勅許のないまま**日米修好通商条約**の調印にふみきった。

条約は全文十四条、別冊の貿易章程七則からなる。そこでは、第一条で日米両国の和親、第二条で欧州列強との紛争時におけるアメリカの調停、第三条で箱館に加え**神奈川**、**長崎**、**新潟**、**兵庫**の開港、下田の閉鎖、**江戸**、**大坂の開市**、第四条で**協定関税制**(関税自主権の喪失、関税率は別冊の貿易章程に規定)、第五条で日本と外国の通貨の同種同量通用、第六条で**領事裁判権**(治外法権)を規定している。

条約にある開港・開市で、条文の規定どおり実行されたのは長崎のみだった。神奈川は、ハリスなどの反対を押しきって東海道から離れ、一方を海、三方を川や運河で囲まれた第二の出島ともいうべき横浜に変えられた。また、その他の開港・開市は約束よりも大幅に遅れ、いずれも江戸幕府倒壊後である。

条約は、国内産業を保護するための関税障壁を設ける関税自主権を欠如し、日本国内で罪を犯した外国人を日本の法律で裁けず、当該国の領事がその国の法律で裁くという在日外国人全体に外交官同様の治外法権を認めていた。これは、日本の経済的・政治的主権＝独立を脅かす不平等条約であった。

また、日本では一対五の金銀比価が、欧米では一対十五だったため、第五条の規定は大量の金を海外へ流出させる結果となった。しかも、幕府がそれを防止するため、貨幣を改鋳して、金貨の量目を大幅に下げたので、物価が騰貴し、下級武士や庶民の生活に大打撃を与え、攘夷運動を強めた。

第十二条では日米和親条約中の齟齬する規定と下田条約全文が廃棄されている。第十三条には一八七二(明治五)年七月四日以降、この条約を改定できると規定されていた。明治新政府は岩倉使節団を派遣し条約改正の意思を伝えた。

③ 開国の影響

1 五品江戸廻送令　一八六〇(万延元)年三月十九日　★★

神奈川御開港、外国貿易仰せ出され候に付、諸商人共[1]一己の利徳に泥み[2]、競而相場糶上げ[3]、荷元を買受け、直御開港場所江相廻し候に付、御府内[4]入津の荷物相減、諸色払底[5]に相成、難儀致し候趣相聞候に付、当分之内左之通り仰せ出され候。

一雑穀　一水油[6]　一蠟　一呉服　一糸

右之品々に限り、貿易荷物之分は、都而御府内より相廻し候筈に候間、在々より決而神奈川表江積出し申間敷候[7]。……

（続徳川実紀）

解説　幕府は、一八六〇(万延元)年三月、史料の五品江戸廻送令を出して、雑穀・水油・蠟・呉服・生糸の五品の横浜直送を禁じ、江戸の問屋を経由させるよう命じた。江戸の問屋商人の特権を守るとともに、彼らを通じて貿易を統制しようとしたわけである。しかし、輸出品、とりわけ生糸の横浜直送を抑えることはできず、この法令は一八六四(元治元)年には実質的に廃止されてしまう。

2 尊王攘夷運動　★

邪教[1]の害日に長し、蚕食の黠謀[2]ますます熟し、我武備の整はん目途[3]もなく、我人民益困窮に堪へず、いかにも今日の時機誤まるべからず、討賊の大義失ふべからざること明けし。されど優柔不断、日月を玩愒せば[4]、外夷の禍遷延[5]増長して、この貴き豊秋津国[6]も彼が正朔[7]を奉じ、彼に貢と

五品江戸廻送令
[1]商人　在郷商人
[2]一己の利徳に泥み　自分の利益だけにこだわって
[3]相場糶上げ　値段をつり上げ
[4]御府内　重要　江戸
[5]諸色払底　諸物資が品切れになる
[6]水油　照明用の灯油、菜種油など
[7]在々より決而神奈川表江積出し申間敷候　諸生産地から横浜への直送を禁ずる

原典解説
続徳川実紀　十一代家斉より十五代慶喜までの徳川家の歴史

尊王攘夷運動
[1]邪教　キリスト教
[2]黠謀　わるがしこいはかりごと
[3]目途　めあて
[4]玩愒　もてあそびやすむ
[5]遷延　ながびく
[6]豊秋津国　日本
[7]正朔　こよみ

8回天　天下の情勢を変える
9宸断　天皇の決断
10竦起　おそれたつ
11円石　まるい石
12千仞　非常に深い
13勁敵　強い敵

原典解説

解腕痴言　長州藩士で吉田松陰門下の久坂玄瑞が一八六二(文久二)年に執筆した

設問

問❶　幕府が貿易を統制し、貿易による国内経済の混乱を防止しようとして出した法令は何か。

問❷　開国後、輸出品として生産が急増する一方、価格の高騰で農家の賃機織に大打撃を与えた品物は何か。

られなむ、必然にあるべし。其時に至りて攘夷を欲するとも及ばぬことにて、譬ば、蛇毒蔓延して肢体腐爛したらむに、刀を引き腕を截るに均しからむ。片時も速に回天[8]の宸断[9]もて、攘夷の詔書を降し玉はゞ、天下の志士毛髪竦起[10]、感泣して襟を沾さゞるものあらむや。……天下義勇の士は、譬ば円石[11]の如し。円石は既に千仞[12]の山にあり。速に攘夷の詔書もて、之を転ばし玉へ。其石の留むべからざる如く、弾丸を冒し、湯火を踏て、一歩も退くものはあるまじ。豈勁敵[13]を殲し、元兇を殪す事の難からむや。……

(解腕痴言)

❖解説❖

開国による経済変動、とくに物価騰貴は、下級武士や民衆の生活を圧迫して排外的風潮を強める一方、こうした事態をひきおこした幕政を朝廷の権威であらためようとする動きもさかんになった。両者は、大老**井伊直弼**が日米修好通商条約の無勅許調印に踏みきったところから結びつき、**尊王攘夷運動**として展開された。尊王攘夷派(尊攘派)は、一八六〇(万延元)年三月、井伊直弼を暗殺する**桜田門外の変**をおこした。井伊のあとをうけた老中**安藤信正**は、**公武合体**を唱えて尊攘派をおさえようとし、孝明天皇の妹**和宮**を十四代将軍家茂に降嫁させた。しかし、尊攘派は、一八六二(文久二)年一月に安藤を襲う**坂下門外の変**をおこして、安藤を失脚させた。

それまで安藤の公武合体政策を支持し開国・貿易推進論(航海遠略策)をとっていた長州藩でも、**安政の大獄**で処刑された**吉田松陰**門下の**高杉晋作**や**久坂玄瑞**らが尊王攘夷を唱え、一八六二(文久二)年六月にはそれまで藩論をリードしてきた長井雅楽を失脚させ、七月には彼らの主張を藩論とした。史料は久坂が著した当時の代表的な尊王攘夷論である。久坂らは尊攘派公卿の**三条実美**らと結んで朝廷もその影響下におき、幕府に攘夷実行を迫る一方、同年十二月には品川御殿山のイギリス公使館を焼き打ちした。さらに、幕府が攘夷実行の期日とした一八六三(文久三)年五月十日には下関海峡で外国船を砲撃し、幕府が攘夷を実行しないとみるや、孝明天皇の大和行幸、討幕挙兵の計画をすすめた。

しかし、同年の**八月十八日の政変**で朝廷への影響力を失い、その回復をねらって一八六四(元治元)年七月におこした**禁門の変**で久坂は戦死する。八月、幕府は勅命を得て長州征討軍をおこし(第一次幕長戦争)、英米仏蘭四国連合艦隊も下関を攻撃した。長州藩内でも尊攘派が追われ、ここに尊王攘夷運動は最大の拠点を失って挫折した。

④ 幕府の滅亡

1 討幕の密勅 ★

詔す。源慶喜❶、累世の威を藉り、闔族❷の強を恃み、妄りに忠良を賊害し❸、数王命を棄絶し、遂に先帝❹の詔を矯めて❺懼れず、万民を溝壑に擠して❻顧みず、罪悪の至る所、神州将に傾覆せんとす。朕❼今民の父母たり、是の賊にして討たずんば、何を以てか上は先帝の霊に謝し、下は万民の深讐❽に報ぜんや。此れ朕の憂憤の在る所、諒闇❾にして顧みざるは、万已むべからざるなり。汝宜しく朕の心を体し、賊臣慶喜を殄戮し❿以て、速かに回天の偉勲⓫を奏して、生霊⓬を山岳の安きに措け、此れ朕の願、敢て惑懈⓭すること無かれ。

慶応三年⓮十月十三日

（維新史料聚芳）

解説

孝明天皇が急死し、一八六七(慶応三)年一月、明治天皇が即位すると、朝廷の主導権は岩倉具視ら討幕派公卿が握った。同年五月、薩摩藩と、土佐藩の板垣退助らが討幕の密約を結び、九月には薩摩・長州・芸州(広島)三藩が挙兵討幕を約した。十月、朝廷は薩長両藩に討幕の密勅を下した。その内容は、十五代将軍慶喜の討滅を命じたもので、それに先立つ八日に西郷ら薩長両藩の代表と岩倉らとで確認した武力討幕の方針にそっていた。

2 大政奉還 一八六七(慶応三)年十月十四日 ★★

臣慶喜、謹テ皇国時運之沿革ヲ考候ニ、昔シ王 1
綱紐❶ヲ解キ相家❷権ヲ執リ、保平之乱❸、政権武門ニ

通釈

臣慶喜が謹んで日本の歴史的沿革を考えてみますのに、昔天皇の権力が失墜し、藤原氏の摂

討幕の密勅

❶源慶喜 重要 徳川慶喜
❷闔族 一族
❸賊害 殺害
❹先帝 孝明天皇
❺矯め いつわる
❻溝壑に擠し 生活苦におとしいれる
❼朕 明治天皇
❽深讐 深いうらみのあるかたき
❾諒闇 孝明天皇の喪に服する時期
❿殄戮 みな殺し
⓫回天の偉勲 情勢を一変させる手柄
⓬生霊 人民
⓭惑懈 惑いおこたる
⓮慶応三年 一八六七年

原典解説

維新史料聚芳 明治維新期の天皇直筆の文書や公卿などの書蹟を収める。一九三六(昭和十一)年刊

大政奉還

❶王綱紐 天皇の政治のかたい秩序
❷相家 大臣家、藤原氏をさす
❸保平の乱 保元・平治の乱

[4]祖宗　徳川氏の祖宗・家康をさす
[5]寵眷　朝廷の御寵愛
[6]政刑　国家の政治権力・行政・司法
[7]見込ノ儀　この際どうすべきかについての意見

原典解説

維新史　文部省維新史料編纂事務局が明治維新に至る歴史(一八四六～七一年)をまとめて公刊したもの。本編五巻、付録一巻、一九三九～四一(昭和十四～十六)年刊

移テヨリ、祖宗[4]ニ至リ更ニ寵眷[5]ヲ蒙リ、二百余年子孫相受、臣其職ヲ奉スト雖モ、政刑[6]当ヲ失フコト不レ少、今日之形勢ニ至リ候モ、畢竟薄徳之所レ致、慙懼ニ堪ヘス候。況ヤ当今、外国之交際日ニ盛ナルニヨリ、愈朝権一途ニ出申サズ候テハ、綱紀立チ難ク候間、従来ノ旧習ヲ改メ、政権ヲ朝廷ニ奉レ帰、広ク天下之公議ヲ尽シ、聖断ヲ仰キ、同心協力、共ニ皇国ヲ保護仕候ヘバ、必ス海外万国ト並立ツベク候。臣慶喜国家ニ尽ス所、是ニ過スト奉レ存候。去リ乍ラ猶見込ノ儀[7]モ之有リ候得者、申聞カスベキ旨諸侯へ相達置候。之ニ依テ此段謹テ奏聞仕候。以上

十月十四日　慶喜

(維新史)

関政治が行われ、保元・平治の乱をへて政権が武家に移りました。以来私の祖先徳川家康が朝廷の寵愛を受け、二百余年間子孫が相継いで将軍職につき、私の時代に至りましたが、政治・刑罰の当を得ないことも少なくありません。今日の時勢に立ち至ったのも、結局は私の不徳の至すところで、恥ずかしい次第であります。まして最近は国際関係が盛んで、政権が一つでなければ秩序を保つ事ができないから、従来の旧習を改めて政権を朝廷に返し奉り、広く議論を行い、天皇の決断を仰ぎ、心を一つに協力して日本を治めていったなら、必ず海外諸国と比肩できるでありましょう。臣慶喜が国家に尽すことは、これ以外に途はないと考えます。しかしながら、国の将来について、なお、考えていることもあるので、申し聞かせると、諸大名に通達してあります。それで、右のことを謹んで申し上げます。

解説

土佐藩の藩論は討幕と佐幕の間を動揺していたが、坂本龍馬は政権を幕府から朝廷に返上させ、徳川氏を含む雄藩を中核とし議会制度を採用する新政権の構想(公議政体論)を説いて、薩長両藩と協力させようとした。薩摩藩も一八六七(慶応三)年六月、この構想をうけいれ、薩土盟約が結ばれた。土佐藩の後藤象二郎は、前藩主山内豊信(容堂)を説得して十五代将軍慶喜に政権返上を建議させた。十月十四日、慶喜は、大政奉還を朝廷に上奏した。そこでは、政権返上を表明する一方で、公議政体論によって新政権樹立にあたるとの意向を示している。慶喜は、薩長両藩が勅命を得て武力討幕に立ち上がるのをぎりぎりのところで回避し、しかも新政権の主導権を握ろうとしていたと考えられる。

3 ええじゃないか ★

恰モ此時[1]ニ当リ京師ニ一怪事アル。空中ヨリ神符[2]翩々ト飛ビ降リ処々ノ人家ニ落ツ。其神符ノ降リタル人家ハ壇ヲ設ケテ之ヲ祭リ、酒殽ヲ壇前ニ陳ラヌ。知ルト知ラザルトヲ問ハズ其人家ニ至ル者ノ酔飽[3]ニ任カス。之ヲ祝シテ吉祥ト為ス。都下ノ士女ハ老少ノ別ナク綺羅[4]ヲ衣テ、男ハ女装シ女ハ男装ス。群ヲ成シ隊ヲ作ス。悉ク俚歌[5]ヲ唱ヒ太鼓ヲ撾チ以テ節奏[6]ヲナス。其歌辞ハ「ヨイジャナイカ、ヱイジャナイカ。クサイモノニ紙ヲハレ、ヤブレタラマタハレ、エイジャナイカ、エイジャーナイカ」ト云フ……八月下旬ニ始マリ十二月九日王政復古発令ノ日ニ至テ止ム。

（岩倉公実記）

解説

幕府の倒壊が迫った一八六七(慶応三)年八月以降、民衆の「世直し」願望ないし予感は「ええじゃないか」の乱舞となって爆発した。これは、史料にあるように、伊勢神宮の神符などが天から降ってきたとして、「ええじゃないか」とはやしながら群衆が乱舞したもので、京阪地方を中心に東は江戸に及んでいる。発生の時期と地域が武力討幕派にとって好都合なものであり、彼らの工作もあったといわれ、王政復古・戊辰戦争勃発とともにこの動きは消滅している。いずれにせよ、民衆の「世直し」のエネルギーが討幕に作用していたことはまちがいない。

4 王政復古の大号令　一八六七(慶応三)年十二月九日 ★★★

徳川内府[1]従前御委任ノ大政返上、将軍職辞退ノ両条、今般断然聞シ食サレ候。ソモソモ癸丑[2]以来未曽有ノ国難、先帝[3]頻年[4]宸襟[5]ヲ悩サレ候御次

通釈

徳川慶喜が、これまで天皇から御委任されていた政権を返上し、また将軍職も辞退したいという二つの申し出を、今度断然御許しになられた。そもそも一八五三年(ペリーの来航)以来、

ええじゃないか

1 此時　一八六七(慶応三)年の秋
2 神符　お守り札
3 酔飽　酒に酔い、満腹になるまで食べること
4 綺羅　きれいな着物
5 俚歌　民謡
6 節奏　調子をとる

原典解説

岩倉公実記　岩倉具視の日記・書簡などを年代順にまとめたもの。一九〇六(明治三十九)年刊

王政復古の大号令

1 徳川内府 重要　内大臣、ここでは慶喜をさす
2 癸丑　一八五三(嘉永六)年六月ペリーの来航、七月プチャーチン長崎寄港
3 先帝　孝明天皇
4 頻年　毎年
5 宸襟　天皇のみこころ

第、衆庶ノ知ル所ニ候。コレニヨッテ叡慮❻ヲ決セラレ、**王政復古**、国威挽回ノ御基立テサセラレ候間、自今摂関幕府等廃絶、即今、先ス仮ニ、**総裁❼・議定❽・参与❾**ノ三職ヲ置カレ、万機❿行ハセラルヘシ。諸事神武創業ノ始ニ原キ、縉紳、武弁⓫、堂上、地下⓬ノ別ナク、至当ノ公議ヲ竭シ、天下ト休戚⓭ヲ同シク遊サルヘキ叡慮ニ付キ、各勉励旧来驕惰⓮ノ汚習ヲ洗ヒ、尽忠報国ノ誠ヲ以テ奉公致スヘク候事。

（法令全書）

未曽有の国難がつづき孝明天皇もずっと御心を悩ませられておられた事情は人々の知るところである。そこで御心を決せられ、王政復古・国威回復の御基本を定められたので、いまから摂政・関白・幕府などをやめ、ただちに先ず仮に総裁・議定・参与の三職がおかれ、すべての政治をおこなう。すべて神武天皇が日本の国を創められたのにもとづき、公卿・武家・位の高いもの・低いものの別なくよく道理にかなった公議をつくし、天下と喜憂をともにされる御考えであるから、おのおの勉励し、いままでの心おごって事をなまけるという悪習を一掃し、尽忠報国の誠をもって国に奉公致さなければならない。

❻**叡慮**　天皇の考え
❼**総裁**　重要　有栖川宮熾仁親王を任命した
❽**議定**　重要　皇族二人、公卿三人、大名五人任命
❾**参与**　重要　公卿五人、藩士十五人を任命した
❿**万機**　すべての政治
⓫**縉紳、武弁**　公卿と武士
⓬**堂上、地下**　昇殿を許されるものと許されないもの
⓭**休戚**　喜びと悲しみ
⓮**驕惰**　おごりなまける

原典解説

法令全書　内閣官報局の編で、一八六八（明治元）年からの法令を集めたものである

設問

問❶　薩長両藩が朝廷に武力討幕を認めさせようとしたのに対し、大政奉還を行った将軍はだれか。

問❷　王政復古後、朝廷が将軍や摂関職を廃止して新設した役職は何か。

解説

大政奉還によって討幕の密勅は宙に浮く形となったが、武力討幕派はクーデタによる新政権の樹立をはかった。一八六七（慶応三）年十一月、薩摩、長州、芸州三藩は京阪地方に兵力をあつめ、「ええじゃないか」の混乱の中で、十二月九日、クーデタをおこした。薩摩・土佐・尾張・越前・芸州五藩に御所の諸門を固めさせ、**王政復古の大号令**が出された。その内容は、幕府制度のみならず、従来の朝廷のあり方も否定し、天皇親政の下に総裁・議定・参与の三職をおき政務をとらせ、国難打開のため旧弊一掃、言論開放、人材登用をはかるというものであった。総裁には有栖川宮熾仁親王、議定には公家を任じたが、参与には岩倉具視の他、薩摩藩の西郷隆盛や大久保利通らを起用した。九日の夜にひらかれた**小御所会議**で徳川慶喜に対して辞官納地を命じることが決定された。慶喜はこれを承諾せず、一八六八（明治元）年一月、鳥羽・伏見の戦いをきっかけに**戊辰戦争**がはじまった。

⑤ 新政府の発足

1 五箇条の誓文　一八六八(明治元)年三月十四日　★★★

一、広ク会議ヲ興シ、万機公論ニ決スヘシ
一、上下心ヲ一ニシテ、盛ニ経綸[1]ヲ行フヘシ
一、官武一途庶民ニ至ル迄各其志ヲ遂ケ、人心ヲシテ倦[2]マサラシメン事ヲ要ス
一、旧来ノ陋習[3]ヲ破リ、天地ノ公道[4]ニ基クヘシ
一、智識ヲ世界ニ求メ、大ニ皇基[5]ヲ振起スヘシ

我国未曾有ノ変革ヲ為ントシ、朕躬ヲ以テ衆ニ先ンシ、天地神明ニ誓ヒ、大ニ斯国是ヲ定メ、万民保全ノ道ヲ立ントス、衆亦此旨趣ニ基キ協心努力セヨ

（法令全書）

〔由利公正の原案〕

議事之体大意[6]

一、庶民志を遂げ、人心をして倦まさらしむるを欲す
一、士民心を一にして、盛に経綸を行ふを要す
一、智識を世界に求め、広く皇基を振起すへし
一、貢士[7]期限を以て、賢才に譲るへし
一、万機公論に決し、私に論するなかれ

（由利公正伝）

〔福岡孝弟の修正案〕

会盟[8]

一、列侯[9]会議ヲ興シ、万機公論ニ決スヘシ
一、官武一途庶民ニ至ル迄各其志ヲ遂ケ、人心ヲシテ倦マサラシムルヲ欲ス
一、上下心ヲ一ニシテ盛ニ経綸ヲ行フヲ要ス
一、智識ヲ世界ニ求メ大ニ皇基ヲ振起スヘシ
一、徴士[10]期限ヲ以テ賢才ニ譲ルヘシ

五箇条の誓文

[1] **経綸**　国を治め、ととのえる。治国済民の方策
[2] **倦**　あきる
[3] **陋習**　悪習。ここでは攘夷運動をさす
[4] **公道**　世界共通の正しい道
[5] **皇基**　天皇政治の基礎
[6] **議事之体大意**　政治のやり方の根本精神
[7] **貢士** 重要　三職七科制で、各藩から有能な人材を選んで「下の議事所」の議員とした。大藩三人、中藩二人、小藩一人の割であった
[8] **会盟**　会合して誓うこと
[9] **列侯** 重要　諸大名
[10] **徴士** 重要　一八六八(明治元)年一月の三職七科制で、武士・庶民の有能なものを抜てきして「下の議事所」の議員とした。官吏を兼ねることが多かった

解説

一八六八(明治元)年三月十四日(江戸城総攻撃予定の前日)、明治天皇が御所内で天地神明と皇室の祖先に誓うという形で、**五箇条の誓文**が出された。

その最初の草案は、同年一月ごろ**由利公正**が執筆した議事之体大意である。由利案は、新政府における政策審議の原則を示し、①庶民の支持獲得、②士民の協力、③西洋文明の導入、④審議機関構成員の交代制、⑤政務全般の審議対象化の五項目を規定している。

これに修正を加えたのが土佐藩出身の参与**福岡孝弟**である。福岡案は、諸大名の会議をこれに加え、政務全般の審議対象化とあわせて第一項目にあげ、諸大名から庶民出身者をも含む政策審議関係者全体の会盟という形をとる。とくに福岡案では明確だが、新政府のあり方を徳川氏抜きの公議政体論の方向で定着させようとする意向があらわれている。

三月にはいって、長州藩出身の参与**木戸孝允**が公家側の強い批判をうけて大幅な修正を加え、最終的な形が出来上がった。そこでは、由利案の政策審議原則や、福岡案の政策審議関係者の盟約という形ではなく、天皇が国政の基本原則を神々と祖先に誓うという形式となっている。審議機関構成員の交代制についての規定は削除され、福岡案の「列侯会議……」も「広ク会議……」に改められた。これらは、誓文の形式と整合させるためである。

木戸による修正は、公議政体論の方向で新政府のあり方を定着させようとする動きを阻止するにとどまらず、特定の役職などを明記しないことによって、制度の変更にたえうる国政原則となったのである。しかし、会議をへて政策決定を行うとの規定が残ってしまった。その後、天皇親政の名の下にすすめられた幾多の制度変遷を経て、新政府が薩長両藩出身の藩閥官僚によって独裁的に運営されるようになると、この第一項目が藩閥政府を批判する側の拠りどころとされた。そのとき、天皇の誓文形式で提示された国政原則であるだけに、天皇の権威をもってその批判を封ずることができなかったのである。

2 五榜の掲示　一八六八(明治元)年三月十五日　★

第一札　定

一　人タルモノ五倫[1]ノ道ヲ正シクスヘキ事
一　鰥寡孤独癈疾[2]ノモノヲ憫ムヘキ事
一　人ヲ殺シ家ヲ焼キ財ヲ盗ム等ノ悪業アル間敷事

原典解説

法令全書　二九六ページ参照

由利公正伝　由利公正(三岡八郎)の伝記で、由利正通の著

五榜の掲示

1 **五倫**　君臣の義、父子の親、夫婦の別、長幼の序、朋友の信という五つの道徳

第二札　定　何事ニ由ラス宜シカラサル事ニ大勢申合セ候ヲ徒党ト唱へ、徒党シテ強テ願ヒ事企ルヲ強訴トイヒ、或ハ申合セ居町居村❸ヲ立退キ候ヲ逃散ト申ス、堅ク御法度❹タリ。若シ右類ノ儀之アラハ早々其筋ノ役所へ申出ルヘシ。御褒美下サルヘク事

第三札　定　切支丹邪宗門ノ儀ハ固ク御制禁タリ。若不審ナル者之有ハ、其筋之役所へ可申出。御褒美可被下事

第四札　覚　今般、王政御一新ニ付、朝廷ノ御条理ヲ追ヒ外国御交際ノ儀仰出され、諸事於朝廷直ニ御取扱被為成、万国ノ公法❺ヲ以条約御履行在ラセラレ候ニ付テハ、全国ノ人民叡旨❻ヲ奉戴❼シ心得違無之様被仰付候。自今以後猥リニ外国人ヲ殺害シ或ハ不心得ノ所業等イタシ候モノハ、朝命ニ悖リ❽御国難ヲ醸成シ候而已ナラス、……皇国ノ御威信モ不相立……

第五札　覚　……自然今日ノ形勢ヲ窺ヒ、猥リニ士民トモ本国ヲ脱走イタシ候儀、堅ク被差留候。万一脱国ノ者之有、不埒ノ所業❾イタシ候節ハ、主宰ノ者❿落度⓫タルヘク候。……

（法令全書）

解説

明治新政府の民衆統治方針は、一八六八(明治元)年三月十五日、五箇条の誓文の翌日に出された五榜の掲示(五種の高札)に示されている。①五倫を正し、殺人、盗みを戒め、②徒党、強訴、逃散を禁じ、③キリシタンを禁教とした三種を定三札とし、④外国交際は万国公法に従うとして、外国人への暴行を戒め、⑤士民の浮浪、本国脱走を禁じた二種を覚札とし、一時的に掲示するよう命じた。定三札の内容は、明治新政府が旧幕時代の民衆統治方針を継承していることを示している。

❷鰥寡孤独癈疾　妻をなくした人、夫をなくした人、親をなくした子、子をなくした人、体の不自由な人、病人
❸居町居村　居住地
❹法度　禁止
❺万国ノ公法　世界各国が共通してまもるべき普遍的な国際法
❻叡旨　天皇の命令
❼奉戴　おしいただく
❽悖リ　そむく
❾不埒ノ所業　不法行為
❿主宰ノ者　主謀者
⓫落度　罪

3 政体書　一八六八(明治元)年閏四月二十一日公布　★

政体

一、大ニ斯国是[1]ヲ定メ、制度規律ヲ建ツルハ、御誓文ヲ以テ目的トス

右御誓文ノ条件相行ハレ、不レ悖[2]ヲ以テ旨趣トセリ

(五箇条の誓文略)

一、天下ノ権力、総テコレヲ太政官ニ帰ス、則政令二途ニ出ルノ患無ラシム、太政官ノ権力ヲ分ツテ立法、行法、司法ノ三権[3]トス、則偏重ノ患無ラシムルナリ、……

一、立法官ハ行法官ヲ兼ヌルヲ得ス、行法官ハ立法官ヲ兼ヌルヲ得ス、……

一、各府、各藩、各県、皆貢士[4]ヲ出シ、議員トス、議事ノ制ヲ立ツルハ、輿論公議ヲ執ル所以ナリ

一、諸官四年ヲ以テ交代ス、公選入札ノ法ヲ用ユヘシ、……

一、官職太政官分チテ七官[5]ト為ス……地方官分チテ三官[6]ト為ス

(復古記)

解説

一八六八(明治元)年閏四月二十一日、江戸開城をうけ、五箇条の誓文にもとづく官制をつくるとの趣旨で政体書が定められた。これは、福岡孝弟と副島種臣が律令制度と欧米の政治制度を組み合わせて起案したものである。史料にあるように、冒頭に五箇条の誓文を掲げて、それに立脚することを明示し、以下十か条にわたって官制の骨格を規定している。

①太政官への権力集中と、②そのもとでのアメリカを模倣した司法の形式的な三権分立や、③官吏の四年任期と互選による交代制、④中央の太政官七官制、地方の府藩県三治制などがその内容である。官吏の互選は一回だけ実施されたにとどまり、独立の立法機関であった議政官も同年九月には廃止されてしまった。公議輿論の尊重は、戊辰戦争終結の見通しがつくと後退していったのである。

政体書

1 国是　国政の基本方針
2 不悖　そむかない
3 立法、行法、司法ノ三権 重要　三権分立
4 貢士 重要　各府・藩・県から選出。新政府の政策などについて議論した
5 七官　議政官、行政官、神祇官、会計官、軍務官、外国官、刑法官
6 三官　府、藩、県

原典解説

復古記　明治の王政復古の過程を中心に叙述した明治維新史。全十五冊、一九二九～三一(昭和四～六)年刊

設問

問❶　明治新政府が政治の大原則として定めたもので、天皇が先祖に誓うという形式で出されたものは何か。

問❷　明治新政府の組織を定めたもので、三権分立の形式をとっていたのは何か。

❻ 中央集権体制の成立

1 版籍奉還 一八六九(明治二)年一月二十日 ★★

薩長土肥四藩主連署シ版籍奉還ノ表ヲ上ル、……方今大政新ニ復シ、万機之ヲ親ラス、実ニ千歳ノ一機、其名アツテ其実ナカル可ラス、其実ヲ挙ルハ大義ヲ明ニシ名分ヲ正スヨリ先ナルハナシ。……抑臣等居ル所ハ、即チ天子ノ土、臣等牧スル所❶ハ、即チ天子ノ民ナリ。安ンソ私有スヘケンヤ。今謹テ其版籍ヲ収メテ之ヲ上ル。願クハ朝廷其宜ニ処シ、其与フ可キハ之ヲ与ヘ、其奪フ可キハコレヲ奪ヒ、凡列藩ノ封土、更ニ宜シク詔命ヲ下シ、コレヲ改メ定ムヘシ。而シテ制度典型❷、軍旅ノ政ヨリ戎服器械❸ノ制ニ至ルマテ、悉ク朝廷ヨリ出テ、天下ノ事、大小トナク皆一ニ帰セシムヘシ。然后ニ名実相得、始テ海外各国ト並立ヘシ。是朝廷今日ノ急務ニシテ、又臣下ノ責ナリ。

(法令全書)

版籍奉還
❶牧スル　治める
❷典型　おきて
❸戎服　軍服

通釈

薩摩(島津忠義)・長州(毛利敬親)・土佐(山内豊範)・肥前(鍋島直大)の四藩主が名をつらねて、版(土地)籍(人民)を朝廷におかえしする上表文をたてまつる。……今や、大政は新しく天皇にかえり、すべての政治を天皇自らとられることになりました。これは実に一千年以来の機会ですので、それは表面上のことでなく実質をともなわなければなりません。その実績をあげる為には、大義名分を明らかにするのが先ず第一と思います。……そもそも、私共の居る所は、天皇の土地であり、私共の治めている人民は天皇の臣民であります。どうして私有してよいでしょうか。それ故に、いま謹んで私共の支配する土地と人民を陛下におかえしします。どうぞ朝廷のよろしいように、私どもにお与えなさるものは与え、私どもより奪うものは奪い、およそ列藩の支配する土地については、あらたに御命令を発してお決め下さい。そして制度やおきて、軍政から軍服、兵役の制度まで、すべて朝廷で定めて、天下の事は大小となく皆朝廷の下に帰一させるべきであります。その後に初めて名実ともに国土人民は天子の支配する所となり、海外列強と並立することができると思います。これを行うことこそ朝廷の今日の急務であり、また私ども臣下の責任でもあります。

解説

木戸孝允は、一八六八（明治元）年二月、諸大名が支配する領地（版）と人民（籍）の朝廷返上を三条実美・岩倉具視に建議した。九月、木戸は、この考えを長州藩主毛利敬親、また大久保利通に説いて賛同を得た。十一月、姫路藩主酒井忠邦が朝廷に版籍奉還を建白してきたが、大久保らはそれを保留する一方、薩摩・長州・土佐・肥前（佐賀）四藩出身の藩閥官僚がはかって四藩主を説いて、翌一八六九（明治二）年一月、版籍奉還を上表させた。史料はその上表文である。そこでは、元来、土地、人民は天皇のものであるとの王土王民思想に立ち、諸大名の領地・人民支配権は朝廷の裁量下にあることを確認している。新政府は四藩主の上表を直ちに許さず、大名領主権の再確認の可能性をほのめかす一方で、東京に開設した諸藩代表からなる審議機関である公議所に新政府の地方統治体制は封建（分権）と郡県（集権）のいずれにすべきかを諮問した。かくして、諸藩は次々と版籍奉還を上表するにいたり、六月、二百六十二藩主に奉還を許し（一八七〇年八月までに、二百七十四藩に達した）、諸大名を華族に列し知藩事に任命した。

2 廃藩置県　一八七一（明治四）年七月十四日　★★

朕惟フニ、更始ノ時ニ際シ❶、内以テ億兆❷ヲ保安シ、外以テ万国ト対峙❸セント欲セハ、宜ク名実相副ヒ、政令一ニ帰セシムヘシ。朕曩ニ諸藩版籍奉還ノ議ヲ聴納❹シ、新ニ知藩事❺ヲ命シ、各其職ヲ奉セシム。然ルニ数百年因襲ノ久キ、或ハ其名アリ

通釈

朕（明治天皇）が思うには、維新の改革にあたって、国内的には人民の生活をまもり、国際的には世界の国々と対等に交際しようとすれば、政治が目標どおりの成果をあげ、政府の法令や政策が一貫したものでなければならない。朕はすでに諸藩の版籍奉還の建議をききとどけ、新たに知藩事を任命し、それぞれその職につかせ

原典解説

法令全書　二九六ページ参照

廃藩置県

❶更始ノ時ニ際シ　維新変革の時に際して
❷億兆　人民
❸対峙　対等に交際する
❹聴納　きき入れる。許可する
❺知藩事 重要 従来の藩主をそのまま知藩事として任命した

テ其実挙ラサル者アリ。何ヲ以テ億兆ヲ保安シ万国ト対峙スル❻ヲ得ンヤ。朕深ク之ヲ慨ス。❼仍テ今更ニ藩ヲ廃シ県ト為ス。是務テ冗ヲ去リ簡ニ就キ、❽有名無実ノ弊ヲ除キ、政令多岐ノ憂無カラシメントス。❾汝群臣其レ朕カ意ヲ体セヨ。（法令全書）

た。しかし、数百年来の因襲のため、版籍奉還が名ばかりで実質が伴っていないところがある。これでは、どうして人民の生活をまもり、世界の国々と対等に交際できようか。朕はこれを大変なげかわしく思う。そこで、今度はさらに、藩を廃止し、県とする。これは、つとめて政治の無駄をなくして簡素化し、有名無実の弊害をなくし、政策や法令がばらばらになることがないようにするためである。おまえたち臣下の者は朕の意思にそって実行せよ。

解説

一八七一（明治四）年七月、**廃藩置県**が断行された。史料はそれを命じた天皇の詔である。そこでは、国民の生活を守り（億兆保安）、欧米列強に伍して国の独立を保つ（万国対峙）ためには政治の統一（政令帰一）が必要だが、版籍奉還後もその方向での進展がみられなかったと、廃藩置県の理由を説明している。

新政府は、一八六八（明治元）年十月に藩治職制を定めて諸藩の制度の統一、藩政と藩主家政の分離、議事制度の導入などをすすめていたが、版籍奉還後の一八七〇（明治三）年九月には**藩制改革**の推進を命じている。知藩事の家禄を藩高の一割にとどめ、藩士も家禄を大幅に削減され、その身分も士族と卒に単純化された。こうした改革は、藩体制がしっかりしていた討幕派雄藩ほど抵抗が大きく、新政府内部の藩閥抗争ともからみ政治的危機を深めていった。他方、一八六九（明治二）年～七〇（明治三）年には、「御一新」の実態に幻滅した民衆の世直し騒動が各地で激化し、弱体な諸藩は藩体制を維持することが困難になり、廃藩を申し出るものもあった。

一八七一（明治四）年一月、長州藩出身の政府首脳のひとり広沢真臣が暗殺されると、政府首脳は危機感をつのらせ、三月には政府顚覆の陰謀が摘発され百数十名が処刑された。同年二月、薩摩・長州・土佐三藩からあわせて一万の精兵を**親兵**とし、討幕派雄藩内の不満をやわらげる一方、新政府の直属軍隊を創設した。こうして、大久保利通と木戸孝允は西郷隆盛や板垣退助の協力を得て、七月、廃藩に踏み切ったのである。その結果、三府三百二県がおかれ、免官となった知藩事には東京在住が命ぜられた。また、官制も改革され、薩長土肥四藩出身の藩閥官僚が政府首脳部を固め、ここに**藩閥政府**が確立した。

❻**億兆ヲ保安シ万国ト対峙スル**　重要　日本国民を安全に保ち、諸列強と肩を並べること
❼**慨ス**　なげかわしく思う
❽**冗ヲ去リ簡ニ就キ**　むだを省いて簡素化する
❾**政令多岐ノ憂無カラシメントス**　中央集権の強化を意味する

設問

問❶　版籍奉還後、旧藩主はどのような地位についたか。
問❷　大名の領主権を最終的に否定し、中央から官吏を派遣して地方を統治するようにした改革は何か。

⑦四民平等と徴兵制度

1 封建的身分制度の廃止 ★★

官武一途[1]上下協同之思食ヲ以テ自今公卿諸侯[2]之称ヲ廃セラレ改テ華族ト称ス可キ旨仰出サレ候事

（行政官達、明治二年[3]六月十七日）

維新之御政体ニ基キ追々改正致ス可ク就而ハ大夫士[4]以下之称廃セラレ都テ士族及卒[5]ト称シ禄制相定メラレ候

（太政官布告、明治二年十二月二日）

自今[6]平民苗氏[7]差シ許サレ候事

（太政官布告　明治三年[8]九月十九日）

穢多非人等ノ称廃セラレ候条自今身分職業共平民同様タルヘキ事

（太政官布告、明治四年[9]八月二十八日）

（法令全書）

解説

明治新政府は、封建的身分制度を廃止して四民平等とし、近代的な国民を創出して富国強兵政策をになわせようとした。一八六九(明治二)年六月に公家・大名を華族とし、十二月に武士の諸身分を士族と卒に分けた。一八七〇(明治三)年九月には農工商の平民が苗字をつけることも許された。

一八七一(明治四)年八月には、旧来のえた、ひにんの賤称を廃止し、身分職業とも平民と同様とした。この政策の意義は大きかったが、単に賤称を廃止し、身分と職業が平民なみになることを宣言しただけで、解放のための具体的な行政措置や経済的保障が講じられず、被差別部落の人々に対する職業・教育・結婚などの実際上の差別はその後も続いた。

同年十二月には、華族・士族・卒の職業選択の自由が布告され、一八七三(明治六)年十月、人身売買や年季奉公の名目による人身拘束が禁じられた。しかし、華族・士族・平民の区別は、栄爵上の特権の有無をともなって残った。

封建的身分制度の廃止

1 **官武一途**　公家や武家の区別をなくし、ひとつになる

2 **公卿諸侯**　重要　三位以上の上級公家と諸大名

3 **明治二年**　一八六九年

4 **大夫士**　下級公家と、旧幕府の旗本や諸藩士

5 **卒**　重要　旧幕府の御家人の大部分と、諸藩の足軽など。一八七二(明治五)年一月、卒の称は廃止され、その大部分は士族に、一部は平民に編入された

6 **自今**　今後

7 **苗氏**　苗字を名のる

8 **明治三年**　一八七〇年

9 **明治四年**　一八七一年

原典解説

法令全書　二九六ページ参照

2 徴兵告諭　一八七二(明治五)年十一月二十八日

我朝上古ノ制[1]、海内挙テ兵ナラサルハナシ。有事ノ日[2]、天子之カ元帥トナリ、丁壮兵役ニ堪ユル者ヲ募リ、以テ服ササルヲ征ス。役ヲ解キ家ニ帰レハ、農タリ工タリ又商賈タリ[3]。固ヨリ後世ノ雙刀ヲ帯ヒ武士ト称シ、抗顔坐食シ[4]、甚シキニ至テハ、人ヲ殺シ、官其ノ罪ヲ問ハサル者[5]ノ如キニ非ス。……太政維新、列藩版図ヲ奉還シ[6]、辛未ノ歳[7]ニ及ヒ、遠ク郡県ノ古ニ復ス[8]。**世襲坐食ノ士ハ、其禄ヲ減シ[9]、刀剣ヲ脱スルヲ許シ[10]、四民漸ク自由ノ権ヲ得セシメントス。**是レ上下ヲ平均シ、人権ヲ斉一ニスル道ニシテ、即チ兵農ヲ合一ニスル基ナリ。是ニ於テ、士ハ従前ノ士ニ非ス、民ハ従前ノ民ニアラス、均シク皇国一般ノ民ニシテ、国ニ報スルノ道モ、固ヨリ其別ナカルヘシ、凡ソ天地ノ間、一事一物トシテ税アラサルハナシ、以テ国用ニ充ツ。然ラハ則チ人タルモノ固ヨリ心力ヲ尽シ、国ニ報セサルヘカラス。**西人[11]之レヲ称シテ血税[12]ト云フ。**其ノ生血ヲ以テ、国ニ報スルノ謂ナリ。

通釈　★★★★

わが国の古代の制では、全国民がすべて兵士となる定めであった。有事の際には、天皇が元帥となり、壮年の男子で兵役に耐える者を募集し、敵対するものを征伐した。兵役をとかれて家に帰れば、普通の農民であり、手工業者であり、商人である。その兵士は、いうまでもないが、後世のように両刀をさして武士と称し、威張り顔で働かずに生活し、極端な場合には、人を殺しても、その罪を問われないといった特権的存在ではない。……明治維新の大改革で、諸藩は領地を朝廷に返還し、明治四年になると昔の郡県制にもどった。代々世襲で仕事もせずに暮していた武士は、その世襲の家禄をへらし、刀をさしていなくてもよいことになり、士農工商の四民にようやく自由な権利を持たせようとしている。これは上下の身分差をなくし、人権を平等にする方法で、とりもなおさず兵農を一体化する基である。そうなると、武士は従来の武士ではなく、人民も従来の人民ではない。士民ともに等しく天皇の国の一般人民であり、国家に対する責任にも当然区別はなくなる。およそ天地の間にあるもので税のかからないものはなく、その税を国家の経費にあてる。従って人たるものは、当然心も身体もささげて、国に報いるべきである。西洋人はこれを血税という。

徴兵告諭

[1] 上古ノ制　古代律令制における徴兵制度をさす

[2] 有事ノ日　変事、戦争のこと

[3] 商賈　商人のこと

[4] 抗顔坐食　厚顔で働かずして食うこと。威張り顔での意

[5] 人ヲ殺シ、官其ノ罪ヲ問ハサル者　江戸時代、武士の切捨御免の特権

[6] 列藩版図ヲ奉還　版籍奉還

[7] 辛未ノ歳　一八七一(明治四)年

[8] 郡県ノ古ニ復ス　廃藩置県

[9] 其禄ヲ減シ　世襲の家禄を削減する

[10] 刀剣ヲ脱スルヲ許シ　一八七一(明治四)年脱刀令→一八七六(明治九)年廃刀令

[11] 西人　欧米人

[12] 血税 重要　兵士として身命を捧げること。「血税」とはフランス語の「impôt(税) du(の) sang(血)」(税・兵役の義務)を直訳してしまったもので、生血を外国人に売るとの誤解が生じた

……西洋諸国数百年来研究実践以テ兵制ヲ定ム。……故ニ今其ノ長スル所ヲ取リ、古昔ノ軍制ヲ補ヒ、海陸二軍ヲ備ヘ、全国四民男児二十歳ニ至ル者ハ尽ク兵籍ニ編入シ、以テ緩急[13]ノ用ニ備フヘシ。……

（法令全書）

人間の生きた血で国に奉仕するという意味である。……西洋諸国は数百年来、研究実践をつみ重ねて、兵制を定めてきた。……そこでわが国も西洋の長所をとりいれ、古来の軍制をおぎない、海陸二軍を置き、全国の国民で男子で二十歳になったものはすべて兵籍に編入し、平時の治安維持や内乱・戦争などの非常時に備えるべきである。……

[13]**緩急**　平時における国内の治安維持と、内乱や戦争など国家の非常事態

参考史料　兵役免除の規定　★

第三章　常備兵免役概則

第三条　官省府県ニ奉職ノ者

第四条　海陸軍ノ生徒トナリ、兵学寮[1]ニ在ル者

第五条　文部、工部、開拓其他ノ公塾ニ学ヒタル専門生徒及ヒ洋行修行ノ者、……

第六条　一家ノ主人タル者

第七条　嗣子並ニ承祖ノ孫[2]

第八条　独子独孫[3]

第十二条　徴兵在役中ノ兄弟タル者

第六章　徴兵雑則並扱方

第十五条　本年徴兵ニ当リ、自己ノ便宜ニ由リ代人料金二百七十円上納願出ル者ハ、常備後備両軍共之ヲ免ス[4]……

（法令全書）

兵役免除の規定

[1]**兵学寮**　明治初期の陸海軍の士官養成学校

[2]**承祖ノ孫**　将来、一家を継承する位置にある孫

[3]**独子独孫**　一人子または一人の孫

[4]**常備後備両軍共之ヲ免ス**　一八七九(明治十二)年に代人料四百円としたが、その数多く一八八三(明治十六)年この制度を廃止し、一八八九(明治二十二)年には免役条項そのものを廃す

解説

国民皆兵の原則に立つ徴兵制は、大村益次郎がその創設に着手し、大村暗殺後は山県有朋が、一八七二(明治五)年十一月に徴兵告諭、一八七三(明治六)年一月に徴兵令を制定して、その構築をすすめた。徴兵令には多くの免役規定があり、納税単位である家の存続への配慮や、兵役の夫役的な性格を物語る代人料が設けられた。これらは農民の反発をまねき、各地で血税一揆や兵役忌避がおこった。

設問

問❶　徴兵制度の整備をすすめた長州出身の藩閥政治家はだれか。

❽地租改正と殖産興業

1 地租改正　一八七三(明治六)年七月二十八日布告　★★

今般地租改正ニ付、旧来田畑貢納ノ法❶ハ悉ク皆相廃シ、更ニ地券❷調査相済次第、土地ノ代価ニ随ヒ百分ノ三ヲ以テ地租ト相定ムヘキ旨被㆓仰出㆒候条、改正ノ旨趣、別紙条例ノ通相心得ヘシ。且従前官庁並郡村入費等、地所ニ課シ取立来候分ハ総テ地価ニ賦課致スヘク、尤モ其金高ハ本税金ノ三ケ一ヨリ超過スヘカラス候。此旨布告候事。

（別紙）地租改正条例

第二章　地租改正施行相成候上ハ、土地ノ原価ニ随ヒ賦税致シ候ニ付、以後仮令豊熟ノ年ト雖モ増税不㆓申付㆒ハ勿論、違作❸ノ年柄之レ有リ候トモ減租ノ儀一切相成ラス候事

第六章　従前地租ノ儀ハ、自ラ物品ノ税家屋ノ税等混淆❹致シ居候ニ付、改正ニ当テハ判然区分シ地租ハ則地価ノ百分ノ一ニモ相定ヘキノ処、未タ物品等ノ諸税目興ラサルニヨリ、先ツ以テ地

通釈

この度地租が改正されて、旧来の田畑の納税法は、全部廃止され、新しく地券(土地調査の結果、地主に与えられた証書)調査がすみ次第、土地の代価の百分の三を土地に対する税と定めることが仰せ出されたので、改正の趣を別紙の条例の通り心得よ。これまで、官庁や郡・村の必要経費等、土地に賦課してきたものは、今後地価に対して賦課する。ただし、その金高は地租の三分の一以下とする。

（別紙）地租改正条例

第二章　地租改正が実施されたのちは、土地の原価にしたがい税をとりたてるが、今後、たとえ豊作の年といっても増税を命じないのは勿論、凶作(作物の出来ない)の年があっても、減税は一切認めない。

第六章　これまで、地租は物品税や家屋税などと混じっていたので、今度の改正にあたってははっきりと区分し、地租は地価の百分の一にも定めるべきであるが、まだ物品などに課する税が決まっていないので、まずは地価の百分の三を税率と定めたが、今後、茶・たばこ・材木その他の物品税がしだいに多くなり、

地租改正

❶旧来田畑貢納ノ法　江戸時代の年貢の納め方

❷地券 重要　土地所有の証拠書類。土地の番地、面積、地価を記入した証書で、一八七二(明治五)年から交付しはじめた

❸違作　不作・凶作

❹混淆　いりまじる

地券

価百分ノ三ヲ税額ニ相定候得共、向後、茶、煙草、材木其他ノ物品税追々発行相成、歳入相増、其収入ノ額二百万円以上ニ至リ候節ハ地租改正相成候土地ニ限リ、其地租ニ右新税ノ増額ヲ割合、地租ハ終ニ百分ノ一ニ相成候迄漸次減少致スヘク候**5**事。

(法令全書)

歳入が増加して、その収入額が二百万円以上になった時には、地租改正の行われた土地に限って、新税による増収分を勘案し、地租は最終的には百分の一になるまで減額するようにする。

5漸次減少致スヘク候　実際は農民の反抗のため一八七七(明治十)年に二・五に下げている

原典解説

法令全書　二九六ページ参照

生産米配分比の変動

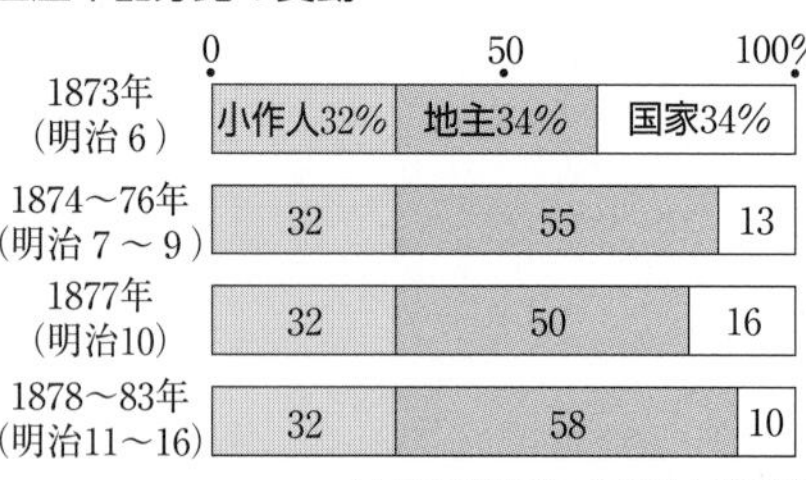

(土屋喬雄「続日本経済史概要」)

解説

一八七三(明治六)年七月、**地租改正**条例が制定され、**地租改正**がはじまった。そこでは、地租を、①従来の石高にかえて地価に賦課し、②物納をやめて金納とし、③税率を作柄の豊凶にかかわらず**地価の百分の三**に固定し、④その納税者を実際の農業経営者に限らず、**土地(地券)所有者**とした。政府は、廃藩置県後、税制とその前提となる土地制度の改革に着手し、一八七一(明治四)年九月に田畑勝手作りを許し、一八七二(明治五)年二月に田畑永代売買禁止令を解除して、同年七月には地券(壬申地券)の交付をはじめていた。地租改正のねらいは、税制の統一、収税の安定にあり、それらを前提として予算制度を確立することにあった。予算制度は、中央・地方諸官庁の経費膨張を抑え、富国強兵政策の効率的推進をはかる上で、不可欠だった。それにはまず歳入を安定させ、その見通しが立つ状態にしなければならなかったのである。

政府は地租改正をすすめるにあたって、旧来の税収を減らさない方針をとったので、収穫量の調査や地価の算定にあたって、実態を無視した数値を押しつけた。これは農民の反発をまねき、一八七六(明治九)年に和歌山・三重・茨城などで大規模な**地租改正反対一揆**がおこり、一八七七(明治十)年一月、地租は地価の百分の二・五に引き下げられた(竹槍でドンと突き出す二分五厘)。また、地価の修正を五年目ごとに行うとの規定が一八七四(明治七)年に追加されたが、政府が農民の抵抗をおそれたため、一度も実施されず、一八八五(明治十八)年に撤廃されてしまった。しかし、第六章にある地租をいずれ地価の百分の一まで引き下げるとの約束は実行されなかった。

地租改正の結果、農民は土地の所有権を確立した

殖産興業 ➜ p.309

1多寡　多い少ない

半面、高額の金納地租を負担せねばならず、いやおうなく商品経済にまきこまれ、不況で農産物価格が下落すると自作農の地位を失う者が続出した。一方、直接耕作者の権利を保護する規定を全く欠いており、地主は高率の現物小作料を小作農から取りたてることができ、寄生地主制の形成に道をひらいた。

2 殖産興業——大久保利通の建白書 ★★

大凡国ノ強弱ハ人民ノ貧富ニ由リ、人民ノ貧富ハ物産ノ多寡[1]ニ係ル。而シテ物産ノ多寡ハ人民ノ工業ヲ勉励スルト否サルトニ胚胎スト[2]雖モ、其源頭[3]ヲ尋ルニ未タ嘗テ政府政官ノ誘導奨励ノ力ニ依ラサルナシ。……仰キ願クハ謨猷[4]ヲ確定シテ我国天然ノ利ノ在ル処ヲ測リ、而シテ物産ノ増殖スヘキ者将タ幾許アルヤ、工業ノ勧励スヘキ者果シテ何ヲ以テ専主トスヘキヤ[5]、能ク研究尋択シ[6]、之ヲ人民ノ性情ト其知識ノ度トニ照応シテ一定ノ法制ヲ設ケテ以テ勧業殖産ノ事ヲ興起シ、一夫モ其業ヲ怠ル事無ク、一民モ其所ヲ得サル憂ナカラシメ、且之ヲシテ殷富充足[7]ノ域ニ進マシメン事ヲ。人民殷富充足スレハ国随ッテ富強ナルハ必然ノ勢ニシテ、智者ヲ俟ッテ後知ラサルナリ[8]。果シテ此ノ如クナレハ、諸強国ト輿[9]ヲ並ヘテ馳ル亦難キニアラス[10]。

（大久保利通文書）

解説 殖産興業推進のため、政府は一八七〇(明治三)年に工部省、一八七三(明治六)年に内務省(勧業寮)を設けた。初代内務卿大久保利通は、一八七四(明治七)年五、六月頃、殖産興業政策の基本構想を建議書にまとめた。そこでは、①各種の試験場・育種場を設けて農業の近代化をはかり、②富岡製糸場などの官営模範工場を創設し、③三菱会社を保護して海運業の育成をするなど、日本の経済的自立をめざして輸入抑制・輸出振興がめざされた。一八六八～八五年の投資総額は一億五千万円(平均歳出の三倍)で、高額地租と不換紙幣と公債の濫発(インフレ政策)でまかなわれた。

2 胚胎ス 原因となる
3 源頭 根源
4 謨猷 はかりごと、政策
5 何ヲ以テ専主トスヘキヤ 何を第一にするか
6 尋択シ たずねえらぶ
7 殷富充足 富み栄えること
8 智者ヲ俟ッテ後知ラサルナリ 知恵のある者でなくてもわかる。だれにでもわかるという意味
9 輿 乗り物
10 難キニアラス おくれをとらないという意味

原典解説

大久保利通文書 大久保利通の書簡や意見書などを集めた史料集。一八五一(嘉永四)年から一八七八(明治十一)年に暗殺されるまでの時期のものを収める

設問

問❶ 石高に対して課されていた年貢にかえて、新たな租税を徴収することにした改革は何か。

問❷ 大久保利通を初代長官として発足し、殖産興業政策をすすめた官庁は何か。

❾ 文明開化

1 学制―学事奨励に関する被仰出書

一八七二(明治五)年制定　★★★

人々自ラ其身ヲ立テ、其産ヲ治メ❶、其業❷ヲ昌ニシテ以テ其生ヲ遂ル所以ノモノハ他ナシ、身ヲ修メ智ヲ開キ才芸❸ヲ長スルニヨルナリ。而テ其身ヲ脩メ智ヲ開キ才芸ヲ長スルハ、学ニアラサレハ能ハス。是レ学校ノ設アル所以ニシテ、日用常行❹、言語、書算ヲ初メ、士官、農商、百工、技芸及ビ法律、政治、天文、医療等ニ至ル迄、凡人ノ営ムトコロノ事学アラサルハナシ。……サレハ学問ハ身ヲ立ルノ財本共云ヘキモノニシテ、人タルモノ誰カ学ハスシテ可ナランヤ。……今般文部省❺ニ於テ学制ヲ定メ、……布告ニ及フヘキニツキ自今以後、一般ノ人民(華士族農工商及婦女子)必ス邑ニ不学ノ戸ナク、家ニ不学ノ人無カラシメン事ヲ期ス。人ノ父兄タルモノ宜シク此意ヲ体認シ、其愛育ノ情ヲ厚クシ、其子弟ヲシテ必ス学ニ従事セシメサルヘカラサルモノナリ。

(法令全書)

通釈

人々がその身を立て、資産をたくわえ、その事業をさかんにして、その人生を完成するものは他でもなく、身を修め、知識を広め、才能や技芸をみがくことによるものである。そして、その身を修め知識を開き、才芸をのばすには、学ばなければできない。これが学校が設けられるわけで平素の行動・言語・書算をはじめ、士官・農商、すべての工芸や法律・政治・天文・医療等に至るまで、およそ人の営むものは皆、学問にもとづいている。……それゆえに、学問は身を立てるための資本ともいうべきであって、人たるものは誰でもみな学ばなければならない。……今度、文部省が学制を定めて、……布告するので、これより以後、人民は華士族農工商および婦女子を問わず、必ず村に無学の家がなく、家にも無学の人がないようにしたいと思っている。人の父兄たる者は、よくこの意を認識し、子弟教育の情を厚くし、その子弟を必ず学校に通わせるようにしなければならない。

学制

❶産ヲ治メ　資産をたくわえる

❷業　家業

❸才芸　才能や技芸

❹日用常行　平素の行動

❺文部省 重要　一八七一(明治四)年に設置、当時の文部卿は大木喬任

教育制度

制度	中心人物	教育理念	学校体系	小学校教育年限
学制(1872)	文部卿 大木喬任	個人主義 功利主義 知育中心	中央集権的 単一系統	8年
教育令(1879)	文部大輔 田中不二麿	自由主義	地方自治 単一系統	4か月ずつ4年 1880年、3年に延長
学校令(1886)	文部大臣 森有礼	国家主義 徳育重視	中央集権的 複線系統	4年(義務教育) 1907年、6年に延長

原典解説

法令全書　二九六ページ参照

学問のすゝめ

❶実語教　江戸時代に寺子屋で使われた教科書で、格言などを中心に集めた教訓書

原典解説

福沢諭吉全集　明治版(全五巻、一八九八年刊)、大正版(全十巻、一九二五~二六年刊)、昭和版(全七巻、一九三三~三四年刊)、現行版(全二十一巻、一九五八~六四年刊)がある。史料は、現行版(慶応義塾編纂)による

解説

一八七二(明治五)年八月二日、太政官から学事奨励に関するこの布告が出された。翌日発せられた学制の趣旨を説いたものである。そこでは、学問は立身出世のための実学でなければならないとする福沢諭吉の思想が投影し、**国民皆学**をめざしていた。学制ではフランス流の中央集権的な学校制度をとる一方、教育内容は英米流で知識の啓蒙を目的とした。

全国を八大学区(大学校)、各大学区に三十二中学区(中学校)、各中学区に二百十小学区(小学校)を設け、小学校教育を義務化する構想だったが、そのとおりには実現しなかった。欧米直輸入の教育内容は実生活とかけ離れていたし、小学校の設立費用を町村、学費を父母の負担としたため、**学制反対一揆**もおこっている。

2『学問のすゝめ』★★

天は人の上に人を造らず、人の下に人を造らずと云へり。されば天より人を生ずるには、万人は万人皆同じ位にして、生れながら貴賤上下の差別なく、万物の霊たる身と心との働を以て天地の間にあるよろずの物を資り、以て衣食住の用を達し、自由自在、互に人の妨をなさずして各安楽に此世を渡らしめ給ふの趣意なり。されども今広く此人間世界を見渡すに、かしこき人あり、おろかなる人あり、貧しきもあり、富めるもあり、貴人もあり、下人もありて、其有様、雲と泥との相違あるに似たるは何ぞや。其次第甚だ明なり。実語教❶に、人学ばざれば智なし、智なき者は愚人なりとあり。されば賢人と愚人との別は、学ぶと学ばざるとに由て出来るものなり。……

（福沢諭吉全集）

解説

『学問のすゝめ』は、福沢諭吉が一八七二(明治五)~七六(明治九)年に十七編の小冊子として刊行した明治初年の啓蒙思想を代表する著作である。のち一巻にまとめられ、広く流布した。引用は冒頭の

部分で、人間は元来平等であるが、学問・知識の有無によって貧富や社会的地位の違いができたと説いている。身分に応じた生活や行動を要求する封建道徳を排斥し、学問によって確固たる生き方を身につけることを強調し、そうした個人の独立があって、はじめて一国の独立が可能となるという。

3 文明開化の世相 ★

近日里俗ノ歌[1]ニ「半髪頭[2]ヲタタイテミレバ、因循姑息[3]ノ音ガスル、総髪頭[4]ヲタタイテミレバ王政復古ノ音ガスル、ジャンギリ頭[5]ヲタタイテミレバ、文明開化ノ音ガスルト」（新聞雑誌）

おいおいに開け行く、開花の御代のおさまり、郵便はがきで事足りる。針金便り[6]や、陸蒸気[7]、つっぽ[8]に靴をはき、乗合馬車に人力ぐるま、はやるは安どまり、西洋床[9]にたまつきば、おんせんば、日の丸フラホ[10]や牛肉、日曜ドンタク[11]、煉瓦造りの石の橋。（大津絵節[12]・文明開化）

解説

文明開化は、生活・文化の欧米化となってあらわれたが、政府が率先して推進していった。欧米列強に対抗して国の独立を守り抜くには、富国強兵政策をすすめねばならず、それをになう国民をつくり出さねばならなかった。教育で啓蒙する一方、衣食住の欧米化を上から導入して生活様式の面からもそれをすすめたのである。史料は、開化新風俗を物尽し的に紹介している。

文明開化年表

	西暦	事　象
衣	1870	背広の着用はじまる
	1870	靴の製造はじまる
	1870	コウモリ傘の使用
	1871	散髪・脱刀令
	1872	帽子が流行しはじめる
食	1867	牛肉店
	1871	西洋料理店
	1872	ビール飲用流行
	1873	巻たばこ
住	1871	西洋建築はじまる
	1871	椅子・テーブルの使用流行
	1887	電灯のはじめ
交通	1870	人力車の発明
	1870	自転車の使用
	1872	鉄道開通

文明開化の世相

1 里俗ノ歌　地方にはやっている歌
2 半髪頭　男の髪の結い方で、額と頂との髪を剃り、周囲の髪を頂で結び、更にまげて髷と刷毛を作ったもの
3 因循姑息　古い習慣にしたがって進歩性のないこと
4 総髪頭　全髪を後へなでつけて垂れさげた髪形
5 ジャンギリ頭　重要　短く髪を切ったもの
6 針金便り　電信
7 陸蒸気　重要　汽車
8 つっぽ　つつそで
9 西洋床　西洋式の床屋
10 日の丸フラホ　日の丸の旗
11 ドンタク　ドンタクはオランダ語の日曜で、転じて休日のこと
12 大津絵節　一種の俗謡である

原典解説

新聞雑誌　一八七一（明治四）年創刊した冊子体の新聞

設問

問❶　『学問のすゝめ』を著し、天賦人権思想を広めた思想家はだれか。

⑩ 明治初期の外交

1 樺太・千島交換条約　一八七五（明治八）年五月七日調印　★★

第一款　大日本国皇帝陛下ハ其ノ後胤[1]ニ至ル迄、現今樺太島（即薩哈嗹島）ノ一部ヲ所領スルノ権理[2]及君主ニ属スル一切ノ権理ヲ、全魯西亜国皇帝陛下ニ譲リ、而今而後[3]樺太全島ハ悉ク魯西亜帝国ニ属シ、「ラペルーズ」海峡[4]ヲ以テ両国ノ境界トス

第二款　全魯西亜国皇帝陛下ハ、第一款ニ記セル樺太島（即薩哈嗹島）ノ権理ヲ受シ代トシテ、其後胤ニ至ル迄、現今所領「クリル」群島[5]、即チ第一「シュムシュ」島[6]……第十八「ウルップ」[7]島共計十八島ノ権理及ビ君主ニ属スル一切ノ権理ヲ大日本国皇帝陛下ニ譲リ……東察加地方「ラパツカ」岬ト「シュムシュ」島ノ間ナル海峡ヲ以テ両国ノ境界トス

（日本外交年表竝主要文書）

❖解説❖

一八五五年二月（安政元年十二月）締結の日露和親条約で択捉・得撫両島間を国境とし、樺太は両国雑居とした。明治新政府は、箱館戦争終結後の一八六九（明治二）年七月、開拓使をおいて樺太の経営にあたり、一八七〇（明治三）年二月には樺太開拓使を独立させ、開拓使次官に黒田清隆を任命して樺太経営事務専任とした。しかし、ロシアと対抗して樺太を確保することは難しく、英米両国も日露間の軍事衝突の危険をともなう樺太経営の放棄を勧告した。黒田をはじめ政府首脳は樺太経営に消極的になっていたが、外務卿副島種臣は、一八七二（明治五）年四月以降、ロシア駐日公使ビュッフォと交渉し、樺太の南北折半、ロシア側の北樺太を二百万円で買収する案を提示したが、失敗した。一八七三（明治六）年四月以降、ロシアは樺太の軍隊を増強し、日本人に対する暴行事件もおこるにいたって、黒田は樺太放棄を建白した。征韓論政変で外務卿となった寺島宗則のもとで交渉がすすみ、一八七四（明治七）年に榎本

樺太・千島交換条約

[1] 後胤　子孫
[2] 権理　権利
[3] 而今而後　今後
[4] 「ラペルーズ」海峡　宗谷海峡のことで、ヨーロッパで最初にそこを発見したフランス人ラ・ペルーズの名をとった
[5] 「クリル」群島　千島列島のことで千島アイヌをクリルとよんだのに由来する
[6] 「シュムシュ」島　占守島
[7] 「ウルップ」島　得撫島

原典解説

日本外交年表竝主要文書　二八六ページ参照

武揚を特命全権公使としてロシアの首都サンクト・ペテルブルクに派遣した。一八七五(明治八)年五月、樺太・千島交換条約が締結され、①樺太をロシア領として宗谷海峡を国境とする、②千島列島全体を日本領として占守海峡を国境とする、③樺太における日本政府の施設等についてはロシア側が代償を支払う、④日本人のオホーツク海方面での漁業権を認めることなどが決まった。

2 日清修好条規　一八七一(明治四)年七月二十九日調印　★

第一条　此後大日本国と大清国は弥和誼❶を敦くし、天地と共に窮まり無るへし。又両国に属したる邦土❷も各礼を以て相待ち、聊も侵越する事なく、永久安全を得せしむへし

第二条　両国好を通せし上は必す相関切す❸。若し他国より不公❹及ひ軽藐する❺事有る時、其知らせを為さは、何れも互に相助け或は中に入り、程克く取扱ひ友誼を敦くすへし

第八条　両国の開港場には彼此何れも理事官を差置き、自国商民の取締をなすへし。凡家財産業公事訟訴に干係せし事件は都て其裁判に帰し、何れも自国の律例❻を按して糺弁すへし❼

（日本外交年表竝主要文書）

解説

一八七一(明治四)年七月、日本側全権伊達宗城と清国側全権李鴻章の間で、日清修好条規に調印した。日本側はアロー号事件後の北京条約に準じて、列強なみの権益の獲得をめざしたが、清国側は、一八五八(安政五)年の清米条約に準ずることを主張し、結局、対等条約となった。その内容は、①関税率を最低に定めながら、最恵国待遇の条項を欠き、②領事裁判権をたがいに認めあうなど、欧米列強が日清両国に押しつけた不平等条項を、両国がともに受けいれるという意味で、対等なものであった。

3 日朝修好条規　一八七六(明治九)年二月二十七日調印　★★

日清修好条規

❶和誼　友好
❷邦土　国土
❸関切す　丁重に扱う
❹不公　不公平
❺軽藐する　かろんじる
❻律例　法律
❼糺弁すへし　たがいに領事裁判権を認めあったことを意味する

日朝修好条規

❶侵越猜嫌　侵しふみいり、ねたみきらう
❷指定各口　開港した各港。釜山・仁川・元山の三港
❸日本商民ヲ管理スルノ官　朝鮮駐在の日本領事
❹審断　裁判

第一款　朝鮮国ハ自主ノ邦ニシテ日本国ト平等ノ権ヲ保有セリ。嗣後両国和親ノ実ヲ表セント欲スルニハ、彼此互ニ同等ノ礼義ヲ以テ相接待シ、毫モ侵越猜嫌[1]スル事アルヘカラス……

第八款　嗣後日本国政府ヨリ朝鮮国指定各口[2]ヘ、時宜ニ随ヒ日本商民ヲ管理スルノ官[3]ヲ設ケ置クヘシ……

第十款　日本国人民、朝鮮国指定ノ各口ニ在留中、若シ罪科ヲ犯シ朝鮮国人民ニ交渉スル事件ハ総テ日本国官員ノ審断[4]ニ帰スヘシ……

（日本外交年表竝主要文書）

解説

明治新政府は、一八六八（明治元）年、対馬藩主宗義達に命じて、朝鮮に王政復古を告げ、修好を求めさせた。しかし、朝鮮では、国王の実父大院君が実権を握り鎖国政策をとり、日本の国書を受理しなかった。そのため、政府や民間は、これを無礼だとして、征韓を唱える動きがあらわれた。政府は、朝鮮政府が宗氏に提供していた釜山の草梁倭館を、一八七二（明治五）年七月に宗氏から外務省の所管に移し、九月に外務大丞花房義質に兵をひきいて接収させた。一八七三（明治六）年五月、態度を硬化させた朝鮮側が草梁倭館門前に日本を侮蔑する掲示がなされ、政府部内でにわかに征韓論が高まった。しかし、十月、征韓派が政争に敗れ（明治六年の政変）、日朝関係の打開は先送りとなった。一八七五（明治八）年五月以降、日本の軍艦雲揚と第二丁卯の二隻は示威行動として朝鮮沿岸で測量や戦闘演習を行っていたが、九月、雲揚が首都漢城（現在のソウル）に通ずる河口を守る江華島の砲台に接近して砲撃をうけた。雲揚はただちに応戦してこれを破壊し、大砲を奪って長崎へ引き揚げた。政府は、この江華島事件を機に朝鮮を開国させようと企て、欧米列強もそれを支持した。一八七六（明治九）年一月、黒田清隆と井上馨が軍艦三隻と兵員輸送船三隻の艦隊をひきいて朝鮮へ赴き、二月、日朝修好条規を締結した。そこでは、①朝鮮の自主独立、日朝両国の対等（朝鮮と清国の宗属関係の否認）、②両国公使の交換、③釜山・仁川・元山の開港、④日本人の通商や土地・家屋の賃借、⑤開港地での日本の一方的な領事裁判権などが規定された。八月には貿易規則が定められ、関税が免除となった。これらは、日本が欧米に強いられた以上に苛酷な不平等条約であった。

国際関係年表

年	事項	年	事項
1871	日清修好条規	1894～95	日清戦争→下関条約
1874	台湾出兵	1900	北清事変（義和団戦争）
1875	江華島事件→日朝修好条規	1902	日英同盟成立
1882	壬午軍乱	1904～05	日露戦争→ポーツマス条約
1884	甲申事変	1910	韓国併合

設問

問❶　明治政府がロシアとの間で国境を画定するために結んだ条約は何か。

問❷　朝鮮を開国させるきっかけとなった日朝間の武力衝突は何か。

⑪ 自由民権運動

1 民撰議院設立建白書　一八七四（明治七）年一月十七日　★★★

臣等[1]伏シテ方今政権ノ帰スル所ヲ察スルニ、上帝室ニ在ラズ、下人民ニ在ラズ、而独有司[2]ニ帰ス。夫有司、上帝室ヲ尊ブト曰ハザルニハ非ズ。而シテ帝室漸ク其尊栄ヲ失フ。下人民ヲ保ツト云ハザルニハ非ズ。而政令百端[3]朝出暮改[4]、政〔刑〕情実ニ成リ、[5]賞罰愛憎ニ出ツ。言路壅蔽[6]困苦告ルナシ。……臣等愛国ノ情自ラ已ム能ハズ。乃チ之ヲ振救スルノ道ヲ講求スルニ、唯天下ノ公議ヲ張ル[7]ニ在ル而已。天下ノ公議ヲ張ルハ民撰議院ヲ立ルニ在ル而已。則有司ノ権限ル所アッテ、而シテ上下其安全幸福ヲ受ル者アラン。……夫レ人民政府ニ対シテ租税ヲ払フノ義務アル者ハ、乃其政府ノ事ヲ与知可否スル[8]ノ権利ヲ有ス……今民撰議院ヲ立ルノ議ヲ拒ム者[9]曰ク、我民不学無智、未タ開明ノ域ニ進マズ。故ニ今日民撰議院ヲ立ル尚応サニ早カル可シト。臣等以為ラク、若シ果シ

❖通釈❖

私どもが謹んで、現在政権がどこにあるかを考えてみるに、上は天皇にあるのでもなく、下は人民にあるのでもない。ただ政府の役人が独占するところとなっている。しかし政府の役人が、皇室を尊ばないのではない。しかし、皇室がしだいにその尊栄を失っているようである。また、人民を保全していないとはいわない。しかし、政府の命令がさまざまで、朝令暮改で、定まった方針がなく、政治刑罰が情実によって行われ、賞罰は公平を失い、その人についての愛や憎しみによって決まっている。言論の道がとざされているので、困苦の様を申し出ることもできない。……

私どもは愛国の気持をおさえることができないので、これを救う方法を求めてみたが、ただ天下の人民の言論の道を開く外はないと思う。言論の道を開くには民撰議院を立てるのが一番よい。すなわち官僚の権力を制限しえてこそ、はじめて上下のものがみな安全で、その幸福をうけることができるだろう。……人民で政府に納税義務のある者は、政府が行う政治についてあらかじめ知り、論議する権利をもっている。

民撰議院設立建白書

[1] **臣等**　建白書の署名者で、板垣退助・後藤象二郎・副島種臣・江藤新平・由利公正・岡本健三郎・古沢滋・小室信夫の八名

[2] **有司**　重要　官僚。専制政府をさす

[3] **政令百端**　法律や規制があまりにも多い

[4] **朝出暮改**　朝に出された命令が夕方には改められる。政治方針の一定しない状態をいっている

[5] **政〔刑〕情実ニ成リ**　政治、刑罰にえこひいきがあり不公平であること

[6] **言路壅蔽**　言論の道がふさがれている

[7] **公議ヲ張ル**　重要　五箇条の誓文にいう「公議世論」の主張である

[8] **与知可否**　あずかり知って、その是非を論ずる

[9] **民撰議院ヲ立ルノ議ヲ拒ム者**　時機尚早論者のことで、加藤弘之らのこと

テ真ニ其謂フ所ノ如キ乎、則之ヲシテ学且智、而シテ急ニ開明ノ域ニ進マシムルノ道、即民撰議院ヲ立ルニ在リ。……
（日新真事誌）

……現在、民撰議院の設立の建議をこばむ者がいうのに、一般の人々が学問が足らず、無知で、文化が開けていないので、今日、民撰議院を立てるのは時機尚早であるという。私どもが考えますのに、ほんとうに、彼等のいう通りでありますならば、学問を高め知識を深め、文化の向上をはかる方法は、やはり民撰議院を立てることが一番であると申し上げたい。……

解説

一八七四(明治七)年一月、板垣退助・後藤象二郎・副島種臣・江藤新平ら、明治六年の政変(一八七三年十月)で下野した征韓派の元参議を中心として愛国公党が結成された。彼らは、その党議である民間輿論の喚起という目的に従い、民撰議院設立建白書を政府に提出した。そこでは、政府が法律を朝令暮改し、言論を抑圧する官僚独裁の「有司専制」であると批判し、このままでは治安は乱れ、国家は崩壊すると危惧を表明する。そして、国家を維持し国威を発揚するには、民撰議院を開設して専制政治をやめることが必要だと説く。この建白書は『日新真事誌』に掲載され、賛否両論をまきおこした。

原典解説

日新真事誌　イギリス人ブラックが一八七二(明治五)年創刊した邦字新聞。明治文化全集正史編・憲政編にも収められている

2 天賦人権論 ★

第二　人民自由の権を得ざるべからざる事

ルーソー[1]といふ人の説に、人の生るるや自由なりとありて、人は自由の動物と申すべきものであります。されば人民の自由は縦令社会の法律を以て之を全うし得るとは申せ、本と天の賜[2]にて人たるものの必ずなくてはならぬものでござろう。……皆さん卑屈することはない。自由は天から与へたのじゃ。とんと民権を張り自由をお展べなさいよ。若し又自由が得られずとならば寧そ

天賦人権論

1 **ルーソー**　十八世紀のフランスの啓蒙思想家。中江兆民がその『社会契約論』(『民約論』)を一八八二年に『民約訳解』として翻訳・紹介している

2 **本と天の賜**　本来、人間が天から与えられているもの、自然にそなわっているもの。天賦人権のこと

死んでおしまひなさい。自由がなければ生きても詮はありません。

（民権自由論）

解説

史料は、植木枝盛の『民権自由論』の一節で、自由民権思想の基本である天賦人権論を唱えている。植木は、ルソーの説を紹介し、人間は生まれながらにして自由権をもつと主張する。天賦人権論は元来啓蒙思想家たちが導入したものであったが、その中心であった明六社の同人の多くが官吏であり、民撰議院開設に消極的であったため、その担い手は彼らから自由民権論者へと移っていった。

3 漸次立憲政体樹立の詔

一八七五（明治八）年四月十四日公布　★

朕今誓文[1]ノ意ヲ拡充シ茲ニ元老院[2]ヲ設ケ以テ立法ノ源ヲ広メ、大審院[3]ヲ置キ以テ審判ノ権ヲ鞏クシ、又地方官ヲ召集シ[4]以テ民情ヲ通シ公益ヲ図リ、漸次ニ国家立憲ノ政体ヲ立テ汝衆庶ト倶ニ其慶ニ頼ント欲ス。汝衆庶或ハ旧ニ泥ミ、故ニ慣ルルコト莫ク、又或ハ進ムニ軽ク為スニ急ナルコト莫ク、其レ能ク朕カ旨ヲ体シテ翼賛スル所アレ

（法令全書）

解説

大久保利通を中心とする「有司専制」の政府は、江藤新平らの佐賀の乱（一八七四年二月）をのりきったものの、板垣退助らを指導者とする自由民権運動の高揚に直面した。板垣らは一八七四（明治七）年三月に土佐で立志社を結成し、各地に不平士族による地方政社が続々誕生した。一八七五（明治八）年二月には、その全国組織として愛国社が大阪で結成されようとしていた。大久保は、急拠、大阪で板垣や木戸孝允（台湾出兵に反対して一八七四年五月に参議辞任、長州へ帰郷）と会談し、その主張をいれ、彼らを政府に復帰させた。史料の漸次立憲政体樹立の詔は、この大阪会議での約束にもとづき、一八七五（明治八）年四月に出されたもので、元老院（上院）・地方官会議（下院）をおいて立法機関とし、大審院をおいて司法権を独立させ、三権分立の体裁を整え、将来立憲政体に移行すると表明している。士族民権は、板垣の政府復帰によって指導者を失い、またこの詔によって目的を達した観があり、政府の言論抑圧もあって、急速に衰え、なお政府に不満をもつ分子は士族反乱へと向かっていった。

原典解説

民権自由論　高知県出身の植木枝盛が、庶民向けに書いた自由民権論。ルソーの影響をうけていることがわかる。一八七九（明治十二）年発刊

漸次立憲政体樹立の詔

1 誓文　重要　五箇条の誓文

2 元老院　重要　勅撰の立法機関で、上院にあたる

3 大審院　重要　最上級の司法機関

4 地方官ヲ召集シ　重要　府知事・県令を召集してひらく地方官会議で下院にあたる。一八七五（明治八）～八一（明治十四）年の間に三回開催

原典解説

法令全書　二九六ページ参照

設問

問❶　板垣退助らが政府をやめたのち、政府へ提出した建白書で、議会の開設を求めたものは何か。

問❷　漸次立憲政体樹立の詔で開設が約束され、上院の機能をもつものとして設けられたのは何か。

⑫言論・政治活動の弾圧

1 新聞紙条例　一八七五(明治八)年六月二十八日公布　★

第十二条　新聞紙若クハ雑誌雑報ニ於テ、人ヲ教唆シテ[1]罪ヲ犯サシメタル者ハ犯ス者ト同罪、其教唆ニ止マル者ハ禁獄[2]五日以上三年以下、罰金十円以上五百円以下ヲ科ス

第十三条　政府ヲ変壊[3]シ国家ヲ顚覆[4]スルノ論ヲ載セ、騒乱ヲ煽起[5]セントスル者ハ禁獄一年以上三年ニ至ル迄ヲ科ス、其実犯[6]ニ至ル者ハ首犯[7]ト同ク論ス

(法令全書)

解説

民撰議院設立建白書が掲載された『日新真事誌』は、イギリス人ブラックが経営する日本語の日刊新聞で政府(左院)の機関紙的存在だったが、民撰議院論争をくりひろげるなど、しだいに反政府的傾向を強めた。政府は、外国人の新聞発行を禁じてこれを抑えたが、日本人が経営する政論新聞が次々と生まれた。「朝野新聞」(成島柳北・末広重恭[鉄腸])、「東京横浜毎日新聞」(肥塚竜・沼間守一)、「郵便報知新聞」(栗本鋤雲)、「東京曙新聞」(大井憲太郎)などで、記者には薩長藩閥政府に反感をもつ旧幕臣が少なくなかった。そこで、一八七五(明治八)年六月、新聞紙条例を出し、教唆扇動や国家顚覆の言論を処罰対象とし、記者を取締ろうとした。さらに、一八七六(明治九)年には、内務卿が国安妨害記事を掲載した新聞を発行禁止・停止できるようにした。

2 讒謗律　一八七五(明治八)年六月二十八日公布　★★

第一条　凡ソ事実ノ有無ヲ論セス、人ノ栄誉ヲ害スヘキノ行事ヲ摘発[1]公布スル者、之ヲ讒毀[2]トス。人ノ行事ヲ挙ルニ非スシテ悪名ヲ以テ人ニ加ヘ公布スル者、之ヲ誹謗[3]トス。著作文書若ク

新聞紙条例
1 教唆シ　そそのかす
2 禁獄　一八八〇(明治十三)年の旧刑法の主刑の一。内地の獄に入れて定役に服させる
3 変壊　変更、打倒
4 顚覆　ひっくりかえす
5 煽起　あおる
6 実犯　実際の犯行
7 首犯　首謀者

原典解説
法令全書　二九六ページ参照

讒謗律
1 摘発　あばきだす
2 讒毀　人をあしざまにいう。名誉毀損
3 誹謗　人をそしる

ハ画図肖像ヲ用ヒ展観シ、若クハ発売シ、若クハ貼示シテ、人ヲ讒毀シ若クハ誹謗スル者ハ下ノ条別ニ従テ罪ヲ科ス

第四条　官吏ノ職務ニ関シ讒毀スル者ハ禁獄❹十日以上二年以下、罰金十円以上五百円以下。誹謗スル者ハ禁獄五日以上一年以下、罰金五円以上三百円以下

（法令全書）

解説

讒謗律は、藩閥官僚批判を封じるため、新聞紙条例と同じ一八七五(明治八)年六月に出され、事実の有無にかかわらず、他人の名誉を傷つける言論を処罰の対象とした。違反者には罰金二円以上千円以下、禁獄五日以上三年以下の刑罰を課し、とくに天皇や官吏に対する侮辱を厳しく罰した。

❹禁獄　禁固

3 集会条例　一八八〇(明治十三)年四月五日公布　★★

第一条　**政治ニ関スル事項ヲ講談論議スル為メ公衆ヲ集ムル者ハ**、開会三日前ニ講談論議ノ事項、講談論議スル人ノ姓名住所、会同❶ノ場所、年月日ヲ詳記シ、**其会主又ハ会長幹事等ヨリ管轄警察署ニ届出テ、其認可ヲ受ク可シ**

第六条　派出ノ警察官ハ、認可ノ証ヲ開示❷セサルトキ講談論議ノ届書ニ掲ケサル事項ニ亘ルトキ、又ハ人ヲ罪戻❸ニ教唆❹誘導スルノ意ヲ含ミ、又ハ公衆ノ安寧❺ニ妨害アリト認ムルトキ、及ヒ集会ニ臨ムヲ得サル者ニ退去ヲ命シテ之ニ従ハサルトキハ、全会ヲ解散セシムヘシ

第七条　政治ニ関スル事項ヲ講談論議スル集会ニ、陸海軍人、常備❻・予備❼・後備❽ノ名籍ニ在ル者、警察官、官立公立私立学校ノ教員生徒、農業工芸ノ見習生ハ之ニ臨会シ又ハ其社ニ加入スルコトヲ得ス

（法令全書）

集会条例
❶会同　集会
❷開示　掲示
❸罪戻　罪。罪過
❹教唆　そそのかす
❺安寧　安全
❻常備　現役軍人、兵役は三年間服務した
❼予備　予備役の軍人、現役終了後の三年間在籍した
❽後備　後備役の軍人、予備役終了後の四年間在籍した

解説

一八八〇(明治十三)年四月、国会開設を求めて高揚する自由民権運動を抑えるため、その全国組織である**愛国社**第四回大会(**国会期成同盟**に改組)の会期中に出されたのが、**集会条例**である。そこでは、①政治結社の結成や政談演説会の開催には警察署への事前の届出と認可を必要とする、②警察官が会場に臨監し、その判断で集会の解散を命令できる、③学校教員や生徒の政治結社の加入、政治的宣伝や広告、政治結社相互の連絡、屋外集会を禁止するなどし、違反者に対する罰則も定めている。さらに、一八八二(明治十五)年六月には、地方長官に一年以内の演説禁止権、政治結社の解散権、内務卿に一般的な結社・集会の禁止権を与え、政治結社の支部設置も禁ずることにした。

4 保安条例　一八八七(明治二十)年十二月二十五日公布　★★

第四条　**皇居又ハ行在所[1]ヲ距ル三里[2]以内ノ地ニ住居又ハ寄宿[3]スル者ニシテ、内乱ヲ陰謀シ[4]又ハ教唆シ[5]又ハ治安ヲ妨害スルノ虞[6]アリト認ムルトキハ、警視総監又ハ地方長官[7]ハ内務大臣[8]ノ認可ヲ経、期日又ハ時間ヲ限リ退去ヲ命シ、三年以内同一ノ距離内ニ出入寄宿又ハ住居ヲ禁スルコトヲ得**　(法令全書)

解説

一八八七(明治二十)年、国会開設が近づくと、**井上馨**外相の条約改正交渉への国民的批判をとらえて、民権派は再起の動きをみせた。高官暗殺、暴動などの流言が広まり、各地の代表が続々上京し、物情騒然たる状況となってきた。政府は、東京市内を警官と憲兵で固めた上、十二月二十六日、突如として**保安条例**を発した。条例は、①秘密の結社・集会、屋外の集会・群衆、治安妨害の文書印刷を禁じ、②内乱を陰謀・教唆し、また治安を妨げるおそれのある者を皇居外三里の地に追放し、三年間立入りを禁じ(第四条)、③治安不良の地域に内閣が弾圧令を出せるとした。この条例は即日施行され、ただちに尾崎行雄・林有造・星亨・中江兆民・中島信行・片岡健吉ら五百七十名が退去させられた。これを拒否した片岡ら十五名は検挙され、また、尾崎・林・星の三名は三年間追放とされた。再燃した運動は大打撃をうけ、追放されずに東京に残った指導者のひとり後藤象二郎が入閣するにいたって挫折した。

保安条例
1 行在所　天皇行幸の際の仮の御所
2 三里　約十二キロメートル
3 寄宿　下宿、宿泊
4 陰謀シ　計画し
5 教唆　そそのかす
6 虞　危険性
7 地方長官 重要　府知事、県令
8 内務大臣 重要　内務省は地方行政と警察を管轄

設問

問❶ 政府が自由民権運動を抑えるために制定した法律で、名誉を守るとの口実で官吏への批判を封じようとしたのは何か。

問❷ 大同団結運動や三大事件建白運動を封じ込めるために出された法令は何か。

⑬国会開設運動の高揚と政党の結成

1 立志社の建白　一八七七(明治十)年六月九日提出　★

国の政府ある所以のものは、斯の国をして治且安ならしむる所以[1]なり。治且安ならしむる所以のものは、斯民[2]の権利を暢達[3]し以て幸福安全の域に処らしむるにありと。又聞く、天の斯人を生ずるや、手足之れ具し、頭目之れ備はる、精神之れを管して、自主自由の権利を有せしむると。夫れ然り政府たるもの漫りに其力を恃み、其威を逞し、以て抑圧を擅にするの理あらんや。人民たる者も亦能く之が束縛を受け、之が箝制[4]に服するものならんや。……其五に曰く、財政其道を失する也。……有司其計を誤て、却て工商の権を攉し[5]、人民の利益は偏頗[6]に帰し、或は数十万の金を以て某会社の資を成し、或は数万の財を出し某会社の業を起さしむ。賑済[7]の途其人を限るが如し。……其六に曰、税法煩苛[8]に属し、人民之れに耐へざる也。

（自由党史）

解説

西南戦争で一時は西郷軍に呼応する動きさえみせた土佐の立志社も、その敗色が明らかとなると、自由民権運動の再構築へと向かった。一八七七(明治十)年六月、植木枝盛と吉田正春が起草し、竹内綱が加筆した立志社建白は、片岡健吉が総代となって京都行在所の明治天皇に提出された。政府は不遜の個所があるとして受け取りを拒否したが、片岡らはそれを印刷して公にし、自由民権運動を再燃させるきっかけとなった。建白は、①専制政治、②各省の不統一、③過度の中央集権、④専制的な兵制、⑤財政の失敗、⑥苛酷な税制、⑦士族の不公平な待遇、⑧外交の失敗の八つを失政とし、その打開には国会開設以外に方法はないと説いた。そこには、国民運動として展開する自由民権運動の三大綱領である、国会開設、地租軽減、条約改正が出そろっていた。地租軽減は農民、条約改正は商工業者の要求であり、それらを国会開設に結びつけたところに、国民運動への展望がひらけたのである。

立志社の建白

1 治且安ならしむる　よく治まって平和なこと
2 斯民　国民
3 暢達　伸び育てて
4 箝制　束縛
5 攉し　独占する
6 偏頗　不公平
7 賑済　援助・救済
8 煩苛　こまかくて重い

原典解説

自由党史　当時の文書・記録を用い、自由党の歩みを中心に民撰議院設立建白から憲法発布に至る民権運動史を書いたもの。板垣退助編

明治十四年の政変
[1]此勅諭　国会開設の勅諭
[2]牢絡　思うとおりにあやつる
[3]急進党　自由民権運動の急進派
[4]中立党　自由民権運動の穏健派

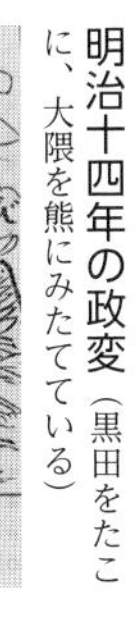

明治十四年の政変（黒田をたこに、大隈を熊にみたてている）

2 明治十四年の政変——井上毅の意見 ★

第三　此の人心動揺の際此勅諭[1]あるにあらざれば挽回無覚束、更に明言すれば人心の多数を政府に牢絡[2]すること無覚束。　第四　此勅諭は仮令急進党[3]を鎮定せしむること能はずとも、優に中立党[4]を順服せしむべし。全国の士族猶中立党多し。今此挙あらざれば彼等も変じて急進党となること疑なし。　第五　此勅言に因て政党を判然せしめ、反対党は明かに抵抗を顕すに至るべし。是れ極めて得策なり。

（自由党史）

解説

木戸孝允の病死（一八七七年五月）、大久保利通の暗殺（紀尾井坂の変、一八七八年五月）以後、長州閥の伊藤博文・井上馨と肥前閥の大隈重信が手を結び、薩摩閥の黒田清隆・西郷従道らの政府での発言力は後退した。財政担当の大隈は、西南戦争の莫大な戦費や殖産興業政策の資金をまかなうため不換紙幣を濫発してインフレ政策をすすめた。その結果、定額の金納地租に依存する政府財政は悪化し、一方、農産物価格の騰貴で好況となった農村では民権運動がさかんとなった。

大隈は一八八一（明治十四）年三月、一八八一年中の憲法制定、一八八二（明治十五）年末の議員招集、一八八三（明治十六）年初の国会開設、欽定憲法だが議院内閣制をとるという意見書を直接天皇に提出して、政府内で高まりつつあった財政政策への批判をかわし、政局の主導権を握ろうとした。この意見書は、福沢諭吉門下の矢野文雄（龍渓）が起草したものである。伊藤は大隈の動きに激怒して黒田らと提携し、一八八一（明治十四）年六月、右大臣岩倉具視から憲法制定担当をまかされた。

そして、開拓使長官の黒田が一千万円以上の資金を投下した開拓使の官営事業全部をわずか三十万円（無利息の三十年賦）で開拓使官吏が退職して設立しようとした民間会社に払い下げることを主張し、八月、大隈の反対を押しきって決定された。この開拓使官有物払い下げ事件で、政府批判の世論が一斉に噴出し、政府は窮地に陥った。伊藤の腹心井上毅は、反政府勢力を分断し、急進派を孤立させるため、国会開設の勅諭を出すことを岩倉に説き、了承を得た。十月、政府は、勅諭を出すとともに、大隈らを政府から追放した。これが明治十四年の政変である。

3 国会開設の勅諭　一八八一(明治十四)年十月十二日公布　★★

朕[1]祖宗二千五百有余年ノ鴻緒[2]ヲ嗣キ、中古紐ヲ解ク[3]ノ乾綱[4]ヲ振張シ、大政ノ統一ヲ総攬シ、又夙ニ立憲ノ政体ヲ建テ、後世子孫継クヘキノ業ヲ為サンコトヲ期ス。嚮ニ明治八年ニ元老院ヲ設ケ十一年ニ府県会ヲ開カシム。此レ皆漸次基ヲ創メ序ニ循テ[5]歩ヲ進ムルノ道ニ由ルニ非サルハ莫シ。爾有衆亦朕カ心ヲ諒トセン[6]。

顧ルニ立国ノ体[7]、国各宜キヲ殊ニス。非常ノ事業[8]実ニ軽挙ニ便ナラズ。我祖我宗照臨シテ上ニ在リ。遺烈[9]ヲ揚ケ洪模[10]ヲ弘メ、古今ヲ変通シ[11]断シテ之ヲ行フ責朕カ躬ニ在リ。将ニ明治二十三年[12]ヲ期シ、議員ヲ召シ国会ヲ開キ、以テ朕カ初志ヲ成サントス。今在廷臣僚ニ命シ、仮スニ時日ヲ以テシ、経画[13]ノ責ニ当ラシム。其組織権限ニ至テハ、朕親ラ衷ヲ裁シ[14]時ニ及テ公布スル所アラントス。

朕惟フニ人心進ムニ偏シテ[15]、時会[16]速ナルヲ競フ。浮言相動カシ[17]竟ニ大計ヲ遺ル。是レ宜シク今ニ及テ謨訓[18]ヲ明徴シ、以テ朝野臣民ニ公示スヘシ。若

通釈

私(明治天皇)は祖先以来二千五百余年の皇統をうけ継ぎ、平安中期以降からゆるんだ天皇の大権をふるいおこし、政治の統一権力を一手に握り、また早く立憲政体をたて、後世子孫が継承する事業を達成しようと考えた。さきに明治八年に元老院を設け、十一年には府県会を開かせた。これはすべて、しだいに基礎をつくり順序にしたがって前進する方法によるためである。お前たち国民もまた自分の心がわかるだろう。

ふりかえってみると国の政体は、各国それぞれの事情に応じてちがっている。このような大事業は決して軽々しく行うべきではない。わが祖先の霊は上にあって見守っている。その遺された功績をたたえ、大計画をひろめ、時勢に応じて対処し、断じて行うことの責任は私にある。今ここに明治二十三年を期して、議員を召して国会を開き、それによって私の初志を達成したいと思う。今から朝廷にいる臣僚に命じ、時日をかけてその計画を進める責任にあたらせる。その組織や権限については、私自ら裁断を下して時が来たら公布するであろう。

私が思うに、人々の心は急ぐことばかりを考えて、時機の早いことを争っているようである。無責任な言論をかわし、国家の大計を忘れている。それであるから今ここに国家の大計を明ら

国会開設の勅諭

1 朕　天皇の一人称。明治天皇
2 鴻緒　偉大なる皇統
3 中古紐ヲ解ク　平安中期以降ゆるんだ政治のみだれ
4 乾綱　天子の大権
5 序ニ循テ　順序に従って
6 朕カ心ヲ諒トセン　天皇の心がわかるであろう
7 立国ノ体　国のたて方
8 非常ノ事業　大事業
9 遺烈　先祖の功績
10 洪模　大きなはかりごと
11 古今ヲ変通シ　時代に応じて対処する
12 明治二十三年　一八九〇年
13 経画　計画
14 衷ヲ裁シ　裁断を下す
15 進ムニ偏シテ　進むことしか考えない
16 時会　時機
17 浮言相動カシ　無責任な言論をかわし
18 謨訓ヲ明徴シ　国家の大計を明らかにし

シ仍ホ故サラニ躁急ヲ[19]争ヒ、事変ヲ煽シ[20]、国安ヲ害スル者アラハ処スルニ国典ヲ以テスヘシ。[21]特ニ茲ニ言明シ、爾有衆ニ諭ス。

奉勅　太政大臣　三条実美

明治十四年[22]十月十二日　（法令全書）

かにして朝野臣民に公示する。もし、故意にあせり急ぎ事件を扇動して国の安全を害する者があれば、国法によって処罰するであろう。特にここに言明して、国民にさとす。

（右のように）天皇のお言葉をうけたまわった。

太政大臣　三条実美

明治十四（一八八一）年十月十二日

解説

国会開設の勅諭は、一八八一（明治十四）年十月十二日に出されたが、一日からひらかれていた国会期成同盟第三回大会の動きを牽制することに直接のねらいがあった。そこでは、①一八九〇（明治二十三）年の国会開設を約束する一方、②その組織や権限は政府につくらせる（欽定憲法）から、③これ以上、この問題を議論する必要はないと政治休戦を説き、④あえて逆らう者は容赦しないと威嚇している。これによって、政府は、政局の主導権をとりもどすことに成功した。

[19] 躁急　せっかち、かるはずみ
[20] 事変ヲ煽シ　おだてて事を起こす
[21] 処スルニ国典ヲ以テスヘシ　国法で処罰する
[22] 明治十四年　一八八一年

4 私擬憲法——東洋大日本国国憲按 ★

第五条　日本ノ国家ハ日本各人ノ自由権利ヲ殺滅[1]スル規則ヲ作リテ之ヲ行フヲ得ス

第四十九条　日本人民ハ思想ノ自由ヲ有ス

第五十条　日本人民ハ如何ナル宗教ヲ信スルモ自由ナリ

第七十条　政府国憲[2]ニ違背[3]スルトキハ日本人民ハ之ニ従ハサルコトヲ得

第七十一条　政府官吏圧制ヲ為ストキハ日本人民ハ之ヲ排斥スル[4]ヲ得……

第七十二条　政府恣[5]ニ国憲ニ背キ擅[6]ニ人民ノ自由権利ヲ残害シ建国ノ旨趣[7]ヲ妨クルトキハ日本国民ハ之ヲ覆滅シ[8]テ新政府ヲ建設スル事ヲ得

原典解説

法令全書　二九六ページ参照

私擬憲法

[1] 殺滅　なくしたり、減らしたりする
[2] 国憲　憲法
[3] 違背　違反
[4] 排斥スル　やめさせる。この条文は抵抗権を規定したもの
[5] 恣ニ　勝手に
[6] 擅ニ　勝手に
[7] 旨趣　本来の目的、人権の保障を意味する
[8] 覆滅シ　倒す。この条文は革命権を規定したもの

第百十四条　日本聯邦[9]ニ関スル立法ノ権ハ日本聯邦人民全体ニ属ス

（明治前期の憲法構想　増訂版第二版）

参考史料　五日市憲法草案　★

凡ソ日本国民ハ、族籍位階ノ別ヲ問ハス、法律上ノ前ニ対シテハ平等ノ権利タル可シ。

凡ソ日本国民ハ、法律ヲ遵守スルニ於テハ、万事ニ就キ予メ検閲ヲ受クルコトナク、自由ニ其思想、意見、論説、図絵ヲ著述シ、之ヲ出版頒行シ、或ハ公衆ニ対シ講談、討論、演説シ、以テ之ヲ公ニスルコトヲ得ヘシ。

解説

民権派は、一八八〇（明治十三）年十一月の国会期成同盟第二回大会で憲法試案の作成を決めたが、私擬憲法は、明治十四年の政変前後から翌年にかけてさかんにつくられた。自由党系では立志社の日本憲法見込案（一八八一年五～九月）、史料の植木枝盛の東洋大日本国国憲按（一八八一年八月）、改進党系では交詢社（慶応義塾出身者が中心）の私擬憲法案（一八八一年四月）などがある。その他、東京近郊の五日市の豪農民権家たちが集団学習の結果、一八八一年の春から夏にかけてまとめた五日市憲法草案などもある。私擬憲法の特徴は、政府の激しい言論・思想弾圧を背景として、人権に関する規定が詳細なことであり、とくに植木案は人権擁護のため人民の抵抗権や革命権を規定している。

5 政党の結成　★

(1) 自由党の盟約　★

第一章　吾党は自由を拡充し、権利を保全し、幸福を増進し、社会の改良を図るべし。

第二章　吾党は善良なる立憲政体を確立することに尽力すべし。

（自由党史）

(2) 立憲改進党趣意書　★

王室の尊栄と人民の幸福は我党の深く冀望[1]する所なり。……政治の改良前進は我党之れを冀ふ。

---

9 日本聯邦　植木案では地方の自治権が大幅に認められ、七十の州からなる連邦国家が構想されていた

原典解説
明治前期の憲法構想増訂版第二版　家永三郎ほか編。一九八七年刊（初版は一九六七年刊）。明治憲法に先立つ数十種類の憲法草案を収録

政党の結成
(2) 立憲改進党趣意書
1 冀望　希望
2 王室　皇室
3 中央干渉　中央政府の干渉
4 伸濶　のばし広げるの意

然れども急激の変革は我党の望む所にあらず。……

第二章　我党は帝国の臣民にして左の冀望を有する者を以て之を団結す。

一　王室❷の尊栄を保ち人民の幸福を全ふする事。

二　内治の改良を主とし国権の拡張に及ぼす事。

三　中央干渉❸の政略を省き地方自治の基礎を建つる事。

四　社会進歩の度に随ひ選挙権を伸濶❹する事。

五　外国に対し勉めて政略上の交渉を薄くし、通商の関係を厚くする事。

（自由党史）

解説

民権派による政党結成への動きは、一八八〇(明治十三)年十一月の国会期成同盟第二回大会のとき、河野広中・杉田定一らによって提案されたのにはじまる。十二月、結党準備の会合がひらかれたが、その組織・運営について意見の一致をみず、一八八一(明治十四)年十月の国会期成同盟第三回大会をむかえた。大会第一日、結党の方針を決め、盟約や組織の原案作成にかかったが、十二日の国会開設の勅諭をうけて作業を急ぎ、十月末には総理板垣退助、副総理中島信行、常議員後藤象二郎、馬場辰猪らを選出して、自由党が発足した。一八八二(明治十五)年六月には機関紙の「自由新聞」も出され、地方組織も整えられた。自由党は、不平士族や農民の支持を得て、国会の早期開設を求め、フランスの民主共和制を政治制度の理想とし、広範な人権の保障、大幅な国民の政治参加をかちとろうとしていた。

自由党に結集した愛国社系の士族民権家や豪農県会議長らとは別に、自由民権運動の発展に寄与していた都市知識人のグループは、政府を追われた大隈重信を擁して、一八八二年三月、立憲改進党を結成した。これには、大隈派の元政府高官の河野敏鎌や前島密らに、沼間守一らの嚶鳴社、矢野文雄(龍溪)ら福沢諭吉門下の東洋議政会、小野梓らの鷗渡会といった都市知識人グループが加わっていた。史料の同党趣意書にあるように、漸進主義をとり、イギリスの立憲君主制、君民共治(同治)の政治制度を理想としていた。大隈財政下で手厚い保護をうけていた三菱(岩崎)をはじめ、実業家の支持を得ていた。

自由・改進両党が結成されると、これに対抗する政府党を標榜して、一八八二年三月、福地源一郎(桜痴)らによって立憲帝政党もつくられた。

政党の結成(＊は党首)

政党名	主要人物	性　格	主　張	支持階層
自由党(1881)	＊板垣退助 星　亨	フランス流 急進的民約憲法論	一院制 主権在民	士族・地主・農民・産業資本家
立憲改進党(1882)	＊大隈重信 犬養　毅 尾崎行雄	イギリス流 漸進的立憲論	二院制 制限選挙 君民同治	知識階級 産業資本家 (特に三菱)
立憲帝政党(1882)	＊福地源一郎 丸山作楽	国粋主義的 欽定憲法主義	二院制 制限選挙 主権在君	官僚・神官・僧侶・国学・漢学者

設問

問❶　政府に対し国会開設・地租軽減・条約改正などを建白した高知の民権政社は何か。

問❷　板垣退助らが結成した日本最初の本格的政党で、フランス流の自由主義の立場をとるものは何か。

14 自由民権運動の激化

1 秩父事件　一八八四(明治十七)年十月三十一日　★

村落小民の暴動にして、埼玉県下秩父郡に闖出したる者の如きは、維新以来、未だ曽て見ざる所なり。それ秩父郡の兇徒[1]は、実に去月三十一日を以て、一時に紛起して郡役所を襲撃し、裁判所を破壊し、鎮撫[2]に臨みたる警部巡査を殺傷し、遂に大宮郷[3]に拠守して四出剽掠[4]を為すの勢あり。一地方の巡査を以て容易に之を制圧すべからざるに因り、東京より憲兵を発し、次で鎮台兵[5]の出張あり。三方より之を囲繞[6]せしに、彼れ容易に屈撓するの色なく、其の党を分つて隊伍を組み、刀を揮ひ銃を発して抵抗を試み、其の官軍の大挙して進撃を為すに及び、遂に支ふる能はずして山中に遁匿[7]せしに因り、力尽き勢屈し、数日を出でずして、尽く捕縛に就くべしと思惟せしに、暴徒の倔強なる決死隊を編制し、一千人を以て間道[8]に出で、不意に乗じて長野県下に突出し、巡査と戦て之に勝ち益す跋扈[9]を為す勢あり。幸に高崎鎮台兵[10]一中隊も追撃して大に之を破り、暴徒は一時四方に潰散せしと雖も、今日に至るまで未だ全く鎮定に就かず。長野県を始め群馬・埼玉・山梨の諸県に於て、猶之が警戒を為すもの丶如し。農民の一揆にして乱暴狼藉を極め、其の挙動の往往世人が意想の外に出づ。誠に希有の事と謂ふべきなり。

(朝野新聞)

解説

明治十四年の政変後、財政を担当した**松方正義**は、デフレ政策をとって紙幣整理を推進し、その結果、農産物価格は下落して農村は不況に陥り、豪農や自作農の多くが没落した。とくに、東山道養蚕地帯は生糸の国際市況の悪化も重なって大打撃を受け、自由党急進派と貧農が結びついて、一連の激化事件が

秩父事件

1兇徒　秩父困民党、当初三千人で蜂起し、のち参加者は一万人となった

2鎮撫　しずめる、鎮圧

3大宮郷　現在の埼玉県秩父市で郡役所があり、困民党はここを占拠した

4四出剽掠　四方に出撃して、高利貸などを襲う

5鎮台兵　当時、陸軍は東京など六鎮台に兵力を配備していた。鎮圧に出動したのは東京鎮台の兵であった

6囲繞　とりかこむ、包囲する

7遁匿　逃げかくれる

8間道　秩父から群馬県を経て長野県佐久へ抜ける道

9跋扈　のさばる

10高崎鎮台兵　東京鎮台は、東京、佐倉、高崎にそれぞれ歩兵一個連隊を配備していた

原典解説

朝野新聞　自由党の政論新聞。一八七二(明治五)年創刊の『公文通誌』を一八七四(明治七)年に改題したもの。一八八六(明治十九)年以降、論調は改進党系に変わる

三大事件建白書 → p.329

1某等　片岡健吉ら高知県有志

❷租税徴収を軽減 重要　主に地租の軽減で、それは地主の利益となる

❸言論集会を自由 重要　新聞紙条例・讒謗律・出版条例や集会条例などによる言論や政治活動への抑圧をなくすこと

❹外交失策 重要　当時、井上馨外相は、外国人の内地雑居と判事任命を代償に条約改正を実現しようとして交渉をすすめ、世論の非難をあびていた

❺治外法権 重要　領事裁判権により、在日外国人は実質的に日本の法律に拘束されない状態にあった

❻海関税権 重要　幕末の不平等条約で喪失した関税自主権

原典解説

自由党史　三二二ページ参照

設問

問❶　秩父事件をおこした農民たちの中核となり、蜂起を指導した集団を何というか。

問❷　議会開設を前にして、地租軽減、言論・集会の自由、外交の挽回を政府に求めた動きを何というか。

おきた。**秩父事件**はその最大規模のものである。秩父地方では、農家の九割以上が養蚕を営み、松方デフレ下で農家の倒産が続出し、借金党・困民党が生まれ、**大井憲太郎**の遊説をきっかけに、自由党急進派と結びついた。一八八四(明治十七)年九月、困民党は郷士で侠客の田代栄助を中心に、①借金の十年据置き、四十年賦償還、②村費の減少、③学費節減のため小学校の三年間休校、④雑税の減少などの要求をまとめ、請願したが、失敗した。十月三十一日、困民党は蜂起するが、自由党は九月におきた**加波山事件**(栃木県令三島通庸の爆殺計画から発した暴発事件)の衝撃ですでに解党していた。困民党軍は、一時は警察署を占拠したが、政府軍のため十一月五日には鎮圧された。

2 三大事件建白書　一八八七(明治二十)年十月　★

第一　某等が[1]政府に要むべき者、**租税徴収を軽減**[2]するに在るなり。……

第二　某等が政府に要むべき者、**言論集会を自由**[3]にするに在るなり。……

第三　某等が政府に要むべき者は、**外交失策**[4]を**挽回**するに在るなり。……**抑も条約改正を為すは治外法権**[5]**を破り、海関税権**[6]**を収めんが為めなり**。既に然せんと欲せば、内地雑居を許さゞるを得ず。……或は外国裁判官の多数を以て成る。……其実之を日本の裁判所なりと謂ふを得べき耶。

(自由党史)

❖解説❖

一八八六(明治十九)年十月、旧自由党系の有志二百四名が東京で会合し、**星亨**が民権諸派の再結集と統一をよびかけ**大同団結運動**がおこった。この大同団結運動を支える国民運動として三大事件建白運動がおこされ、一八八七(明治二十)年十月、**地租軽減・言論集会の自由・外交の挽回**を求める史料の建白書が高知県有志を代表して片岡健吉らによって元老院へ提出された。これを機に、二つの運動は盛りあがったが、十二月の保安条例による弾圧、一八八八(明治二十一)年二月の大隈重信入閣、一八八九(明治二十二)年三月の後藤象二郎入閣で民権諸派の統一も国民運動の再燃も不発におわった。

⑮大日本帝国憲法の制定

1 岩倉具視の憲法意見 ★

一、欽定憲法[1]ノ体裁ヲ用ヒラルル事

一、漸進ノ主義ヲ失ハサル事

付、欧州各国ノ成法ヲ取捨スルニ付テハ、孛国ノ憲法尤モ漸進ノ主義ニ適スル事

一、聖上[2]親ラ陸海軍ヲ統率シ外国ニ対シ宣戦講和シ外国ト条約ヲ結ヒ貨幣ヲ鋳造シ勲位ヲ授与シ恩赦[3]ノ典ヲ行ハセラルル等ノ事

一、聖上親ラ大臣以下文武ノ重官ヲ採択シ及進退セラルル事

付、内閣宰臣[4]タル者ハ議員ノ内外ニ拘ラサル事、内閣ノ組織ハ議院ノ左右スル所ニ任セサルヘシ

一、立法ノ権ヲ分タルル為ニ元老院[5]、民撰議院[6]ヲ設ケラルル事

一、元老院ハ特撰議員ト華士族中ノ公撰議員トヲ以テ組織スル事

一、民撰議員ノ撰挙法ハ財産制限ヲ用フヘシ、但華士族ハ財産ニ拘ハラサルノ特許ヲ与フヘキ事

（岩倉公実記）

岩倉具視の憲法意見

1 欽定憲法 重要 天皇みずから定めた憲法
2 聖上 天皇を尊敬してのよび名
3 恩赦 国家の祝慶事などに罪人の罰を軽くすること
4 内閣宰臣 内閣総理大臣
5 元老院 重要 のちの貴族院のこと
6 民撰議院 重要 のちの衆議院のこと

解説

右大臣岩倉具視は、復古的な国体論をとり、天皇の大権（独裁権）を侵すとみて、元老院の日本国国憲按（一八八〇年十二月提出）や、参議大隈重信の憲法意見（一八八一年三月提出）を排した。岩倉は、自由民権運動への対抗上、立憲政体への漸進的移行を説く伊藤博文に憲法制定を担当させる一方、一八八一

岩倉公実記　二九五ページ参照

伊藤博文の憲法調査

❶**博文来欧**　伊藤博文は、一八八二(明治十五)年、憲法調査のためヨーロッパに行った

❷**グナイスト、スタイン** 重要　グナイストはドイツ、スタインはオーストリアの憲法学者である

❸**大権** 重要　天皇の統治権

❹**実に英米仏の……国家を傾けんとするの勢**　自由民権論者の動きをこう批判している

❺**両師**　グナイスト、スタイン

❻**邦国組織**　国家組織

❼**必竟**　つまるところ、畢竟の誤り

❽**協和体**　共和政体

原典解説

伊藤博文伝　伊藤博文の伝記をまとめたもの。一九四〇(昭和十五)年刊

(明治十四)年七月に史料の憲法意見をまとめた。そこには、①欽定憲法、②皇室の憲法外的自律、③陸海軍の統帥や宣戦・講和・条約締結などの天皇大権化、④天皇の大政を補佐し議会に責任を負わない輔弼内閣制、⑤二院制、⑥選挙権の財産制限といった、のちの明治憲法体制の骨子が列挙されていた。その内容は、井上毅がドイツ人法律顧問ロエスレルの意見を聞いてまとめたもので、岩倉が憲法制定の実務にあたる伊藤・井上らとの間でかわした確認事項だといえる。

2 伊藤博文の憲法調査 ★

博文来欧❶以来……独逸にて有名なるグナイスト、スタイン❷の両師に就き国家組織の大体を了解する事を得て、皇室の基礎を固定し、大権❸を不墜の大眼目は充分相立候間、追て御報道申し上ぐべく候。実に英米仏の自由過激論者の著述而已を金科玉条の如く誤信し、殆んど国家を傾けんとするの勢❹は今日我国の現状に御座候へ共、之を挽回するの道理と手段とを得候、……両師❺の主説とする所は、邦国組織❻の大体に於て、必竟❼君主立憲体と協和体❽の二種を以て大別と為し、（此中に種々分派有之候へ共、小差別なり、譬へば立君にして協和体あり、無君にして協和体あり、立君専政あり君主立憲にして議会を有するある等）君主立憲政体なれば、君位君権は立法の上に居らざる可からずと云の意なり。故に、憲法を立て立法行政の両権を並立せしめ（立法は議政府、行政は宰相府）恰も人体にして意想と行為あるが如くならしめざる可からずと云。（伊藤博文伝）

❖解説❖

参議伊藤博文は、一八八二(明治十五)年三月から八三(明治十六)年八月にかけて渡欧し、憲法調査にあたった。随員には伊東巳代治・西園寺公望・平田東助らがおり、彼らは各国に派遣され、その国の憲法、皇室・内閣・議会の相互関係、貴族制度、選挙制度、地方制度などを調査した。伊藤自身は、まずベルリンを訪れ、グナイストとその弟子のモッセに、ついでウィーンでスタインについて講義をうけ、「絶対主義の秘部をおおうイチヂクの葉」と評されたプロイセン憲法を理想とする憲法理論を身につけた。史料は、一八八二年八月、岩倉具視にあてた書簡の一節で、天皇大権を憲法上に確立する理論的な見通しを得たことを報じている。岩倉は一八八三(明治十六)年七月に病没し、帰国後、伊藤が名実ともに憲法制定作業を主導することになる。

3 大日本帝国憲法

一八八九(明治二十二)年二月十一日発布
一八九〇(明治二十三)年十一月二十九日施行

★★★★

第一章　天皇

第一条　大日本帝国ハ万世一系❶ノ天皇之ヲ統治ス

第三条　天皇ハ神聖ニシテ侵スヘカラス❷

第四条　天皇ハ国ノ元首ニシテ統治権ヲ総攬❸シ此ノ憲法ノ条規ニ依リ之ヲ行フ❹

第五条　天皇ハ帝国議会ノ協賛❺ヲ以テ立法権ヲ行フ

第六条　天皇ハ法律ヲ裁可シ其ノ公布及執行ヲ命ス

第七条　天皇ハ帝国議会ヲ召集シ其ノ開会閉会停会及衆議院ノ解散ヲ命ス

第八条　天皇ハ公共ノ安全ヲ保持シ又ハ其ノ災厄ヲ避クル為緊急ノ必要ニ由リ帝国議会閉会ノ場合ニ於テ法律ニ代ルヘキ勅令❻ヲ発ス……

第十条　天皇ハ行政各部ノ官制及文武官ノ俸給ヲ定メ及文武官ヲ任免ス……

第十一条　天皇ハ陸海軍ヲ統帥❼ス

第十二条　天皇ハ陸海軍ノ編制及常備兵額ヲ定ム

第十三条　天皇ハ戦ヲ宣シ和ヲ講シ及諸般ノ条約ヲ締結ス

第十四条　天皇ハ戒厳❽ヲ宣言ス

第二章　臣民権利義務

大日本帝国憲法

❶**万世一系** 重要　神代以来、絶えることのない皇室の家系。天皇の統治権の由来を神話的な国体論に求めたもので、天皇の権力を絶対無制限とみる神権天皇制説の根拠となる

❷**天皇ハ……侵スヘカラス**　君主を法的に免責する規定(君主無答責)で、ヨーロッパの立憲君主国の憲法に多くみられる

❸**総攬**　すべてにぎる

❹**天皇ハ国ノ元首ニシテ……之ヲ行フ**　天皇の統治行為が憲法にもとづくことを規定したもので、天皇を憲法が定めた定員一名の国家機関とみる天皇機関説の根拠となる

❺**協賛** 重要　協力。草案では「承認」となっていたが、枢密院の審議で修正された

❻**緊急ノ必要ニ由リ……勅令** 重要　緊急勅令。次の議会で承諾されなければ失効する

第二十条　日本臣民ハ法律ノ定ムル所ニ従ヒ兵役ノ義務ヲ有ス
第二十一条　日本臣民ハ法律ノ定ムル所ニ従ヒ納税ノ義務ヲ有ス
第二十八条　日本臣民ハ安寧秩序ヲ妨ケス及臣民タルノ義務ニ背カサル限ニ於テ信教ノ自由ヲ有ス
第二十九条　日本臣民ハ法律ノ範囲内ニ於テ言論著作印行[9]集会及結社ノ自由ヲ有ス

第三章　帝国議会

第三十三条　帝国議会ハ貴族院衆議院ノ両院ヲ以テ成立ス
第三十四条　貴族院ハ貴族院令[10]ノ定ムル所ニ依リ皇族華族及勅任セラレタル議員ヲ以テ組織ス
第三十五条　衆議院ハ選挙法ノ定ムル所ニ依リ公選セラレタル議員ヲ以テ組織ス

第四章　国務大臣及枢密顧問

第五十五条　国務各大臣ハ天皇ヲ輔弼シ[11]其ノ責ニ任ス……

第五章　司法

第五十七条　司法権ハ天皇ノ名ニ於テ法律ニ依リ裁判所之ヲ行フ

第六章　会計

第七十一条　帝国議会ニ於テ予算ヲ議定セス又ハ予算成立ニ至ラサルトキハ政府ハ前年度ノ予算ヲ施行スヘシ

（法令全書）

解説

大日本帝国憲法の起草は、一八八六（明治十九）年秋から伊藤博文を中心に井上毅・伊東巳代治・金子堅太郎らによって秘密裡にすすめられた。井上がドイツ人法律顧問のロエスレルやモッセの意見を聞いて、二つの草案を一八八七（明治二十）年四～五月に作成し、ロエスレルも独自の草案をまとめた。伊藤らは、一八八七年六月から草案をまとめる作業にはいり、横浜近郊の景勝地金沢にちかい夏島（神奈川県横須賀市）にある伊藤の別荘で草案（夏島草案）がまとめられ、その後、さらに手が加えられた。枢密

7 統帥 重要　指揮。第十一条は統帥権独立の規定だが、その内容は軍部の台頭により、軍令（軍事行動の指揮）から軍政（兵力の決定）へと拡大解釈されていった

8 戒厳 重要　戦争や内乱などに際し、全国または一部の地域を軍隊の絶対無制限の支配下におくこと。その場合、憲法や法律の機能は一時的に停止される

9 印行　出版・刊行

10 貴族院令 重要　貴族院の構成は勅令で規定されているため、その改正には天皇の発意が必要であり、議会、とりわけ衆議院が改正を行うことはきわめて困難であった

11 輔弼 重要　たすける。第五十五条は、国務大臣は天皇が政治を行う上での補佐役（輔弼）であり、議会に対しては政治上の責任を負わない輔弼内閣制の規定

原典解説

法令全書　二九六ページ参照

院が一八八八(明治二十一)年四月に創設され、伊藤はその議長に就任し、六〜七月、翌年一月に草案の審議を行った。かくして、一八八九(明治二十二)年二月十一日(紀元節)、憲法は明治天皇が宮中正殿で**黒田清隆**首相に手渡すという形(**欽定憲法**)で発布された。

憲法第一章は天皇についての条文で、第一条で**天皇主権**を宣言し、第六条以下で**天皇大権**(独裁権)を列挙している。それには、法律の裁可・公布・執行、議会の召集・開会・停会・衆議院解散、議会閉会中の緊急勅令の発布、官制の制定と文武官の任免、陸海軍の統帥、宣戦・講和・条約締結、戒厳の布告、恩赦などがあり、別の章にも非常大権・司法大権・憲法改正発議権・皇室典範改正権などが規定されている。これに対して、国民は「臣民」とされ、第二章でその権利と義務が明示されているが、権利は個々の法律でその内容を制約できるようになっていた。また、議会も天皇の立法権に協賛(協力)する機能しか与えられず(協賛議会)、国民を代表する衆議院は貴族院と対等な地位におかれ、予算不成立時の前年度予算執行権を政府に与えるなど、その機能に制約が加えられていた。

4 憲法発布と民衆―「ベルツの日記」★

二月九日　東京全市は十一日の憲法[1]発布をひかえてその準備のため、言語に絶した騒ぎを演じている。到るところ奉祝門・照明・行列の計画。だが滑稽なことには誰も憲法の内容をご存じないのだ。／二月十六日　日本憲法が発表された。もともと国民に委ねられた自由なるものはほんの僅かである。しかしながら不思議なことにも、以前は「奴隷化された」ドイツの国民以上の自由を与えようとはしない[2]といって悲憤慷慨したあの新聞が、すべて満足の意を表しているのだ。

（ベルツの日記）

解説

ドイツ人内科医のベルツは、一八七六(明治九)〜一九〇五(明治三十八)年の間、日本に滞在し、帝国大学教授や宮内省御用掛として皇族の診療なども担当した。欽定憲法を無批判に受容する日本の世論について、自由民権運動がさかんだった時期の激越な憲法論議を想起しつつ皮肉っている。

憲法発布と民衆

[1]憲法　大日本帝国憲法

[2]ドイツの国民以上の自由を与えようとはしない　政府が手本としたドイツの憲法では、国民の自由や人権は大幅に制限されていた

原典解説

ベルツの日記　ドイツ人医学者で、外国人教師ベルツの日本滞在中の日記。当時の日本の政治や社会を鋭く批判するとともに、政界の裏面についての重要な史料となっている

設問

問❶　大日本帝国憲法において、天皇が議会の協賛を得ずに行使できると規定された権限を何というか。

問❷　大日本帝国憲法において、議会閉会中に天皇が制定することを認められた法令を何というか。

⑯帝国憲法体制

1 明治民法 ★★

第十四条　妻カ左ニ掲ケタル行為ヲ為スニハ夫ノ許可ヲ受クルコトヲ要ス❶……

第七百三十二条　戸主❷ノ親族ニシテ其家ニ在ル者及ヒ其配偶者ハ之ヲ家族トス

第七百四十九条　家族ハ戸主ノ意ニ反シテ其居所ヲ定ムルコトヲ得ス

第七百五十条　家族カ婚姻又ハ養子縁組ヲ為スニハ戸主ノ同意ヲ得ルコトヲ要ス

第七百七十二条　子カ婚姻ヲ為スニハ其家ニ在ル父母ノ同意ヲ得ルコトヲ要ス……

第八百一条　夫ハ妻ノ財産ヲ管理ス

第八百十三条　夫婦ノ一方ハ左ノ場合ニ限リ離婚ノ訴ヲ提起スルコトヲ得

一、配偶者カ重婚ヲ為シタルトキ

二、妻カ姦通ヲ為シタルトキ

三、夫カ姦淫罪ニ因リテ刑ニ処セラレタルトキ……

第九百八十六条　家督相続人❸ハ相続開始ノ時ヨリ前戸主ノ有セシ権利義務ヲ承継ス（法令全書）

解説

民法の編纂は、フランス人法律顧問ボアソナードの指導で一八九〇(明治二十三)年に完成し、一八九三(明治二十六)年から施行されることになった。ところが、それが、①妻や未成年の子どもにも完全な権利能力を認めていたり、②賃借権も所有権と同様、物権として扱って地主の権利を脅すおそれがあることに批判がおこり、民法典論争がはじまった。イギリス法学系の法学士会(帝国大学系、中心は穂積陳重)の批判に対し、フランス法学系の明治法律学校(明治大学の前身)や和仏法律学校(法政大学の

明治民法

❶妻カ左ニ掲ケタル……許可ヲ受クルコトヲ要ス　旧民法では、妻は法律上無能力者といって、借財・財産の売買・贈与・訴訟等重要なことは夫の許可を要した

❷戸主 重要　家の統率者で、家族の居所指定、結婚同意権等の戸主権をもつ

❸家督相続人　戸主権と財産の相続で当時は相続には家督相続と遺産相続の二種類があった

原典解説

法令全書　二九六ページ参照

前身)の関係者(中心は梅謙次郎)は断行論を唱え、民権派も支持した。しかし、穂積八束(陳重の弟)が一八九一(明治二十四)年に「民法出テヽ忠孝亡フ」と批判して、当時の世論の共感を得、一八九二(明治二十五)年の第三議会で民法と商法の施行は延期された。一八九八(明治三十一)年に大幅な修正をへて成立・施行された**明治民法**は、戸主権を絶対化し、夫権や親権が強く家父長的な家族制度を維持する役割をはたした。戸主は、家族の居所指定権、結婚同意権、未成年者の親権をもち、戸主権は相続の対象となり(家督相続)、相続順位も直系主義をとる一方、妻は法律上の権利を大幅に制限されていた。

2 市制・町村制　一八八八(明治二十一)年四月二十五日公布　★

現今ノ制ハ府県ノ下郡区町村アリ[1]、区町村ハ稍自治ノ体ヲ存スト雖モ未タ完全ナル自治ノ制アルヲ見ス[2]、郡ノ如キハ全ク行政ノ区画タルニ過キス、府県ハ素ト行政ノ区画ニシテ、幾分カ自治ノ制ヲ兼ネ有セルカ如シト雖モ、是亦全ク自治ノ制アリト謂フ可カラス、……府県郡市町村ヲ以テ三階級ノ自治体ト為サントス、……自治区ニハ其自治体共同ノ事務[3]ヲ任ス可キノミナラス、一般ノ行政ニ属スル事ト雖モ全国ノ統治ニ必要ニシテ官府自ラ処理スヘキモノヲ除クノ外、之ヲ地方ニ分任スル[4]ヲ得策ナリトス

（法令全書）

解説

廃藩置県後、一八七二(明治五)年に**大区小区制**、一八七八(明治十一)年に**郡区町村編制法**(地方三新法のひとつ)と、地方制度は改変を重ねてきたが、一八八八(明治二十一)年に**市制・町村制**がしかれ地方自治制が確立した。**山県有朋**内相は、中央での政府と議会(政党)の対立を地方に持ち込まない体制をめざし、ドイツ人法律顧問**モッセ**らの意見を聞いて、ドイツの制度を模倣した地方自治制をつくった。そこでは、寄生地主などの地方有力者(名望家)を無給の名誉職である首長や議員として、地方の秩序維持をになわせようとした。

市制・町村制

1 郡区町村 重要　当時、府県はいくつかの郡という行政区画に分かれ、さらに自治体である区(のちの市)と町村がその下にあった

2 完全ナル自治ノ制アルヲ見ス 重要　区町村にはそれぞれ地方議会が開設されていたものの、首長は官選で、その自治権は不完全なものであった

3 自治体共同ノ事務　固有事務または自治事務という

4 之ヲ地方ニ分任スル　国の行政事務のうち、地方自治体にまかされたもので、国政委任事務という

設問

問❶　明治民法において、家族に対して絶大な権限をもつとされた存在は何か。

問❷　市制・町村制の制定をすすめた内務大臣はだれか。

3 軍人勅諭　一八八二(明治十五)年一月四日 ★

夫兵馬の大権[1]ハ朕か統ふる所なれハ、其司々をこそ臣下には任すなれ。其大綱は朕親之を攬り肯て臣下に委ぬへきものにあらす。子々孫々に至るまで篤く斯旨を伝へ天子は文武の大権を掌握するの義を存して、再び中世以降の如き失体[2]なからんことを望むなり、朕は汝等軍人の大元帥[3]なるそ。されは朕は汝等を股肱[4]と頼み、汝等は朕を頭首と仰きてそ、其親は殊に深かるへき。朕か国家を保護して、上天の恵に応し、祖宗[5]の恩に報いまゐらする事を得るも得さるも、汝等軍人か其職を尽すと尽さゝるとに由るそかし。……

一、軍人ハ忠節を尽すを本分とすべし。……世論に惑わす、政治に拘らす[6]、只々一途に己の本分の忠節を守り、義ハ山嶽よりも重く、死ハ鴻毛[7]よりも軽しと覚悟せよ……

一、軍人ハ礼儀を正くすへし……

一、軍人ハ武勇を尚ふへし……

一、軍人ハ信義を重んすへし……

一、軍人ハ質素を旨とすへし……

(法令全書)

解説

自由民権運動は徴兵制の軍隊の兵士たちの間に影響を及ぼしつつあった。西南戦争の恩賞問題をきっかけに、近衛兵が反乱をおこした一八七八(明治十一)年の竹橋事件にも民権論の影響があった。陸軍卿山県有朋は、事態を憂慮し、竹橋事件が勃発すると直ちに軍人訓戒を自分の名で出した。民権運動の高揚を受けて、さらにそれを補強し、一八八二(明治十五)年、天皇の名で軍人勅諭を出した。前文で天皇の統帥権親裁を歴史的に基礎づけ、軍人が守るべき徳目として忠節・礼儀・武勇・信義・質素の五か条をあげ、山県が自ら第一条に政治不関与の一節を挿入し、軍隊の天皇親率原則を確立した。

軍人勅諭

1 兵馬の大権 重要　軍隊の統帥権(指揮権)。大日本帝国憲法第十一条で統帥権が天皇にあると規定

2 中世以降の如き失体　武士が国家の軍事を握って武家政権を成立させたこと

3 大元帥　軍隊の最高指揮官。一八九八(明治三十一)年に元帥府条例が制定され、陸海軍大将のなかから「老功卓抜なる者」に元帥の称号が与えられた。これは大元帥である天皇の最高軍事顧問

4 股肱　「もも」と「ひじ」で、天皇の最も信頼する臣下の意

5 祖宗　皇祖(天照大神)と皇宗(神武天皇以降の歴代天皇)のこと

6 政治に拘らす　一八八〇(明治十三)年制定の集会条例第七条で、陸海軍人は政治集会への参加や政治結社への加入を禁止されていた

7 鴻毛　おおとりの羽毛で、きわめて軽いことのたとえ

北海道旧土人保護法

❶北海道旧土人　アイヌ民族をさす差別的な呼称。一八七八(明治十一)年の開拓使布令で、戸籍上の呼称をこの差別語に統一した

❷一万五千坪　四・九五ヘクタール(約五町)で、本州などでは一ヘクタール(約一町)が農家の標準的な耕地面積だった

❸北海道庁　一八八六(明治十九)年に設置され、千島列島を含む北海道全域を管轄した

4 北海道旧土人保護法　一八九九(明治三十二)年三月二日公布 ★

第一条　北海道旧土人❶ニシテ農業ニ従事スル者又ハ従事セムト欲スル者ニハ一戸ニ付土地一万五千坪❷以内ヲ限リ無償下付(かふ)スルコトヲ得

第三条　第一条ニ依リ下付シタル土地ニシテ其ノ下付ノ年ヨリ起算シ十五箇年ヲ経ルモ尚(なお)開墾セサル部分ハ之ヲ没収ス

第四条　北海道旧土人ニシテ貧困ナル者ニハ農具及種子ヲ給スルコトヲ得

第五条　北海道旧土人ニシテ疾病(しっぺい)ニ罹(かか)リ自費治療スルコト能ハサル者ニハ薬価ヲ給スルコトヲ得

第七条　北海道旧土人ノ貧困ナル者ノ子弟ニシテ就学スル者ニハ授業料ヲ給スルコトヲ得

第九条　北海道旧土人ノ部落ヲ為シタル場所ニハ国庫ノ費用ヲ以テ小学校ヲ設クルコトヲ得

第十条　北海道庁❸長官ハ北海道旧土人共有財産ヲ管理スルコトヲ得

北海道庁長官ハ内務大臣ノ認可ヲ経テ共有者ノ利益ノ為ニ共有財産ノ処分ヲ為シ又必要ト認ムルトキハ其ノ分割ヲ拒(こば)ムコトヲ得

北海道庁長官ノ管理スル共有財産ハ北海道庁長官之ヲ指定ス

(法令全書)

解説

明治維新後、北海道の開拓にあたった開拓使は、当時人口が二万人弱であったアイヌ民族の同化政策をとり、狩猟・漁労民族のアイヌに風俗や習慣の廃止と、農耕民への転換を強制した。日本人の移住などの影響も加わり、アイヌ民族の窮乏がすすんだ。政府は一八九九(明治三十二)年に北海道旧土人保護法を制定し、勧農・救済・医療・教育・共有財産の管理などを規定した。一九九七(平成九)年、アイヌ民族の強い要望を背景に、アイヌ文化の振興などを定めたアイヌ文化振興法が成立し、「旧土人」の称は廃止された。二〇一九年にはアイヌを「先住民族」と明記したアイヌ施策推進法が成立した。

⑰ 初期議会

1 超然主義—黒田清隆首相の演説

一八八九（明治二十二）年二月十二日 ★★

今般憲法発布式ヲ挙行アリテ、大日本帝国憲法及之ニ附随スル諸法令[1]ヲ公布セラレタリ。……憲法ハ敢テ臣民ノ一辞ヲ容ルヽ所ニ非ルハ勿論ナリ。唯タ施政上ノ意見ハ人々其所説ヲ異ニシ、其合同スル者相投シテ団結ヲナシ、所謂政党ナル者ノ社会ニ存立スルハ亦情勢ノ免レサル所ナリ。然レトモ政府ハ常ニ一定ノ方向ヲ取リ、超然[2]トシテ政党ノ外ニ立チ、至公至正ノ道ニ居ラサル可ラス。各員宜ク意ヲ此ニ留メ、不偏不党ノ心ヲ以テ人民ニ臨ミ、撫馭宜キヲ得[3]、以テ国家隆盛ノ治ヲ助ケンコトヲ勉ムヘキナリ。

（明治政史）

通釈

このたび憲法発布の式典が行われて、大日本帝国憲法とこれに付随する法令が公布された。……憲法については、あえて臣民がとやかくいうところのものでないことはもちろんである。ただ政治運営についての意見は人々それぞれに考えがちがい、同じ考えを持つ者が集まって団結し、いわゆる政党が社会にできるのは、社会情勢からいってやむをえない。しかしながら政府としては、いつも一定の方向を堅持して政党の動きにとらわれないで政党の外に立ち、公正な立場にいなければならない。各地方長官の諸君は、この点に留意して、一党一派にかたよらない心をもって人民にのぞみ、人民をよく統治し日本国家を盛んにする政治を助けるよう努力すべきである。

解説

藩閥官僚は、議会開設後も内閣は議会（政党）に左右されないという超然主義をとった。憲法発布の翌日（一八八九年二月十二日）、黒田清隆首相は、地方長官を鹿鳴館に集めて、その立場を表明している。十五日には枢密院議長の伊藤博文も府県会の議長や議員を集めて、「政府内ニ政党ヲ引入ルルコトハ甚タ宜カラヌ事ニテ、政府ハ須ク政党以外ニ独立セサルヘカラス」と演説している。演説の対象が府県関係者なのは、政党の地方政治への浸透を阻止するためと考えられる。

超然主義

1 **諸法令**　衆議院議員選挙法・大赦令・会計法・貴族院令・議院法の公布をさす

2 **超然**　重要　とらわれない

3 **撫馭宜キヲ得**　政府が人民をうまく操縦支配すること

原典解説

明治政史　指原安三編。一八六七～九〇年の明治前期政治史史料を中心に、編年体でまとめた歴史書。全十二巻で一八九二～三年に刊行

設問

問❶　帝国議会の開設にあたり、政府がとった議会に対する姿勢を何というか。

⑱条約改正

1 井上馨外相の条約改正案 ★

第一条　日本帝国政府ハ本条約締結後二ケ年ノ中ニ於テ、全ク国内ヲ開放シ、永久ニ外人ヲシテ雑居セシムヘシ[1]

第四条　日本帝国政府ハ泰西主義ニ則リ[2]、本条約ノ定款ニ遵ヒ、司法上ノ組織及成法ヲ確定ス可シ。之ヲ類別スレハ（第一）刑法（第二）刑事訴訟法、（第三）民法……[3]

第七条　其原告タル、被告タルヲ問ハス、凡テ一人若シクハ数人ノ諸外国人カ与リタル民事訴訟ヲ、日本裁判所ニ於テ裁判スルニ当リテハ、左ニ列記シタル条ニ遵ハサルヘカラス……

㈠　始審裁判所、控訴院及大審院[4]ノ判事ハ、外国裁判官其多数ニ居ルヘキ事[5]……

㈩　刑事ノ予審ハ、外国裁判官之ニ当ルヘシ

（大日本外交文書）

井上馨外相の条約改正案

1 雑居セシムヘシ 重要 外国人に日本国内の居住・旅行・土地所有・商工業営業権を与える（内地雑居）

2 泰西主義ニ則リ ヨーロッパにならう

3 民法…… つづけて商法・民事訴訟法をあげ、第五条で、条約批准後十六カ月以内にそれら法律の英文を外国政府に通知するとしている

4 控訴院及大審院 重要 現在の高等裁判所と最高裁判所にあたる

5 外国裁判官其多数ニ居ルヘキ事 重要 外国人判事が過半数をしめること

❖解説

寺島宗則による関税自主権回復中心の交渉が失敗し、かわって井上馨が外務卿に就任した（一八八五年十二月から外務大臣）。井上は、一八八二（明治十五）年、外務省に各国公使を招いて条約改正予備会議を開いて、交渉に着手した。井上は、交渉促進のため欧化政策を推進し、東京の鹿鳴館に各国公使などを招いて盛んに舞踏会を催すなどして、日本が欧米諸国と対等条約を結べるような文明開化（脱亜入欧）を遂げたことを印象づけようとした。しかし、これはかえって内外の嘲笑と反感をまねく結果となった。交渉は、日本と政治・経済両面でかかわりの深いイギリスを中心にすすめられ、一八八六（明治十九）年五月に東京で条約改正会議を開くにいたった。イギリスとドイツが共同提案した裁判管轄条約案を基礎に討議がなされ、一八八七（明治二十）年四月に話し合いがまとまった。

条約案の内容は、史料にあるように、①批准後二年以内に日本全国を外国人に開放し、②西欧流の司

原典解説 **大日本外交文書** 外務省が一八六七(明治元)年から日露戦争ごろまでの外交文書を編集したもので、『日本外交文書』の第一巻第一冊のこと(三五〇ページ参照)

日英通商航海条約
❶嘉永七年　一八五四年
❷約定　日英和親条約
❸慶応二年　一八六六年
❹改税約定 重要 改税約書
❺安政五年　一八五八年
❻修好通商条約 重要 日英修好通商条約
❼大不列顛国　イギリス
❽特権及免除　領事裁判権

条約改正の実現
❶明治二十七年　一八九四年
❷青木公使 重要 大津事件で辞職した青木周蔵は、当時イギリス公使となっていた

法制度と諸法典を整備し、③法典は施行前に英記文を各国に送付して承認を得、④外国人判事・検事を任用して外国人が関与する訴訟の審理を担当させるなどとなっていた。領事裁判権(治外法権)撤廃の代償としてはあまりにも屈辱的なものであり、しかも税権はわずか三百六十万円の関税と十七万円の屯税(船のトン数、積荷量に応じて課す税)が増徴されるにすぎなかった。

この改正案への反対はまず政府部内からおこった。一八八七年五月、フランス人法律顧問ボアソナードが日本にとってきわめて不利な内容だと批判し、さらにヨーロッパ視察から帰国した谷干城農商務相が反対意見を表明した。政府は、七月、改正交渉を無期延期としたが、その内容が民間にもれてしまった。折から世論はノルマントン号事件に憤激していた。これは前年(一八八六年)十月、イギリスの貨物船ノルマントン号が和歌山県沖で難破し、イギリス人船員だけがボートで脱出して、日本人乗客二十五人全員が水死するという事件で、イギリス領事の裁判は船長を微罪ですませた。世論を背景に、民権派は井上の条約改正案を非難し、東京には各地から条約改正反対の建白(三大事件建白運動)が集まり、物情騒然となった。九月、ついに井上は外務大臣辞任に追い込まれた。

2 日英通商航海条約　一八九四(明治二十七)年七月十六日調印 ★

第二十条　本条約ハ其ノ実施ノ日ヨリ両締盟国間ニ現存スル嘉永七年❶八月二十三日……締結ノ約定、❷慶応二年❸五月十三日……締結ノ改税約定、❹安政五年❺七月十八日……締結ノ修好通商条約❻及之ニ付属スル一切ノ諸約定ニ代ハルヘキモノトス。而シテ該条約及諸約定ハ右期日ヨリ総テ無効ニ期シ、随テ大不列顛国❼カ日本帝国ニ於テ執行シタル裁判権及該権ニ属シ、又ハ其ノ一部トシテ大不列顛国臣民カ享有セシ処ノ特典、特権及免除❽ハ本条約実施ノ日ヨリ別ニ通知ヲナサス全然消滅ニ帰シタルモノトス。而シテ此等ノ裁判管轄権ハ本条約実施後ニ於テハ日本帝国裁判所ニ於テ之ヲ執行スヘシ。

(日本外交年表竝主要文書)

参考史料 条約改正の実現 ★★

明治二十七年❶七月十三日付を以て、青木公使❷は余❸に電稟❹して曰く、「本使は明日を以て新条約❺に調印

することを得べし」と。而して余がこの電信に接したるは抑々如何なる日ぞ。雞林八道[6]の危機方に旦夕[7]に迫り、余が大鳥公使[8]に向ひ、「今は断然たる処置を施すの必要あり、何等の口実を使用するも差支なし、実際の運動[9]を始むべし」と訣別類似の電訓を発したる後僅に二日を隔つるのみ。余が此間の苦心惨澹・経営太忙[10]なりしは実に名状すべからず。然れども今此喜ぶべき佳報に接するや頓[11]に余をして積日の労苦を忘れしめたり。……

（蹇蹇録）

3 余　陸奥宗光外相
4 電稟　電報で上官に報告する
5 新条約　日英通商航海条約
6 雞林八道　朝鮮全域
7 旦夕　さしせまって
8 大鳥公使　大鳥圭介、駐朝鮮公使
9 実際の運動　朝鮮政府への最後通牒
10 太忙　多忙
11 頓に　にわかに

原典解説

日本外交年表竝主要文書　二八六ページ参照

蹇蹇録　陸奥宗光の外交記録で、日清戦争前後のことがくわしく書かれている。一八九六（明治二十九）年に外務省が印刷

設問

問❶　領事裁判権を撤廃するため、外国人判事の任用を認める条約改正案をつくって交渉した外務大臣はだれか。

問❷　列国が貿易上の必要から強く要求し、政府も条約改正の代償として認めようとしたものは何か。

解説

井上馨につづき大隈重信も国内世論の支持を失って条約改正に失敗し、法権の完全回復が課題となった。青木周蔵外相は法権、税権の完全回復をめざしてイギリスと交渉をすすめていたが、一八九一（明治二十四）年におきた大津事件（来日中のロシア皇太子に対する傷害事件）で引責辞任し、交渉も挫折した。第二次伊藤博文内閣の陸奥宗光外相は、国内の対外硬派をおさえ、朝鮮の覇権をめぐる清国との対立で優位に立つために、条約改正を急いだ。そのため、陸奥は税権の完全回復をはじめからあきらめ、駐独公使になっていた青木に駐英公使を兼ねさせ、ロンドンでイギリス外相キンバレーとの交渉にあたらせた。

第二次伊藤内閣は、一八九四（明治二十七）年六月二日、朝鮮政府が東学党を中心とする農民の蜂起（甲午農民戦争）の鎮圧のため清国に出兵を要請したとの報に接するや直ちに、内閣弾劾上奏案を前々日に可決した衆議院を解散する一方、朝鮮出兵を決定した。しかし、朝鮮に上陸した日本軍はしばらく清国軍とにらみ合ったまま行動をおこさなかった。それはイギリスとの条約改正交渉の妥結をまっていたのである。七月十六日、日英通商航海条約がロンドンで調印されると、二十日に日本は朝鮮政府に清国を宗主国とあおぎ、その保護をうける宗属関係の破棄などを要求する最後通牒をつきつけ、日清戦争（二十五日豊島沖海戦、八月一日宣戦布告）に突入していった。

この条約改正の背景には英露間の対立があった。イギリスは日本を利用してロシアに対抗しようとし、日本はイギリスの支持で清国に勝とうとしていた。新条約は、相互対等の最恵国待遇を規定し、領事裁判権を撤廃していた。しかし、税権回復は不完全で、関税率は一律五パーセントから十五パーセントに引き上げられたが、重要輸入品については片務的な協定関税を残した。関税自主権は、第二次桂内閣の小村寿太郎外相が一九一一（明治四十四）年に調印した日米通商航海条約で完全に回復した。

⑲朝鮮問題と日清戦争

1 福沢諭吉「脱亜論」 ★★★

我日本の国土は亜細亜の東辺[1]に在りと雖ども、其国民の精神は既に亜細亜の固陋[2]を脱して西洋の文明に移りたり。然るに爰に不幸なるは近隣に国あり、一を支那[3]と云ひ、一を朝鮮と云ふ。……我輩を以て此二国を視れば、今の文明東漸[4]の風潮に際し、迚も其独立を維持するの道ある可らず。……左れば今日の謀[5]を為すに、我国は隣国[6]の開明を待て共に亜細亜を興すの猶予ある可らず。寧ろ其伍[7]を脱して西洋の文明国と進退を共にし、其の支那朝鮮に接するの法も隣国なるが故にとて特別の会釈[8]に及ばず、正に西洋人が之に接するの風[9]に従て処分す可きのみ。悪友を親しむ者は共に悪名を免かる可らず。我れは心に於て亜細亜東方の悪友を謝絶[10]するものなり。

（福沢諭吉全集）

解説

欧米列強のアジア進出は日本の独立を脅すものと意識され、政治・経済・文化の欧米化や、清国・朝鮮との提携によってこれに対抗しようという考え方が生まれた。しかし、清国・朝鮮は、欧米化にも日本との提携にも否定的であった。福沢諭吉は、一八八一(明治十四)年に日清両国の提携には清国・朝鮮の欧米化が必要だとするアジア改造論を唱えていたが、朝鮮をめぐり日清両国の関係が悪化した。一八八五(明治十八)年には、「脱亜論」を説いた。そこでは、清国・朝鮮の欧米化を断念し、日本は単独で欧米化(脱亜入欧)をすすめ、清国や朝鮮には欧米列強と同様の姿勢で臨めばよいとした。

福沢諭吉「脱亜論」

1 東辺　東のはし、極東
2 固陋　かたくななこと
3 支那　清国
4 東漸　東洋へ伝わってくること
5 今日の謀　欧米列強からの自立を意味する
6 隣国　清国と朝鮮
7 伍　仲間
8 会釈　思いやり
9 西洋人が……風　欧米列強の対アジア政策と同じやり方、つまりその植民地化
10 謝絶　絶交

原典解説

福沢諭吉全集　三一一ページ参照

2 天津条約　一八八五(明治十八)年四月十八日調印 ★

一、議定ス[1]、中国[2]朝鮮ニ駐紮[3]スルノ兵ヲ撤シ、日本国朝鮮ニ在リテ使館[4]ヲ護衛スルノ兵弁[5]ヲ撤ス
……
一、将来朝鮮国若シ変乱[6]重大ノ事件アリテ日中両国或ハ一国兵ヲ派スルヲ要スルトキハ応ニ先ス互ニ行文知照[7]スヘシ。其事定マルニ及テハ仍即チ撤回[8]シ再タヒ留防[9]セス

(日本外交年表竝主要文書)

解説

一八七六(明治九)年の日朝修好条規によって開国した朝鮮では、それまでの保守的な大院君(国王の実父)にかわって閔妃(国王の夫人)一族が政権を握り、日本の援助を得て開明的な政策をすすめていた。しかし、日本式の新軍制の採用が一八八二(明治十五)年に旧式軍隊の反乱をまねいた。この壬午軍乱を機に、閔妃政権は保守的な姿勢に転じ、清国への依存を深めた。この事大党(大国清に事えるの意)の政権に反対する開明派の金玉均・朴泳孝ら独立党は、一八八四(明治十七)年十二月、漢城の日本公使館の支援でクーデタをおこしたが、清国軍の介入で失敗した。一八八五(明治十八)年四月、伊藤博文は天津で李鴻章と甲申事変の事後処理のため、天津条約を結んだ。日本側は今後の出兵に際して事前通告を行うとの第三条をもって、朝鮮に対して日清両国が同等の地位に立つことを確認した条項とみなした。これが、一八九四年六月に日本が朝鮮に出兵した際、法的根拠としたものである。天津条約は、朝鮮からの日清両軍の撤兵という和平協定であったが、新たな紛争の火種もはらんでいた。

3 利益線の確保——第一議会での山県有朋首相の演説 ★★

予算中ニ就キマシテ最歳出ノ大部分ヲ占メルモノハ、即陸海軍ノ経費デ御座イマス。……蓋国家独立自衛ノ道ニニ途アリ。第一ニ主権線ヲ守護スルコト、第二ニハ利益線ヲ保護スルコトデ

天津条約
1 議定　協定
2 中国　清国
3 駐紮　駐屯
4 使館　朝鮮公使館
5 兵弁　軍隊
6 変乱　事変や内乱
7 行文知照　事前に文書で通告すること
8 撤回　撤兵
9 留防　軍隊の駐留

原典解説
日本外交年表竝主要文書　二八六ページ参照

アル。其ノ主権線トハ国ノ彊域❶ヲ謂ヒ、利益線トハ其ノ主権線ノ安危ニ密着ノ関係アル区域ヲ申シタノデアル。凡国トシテ主権線及利益線ヲ保タヌ国ハ御座リマセヌ。方今❷列国ノ間ニ介立シテ❸一国ノ独立ヲ維持スルニハ、独主権線ヲ守禦スルノミニテハ決シテ十分トハ申サレマセヌ。必ズ亦利益線ヲ保護致サナクテハナラヌコトヽ存ジマス。

（山県有朋意見書）

解説

政府は、甲申事変後、対清戦争を予想し、軍備の拡張につとめた。史料は、一八九〇（明治二十三）年十二月六日、第一議会で山県有朋首相が行った演説の一節である。山県は、国防は主権線（国境）を守るだけでは不十分で、利益線（勢力圏）も守らねばならないとして、朝鮮の覇権を清国と争うための軍拡を合理化した。政府が初期議会で軍艦建造費の予算通過に固執して民党と激しく対立したのも、清国の北洋艦隊と対抗する海軍力を保有するためだった。一八八八（明治二十一）年には陸軍も治安軍隊の性格を外征軍隊に改め、鎮台が廃され師団制が採用され、一八八九（明治二十二）年には徴兵免役規定がほぼ全廃され、兵力増強がはかられた。

4 下関条約（日清講和条約）

一八九五（明治二十八）年四月十七日調印 ★★★

第一条　清国ハ朝鮮国ノ完全無欠ナル独立自主ノ国タルコトヲ確認ス。因テ右独立自主ヲ損害スヘキ朝鮮国ヨリ清国ニ対スル貢献典礼❶等ハ将来全ク之ヲ廃止スヘシ

第二条　清国ハ左記ノ土地ノ主権並ニ該地方ニ在ル城塁、兵器製造所及官有物ヲ永遠日本国ニ割与ス

一、左ノ経界内ニ在ル奉天省南部ノ地❷……

二、台湾全島及其ノ付属諸島嶼

三、澎湖列島……

利益線の確保

❶彊域　境界

❷方今　現在

❸介立シテ　ならび立って

原典解説

山県有朋意見書　一八七一（明治四）年から一九一九（大正八）年の間の山県の意見書や陸軍省沿革史を収録。大山梓編

下関条約（日清講和条約）

❶貢献典礼　属国としての朝貢や儀礼

❷奉天省南部ノ地 重要 　遼東半島のこと

第四条　清国ハ軍費賠償金トシテ庫平銀二億両[3]ヲ日本国ニ支払フヘキコトヲ約ス……

（日本外交年表竝主要文書）

解説

一八九四(明治二十七)年七月末に交戦状態にはいり、八月一日の宣戦布告で本格化した日清戦争は、海陸で日本軍が清国軍を圧倒した。清国は、一八九五(明治二十八)年二月に北洋艦隊、三月に遼東半島を失うと、北京に脅威を感じて、下関での講和交渉の席についた。日本側の全権代表は伊藤博文首相と陸奥宗光外相、清国側は李鴻章であった。四月に締結された下関条約(日清講和条約)の内容は、①清国は朝鮮の独立を承認し宗属関係を廃する、②遼東半島・台湾・澎湖諸島を日本に割譲する、③賠償金二億両(約三億一千万円)を日本に支払う、④沙市・重慶・蘇州・杭州を開市・開港するといったものである。日本は、戦争目的であった朝鮮からの清国の影響力排除に成功した上、新領土や戦費を一億円も上回る賠償金を手に入れ、好意的中立の態度をとっていたイギリスなどに長江流域の市場を提供するという成果まであげた。

下関条約の内容

全権	**1895(明治28).4.17調印** (日本側)　伊藤博文首相、陸奥宗光外相 (清国側)　李鴻章
内容	①朝鮮の独立 ②遼東半島・台湾・澎湖諸島の割譲 ③賠償金2億両(3億1千万円) ④沙市・重慶・蘇州・杭州の開市・開港 ⑤長江航行権の許可
結果	**1895(明治28).4.23** ①三国干渉(露・仏・独) →{ 遼東半島の返還、賠償金上積み / 国民の対露反感「臥薪嘗胆」 ②台湾の植民地経営(軍政→抵抗鎮圧、台湾総督樺山資紀＝海軍軍令部長)

5 三国干渉――ロシア公使の勧告　一八九五(明治二十八)年四月二十三日　★★

露国皇帝陛下[1]ノ政府ハ、日本ヨリ清国ニ向テ求メタル講和条件ヲ査閲[2]スルニ、其要求ニ係ル遼東半島ヲ日本ニテ所有スルコトハ、常ニ清国ノ都ヲ危クスルノミナラス、之ト同時ニ朝鮮国ノ独立ヲ有名無実トナスモノニシテ、右ハ将来永ク極東永久ノ平和ニ対シ障害ヲ与フルモノト認ム。

[3] **庫平銀二億両** 重要　清国で使用した秤の名。二億両は当時の日本円で約三億一千万円

賠償金の使途

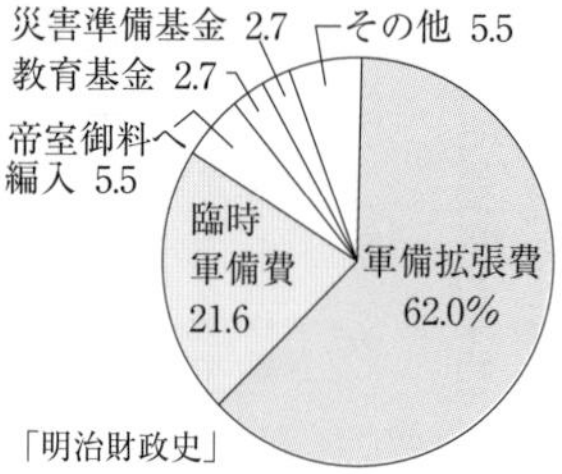

使途	%
軍備拡張費	62.0
臨時軍備費	21.6
帝室御料へ編入	5.5
教育基金	2.7
災害準備基金	2.7
その他	5.5

「明治財政史」

三国干渉

[1] 露国皇帝陛下　ニコライ二世

[2] 査閲　調査

随テ露国政府ハ、日本国皇帝陛下ノ政府ニ向テ、重テ其ノ誠実ナル友誼[3]ヲ表センカ為メ、茲ニ日本国政府ニ勧告[4]スルニ、遼東半島ヲ確然領有スル事ヲ放棄スヘキコトヲ以テス。

（日本外交年表竝主要文書）

参考史料　三国干渉をめぐる動き　★

（明治二十八年）四月二十九日、露京[1]発西公使の別電にも、露国の底意は、一旦日本が遼東半島に於て良軍港を領有すれば、その勢力同半島内に局限せずして、将来遂に朝鮮全国並に満洲北部豊饒[2]の地方をも併合し、海に陸に露国の領土を危くすべしとの鬼胎[3]を懐き居る模様ありと云ひ来りたることあれば、露国政府は猜眼[4]以て我国を視、その憶測頗る過大に失するが如くなれども、兎も角もその内心の日本をして清国大陸に於て寸土尺壌[5]たりとも侵略せしめざるに在るは、炳然[6]火を覩るが如し。これ以上は我に於て砲火以てその曲直を決するの覚悟なくして徒に樽俎の間[7]に折衝するは頗る無益の事に属し、かつ、この頃清国は既に三国干渉の事を口実とし、批准[8]交換の期限を延引せむことを提議し来れり。

（蹇蹇録）

解説

下関条約調印から六日後の一八九五（明治二十八）年四月二十三日、ロシア・フランス・ドイツの三国は、史料にあるように、日本の遼東半島領有は清国の首都北京を脅し、朝鮮の独立を有名無実にし、極東の平和に障害をもたらすとして、清国への返還を要求してきた。この三国干渉の背景には、参考史料で陸奥宗光が述べているように、ロシアが日本を東アジア進出の競争相手として強く意識していたことがある。日本はイギリスなどに援助を求めたが失敗し、五月五日、遼東半島の放棄を通告した。しかし、欧米列強は、その後、先を争って清国に圧力をかけて植民地や利権を拡大し、中国分割が本格化した。とくに、ロシアは日本に放棄させた遼東半島の要衝である旅順・大連を手に入れ、半島縦断の鉄道敷設権まで獲得し、朝鮮にも親露政権が成立した。これをみた日本の世論は、ロシアへの反感をつのらせ、臥薪嘗胆（がまんして、後日仕返しするの意）は流行語となった。

---

3 友誼　友好
4 勧告　この勧告は武力を背景とした強力なものであった

三国干渉をめぐる動き
1 露京　ロシアの首都サンクト・ペテルブルク
2 豊饒　よく肥えて穀物の実る
3 鬼胎　おそれ
4 猜眼　うたがいの眼
5 寸土尺壌　少しの土地
6 炳然　はっきりしたこと
7 樽俎の間　酒だると肴を載せる台、外交交渉
8 批准　条約承認

原典解説
蹇蹇録　三四二ページ参照

設問
問❶　日本はアジアを脱して西洋諸国と行動を共にするべきだと主張した福沢諭吉の評論は何か。
問❷　三国干渉によって、日本が清国に返還したのはどこか。

20 日清戦争後の政局と外交

1 立憲政友会宣言 ★

抑閣臣の任免は憲法上の大権に属し、其簡抜択用[1]或は政党員よりし或は党外の士を以てす。皆元首の自由意志に存す。而して其已に挙げられて、輔弼[2]の職に就き献替[3]のことを行ふや、党員政友と雖も決して外より之に容喙する[4]を許さず。苟も此の本義を明にせざらむ乎、或は政機[5]の運用を誤り、或は権力争奪に流れ、其害言ふべからざるものあらんとす。予は同志を集むるに於て全く此の弊竇[6]の外に超立せしむることを期す。

（立憲政友会史）

参考史料 幸徳秋水「自由党を祭る文」★★

歳は庚子[1]に在り八月某夜、金風淅瀝[2]として露白く天高きの時、一星忽焉[3]として墜ちて声あり、嗚呼自由党死す矣。而して其光栄ある歴史は全く抹殺されぬ。……汝自由党の起るや、政府の圧抑[4]は益々甚しく迫害は愈々急也。言論は箝制[5]せられたり。集会は禁止せられたり、請願は防止せられたり。而して捕縛、而して放逐[6]、而して牢獄、而して絞頸台、而も汝の鼎鑊[7]を見る飴の如し。……

（万朝報）

解説

一九〇〇(明治三十三)年九月、伊藤博文を総裁とする立憲政友会が成立し、旧憲政党(百十五議席)を中心に百五十一議席を擁し、衆議院の過半数を占めた。政友会は、議院内閣制(政党内閣)を否定し、輔弼内閣制を承認し、天皇の政治を補佐することをめざす政治集団であると宣言した。こうして、官僚と党人の結合という日本の保守政党の原型が生み出されたが、それは幸徳秋水が批判するように、かつての民権派が政権獲得を至上命令とした結果だった。

立憲政友会宣言

1 簡抜択用　選びぬき出して用いること
2 輔弼　重要　天皇をたすけること
3 献替　君主を補佐し、可否を言上する
4 容喙する　くちだしする
5 政機　政治のはたらき
6 弊竇　弊害のあるところ

幸徳秋水「自由党を祭る文」

1 庚子　一九〇〇(明治三十三)年
2 金風淅瀝　秋風がさやさやと木々をならし
3 忽焉　たちまち
4 圧抑　抑圧と同じ
5 箝制　束縛すること
6 放逐　保安条例のように追放すること
7 鼎鑊　極刑の罪人を煮殺す大がま

原典解説

立憲政友会史　同党の歴史を編集したもの

万朝報　黒岩涙香が一八九二(明治二十五)年に創刊した新聞で、紙名は「よろず重宝」をもじったものである。記者に幸徳秋水・堺利彦・内村鑑三らを集め、当時最も進歩的な新聞であった

2 北清事変——出兵の閣議決定　一九〇〇(明治三十三)年七月六日　★

英仏独ハ皆遠ク師❶ヲ出スヲ以テ到底多数ノ兵ヲ遣ル能ハス。露ハ其ノ境ヲ接スト雖モ、西伯利亜ヲ隔テ急ニ大兵ヲ行ル能ハス、北清地方ニ大軍ヲ行ルノ便アル者ハ独リ我邦アルノミ。……今ヤ列国ノ援兵未タ到ラス天津大沽ノ軍、敵ニ苦ムノ時ニ方テ急ニ大兵ヲ以テ之ニ赴カハ以テ彼ノ地ノ重囲ヲ解キ、進テ北京ノ乱ヲ平クルコトヲ得ヘク、撥乱ノ功❷概ネ我ニ帰シ、而シテ各国ハ永ク我ヲ徳トセン。……

(日本外交年表竝主要文書)

解説

義和団は、拳法や棒術などを身につけて呪文を唱えれば、刀や槍に傷つけられないという信仰によって結ばれた教団で、山東省に根拠地をおき、扶清滅洋をスローガンとして、清国の保守的な支配層の支持を得る一方、外国人を襲い教会堂を破壊した。一九〇〇(明治三十三)年には、天津の外国人居留地を攻撃し、さらに北京の各国公使館区域を包囲して、ドイツ公使や日本公使館員を殺害するにいたった。清国もこれを機に列強に宣戦を布告し、北清事変(義和団戦争)がはじまった。

イギリスは、ロシアが大軍を派遣する気配を示すと、日本に出兵を要請した。日本は、すでに先遣隊を送り、さらに増兵の準備をすすめていたが、史料にあるように、一個師団の派遣を決定した。七~八月に行われた天津・北京攻撃の際、日本軍は連合軍三万三千人の三分の二にあたる二万二千人を占めた。日本軍を主力とする連合軍は北京を制圧し、清国は列強と一九〇一(明治三十四)年に北京議定書を結んだ。そこでは、①反乱の首謀者の処罰、②賠償金四億五千万両の支払い、③列強の北京駐兵権などが決められた。

3 第一回日英同盟協約　一九〇二(明治三十五)年一月三十日調印　★★

第一条　両締約国ハ相互ニ清国及韓国❶ノ独立ヲ承認シタルヲ以テ、該二国孰レニ於テモ全然侵略

北清事変
❶師　軍隊
❷撥乱ノ功　義和団を鎮圧する

原典解説
日本外交年表竝主要文書　二八六ページ参照

第一回日英同盟協約
❶韓国 重要　一八九七(明治三十)年、朝鮮は国号を大韓帝国と改めた

的趣向❷ニ制セラルルコトナキヲ声明ス、然レトモ両締約国ノ特別ナル利益ニ鑑ミ、即チ其利益タル大不列顛国❸ニ取リテハ主トシテ清国ニ関シ、又日本国ニ取リテハ其清国ニ於テ有スル利益ニ加フルニ韓国ニ於テ政治上並商業上及工業上格段ニ利益ヲ有スルヲ以テ……両締約国孰レモ該利益❹ヲ擁護スル為メ必要欠クヘカラサル措置ヲ執リ得ヘキコトヲ承認ス

第二条　若シ日本国又ハ大不列顛国ノ一方カ上記各自ノ利益ヲ防護スル上ニ於テ、別国❺ト戦端ヲ開クニ至リタル時ハ、他ノ一方ノ締約国ハ厳正中立ヲ守リ、併セテ其同盟国ニ対シテ他国カ交戦ニ加ハルヲ妨クルコトニ努ムヘシ

第三条　上記ノ場合ニ於テ、若シ他ノ一国又ハ数国カ該同盟国ニ対シテ交戦ニ加ハル時ハ、他ノ締約国ハ来リテ援助ヲ与ヘ協同戦闘ニ当ルヘシ。講和モ亦該同盟国ト相互合意ノ上ニ於テ之ヲ為スヘシ

（日本外交文書）

❷趣向　おもむき、動向

❸大不列顛国　イギリス

❹該利益　その利益。つまり、イギリスは清国での利益、日本は清韓両国における利益

❺別国　ロシアをさす

日英同盟に対する風刺画

原典解説

日本外交文書　外務省が編纂・公刊している外交関係史料集。明治期・大正期・昭和期からなり、二〇〇六（平成十八）年、百九十九冊に達する

参考史料　**日英同盟の背景―小村寿太郎外相の意見書**　★

仮リニ純然タル外交談判❸ヲ以テ露ト協約ヲ結ヒ、彼我❶ノ交誼❷ヲシテ大ニ親密ナラシメ得ルトスルモ、其ノ得失如何ヲ稽フレハ実ニ左ノ如クナルヘシ

一、東洋ノ平和ヲ維持スルモ単ニ一時ニ止マルヘキコト

二、経済上ノ利益少ナキコト

三、清国人ノ感情ヲ害シ其結果我利益ヲ損スル少ナカラサルヘキコト

四、英ト海軍力ノ平衡ヲ保ツ必要ヲ生ス❹ヘキコト

之ニ反シテ若シ英ト協約ヲ結フニ於テハ左ノ如キ利益アルヘシ

一、東洋ノ平和ヲ比較的恒久ニ維持シ得ルコト

二、列国ノ非難ヲ受クル恐レナク❺、帝国❻ノ主義ニ於テモ一貫スヘキコト

三、清国ニ於ケル我邦ノ勢力ヲ増進スルコト

四、韓国問題❼ノ解決ニ資スルコト
五、財政上ノ便益(べんえき)ヲ得ルコト
六、通商上ノ利益少ナカラサルコト
七、露国ト海軍力ノ権衡(けんこう)❽ヲ保テハ可ナルコト
以上述フルカ如クナルヲ以テ、日英協約ハ日露協約ニ比シ、大ニ我邦ノ利益タルコト疑ヲ容(い)レス

(日本外交年表竝主要文書)

解説

ロシアは、義和団鎮圧を名目に大軍を投入して満洲(現在の中国東北地域)を占領し、韓国へも影響力を及ぼしはじめた。これに対して、日本政府では二つの対策がたてられた。ひとつは、伊藤博文や井上馨(かおる)らが唱えた日露協商論である。一九〇一(明治三十四)年、伊藤はロシアを訪れ、日本は韓国、ロシアは満洲をおさえ、相互に介入しないという満韓交換論を説いたが、皇帝(ツァーリ)側近の反対にあって交渉に失敗した。もうひとつは、山県有朋(やまがたありとも)や桂太郎(かつらたろう)首相、小村寿太郎(こむらじゅたろう)外相らが唱えた日英同盟論で、ロシアと妥協するよりも、イギリスと同盟を結んでロシアの南下を牽制(けんせい)する方が日本にとって利益になるという考え方だった。

ロシアの南下・中国進出をおそれたイギリスはこれに応じ、一九〇二(明治三十五)年一月、第一回日英同盟協約が調印された。それは、六か条からなり、期間五年で、範囲を極東に限っていた。内容は、①日英両国は清国の利権をそれぞれ承認し、イギリスは韓国における日本の権益を認める、②日英両国の一方が第三国と開戦した場合は、他方は厳正中立を守る、③敵対国に味方する国が出た場合、両国は共同してたたかう、というものだった。

日英同盟は、一九〇五(明治三十八)年に改定され、適用範囲をインドまで拡大して攻守同盟化し、期間も十年となった。しかし、一九一一(明治四十四)年の再改定では、イギリスが警戒の対象をロシアからドイツへ変え、アメリカと接近する政策をとるようになったことを背景に、アメリカが同盟の対象国からはずされた。イギリスにとってはもちろん、日本にとっても、関係が悪化しつつあったアメリカを対象外とする同盟は存在意義の薄いものとなってしまった。その後、日英同盟は一九二一(大正十)年の四カ国条約での決定により、一九二三(大正十二)年に廃棄された。

日英同盟の背景 ➡p.350

❶彼我　ロシアと日本
❷交誼　友好
❸稽フレハ　考える
❹英ト海軍力ノ平衡ヲ保ツ必要ヲ生ス　ロシアと親しめば、イギリスの海軍力に対抗しなければならなくなる
❺列国ノ非難ヲ受クル恐レナク　日英協力なら防衛的だから非難されない
❻帝国　日本
❼韓国問題　韓国における日本の優越をロシアに認めさせるため、イギリスの力を借りるのがよいと小村は考えていた
❽権衡　つりあい

設問

問❶　日英同盟において両国が敵対国として想定していたのはどこか。
問❷　日英同盟論に対して、満韓交換論による日露協商を唱えたのはだれか。

21 日露戦争

1 主戦論——七博士の意見書 ★

噫我国は既に一度遼東の還附❶に好機を逸し、再び之を膠州湾事件❷に逸し、又た三度之れを北清事件❸に逸す。豈に更に此覆轍❹を踏んで失策を重ぬべけんや。……極東現時の問題は必ず満洲の保全に就て之を決せざるべからず。もし朝鮮を争議の中心とし、其争議に一歩を譲らば是れ一挙にして朝鮮と満洲とを併せ失ふこととなるべし。……之を要するに、吾人は故なくして漫りに開戦を主張するものにあらず。

（東京朝日新聞）

解説 主戦論の喚起に大きな役割をはたしたのは、一九〇三(明治三十六)年六月、東京朝日新聞の紙上に発表された、東京帝国大学法科大学教授戸水寛人・富井政章・寺尾亨ら七博士の意見書である。ロシアとたたかわなければ、満洲はおろか、朝鮮さえも失うと説いた。この意見書は政府や元老に提出された。貴族院議長近衛篤麿を会長とする対露同志会も政治家や右翼(頭山満ら)を結集し、主戦論を唱えた。

2 非戦論 ★★

(1) 内村鑑三 ★

余❶は日露非開戦論者である許りではない。戦争絶対的廃止論者である。戦争ハ人を殺すことである。爾うして人を殺すことハ大罪悪である。……若し世に大愚の極❷と称すべきものがあれバ、それは剣を以て国運の進歩を計らんとすることである。……余の戦争廃止論が直に行はれやうとハ、余と雖も望まない。然しながら戦争廃止論ハ、今や文明国の識者❸の輿論となりつゝある。

主戦論

❶遼東の還附 重要 日清戦争後、三国干渉により遼東半島を返したこと

❷膠州湾事件 一八九七(明治三十)年にドイツ艦隊が膠州湾を占領した事件

❸北清事件 重要 一九〇〇(明治三十三)年の義和団の排外運動を機におこった清国と列強の戦争(義和団戦争)。ロシアはこれを利用して、満洲を実質的に占領した

❹覆轍 前の失敗のあと

原典解説

東京朝日新聞 「朝日新聞」は一八七九(明治十二)年に大阪で創刊され、のち東京に進出し、一八八八(明治二十一)年から「東京朝日新聞」の紙名を用いた

非戦論

(1)内村鑑三

❶余 私

❷大愚の極 最もおろかなこと

❸識者 有識者

……（万朝報）

⑵平民社——幸徳秋水 ★

戦争は遂に来れり。平和の攪乱[1]は来れり。罪悪の横行は来れり。日本の政府は曰く、其責[2]露国政府に在りと。露国の政府は曰く、其責日本政府に在りと。是に由て之を観る。両国政府も亦戦争の忌むべき平和の重んずべきを知る者の如し。少くとも平和攪乱の責任を免れんことを欲する者の如し。其心や多とすべし、而も平和攪乱の責は両国の政府、若くは其一国の政府遂に之に任ぜざるべからず。然り其責政府に在り、吾人平民は之に与からざる也。然れども平和攪乱より生ずる災禍に至りては、吾人[3]平民は其全部を負担せしめらる可し。彼等平和を攪乱せるの人は毫も其罰も受くることなくして、其責は常に吾人平民の肩上に嫁せらるる也。[4]是於乎吾人平民は飽くまで戦争を非認せざる可らず。速に平和の恢復[5]を祈らざる可らず。之が為めには、言論に文章に、有ゆる平和適法の手段運動に出でざる可らず。**故に吾人は戦争既に来るの今日以後と雖も、吾人の口有り、吾人の筆有り、紙有る限りは、戦争反対を絶叫すべし。**而して露国に於ける吾人の同胞平民も必ずや亦同一の態度方法に出ると信ず。[6]否英米独仏の平民、殊に吾人の同志は益々競ふて吾人の事業を援助すべきを信ずる也。

（平民新聞）

解説

一九〇二(明治三十五)年の秋以降、主戦論は熱狂的になっていたが、内村鑑三や幸徳秋水・堺利彦らは『万朝報』で非戦論を唱えていた。しかし、一九〇三(明治三十六)年十月、同紙の経営者黒岩涙香もついに主戦論に転じたため、彼らは退社した。内村は、日清戦争に賛成したことを反省した上で、絶対平和主義のキリスト教徒の立場から非戦論を説いた。幸徳や堺は、十一月に平民社をおこし週刊の『平民新聞』を出して、帝国主義戦争に反対する労働者の国際連帯を説く社会主義の立場から戦争に反対し、しだいに影響力をひろげていった。

⑵平民社

[1] 攪乱　みだれ、戦争
[2] 其責　その責任
[3] 吾人　私たち
[4] 嫁せらるる　負わさせる
[5] 恢復　回復
[6] 露国に於ける……出ると信ず　幸徳秋水は、一九〇四(明治三十七)年三月、「平民新聞」社説に「与露国社会党書」をのせ、日露両国の社会主義論者が協力して戦争に反対することをよびかけた。ロシア側ではレーニンがこれに応ずることを表明している

原典解説

万朝報　三四八ページ参照

平民新聞　平民社の機関紙として一九〇三(明治三十六)年創刊。週刊だったが、再三発売禁止処分をうけ、一九〇五(明治三十八)年廃刊となる

3 君死にたまふことなかれ ★★

旅順(りょじゅん)口包囲軍(こうほういぐん)の中にある弟を歎(なげ)きて

与謝野晶子(よさのあきこ)

ああをとうと[1]よ君を泣く
君死にたまふことなかれ[2]
末に生れし君なれば
親のなさけはまさりしも
親は刃(やいば)をにぎらせて
人を殺せとをしへしや
人を殺して死ねよとて
二十四までをそだてしや

堺の街のあきびとの[3]
旧家をほこるあるじにて
親の名を継ぐ[4]君なれば
君死にたまふことなかれ
旅順の城[5]はほろぶとも
ほろびずとても何事か
君知るべきやあきびとの
家のおきてになかりけり

君死にたまふことなかれ
すめらみこと[6]は戦ひに
おほみづからは出でまさね
かたみ[7]に人の血を流し
獣の道に死ねよとは
死ぬるを人のほまれとは
大みこゝろ[8]の深ければ
もとよりいかで思(おぼ)されむ

ああをとうとよ戦ひに
君死にたまふことなかれ
すぎにし秋を父ぎみに
おくれたまへる母ぎみ[9]は
なげきの中にいたましく
わが子を召され家を守(も)り
安し[10]と聞ける大御代[11]も
母のしら髪(が)はまさりけり

暖簾(のれん)のかげに伏して泣く
あえかにわかき新妻を
君わするるや思へるや
十月(とつき)も添はでわかれたる
少女(おとめ)ごころを思ひみよ
この世ひとりの君ならで
あゝまた誰をたのむべき
君死にたまふことなかれ

(『明星(みょうじょう)』一九〇四年九月号)

君死にたまふことなかれ

[1] をとうと　与謝野晶子の実弟籌(ちゅう)三郎(ざぶろう)、日露戦争で兵員として動員された

[2] 君死にたまふことなかれ　弟は無事帰還した

[3] 堺の街のあきびと　晶子の実家は堺の和菓子の老舗(しにせ)だった

[4] 親の名を継ぐ　弟が実家を継いだ

[5] 旅順の城　ロシアの軍港旅順を守る要塞。乃木希典(のぎまれすけ)のひきいる日本軍は攻略に苦戦した

[6] すめらみこと　重要　天皇(明治天皇)

[7] かたみ　たがいに

[8] 大みこゝろ　天皇の心

[9] おくれたまへる母ぎみ　夫(父親)に先立たれ母親は未亡人になっていた

[10] 安し　平安

[11] 大御代　明治天皇の治世

原典解説

明星　一九〇〇（明治三十三）年創刊の与謝野鉄幹・晶子夫妻を中心とする浪漫派詩歌結社「新詩社」の機関誌

ポーツマス条約

❶**第二条**　この条文がのちの韓国併合への根拠となった
❷**阻礙シ**　じゃまをする
❸**旅順口、大連並其ノ附近ノ領土**　重要　一八九八（明治三十一）年ロシアが清国より租借した
❹**領水**　領海のことで普通陸地より三カイリ（五・五五六キロメートル）
❺**租借権**　重要　他国の主権（統治権）を借りうけること
❻**長春（寛城子）旅順口間ノ鉄道**　重要　いわゆる後の南満洲鉄道

解説

日露戦争は、十七億円余にのぼる莫大な戦費を要し、戦死者約八万四千人、戦傷者約十四万三千人という甚大な人的損害を出した。戦費は、地租・所得税・営業税をはじめとする各種税目の増徴、煙草・塩の専売化、さらに内外での国債の発行によって調達された。増税は物価騰貴と不景気をもたらし、国民生活を圧迫し、厭戦気分がひろがっていった。浪漫派の歌人与謝野晶子は、一九〇四（明治三十七）年九月、史料の詩を発表して、国民のそうした気分を文学的に表現した。そこでは、戦争という殺人行為が人倫に反し、庶民生活には無縁であるとし、家族のために死ぬなとよびかけ、天皇制への批判のきざしさえみえる。

「お百度詣で」

一九〇五年、大塚楠緒子は雑誌『太陽』に詩「お百度詣で」を発表し、「ひとあし踏みて夫思ひふたあし国を思へども　三足ふたたび夫おもふ　女心に咎ありや」と、戦地にある夫を思う妻の思いを歌いあげた。

4 ポーツマス条約（日露講和条約）　一九〇五（明治三十八）年九月五日調印★★★

第二条❶　露西亜帝国政府ハ、日本国カ韓国ニ於テ政事上、軍事上及経済上ノ卓絶ナル利益ヲ有スルコトヲ承認シ、日本帝国政府カ韓国ニ於テ必要ト認ムル指導、保護及監理ノ措置ヲ執ルニ方リ之ヲ阻礙シ❷又ハ之ニ干渉セザルコトヲ約ス……

第五条　露西亜帝国政府ハ、清国政府ノ承諾ヲ以テ、旅順口、大連並其ノ附近ノ領土❸及領水❹ノ租借権❺及該租借権ニ関連シ又ハ其ノ一部ヲ組成スル一切ノ権利、特権及譲与ヲ日本帝国政府ニ移転譲渡ス……

第六条　露西亜帝国政府ハ、長春（寛城子）旅順口間ノ鉄道❻及其ノ一切ノ支線並同地方ニ於テ之ニ附属スル一切ノ権利、特権及財産及同地方ニ於テ該鉄道ニ属シ又ハ其ノ利益ノ為メニ経営セ

ラルル一切ノ炭坑[7]ヲ、補償ヲ受クルコトナク且清国政府ノ承諾ヲ以テ日本帝国政府ニ移転譲渡スヘキコトヲ約ス……

第九条　露西亜帝国政府ハ、薩哈嗹島[8]南部及其ノ附近ニ於ケル一切ノ島嶼並該地方ニ於ケル一切ノ公共営造物及財産ヲ完全ナル主権ト共ニ永遠日本帝国政府ニ譲与ス。其ノ譲与地域ノ北方境界ハ北緯五十度ト定ム……

第十一条　露西亜国ハ日本海・「オコーツク」海及「ベーリング」海ニ瀕スル[9]露西亜国領地ノ沿岸ニ於ケル漁業権ヲ日本国臣民ニ許与セムカ為、日本国ト協定ヲナスヘキコトヲ約ス……

（日本外交年表竝主要文書）

[7]炭坑　撫順炭坑など
[8]薩哈嗹島　樺太島
[9]瀕スル　沿っている

原典解説

日本外交年表竝主要文書　二八六ページ参照

設問

問❶　日露戦争後に講和条約が結ばれたアメリカの軍港はどこか。

問❷　日露講和交渉の日本側全権代表となった外務大臣はだれか。

解説

日露戦争の戦局は、一九〇五(明治三十八)年三月の**奉天会戦**以降、膠着状態に陥った。日本は五月の**日本海海戦**でロシアのバルチック艦隊を潰滅させて制海権の完全確保に成功したものの、兵力・弾薬そして戦費の欠乏になやみ、ロシアも一月におこった血の日曜日事件を機に第一次革命がはじまり、ともに戦争継続が困難となっていた。

六月、アメリカ大統領セオドア・ローズヴェルトの斡旋を日露両国は受け入れ、八月にアメリカのポーツマスで講和会議がひらかれた。日本の全権代表は小村寿太郎外相、ロシア側はウィッテで、樺太割譲と賠償金支払いという日本側の要求をめぐって交渉は難航したが、九月五日に**ポーツマス条約**(**日露講和条約**)が調印された。条約の内容は、①韓国に対する日本の指導権の承認、②旅順・大連の租借権と、長春以南の鉄道および付属利権の日本への譲渡、③樺太の南半分(北緯五十度以南)の日本への割譲、④沿海州・カムチャツカ沿海の漁業権の日本への付与などであった。

戦勝の宣伝に酔っていた日本の世論は、この条約内容に反発し、**日露講和反対運動**が急速に盛り上がった。そして、条約調印の日には東京で暴動がおこり(**日比谷焼打ち事件**)、戒厳令がしかれ軍隊が出動する始末であった。それは、戦争による損害と生活苦に対する庶民の不満が爆発したものだったといえよう。講和反対運動は各地へひろがり、藩閥政府への批判へと展開し、翌一九〇六(明治三十九)年一月、第一次桂太郎内閣は退陣を余儀なくされた。

22 韓国併合

1 韓国併合 ★★★★

(1) 日韓議定書　一九〇四(明治三十七)年二月二十三日調印 ★

第四条　第三国[1]ノ侵害ニ依リ若クハ内乱ノ為メ大韓帝国ノ皇室ノ安寧或ハ領土ノ保全ニ危険アル場合ハ大日本帝国政府ハ速ニ臨機必要ノ措置ヲ取ルヘシ……大日本帝国政府ハ前項ノ目的ヲ達スル為メ軍略上必要ノ地点ヲ臨機収用スルコトヲ得ル事

(日本外交年表竝主要文書)

(2) 第一次日韓協約　一九〇四(明治三十七)年八月二十二日調印 ★★

① 一　韓国政府ハ日本政府ノ推薦スル日本人一名ヲ財務顧問[1]トシテ韓国政府ニ傭聘シ[2]財務ニ関スル事項ハ総テ其意見ヲ詢ヒ施行スヘシ

② 一　韓国政府ハ日本政府ノ推薦スル外国人一名ヲ外交顧問[3]トシテ外部[4]ニ傭聘シ外交ニ関スル要務ハ総テ其意見ヲ詢ヒ施行スヘシ

③ 一　韓国政府ハ外国トノ条約締結其他重要ナル外交案件即外国人ニ対スル特権譲与、若クハ契約等ノ処理ニ関シテハ予メ日本政府ト協議スヘシ

(日本外交年表竝主要文書)

(3) 第二次日韓協約　一九〇五(明治三十八)年十一月十七日調印 ★★

第一条　日本国政府ハ在東京外務省ニ由リ今後韓国ノ外国ニ対スル関係及事務ヲ監理指揮スヘク、日本国ノ外交代表者及領事ハ外国ニ於ケル韓国ノ臣民及利益ヲ保護スヘシ

第二条　韓国政府ハ今後日本国政府ノ仲介ニ由ラスシテ国際的性質ヲ有スル何等ノ条約若ハ約束ヲナササルコトヲ約ス

韓国併合

(1) 日韓議定書

[1] 第三国　ロシアをさす

原典解説

日本外交年表竝主要文書　二八六ページ参照

(2) 第一次日韓協約

[1] 財務顧問　大蔵省主税局長目賀田種太郎が就任

[2] 傭聘　やとう

[3] 外交顧問　アメリカの駐日公使館顧問スティーブンスが就任

[4] 外部　韓国外務省のこと

(3) 第二次日韓協約

[1] 闕下　皇帝のもと

[2] 統監 重要　一九〇六(明治三十九)年に韓国統監府を漢城に設置し、初代統監に伊藤博文が就任

第三条　日本国政府ハ其代表者トシテ韓国皇帝陛下ノ闕下ニ[1]一名ノ統監[2]（レヂデントゼネラル）ヲ置ク。統監ハ専ラ外交ニ関スル事項ヲ管理スル為メ京城[3]ニ駐在シ、親シク韓国皇帝陛下ニ内謁[4]スルノ権利ヲ有ス……

（日本外交年表竝主要文書）

(4) 第三次日韓協約　一九〇七（明治四十）年七月二十四日調印　★

第一条　韓国政府ハ施政改善[1]ニ関シ統監ノ指導ヲ受クルコト

第二条　韓国政府ノ法令ノ制定及重要ナル行政上ノ処分ハ予メ統監ノ承認ヲ経ルコト

第四条　韓国高等官吏ノ任免ハ統監ノ同意ヲ以テ之ヲ行フコト

第五条　韓国政府ハ統監ノ推薦スル日本人ヲ韓国官吏ニ任命スルコト

（日本外交年表竝主要文書）

(5) 韓国併合条約　一九一〇（明治四十三）年八月二十二日調印　★★

第一条　韓国皇帝陛下[1]ハ韓国全部ニ関スル一切ノ統治権ヲ完全且永久ニ日本国皇帝陛下[2]ニ譲与ス

第二条　日本国皇帝陛下ハ前条ニ掲ケタル譲与ヲ受諾シ且全然韓国ヲ日本帝国ニ併合[3]スルコトヲ承諾ス

第六条　日本国政府ハ前記併合ノ結果トシテ全然韓国ノ施政ヲ担任[4]シ、同地ニ施行スル法規ヲ遵守スル韓人ノ身体及財産ニ対シ十分ナル保護ヲ与ヘ且其ノ福利ノ増進ヲ図ルヘシ

（日本外交年表竝主要文書）

解説

日清戦争後、朝鮮の宮廷を掌握する王妃閔妃の一派はロシアと接近し、日本の朝鮮支配への動きに対抗しようとした。そこで、一八九五（明治二十八）年十月、駐朝公使三浦梧楼は大院君を擁してクーデタをおこし、王宮に乱入して閔妃を殺害した。これは、朝鮮で激しい民族的反発をまねいた上、国際的にも

---

[3]京城　首都の意。ここでは漢城（現在のソウル）。こののち、一九一〇年の韓国併合によって、日本は漢城を京城と改称させた

[4]内謁　正式の手続をふまずに面会すること

(4)第三次日韓協約

[1]施政改善　韓国軍隊の解散など、秘密覚書で取り決められていた

(5)韓国併合条約

[1]韓国皇帝陛下　二十七代皇帝李坧（純宗）、一九〇七〜一〇年在位

[2]日本国皇帝陛下　明治天皇

[3]併合　重要　「併合」は外務省がこの時新造した言葉。「合併」では対等、「併吞」では露骨な印象をあたえるため、この言葉をつくったという

[4]韓国ノ施政ヲ担任　朝鮮総督府を設置して統治にあたった。初代総督は寺内正毅

設問

問❶　初代韓国統監となった人物はだれか。

問❷　韓国の植民地化をはかった条約は何か。

日朝関係年表

年	事項	年	事項
1873	征韓論高まる	1904	日露戦争・日韓議定書(戦略上土地の接収、人民徴発)・第一次日韓協約(顧問政治)
1875	江華島事件	1905	第二次日韓協約(外交権接収→保護化)
1876	日朝修好条規(江華条約)	1906	統監政治開始
1882	壬午軍乱・済物浦条約	1907	ハーグ密使事件・第三次日韓協約(内政権掌握)
1884	甲申事変	1909	伊藤博文暗殺される
1885	漢城条約・天津条約	1910	韓国併合条約・朝鮮総督府設置
1894	甲午農民戦争・日清戦争		
1895	閔妃殺害事件		

日本非難の声が高まった。ロシアは、一八九六(明治二十九)年二月、漢城の公使館に朝鮮国王高宗を連れ出し、親露派のクーデタをたすけ、宮廷から親日派を追放させた。一八九七(明治三十)年十月、朝鮮は国号を大韓帝国とし、親露政権の下で反日姿勢を強めた。

日露戦争における日本の戦争目的の第一は朝鮮に対するロシアの影響を排除することであった。一九〇四(明治三十七)年二月、開戦を決意した日本政府は朝鮮に派兵し、ロシアへ宣戦布告した直後、占領下の朝鮮に日韓議定書をおしつけ、韓国での日本の自由な軍事行動を認めさせた。八月には第一次日韓協約を結び、韓国の財政と外交を日本人顧問の支配下においた(顧問政治)。戦争終結のめどが立つと、一九〇五(明治三十八)年七月に桂・タフト協定でアメリカ、八月に第二回日英同盟協約でイギリスに、韓国に対する日本の指導権を認めさせ、九月のポーツマス条約ではロシアにもそれを承認させるにいたった。こうして列強の了承をとりつけた上で、十一月に第二次日韓協約を結んで韓国から外交権を取り上げ、十二月には漢城に統監府(初代統監は伊藤博文)をおき、韓国を日本の保護国とした。

朝鮮では日本への反発が強まり、各地で義兵運動がおこった。一九〇七(明治四十)年六月、高宗はオランダのハーグでひらかれていた万国平和会議へ密使を送り、第二次日韓協約の無効を訴えた。しかし、ともに植民地支配権を認め合う帝国主義外交を展開していた列強の支持は得られず、伊藤はかえってこのハーグ密使事件を利用して七月に高宗を退位させ、第三次日韓協約を結んで韓国軍隊を解散させ、警察権を接収して内政をも支配下においた。韓国軍隊の中には解散に応じず反乱をおこすものもあり、一九〇九(明治四十二)年十月には伊藤が満洲のハルビンで安重根に暗殺された。日本はこれを機に韓国の植民地化をはかり、一九一〇(明治四十三)年八月、韓国併合条約(韓国併合に関する条約)を結んだ。

日本は朝鮮総督府をおいてこれを支配し、初代総督には寺内正毅陸相が就任(兼任)した。そこでは、警察をおかず憲兵が治安にあたるといった武断政治が行われ、政治結社もすべて解散させ、反日闘争も武力で鎮圧した。また、土地調査の名目で土地を没収し、その大半は日本の国策会社として設立された東洋拓殖株式会社(東洋拓殖会社〈東拓〉、一九〇八年創立)の所有となり、朝鮮人農民の多くはその小作人に転落した。生活の途を失って日本へ出稼ぎに出てくる場合も少なくなかった。さらに、日本は朝鮮教育令を制定して学校教育にも日本語をおしつけた。

設問

問❶　日本最初の近代的製鉄所で、日清戦争の賠償金で設立されたものは何か。

問❷　日本最初の近代的な紡績工場で大規模生産をはじめた会社はどこか。

㉓ 産業革命

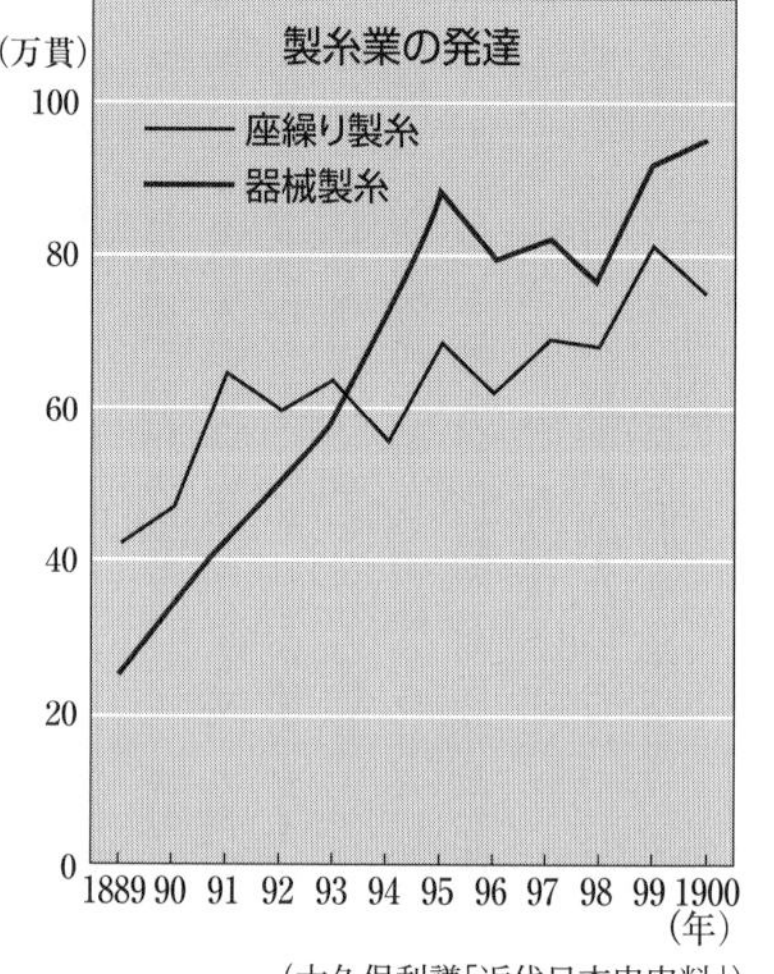

(大久保利謙「近代日本史史料」)

解説

最も早く資本主義的生産が確立したのは**紡績業**で、一八八二(明治十五)年の**大阪紡績会社**が設立されて以降、急速に機械制工場生産が普及した。日清戦争前には手紡やガラ紡を駆逐する一方、輸入綿糸をおさえ、さらに中国・朝鮮への輸出を伸ばして、一八九七(明治三十)年には綿糸の輸出額が輸入額を上回るにいたった。製糸業は生糸の輸出によって発展し、一八九四(明治二十七)年には生産高で器械製糸が座繰り製糸をしのいだ。しかし、織物業の方はそれより遅れ、綿織物は一九〇九(明治四十二)年、絹織物は一九一二(大正元)～一三(大正二)年に工場生産が支配的となった。

重工業は、明治初年から官営軍事工場を中心に展開したが、日露戦争を機に軍需を軸に民間の工場生産が勃興した。製鉄業では**官営八幡製鉄所**が日清戦争の賠償金で一八九七(明治三十)年に設立され、清国の大冶の鉄鉱石と筑豊の石炭によって一九〇一(明治三十四)年から操業をはじめた。機械工業では池貝鉄工所が一九〇八(明治四十一)年に旋盤を製作し、鉄道車両は一九一〇(明治四十三)年、船舶は一九一五(大正四)年までに自給可能となった。

日本の**産業革命**は、①工業の主要部門が最初から大企業に支配されており、②その一方で、小規模な家内工業が広汎に残存して大企業の下請けとして編成され(産業の二重構造)、③重工業が官営工場や軍需生産を中心に展開し、④原料や生産財を輸入に頼る度合が高く、⑤そのため繊維製品の輸出に力をいれざるを得ないといった特徴がある。輸出競争力の確保は至上命令であり、米と繭をはじめとした農産物価格は寄生地主制の下で低くおさえられて低賃金を支え、輸出品のコストを下げていた。しかし、その結果農民や労働者の生活は貧しく、その低い購買力は国内市場をせばめ、海外市場への進出を促した。市場をめぐる国際競争は、日本をいやおうなく帝国主義列強の争いへとまき込んでいった。

24 社会問題の発生

1 高島炭鉱[1]の納屋制度 ★

坑夫の就業時間は十二時間にして三千の坑夫を大別して昼の方夜の方となし、昼の方は午前四時に坑内に下り、午後四時に納屋に帰り、夜の方は午後四時に坑内に下り翌日午前四時に納屋に帰る。其坑夫が十二時間執る処の労業苦役は、先づ第一に坑内一里二里の所に至り、背丈も伸びぬ炭層間を屈歩曲立し、鶴嘴、地雷、火棒等を以て一塊二塊と採炭し、之を竹畚[2]に盛り、重量十五、六貫乃至二十貫なるを這へるが如く忍ぶが如く一町二町と担ひつつ蒸気軌道に運ぶなり。……過度の労力に堪へずして休憩を請ひ、或は納屋頭、人繰[3]の意に逆ふ者ある時は、見懲と称し、其坑夫を後手に縛し梁上に釣り揚げ、足と地と咫尺する[4]に於て打撃を加へ、他の衆坑夫をして之を観視せしむ。

（日本人）

参考史料 労働者の生活状態 ★

今回会社ヲ解雇サレタルハ自分ヨリ泣イテ頼ンダコトニシテ、仕事殊ニ夜業[1]ガ苦シク、……十日目ヨリ十四銭トナレリ。子供ハ十二銭ナリ。……食費ハ姉ハ一日七銭妹ハ一日六銭五厘ナリ。食物ハ、朝汁香物一切、昼香物二切或ハ梅干二ツ……夕ハ青菜ニ醤油ヲカケタルモノヲ普通トス。……自分等ノ居ツタ室ハ十畳敷ニシテ、二十六人居リ、蒲団一枚夜具一枚ニシテ二人宛一所ニ寝ム。夜具蒲団ハ、昼夜交替者代々使用スレバ不潔ナリ。

（職工事情）

解説

石炭業では、囚人労働に依拠する官営の三池炭鉱（のち三井に払い下げ）と三菱が経営する高島炭—

高島炭鉱の納屋制度

1 高島炭鉱　長崎港西南の高島にある炭鉱。江戸後期に肥前藩営となり、明治政府の官有から後藤象二郎に払い下げられ、一八八一（明治十四）年、三菱所有となった

2 竹畚　竹のもっこ

3 人繰　労働者の頭

4 咫尺　きわめて接近すること

労働者の生活状態

1 夜業　夜間の労働

鉱が競争していたが、高島は三池に対抗するため納屋制度をとった。それは、納屋頭が誘拐同様にして鉱員を傭い、衣食住や遊興を提供した代償としてその労賃を吸い上げ、暴力で納屋とよばれる宿舎に縛りつける制度であった。高島炭鉱では、頻繁に鉱夫の暴動や紛争がおこった。雑誌『日本人』は一八八八(明治二十一)年に納屋制度の実態を報じ、さらに一八八五(明治十八)年のコレラ流行の際に死者とともに病人までも海辺の鉄板上で焼き殺されたという衝撃的な事実を暴露した。この高島炭鉱事件は、社会問題の深刻さを明るみに出した。これらの社会問題は、その実態調査を促した。毎日新聞の記者横山源之助はその調査結果を一八九九(明治三十二)年に『日本之下層社会』という著作にまとめた。また、農商務省も調査報告『職工事情』を一九〇三(明治三十六)年に刊行している。

2 製糸工場の寄宿舎制度 ★★

余嘗て桐生・足利の機業地[1]に遊び、聞いて極楽、観て地獄、職工自身が然かく口にせると同じく、余も亦た其の境遇の甚しきを見て之を案外なりとせり。而かも足利・桐生を辞して前橋に至り、製糸職工に接し、更に織物職工より甚しきに驚ける也。労働時間の如き、忙しき時は朝床を出でゝ直に業に服し、夜業十二時に及ぶこと稀ならず。食物はワリ麦[2]六分に米四分、寝室は豚小屋に類して醜陋[3]見るべからず。特に驚くべきは其地方の如き、業務の閑なる時は復た期を定めて奉公に出だし、収得は雇主之を取る。而して一ヶ年支払ふ賃銀は多きも二十円を出でざるなり[4]。而して渠等工女の製糸地方に来たる、機業地若くは紡績工場に見ると等しく募集人の手より来たるは多く、来りて二・三年なるも隣町の名さへ知らざるものあり。其の地方の者は身を工女の群に入るを以て茶屋女[5]と一般、堕落の境に陥る者と為す。若し各種労働に就き、其の職工の境遇にして憐むべき者を挙ぐれば、製糸職工第一たるべし。

(日本之下層社会)

原典解説

日本人　一八八八(明治二十一)年創刊の政教社の国粋主義的雑誌。この文は、八八年六月の長崎政教社員松岡好一の労働体験報告である

職工事情　政府が、一九〇〇(明治三十三)年より各種職工の労働条件・生活衛生・風紀などについて調査した記録集

製糸工場の寄宿舎制度

[1] **機業地**　織物業地帯。ここでは絹織物

[2] **ワリ麦**　大麦をあらくひいたもの

[3] **醜陋**　みにくい、いやしい

[4] **一ヶ年支払ふ賃銀は多きも二十円を出でざるなり**　日給に換算すると六銭弱、米価は当時一升十二銭ほどであった

[5] **茶屋女**　料理屋・居酒屋などに勤めて接客、しばしば売春などを強いられる女性

解説

紡績業や製糸業の労働は女性労働者に依存していた。彼女たちの多くは小作農民の子女であり、その—

原典解説

日本之下層社会　横山源之助が自分の調査にもとづいて労働者の実態を記述したもので、一八九九(明治三十二)年に刊行されている

足尾銅山鉱毒事件

❶田間ノ匹夫　田舎者
❷鳳駕　天皇の乗物
❸耿耿　こだわり
❹赤子　人民、天皇は親、人民は子とみる
❺毒屑　鉱石の有毒なくず

原典解説

田中正造全集　田中正造の自伝、日記、書簡等収められている。「直訴状」は、幸徳秋水が起草し田中正造が加筆訂正した

家計を助けるため結婚前にわずかな前借金で出稼ぎにきたのである。彼女たちは工場の寄宿舎での劣悪な生活条件の下で昼夜二交代の十二時間にも及ぶ長時間労働に従事させられていた。一八八六年、甲府の雨宮製糸工場の女性労働者たちは待遇改善を求めて日本最初の本格的なストライキを行った。一九二五年には紡績業の女性労働者を描いた細井和喜蔵の『女工哀史』が発行された。

3 足尾銅山鉱毒事件――田中正造の天皇直訴状

一九〇一(明治三十四)年十二月十日　★

伏テ惟ルニ臣田間ノ匹夫❶敢テ規ヲ踰エ法ヲ犯シテ、鳳駕❷ニ近前スル其罪実ニ万死ニ当レリ。而モ甘ジテ之ヲ為ス所以ノモノハ、洵ニ国家生民ノ為ニ図リテ一片ノ耿耿❸竟ニ忍ブ能ハザルモノ有レバナリ。伏テ惟ルニ政府当局ヲシテ能ク其責ヲ竭サシメ、以テ陛下ノ赤子❹ヲシテ日月ノ恩ニ光被セシムルノ途他ナシ。渡良瀬河ノ水源ヲ清ムル其一ナリ。河身ヲ修築シテ其天然ノ旧ニ復スル其二ナリ。激甚ノ毒土ヲ除去スル其三ナリ。沿岸無量ノ天産ヲ復活スル其四ナリ。多数町村ノ頽廃セルモノヲ恢復スル其五ナリ。加毒ノ鉱業ヲ止メ毒水毒屑❺ノ流出ヲ根絶スル其六ナリ。（田中正造全集）

解説

産業革命は**足尾銅山鉱毒事件**などの公害問題もひきおこした。足尾銅山は、一八七七(明治十)年以降、**古河市兵衛**が経営し、輸出品である銅の増産につとめた。銅の精錬の際に排出される鉱毒が渡良瀬川の流域の田畑に甚大な被害を与えた。地元選出の衆議院議員の**田中正造**は一八九一(明治二十四)年以降、議会でしばしばこの問題を取り上げたが、解決しなかった。農民も一八九七(明治三十)年からは、「押し出し」と称して大挙上京し、鉱山の営業停止を請願したが、政府はこれを弾圧した。田中は一九〇一(明治三十四)年に議員を辞任し、天皇に直訴して世論に訴えた。ようやく政府も対策にのり出したが、それは農民を強制的に立ちのかせ、遊水池をつくるというものだった。田中は「亡国にいたるを知らざれば、すなわち亡国」と叫び、死ぬまで現地に踏みとどまった。

4 工場法　一九一一(明治四十四)年三月二十九日公布　★★

第一条　本法ハ左ノ各号ノ一ニ該当スル工場ニ之ヲ適用ス

一　常時十五人以上[I]ノ職工ヲ使用スルモノ

二　事業ノ性質危険ナルモノ、又ハ衛生上有害ノ虞アルモノ

本法ノ適用ヲ必要トセサル工場ハ勅令ヲ以テ之ヲ除外スルコトヲ得

第二条　工業主ハ十二歳未満ノ者ヲシテ工場ニ於テ就業セシムルコトヲ得ス。但シ本法施行ノ際十歳以上ノ者ヲ引続キ就業セシムル場合ハ此ノ限ニ在ラス

行政官庁ハ軽易ナル業務ニ付就業ニ関スル条件ヲ附シテ十歳以上ノ者ノ就業ヲ許可スルコトヲ得

第三条　**工業主ハ十五歳未満ノ者及女子ヲシテ一日ニ付十二時間ヲ超エテ就業セシムルコトヲ得ス**……

第四条　工業主ハ十五歳未満ノ者及女子ヲシテ午後十時ヨリ午前四時ニ至ル間ニ於テ就業セシムルコトヲ得ス

(官報)

❖解説❖

社会問題が深刻化すると、社会運動の対策や労働力の保全の上から、労働条件の法的規制が必要となった。第二次桂太郎内閣は、工場法の成立を策したが、紡績業界などの猛反対にあって難航していた。しかし、政友会との提携に成功し、ようやく一九一一(明治四十四)年に議会を通過させることができた。

そこでは、①労働者の最低年齢は十二歳、②十五歳未満の者と女性の労働時間は十二時間以内、③休憩時間は一時間、④休日は月二回などが規定された。施行は一九一六(大正五)年からで、十五人以上の工場にのみ適用されたため、多くの零細工場には規制は及ばないなどの問題点もあった。

工場法

[I] 十五人以上　一九二三(大正十二)年には十人以上に改正。なお、労働組合期成会は、一八九七(明治三十)年の時点で五人以上の工場を対象とする立法を要求していた

原典解説

官報　国の公文書その他、公示事項を掲載して、国民に周知させるための政府機関紙

設問

問❶　足尾銅山の鉱毒問題に取り組み、天皇に直訴するなどして世論の喚起につとめたのはだれか。

問❷　社会問題の代表的なルポルタージュである『日本之下層社会』を著したのはだれか。

㉕社会運動の展開

1 社会民主党の行動綱領　一九〇一（明治三十四）年五月十八日結成 ★

一、全国の鉄道を公有とすること。**1**
二、市街鉄道、電気事業、瓦斯(がす)事業等凡(すべ)て独占的性質を有するものを市有とすること。
七、政府の事業は凡て政府自らこれに当り、決して一個人若(も)しくは私立会社に受負はしめざること。
九、高等小学校を終る迄(まで)を義務教育年限とし、月謝を全廃し、公費を以て教科書を支給すること。**2**
一一、学齢児童を労働に従事することを禁ずること。
一三、少年及び婦女子の夜業を廃すること。
一四、日曜日の労働を廃し、日々の労働時間を八時間に制限すること。
一六、労働組合法を設け、労働者が自由に団結することを公認し、且(か)つ適当の保護を与ふること。
一七、小作人(こさくにん)保護の法を設くること。
一九、裁判入費は全く政府の負担となすこと。
二〇、普通選挙法を実施すること。**3**
二二、選挙は一切(いっさい)直接且(か)つ無記名とすること。
二五、貴族院を廃止すること。**4**
二六、軍備を縮小すること。**5**

（労働世界(ろうどうせかい)）

社会民主党の行動綱領

1全国の鉄道を公有とすること　行動綱領の前に掲げられた八項目の「理想」では、土地・資本・交通機関はすべて公有をめざすとされている

2高等小学校を……支給すること　「理想」では、人民が平等に教育を受ける権利をかかげ、教育費の全面国家負担をめざしている

3普通選挙法を実施すること　「理想」では、人民の平等な参政権を求めている

4貴族院を廃止すること　人民の平等な参政権や階級制度の全廃を求める「理想」の具体化である

5軍備を縮小すること　「理想」では、軍備全廃がかかげられている

原典解説

労働世界　一八九七(明治三十)年創刊の日本最初の労働組合機関誌で、編集長は片山潜。社会民主党結成の際、臨時号を出して宣言書を発表した

治安警察法

❶**政事**　政治と同じ

❷**女子**　女性の政治活動禁止条項は、大正期に新婦人協会が撤廃を要求し、一九二二(大正十一)年の議会で条文は修正された。女性の政談集会への参加と発起が認められたが、政治結社への加入禁止は従来通りであった

❸**公権**　公民権のこと

❹**左ノ各号**　労働組合結成の運動、ストライキの煽動、労働条件・賃上げの争議、小作争議の項がある

❺**誹毀**　そしる、悪口をいう

❻**労務ノ条件……為スヘキ団結**　労働組合

解説

社会問題の深刻化は、その解決をめざす社会運動、そして社会主義運動を生んだ。一八九七(明治三十)年の社会問題研究会、一八九八(明治三十一)年の社会主義研究会、一九〇〇(明治三十三)年の社会主義協会を経て、一九〇一(明治三十四)年五月、日本最初の社会主義政党である社会民主党が安部磯雄・片山潜・幸徳秋水・木下尚江・西川光二郎らによって結成された。その行動綱領(全二十八項目)は、鉄道の公有・義務教育の無償化・年少者の労働禁止・八時間労働制・週休制・労働組合の公認・普通選挙・貴族院の廃止・軍備の縮小(「理想」では全廃)など、ほとんどが民主主義的要求だった。しかし、結成届を提出した翌日、治安警察法により禁止となった。

2 治安警察法　一九〇〇(明治三十三)年三月十日公布　★★

第五条　左ニ掲クル者ハ政事上❶ノ結社ニ加入スルコトヲ得ス

一、現役及召集中ノ予備後備ノ陸海軍軍人　二、警察官　三、神官神職僧侶其ノ他諸宗教師　四、官立公立私立学校ノ教員学生生徒　五、女子❷　六、未成年者　七、公権❸剥奪及停止中ノ者

女子及未成年者ハ公衆ヲ会同スル政談集会ニ会同シ若ハ其ノ発起人タルコトヲ得ス

第八条　安寧秩序ヲ保持スル為必要ナル場合ニ於テハ警察官ハ屋外ノ集会又ハ多衆ノ運動若ハ群集ヲ制限、禁止若ハ解散シ又ハ屋内ノ集会ヲ解散スルコトヲ得

第十七条　左ノ各号❹ノ目的ヲ以テ他人ニ対シテ暴行、脅迫シ、若ハ公然誹毀シ❺、又ハ第二号ノ目的ヲ以テ他人ヲ誘惑、若ハ煽動スルコトヲ得ス……

一、労務ノ条件又ハ報酬ニ関シ協同ノ行動ヲ為スヘキ団結❻ニ加入セシメ又ハ其ノ加入ヲ妨クルコト

二、同盟解雇若ハ同盟罷業ヲ遂行スルカ為、使用者ヲシテ労務者ヲ解雇セシメ、若ハ労務ニ従事スルノ申込ヲ拒絶セシメ、又ハ労務者ヲシテ労務ヲ停廃セシメ、若ハ労務者トシテ雇傭スルノ申込ヲ拒絶セシムルコト

※「同盟解雇」の後に注[7]、「同盟罷業」の後に注[8]がある（原文の記号位置：同盟解雇[7]若ハ同盟罷業[8]ヲ遂行スルカ為）

三、労務ノ条件又ハ報酬ニ関シ相手方ノ承諾ヲ強ユルコト[9]

耕作ノ目的ニ出ツル土地賃貸借ノ条件ニ関シ承諾ヲ強ユル[10]カ為相手方ニ対シ暴行、脅迫シ若ハ公然誹毀スルコトヲ得ス　（官報）

解説

第二次山県有朋内閣は、勃興する社会運動にそなえ、ドイツの社会主義者鎮圧法にならい、一九〇〇（明治三十三）年に治安警察法を制定した。その内容は、屋外の集会や示威行動を警察が任意に禁止・解散させることができるとし、また労働組合への加入、ストライキの煽動、団体交渉、小作争議を禁止するものだった。従来の民権派弾圧法規にあった政治活動の規制（第五、八条）に加え、社会運動をおさえようとしたものであり、社会民主党もこの法律により解散を命じられた。

3 大逆事件の反響——石川啄木 ★

一月十八日　半晴、温　今日は幸徳らの特別裁判宣告の日であった。午前に前夜の歌を精書して創作の若山君に送り、社に出た。

今日程予の頭の昂奮してゐた日はなかった。さうして今日程昂奮の後の疲労を感じた日はなかった。二時半過ぎた頃でもあったらうか。「二人だけ生きる〱」「あとは皆死刑だ」「あゝ二十四人！」[1] さういふ声が耳に入った。「判決が下ってから万歳を叫んだ者があります」と松崎君が渋川氏へ報告してゐた。予はそのまゝ何も考へなかった。たゞすぐ家へ帰って寝たいと思った。それでも定刻に帰った。帰って話をしたら母の眼に涙があった。「日本はダメだ」そんな事を漠

[7] 同盟解雇　労働者の集団解雇
[8] 同盟罷業　ストライキ
[9] 労務ノ条件……強ユルコト　団体交渉
[10] 耕作ノ目的ニ……強ユル　小作争議

原典解説

官報　三六四ページ参照

大逆事件の反響

[1] 二十四人　一九一一（明治四十四）年一月十八日、幸徳ら二十四名に死刑、二名に有期刑の判決が下った。翌十九日、特赦により十二名が無期に減刑された

然と考へ乍丸谷君を訪ねて十時頃まで話した。

夕刊の一新聞には幸徳が法廷で微笑した顔を「悪魔の顔」とかいてあった。（日記）

参考史料　大逆事件の反響—永井荷風　★

明治四十四年慶応義塾に通勤する頃、わたしはその道すがら折折市ケ谷の通で囚人馬車が五六台も引続いて日比谷の裁判所の方へ走つて行くのを見た。わたしはこれ迄見聞した世上の事件の中で、この折程云ふに云はれない厭な心持のした事はなかつた。わたしは文学者たる以上この思想問題について黙していてはならない。小説家ゾラはドレフュー事件について正義を叫んだ為め国外に亡命したではないか。然しわたしは世の文学者と共に何も言はなかつた。私は何となく良心の苦痛に堪へられぬやうな気がした。わたしは自ら文学者たる事について甚しき羞恥を感じた。以来わたしは自分の芸術の品位を江戸戯作者のなした程度まで引下げるに如くはないと思案した。その頃からわたしは煙草入をさげ浮世絵を集め三味線をひきはじめた。わたしは江戸末代の戯作者や浮世絵師が浦賀へ黒船が来ようが桜田御門で大老が暗殺されようがそんな事は下民の与り知つた事ではない——否とやかく申すのは却て畏多い事だと、すまして春本や春画をかいてゐた其の瞬間の胸中をば呆れるよりは寧ろ尊敬しようと思立つたのである。（花火）

解説

一九一〇(明治四十三)年五月、長野県の製材所で働いていた宮下太吉が、爆烈弾製造の容疑で検挙された。宮下の供述によれば、彼ら四名は天皇に対する国民の迷信を打破することが社会主義実行の前提だと考え、明治天皇の暗殺を計画したという。政府は、これを機に数百名の社会主義者を検挙し、幸徳秋水をこの大逆事件の首謀者に仕立てて、十二月に二十六名を起訴した。証人を一切認めない秘密裁判の上、控訴も上告もない大逆罪を適用し、一九一一(明治四十四)年一月、幸徳ら十二名を死刑、十二名を無期懲役とする判決を下した。死刑は判決一週間後に執行された。徳冨蘆花はこの裁判を公然と批判したが、知識人の多くは沈黙していた。参考史料にあるように、石川啄木は、新聞報道に憤慨し、永井荷風は文学者の無反応に絶望している。これ以降、社会運動は「冬の時代」をむかえる。

原典解説

日記　石川啄木の当用日記で、記事は一九一一年のもの

花火　大逆事件についての永井荷風の回想。荷風の文学上の起点を示すものとされている

設問

問❶　社会主義運動や労働運動などを取締るため、一九〇〇年に制定された法律は何か。

問❷　日本最初の社会主義政党は何か。

㉖ 教育と思想の統制

1 教育勅語　一八九〇(明治二十三)年十月三十日　★★

朕❶惟フニ我カ皇祖皇宗❷国ヲ肇ムルコト宏遠ニ徳ヲ樹ツルコト深厚ナリ、我カ臣民克ク忠ニ克ク孝ニ億兆心ヲ一ニシテ、世々厥ノ美ヲ済セルハ此レ我カ国体ノ精華❸ニシテ、教育ノ淵源亦実ニ此ニ存ス。❹爾臣民、父母ニ孝ニ、兄弟ニ友ニ、夫婦相和シ、朋友相信シ、恭倹己レヲ持シ、博愛衆ニ及ホシ、学ヲ修メ業ヲ習ヒ以テ智能ヲ啓発シ徳器ヲ成就シ、進テ公益ヲ広メ、世務ヲ開キ、常ニ国憲ヲ重シ国法ニ遵ヒ、**一旦緩急❺アレハ義勇公ニ奉シ以テ天壌無窮ノ皇運❻ヲ扶翼スヘシ**……

明治二十三年十月三十日

御名御璽

(官報)

通釈

私(明治天皇)が思うには、皇祖天照大神と歴代の天皇が国をはじめられたのは、はるか昔のことであり、代々の天皇の御徳は深く厚いものである。わが臣民もよく忠孝につとめ、すべての国民が心を一つにして、これまで忠孝の美徳を発揮してきたのは日本の国柄の最もすぐれたところであり、教育の根源も実にここにある。臣民は、父母に孝を尽し、兄弟は仲よくし、夫婦は協調し、友だちは信じあい、人にはうやうやしく、自分には慎しみ深い態度を持ち、誰かれとなく広く人々を愛し、学問を修め、業務を習い、知能をのばし、徳性と能力を磨き、進んで公共の利益に奉仕し、世の中のつとめに励み、常に憲法を重んじ法律を守り、いったん国家に危険がせまってくれば忠義と勇気をもって国のために働き、天地と共にきわまりない皇室の運命を助けるようにしなければならない。……

解説

明治二十年前後、欧化政策の影響が教育にも及び、これを危惧して日本古来の風俗をまもれとの声がおこり、西村茂樹らによって道徳論が出された。一八九〇(明治二十三)年の地方長官会議も、民心統一のため天皇親裁により道徳の基本が示されるべきであると、政府に要請した。そこで、明治天皇の侍講で

教育勅語
❶朕　天皇の一人称、明治天皇
❷皇祖皇宗　天照大神と子孫の天皇
❸国体ノ精華　国柄のすぐれて美しいこと
❹教育ノ淵源亦実ニ此ニ存ス　教育の源もこの国体の美に根ざす
❺緩急　国家の危急存亡の時
❻皇運　皇室の運命

原典解説
官報　三六四ページ参照

あった元田永孚が儒教の理念を軸とした草案を作成し、井上毅がこれに手を入れ、一八九〇年十月に教育勅語が出された。その内容は、万世一系の天皇制と忠孝を基本とする臣民の精神とが「国体」の最も良い中身であり、そこに教育の源を求め、儒教の徳目を列挙する一方、国憲・国法の遵守を強調し、国家有事には「天皇をたすける」ため滅私奉公せよと説くものであった。前半は元田の儒教、後半は井上の国家主義とみてよかろう。これは、学校教育の根幹にすえられ、国民統合の手段となった。

2 戊申詔書　一九〇八(明治四十一)年十月十三日公布　★

朕惟フニ方今[1]人文[2]日ニ就リ月ニ将ミ、東西[3]相倚リ彼此相済シ以テ其ノ福利ヲ共ニス。朕ハ爰ニ益々国交ヲ修メ友義ヲ惇シ、列国ト与ニ永ク其ノ慶ニ頼ラムコトヲ期ス。顧ミルニ日進ノ大勢ニ伴ヒ、文明ノ恵沢[4]ヲ共ニセムトスル。固ヨリ内国運ノ発展ニ須ツ。戦後[5]日尚浅ク庶政[6]益々更張[7]ヲ要ス。宜ク上下心ヲ一ニシ忠実業ニ服シ勤倹[8]産ヲ治メ、惟レ信惟レ義、醇厚[9]俗ヲ成シ華[10]ヲ去リ実[11]ニ就キ荒怠[12]相誡メ、自彊[13]息マサルヘシ。

抑々我カ神聖ナル祖宗[14]ノ遺訓ト我カ光輝アル国史ノ成跡[15]トハ炳[16]トシテ日星ノ如シ。寔ニ克ク恪守[17]シ淬礪[18]ノ誠ヲ輸サハ国運発展ノ本近ク斯ニ在リ。朕ハ方今ノ世局[19]ニ処シ我カ忠良ナル臣民ノ協翼[20]ニ倚藉[21]シテ維新ノ皇猷[22]ヲ恢弘[23]シ祖宗ノ威徳[24]ヲ対揚[25]セムコトヲ庶幾フ爾臣民其レ克ク朕カ旨ヲ体セヨ[26]。

(官報)

❖解説❖

日露戦争後、労働運動や社会主義運動が表面化し、また青年の個人主義・自由主義的風潮も強まり、家族制度や村や町の共同体的な統合が動揺しはじめていた。一九〇八(明治四十一)年十月、第二次桂太郎内閣は、戊申詔書を出して人心のひきしめをはかった。その内容は勤勉と倹約を軸とした生活改善だが、それを実現するため地方改良運動が展開された。その中で、二宮尊徳の報徳思想がもてはやされる一方、青年団・婦人会・在郷軍人会などの設立も奨励された。

戊申詔書

1 方今　最近
2 人文　文明
3 東西　東洋と西洋
4 恵沢　恩恵をうけること
5 戦後　日露戦争後
6 庶政　政治
7 更張　改革
8 忠実業ニ服シ勤倹　まじめに働き、節約につとめる
9 醇厚　人情を厚くすること
10 華　ぜいたく
11 実　質素
12 荒怠　すさむこと
13 自彊　努力
14 祖宗　天皇の祖先
15 成跡　成果
16 炳　明らか
17 恪守　大切に守る
18 淬礪　みがく
19 世局　世界の情勢
20 協翼　協力
21 倚藉　頼みとする
22 皇猷　天皇の事業
23 恢弘　拡大
24 威徳　すぐれた政治
25 対揚　ならびたつ
26 旨ヲ体セヨ　趣旨を慎んでうけたまわれ

原典解説

官報　三六四ページ参照

3 時代閉塞の現状――石川啄木 ★

我々青年を囲繞[1]する空気は、今やもう少しも流動しなくなった。強権[2]の勢力は普く国内に行亘ってゐる。現代社会組織は其隅々まで発達してゐる。――さうして其発達が最早完成に近い程度まで進んでゐる事は、其制度の有する欠陥の日一日明白になってゐる事によって知ることが出来る。戦争とか豊作とか飢饉とか、すべて或偶然の出来事の発生するでなければ振興する見込の無い一般経済界の状態は何を語るか。財産と共に道徳心をも失った貧民と売淫婦との急激なる増加は何を語るか。

斯くて今や我々青年は、此自滅の状態から脱出する為に、遂に其「敵」の存在を意識しなければならぬ時期に到達してゐるのである。それは我々の希望や乃至其他の理由によるのではない、実に必至である。我々は一斉に起って先づ此時代閉塞[3]の現状に宣戦しなければならぬ。自然主義[4]を捨て、盲目的反抗と元禄の回顧[5]とを罷めて全精神を明日の考察――我々自身の時代に対する組織的考察に傾注しなければならぬ[6]のである。

（時代閉塞の現状）

解説

幕末・維新の動乱から半世紀がたった日露戦争後の日本社会は、資本主義の発達が顕著となり、官僚、軍部、財閥、寄生地主などの地位は動かしがたいものとなっていた。青年たちの間には、できあがってしまった社会秩序を受け入れることに、ある種の圧迫を感じ反発する風潮があった。岩手県出身の詩人で新聞記者であった石川啄木は、これを「時代閉塞の現状」と名づけ、自然主義批判の形をとってその打破をよびかけた。この評論は大逆事件発生の二カ月後に書かれており、その衝撃の産物といえる。

時代閉塞の現状

1 囲繞 とりかこむ
2 強権 国家権力
3 閉塞 重要 出口のない、息苦しいありさま
4 自然主義 重要 私生活の赤裸々な描写によって人間の自然の姿を明るみに出し、社会的因襲からの個人の解放をめざした
5 元禄の回顧 自然主義の中から、個人の解放が耽美的世界の中に求める傾向が生まれ、元禄期の文学を再評価する気運があった
6 全精神を……傾注しなければならぬ 社会批判をふまえた文学の必要を説いている

原典解説

時代閉塞の現状 石川啄木が一九一〇（明治四十三）年八月に著し、自然主義を批判した評論

設問

問❶ 忠君愛国の理念によって日本の教育を指導しようとして、明治天皇の名で出されたものは何か。

問❷ 社会運動を抑え、国民統合を強化するために出された明治天皇の詔書は何か。

27 明治の文化

1 近代文学の成立――『小説神髄』★

小説の主脳[1]は人情なり、世態風俗これに次ぐ。人情とはいかなるものをいふや。曰く、人情とは人間の情欲にて、所謂百八煩悩[2]是れなり。……此人情の奥を穿ちて[3]、所謂賢人君子はさらなり[4]。老若男女、善悪正邪の心の内幕をば洩す所なく描きいだして周密精到[5]、人情を灼然として[6]見えしむるを、我が小説家の務めとはするなり。よしや人情を写せばとて、其皮相[7]のみを写したるものは、未だこれを真の小説とはいふべからず。其骨髄を穿つに及びて、はじめて小説の小説たるを見るなり。

（小説神髄）

解説

日本の近代文学は、**坪内逍遙**の『小説神髄』（一八八五年刊）にはじまる。彼は、東西の文学論をふまえつつ、史料にみられるように、従来の戯作にみられた勧善懲悪主義を排し、人情や世態・風俗のありのままの模写が小説の本来の姿だとする**写実主義**を主張した。同年刊の『当世書生気質』で理論の具体化をはかったが、かならずしも成功しなかった。それをなし遂げたのは**二葉亭四迷**の『浮雲』で、言文一致の口語体の文章によって人間の内面を鋭く描き出した。日本の近代文学はこうして出発した。

2 啓蒙史観――『日本開化小史』★

されば社会に行はるゝ輿論[1]は、常に英雄豪傑の主唱[2]になるが如しと雖も、其実は当時の一般人民に利益あるものに外ならざるなり、……然れども徳川氏既に人望を失せり、豈に[3]久しく海内[4]を制するを得んや。……さればさしもに堅牢[5]なりし徳川政府の組織も、民間の輿論に抗したるが為

近代文学の成立

[1]主脳　中心
[2]百八煩悩　仏教で、人間の迷いの基となる欲が百八あるという
[3]穿ちて　穴をあけてのぞき
[4]さらなり　もとより
[5]周密精到　ぬかりなく
[6]灼然として　明らかに
[7]皮相　表面

原典解説

小説神髄　坪内逍遙の書いた近代文学論。一八八五（明治十八）年、彼が二十八歳の時の著

啓蒙史観

[1]輿論　世論
[2]主唱　主として唱える
[3]豈に　どうして
[4]海内　国内
[5]堅牢　強国
[6]開港後僅に九年　安政の五カ国条約による開港、一八五九（安政六）年に神奈川（横浜）・長崎・箱館を開港した。これから王政復古（一八六七年）までは足かけ九年間

めに、開港後僅に九年[6]にして終に解体したりけり。……徳川氏の制は諸侯及び人民の反乱を防ぐに於て最も緻密なる所あり、故に二百五十年の久しき一諸侯の叛くものあるなし。然れども海内連合して外敵[7]に向ふの時に至りては、封建制度の区画全く無用のものとなれり。……されば徳川政府を滅したるは、外面にては封建諸侯の力なるが如く思はるれども、其実は愛国の志士[8]封建の遺物なる一団結[9]に拠りて其目的を達せしなり。されば徳川政府の滅せし後四年にして、明治政府は遂に封建を廃して郡県と為せし[10]と雖も、海内一人の其君侯に忠なるものありて之に抗せしことなし。蓋し之を聞く、封建制度の盛んなるや、人民愛藩の念ありて愛国の心なし、敵国外患の強きや愛国の心ありて愛藩の念なしと。今徳川氏の末路愛国の心ありて愛藩の念なきを見れば、則ち徳川政府の滅する所以は封建の滅する所以なるを知るべし。然らば則ち其滅するや命なり、何ぞ必ずしも責を一二執政者の過失に帰すべけんや。[11]

（日本開化小史）

[7]外敵　日本に来航して不平等条約を押しつける欧米列強

[8]志士 重要 西南雄藩などで藩政改革をすすめた武士たち

[9]一団結　藩のこと

[10]封建を廃して郡県と為せし　廃藩置県

[11]何ぞ必ずしも……帰すべけんや　徳川幕府の滅亡原因を幕末の将軍や幕閣の失政に求めようとする見解を批判している

原典解説

日本開化小史　田口卯吉が古代から廃藩置県までの歴史を論じたもので、六巻十三章から成り、一八七七（明治十）～八二（明治十五）年にかけて刊行された

設問

問❶『小説神髄』を著して小説とは人生の写実であると説き、文学の近代化をすすめたのはだれか。

問❷ 啓蒙思想の立場から日本の歴史を描いた『日本開化小史』の著者はだれか。

解説

『日本開化小史』は、田口卯吉が著した歴史書で、古代から廃藩置県までを扱っている。そこでは、バックル『英国文明史』やギゾー『ヨーロッパ文明史』などにみられる、歴史を人民が理性にめざめる過程ととらえる啓蒙史観の影響をうけ、徳川幕府の滅亡は一、二の為政者の失政によるものではなく、人望を失い世論に抗したためだが、その根本は封建制度では外圧に対処できず、その命脈がつきたことによると説く。封建から近代への移行を社会進化ととらえていることに注目したい。

明治の文化

時期	思想	内容
初期	啓蒙思想	明六社『明六雑誌』、福沢諭吉、中村正直、加藤弘之
10年代	自由民権思想	中江兆民、馬場辰猪、植木枝盛、大井憲太郎
20年代	平民主義	民友社『国民之友』、徳富蘇峰
	国民主義	『日本』、陸羯南
	国粋主義	政教社『日本人』、三宅雪嶺、志賀重昂、杉浦重剛
	日本主義	『太陽』、高山樗牛
30年代以降	社会主義	平民社『平民新聞』、幸徳秋水、堺利彦、安部磯雄、片山潜→社会民主党、日本社会党

第9章 国際情勢の推移と日本

❶大正政変

1 尾崎行雄の桂太郎首相弾劾演説 ★★★

彼等[1]は常に口を開けば直に忠愛を唱へ、恰も忠君愛国は自分の一手専売の如く唱へてありまするが、其為すところを見れば、常に玉座[2]の蔭に隠れて、政敵を狙撃するが如き挙動を執って居るのである、（拍手起る）。彼等は、**玉座を以て胸壁[3]となし、詔勅[4]を以て弾丸に代へて政敵を倒さんとするものではないか**。此の如きことをすればこそ、身既に内府[5]に入って、未だ何をも為さざるに当りて、既に天下の物情騒然としてなか〱静まらない。……又、其内閣総理大臣の位地に立って、然る後政党の組織に著手[6]すると云ふが如きも、彼の一輩が如何に我憲法を軽く視、其精神のあるところを理解せないかの一班がわかる。

（帝国議会衆議院議事速記録）

尾崎行雄の桂太郎首相弾劾演説

1 彼等 第三次桂太郎内閣を中心とする軍閥・官僚

2 玉座 天皇の御座所

3 胸壁 弾丸よけ積土、とりで

4 詔勅 重要 詔書と勅語。天皇の意思を伝える公的な文書。桂は留任を断わる斎藤実海相を詔勅によって留任させたりした

5 内府 内大臣。桂は組閣前、宮中の最高官である内大臣だった

6 政党の組織に著手 桂は組閣後、立憲同志会という新党の結成準備をはじめた

設問

問❶ 第一次護憲運動によって、第三次桂太郎内閣を倒した事件を何というか。

問❷ 第一次護憲運動の中心となった政友会の政治家で、桂首相を議会で弾劾したのはだれか。

解説

第二次西園寺公望内閣の上原勇作陸相は、朝鮮軍創設にともなう二個師団増設を首相に拒否されると、元老山県有朋とはかり、帷幄上奏権を利用し大正天皇に直接陸相の辞任を申し出て、認められた。陸軍は後継陸相を出さず（陸軍のストライキ）、西園寺は一九一二（大正元）年十二月、やむなく退陣した。後継首班には内大臣桂太郎が就任し、政党や世論の反発をかった。立憲政友会の尾崎行雄や立憲国民党の犬養毅は憲政擁護会をつくって第一次護憲運動をおこし、「閥族打破・憲政擁護」を唱えた。とくに尾崎は議会で桂首相をはげしく弾劾した。一九一三（大正二）年二月十日、議会を包囲した民衆と警官隊が衝突し、十一日、桂は首相就任五十三日目にして退陣した（大正政変）。

② 第一次世界大戦と日本

1 第一次世界大戦への参戦 ★★

(1) 欧州大戦は大正新時代の天佑——井上馨の意見 ★

一、今回欧州ノ大禍乱ハ、日本国運ノ発展ニ対スル大正新時代ノ天佑❶ニシテ、日本国ハ直ニ挙国一致ノ団結ヲ以テ、此天佑ヲ享受セザルベカラズ。

一、此天佑ヲ全ウセンガ為ニ、内ニ於テハ比年囂々タリシ廃減税等ノ党論❷ヲ中止シ、財政ノ基礎ヲ強固ニシ、一切ノ党争ヲ排シ、国論ヲ世界ノ大勢ニ随伴❸セシムル様指導シ、以テ外交ノ方針ヲ確立セザルベカラズ。

一、此戦局ト共ニ、英・仏・露ノ団結一致ハ更ニ強固ニナルト共ニ、日本ハ右三国ト一致団結シテ、茲ニ東洋ニ対スル日本ノ利権ヲ確立セザルベカラズ。

（世外井上公伝）

(2) 参戦の意図——加藤高明外相の発言 ★★

斯かる次第で、日本は今日同盟条約❶の義務に依って参戦せねばならぬ立場には居ない。条文の規定が日本の参戦を命令するような事態は今日の所では未だ発生しては居ない。たゞ一は英国からの依頼❷に基く同盟の情誼❸と、一は帝国が此機会に独逸の根拠地❹を東洋から一掃して国際上に一段と地位を高めるの利益と、この二点から参戦を断行するのが機宜❺の良策と信ずる。（加藤高明）

❖解説❖

一九一四（大正三）年三月、ジーメンス事件で第一次山本権兵衛内閣が退陣したあと、次期首班の決定は難航したが、四月、第二次大隈重信内閣が成立した。大隈は、桂太郎の新党計画によって誕生した立

第一次世界大戦への参戦

(1) 欧州大戦は大正新時代の天佑

❶天佑 重要 天のたすけ

❷廃減税等ノ党論 営業税・織物消費税・通行税の廃止を求める運動がさかんだった

❸随伴 歩調を合わせる

(2) 参戦の意図

❶同盟条約 重要 日英同盟。同盟は一九〇二（明治三十五）年に締結され、のち一九〇五（明治三十八）年・一九一一（明治四十四）年に改定された

❷英国からの依頼 一九一四（大正三）年八月七日、イギリス駐日大使がドイツの武装商船撃破のため、日本の対独参戦を要請してきた

❸情誼 よしみ、友好関係

❹独逸の根拠地 ドイツは中国の山東半島膠州湾と南洋群島を領有していた

❺機宜 よい機会、チャンス

憲同志会と提携し、その総裁加藤高明を外相とした。しかし、議会は立憲政友会が多数を占め、元老が期待するような政局安定を大隈内閣が実現することは難しいように思われた。ところが、七月に**第一次世界大戦**が勃発した。元老**井上馨**は大隈首相と元老山県有朋に書簡を送り、史料にあるように大戦勃発を「天佑」(天のたすけ)と受けとめ、政局打開の糸口が得られたと喜んでいる。

日本は当初、中立の立場をとったが、八月にイギリスからドイツ東洋艦隊を牽制してほしいとの要請をうけ、緊急閣議をひらいて参戦を決定した。加藤外相は、そのとき、史料にあるように、日英同盟を根拠に参戦して、アジアからドイツの植民地を一掃して、日本の国際的地位を高める機会にしたいとの方針を示した。後にイギリスは日本の参戦をのぞまない態度に変わったが、日本はそれを押し切り、中国の山東省と南洋のドイツ植民地を軍事的に制圧した。

2 石橋湛山「青島は断じて領有すべからず」 一九一四(大正三)年十一月★★

青島陥落[1]が吾輩の予想より遥かに早かりしは、同時に戦争の不幸の亦た意外に少なかりし意味に於いて、国民と共に深く喜ぶ処なり。然れども、かくて我が軍の手に帰せる青島は、結局如何に処分するを以って、最も得策となすべきか。是れ実に最も熟慮を要する問題なり。此問題に対する吾輩の立場は明白なり。亜細亜大陸に領土を拡張すべからず、**満州**[2]も宜く早きに迨んで之れを放棄すべし、とは是れ吾輩の宿論なり。更に新たに支那**山東省**の一角に領土を獲得する如きは、害悪に害悪を重ね、危険に危険を加うるもの、断じて反対せざるを得ざる所なり。……而して動もすれば支那の領土に野心を包蔵すと認められつつあるは、露独日の三国なり。此の点に於いて、我が日本は深く支那人に恐れられ、排斥を蒙り、更に米国には危険視せられ、盟邦の英人[3]にすら大に猜疑せらる。然るに、今若し独逸を支那の山東より駆逐せよ、只だ夫れだけにても、日本の支那に於ける満州割拠は、著しく目立つべきに、其の上、更に青島を根拠として、山東の地に、領土的経営を行わば、其の結果は果して如何。支那に於ける我が国の侵入は愈よ明白となりて、

原典解説

世外井上公伝 井上馨の伝記。一九三四(昭和九)年刊

加藤高明 伊藤正徳が著した加藤高明の伝記。一九二九(昭和四)年刊。史料は、一九一四(大正三)年八月七日の大隈重信首相邸での会議における加藤の発言の一部である

石橋湛山「青島は断じて領有すべからず」

[1] **青島陥落** 重要 一九一四(大正三)年九月二日に山東半島に出兵し、陸海空から青島にあったドイツの軍港と要塞を攻撃し、十一月七日に占領した

[2] **満州** 重要 満洲。日露戦争によって獲得した旅順・大連と長春以南の南満洲鉄道沿線の植民地

[3] **盟邦の英人** 一九一一(明治四十四)年七月、第三次日英同盟を結び、日本の第一次世界大戦への参戦もこの同盟を理由としたものだった

世界列強の視聴を聳動すべきは言を待たず。

（石橋湛山全集）

❖**解説**❖

日本は一九一四(大正三)年八月二十三日、ドイツに宣戦布告し、十一月七日に中国山東省のドイツ租借地青島を占領した。『東洋経済新報』誌上で以前から政府の植民地拡大政策を批判していた石橋湛山は、十一月十五日号の同誌社説で青島の植民地領有に強く反対したのである。石橋は、青島占領を日本外交の失敗と断じ、その植民地領有が、国際的には、①中国の反発、②米英両国の不信をまねき、国内的には一層の軍備拡張の負担を背負い込む結果になると警告を発している。しかし、世論の大勢は植民地拡大を歓迎し、「内に立憲主義、外に帝国主義」という大正デモクラシーの思潮がそこに表われていた。

3 二十一カ条の要求　一九一五(大正四)年一月十八日　★★★★

第一号　……

第一条　支那国政府ハ、独逸国カ山東省ニ関シ条約其他ニ依リ支那国ニ対シテ有スル一切ノ権利利益譲与等ノ処分ニ付、日本国政府カ独逸国政府ト協定スヘキ一切ノ事項ヲ承認スヘキコトヲ約ス

第三条　支那国政府ハ芝罘又ハ竜口ト膠州湾ヨリ済南ニ至ル鉄道トヲ連絡スヘキ鉄道ノ敷設ヲ日本国ニ允許ス❶

第二号甲案　日本国政府及支那国政府ハ、支那国政府カ、南満洲及東部内蒙古ニ於ケル日本国ノ優越ナル地位ヲ承認スルニヨリ、茲ニ左ノ条款ヲ締約セリ

第一条　両締約国ハ、旅順大連租借期限並南満洲及安奉両鉄道❷各期限ヲ何レモ更ニ九十九ヶ年❸ツツ延長スヘキコトヲ約ス

第二条　日本国臣民ハ、南満洲及東部内蒙古ニ於テ各種商工業上ノ建物ノ建設又耕作ノ為必要

原典解説

石橋湛山全集　石橋湛山の評論などの著作集。全十五巻。石橋湛山(一八八四～一九七三)は早稲田大学出身のジャーナリスト。戦後政界入りして入閣。一九五六(昭和三十一)年首相となるが、病気で二か月後に退陣

二十一カ条の要求

❶**允許**　許可

❷**南満洲及安奉両鉄道** 重要　南満洲鉄道株式会社(満鉄)が経営する旅順・長春、安東・奉天間の鉄道

❸**九十九ヶ年**　二十五年の期限に加え、九十九年を延長すること。ただし、実際には、二十五年の期限から九十九年の期限に変更された

変更(延長)後の期間

旅順・大連	一八九八～一九九七年
南満洲鉄道	一九〇三～二〇〇二年
安奉鉄道	一九〇八～二〇〇七年

4 漢冶萍公司 重要 一九〇八(明治四十一)年、漢陽の製鉄所、大冶の鉄山、萍郷の炭鉱を合して作られた会社

5 傭聘 まねいて、やとう

6 兵器廠 兵器工場

二十一カ条要求の内容

原案の項目		内容 (1915年1月要求 5月25日調印)
第1号	山東省に関する件 4条	山東省におけるドイツ権益(膠州湾租借権・鉱山・鉄道敷設権)の継承
第2号	南満洲及び東部内モンゴルに関する件 7条	旅順・大連・南満洲鉄道租借99ヶ年延長、その他—土地・商業・鉱山・鉄道の権益要求
第3号	漢冶萍公司に関する件 2条	日本との合弁にすること。漢冶萍公司とは湖南省大冶鉄山と江西萍郷の炭山経営会社
第4号	一般沿岸島嶼不割譲に関する件 1条	沿岸の島・港湾などを他国に譲与・貸与をしないことを要求
第5号 第6号	懸案その他解決に関する件 略 7条	政治・財政・軍事部門に日本人顧問 警察・兵器廠・宗教などに関する権利

ナル土地ノ賃借権又ハ其所有権ヲ取得スルコトヲ得

第四条　支那国政府ハ本条約附属書ニ列記セル南満洲及東部内蒙古ニ於ケル諸鉱山ノ採掘権ヲ日本国臣民ニ許与ス

第七条　支那国政府ハ、本条約締結ノ日ヨリ九十九ヶ年間日本国ニ吉長鉄道ノ管理経営ヲ委任ス

第三号　……

第一条　両締約国ハ将来適当ノ時機ニ於テ漢冶萍公司**4**ヲ両国ノ合弁トナスコト……ヲ約ス

……

第四号

日本国政府及支那国政府ハ支那国領土保全ノ目的ヲ確保センカ為茲ニ左ノ条款ヲ締約セリ

支那国政府ハ支那国沿岸ノ港湾及島嶼ヲ他国ニ譲与シ若クハ貸与セサルヘキコトヲ約ス

第五号

一、中央政府ニ政治財政及軍事顧問トシテ有力ナル日本人ヲ傭聘**5**セシムルコト

三、……此際必要ノ地方ニ於ケル警察ヲ日支合同トシ又ハ此等地方ニ於ケル支那警察官庁ニ多数ノ日本人ヲ傭聘セシメ以テ一面支那警察機関ノ刷新確立ヲ図ルニ資スルコト

四、日本ヨリ一定ノ数量(……)以上ノ兵器ノ供給ヲ仰キ又ハ支那ニ日支合弁ノ兵器廠**6**ヲ設立シ日本ヨリ技師材料ノ供給ヲ仰クコト……

(日本外交年表竝主要文書)

参考史料　在日中国人留学生の警告——李大釗**1**起草 ★

以上の条項を承諾することは、一言でいえば国が滅ぶということにほかなりません。それだけでは

在日中国人留学生の警告 ➡p.378

1李大釗　当時、早稲田大学に留学中で、在日中国人留学生の帰国運動を指導。帰国後、雑誌『新青年』の論客となり、五・四運動で活躍し、中国共産党の創立に参加した

原典解説

日本外交年表並主要文書　二八六ページ参照

ドキュメンタリー中国近代史　横山英著。史料は李大釗が一九一五年一月末に起草した母国民への警告書

石井・ランシング協定

1接壌　接する

2偏頗　片寄った

3門戸開放 重要　自国の勢力圏内で他国の通商活動を規制しない

4機会均等 重要　自国の勢力圏内で自国の通商活動を優遇しない

三・一独立宣言 ➡p.380

1我等　孫秉熙・吉善宙ら、天道教(民族宗教)・キリスト教・仏教の信者三十三名

なく、日本は無条件承諾を強圧的に要求し、秘密裏に、出兵の脅迫の下で、直接交渉によって、この承諾を求めています。……全国四億の国民が起ちあがれば、いかに日本が横暴でも、鮮血にそまったわが大陸を呑みこむことはできません。

（ドキュメンタリー中国近代史）

解説

二十一カ条の要求は、一九一五(大正四)年一月十八日、加藤高明外相の訓令をうけた日置益駐華公使から袁世凱大総統に直接手渡された。その内容は、十四か条の要求条項と七か条の希望条項からなっていた。第一号(四か条)は山東省のドイツ権益接収の承認、第二号(七か条)は旅順・大連・南満洲鉄道(満鉄)租借権の延長、第三号(二か条)は漢冶萍公司の共同経営、第四号(一か条)は沿岸の島・港湾などの他国への不譲与・貸与、第五号(七か条)は中国政府への日本人顧問採用、警察の日中合同などである。日本側は欧米列強の干渉をおそれ、秘密保持と一括交渉を要求したが、袁政権は英米両国にもらした。しかし、アメリカが日本に抗議しただけであった。日本は満洲・青島・天津に増兵し、五月七日、第五号を除外した残りの要求を二日以内に受諾するよう最後通牒をつきつけた。九日、袁政権は要求を受諾した。中国ではこの日を「国恥記念日」とし、日貨排斥などの反日運動がひろがった。

4 石井・ランシング協定　一九一七(大正六)年十一月二日調印　★★

合衆国及日本国両政府ハ、領土相近接スル国家ノ間ニハ特殊ノ関係ヲ生スルコトヲ承認ス、従テ合衆国政府ハ日本国カ支那ニ於テ特殊ノ利益ヲ有スルコトヲ承認ス。日本ノ所領ニ接壌**1**セル地方ニ於テ殊ニ然リトス。尤モ支那ノ領土主権ハ完全ニ存在スルモノニシテ、合衆国政府ハ日本国カ其ノ地理的位置ノ結果右特殊ノ利益ヲ有スルモ、他国ノ通商ニ不利ナル偏頗**2**ノ待遇ヲ与ヘ又ハ条約上支那ノ従来他国ニ許与セル商業上ノ権利ヲ無視スルコトヲ欲スルモノニ非サル旨ノ日本国政府累次ノ保障ニ全然信頼ス。合衆国及日本国両政府ハ毫モ支那ノ独立又ハ領土保全ヲ侵害スルノ目的ヲ有スルモノニ非サルコトヲ声明ス。且右両国政府ハ常ニ支那ニ於テ所謂門戸開放**3**又ハ商

工業ニ対スル機会均等❹ノ主義ヲ支持スルコトヲ声明ス。

（日本外交年表竝主要文書）

解説

二十一カ条要求はアメリカの対日警戒心を強める結果となった。一九一七（大正六）年、日本は**石井菊次郎**を全権としてワシントンに派遣し、ランシング国務長官と協議させ、**石井・ランシング協定**をまとめた。日本は、アメリカが主張する中国の領土保全と門戸開放・機会均等の原則を認める一方、アメリカに満洲における日本の特殊権益を認めさせた。しかし権益の内容を経済的なものに限るとのアメリカの解釈を日本は受けいれず、日米関係はこの協定によっても改善されなかった。

5 三・一独立宣言　一九一九（大正八）年三月一日　★

我等❶ハ茲ニ我朝鮮国ノ独立タルコト及朝鮮人ノ自由民タルコトヲ宣言ス。此ヲ以テ世界万邦❷ニ告グ人道平等ノ大義ヲ克明シ❸、此ヲ以テ子孫万代ニ誥ヘ❹民族自存ノ正権❺ヲ永有❻セシム。半万年❼歴史ノ権威ニ伏リテ此ヲ宣言シ、二千万民衆❽ノ誠忠ヲ合シテ此ヲ佈明シ❾、民族ノ恒久一ノ如キ自由発展ノ為メニ此ヲ主張シ、人類的良心ノ発露ニ基因シタル世界改造ノ大機運❿ニ順応幷進⓫センガ為此ヲ提起スルモノナリ。是レ天ノ明命⓬、時代ノ大勢、全人類共存同生権ノ正当ナル発動ナリ。天下何物ト雖モ此ヲ沮止⓭抑制シ得ズ。

（現代史資料）

解説

朝鮮の民族独立運動は、ヴェルサイユ講和会議で民族自決の原則がかかげられたことに刺激され、一九一九年三月三日（大韓帝国初代皇帝高宗の国葬日）を期して示威運動をおこし、日本政府と講和会議の各国代表に独立を請願しようと計画した。三月一日、京城のパゴダ公園（現タプコル公園）に数千名の民衆が集まり、「独立万歳」を叫んで示威行進を行った。朝鮮総督府は軍隊で武力弾圧したが、憲兵警察や官吏・教員の帯剣を廃止し武断統治の一部手直しを余儀なくされた。

❷**世界万邦**　世界のすべての国々
❸**克明シ**　明らかにする
❹**誥へ**　伝える
❺**正権**　正当な権利
❻**永有**　永久に保有する
❼**半万年**　五千年。朝鮮は五千年の歴史をもつとする
❽**二千万民衆**　朝鮮の全人口は、当時二千万人であった
❾**佈明**　ひろく明らかにする
❿**世界改造ノ大機運**　ロシア革命や世界各地における民族運動の高揚
⓫**幷進**　並んで進む
⓬**明命**　明らかに命じるところ
⓭**沮止**　阻止

原典解説

現代史資料　一九二一～四五（大正十～昭和二十）年の間の日本現代史の基礎史料をテーマ別に編集したもの

設問

問❶　第一次世界大戦中に、日本が中国に受け入れさせ、日本の利権を大幅に拡張したものは何か。

問❷　第一次世界大戦中における日本の中国進出をアメリカに追認させた外交文書は何か。

6 柳宗悦「朝鮮人を想ふ」　一九一九(大正八)年五月　★

余は以前から朝鮮に対する余の心を披瀝したい希ひがあつたが、今度不幸な出来事[1]が起つた為、遂にその期が来て余にこの筆を執らせたのである。……余は前にも云つたやうに朝鮮に就て何等の学識ある者ではないが、幸に余はその芸術に現れた朝鮮人の心の要求を味ふ事によつて、充分な情愛を所有する一人であるのを感じてゐる。……吾々とその隣人との間に永遠の平和を求めようとなれば、吾々の心を愛に浄め同情に温めるよりほかに道はない。併し日本は不幸にも刃を加へ罵りを与へた。之が果して相互の理解を生み、協力を果し、結合を全くするであらうか。否、朝鮮の全民が骨身に感じる所は限りない怨恨である、反抗である、憎悪である。分離である。**独立**が彼等の理想となるのは必然な結果であらう。……人は愛の前に従順であるが、抑圧に対しては頑強である。……朝鮮の人々よ、よし余の国の識者の凡てが御身等を罵り又御身等を苦しめる事があつても、彼等の中に此一文を草した者のゐる事を知つてほしい。否、余のみならず、余の愛する凡ての余の知友は同じ愛情を御身等に感じてゐる事を知つてほしい。かくて吾々の国が正しい人道を踏んでゐないと云ふ明らかな反省が吾々の間にある事を知つてほしい。(柳宗悦全集)

柳宗悦「朝鮮人を想ふ」

1 不幸な出来事　一九一九(大正八)年三月に朝鮮で起こった三・一独立運動とそれへの厳しい弾圧事件のこと

原典解説

柳宗悦全集　柳宗悦(一八八九～一九六一)の評論などを収めた著作篇ほかからなる。柳はイギリスのバーナード・リーチとともに、民衆工芸を高く評価し、富本憲吉や浜田庄司らの陶芸家の協力を得て民芸運動を推進した

❖解説❖

柳宗悦は、一九一〇(明治四十三)年の『白樺』創刊に加わり、一九一五(大正四)年に初めて朝鮮を旅行してその美術に心を動かされ、それを生み出した朝鮮民族への関心を深めた。一九一九(大正八)年三月に朝鮮で**三・一独立運動**が起こり、政府はこれを厳しく弾圧した。柳はこの事件に対して日本の有識者から批判が起こらなかったため、自ら論陣を張った。柳の評論は英訳されて英字新聞に掲載され、翌一九二〇(大正九)年四月には朝鮮語訳されて『京城東亜日報』にも載り始めた。しかし、警察が柳を危険視して圧迫したため、途中で打ち切られた。柳の朝鮮美術理解は**民芸運動**提唱の背景となった。

戦争成金（和田邦坊筆）

設問

問❶ 第一次世界大戦中の好景気で急成長をとげた海運業者のことを何というか。

問❷ 大戦景気によって変化した国際金融上の日本の地位は何か。

❸ 大戦景気

1 債務国から債権国へ

貿易額の推移

— 輸出
— 輸入

30億円 / 20 / 10 / 0

1912 13 14 15 16 17 18 19 20 21 22 23 24 25（年）

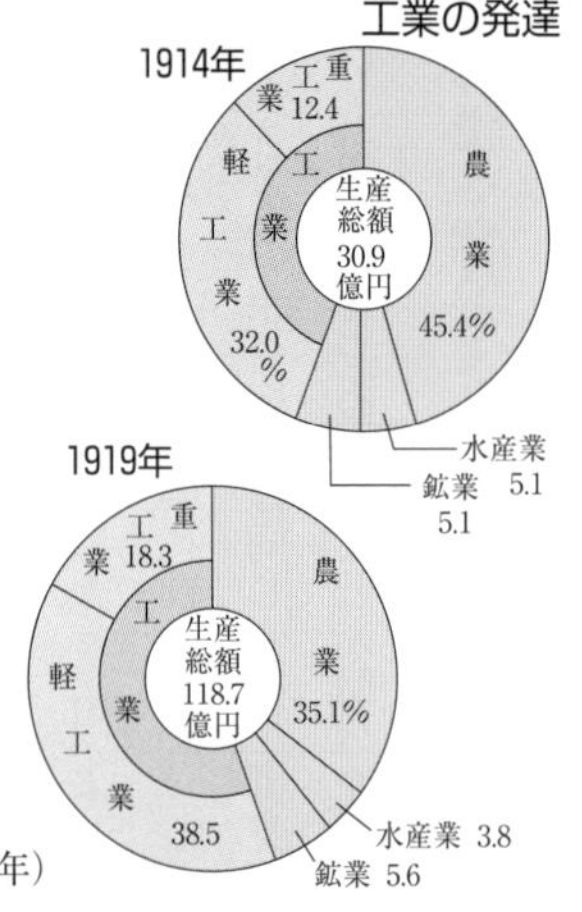

（『日本史総覧Ⅳ』）（楫西光速『日本資本主義発達史年表』）

解説

日露戦争後、経営は一九〇七（明治四十）年の恐慌を機にゆきづまっていたが、第一次世界大戦によって一転して空前の大戦景気となった。ヨーロッパ商品はアジア市場から後退し、そこに日本商品が流れこみ、交戦国へも軍需品などを供給して、日本経済は急膨張した。一九一四（大正三）年に十一億九千五百万円だった株式払込資本総額は一九一九（大正八）年には四十六億四千百万円へと三・九倍になった。戦時中の四年間で日本は海外から二十八億円を受け取り、金準備は二億一千八百万円から十二億四千七百万円へと六倍近くになった。こうして、日本は債務国から債権国へと変身した。

また、輸出の激増は工業生産を五倍近くに増やし輸出品の繊維工業、船成金を出現させた海運業の急成長に支えられた造船業、鉄鋼業や機械工業が発達し、ドイツからの輸入に依存していた化学工業製品も自給へと向かった。産業構造の主軸も農業から工業へと変わった。工業国化は、都市人口を膨張させ、工場労働者も増やしたが、サラリーマンなどの新中間層も出現させ、大正デモクラシーの新たな展開をもたらすことになる。

④ 大正デモクラシー

1 吉野作造の民本主義 ★★

民本主義[1]といふ文字は、日本語としては極めて新らしい用例である。従来は民主々義といふ語を以て普通に唱へられて居つたやうだ。時としては又民衆主義とか、平民主義とか呼ばれたこともある。然し民主々義といへば、社会民主党[2]などゝいふ場合に於けるが如く、「国家の主権は人民にあり」といふ危険なる学説と混同され易い。又平民主義といへば、平民と貴族とを対立せしめ、貴族を敵にして平民に味方するの意味に誤解せらるゝの恐れがある。独り民衆主義の文字丈けは、以上の如き欠点はないけれども、民衆を「重んずる」といふ意味があらはれない嫌がある。我々が視て以て憲政の根柢[3]と為すところのものは、政治上一般民衆を重んじ、其間に貴賤上下の別を立てず、而かも国体[4]の君主制たると共和制たるとを問はず、普く通用する所の主義たるが故に、民本主義といふ比較的新しい用語が一番適当であるかと思ふ。

（吉野作造「憲政の本義を説いて其有終の美を済すの途を論ず」『中央公論』）

解説

大正デモクラシーの指導的理論は、吉野作造が提唱した民本主義である。彼は、一九一六（大正五）年一月に論文「憲政の本義を説いて其有終の美を済すの途を論ず」を総合雑誌『中央公論』に発表した。史料はその一節だが、そこではデモクラシーの語義を主権在民（民主主義）と民生向上、民意尊重（民本主義）に分け、後者を普通選挙と政党内閣制によって実現せよと説かれている。天皇主権を棚上げにして政治運用面で民主化をはかるという彼の考えは、天皇大権・天皇親政を楯にして民意を無視する官僚独裁の打破（閥族打破）をねらったものである。

吉野作造の民本主義

1 民本主義 重要 民意尊重という意味でのデモクラシーの訳語
2 社会民主党 人民主権・社会主義政策を唱え、労働者を支持層とする政党で、ドイツ社会民主党が代表的
3 根柢 土台
4 国体 重要 国家の統治体制。政治の基本的なしくみ

原典解説

中央公論 一八九九（明治三十二）年創刊の総合雑誌。史料の吉野作造の論文は、一九一六（大正五）年一月号に掲載された

貧乏物語 ➡ p.384
1 現時 現在
2 吾人 われわれ
3 根絶 なくす

2 貧乏物語──河上肇 ★

驚くべきは現時[1]の文明国における多数人の貧乏である。……それ貧乏は社会の大病である。これを根治せんと欲すれば、まず深くその病源を探ることを要す。……されば吾人[2]にしてもしこの社会より貧乏を根絶[3]せんと要するならば、これら三個の条件にかんがみてその方策を樹つるのほかはない。第一に、世の富者がもし自ら進んでいっさいの奢侈ぜいたくを廃止する……。第二に、なんらかの方法をもって貧富の懸隔のはなはだしきを匡正し、社会一般人の所得をして著しき等差なからしむる……。第三に、今日のごとく各種の生産事業を私人[4]の金もうけ仕事に一任しおくことなく、たとえば軍備または教育のごとく、国家自らこれを担当する……。私は、社会問題を解決するがためには、社会組織の改造に着眼すると同時に、また社会を組織すべき個人の精神の改造に重きを置き、両端を改めて理想郷[5]に入らんとする者である。

（貧乏物語）

参考史料 森戸事件──森戸辰男[1]「クロポトキンの社会思想の研究」筆禍事件 ★

大学[2]にて発行する経済学研究と題する雑誌にて助教授森戸某が無政府共産主義（クロポトキン主義）を明らさまに宣伝するの論文を掲げたるは朝憲紊乱[3]に当る。

（原敬日記）

[4]私人　企業などの私的経営
[5]理想郷　理想社会、ユートピア

森戸事件
[1]森戸辰男　東京帝国大学助教授。一九二〇（大正九）年、彼が大学の研究雑誌に発表したロシアの無政府主義者クロポトキンの研究が問題となり、休職処分を受けた
[2]大学　東京帝国大学
[3]朝憲紊乱　国家秩序を乱すこと

原典解説

貧乏物語　河上肇が「大阪朝日新聞」に一九一六（大正五）年九月十一日から十二月二十六日にかけて連載した社会評論
原敬日記　原敬の日記で、一八七五（明治八）年から一九二一（大正十）年におよぶ。十冊。一九五〇（昭和二十五）〜五一（昭和二十六）年刊

設問

問❶　民本主義を唱え、大正デモクラシーに主導的役割をはたした政治学者はだれか。
問❷　『貧乏物語』を著し、社会政策の必要を説いたのはだれか。

❖解説❖

大正デモクラシーの風潮の中で、社会問題に取り組む**社会思想**や**社会政策**への関心も高まった。**河上肇**は、一九一六（大正五）年九月から十二月にかけて大阪朝日新聞に『**貧乏物語**』を連載し、大きな社会的反響をよんだ。そこでは大戦景気にもかかわらず貧困の問題は未解決であり、その解決には政府の社会政策とともに、金持ちのぜいたくをなくす人心の改造が必要だと説かれている。河上はその後、こうした社会改良主義からマルクス主義の革命思想へと変わっていくが、政府もロシア無政府主義者クロポトキンの社会思想の研究論文を発表した**森戸辰男**を処分した**森戸事件**などで思想統制を強めた。

5 米騒動と社会運動の高揚

1 米騒動　一九一八(大正七)年八月三日　★

富山県中新川郡西水橋町町民の大部分は出稼業者なるが、本年度は出稼先なる樺太は不漁にて、帰路の路銀[1]にも差支ふる有様にて、生活頗る窮迫し、**加ふるに昨今の米価暴騰にて、困窮愈其極に達し居れるが、三日午後七時漁師町一帯の女房連二百名は海岸に集合して三隊に分れ、一は浜方有志、一は町有志、一は浜地の米屋及び米所有者を襲ひ、**所有米は他に売らざること及び此際義俠的[2]に米の廉売[3]を嘆願し、之を聞かざれば家を焼払ひ、一家を鏖殺[4]すべしと脅迫し、事態頗る穏かならず。斯くと聞きたる東水橋警察署より巡査数名を出動させ、必死となりて解散を命じたるに、漸く午後十一時頃より解散せるも、一部の女達は米屋の附近を徘徊し[5]米を他に売るを警戒し居れり。

(東京朝日新聞)

解説

大戦景気による物価、とくに米価騰貴は、都市の勤労者の生活を圧迫した。寄生地主制下の農業は都市人口の増加にともなう米の需要増加に応じきれず、しかも地主保護政策をとる政府は関税で外米の輸入を妨げた。一九一八(大正七)年春頃からシベリア出兵が重なって、米価が投機的につり上げられた。一石当たりの米価は、一九一八年八月には四十九円となり、前年平均十六円五十九銭の三倍にもなった。富山県の漁民の主婦らが県下産米の県外移出を阻もうとして米屋などに押しかけ、新聞がこれを「越中女一揆」と報じたことから、米騒動は全国に波及し、少なくとも七十万人以上が参加し、各地で新聞社・米穀輸入商・米屋が焼き打ちされた。政府は軍隊を出動させ、九月中旬頃までに鎮静させた。

米騒動
1 路銀　旅費
2 義俠的　正義感で
3 廉売　安うり
4 鏖殺　みな殺しにする
5 徘徊し　うろうろと歩きまわる

原典解説
東京朝日新聞　三五二ページ参照

2 八幡製鉄所のストライキ　一九二〇(大正九)年二月　★

八幡製鉄所の同盟罷工❶一万三千の職工一斉に業務を抛ち
大熔鉱炉の火は悉く消え五百の煙突煙を吐かず

福岡県八幡市の八幡製鉄所にては、五日❷突然同盟罷工をなすに至りし原因は、製鉄所の職工より成れる同市日本労友会が先般幹事会議を開き、時間短縮その他につき決議なし、四日午前九時、吉村、福住、鳥井の三代表者は、左のごとき嘆願書を製鉄所長官に提出せんとしたり。

一、臨時加給を本俸に直し支給せられたき事
一、勤務時間を短縮せられたき事
一、住宅料を家族を有するものには四円、独身者には二円を支給されたき事　（大阪朝日新聞）

解説

労働運動は、一九一二(大正元)年八月、鈴木文治が十五人の同志と結成した親睦団体友愛会を中心に大正デモクラシーの風潮の下で成長していく。ロシア革命と米騒動の影響で運動は労資協調より階級闘争の色彩を濃くし、一九一九(大正八)年八月、名称も大日本労働総同盟友愛会と変更した。一九二〇(大正九)年二月には、官営八幡製鉄所のストライキがおこった。史料はその新聞報道記事である。このストライキには二万五千名の労働者が参加し、熔鉱炉の火は消えた。日本経済の心臓部でおこったこのできごとは、社会的に大きな影響を与え、労働運動は急進化しつつひろがっていった。一九二一(大正十)年十月には名称から友愛会をとって日本労働総同盟が誕生した。

3 水平社宣言　一九二二(大正十一)年三月三日　★

全国に散在する吾が特殊部落民❶よ団結せよ。長い間虐められて来た兄弟よ、過去半世紀間に

八幡製鉄所のストライキ
❶同盟罷工 重要 ストライキのこと
❷五日 一九二〇(大正九)年二月

原典解説
大阪朝日新聞 一八七九(明治十二)年より、大阪で発行されていた「朝日新聞」の紙名を一八八九(明治二十二)年「大阪朝日新聞」と改めた

水平社宣言
❶特殊部落民 被差別部落の人々に対する差別的なよび方

種々なる方法と、多くの人々とによつてなされた吾等の為めの運動が、何等の有難い効果を齎らさなかつた事実は、夫等のすべてが吾々によつて、又他の人々によつて毎に人間を冒瀆されてゐた罰であつたのだ。そしてこれ等の人間を勦るかの如き運動は、かえつて多くの兄弟を堕落させた事を想へば、此際吾等の中より人間を尊敬する事によつて自ら解放せんとする者の集団運動を起せるは、寧ろ必然である。兄弟よ、吾々の祖先は自由、平等の渇仰者であり、実行者であつた。陋劣❷なる階級政策の犠牲者であり男らしき産業的殉教者であつたのだ。ケモノの皮剥ぐ報酬として、生々しき人間の皮を剝ぎ取られ、ケモノの心臓を裂く代価として、暖い人間の心臓を引裂かれ、そこへ下らない嘲笑の唾まで吐きかけられた呪はれの夜の悪夢のうちにも、なほ誇り得る人間の血は、涸れずにあつた。そうだ、そうして吾々は、この血を享けて人間が神にかわらうとする時代にあうたのだ。犠牲者がその烙印を投げ返す時が来たのだ。殉教者が、その荊冠❸を祝福される時が来たのだ。吾々がエタである事を誇り得る時が来たのだ。吾々は、かならず卑屈なる言葉と怯懦❹なる行為によつて、祖先を辱しめ、人間を冒瀆してはならぬ。そうして人の世の冷たさが、何んなに冷たいか、人間を勦る事が何んであるかをよく知つてゐる吾々は、心から人生の熱と光を願求礼讃するものである。水平社は、かくして生れた。人の世に熱あれ、人間に光あれ。

（水平）

解説

一九二二(大正十一)年三月三日、京都市岡崎公会堂で全国水平社の創立大会がひらかれ、部落解放運動はこの全国組織のもとに発展していった。西光万吉が起草した水平社宣言では、団結の力で自主的に解放をかちとる決意が表明されている。水平社の名称は、イギリス革命に社会的平等を掲げて登場したレベラーズ(水平派)に由来する。水平社は、徹底した差別糾弾闘争を展開して、被差別部落の人々に対する身分的・社会的差別の一掃をめざした。

❷陋劣　卑劣
❸荊冠　いばらの冠。苦難の象徴であり、水平社は黒地に赤い荊冠をあらわした旗を用いた
❹怯懦　臆病な

原典解説

水平　一九二二(大正十一)年七月に創刊された全国水平社の機関誌。第二号以後、休刊した

4 女性解放運動★★★

(1)「元始女性は太陽であつた」―『青鞜』発刊に際して ★★★

元始❶、女性は実に太陽であつた。真正の人であつた。

今、女性は月である。他に依つて❷生き、他の光によつて輝く、病人のやうな蒼白い顔の月である。

……現代の日本の女性の頭脳と手によつて始めて出来た「青鞜」❸は初声を上げた。……私共は隠されて仕舞つたわが太陽を今や取戻さねばならぬ。……最早女性は月ではない。其日、女性は矢張り元始の太陽である。真正の人である。

（『青鞜』創刊号）

(2)婦人参政権獲得期成同盟会宣言 ★

新日本の礎石は置かれた。普選法❶は予定の如く第五十議会を通過した。而してここに国民半数の婦人は二十五歳以下の男子及「貧困に依り生活のため公私の救助を受け又は扶助を受くる」少数の男子と共に政治圏外に取残された。我等女性は……内、普選獲得の歴史に傚ひ、外、婦選❷獲得の実情に鑑み、一致団結の力によつてその実現の一日も早からしむるやう努力ねばならぬ。（婦選）

解説

平塚らいてうは、文芸による啓発で法的・社会的差別からの女性解放をめざし、一九一一（明治四十四）年九月、**青鞜社**をおこした。平塚は『青鞜』創刊号で、男性に依存する女性の現状を問題にした。『青鞜』は当初月刊の文芸誌だったが、一九一五（大正四）年に**伊藤野枝**が編集担当となると、女性問題全般を取り上げるようになった。一九一六（大正五）年に五十二号で廃刊されたが、女性解放運動に火をつけた。一九二〇（大正九）年三月、平塚は、かつての青鞜社同人や**市川房枝**・**奥むめお**らとともに、**新婦人協会**を結成し、女性の政治活動を禁止した治安警察法第五条の改正運動をすすめ、一九二二（大正十一）年には政党加入を除き、女性の政治活動の自由を実現した。さらに市川らは、一九二四（大正十三）年十二月には**婦人参政権獲得期成同盟会**を結成し、女性参政権の実現をめざした。

女性解放運動

(1)「元始女性は太陽であつた」

❶**元始** 原始、はじめ。この時代は母権制で、女性が社会の主導権をもっていたと考えられている

❷**他に依って** 男性によって

❸**青鞜** 重要 十八世紀のイギリスで、地位向上を求めた女性たちを象徴したブルー・ストッキングの訳をそのまま雑誌名とした

(2)婦人参政権獲得期成同盟会宣言

❶**普選法** 重要 普通選挙法。一九二五（大正十四）年四月に成立した

❷**婦選** 重要 婦人参政権。普選（普通選挙）とならべて、もうひとつの「ふせん」とよばれた

原典解説

青鞜 青鞜社が発行した雑誌

婦選 婦人参政権獲得期成同盟会の機関誌

設問

問❶ シベリア出兵の影響で米価が暴騰したためにおこった事件は何か。

問❷ 被差別部落の人々への差別を撤廃しようとする部落解放運動の最初の全国組織として生まれたものは何か。

❻普通選挙と治安維持法

1 原敬首相の普選拒否 ★

漸次に選挙権を拡張する事は何等異議なき処にして、[1] 又他年[2]国情こゝに至れば、所謂普通選挙も左まで[3]憂ふべきにも非ざれども、階級制度打破と云ふが如き、現在の社会組織に向て打撃を試んとする趣旨より、納税資格を撤廃すと云ふが如きは、実に危険極る次第にて、此の民衆の強要に因り現代組織を破壊する様の勢を作らば、実に国家の基礎を危ふくするものなれば、寧ろ此際、議会を解散して政界の一新を計るの外なきかと思ふと閣僚に相談せしに、皆同感の意を表し、

……

(原敬日記)

❖解説❖

普通選挙を求める普選運動は、日清戦争後から自由主義者や社会主義者がすすめていたが、大正デモクラシーの風潮の下で本格化した。野党の憲政会や立憲国民党も従来の制限選挙支持の立場を捨て、普選案を出すにいたった。しかし、与党の政友会の原敬内閣は、一九一九(大正八)年五月に選挙法を改正し、①選挙権の納税額資格制限を十円から三円に引き下げる一方、②与党に有利な小選挙区制をしいた。

野党の普選案に対し、普選実現が社会運動を刺激し、社会主義勢力の議会進出による政治・社会制度の改変をまねくおそれがあるとして、一九二〇(大正九)年二月に議会を解散した。総選挙は小選挙区制によって政友会が圧勝し、議席の六割を占めた。「平民宰相」と人気を集めた原だが、党略的な選挙法改正や疑獄事件の続発などで世論の不評をかい、一九二一(大正十)年十一月、暗殺された。

原敬首相の普選拒否

[1]漸次に選挙権を拡張する事は何等異議なき処にして　前年(一九一九年三月)納税資格を十円から三円に引き下げた

[2]他年　将来

[3]左まで　それほどまで

原典解説

原敬日記　三八四ページ参照

2 普通選挙法　一九二五（大正十四）年五月五日公布　★

第五条　帝国臣民タル男子ニシテ年齢二十五年以上ノ者ハ選挙権ヲ有ス
帝国臣民タル男子ニシテ年齢三十年以上ノ者ハ被選挙権ヲ有ス
第六条　左ニ掲クル者ハ選挙権及被選挙権ヲ有セス
一　禁治産者❶及準禁治産者
二　破産者ニシテ復権ヲ得サル者
三　貧困ニ因リ生活ノ為公私ノ救助ヲ受ケ又ハ扶助ヲ受タル者
四　一定ノ住居ヲ有セサル者
五　六年ノ懲役又ハ禁固以上ノ刑ニ処セラレタル者
第六十八条　議員候補者ノ届出又ハ推薦届出ヲ為サムトスル者ハ議員候補者一人ニ付二千円又ハ之ニ相当スル額面ノ国債証書ヲ供託スルコトヲ要ス
議員候補者ノ得票数其ノ選挙区内ノ議員ノ定数ヲ以テ有効得票ノ総数ヲ除シテ得タル数ノ十分ノ一ニ達セサルトキハ前項ノ供託物ハ政府ニ帰属ス
第九十八条　何人ト雖投票ヲ得若ハ得シメ又ハ得シメサルノ目的ヲ以テ戸別訪問ヲ為スコトヲ得ス
何人ト雖前項ノ目的ヲ以テ連続シテ個個ノ選挙人ニ対シ面接シ又ハ電話ニ依リ選挙運動ヲ為スコトヲ得ス
第百条　内務大臣ハ選挙運動ノ為頒布シ又ハ掲示スル文書図書ニ関シ命令ヲ以テ制限ヲ設クルコトヲ得
（官報）

普通選挙法
❶禁治産者　心神喪失状態にあると認定され、財産管理などを後見人に委ねている者

男性の参政権欠格者

男性の参政権欠格者
1 禁治産者、準禁治産者
2 破産者
3 公的・私的な被救助・扶助者
4 住所不定者
5 懲役・禁錮の受刑者

原典解説
官報　三六四ページ参照

3 普通選挙法提案理由 ★★

恭しく按じまするに憲法御制定終極の御趣旨は広く国民をして大政に参与せしめられ、周く国民をして国家の進運を扶持せしめらるゝに在りと信じます。……近時に至り、普通選挙制の鬱然として輿論の大勢をなすに至りましたことは洵に偶然でないと言はねばなりません。政府は、この時代精神❶の趨向に鑑み、広く国民をして国家の義務を負担せしめ、周く国民をして政治上の責任に参加せしめ、以て国運発展の衡❷に膺らしむるが刻下❸最も急務なりと認めたのであります。

（加藤高明）

普通選挙法提案理由
❶時代精神　民本主義など
❷国運発展の衡　国家発展の責任ある地位
❸刻下　ただいま、目下

選挙法改正

公布年	内閣	実施年	資格制限（直接国税）	選挙人			被選挙人	
				性・年齢	総数	全人口比	性・年齢	定員
1889	黒田清隆	1890	15円以上	男・25歳以上	45万人	1.1%	男・30歳以上	300人
1900	山県有朋	1902	10円以上	〃	98万人	2.2%	〃	369人
1919	原　敬	1920	3円以上	〃	307万人	5.5%	〃	464人
1925	加藤高明	1928	なし	〃	1241万人	20.8%	〃	466人

❖解説❖

原敬にかわって首相となった前蔵相高橋是清は政友会をまとめられず、一九二二（大正十一）年六月、海軍閥の加藤友三郎内閣と交代した。政友会はこれに協力していたが、一九二四（大正十三）年一月、貴族院を基礎に清浦奎吾内閣が成立すると、政友会も憲政会・革新倶楽部とともに護憲三派を結成し倒閣運動をおこした。しかし、清浦支持派の床次竹二郎らは脱党して政友本党をつくった。そのため、護憲三派の主導権は加藤高明のひきいる憲政会が握った。五月の総選挙で護憲三派が普選実現をかかげて圧勝し、六月には清浦が退陣し、加藤を首班とする護憲三派内閣が成立した。一九二五（大正十四）年三月、貴族院の妨害にあったが、満二十五歳以上の男子に選挙権、三十歳以上の男子に被選挙権を与えるという普通選挙法が成立した。これによって、有権者は三百七万人（全人口の五・五％）から千二百四十一万人（二十・八％）に増え、国民の政治参加の道がひろげられた。しかし、女性参政権の実現は戦後をまたねばならなかった。また、男子でも禁治産者・被産者・公私の被扶助者・住所不定者・懲役と禁錮の受刑者には参政権がなかった。

4 治安維持法 ★★★

(1)治安維持法　一九二五(大正十四)年四月二十二日公布　★★★

第一条　国体[1]ヲ変革シ、又ハ私有財産制度[2]ヲ否認スルコトヲ目的トシテ結社[3]ヲ組織シ、又ハ情ヲ知リテ[4]之[5]ニ加入シタル者ハ、十年以下ノ懲役[6]又ハ禁錮[7]ニ処ス

前項ノ未遂罪[8]ハ之ヲ罰ス　(官報)

(2)改正治安維持法　一九二八(昭和三)年六月二十九日改正　★

第一条　国体ヲ変革スルコトヲ目的トシテ結社ヲ組織シタル者、又ハ結社ノ役員其ノ他指導者タル任務ニ従事シタル者ハ、死刑又ハ無期若ハ五年以上ノ懲役若ハ禁錮ニ処シ、情ヲ知リテ結社ニ加入シタル者又ハ結社ノ目的遂行ノ為ニスル行為ヲ為シタル者ハ、二年以上ノ有期ノ懲役又ハ禁錮ニ処ス。私有財産制度ヲ否認スルコトヲ目的トシテ結社ヲ組織シタル者、結社ニ加入シタル者又ハ結社ノ目的遂行ノ為ニスル行為ヲ為シタル者ハ、十年以下ノ懲役又ハ禁錮ニ処ス。

前二項ノ未遂罪ハ之ヲ罰ス　(官報)

(3)改正治安維持法　一九四一(昭和十六)年三月十日改正　★

第三十九条　第一章ニ掲グル罪[1]ヲ犯シ刑ニ処セラレタル者其ノ執行ヲ終リ釈放セラルベキ場合ニ於テ、釈放後ニ於テ更ニ同章ニ掲グル罪ヲ犯スノ虞アルコト顕著ナルトキハ、裁判所ノ検事ノ請求ニ因リ本人ヲ予防拘禁[2]ニ付スル旨ヲ命ズルコトヲ得

2　第一章ニ掲グル罪ヲ犯シ刑ニ処セラレ其ノ執行ヲ終リタル者又ハ刑ノ執行猶予ノ言渡ヲ受ケタル者、思想犯保護観察法[3]ニ依リ保護観察ニ付セラレ居ル場合ニ於テ、保護観察ニ依ルモ同章ニ掲グル罪ヲ犯スノ危険ヲ防止スルコト困難ニシテ、更ニ

治安維持法

(1)治安維持法

[1]国体　重要　天皇主権の国家体制

[2]私有財産制度　重要　資本主義制度や寄生地主制をさす

[3]結社　天皇制・資本主義・寄生地主制の廃止をめざす共産主義運動の組織。共産党をさす

[4]情ヲ知リテ　事情を知って

[5]之　共産党をさす

[6]懲役　刑務所に拘置し労働させる刑罰

[7]禁錮　刑務所に拘置するが、労働はさせない刑罰

[8]未遂罪　計画して実行しないもの

(3)改正治安維持法

[1]第一章ニ掲グル罪　治安維持法で罰する犯罪行為を国体の変革に一元化して処罰対象を拡げたもの

[2]予防拘禁　転向しない思想犯・政治犯を刑期満了後も拘禁する制度

❸思想犯保護観察法 重要　一九三六(昭和十一)年五月二十九日公布。執行猶予・不起訴・刑期満了・仮釈放になった思想犯を保護観察所の監視下におき、住所・通信・交友などを制限した

原典解説

官報　三六四ページ参照

設問

問❶　普通選挙法を制定した護憲三派内閣の首相はだれか。

問❷　普通選挙法と同じ議会で成立し、社会運動の弾圧に猛威をふるった法律は何か。

之ヲ犯スノ虞アルコト顕著ナルトキ、亦前項ニ同ジ　(官報)

❖解説❖

護憲三派内閣は、普通選挙法と同じ議会で**治安維持法**も一九二五(大正十四)年三月に成立させた。政府は、普選実現と日ソ国交樹立(一九二五年一月、日ソ基本条約調印)によって社会運動が一層盛んになることをおそれ、その防止策としてこの法律を制定して貴族院を納得させようとしたのである。すでに、一九二二(大正十一)年に高橋是清内閣が**過激社会運動取締法案**を議会に提出している。これは貴族院では可決されたものの、各新聞社を先頭に反対運動がおき衆議院で審議未了となった。一九二三(大正十二)年九月、関東大震災の混乱収拾のため、緊急勅令として治安維持令が出され、議会で事後承認されている。治安維持法は、これらを継承したもので、具体的な行為を対象とした治安警察法と異なり、**国体の変革**と**私有財産制度の否認**という思想・信条を取締りの対象としていた。弾圧は、社会主義・共産主義運動から労働運動など社会運動全般、さらに自由主義者や宗教団体へと拡大されていった。

一九二八(昭和三)年二月、政友会の田中義一内閣のもとで最初の普通選挙が実施され、八名の無産政党代議士が誕生し、非合法の**日本共産党**(一九二二年七月結成)の影響力が強い**労働農民党**からも山本宣治ら二名が当選した。田中義一は、一九二八年の三・一五事件、一九二九(昭和四)年の四・一六事件と二次にわたって共産党とその支持者を弾圧した。一九二八年六月は緊急勅令で**最高刑を死刑**とし、また**目的遂行罪**を設けて支持者も処罰の対象とする改正を行った。その後、一九四一(昭和十六)年三月、三・一五事件の受刑者が刑期満了をむかえるのに対処するため、治安維持法が全面改正された。罰する犯罪行為を国体の変革に一元化し、思想犯・政治犯のみならず、植民地の独立運動や天皇制の権威をそこねるおそれのある新興宗教なども処罰対象とした。また、出獄する思想犯・政治犯や、すでに思想犯保護観察法で保護観察下にあった者を、再犯のおそれがあれば拘禁できるようにした。戦時体制構築の一環として、戦争遂行の妨害となる言論や活動を絶滅しようとしたものである。

⑦国際協調外交

1 ワシントン会議 ★★

(1)ワシントン海軍軍縮条約　一九二二(大正十一)年二月六日調印 ★

第一条　締約国[1]ハ本条約ノ規定ニ従ヒ各自ノ海軍軍備ヲ制限スヘキコトヲ約定ス

第四条　各締約国ノ主力艦合計代換噸数[2]ハ基準排水量ニ於テ合衆国五十二万五千噸、英帝国五十二万五千噸、仏蘭西国十七万五千噸、伊太利国十七万五千噸、日本国三十一万五千噸ヲ超ユルコトヲ得ス

第五条　基準排水量三万五千噸ヲ超ユル主力艦[3]ハ何レノ締約国モ之ヲ取得シ又ハ之ヲ建造シ、建造セシメ若ハ其ノ法域内ニ於テ之カ建造ヲ許スコトヲ得ス

第七条　各締約国ノ航空母艦[4]合計噸数ハ基準排水量ニ於テ合衆国十三万五千噸、英帝国十三万五千噸、仏蘭西国六万噸、伊太利国六万噸、日本国八万一千噸ヲ超ユルコトヲ得ス

第十九条　合衆国、英帝国及日本国ハ左ニ掲クル各自ノ領土及属地[5]ニ於テ要塞及海軍根拠地ニ関シ本条約署名ノ時ニ於ケル現状ヲ維持スヘキコトヲ約定ス

(日本外交年表並主要文書)

(2)四カ国条約　一九二一(大正十)年十二月十三日調印 ★

第一条　締約国[1]ハ互ニ太平洋方面ニ於ケル其ノ島嶼タル属地及島嶼タル領地ニ関スル其ノ権利ヲ尊重スヘキコトヲ約ス

締約国ノ何レカノ間ニ太平洋問題ニ起因シ、且前記ノ権利ニ関スル争議ヲ生シ、外交手段ニ依リテ満足ナル解決ヲ得ルコト能ハス、且其ノ間ニ幸ニ現存スル円満ナル協調ニ影響ヲ及ホスノ

ワシントン会議

(1)ワシントン海軍軍縮条約

[1]締約国　日本・アメリカ・イギリス・フランス・イタリアの五か国

[2]代換噸数　老齢艦・建造中の艦を廃棄して保有量をきめたが、将来、代艦として建造した場合の総計の噸数

[3]主力艦 重要　砲の口径も十六インチ(四十・六センチ)以内とされた。また今後十年間はこの建造も許されない

[4]航空母艦　一艦の噸数は二万七千噸以内、砲の口径は八インチ(二十・三センチ)以内とされた。その他の補助艦は一万噸以内とするが建造量は制限しない

[5]属地　太平洋諸島をさす。日本は、主力艦保有で対米英七割を確保できなかったかわりに、アメリカがフィリピンの軍備を強化できなくするこの条項を認めさせた

(2)四カ国条約

[1]締約国　日本・アメリカ・イギリス・フランスの四か国

虞アル場合ニ於テハ、右締約国ハ共同会議ノ為他ノ締約国ヲ招請シ、当該事件全部ヲ考量調整ノ目的ヲ以テ其ノ議ニ付スヘシ

(日本外交年表竝主要文書)

(3) 九カ国条約　一九二二(大正十一)年二月六日調印 ★

第一条　支那国以外ノ締約国[1]ハ左ノ通約定ス

一、支那ノ主権、独立並其ノ領土的及行政的保全ヲ尊重スルコト

二、支那カ自ラ有力且安固ナル政府ヲ確定維持スル為、最完全ニシテ且最障碍ナキ機会ヲ之ニ供与スルコト

三、支那ノ領土ヲ通シテ一切ノ国民ノ商業及工業ニ対スル機会均等主義[2]ヲ有効ニ樹立維持スル為各尽力スルコト

(日本外交年表竝主要文書)

(3) 九カ国条約

[1] 支那国以外ノ締約国　日本・アメリカ・イギリス・フランス・イタリア・オランダ・ベルギー・ポルトガルの八か国

[2] 機会均等主義 重要　一八九九(明治三十二)年にジョン・ヘイが提唱して以来、アメリカの対中国政策の基本原則。中国では進出したすべての国が同一の待遇をうけるべきだとするもので、中国進出で立ち遅れたアメリカの勢力挽回策であった

原典解説　日本外交年表竝主要文書　二八六ページ参照

解説

ワシントン会議　一九二一(大正十)年十一月、アメリカ大統領ハーディングの提唱によるワシントン会議が開催され、軍備制限と、ヴェルサイユ会議が未解決であった極東・太平洋問題が討議された。日本全権は、加藤友三郎・徳川家達・幣原喜重郎らであった。この会議で米英両国は、第一次世界大戦後、急速に増大してきた日本の海軍力とその大陸・太平洋進出を抑えることをねらっていた。日本側も、一九二〇(大正九)年の戦後恐慌で軍縮が財政上の要求となっていたし、アメリカや中国の反日感情を緩和する必要もあった。

ワシントン海軍軍縮条約　一九二二(大正十一)年二月に調印され、①今後十年間、主力艦を建造せず、現在建造中のものは廃棄する、②主力艦の保有制限量を米英各五、日本三、仏伊各一・六七とする、③航空母艦の制限保有量を米英各五、日本三、仏伊二・二二とする、④補助艦の保有量は制限しない、⑤条約の有効期限は十年とすることなどを決めている。これによって、米英両国は共同すれば海軍力で日本に対して優位を保ち続けることができるようになった。

四カ国条約　アメリカは、日英同盟が極東における日本の侵略的行動を助長しているとして、その廃棄を強く求めた。そこで、イギリスは日米両国との三国協定の締結を提案したが、アメリカは、フランスを加えることを主張した。こうして、一九二一年

十二月、日英同盟の廃棄が決まり、太平洋諸島の勢力現状維持を約束した**四カ国条約**が成立した。

九カ国条約　一九二二年二月、アメリカ・イギリス・フランス・イタリア・オランダ・ベルギー・ポルトガル・中国・日本によって調印された。そこでは、アメリカが主張する中国の主権尊重・領土保全・門戸開放・機会均等などが規定され、日本の中国進出を抑えようとしていた。これにより、一九二三（大正十二）年四月には石井・ランシング協定が廃棄された。また、日中両国間の直接交渉で山東省の旧ドイツ権益が中国に返還されることになった。

ワシントン体制　ワシントン会議で、アメリカは外交的勝利をおさめたが、日本の中国進出は後退した。しかし、日本は、国内の不況のため軍事力を一層増強して力でこのワシントン体制を打破することは難しく、また第一次世界大戦後の、平和を求める国際世論もそれを許さなかった。そこで、**国際協調外交**をとることになったが、満洲などにおける既得権確保の姿勢にはかわりはなかった。とくに、一九二四（大正十三）年六月の護憲三派内閣成立後は、**幣原喜重郎**外相が国際協調外交（**幣原外交**）をすすめた。

2 日ソ基本条約　一九二五（大正十四）年一月二十日調印　★

第一条　両締約国ハ本条約ノ実施ト共ニ両国間ニ外交及領事関係ノ確立セラルヘキコトヲ約ス

第二条　千九百十七年十一月七日前ニ於テ日本国ト露西亜国トノ間ニ締約セラレタル条約、協約及協定ニシテ右「ポーツマス」条約以外ノモノ[I]ハ両締約国ノ政府間ニ追テ開カルヘキ会議ニ於テ審査セラルヘク且変化シタル事態ノ要求スルコトアルヘキ所ニ従ヒ改訂又ハ廃棄セラレ得ヘキコトヲ約ス

第五条　両締約国ハ……公然又ハ陰密ノ何等カノ行為ニシテ苟モ日本国又ハ「ソヴィエト」社会主義共和国連邦ノ領域ノ何レカノ部分ニ於ケル秩序及安寧ヲ危殆ナラシムルコトアルヘキモノハ之ヲ為サス且締約国ノ為何等カノ政府ノ任務ニ在ル一切ノ人及締約国ヨリ何等カノ財的援助ヲ受クル一切ノ団体ヲシテ右ノ行為ヲ為サシメサルコトノ希望及意嚮ヲ厳粛ニ確認ス

日ソ基本条約

[I]「ポーツマス」条約以外ノモノ　重要　対米攻守同盟関係の樹立や満蒙権益の分割を協定した秘密条約の第四次日露協約などを指す

原典解説

日本外交年表竝主要文書　二八

六ページ参照

主要会議・条約一覧

会議・条約名	年次	参加国	日本全権	会談・条約内容
パリ講和会議	1919	27国	西園寺公望 牧野伸顕	ヴェルサイユ条約、国際連盟の設立
ワシントン会議	1921～22	日英米仏伊 蘭白葡中	加藤友三郎 徳川家達	四カ国条約、九カ国条約、海軍軍縮条約
パリ不戦条約	1928	15国	内田康哉	不戦条約
ロンドン軍縮会議	1930	日英米仏伊	若槻礼次郎 財部彪	海軍軍縮条約(日英米)

解説

日本は、一九一八(大正七)年以来、ソヴィエト政権への干渉を目的にシベリアと北樺太に出兵していたが、一九二二(大正十一)年秋にはシベリアから、一九二五(大正十四)年秋には北樺太から撤兵した。一方、一九二四(大正十三)年春には、ソ連とイギリス・イタリアが国交を樹立し、中国も国交を正常化した。そこで、日本も一九二三(大正十二)年九月から北京でソ連との国交樹立交渉を行い、一九二五(大正十四)年一月二十日に**日ソ基本条約**に調印した。条約では、ポーツマス条約の継承、第四次日露協約などの廃棄についての協議、日ソ両国内での反政府運動の禁止、北洋漁業権や北樺太石油利権の対日供与などを定めた。

(日本外交年表竝主要文書)

3 不戦条約　一九二八(昭和三)年八月二十七日調印　★★

第一条　締約国[1]ハ、国際紛争解決ノ為戦争ニ訴フルコトヲ非トシ、且其ノ相互関係ニ於テ、国家ノ政策ノ手段トシテノ戦争ヲ抛棄スルコトヲ、其ノ各自ノ人民ノ名ニ於テ厳粛ニ宣言ス

(日本外交年表竝主要文書)

解説

第一次世界大戦後の国際協調の世界的風潮は、一九二八(昭和三)年八月、不戦条約を成立させた。これは、アメリカのケロッグ国務長官とフランスのブリアン外相の提唱で、十五か国が参加してパリで調印されたものである。日本も内田康哉を全権として参加した。そこでは、国策の手段としての戦争を放棄することを約束した。その一方で軍備拡張競争が続いていたが、一九二九(昭和四)年十月に始まった**世界恐慌**は列強に軍縮を余儀なくさせた。

4 ロンドン海軍軍縮条約――同協定要項 ★

一九三〇(昭和五)年四月二十二日調印

一、主力艦の代艦建造は五カ年間更に休止する
二、英国は五隻、米国は三隻、日本は一隻の主力艦をそれぞれ繰上げて廃棄する❶
三、日米英三国の補助艦保有制限量を左の如く定める❷

	大型巡洋艦(八吋)	駆逐艦	潜水艦	総噸数
英	十五隻一四六、八〇〇噸	一五〇、〇〇〇噸	五二、七〇〇噸	五四一、七〇〇噸
米	十八隻一八〇、〇〇〇噸	一五〇、〇〇〇噸	五二、七〇〇噸	五二六、二〇〇噸
日	十二隻一〇八、四〇〇噸	一〇五、五〇〇噸	五二、七〇〇噸	三六七、〇五〇噸

四、潜水艦は単艦噸数二千噸、砲口径五・一吋以内に限る
五、六百噸未満の艦船は制限外とする。但し武装、速力の薄弱なものは二千噸までは不問に附する

(外交余録)

解説

一九三〇(昭和五)年一月、イギリスの招請でロンドン海軍軍縮会議が開催され、イギリス・アメリカ・日本・フランス・イタリアの五か国が参加した。日本全権は若槻礼次郎らである。一九二七(昭和二)年のジュネーヴ会議で失敗した補助艦の保有量制限が話し合われ、日本は対米七割を主張した。結果は、保有総量で対米六・九七五と、ほぼ七割を確保したものの、大型巡洋艦が対米六割にとどまった。四月にロンドン海軍軍縮条約が調印されると、軍部や右翼はこれを軍備の内容を決める天皇の統帥大権をおかしたと激しく非難した(統帥権干犯問題)。しかし、民政党の浜口雄幸内閣(外相は幣原喜重郎)はこうした反対を押し切って、十月に批准した。そのため、浜口首相は十一月に狙撃され、翌年四月には退陣することになる。

不戦条約 ↓p.397

❶締約国　日本・アメリカ・イギリス・フランス・ドイツなど十五か国。のち六十三か国が参加

ロンドン海軍軍縮条約

❶英国は五隻……繰上げて廃棄する　ワシントン海軍軍縮条約では一九四二(昭和十七)年度以降、英米十五隻、日本九隻とするとあったが、この当時英二十隻、米十八隻、日本十隻あったので、急ぎ実現しようとした。日本はこのため比叡を廃棄した

❷日米英三国の……左の如く定める　この表には小型巡洋艦の数字をはぶいてある。総噸数比率は対米六十九・七五%、対英六十七・九%となる

原典解説

外交余録　石井菊次郎の著。一九三〇(昭和五)年刊

設問

問❶ 米・英・日・仏・伊五か国の間で主力艦の保有量を制限するために結ばれた条約は何か。

問❷ 補助艦の保有量を制限する条約で、統帥権干犯問題をひきおこしたのは何か。

8 経済恐慌と強硬外交

1 金融恐慌 ★★

現内閣[1]ハ一銀行一商店[2]ノ救済ニ熱心ナルモ、支那方面ノ我ガ居留民及対支貿易ニ付テハ何等施ス所ナク、唯々我等ノ耳ニ達スルモノハ、其ノ惨憺タル暴状[3]ト、而シテ政府ガ弾圧手段ヲ用イテ、之等ノ報道ヲ新聞紙ニ掲載スルコトヲ禁止シタルコトナリ。之ヲ要スルニ、今日ノ恐慌ハ現内閣ノ内外ニ対スル失政ノ結果ナリト云フヲ憚ラズ。一銀行一会社ノ救助ノ為ニ、既ニ二億七百万円、今復タ二億ノ補償義務[4]、合計シテ四億七百万円ノ鉅額ヲ、人民ノ膏血[5]ヨリ出タル国帑[6]ノ負担ニ帰セシメントシ、支那ニ在留スル数万ノ同胞ニ対シテハ殆ド顧ル所ナシ。一般国民ハ之ヲ見テ果シテ如何ナル感慨ヲ生スベキ乎。刻下到ル処思想ノ悪化シツツアル情勢ニ顧ミ、前途ヲ慮ルトキハ転タ悚然[7]タラザルヲ得ザルナリ。

（伯爵伊東巳代治）

金融恐慌

1 現内閣　若槻礼次郎(第一次)内閣
2 一銀行一商店　台湾銀行と鈴木商店
3 惨憺タル暴状　みじめなさま
4 今復タ二億ノ補償義務　二億円を限度として政府が補償する
5 膏血　あぶらと血で、税金を意味する
6 国帑　国家財政
7 悚然　おそれてぞっとする

原典解説

伯爵伊東巳代治　伊東巳代治の伝記。一九三八(昭和十三)年刊。伊東は大日本帝国憲法の起草に加わり、枢密顧問官として「憲法の番人」を自任し、強硬外交を主張していた

解説

憲政会の第一次若槻礼次郎内閣は、不況打開のため金輸出解禁の方針をとり、その障害となる震災手形の処理のため、一九二七(昭和二)年一月、震災手形損失補償公債法案・震災手形善後処理法案を議会に提出した。三月十四日、片岡直温蔵相がその審議中に東京渡辺銀行が破綻したと失言し、そのため同行はじめ中小銀行が軒並み預金一斉引出しの取付けにあって倒壊し、金融恐慌がはじまった。さらに、鈴木商店の倒産によって莫大な債権がこげついた台湾銀行も危機に陥った。

若槻内閣は、台湾銀行救済のため緊急勅令を出そうとしたが、史料にあるように、かねてその国際協調外交に反感をいだいていた伊東巳代治らによって枢密院で阻止され、四月十七日に総辞職した。二十日に成立した政友会の田中義一内閣は二十二日にモラトリアム(支払猶予令)を出して預金引出しを三週間中止し、その間に日本銀行から二十一億九千万円を緊急融資して銀行の救済にあたった。この結果、

財閥系銀行に預金が集中し、財閥の経済界支配が強まった。

2 対支政策綱領　一九二七(昭和二)年七月七日　★

五、此間支那ノ政情不安ニ乗シ、往々ニシテ不逞分子[1]ノ跳梁[2]ニ因リ、治安ヲ紊シ、不幸ナル国際事件ヲ惹起スルノ虞アルハ争フヘカラサル所ナリ。……支那ニ於ケル帝国ノ権利利益並在留邦人ノ生命財産ニシテ、不法ニ侵害セラルル虞アルニ於テハ必要ニ応シ断乎トシテ自衛ノ措置[3]ニ出テ、之ヲ擁護スルノ外ナシ

六、満蒙殊ニ東三省[4]地方ニ関シテハ、国防上並国民的生存ノ関係上重大ナル利害関係ヲ有スルヲ以テ、我邦トシテ特殊ノ考量ヲ要スルノミナラス、同地方ノ平和維持、経済発展ニ依リ内外人安住ノ地タラシムルコトハ、接壌ノ隣邦[5]トシテ特ニ責務ヲ感セサルヲ得ス……

八、万一動乱満蒙ニ波及シ治安乱レテ同地方ニ於ケル我特殊ノ地位権益ニ対スル侵害起ルノ虞アルニ於テハ、其ノ何レノ方面ヨリ来ルヲ問ハス之ヲ防護シ且内外人安住発展ノ地トシテ保持セラルル様、機ヲ逸セス適当ノ措置ニ出ツルノ覚悟アルヲ要ス

（日本外交年表竝主要文書）

解説

山東省は、第一次世界大戦で日本軍が占領して以来、紡績工場(**在華紡**)など、日本の経済進出が著しく、約二万人の日本人が在留していた。**蔣介石**のひきいる北伐軍がここに接近すると、**田中義一**内閣は、一九二七(昭和二)年五月、居留民保護を名目に第一次**山東出兵**を行って、その北上を阻止した。さらに六月二十七日から七月七日にかけて、田中内閣(外相は田中兼任)は**東方会議**をひらき、政府・軍部が一堂に会して中国政策の大綱を決めた。この**対支政策綱領**は、①満蒙の中国本土からの分離、②親日派軍閥との提携、③権益と居留民の現地保護をめざし、そのためには出兵も辞さないという大陸積極外交、**強硬外交**の方針がとられた。

対支政策綱領

[1] 不逞分子　よろしくないもの、ここでは反日・抗日的な立場の人物や団体、とくに中国共産党などをさす

[2] 跳梁　あばれまわる

[3] 自衛ノ措置　出兵を意味する

[4] 東三省 重要　中国東北地域にある黒龍江・吉林・奉天の三省

[5] 接壌ノ隣邦　境を接した国

原典解説

日本外交年表竝主要文書　二八六ページ参照

設問

問❶　金融恐慌を収拾するため、田中義一内閣が出した法令は何か。

問❷　田中義一内閣が強硬な対中国政策を決定した会議を何というか。

3 井上準之助の金解禁論★

金の輸出禁止[1]の為めに、我財界が斯くの如く不安定になって居りますから、一日も速かに金解禁[2]を実行しなければならぬのであります。併しながら今日の現状の儘では金の解禁は出来ないのであります。……準備せずに、現状の儘で金の解禁は出来ませぬ。然らば準備は何かと云へば、政府は財政を緊縮する、其の態度を国民が理解して国民も消費節約をなし、国民も緊張しますれば、茲に物価も下る大勢が出て来る。輸入も減るだけの状態になります。さうなると、為替相場[3]もずっと上って参ります。……今日の状態は、全く先の見えぬ不景気であります。……此の儘に差置けば益々深みへ陥る不景気であります。……過去の日本の経済状態を見ますると、日本の不景気[4]は外からの力で景気に変って居る事が多いのであります。……併しながら今日の世界各国の状態を見ますと、欧羅巴の戦争[5]に因って余程疲弊して居ります。……斯かる状況に於て、外国から来る力によって今日の日本の不景気が打開されようとは考へられぬのであります。どうしても、今日の状態を打開するには、自力でなければ出来ぬのであります。自己の力、自己の勤倹努力[6]によるの外、途は無いのであります。

（井上準之助論叢）

解説

金輸出解禁による不況打開を唱える立憲民政党の浜口雄幸内閣の蔵相井上準之助は、一九三〇(昭和五)年一月、旧平価(一円＝金〇・七五グラム＝〇・四九八五米ドル)で金解禁を断行した。石橋湛山らの経済ジャーナリストは独・仏・伊各国にならい新平価解禁を唱えたが、国の威信と産業合理化をはかる井上は旧平価解禁に踏み切った。しかし、一九二九(昭和四)年にアメリカで始まった世界恐慌はこの年、日本に波及し昭和恐慌がおこり、金輸出再禁止を見越したドル買の圧力もあって、立憲政友会の犬養毅内閣成立直後の一九三一(昭和六)年十二月、高橋是清蔵相は金輸出再禁止を断行した。

井上準之助の金解禁論

[1] **金の輸出禁止**　第一次世界大戦の勃発にともない、ヨーロッパなど世界各国は、次々に外国への金の輸出を禁止し、金本位制を停止した。日本は一九一七(大正六)年に金の輸出を禁止している

[2] **金解禁** 重要　外国への金の輸出を再開し、金本位制に復帰すること

[3] **為替相場**　日本の通貨「円」の、外国通貨に対する交換価格。これは景気や物価などの影響で上下する

[4] **日本の不景気**　井上は、日本が不景気から脱したケースとして、日清戦争、日露戦争、第一次世界大戦や、外国の好景気の影響をうけたときをあげている

[5] **欧羅巴の戦争**　第一次世界大戦

[6] **自己の勤倹努力**　政府財政の緊縮、産業の合理化などが推進された

原典解説

井上準之助論叢　史料は第一巻に収録、一九三五(昭和十)年刊。井上の著作・論説・論文・日記・書簡などが収められている

9 満洲事変

1 柳条湖事件　一九三一（昭和六）年九月十八日 ★

(1) 新聞報道——昭和六年九月十九日付「東京朝日新聞」★

十八日午後十時半、北大営[1]の西北において暴戻[2]な支那兵が、満鉄線[3]を爆破し、わが守備兵を襲撃したので、わが守備隊[4]は時を移さずこれに応戦し、大砲をもって北大営の支那兵を襲撃し、北大営の一部を占領した。

（太平洋戦争前史）

(2) 外務省奉天総領事[1]の極秘報告 ★

第六二五号（至急極秘）……各方面ノ情報ヲ綜合スルニ、軍ニ於テハ満鉄沿線各地ニ亘リ、一斉ニ積極的行動[2]ヲ開始セムトスルノ方針ナルカ如ク推察セラル。本官ハ在大連内田総裁[3]ヲ通シテ軍司令官[4]ノ注意ヲ喚起スル様措置方努力中ナルモ、政府[5]ニ於テモ大至急軍ノ行動差止メ方ニ付適当ナル措置ヲ執ラレムコトヲ希望ス。

第六三〇号（至急極秘）参謀本部建川部長[6]は十八日午後一時の列車にて当地に入込みたりとの報あり、軍側にては極秘に附し居るも、右は或は真実なるやに思はれ、また満鉄木村理事の内報に依れば、支那側に破壊せられたると伝へらるる鉄道箇所修理の為、満鉄より線路工夫を派遣せるも、軍は現場に近寄らせしめざる趣にて、今次の事件は全く軍部の計画的行動に出でたるものと想像せらる。

（日本外交文書）

柳条湖事件

(1) 新聞報道

1 北大営　奉天の北方にあった張学良指揮下の中国軍の兵営

2 暴戻な　乱暴な

3 満鉄線　重要　南満洲鉄道

4 わが守備隊　関東軍。日露戦争後、日本が租借した関東州（旅順・大連）と南満洲鉄道の警備のため配置された軍隊

(2) 外務省奉天総領事の極秘報告

1 奉天総領事　林久治郎。軍部の介入を排して対中国外交の一元化をめざすが、満洲事変で挫折

2 積極的行動　柳条湖事件の翌日には、奉天・長春など満鉄沿線の主要都市を占領した

3 内田総裁　満鉄総裁内田康哉。のち斎藤実内閣の外相

4 軍司令官　関東軍司令官本庄繁中将。のち侍従武官長・大将となるが、敗戦後自殺

5 政府　第二次若槻礼次郎内閣（立憲民政党）、この電報は幣原喜重郎外相に宛てたもの

6 参謀本部建川部長　参謀本部第一部長建川美次少将

解説

一九二九(昭和四)年、ニューヨークにはじまる世界恐慌は、一九三〇(昭和五)年春には日本へも波及し、都市ばかりか農村をまきこむ昭和恐慌がはじまり、労働争議や小作争議も増加し、尖鋭化していった。軍部や右翼はもちろん、政党の中にもこの経済的・社会的危機を海外進出の拡大によってのりきろうという考え方がひろまった。しかし、植民地をもつイギリスなどは本国と植民地の結びつきを強め、第三国をしめ出すブロック経済圏をつくって世界恐慌に対処しようとしていた。また、中国では民族主義が一層高まり、満洲でも日本の関東軍のため一九二八(昭和三)年六月に父張作霖を爆殺された張学良が、十二月に国民政府に合流する一方、アメリカの資本援助で満鉄包囲線の建設をすすめ、日本勢力の駆逐をはかっていた。軍部、とりわけ関東軍は軍事行動をおこして中国から満蒙を分離し、ここと の間に日本のブロック経済圏を形成し、ソ連=共産主義の日本国内への影響を阻止する楯にしようと企てた。それはまた、国内で政党内閣を打倒して軍部独裁政権を樹立するクーデタ計画とも連動していた。

一九三一(昭和六)年九月十八日の夜、関東軍は、参謀の板垣征四郎・石原莞爾らの周到な計画のもとに、奉天郊外で満鉄線路を爆破する柳条湖事件をおこし、一斉に張学良軍を攻撃して追い払い、全満洲を占領した。史料は、満鉄爆破を中国軍の仕業とする新聞報道と、関東軍の計画的行動だとする外務省の情報である。この満洲事変を皮切りに、日本は十五年戦争ともよばれる長期にわたる対中国戦争へ突入する。民政党の第二次若槻礼次郎内閣は、当初事変不拡大方針をとっていたが、三月事件に続き十月事件がおこり、これらの軍部のクーデタ未遂事件の衝撃で与党が動揺し、十二月には崩壊した。かわった政友会の犬養毅内閣が軍部の行動を追認したので、軍部は戦火を拡大し、一九三二(昭和七)年一月には上海事変をひきおこした。その陰で、清朝最後の皇帝愛新覚羅溥儀(宣統帝)を擁して満洲建国工作がすすめられ、三月には「満洲国」の建国宣言がなされた。

2 リットン報告書　一九三二(昭和七)年十月二日提出　★

九月十八日[1]午後十時ヨリ十時半ノ間ニ鉄道線路上若クハ其附近ニ於テ爆発アリシ[2]ハ疑ナキモ鉄道ニ対スル損傷ハ若シアリトスルモ事実長春ヨリノ南行列車ノ定刻到着ヲ妨ゲザリシモノニテ其ノミニテハ軍事行動ヲ正当トスルモノニ非ズ。同夜ニ於ケル叙上日本軍ノ軍事行動ハ正当ナル自

原典解説

太平洋戦争前史　青木得三が、一九五一(昭和二十六)年編集したもの

日本外交文書　三五〇ページ参照

リットン報告書

[1] 九月十八日　一九三一(昭和六)年九月十八日

[2] 鉄道線路上……爆発アリシ　満鉄・柳条湖事件

衛手段ト認ムルコトヲ得ズ。[3]……

吾人ハ「満洲国政府」ナルモノハ地方ノ支那人ニ依リ日本ノ手先ト見ラレ支那人一般ニ之ニ何等ノ支援ヲ与ヘ居ルモノニ非ズトノ結論ニ達シタリ。[4]……

満足ナル解決ノ条件[5]

四、満洲ニ於ケル日本ノ利益ノ承認

満洲ニ於ケル日本ノ権益ハ無視スルヲ得サル事実ニシテ、如何ナル解決方法モ右ヲ承認シ且日本ト満洲トノ歴史的関連ヲ考慮ニ入レサルモノハ満足ナルモノニ非サルヘシ

七、満洲ノ自治

満洲ニ於ケル政府ハ支那ノ主権及行政的保全ト一致シ、東三省ノ地方的状況及特徴ニ応スル様工夫セラレタル広汎ナル範囲ノ自治ヲ確保スル様改メラルヘシ。新文治制度ハ善良ナル政治ノ本質的要求ヲ満足スル様構成運用セラルルヲ要ス

八、内部的秩序及外部的侵略ニ対スル保障

満洲ノ内部的秩序ハ有効ナル地方的憲兵隊ニ依リ確保セラルヘク、外部的侵略ニ対スル安全ハ憲兵隊以外ノ一切ノ武装隊ノ撤退及関係国間ニ於ケル不侵略条約ノ締結ニ依リ与ヘラレルヘシ

（中央公論）

解説

中国が日本の満洲侵略を国際連盟に提訴したので、連盟は一九三一(昭和六)年十二月に委員会を設け、イギリスのリットン卿を団長とする調査団(リットン調査団)を一九三二(昭和七)年二月から七月にかけて派遣した。調査団は十月に報告書(リットン報告書)を提出した。そこでは、①日本の軍事行動は防衛的なものではなく、満洲国は日本の傀儡政権だとする一方、②満洲における中国の主権は認めながらも、日本の権益を尊重して、そこを非武装の自治区域として国際管理下においてはどうかとしている。

[3] **正当ナル自衛手段ト認ムルコトヲ得ズ**　日本の自衛権発動と認められない

[4] **吾人ハ……結論ニ達シタリ**　満洲国政府は日本の傀儡政権だとしている

[5] **満足ナル解決ノ条件**　事変の円満解決法として十か条をあげている

原典解説

中央公論　三八三ページ参照。リットン報告書は同誌の付録として、一九三二(昭和七)年十一月に英文とその翻訳が掲載された

3 日満議定書　一九三二(昭和七)年九月十五日調印　★★

日本国ハ満洲国[1]カ其ノ住民ノ意思ニ基キテ自由ニ成立シ、独立ノ一国家ヲ成スニ至リタル事実ヲ確認シタルニ因リ、満洲国ハ中華民国ノ有スル国際約定ハ満洲国ニ適用シ得ヘキ限リ之ヲ尊重スヘキコトヲ宣言セルニ因リ、日本国政府及満洲国政府ハ日満両国間ノ善隣[2]ノ関係ヲ永遠ニ鞏固ニシ互ニ其ノ領土権ヲ尊重シ、東洋ノ平和ヲ確保センカ為、左ノ如ク協定セリ。

一、満洲国ハ将来日満両国間ニ別段ノ約定ヲ締結セサル限リ、満洲国領域内ニ於テ日本国又ハ日本国臣民カ従来ノ日支間ノ条約、協定其ノ他ノ取極及公私ノ契約ニ依リ有スル一切ノ権利[3]利益ヲ確認尊重スヘシ

二、日本国及満洲国ハ締約国ノ一方ノ領土及治安ニ対スル一切ノ脅威ハ同時ニ締約国ノ他方ノ安寧及存立ニ対スル脅威タルノ事実ヲ確認シ、両国共同シテ国家ノ防衛ニ当ルヘキコトヲ約ス。[4]之カ為所要ノ日本国軍[5]ハ満洲国内ニ駐屯スルモノトス……

(日本外交年表竝主要文書)

解説

「満洲国」の承認をしぶる犬養毅内閣が一九三二(昭和七)年の五・一五事件で倒され、かわった斎藤実内閣は九月に日満議定書に調印した。そこでは、「満洲国」を独立国家とし、独立国間の外交協定の形をとりながら、その防衛のため日本軍の駐屯を認めていた。しかも、①その経費は「満洲国」側が負担し、②鉄道・港湾・水路・航空路などの管理・新設を日本にまかせ、③日本人を「満洲国」政府の中央・地方官吏に任じることになっている。「満洲国」は日本の傀儡国家以外の何者でもなかった。

日満議定書

1 満洲国 重要　一九三二(昭和七)年に成立。中国の東北三省(奉天・吉林・黒龍江)と熱河省を領土とし、首都は新京(長春)、執政は溥儀(清朝最後の皇帝宣統帝)だが、実際は日本の傀儡国家

2 善隣　仲良くすること

3 一切ノ権利　日本軍が必要とする鉄道・港湾・水路・航空路の管理権などをさす

4 両国共同シテ……約ス　「満洲国」の国防・治安はすべて日本にまかせ、その経費は「満洲国」が負担した

5 日本国軍　関東軍

原典解説　日本外交年表竝主要文書　二八六ページ参照

4 国際連盟脱退通告文　一九三三(昭和八)年三月二十七日発表　★★

本年二月二十四日臨時総会ノ採択セル報告書❶ハ、帝国カ東洋ノ平和ヲ確保セントスル外何等異図ナキノ精神ヲ顧ミサルト同時ニ、事実ノ認定及之ニ基ク論断ニ於テ甚シキ誤謬ニ陥リ、就中九月十八日事件当時及其ノ後ニ於ケル日本軍ノ行動ヲ以テ自衛権ノ発動ニ非スト臆断シ、又同事件前ノ緊張状態❷及事件後ニ於ケル事態ノ悪化カ支那側ノ全責任ニ属スルヲ看過シ、為ニ東洋ノ政局ニ新ナル紛糾ノ因ヲ作レル一方、満洲国成立ノ真相ヲ無視シ、且同国ヲ承認セル帝国ノ立場ヲ否認シ、東洋ニ於ケル事態安定ノ基礎ヲ破壊セントスルモノナリ。……茲ニ帝国政府ハ平和維持ノ方策殊ニ東洋平和確立ノ根本方針ニ付、連盟ト全然其ノ所信ヲ異ニスルコトヲ確認セリ。仍テ帝国政府ハ此ノ上連盟ト協力スルノ余地ナキヲ信シ、連盟規約第一条第三項❸ニ基キ帝国カ国際連盟ヨリ脱退スルコトヲ通告スルモノナリ。

(日本外交年表竝主要文書)

解説

一九三三(昭和八)年二月二十四日、国際連盟はリットン報告書の受諾の可否を問う表決を総会で行った。受諾賛成四十二、反対一(日本)、棄権一(シャム)であった。日本代表の松岡洋右は表決後、直ちに議場を退場し、三月二十七日に斎藤内閣は史料の連盟脱退通告を発した。こうして、日本は「世界の孤児」となり、その後、この「孤児」が見出した「友人」はヒトラーであった。ヒトラーのドイツとは、二・二六事件後の一九三六(昭和十一)年十一月に、共産主義への反対を名目に日独防共協定を結んでいる。

国際連盟脱退通告文

❶本年二月二十四日臨時総会ノ採択セル報告書　一九三三(昭和八)の国際連盟臨時総会に出された、対日勧告案

❷同事件前ノ緊張状態　これ以前、中国が満鉄併行線計画を進めたこと、一九三一(昭和六)年の長春郊外で起こった万宝山事件、また中村大尉が中国軍により殺された事件(中村大尉事件)などをさす

❸連盟規約第一条第三項　二年の予告をもって連盟から脱退できるとある

設問

問❶　満洲事変のきっかけとして、関東軍がおこした事件は何か。

問❷　満洲事変における日本の行為を侵略とし、日本の国際連盟脱退の原因となった報告書を提出したのはだれか。

⑩ファシズムの進展

1 北一輝のファッショ的国家改造計画——日本改造法案大綱 ★

今ヤ大日本帝国ハ内憂外患並ビ到ラントスル有史未曽有[1]ノ国難ニ臨メリ。国民ノ大多数ハ生活ノ不安ニ襲ハレテ一ニ欧州諸国破壊ノ跡[2]ヲ学バントシ、政権軍権財権ヲ私セル者ハ只龍袖[3]ニ陰レテ惶々[4]其不義ヲ維持セントス。……全日本国民ハ心ヲ冷カニシテ天ノ賞罰斯クノ如ク異ナル所以ノ根本ヨリ考察シテ、如何ニ大日本帝国ヲ改造スベキカノ大本ヲ確立シ、挙国一人ノ非議ナキ国論ヲ定メ、全日本国民ノ大同団結ヲ以テ終ニ天皇大権ノ発動ヲ奏請シ、天皇ヲ奉ジテ速カニ国家改造ノ根基ヲ完ウセザルベカラズ……

憲法停止　天皇ハ全日本国民ト共ニ国家改造ノ根基ヲ定メンガ為ニ天皇大権[5]ノ発動ニヨリテ三年間憲法ヲ停止シ両院ヲ解散シ全国ニ戒厳令[6]ヲ布ク。……

私有財産限度　日本国民一家ノ所有シ得ベキ財産限度ヲ壱百万円トス。（日本改造法案大綱）

解説

「日本改造法案大綱」は、一九一九(大正八)年に上海で北一輝が執筆した日本の政治・社会制度の超国家主義的改変計画である。そこでは、戒厳令をしき、憲法を停止し、議会を解散して、在郷軍人を基礎とした改造内閣を樹立するというクーデタ計画が示され、新政権の下で私有財産の制限、大企業の国営、華族制度や貴族院の廃止などを行うとしている。軍部の力を利用して、天皇と国民の間に介入して政治的・経済的実権を握っている官僚・政党・財閥を排除するというファッショ的国家改造計画であり、謄写版などでひそかに流布され、青年将校らに大きな影響を与えた。

北一輝のファッショ的国家改造計画

1 未曽有　今までにない

2 欧州諸国破壊ノ跡　第一次世界大戦による破壊

3 龍袖　天皇の権威をさす

4 惶々　おそれいって

5 天皇大権 重要　議会の協力なしに行使できる権能(緊急勅令・統帥権など)

6 戒厳令 重要　非常時に軍司令官に行政権・司法権の全部または一部を許す法令

原典解説

日本改造法案大綱　一九一九(大正八)年、北一輝が上海で執筆。北は、国家社会主義を信奉し、辛亥革命がおこると中国へ渡ってそれに参加した。しかし、中国で排日気運が高まると、日本国内のファッショ的改造を主張し、右翼や青年将校に大きな影響を与えた

2 二・二六事件——蹶起趣意書　一九三六(昭和十一)年二月二十六日 ★★

所謂元老[1]、重臣[2]、軍閥[3]、財閥、官僚、政党等は此の国体破壊の元兇[4]なり。倫敦海軍条約並に教育総監更迭に於ける統帥権干犯[5]、至尊兵馬大権の僭窃[6]を図りたる三月事件、或は学匪[7]、共匪[8]、大逆教団[9]と利害相結んで陰謀至らざるなき等は、最も著しき事例にして……血盟団の先駆捨身[10]、五・一五事件の憤騰、相沢中佐の閃発[11]となる。寔に故なきに非ず……内外真に重大危急、今にして国体破壊の不義不臣を誅戮[12]して、稜威[13]を遮り御維新[14]を阻止し来れる奸賊を芟除[15]するに非ずんば、皇謨を一空せん[16]……茲に同憂同志機を一にして蹶起し、奸賊を誅滅して大義を正し、国体の擁護開顕に肝脳を竭くし、以て神州赤子の微衷を献ぜんとす。皇祖皇宗の神霊、冀くば照覧冥助を垂れ給はんことを。

(軍国太平記)

解説

一九三一(昭和六)年の十月事件以後、陸軍の実権は荒木貞夫・真崎甚三郎らを中心とする皇道派が握った。しかし、一九三二(昭和七)年の犬養毅首相が暗殺された五・一五事件以後、斎藤実・岡田啓介と海軍軍人を首班とする内閣が続き、軍拡も海軍主導ですすめられ、陸軍内部には荒木ら皇道派を批判して、永田鉄山・東条英機らを中心とする統制派が台頭した。皇道派が北一輝や西田税らの思想的影響をうけてクーデタによる軍部独裁政権樹立とファッショ的国家改造を計画していたのに対し、統制派は軍部の下に官僚・政党・財界を動員する国家総動員体制づくりをめざしていた。

一九三二年五月以来、陸相の地位にあった荒木が一九三四(昭和九)年一月に辞任に追い込まれ、統制派の林銑十郎がその後任となり、三月に永田が軍務局長に就任して陸軍省の実権を握った。一九三五(昭和十)年七月には真崎が陸軍教育総監を罷免されるにおよんで、両派の対立は頂点に達した。皇道派の相沢三郎中佐が八月に永田を斬殺する事件がおき、統制派は皇道派青年将校の牙城である東京の第一師団を満洲へ追い払う方針をとった。

こうして一九三六(昭和十一)年に二・二六事件が皇道派青年将校によっておこされた。史料はその蹶起趣意書である。青年将校二十名は、千四百名の兵

二・二六事件

1 元老 重要 西園寺公望。天皇の最高顧問で、内閣交代時に後継首班を天皇に推薦したりする

2 重臣 重要 首相経験者・枢密院議長・内大臣などで、元老西園寺公望と協議して後継首班を天皇に推薦した。ここでは、海軍や政党出身の重臣がおもに標的となった

3 軍閥 重要 軍部、とくに陸軍内部の派閥のことで、ここでは統制派が標的となった

4 元兇 悪事を企んだ張本人

5 統帥権干犯 重要 天皇の軍隊を率いる権利をおかす

6 僭窃 分をこえて上の権限をおかす

7 学匪 政党政治を支持し、自由主義的な学説を唱える学者のことで、天皇機関説が問題化した美濃部達吉らをさす

8 共匪 共産主義者

9 大逆教団 不敬罪で弾圧された大本教をさす

10 先駆捨身 さきに出た暗殺団の決死の働き

11 閃発 一九三五(昭和十)年八月、相沢中佐が統制派の永田鉄山少将を斬殺したこと

12 誅戮 ころす

13 稜威 天皇の御威光

14 **御維新**　皇道派の青年将校は自分たちのめざすファッショ的国家改造を「昭和維新」と称した
15 **芟除**　草をかり根を取りのぞくようにわるものを徹底的に除去する
16 **皇謨を一空せん**　国家の大計をむだにする

原典解説

軍国太平記　高宮太平の著したもので、この中にこの「蹶起趣意書」を収録している

学問・思想の弾圧
(1)**天皇機関説**
1 **去ル二月十九日**　一九三五(昭和十)年
2 **菊池男爵**　菊池武夫男爵陸軍中将
3 **私ノ著書**　『憲法撮要』
4 **学匪**　世に害をなす学者

をひいて首相官邸などを襲い、高橋是清蔵相・斎藤実内大臣・渡辺錠太郎陸軍教育総監を殺害し、鈴木貫太郎侍従長に重傷を負わせた。岡田啓介首相や元老西園寺公望らはあやうく難を逃れた。陸軍の主導権は荒木や真崎らが握り、反乱を賞讃するような陸軍大臣告示が出され、二十七日に戒厳令がしかれると反乱部隊は戒厳部隊へ編入され、皇道派のクーデタは成功するかにみえた。しかし、側近を殺害された昭和天皇は激怒して鎮圧を厳命し、海軍も連合艦隊を東京湾に集結し陸戦隊を東京へ向け反乱に対決する姿勢をとり、政財界や世論の支持も得られなかったことから、二十九日には陸軍は一転して鎮圧方針に変わった。この時点でクーデタは失敗に終わり、事件後の粛軍によって陸軍の実権を握った統制派は、広田弘毅内閣の組閣人事も左右し国家総動員体制づくりへと向かっていった。

3 学問・思想の弾圧 ★★

(1) 天皇機関説 ★★

去ル二月十九日[1]ノ本会議ニ於キマシテ、菊池男爵[2]其他ノ方カラ、私ノ著書[3]ノコトニ付キマシテ御発言ガアリマシタニ付キ、茲ニ一言一身上ノ弁明ヲ試ムルノ巳ムヲ得ザルニ至リマシタコトハ、私ノ深ク遺憾トスル所デアリマス。……今会議ニオイテ、再ヒ私ノ著書ヲアケテ、明白ナ反逆思想テアルトイハレ、謀叛人テアルトイハレマシタ。又学匪[4]テアルト断言セラレタノテアリマス。日本臣民ニトリ、反逆者、謀叛人ト言ハルゝノハ、此上ナキ侮辱テアリマス。学問ヲ専攻シテヰル者ニトッテ、学匪トイハルゝ事ハ堪ヘ難イ侮辱テアルト思ヒマス。……所謂機関説ト申シマスルノハ、国家ソレ自身ヲ一ツノ生命アリ、ソレ自身ニ目的ヲ有スル恒久的ノ団体、即チ法律学上ノ言葉ヲ以テ申セハ、一ツノ法人ト観念イタシマシテ、天皇ハ此法人タル国家ノ元首タル地位ニ在マシ、国家ヲ代表シテ国家ノ一切ノ権利ヲ総攬シ給ヒ、天皇ガ憲法ニ従ッテ行ハセラレマスル行為ガ、即チ国家ノ行為タル効力ヲ生ズルト云フコトヲ言ヒ現ハスモノデアリマス。　（官報）

(2) 国体明徴声明[1] ★

恭しく惟るに、我国体は天孫降臨[2]の際降し給へる御神勅[3]に依り明示せられたる所にして、万世一系の天皇国を統治し給ひ、宝祚[4]の栄は天地と倶に窮りなし。……即ち大日本帝国統治の大権は儼として天皇に存する事明なり。若しも夫れ統治権が天皇に存せずして、天皇は之を行使する為めの機関なりとなすが如きは、これ全く万邦無比なる我が国体の本義を誤るものなり。近時憲法学説を繞り国体の本義に関連して兎角論議を見るに至れるは誠に遺憾に堪へず。政府は愈々国体の明徴に力を効し其の精華を発揚せんことを期す。

（官報）

解説

天皇機関説とは、国家は君主と国民が機能を分担する生物のような有機体であり、この国家が統治権をもち、天皇はその最高機関だとする。これはドイツ第二帝政下でさかんだった国家法人説の適用で、美濃部達吉らが提唱した。この学説は、天皇を超憲法的な神的存在とみる神権天皇制説をとる穂積八束や上杉慎吉との論争をへて、大正デモクラシーの風潮のもとでひろく支持されるようになった。

ところが、一九三〇(昭和五)年におきた統帥権干犯問題の際、美濃部が浜口雄幸内閣を支持し、ロンドン海軍軍縮条約の調印は天皇の統帥権を犯してはいないとの論陣を張って、世論に大きな影響を与えたことから、軍部・右翼の反感をかった。一九三五(昭和十)年二月十八日、貴族院で菊池武夫が美濃部学説を反国体的思想と攻撃したため、二十五日、貴族院勅選議員だった美濃部は反論に立ったが、それが軍部・右翼を一層反発させ、政友会も倒閣運動の材料にしたため、岡田啓介内閣をゆさぶる政治問題となった。そこで、政府は四月に美濃部の『憲法撮要』など三つの著書を発禁とし、八月と十月に二次にわたって国体明徴声明を出して、その鎮静化をはかった。不敬罪で告発された美濃部は、九月に議員を辞し、起訴をかろうじてまぬがれた。

思想弾圧事件

1920	森戸辰男、クロポトキン紹介論文により東大から追放
1933	滝川幸辰、自由主義的刑法学説により京大から追放
1935	美濃部達吉、天皇機関説により貴族院議員辞任
1937	矢内原忠雄、戦争政策を批判し、東大を辞任させられる
1938	河合栄治郎、ファシズム批判により起訴され、東大休職
1940	津田左右吉、古代史研究・神話批判により起訴

(2)国体明徴声明

1 国体明徴声明 重要 一九三五(昭和十)年八月三日の政府声明。十月十五日にも再度、政府声明が出されている

2 天孫降臨 ニニギノミコトが高天原からこの国に降ってきたという神話

3 御神勅 天照大神がニニギノミコトに下した神勅で、大神の子孫が日本を統治すること

4 宝祚 天皇の位

原典解説

官報 三六四ページ参照

設問

問❶ 岡田啓介内閣を倒し、軍部政権を樹立するために陸軍皇道派がおこしたクーデタは何か。

問❷ 天皇機関説を唱えていたため、右翼や軍部の非難をあび、貴族院議員を辞任に追いこまれた憲法学者はだれか。

⑪日中戦争と戦時体制

1 第一次近衛声明──国民政府ヲ対手トセス

一九三八(昭和十三)年一月十六日　★★★

帝国政府ハ南京攻略❶後、尚ホ支那国民政府❷ノ反省ニ最後ノ機会ヲ与フルタメ今日ニ及ヘリ。然ルニ国民政府ハ帝国ノ真意ヲ解セス、漫リニ抗戦ヲ策シ、内民人塗炭ノ苦ミヲ察セス、外東亜全局ノ和平ヲ顧ミル所ナシ。仍テ帝国政府ハ爾後国民政府ヲ対手トセス❸、帝国ト真ニ提携スルニ足ル新興支那政権ノ成立発展ヲ期待シ❹、是ト両国国交ヲ調整シテ更生新支那ノ建設ニ協力セントス。

（日本外交年表竝主要文書）

解説

一九三七(昭和十二)年七月七日の盧溝橋事件にはじまった日中戦争に対し、第一次近衛文麿内閣は事変不拡大の方針をとっていたが、陸軍内部の強硬論にひきずられて大兵力の投入をゆるしてしまった。しかし、陸軍内部にも戦争の拡大・長期化が対ソ戦準備という陸軍の年来の目標に影響を与えることを恐れる意見があり、十一月以降、中国駐在ドイツ公使トラウトマンを通じて和平工作が行われていた。しかし、日本側の和平条件が厳しすぎるため、この**トラウトマン工作**は失敗し、十二月には中国の首都南京が陥落した。そこで、一九三八(昭和十三)年一月十六日、近衛首相は史料の声明(第一次近衛声明)を発し、今後、国民政府を対手としないとして、中国との和平交渉打ち切りを宣言した。蔣介石の国民政府は、一九三七年九月に中国共産党と第二次国共合作を成立させ、十二月には重慶に首都を移して抗戦を継続し、一九三八(昭和十三)年一月には近衛声明に抗議して駐日大使を召還し日本との国交を断絶した。こうして、宣戦布告もないまま、日中戦争は長期泥沼化していった。

第一次近衛声明

❶**南京攻略**　重要　一九三七(昭和十二)年十二月十三日に占領。このとき、南京事件がおこった

❷**支那国民政府**　重要　蔣介石の国民政府

❸**爾後国民政府ヲ対手トセス**　重要　一月十八日には、国民政府を抹殺するとの趣旨だと声明した

❹**新興支那政権ノ成立発展ヲ期待シ**　近衛声明に呼応して汪兆銘が重慶を脱出し、一九四〇(昭和十五)年三月に南京に「国民政府」をつくった

原典解説

日本外交年表竝主要文書　二八六ページ参照

2 国家総動員法　一九三八(昭和十三)年四月一日公布　★★

第一条　本法ニ於テ国家総動員トハ戦時(戦争ニ準ズベキ事変ノ場合ヲ含ム以下之ニ同ジ)ニ際シ国防目的達成ノ為、国ノ全力ヲ最モ有効ニ発揮セシムル様、人的及物的資源ヲ統制運用スルヲ謂フ

第四条　政府ハ戦時ニ際シ国家総動員上必要アルトキハ、勅令❶ノ定ムル所ニ依リ、帝国臣民ヲ徴用シテ総動員業務❷ニ従事セシムルコトヲ得、但シ兵役法ノ適用ヲ妨ゲズ

第七条　政府ハ戦時ニ際シ国家総動員上必要アルトキハ、勅令ノ定ムル所ニ依リ、労働争議ノ予防若ハ解決ニ関シ必要ナル命令ヲ為シ又ハ作業所ノ閉鎖、作業若ハ労務ノ中止其ノ他ノ労働争議ニ関スル行為ノ制限若ハ禁止ヲ為スコトヲ得

第八条　政府ハ戦時ニ際シ国家総動員上必要アルトキハ、勅令ノ定ムル所ニ依リ、総動員物資ノ生産、修理、配給、譲渡其ノ他ノ処分、使用、消費、所持及移動ニ関シ、必要ナル命令ヲ為スコトヲ得

第二十条　政府ハ戦時ニ際シ国家総動員上必要アルトキハ、勅令ノ定ムル所ニ依リ新聞紙其ノ他ノ出版物ノ掲載ニ付制限又ハ禁止ヲ為スコトヲ得

（官報）

解説

日中戦争が始まると、政府は一九三七(昭和十二)年八月から国民精神総動員運動をおこし、第一次近衛声明で長期戦化が必至となると、一九三八(昭和十三)年三月には国家総動員法を成立させた。これは、第四条で労働への動員(徴用)、第七条で労働争議の制限・禁止、第八条で生産・流通・運輸の統制、第二十条で言論の統制などを議会にはからずに出す勅令で行えるようにしたものである。政府は、所有権とか憲法論とかを論じている場合ではない非常時だとした。一九三九(昭和十四)年七月には、同法第四条にもとづき国民徴用令が出され、厚生大臣が軍需工場への就労を命じる「白紙召集」(徴兵は赤紙)は、一九四四(昭和十九)年には学徒勤労動員へと拡大された。

国家総動員法

❶勅令 重要　天皇の命令として国務大臣の輔弼のみにより、議会の審議を経ないで制定される立法の形式

❷業務　生産・運輸・金融・衛生・教育等九種類の業務

原典解説

官報　三六四ページ参照

斎藤隆夫の反軍演説 → p.413

❶支那事変　一九三七(昭和十二)年に始まった日中全面戦争

❷近衛内閣　一九三七(昭和十二)年六月四日に成立した第一次近衛文麿内閣

❸平沼内閣　一九三九(昭和十四)年一月五日、第一次近衛内閣の後を受けて成立した平沼騏一郎内閣

❹阿部内閣　一九三九(昭和十四)年八月三十日、平沼内閣の後を受けて成立した阿部信行内閣

❺新政権 重要　重慶を脱出した汪兆銘が日本軍占領地域の南京に樹立した政権で「国民政府」を称した

3 斎藤隆夫の反軍演説　一九四〇(昭和十五)年二月二日 ★

支那事変[1]の処理は申すまでもなく非常に重大なる問題であります。……さきに近衛内閣[2]は事変を起こしながらその結末を見ずして退却をした。平沼内閣[3]はご承知の通りである。阿部内閣[4]に至って初めて事変処理のために邁進するとは声明したものの、国民の前には事変処理の片鱗をも示さずして総辞職してしまった。……ことに近頃支那の形勢を見渡しますると、我軍の占領地域であり同時に新政権[5]の統轄地域であるところにおいてすら、匪賊は横行する、敗残兵は出没する、国内の治安すら完全に維持することが出来ない。加うるに新政府と絶対相容れざるところの重慶政府[6]を撃滅するにあらざれば、新政府の基礎は決して確立するものではない。……もし蒋介石[7]を撃滅することが出来ないとするならば、これはもはや問題でない。よしこれを撃滅することが出来たとしても、その後はどうなる。新政府において支那を統一するところの力があるのでありますか。……そうしてかくのごとき状態が支那に起こるのは何が基であるかというと、つまり蒋政権を対手にしては一切の和平工作をやらない、即ち一昨年の一月十六日、近衛内閣によって声明せられましたところの爾来国民政府を対手にせず[8]、これに原因しているものではないかと思うが、政府の所見は如何であるか。

(回顧七十年)

解説

斎藤隆夫は、一九一二(大正元)年に衆議院議員となり、立憲国民党・立憲同志会・憲政会を経て立憲民政党に所属した。一九三六(昭和十一)年、二・二六事件後、粛軍を求める演説を行い、一九四〇(昭和十五)年二月に日中戦争の処理をめぐって政府と軍部を批判する、この演説を行った。議場では支持の声もあがったが、陸軍が民政党に圧力をかけ、斎藤は離党を余儀なくされ、ついで翌三月には衆議院も除名された。太平洋戦争中の翼賛選挙で議会に復帰し、自由主義的立場を堅持した。

---

6 重慶政府 重要　蒋介石を首班とする国民政府で、南京陥落後、武漢、ついで重慶に移った

7 蒋介石　一八八七～一九七五年。浙江省出身。日本の陸軍士官学校を卒業し、辛亥革命後帰国して孫文を助け、一九二七年以降、国民政府の実権を握った

8 爾来国民政府を対手にせず　一九三八(昭和十三)年一月十六日に出された第一次近衛声明

原典解説

回顧七十年　斎藤隆夫(一八七〇～一九四九)の回想録で、衆議院での演説も収録されている

大政翼賛会 ➜p.416

1 八紘一宇 重要　日本を中心として全世界を一家のようにしようとする考え

2 国是　国の根本方針

3 一億一心　一億の全日本国民の心を一つにする

4 全能力をあげて天皇に帰一し　すべて天皇を中心にまとめる

5 物心一如　物と心がよく均衡した

6 互助相誡　たがいに助けあい戒めあう

7 上意下達　政府・指導者の考えをよく国民に伝える

8下情上通　国民の意見や実情が政府指導者によく通じる

大日本産業報国会
1国体ノ本義　天皇の統治を国民がそれぞれの立場で誠をつくして翼賛し奉ること
2皇運ヲ扶翼シ　天皇国家の隆盛をたすけること
3事業一家　資本家と労働者は一家の家長と家族の関係と考えていた

原典解説
大政翼賛会実践要綱前書　大政翼賛会の運動方針を定めた「実践要綱」の前書で、その基本理念を示している
産業報国　大日本産業報国会の機関誌

設問
問❶　日中戦争における戦時体制を強化するため制定された労働力や物資の調達に関する法律は何か。
問❷　すべての政党を解散してつくられた政治組織は何か。

4 大政翼賛会 ★

今や世界の歴史的転換期に直面し、八紘一宇[1]の顕現を国是[2]とする皇国は、一億一心[3]、全能力をあげて天皇に帰一し[4]奉り、物心一如[5]の国家体制を確立し、以て光輝ある世界の道義的指導者たらんとす。茲に本会は互助相誡[6]皇国臣民たるの自覚に徹し、率先して国民の推進力となり、常に政府と表裏一体協力の関係にたち、上意下達[7]、下情上通[8]を図り、以て高度国防国家の実現に務む。
（大政翼賛会実践要綱前書）

参考史料　**大日本産業報国会** ★

一、我等ハ国体ノ本義[1]ニ徹シ全産業一体国ノ実ヲ挙ゲ、以テ皇運ヲ扶翼シ[2]奉ランコトヲ期ス。
一、我等ハ産業ノ使命ヲ体シ、事業一家[3]、職分奉公ノ誠ヲ致シ、以テ皇国産業ノ興隆ニ総力ヲ竭サンコトヲ期ス。
一、我等ハ勤労ノ真義ニ生キ、剛健明朗ナル生活ヲ建設シ、以テ国力ノ根柢ニ培ハンコトヲ期ス。
（産業報国）

解説

第二次世界大戦が始まり、ドイツがはなばなしい戦果をあげると、その勝因をナチスの一党独裁体制にあると考え、これを日本に移入しようとする新体制運動がおこった。その中にあった近衛文麿は、一九四〇（昭和十五）年七月、首相となると、十月に大政翼賛会を発足させ、近衛新体制づくりに着手した。翼賛会は、当初、全政党を吸収してナチス型の政治組織をめざしたが、一国一党制が天皇制をおびやかす幕府的存在となるとの批判をうけて、近衛を総裁とする官僚主導の国民教化組織に落ちついた。しかし、全政党は国会発足前に解散しており、労働組合も十一月には大日本産業報国会に吸収され、こうして政党も労働組合もないファッショ体制が確立されたのである。翼賛会は、一九四二（昭和十七）年六月には、産業報国会などの各種団体を傘下におさめ、町内会、隣組を末端組織として、防空演習・灯火管制・戦時公債・愛国貯金・食糧配給などを担い、国民の日常生活全般を統制するようになった。

⑫ 太平洋戦争

1 日独防共協定　一九三六(昭和十一)年十一月二十五日調印 ★

大日本帝国政府及独逸国政府ハ共産「インターナショナル」(所謂「コミンテルン」❶)ノ目的カ其ノ執リ得ル有ラユル手段ニ依ル既存国家ノ破壊及暴圧ニ在ルコトヲ認メ、共産「インターナショナル」ノ諸国ノ国内関係ニ対スル干渉ヲ看過❷スルコトハ其ノ国内ノ安寧❸及社会ノ福祉ヲ危殆❹ナラシムルノミナラス、世界平和全般ヲ脅スモノナルコトヲ確信シ、共産主義的破壊ニ対スル防衛ノ為協力センコトヲ欲シ左ノ通リ協定セリ

秘密付属協定❺

第一条　締約国ノ一方カ「ソヴィエト」社会主義共和国連邦ヨリ挑発ニ因ラサル攻撃ヲ受ケ、又ハ挑発ニ因ラサル攻撃ノ脅威ヲ受クル場合ニハ、他ノ締約国ハ「ソヴィエト」社会主義共和国連邦ノ地位ニ付、負担ヲ軽カラシムルカ如キ効果ヲ生スル一切ノ措置ヲ講セサルコトヲ約ス。

(日本外交年表竝主要文書)

……

解説

国際連盟脱退後の国際的孤立から脱却するため、二・二六事件後の一九三六(昭和十一)年十一月、ソ連の影響下にあるコミンテルン(共産主義インターナショナル、各国共産党はその支部)への対抗を名目に、ヒトラーが政権をとったドイツと日独防共協定を結んだ。内容は情報交換や官憲の協力などだが、秘密付属協定ではソ連への対抗措置も決めている。翌一九三七(昭和十二)年十一月にはイタリアも参加して日独伊防共協定に発展した。反共・反ソをかかげて、日本は独伊との提携を強め、枢軸の結成へと踏み出したのである。

日独防共協定

❶コミンテルン 重要　一九一九(大正八)年に、レーニンの指導で結成された共産党の国際組織。モスクワに本部があり、各国共産党はその支部であった。レーニンの死後、スターリンの下でソ連の外交手段と化していった

❷看過　みすごす

❸安寧　安全、平和

❹危殆　あやうい

❺秘密付属協定　ソ連はこの秘密協定の存在を知っていた

原典解説

日本外交年表竝主要文書　二八

六ページ参照

日独伊三国軍事同盟

❶欧州ニ於ケル新秩序 重要 それまでの英仏主導のヴェルサイユ体制にかわる、独伊に有利なヨーロッパの国際秩序。その実現のため、一九三九(昭和十四)年五月に独伊軍事同盟が結ばれ、九月に第二次世界大戦がひきおこされた

❷大東亜ニ於ケル新秩序 重要 英仏に妥協したワシントン体制にかわる、日本が支配的地位を占める東アジアの国際秩序。「満洲国」や日本軍占領地域に樹立した汪兆銘の南京「国民政府」などによって構成される。その後、「大東亜共栄圏」となり、太平洋や東南アジアへも拡大された

❸欧州戦争又ハ……参入シ居ラサル一国 アメリカをさす

2 日独伊三国軍事同盟 一九四〇(昭和十五)年九月二十七日調印 ★

第一条 日本国ハ、独逸(ドイツ)国及伊太利(イタリア)国ノ欧州ニ於ケル新秩序❶建設ニ関シ指導的地位ヲ認メ、且之(かつこれ)ヲ尊重ス

第二条 独逸国及伊太利国ハ、日本国ノ大東亜(だいとうあ)ニ於(お)ケル新秩序❷建設ニ関シ指導的地位ヲ認メ、且(かつ)之(これ)ヲ尊重ス

第三条 日本国、独逸国及伊太利国ハ、前記ノ方針ニ基(もとづ)ク努力ニ付相互ニ協力スヘキコトヲ約ス、更ニ三締約国中何(いず)レカノ一国カ、現ニ欧州戦争又ハ日支紛争ニ参入シ居ラサル一国❸ニ依(より)テ攻撃セラレタルトキハ、三国ハ有ラユル政治的、経済的及軍事的方法ニ依(よ)リ相互ニ援助スヘキコトヲ約ス

第五条 日本国、独逸国及伊太利国ハ、前記諸条項カ三締約国ノ各(おのおの)ト「ソヴィエト」連邦(れんぽう)トノ間ニ現存スル政治的状態ニ何等(なんら)ノ影響ヲモ及ホササルモノナルコトヲ確認ス

(日本外交年表竝主要文書)

解説

一九三九(昭和十四)年、九月三日、第二次世界大戦が勃発するが、阿部信行(あべのぶゆき)内閣は不介入を声明していた。しかし、ドイツが電撃戦を展開し、一九四〇(昭和十五)年六月にパリが陥落すると、日本国内ではドイツ占領下のフランスやオランダの東南アジア植民地(インドシナ半島、インドネシア)をおさえて、英米両国の国民政府への軍事援助のための輸送路(援蔣(えんしょう)ルート)を遮断(しゃだん)し、同時に石油・ゴム・鉄などの戦略物資を確保せよという南進論とともに、米英両国に対抗するためドイツと軍事同盟を結べとの主張がおこった。

一九四〇年七月に成立した第二次近衛文麿(このえふみまろ)内閣は、九月、フランス領のベトナム北部を占領する(北部仏印進駐)とともに、日独伊三国軍事同盟に調印した。第一条で独伊両国の欧州新秩序建設、第二条で日本の大東亜(だいとうあ)新秩序建設を相互に支持するとして、

日独伊三国を枢軸とする世界秩序の建設をめざすことを宣言した。第五条では、独ソ不可侵条約を前提として、ソ連を対象外においたが、第三条ではアメリカの参戦を想定し、その際の相互援助を規定している。結果的には、この条項が日米間の太平洋戦争開始にともない、独伊両国の対米宣戦を余儀なくさせ、アメリカの欧州参戦をまねくことになった。アメリカは、これに対し、十月、屑鉄の対日禁輸措置をとり、一切の戦略物資供給を断ち、日米関係はきわめて険悪になった。

3 日ソ中立条約　一九四一(昭和十六)年四月十三日調印　★

第一条　両締約国ハ両国間ニ平和及友好ノ関係ヲ維持シ且相互ニ他方締約国ノ領土ノ保全及不可侵❶ヲ尊重スヘキコトヲ約ス

第二条　締約国ノ一方カ一又ハ二以上ノ第三国❷ヨリノ軍事行動ノ対象ト為ル場合ニハ他方締約国ハ該紛争ノ全期間中中立ヲ守ルヘシ

(日本外交年表竝主要文書)

解説

第二次近衛文麿内閣の松岡洋右外相は、一九四一(昭和十六)年三月、日独伊三国軍事同盟の批准書交換のためソ連経由でドイツへ向かった。松岡は、モスクワでソ連にドイツと同様の不可侵条約を結ぶよう提案した。松岡のねらいは、ドイツが独ソ不可侵条約で背後を固めて英仏両国と戦争をおこしたように、日本もソ連に背後を突かれないようにして南進政策をとり、米英両国と対決しようというところにあった。ベルリンでヒトラーに会い、日ソ間を斡旋する意志がないことを知ったにもかかわらず、四月、帰途モスクワで日ソ中立条約に調印した。ソ連は、ドイツの対ソ政策の変化を察知し、この条約で独ソ開戦時に日本に中立を守らせようとしていた。松岡は、条約締結に喜んだスターリン首相にじきじき見送られ、意気揚々と日本にもどった。

日ソ中立条約

❶不可侵 重要　侵略しない

❷第三国　日本の松岡洋右外相はアメリカを想定し、ソ連側がドイツを想定していたことに気づかなかった

4 情勢の推移に伴ふ帝国国策要綱　一九四一(昭和十六)年七月二日 ★★

第一　方針

二、帝国ハ依然支那事変[1]処理ニ邁進シ且自存自衛ノ基礎ヲ確立スル為南方進出[2]ノ歩ヲ進メ又情勢ノ推移ニ応シ北方問題[3]ヲ解決ス

第二　要領

二、帝国ハ其ノ自存自衛上南方要域ニ対スル必要ナル外交交渉[4]ヲ続行シ其ノ他各般ノ施策ヲ促進ス

之カ為対英米戦準備ヲ整ヘ……仏印[5]及泰ニ対スル諸方策ヲ完遂シ以テ南方進出ノ態勢ヲ強化ス

三、独「ソ」戦[6]ニ対シテハ三国枢軸[7]ノ精神ヲ基調トスルモ暫ク之ニ介入スルコトナク密カニ対「ソ」武力的準備[8]ヲ整ヘ自主的ニ対処ス此ノ間固ヨリ周密ナル用意ヲ以テ外交交渉ヲ行フ

独「ソ」戦争ノ推移帝国ノ為メ有利ニ進展セハ武力ヲ行使シテ北方問題ヲ解決シ北辺ノ安定ヲ確保ス

六、速カニ国内戦時体制ノ徹底的強化ニ移行ス特ニ国土防衛ノ強化ニ勉ム

(日本外交年表竝主要文書)

情勢の推移に伴ふ帝国国策要綱

1 支那事変　一九三七(昭和十二)年に始まった日中全面戦争

2 南方進出 重要　援蔣ルート遮断と石油・ゴム・鉄鉱石などの戦略物資確保のため、フランス領インドシナへの日本軍進駐の方針

3 北方問題 重要　日本の満蒙権益を中国の抗日戦争とソ連から守る問題

4 外交交渉　一九四一(昭和十六)年四月に始まった日米交渉

5 仏印　フランス領インドシナ(現在のベトナム・ラオス・カンボジア)

6 独「ソ」戦　一九四一(昭和十六)年六月二十二日、ヒトラーは独ソ不可侵条約を破ってソ連に侵攻した

7 三国枢軸 重要　軍事同盟を結んでいる日本・ドイツ・イタリア

8 対「ソ」武力的準備　一九四一(昭和十六)年七月、陸軍は関東軍特種演習(関特演)の名目で満洲に七十万人の兵力を結集しソ連との開戦に備えた

解説

近衛文麿首相は、悪化の一途をたどる日米関係を改善する道をさぐっていたが、一九四一(昭和十六)年四月十七日夜、野村吉三郎駐米大使とアメリカのハル国務長官がまとめた「日米両国諒解案」が届くと、これを基礎に日米交渉を始めることを決め、軍部も支持に傾いた。しかし、日ソ中立条約を調印して帰国した松岡洋右外相は、ドイツ・ソ連両国と連携して対米強硬姿勢をとることを主張し、日米交渉に反対した。ところが、六月二十二日、ヒトラーが独ソ不可侵条約を破って突如ソ連に侵攻し独ソ

戦が始まると、松岡は一転して対ソ参戦を主張した。近衛首相も軍部も困惑したが、七月三日、昭和天皇親臨の御前会議を開き「情勢の推移に伴ふ帝国国策要綱」を決定した。その内容は、①日米交渉を継続する一方、対米英戦も覚悟してフランス領インドシナ南部(南部仏印)へ日本軍進駐を拡大する、②日ソ中立条約を維持する一方、対ソ開戦を準備する、というものだった。外交的解決と軍事的解決を同時に追求し、後者も南進論(対米英戦)と北進論(対ソ戦)の二正面作戦をとっており、近衛と松岡、陸軍と海軍の主張を総花的に盛り込んだ妥協の産物で、国策の方向を決定したものとはいえなかった。

5 帝国国策遂行要領　一九四一(昭和十六)年九月六日 ★

帝国ハ現下ノ急迫セル情勢特ニ米英蘭等各国ノ執レル対日攻勢❶「ソ」聯ノ情勢❷及帝国国力ノ弾撥性等❸ニ鑑ミ「情勢ノ推移ニ伴フ帝国国策要綱」❹中南方ニ対スル施策ヲ左記ニ依リ遂行ス

一、帝国ハ自存自衛ヲ全フスル為対米(英蘭)戦争ヲ辞セサル決意ノ下ニ概ネ十月下旬ヲ目途トシ戦争準備ヲ完整ス

二、帝国ハ右ニ並行シテ米、英ニ対シ外交ノ手段ヲ尽シテ❺帝国ノ要求❻貫徹ニ努ム……

三、前号外交交渉ニ依リ十月上旬頃ニ至ルモ尚我要求ヲ貫徹シ得ル目途ナキ場合ニ於テハ直チニ対米(英蘭)開戦ヲ決意ス

対南方以外ノ施策ハ既定国策ニ基キ之ヲ行ヒ特ニ米「ソ」ノ対日連合戦線ヲ結成セシメサルニ勉ム

別紙

第一、対米(英)交渉ニ於テ帝国ノ達成スヘキ最少限度ノ要求事項

一、米英ハ帝国ノ支那事変処理ニ容喙シ又ハ之ヲ妨害セサルコト……

二、米英ハ極東ニ於テ帝国ノ国防ヲ脅威スルカ如キ行動ニ出テサルコト……

帝国国策遂行要領

❶**米英蘭等各国ノ執レル対日攻勢**　これら諸国は日本資産を凍結しABCD包囲陣をかためた

❷**「ソ」聯ノ情勢**　独ソ戦開始(六月)

❸**弾撥性**　弾力性

❹**情勢ノ推移ニ伴フ帝国国策要綱**　一九四一(昭和十六)年七月二日、「支那事変」処理と大東亜共栄圏確立の方針をたて、対ソ戦準備と南方進出を定め、対英米戦も辞せずときめている

❺**外交ノ手段ヲ尽シテ**　日米交渉

❻**帝国ノ要求**　日本の要求事項は、米英の「支那事変」処理への不介入と極東軍備の不増強、通商回復であるとし、日本の了解事項は仏印からの撤兵とフィリピン中立保障などであるとしている

三、米英ハ帝国ノ所要物資獲得ニ協力スルコト……

（日本外交年表竝主要文書）

解説

近衛文麿(このえふみまろ)首相は、一九四一(昭和十六)年七月十六日、**日米交渉**に反対する**松岡洋右**(ようすけ)外相を解任するため内閣総辞職を行い、十八日に発足した第三次近衛内閣のもとで日米交渉を継続した。しかし、九月六日の御前(ごぜん)会議で**帝国国策遂行要領**が軍部の強い要望で決定され、十月下旬をめどに対米英戦の準備を終わらせることになった。もっとも、そこでは、日米交渉の継続も決められ、交渉で日本側が譲ることのできない最小限要求として、中国大陸の確保と日米間の通商回復があげられ、仏印からの撤兵が交渉材料とされていた。ところが、十月二日、アメリカのハル国務長官は中国からの撤兵を要求してきたため、これへの対処をめぐり、近衛は対米開戦を主張する**東条英機**(とうじょうひでき)陸相と対立し、十月十六日退陣した。後継首班には東条が就任し、十一月五日の御前会議で十二月初頭対米英開戦の方針が決まった。一方、アメリカは十一月二十六日に満洲事変以前に戻れという**ハル・ノート**を日本につきつけてきた。こうして、日米交渉は決裂し、十二月八日に**太平洋戦争**が勃発する。

6 南方占領地行政実施要領　一九四一(昭和十六)年十一月二十日 ★

第一　方針

占領地[1]ニ対シテハ差(さ)シ当(あた)リ**軍政**(ぐんせい)[2]ヲ実施シ治安ノ恢復(かいふく)、重要国防資源[3]ノ急速獲得及作戦軍ノ自活(じかつ)確[4]保ニ資ス

第二　要領

一、軍政実施ニ当リテハ極力残存(ざんぞん)統治機構[5]ヲ利用スルモノトシ従来ノ組織及民族的慣行(かんこう)ヲ尊重ス

二、作戦ニ支障(ししょう)ナキ限(かぎ)リ占領軍ハ重要国防資源ノ獲得及開発ヲ促進スヘキ措置(そち)ヲ講(こう)スルモノトス

占領地ニ於(お)イテ開発又ハ取得シタル重要国防資源ハ之(これ)ヲ中央ノ物動計画[6]ニ織(お)リ込(こ)ムモノトシ作戦

南方占領地行政実施要領

[1] **占領地** 重要 フランス領インドシナで、一九四一(昭和十六)年七月二十八日に日本軍が北部から南部へ占領地を拡大した

[2] **軍政** 重要 日本軍による占領地の統治で、軍司令官が出す軍法で行政・司法が行われた

軍ノ現地自活ニ必要ナルモノハ右配分計画ニ基キ之ヲ現地ニ充当スルヲ原則トス
三、物資ノ対日輸送ハ陸海軍ニ於テ極力之ヲ援助シ且陸海軍ハ其ノ徴傭船[7]ヲ全幅活用スルニ努ム
五、占領軍ハ貿易及為替管理[8]ヲ施行シ特ニ石油、ゴム、錫、タングステン、キナ等ノ特殊重要資源ノ対敵流出ヲ防止ス
六、通貨ハ勉メテ従来ノ現地通貨ヲ活用セシムルヲ原則トシテ已ムヲ得サル場合ニアリテハ外貨標示軍票[9]ヲ使用ス
七、国防資源取得ト占領軍ノ現地自活ノ為民生ニ及ホサザルヲ得サル圧ハ之ヲ忍ハシメ宣撫上ノ要求ハ右目的ニ反セサル限度ニ止ムルモノトス

(日本外交年表竝主要文書)

解説

第二次近衛文麿内閣と軍部は、一九四一(昭和十六)年六月二十五日、フランス領インドシナ南部へ日本軍の進駐を拡大すること(南部仏印進駐)を決定した。アメリカは、七月二十五日に在米日本資産を凍結し、八月一日に対日石油輸出を完全禁止して、対日経済制裁を強めた。日米関係の悪化は一段と深刻となった。

南方占領地行政実施要領は、日本軍による仏印占領体制の基本方針を定めたもので、占領目的が援蒋ルートの遮断から、対日経済制裁の強化によって欠乏した軍需物資の確保に移っていることを示す。

7 ハル・ノート　一九四一(昭和十六)年十一月二十六日提示　★

合衆国政府及日本国政府ハ左ノ如キ措置ヲ採ルコトヲ提案ス

一、合衆国政府及日本国政府ハ英帝国・支那・日本国・和蘭・蘇連邦・泰国及合衆国間多辺的不可侵条約ノ締結ニ努ムヘシ

---

3 重要国防資源 重要　アメリカの対日禁輸により欠乏した軍需生産原料の鉄鉱石・石油・ゴムなど

4 作戦軍ノ自活　日本軍が必要とする食糧や物資、労働力などを占領地で調達すること

5 残存統治機構　フランスの植民地統治機関のことで、その現地人職員を占領統治に協力させた

6 中央ノ物動計画　国家総動員法により定められた日本国内の物資の戦時統制計画

7 徴傭船　軍部が兵員や軍需物資の輸送のため強制的に借上げた民間船舶

8 貿易及為替管理　占領地の物資や資金の日本以外への流出を制限するためその流れを管理した

9 軍票 重要　日本軍が占領地で食糧や物資の購入や賃金の支払いに用い、現地通貨と同様の通用を強制した

三、日本国政府ハ支那及印度支那[1]ヨリ一切ノ陸・海・空軍兵力及警察力ヲ撤収スヘシ

四、合衆国政府及日本国政府ハ臨時ニ首都ヲ重慶ニ置ケル中華民国国民政府以外ノ支那ニ於ケル如何ナル政府若クハ政権[2]ヲモ軍事的、経済的ニ支持セサルヘシ

五、両国政府ハ外国租界及居留地[3]内及之ニ関連セル諸権益並ニ一九〇一年ノ団匪事件議定書[4]ニ依ル諸権利ヲモ含ム支那ニ在ル一切ノ治外法権ヲ抛棄[5]スヘシ……

九、両国政府ハ其ノ何レカノ一方カ第三国ト締結シオル如何ナル協定[6]モ、同国ニ依リ本協定ノ根本目的即チ太平洋地域全般ノ平和確立及保持ニ矛盾スルカ如ク解釈セラレサルヘキコトヲ同意スヘシ

（日本外交年表竝主要文書）

解説

一九四一（昭和十六）年十一月二日、**東条英機**内閣は、大本営政府連絡会議で、新たな帝国国策遂行要領を決定し、五日に昭和天皇臨席の御前会議でその承認を得るとともに、対米交渉の甲乙二案を決定し、来栖三郎特命全権大使をアメリカに派遣し**野村吉三郎**大使を補佐させた。新要領は、戦争準備と対米交渉を並行してすすめ、十二月一日午前零時までに交渉が成立しなければ十二月初頭に武力発動するというものだった。日本側の甲案は日中戦争解決後の撤兵を約束するもので、乙案は仏印や戦略物資に限定して問題解決をはかろうとする暫定的な緊張緩和策だった。アメリカ側も二案用意したが、対日譲歩案は中国の反対で日の目を見ず、対日強硬案の方が、十一月二十六日、ハル国務長官により**ハル・ノート**として提示された。それは、十月二日に提示された**ハル四原則**（領土主権の尊重、内政不干渉、機会均等、太平洋現状維持）の承認を求め、さらに①中国や仏印からの全面撤退、②汪兆銘政権の否認、③日独伊三国軍事同盟の死文化など、つまり満洲事変以前の線に戻れというものだった。結局、交渉は決裂し、十二月一日の御前会議で開戦が決定され、八日に太平洋戦争が勃発する。

ハル・ノート

1 支那及印度支那 重要 満洲を含む中国全土と仏領インドシナ

2 臨時ニ……政権 日本が汪兆銘を首班として南京につくった日本軍占領下の傀儡政権のこと

3 外国租界及居留地 不平等条約によって中国が列強に供与した、中国政府の行政権が及ばない外国人居留地

4 団匪事件議定書 義和団戦争（北清事変）に敗れた清国が、列強との間で締結した北京議定書。これにより、日本は北京に軍隊を駐屯させる権限を獲得し、この北京駐屯軍が盧溝橋事件をおこした

5 抛棄 放棄

6 其ノ……協定 日独伊三国軍事同盟のこと

8 宣戦の詔書　一九四一(昭和十六)年十二月八日　★★

天佑[1]ヲ保有シ万世一系ノ皇祚[2]ヲ践メル大日本帝国天皇ハ、昭ニ忠誠勇武ナル汝有衆ニ示ス。

朕[3]茲ニ米国及英国ニ対シテ戦ヲ宣ス。……

抑々東亜[4]ノ安定ヲ確保シ、以テ世界ノ平和ニ寄与スルハ、丕顕ナル皇祖考、丕承ナル皇考ノ作述セル遠猷[5]ニシテ、朕カ拳々措カサル所、而シテ列国トノ交誼ヲ篤クシ、万邦共栄ノ楽ヲ偕ニスルハ之亦帝国カ常ニ国交ノ要義ト為ス所ナリ。今ヤ不幸ニシテ米英両国ト釁端[6]ヲ開クニ至ル、洵ニ已ムヲ得サルモノアリ。豈朕カ志ナラムヤ。中華民国政府[7]曩ニ帝国ノ真意ヲ解セス、濫ニ事ヲ構ヘテ東亜ノ平和ヲ攪乱シ、遂ニ帝国ヲシテ干戈ヲ執ルニ至ラシメ、茲ニ四年有余ヲ経タリ。幸ニ国民政府更新スルアリ[8]帝国ハ之ト善隣ノ誼ヲ結ヒ、相提携スルニ至レルモ、重慶ニ残存スル政権[9]ハ、米英ノ庇蔭ヲ恃ミテ兄弟尚未タ牆ニ相鬩クヲ悛メス、米英両国ハ残存政権ヲ支援シテ東亜ノ禍乱ヲ助長シ、平和ノ美名ニ匿レテ東洋制覇ノ非望ヲ逞ウセムトス。剰ヘ与国ヲ誘ヒ帝国ノ周辺ニ於テ武備ヲ増強シテ我ニ挑戦シ、更ニ帝国ノ平和的通商ニ有ラユル妨害ヲ与ヘ、遂ニ経済断交[10]ヲ敢テシ、帝国ノ生存ニ重大ナル脅威ヲ加フ。……事既ニ此ニ至ル、帝国ハ今ヤ自存自衛ノ為蹶然起ツテ一切ノ障礙ヲ破砕スルノ外ナキナリ。

(日本外交年表竝主要文書)

解説

一般に天皇の詔勅や詔書は内閣が起草して閣議で決定し、天皇へ上奏し裁可を経て公布される。しかし、アメリカ・イギリス両国に宣戦を布告する詔書は、文案起草段階で木戸幸一内大臣らと協議し、政府と軍部の協議機関である大本営政府連絡会議で審議するという異例の手続きがとられている。一九〇七(明治四十)年に締結された「開戦ニ関スル条約」により、宣戦布告は戦時国際法上、開戦の必要条件となっていた。しかし、日米交渉の打ち切りと開戦の通告がなされる前に、日本軍の真珠湾攻撃が行わ

宣戦の詔書

[1]天佑　天の助け

[2]皇祚　天皇の位

[3]朕　天皇の自称

[4]東亜 重要　はじめは満洲や内モンゴルを含む中国を指していたが、フランス領インドシナはじめ東南アジアも含む地域名称となった

[5]遠猷　遠謀、長大な計画

[6]釁端　不和、紛争の始まり

[7]中華民国政府 重要　蔣介石を首班とする国民政府

[8]国民政府更新スルアリ　汪兆銘が日本占領地の南京に国民政府を自称する政権を樹立したこと

[9]重慶ニ残存スル政権 重要　蔣介石を首班とし、中国共産党と第二次国共合作を行い抗日戦を続ける国民政府

[10]経済断交 重要　一九三九(昭和十四)年七月二十六日、アメリカは日米通商航海条約の廃棄を通告し、一九四〇(昭和十五)年一月二十六日に同条約は失効して日米両国は「無条約状態」に入った

れた。駐米大使館での翻訳作業の遅れが原因だが、アメリカから「だまし討ち」との非難をまねくことになる。

開戦の理由は、「東亜の安定確保」をめざす日本に反抗する蔣介石の重慶政府を米英両国が支援し、対日経済制裁を強めたため（ABCD包囲網）、日本が経済的崩壊の危機に陥り、「自存自衛」のため米英両国との開戦を余儀なくされた、と説明されている。ここには、対中国政策の失敗が米英両国との対立を深めて開戦にいたった事情が日本側の立場から物語られている。

9 国民生活の破壊 ★

(1)「闇」の横行 ★

いま米一升十五円、炭一俵七十円、酒一升百四十円、砂糖一貫四百円、卵一個二円とのこと。もとよりこのうち酒や砂糖や卵はぜいたくの範疇に入るべく、これを求めてこの暴利を貪らるるは自業自得なり。されど米一日に二合三勺、野菜一日に十匁のみにては、この限りなき民衆、限りなき歳月の間、〝闇〟[1]海の夜霧のごとくたちのぼり、全生活を覆わんとするも是非なきなり。これを責むるは易く、これを救うは難し。その心に怒るは易く、その具体的生活を救うるは難し。この議会にて、国民の生活上闇の占むる割合を諸公知れるやと一議員質し、左様なことは研究せずと大臣答えたり。ああかくのごとき大臣国を滅ぼすなり。何たる冷淡、何たるとぼけ、国民の口にする大部は闇のものならずや。口々闇を嘆く声きかれざる日ありや……（戦中派不戦日記）

(2)日曜日の廃止 ★

日曜を三月五日[1]から全廃した。学校でも日曜を授業し得るよう法令を改正する。余計時間をかけることが、能率をあげることだと考える時代精神の現れだ。（暗黒日記）

国民生活の破壊

(1)「闇」の横行

1闇　政府の経済統制の網の目をかいくぐって流通した生活必需品の食料や衣料などで、価格は高かったが、配給物資だけでは生活が困難なので、さかんに出まわった

(2)日曜日の廃止

1三月五日　一九四四（昭和十九）年三月五日

(3)学徒出陣 ➔ p.425

1自分　東京帝国大学経済学部の学生松岡欣平。この手記は一九四四（昭和十九）年八月二十七日のもの。筆者は翌四五年五月、ビルマで戦死（二十二歳）

2徴兵猶予　大学生は徴兵を猶予されていたが、一九四三（昭和十八）年九月、法文科系の大学教育が停止され、学生の徴兵猶予も廃止された

3学徒出陣　一九四三（昭和十八）年十二月一日、法文科系の学生が一斉に軍隊に入隊したことをさす

(3) 学徒出陣 ★

いよいよ自分も出陣。[1] 徴兵猶予[2]の恩典がなくなり、まさに学徒出陣[3]の時は来た。……

彼らは大東亜の建設、[4] 日本の隆昌を願って、それを信じて死んでいくのだ。自分もそうだ。そしてその大東亜の建設、日本の隆昌がとげられたら死者また冥すべし。[5] もしそれが成らなかったらどうなるのだ。死んでも死に切れないではないか。……

率直に言うならば、政府よ、日本の現在行っている戦いは勝算あってやっているのであろうか。いつも空漠たる勝利を夢みて戦っているのではないか、国民に向かって日本は必ず勝つと断言できるか。

（きけわだつみのこえ）

❖解説❖

日中戦争の開始とともに本格化した戦時体制の下で、国民生活は軍需生産優先の統制経済・生活必需品の配給制、軍需工場への徴用などによって、厳しく制約されていた。さらに太平洋戦争の戦局が悪化すると、国民生活の破壊がすすんだ。食料や衣料などの生活必需品は配給だけではとても間に合わず、「闇」物資が横行した。一九四四（昭和十九）年には日曜日も廃止され、徴用や学生・生徒の勤労動員が強化され、学徒の徴兵も本格化し、国民の間に戦争の前途への不安がひろがっていった。

戦時体制年表

1937（昭12）	国民精神総動員連盟成立
1938（〃13）	国家総動員法
1939（〃14）	米穀統制法・国民徴用令
1940（〃15）	町内会・隣組制・大政翼賛会
1941（〃16）	米穀配給通帳制
1942（〃17）	大日本婦人会結成・衣料品切符
1943（〃18）	学徒出陣
1944（〃19）	決戦非常措置要綱 学徒勤労令 女子挺身勤労令
1945（〃20）	国民義勇兵役法公布

4 大東亜の建設　日本が戦争目的とした大東亜共栄圏の建設

5 冥すべし　この世に未練なく、あの世へ行くこと

原典解説

戦中派不戦日記　小説家の山田風太郎の日記で、この記事は一九四五（昭和二十）年二月十五日のもの

暗黒日記　政治・外交評論家の清沢洌の日記で、戦時下の状況を批判的な眼をもって克明につづっている

きけわだつみのこえ　戦死した七十五名の学生の手記などをまとめたもの。一九四九（昭和二十四）年刊。「わだつみ」とは綿津見（わたつみ）で海をしめし、特攻隊となり軍艦に飛行機ごと体当たり攻撃を行って、海に消えていった学生など、戦没学生を意味する

設問

問❶　日独伊三国軍事同盟の締結によって成立した三国の陣営を何というか。

問❷　日ソ中立条約を締結した日本の外務大臣はだれか。

研究資料 4

作家の日記に見る戦時下の暮らしと意識

耐久生活

日中戦争が始まると、政府は経済統制を強化し、国民の生活水準の切り下げによって軍需生産の維持・拡大をめざした。そのため国民の生活は急速に窮乏化し、耐久生活を強いられた。特に、配給制度と労働力動員が国民生活を直撃した。砂糖・米のみならず太平洋戦争が始まると、味噌・塩・醤油までが配給となった。戦局が悪化するにつれて配給の割当基準を満たすことができなくなり、公定価格違反の闇取引の米や野菜や砂糖を購入するようになった。衣料品は、衣料切符制となり、自由に買えなくなった。ファッションも、生地の節約と動きやすさから女性はもんぺ(着物の袴のような作業着)が婦人標準服として指定された。高見順は、『敗戦日記』に「スカートと靴下という女の洋風姿は今ではほとんど全く見られなくなった。スカートの布地、靴下がないせいもあろうが、もんぺい又はズボン型の決戦服がすっかり普及した」(一九四五年一月九日)と書いている。

兵力動員のために不足した労働力を補うため、中学校以上の学校の学生・生徒を常時軍需工場などに動員することになった。清沢洌は、『暗黒日記』で「学生(学徒といっている)は労働に駆り出されている。大学生が土木工事の土を運んだり、物を積下したりしているのである。閣議でその要項が決定したが、学科は一週間六時間以上、毎日の勤労は十時間が原則といった具合。外務省の人事課長が話していたが、高文試験の成績が非常に悪いという。学問とか将来とかいうものを考えないのが今さらならぬ戦時の日本の特徴だ」(一九四四年五月五日)と嘆いている。

空襲下の状況

一九四四年十一月からB29爆撃機による日本本土への空襲が本格化した。四五年三月十日以前の東京空襲は、飛行機工場と産業都市を重点としていて高高度から多くは昼間の爆撃であったが、その爆撃ができない時には、東京の市街地を無差別に爆撃していた。四五年一月二十七日には銀座や有楽町が空襲され、二月二十五日は、爆弾を焼夷弾に積み替えて東京下町の市街地を空襲した。四五年二月二十七日鎌倉から東京を訪れた高見順は、その破壊の大きさに愕然とした。神田橋周辺の一帯は焼失し、見渡す限りの焼け野原であった。「焼跡のなかに、呆然自失したようにペタリと坐り込んでいる婆さんがいた。胸の潰れる想いだった。焼跡はまだ生々しく、正視するに忍びない惨状だ」(『敗戦日記』二月二十七日)。東京大空襲の数日後に訪れた時には、空襲の罹災者たちを「男も女も顔はまっさおで、そこへ火傷をしている。そうでなくても煙で鼻のあたりは真黒になっていて、眼が赤くただれている。眉毛の焼けている人もある。水だらけのちゃんちゃんこに背負われた子供の防空頭巾の先がこげている」（三月十二日）と描写している。高見は、こうした空襲にも金持ちと貧乏人の格差を感じていた。金持ちはいちはやく疎開して、災厄からまぬがれ、金のない者が疎開できずに家を焼かれ、生命を失うことを嘆いていた。

民衆の沈黙と怒り

政府と軍部は、情報統制をして戦局の実相を伝えず敵愾心を煽り、各方面で英、米を憎むよう仕向けられた。ある婦人会では、チャーチルとローズヴェルトの人形を吊って、女子供が出て突きさしているとの新聞報道もある。また、空襲を受けた罹災者は、憎悪と殺意をたぎらせた。山田風太郎は、東京大空襲に「自分は歯ぎしりするような怒りを感じた。……われわれもまたアメリカ人を幾十万人殺戮しようと、もとより当然以上である」と『戦中派不戦日記』に書いている。しかし、空襲に対して民衆の虚無的な肉声も山田は同じ三月十日の日記に拾っている。かろうじて通っている電車の中での一人の「つまり、何でも、運ですなあ。……」との声に「みな肯いて、何ともいえないさびしい微笑を浮かべた」という。また、中年の女性が路傍に腰を下ろしていてふと天を仰ぎ「ねえ……また、きっといいこともあるよ。……」と呟いたという。

東京大空襲　現在の日本橋付近

本土空襲が本格化し拡大する中で、生活は一層困窮し、民衆の戦意は打ち砕かれていった。そして、言論統制が町の隅々にまで行きわたり、人々は、外ではうっかりしたことを言えないというので黙っていた。「外でしたってかまわないはずの対ソ戦や新爆弾の話も遂にひとことも聞かなかった」（『敗戦日記』八月十一日）。沈黙の一方で、民衆の心の中には、怒りがたまっていた。『暗黒日記』には、こわされた電車について「窓硝子はなく、椅子席の布がない。窓は乗客が強いてこわすのであり、布は盗んで行くのである。電車が遅いといっては、無理に破壊するのだそうだ。敵に対する怒りが、まず国内に向っている形だ」（一九四五年一月十六日）とある。

⑬ 敗戦

1 カイロ宣言　一九四三(昭和十八)年十一月二十七日署名　★★

三大同盟国[1]ハ日本国ノ侵略ヲ制止シ且之ヲ罰スル為今次ノ戦争ヲ為シツツアルモノナリ……右同盟国ノ目的ハ、日本国ヨリ千九百十四年ノ第一次世界戦争ノ開始以後ニ於テ日本国カ奪取シ又ハ占領シタル**太平洋ニ於ケル一切ノ島嶼**[2]ヲ剝奪スルコト、並ニ満洲・台湾及澎湖島ノ如キ、日本国カ**清国人ヨリ盗取シタル一切ノ地域ヲ中華民国ニ返還**スルコトニ在リ。日本国ハ又暴力及貪欲ニ依リ日本国ノ略取シタル他ノ一切ノ地域[3]ヨリ駆逐セラルヘシ。前記三大国ハ朝鮮ノ人民ノ奴隷状態[4]ニ留意シ、軈テ**朝鮮ヲ自由且独立**ノモノタラシムルノ決意ヲ有ス

（日本外交年表竝主要文書）

解説

一九四三(昭和十八)年九月のイタリア降伏をうけ、十一月二十二日から二十六日にかけて、アメリカ大統領**ローズヴェルト**、イギリス首相**チャーチル**、中華民国主席**蔣介石**がエジプトのカイロで会談し、対日戦争方針について協議し、史料のカイロ宣言が出された。そこでは、①太平洋上の植民地ないし占領地域を日本から取り上げる、②満洲・台湾など中国における植民地ないし侵略地域を中国に返還させる、③朝鮮を独立させる、④日本が無条件降伏するまで戦争を続けることなどが決められた。

2 ヤルタ協定　一九四五(昭和二十)年二月十一日作成　★★

三大国[1]即チ「ソヴィエト」連邦、「アメリカ」合衆国及英国ノ指揮者ハ、「ドイツ」国カ降伏シ、且「ヨーロッパ」ニ於ケル戦争カ終結シタル後二月又ハ三月ヲ経テ、「ソヴィエト」連邦カ左ノ

カイロ宣言

1 同盟国 重要　アメリカ(ローズヴェルト大統領)、イギリス(チャーチル首相)、中華民国(蔣介石主席)

2 太平洋ニ於ケル一切ノ島嶼　旧ドイツ領の南洋群島は国際連盟の委任統治領として、日本の統治下にあった

3 他ノ一切ノ地域　「満洲国」や日本軍の占領地域をさす

4 奴隷状態　日本による朝鮮の植民地支配をさす

原典解説

日本外交年表竝主要文書　二八六ページ参照

ヤルタ協定

1 三大国 重要　アメリカ、イギリス、ソ連

条件ニ依リ連合国ニ与シテ日本ニ対スル戦争ニ参加スヘキコトヲ協定セリ

一、外蒙古（蒙古人民共和国）ノ現状ハ維持セラルヘシ

二、千九百四年ノ日本国ノ背信的攻撃❷ニ依リ侵害セラレタル「ロシア」国ノ旧権利ハ左ノ如ク回復セラルヘシ

(イ)樺太ノ南部及之ニ隣接スル一切ノ島嶼ハ「ソヴィエト」連邦ニ返還セラルヘシ

三、**千島列島**❸ハ「ソヴィエト」連邦ニ引渡サルヘシ

三大国ノ首班❹ハ「ソヴィエト」連邦ノ右要求カ日本国ノ敗北シタル後ニ於テ確実ニ満足セシメラルヘキコトヲ協定セリ

（日本外交年表竝主要文書）

解説

一九四五(昭和二十)年二月四日から十一日にかけて、ソ連のクリミア半島にある保養地ヤルタで、アメリカ大統領**ローズヴェルト**に、イギリス首相チャーチル、ソ連首相**スターリン**が会談し、主に対独戦の戦後処理について協議し、あわせて対日戦に関する**ヤルタ協定**をひそかに結んだ。そこでは、①ドイツ降伏後、二、三か月以内にソ連が対日参戦する、②その代償として、ソ連勢力下の外モンゴルの現状維持、南樺太・千島のソ連領有、旅順・大連のソ連継承、満鉄の中ソ共同経営などが決められた。

その特徴は、帝政ロシア時代の極東権益の回復に千島領有を加えるというスターリンの法外な要求である。それは、枢軸国側を植民地再分割をめざす侵略者とし、自らは領土や植民地再分割を要求しないという立場を再三表明してきた連合国の戦争方針に反する、帝国主義的ともいえる要求であった。スターリンは、独ソ戦で多大な犠牲を出し、戦争の早期終結を望むソ連国民に対日開戦を納得させる条件として、これらが必要だと考えたのである。ここに、今日の北方領土問題の淵源がある。

3 ポツダム宣言 一九四五(昭和二十)年七月二十六日発表 八月十四日受諾 ★★★★★

一、吾等合衆国大統領❶、中華民国政府主席❷及「グレート・ブリテン」国総理大臣❸ハ、吾等ノ数億

---

❷**千九百四年ノ日本国ノ背信的攻撃**　日露戦争をさす

❸**千島列島**　千島列島は、一八七五(明治八)年に締結された樺太・千島交換条約で日本の領土となったものである。それは、対等な平和的交渉による領土の交換であって、日本が侵略によってロシアから奪いとったものでない

❹**三大国ノ首班** 重要　アメリカ大統領ローズヴェルト、イギリス首相チャーチル、ソ連首相スターリン

ポツダム宣言

❶**合衆国大統領** 重要　トルーマン

❷**中華民国政府主席** 重要　蔣介石

❸**「グレート・ブリテン」国総理大臣** 重要　チャーチル。ただし、イギリスの代表は、会談中にアトリーに代わった

ノ国民ヲ代表シ協議ノ上、日本国ニ対シ今次ノ戦争ヲ終結スルノ機会ヲ与フルコトニ意見一致セリ

六、吾等ハ無責任ナル軍国主義カ世界ヨリ駆逐セラルルニ至ル迄ハ平和、安全及正義ノ新秩序カ生シ得サルコトヲ主張スルモノナルヲ以テ日本国国民ヲ欺瞞シ之ヲシテ世界征服ノ挙ニ出ツルノ過誤ヲ犯サシメタル者❹ノ権力及勢力ハ永久ニ除去セラレサルヘカラス

七、右ノ如キ新秩序カ建設セラレ、且日本国ノ戦争遂行能力カ破砕セラレタルコトノ確証アルニ至ルマテハ、連合国ノ指定スヘキ日本国領域内ノ諸地点ハ、吾等ノ茲ニ指示スル基本的目的ノ達成ヲ確保スルタメ占領❺セラルヘシ

八、「カイロ」宣言❻ノ条項ハ履行セラルヘク、又日本国ノ主権ハ本州、北海道、九州及四国並ニ吾等ノ決定スル諸小島❼ニ局限セラルヘシ

九、日本国軍隊ハ完全ニ武装ヲ解除セラレタル後、各自ノ家庭ニ復帰シ、平和的且生産的ノ生活ヲ営ムノ機会ヲ得シメラルヘシ

十、吾等ハ日本人ヲ民族トシテ奴隷化セントシ、又ハ国民トシテ滅亡セシメントスルノ意図ヲ有スルモノニ非サルモ、吾等ノ俘虜ヲ虐待❽セル者ヲ含ム一切ノ戦争犯罪人❾ニ対シテハ、厳重ナル処罰加ヘラルヘシ。日本国政府ハ日本国国民ノ間ニ於ケル民主主義的傾向ノ復活強化ニ対スル一切ノ障礙❿ヲ除去スヘシ。言論、宗教及思想ノ自由並ニ基本的人権ノ尊重ハ確立セラルヘシ

十一、日本国ハ其ノ経済ヲ支持シ且公正ナル実物賠償ノ取立ヲ可能ナラシムルカ如キ産業ヲ維持スルコトヲ許サルヘシ。但シ日本国ヲシテ戦争ノ為再軍備ヲ為スコトヲ得シムルカ如キ産業ハ此ノ限ニ在ラス。右目的ノ為原料ノ入手（其ノ支配トハ之ヲ区別ス）ヲ許サルヘシ。日本国ハ将来世界貿易関係ヘノ参加ヲ許サルヘシ

❹過誤ヲ犯サシメタル者　軍部・政治家・財閥などの戦争指導者

❺占領 重要　連合国軍最高司令官総司令部(GHQ)指揮下の米軍を主力とする連合国軍により、一九四五(昭和二十)年九月から一九五二(昭和二十七)年四月まで占領された

❻「カイロ」宣言 重要　一九四三(昭和十八)年十一月、エジプトのカイロで、米英中三国代表間で発表されたもので、日本が奪取・占領した島々、清国から得た地域を返すことが宣言されている

❼吾等ノ決定スル諸小島　一九四六(昭和二十一)年一月に、GHQが対馬など約千の小島を指定した

❽俘虜ヲ虐待　捕虜の待遇が劣悪で、そのため死傷者が多数出た

❾戦争犯罪人 重要　戦争指導者はA級戦犯、戦争犯罪の指揮者はB級戦犯、その実行者はC級戦犯とされた。東京裁判ではA級の二十八名が裁かれ、連合国側各国の軍事法廷でB・C級が裁かれた。その結果、有罪は五千数百名、死刑は九百三十七名であった

十二、前記諸目的カ達成セラレ、且日本国国民ノ自由ニ表明セル意思ニ従ヒ、平和的傾向ヲ有シ且責任アル政府カ樹立セラルルニ於テハ連合国ノ占領軍ハ直ニ日本国ヨリ撤収セラルヘシ

十三、吾等ハ日本国政府カ直ニ全日本国軍隊ノ無条件降伏ヲ宣言シ且右行動ニ於ケル同政府ノ誠意ニ付適当且充分ナル保障ヲ提供センコトヲ同政府ニ対シ要求ス。右以外ノ日本国ノ選択ハ迅速且完全ナル壊滅アルノミトス

（日本外交年表竝主要文書）

解説

一九四五(昭和二十)年五月のドイツ降伏をうけ、七月十七日から八月二日にかけて、ベルリン郊外のポツダムでアメリカ大統領トルーマン、イギリス首相チャーチル(途中でアトリーに交代)、ソ連首相スターリンが会談し、ドイツの戦後処理と対日戦終結のための方針を協議し、後者について七月二十六日にポツダム宣言が発せられた。宣言は蔣介石の同意を得て、米英中三国の共同宣言の形をとり、日本に無条件降伏を要求していた。そこでは、連合国の占領下で、①軍国主義的支配の排除、②軍隊の武装解除、③戦争犯罪人の処罰、④領土の日本列島への限定、⑤基本的人権と民主主義の保障、⑥再軍備を許さない範囲での産業・貿易の維持などがなされるとされている。

鈴木貫太郎内閣は、ソ連に和平の斡旋を期待しており、また降伏にともなって天皇の地位を中心とする国体の変更がなされるのか否かが確認できなかったため、これを黙殺する態度をとった。そこで、ソ連参戦が極東の共産主義化をまねくことを恐れたアメリカは戦争終結を急ぎ、八月六日に広島、九日に長崎へ原子爆弾を投下した。ソ連も八日に対日宣戦布告を行い、九日に満洲へ侵攻してきたのである。

4 終戦の詔書　一九四五(昭和二十)年八月十四日　★★

朕深ク世界ノ大勢ト帝国ノ現状トニ鑑ミ、非常ノ措置ヲ以テ時局ヲ収拾セムト欲シ、茲ニ忠良ナル爾臣民ニ告ク。

朕ハ帝国政府ヲシテ米英支蘇四国[1]ニ対シ、其ノ共同宣言[2]ヲ受諾スル旨通告セシメタリ。抑々帝国

---

10 障礙　さまたげるもの。治安維持法や特別高等警察などの治安・思想統制や国家主義的な教育のしくみなどが廃止された

終戦の詔書

1 米英支蘇四国 重要　アメリカ・イギリス・中国・ソ連の四か国

2 共同宣言 重要　ポツダム宣言

臣民ノ康寧ヲ図リ万邦共栄ノ楽ヲ偕ニスルハ、皇祖皇宗ノ遺範ニシテ朕ノ拳々措カサル所、曩ニ米英二国ニ宣戦[3]セル所以モ亦実ニ帝国ノ自存ト東亜ノ安定トヲ庶幾スルニ出テ、他国ノ主権ヲ排シ領土ヲ侵スカ如キハ固ヨリ朕カ志ニアラス。然ルニ交戦已ニ四歳ヲ閲シ、朕カ陸海将兵ノ勇戦朕カ百僚有司ノ励精朕カ一億衆庶[4]ノ奉公各々最善ヲ尽セルニ拘ラス戦局必スシモ好転セス。世界ノ大勢亦我ニ利アラス。加之敵ハ新ニ残虐ナル爆弾[5]ヲ使用シテ頻ニ無辜ヲ殺傷シ、惨害ノ及フ所真ニ測ルヘカラサルニ至ル。而モ尚交戦ヲ継続セムカ、終ニ我カ民族ノ滅亡ヲ招来スルノミナラス、延テ人類ノ文明ヲモ破却スヘシ。斯ノ如クムハ朕何ヲ以テカ億兆ノ赤子ヲ保シ、皇祖皇宗ノ神霊ニ謝セムヤ。是レ朕カ帝国政府ヲシテ共同宣言ニ応セシムルニ至レル所以ナリ。

朕ハ帝国ト共ニ終始東亜ノ解放[6]ニ協力セル諸盟邦[7]ニ対シ遺憾ノ意ヲ表セサルヲ得ス。帝国臣民ニシテ戦陣ニ死シ職域ニ殉シ非命ニ斃レタル者及其ノ遺族ニ想ヲ致セハ、五内[8]為ニ裂ク。且戦傷ヲ負イ災禍ヲ蒙リ家業ヲ失ヒタル者ノ厚生ニ至リテハ、朕ノ深ク軫念[9]スル所ナリ。惟フニ今後帝国ノ受クヘキ苦難ハ固ヨリ尋常ニアラス。爾臣民ノ衷情モ朕善ク之ヲ知ル。然レトモ朕ハ時運ノ趨ク所、堪ヘ難キヲ堪ヘ忍ヒ難キヲ忍ヒ、以テ万世ノ為ニ太平ヲ開カムト欲ス。

朕ハ茲ニ国体[10]ヲ護持シ得テ、忠良ナル爾臣民ノ赤誠ニ信倚シ、常ニ爾臣民ト共ニ在リ。若シ夫レ情ノ激スル所濫ニ事端ヲ滋クシ、或ハ同胞排擠互ニ時局ヲ乱リ、為ニ大道ヲ誤リ信義ヲ世界ニ失フカ如キハ、朕最モ之ヲ戒ム。宜シク挙国一家子孫相伝ヘ、確ク神州[11]ノ不滅ヲ信シ、任重クシテ道遠キヲ念ヒ、総力ヲ将来ノ建設ニ傾ケ、道義ヲ篤クシ志操ヲ鞏クシ、誓テ国体ノ精華ヲ発揚シ世界ノ進運ニ後レサラムコトヲ期スヘシ。爾臣民其レ克ク朕カ意ヲ体セヨ。

（日本外交年表竝主要文書）

---

3 米英二国ニ宣戦 重要 一九四一（昭和十六）年十二月八日に出された宣戦の詔書

4 一億衆庶 国民

5 残虐ナル爆弾 広島・長崎に投下された原子爆弾

6 東亜ノ解放 重要 太平洋戦争の目的は欧米列強の帝国主義支配からの「東亜」の解放とされた

7 協力セル諸盟邦 一九四三（昭和十八）年十一月に東京で開かれた大東亜会議に参加した日本軍占領地の諸政権。満洲・中国（南京政府）・タイ・フィリピン・ビルマ・インド

8 五内 身体の内臓

9 軫念 天皇が心配すること

10 国体 重要 天皇主権の国家体制。日本特有で不変のものとされた

11 神州 日本。神の子孫で現人神の天皇が治める「神の国」とされた

設問

問❶　日本がその受諾を決めて連合国に降伏したのは何か。

解説

　一九四五(昭和二十)年八月八日、ソ連が日本に宣戦を布告し、九日には満洲への侵攻が開始され、アメリカも同日長崎へ二発目の原子爆弾を投下した。九日深夜の御前会議でポツダム宣言の受諾が決定されたが、陸軍の強い主張で国体(天皇主権の国家体制)の変更が宣言の要求内容に含まれているかどうか確認することとなった。そこで翌十日、中立国のスウェーデンとスイスを通じて連合国側にその点を問い合わせた。十二日、連合国は日本の降伏条件について回答してきたが、そこには国体の変更を要求する文言はなかった。十四日の御前会議では、これを国体護持の要求が受け容れられたと判断する意見が大勢を占めたが、陸軍は強硬に反対した。そこで、昭和天皇は多数意見を採用し(聖断)、その決定は直ちに連合国に通告された。

　終戦の詔書は、九日の御前会議直後から文案作成作業が着手され、十四日の閣議で決定された。昭和天皇は詔書を自ら読んでレコードに録音した。十五日早暁には、それを奪って終戦を阻止しようとする陸軍の一部将校によるクーデタが企てられたが、失敗した。録音は十五日正午にラジオで放送され(玉音放送)、国民に終戦が知らされたのである。

玉音放送を聞く人々(1945年8月15日)

降伏文書の調印(1945年9月2日)

第10章 現代の世界と日本

1 戦後の改革

1 アメリカの初期対日方針 ★

第一部　究極ノ目的

日本国ニ関スル米国ノ究極ノ目的ニシテ初期ニ於ケル政策ガ従フベキモノ左ノ如シ

(イ) 日本国ガ再ビ米国ノ脅威トナリ又ハ世界ノ平和及安全ノ脅威トナラザルコトヲ確実ニスルコト

(ロ) 他国家ノ権利ヲ尊重シ国際連合憲章[I]ノ理想ト原則ニ示サレタル米国ノ目的ヲ支持スベキ平和的且責任アル政府ヲ究極ニ於テ樹立スルコト、米国ハ斯ル政府ガ出来得ル限リ民主主義的自治ノ原則ニ合致スルコトヲ希望スルモ自由ニ表示セラレタル国民ノ意思ニ支持セラレザル如何ナル政治形態ヲモ日本国ニ強要スルコトハ連合国ノ責任ニ非ズ。……

第二部　連合国ノ権限

一、軍事占領

降伏条項ヲ実施シ、上述ノ究極目的ノ達成ヲ促進スル為日本国本土ハ軍事占領セラルベシ。右占領ハ日本国ト戦争状態ニ在ル連合国ノ利益ノ為行動スル主要連合国ノ為ノ軍事行動タルノ性格ヲ有スベシ。右ノ理由ニ由リ対日戦争ニ於テ指導的役割ヲ演ジタル他ノ諸国ノ軍隊ノ占領ヘノ参加ハ歓迎セラレ且期待セラルルモ、占領軍ハ米国ノ任命スル最高司令官ノ指揮下ニ在ルモノトス。……主要連合国ニ意見ノ不一致ヲ生ジタル場合ニ於テハ米国ノ政策ニ従フモノトス

アメリカの初期対日方針

[I] 国際連合憲章 重要 一九四五(昭和二十)年六月二十六日、サンフランシスコで成立。十月二十四日発効

二、日本国政府トノ関係

天皇[2]及日本政府ノ権限ハ降伏条項ヲ実施シ且日本国ノ占領及管理ノ施行ノ為樹立セラレタル政策ヲ実行スル為必要ナル一切ノ権力ヲ有スル最高司令官ニ従属スルモノトス……

最高司令官ハ米国ノ目的達成ヲ満足ニ促進スル限リニ於テハ天皇ヲ含ム日本政府機構及諸機関ヲ通ジテ其権限ヲ行使スベシ[3]日本政府ハ最高司令官ノ指示ノ下ニ国内行政事項ニ関シ通常ノ政治機能ヲ行使スルコトヲ許容セラルベシ

（日本外交主要文書・年表）

解説

ポツダム宣言を受諾して連合国に降伏した日本は、連合国軍によって占領・統治された。その特徴は、①マッカーサーにひきいられたアメリカ軍の単独占領であり、②日本政府を通じて統治を行う間接統治であった。GHQ（連合国軍最高司令官総司令部）の指令は、憲法や法律に拘束されず、国会の承認も必要としないポツダム政令となった。日本進駐初期におけるアメリカの対日方針は、一九四五（昭和二十）年九月六日、アメリカ統合参謀本部がトルーマン大統領の承認をえて、マッカーサーに指令された。その目的は、日本を徹底的に非軍事化・民主化して、軍国主義を解体させ、再びアメリカの脅威とならないようにすることであった。そのため、日本軍の武装を解除し、戦争犯罪人の逮捕、戦争指導にかかわった政治家・軍人・官僚・財界人の公職追放、財閥解体などの具体策を定めている。

2 五大改革の指令　一九四五（昭和二十）年十月十一日 ★

ポツダム宣言の達成によって日本国民が数世紀にわたって隷属させられて来た伝統的社会秩序は匡正[1]されるであらう。このことが憲法の自由主義化を包含することは当然である。人民はその精神を事実上の奴隷状態においた日常生活に対する官憲的秘密審問から解放され、思想の自由、言論の自由及び宗教の自由を抑圧せんとするあらゆる形態の統制から解放されねばならぬ。……余[2]は貴下[3]が日本の社会秩序において速かに次の如き諸改革を開始しこれを達することを期待する。

---

[2]天皇　昭和天皇は一九四五（昭和二十）年九月二十七日、マッカーサーを訪問した。両者が並んで写った写真が公表され、マッカーサーが天皇以上の権力者であることを国民に印象づけた

マッカーサーと昭和天皇

[3]天皇ヲ……行使スベシ　日本の占領統治は、天皇の権威と日本政府の機構を利用した間接統治だった

原典解説

日本外交主要文書・年表　一九四一（昭和十六）～一九八〇（昭和五十五）年の間の重要な外交文書を収める。鹿島平和研究所編

五大改革の指令

[1]匡正　ただす

[2]余　連合国軍最高司令官マッカーサー

[3]貴下　内閣総理大臣幣原喜重郎

一、選挙権賦与による日本婦人の解放……。二、労働の組合化促進……。三、より自由主義的教育を行ふための諸学校の開校……。四、秘密の検察及びその濫用が国民を絶えざる恐怖に曝らしてきた如き諸制度の廃止……。五、生産及び貿易手段の収益及び所有を広汎に分配するが如き方法の発達により独占的産業支配が改善されるやう日本の経済機構が民主々義化せられること。

（幣原喜重郎）

解説

戦争終結後も政府は共産主義者などに対する取締りを続けていたが、国際世論に配慮したGHQは、一九四五(昭和二十)年十月四日、いわゆる**民主化指令**を発し、政治犯・思想犯の即時釈放、治安維持法や特高警察・内務省の廃止などを命じた。**東久邇宮稔彦内閣**はこれに反発して総辞職した。十一日、かわって首相となった幣原喜重郎がマッカーサーに挨拶に出向くと、そこで**五大改革の指令**が与えられた。その内容は、史料にあるように、憲法の改正を指示すると同時に、①選挙権賦与による女性の解放、②労働組合結成の奨励、③学校教育の自由主義化、④圧制的諸制度の廃止、⑤経済機構の民主化であった。これによって、戦前の政治・経済・社会の仕組みを全面的に改革する戦後改革が本格化した。

3 天皇の人間宣言　一九四六(昭和二十一)年一月一日 ★

惟フニ長キニ亘レル戦争ノ敗北ニ終リタル結果、我国民ハ動モスレバ焦躁ニ流レ、失意ノ淵ニ沈淪❶セントスルノ傾キアリ、詭激❷ノ風漸ク長ジテ道義ノ念頗ル衰ヘ、為ニ思想混乱ノ兆アルハ洵ニ深憂ニ堪ヘズ。

然レドモ朕❸ハ爾等国民ト共ニ在リ、常ニ利害ヲ同ジウシ休戚❹ヲ分タント欲ス。朕ト爾等国民トノ間ノ紐帯❺ハ終始相互ノ信頼ト敬愛トニ依リテ結バレ、単ナル神話ト伝説トニ依リテ生ゼルモノニ非ズ。天皇ヲ以テ現御神❻トシ、且日本国民ヲ以テ他ノ民族ニ優越セル民族ニシテ、延テ世界ヲ

原典解説

幣原喜重郎　幣原喜重郎の伝記。幣原平和財団編、一九五五(昭和三十)年

天皇の人間宣言

❶沈淪　沈んでおちいること
❷詭激　言行が中正を失ってはげしいこと
❸朕　天皇の一人称、昭和天皇
❹休戚　喜びと悲しみ
❺紐帯　ひもと帯。すなわち、つながり
❻現御神　重要　あらひとがみ

支配スベキ運命ヲ有ストノ架空ナル観念[7]ニ基クモノニモ非ズ。（官報）

❖解説

一九四六（昭和二十一）年一月一日、昭和天皇は、「新日本建設に関する詔書」いわゆる人間宣言の詔書を発した。そこでは、五箇条の誓文を引用し、敗戦によって国民は焦燥や失意におちいっているが、天皇と国民との関係は相互の信頼と敬愛によって結ばれているとしたうえで、天皇は神話や伝説にもとづくものではないと自らの神格を否定した。GHQの示唆で幣原喜重郎首相が英文で起草したといわれ、マッカーサーは直ちにこれを歓迎した。天皇制をめぐる厳しい国際世論に対するGHQと政府の合作になる宣伝という色彩が濃厚である。これ以後、天皇は神奈川県からはじめて全国をまわり、国民と接触して人間天皇を国民の間に定着させていった。この宣言は戦後の象徴天皇制の原点をなす。

4 財閥解体　一九四五（昭和二十）年十一月二日指令　★

財閥解体[1]の目的は……日本の軍事力を心理的にも制度的にも破壊するにある。**財閥は過去において戦争の手段として利用されたのであって、これを解体し産業支配の分散を計ることは平和目的にも寄与するところが多いと考えられる。**……日本の産業は日本政府によって支持され強化された少数の大財閥の支配下にあった。産業支配権の集中は、労資間の半封建的関係[2]の存続を促し、労賃を引下げ、労働組合の発展を妨げてきた。また独立の企業者の創業を妨害し、日本における中産階級の勃興を妨げた。かかる中産階級がないため、日本には今日まで個人が独立する経済的な基盤が存在せず、したがって軍閥に対抗する勢力の発展もなく、ために此国では軍事的意図に対する反対勢力として働く民主主義的、人道主義的な国民感情の発展も見られなかったのである。さらにかかる特権的財閥支配下における低賃金と利潤の集積は、国内市場を狭隘[3]にし、商品輸出の重要性を高め、かくて日本を帝国主義的戦争[4]に駆りたてたのである。（日本財閥とその解体）

7 架空ナル観念　太平洋戦争の間、大和民族最優秀論や、八紘一宇の理念が盛んに宣伝されていた

原典解説

官報　三六四ページ参照

財閥解体

1 財閥 重要　三井・岩崎（三菱）・住友・安田などの巨大資本家一族のことで、一族でいくつもの大企業の株式を独占し、それらの経営をコンツェルン形式で支配した

2 労資間の半封建的関係 重要　本来、自由な契約関係であるはずの雇用関係が、終身・世襲的な雇用状態の下で、資本家（雇用者）と労働者（被雇用者）が主従関係ないし、人格的身分的な隷属関係のような形になっていた

❖解説❖

占領軍は、財閥が日本の軍事力の経済的基盤と考え、一九四五(昭和二十)年十一月、その解体を指令した。一九四六(昭和二十一)年四月、持株会社整理委員会が設置され、持株会社と財閥家族の所有証券(総額百七億二千万円弱)の処分にあたった。九月、三井・三菱・住友・安田の四大財閥の本社などが指定され、以後、一九四七(昭和二十二)年九月まで五次にわたり八十三社が指定され、うち十六社が完全に解体された。財閥家族も十財閥十一家五十六名が指名された。こうして、委員会は七十八億円弱を譲り受け、うち四十二億六千万円余を処分し、財閥家族の封鎖的な経済界支配は完全に払拭された。しかし財閥解体は、大企業による経済独占状態を解消させたわけではなかった。

5 農地改革　一九四五(昭和二十)年十二月九日指令 ★

一、民主化促進上経済的障害を排除し、人権の尊重を全からしめ且数世紀に亘る封建的圧制[1]の下日本農民を奴隷化して来た経済的桎梏[2]を打破するため、日本帝国政府はその耕作農民に対しその労働の成果を享受[3]させる為、現状より以上の均等の機会を保証すべきことを指令せらる

二、本指令の目的は全人口の過半が耕作に従事[4]している国土の農業構造を永きに亘って病的ならしめて来た諸多の根源を芟除[5]するに在る。その病根の主たるものを掲げれば次の如し[6]……

A　極端なる零細農形態……

B　極めて不利なる小作条件下における小作農の夥多……

C　極めて高率の農村金利の下における農村負担の重圧……

三、よって日本政府は一九四六年三月十五日までに次の諸計画を内容とする農地改革案を本司令部に提出すべし

A　不在地主[7]より耕作者に対する土地所有権の移転

---

3 狭隘　狭い。低賃金のために、労働者の商品購買力が低く、生産された商品が日本国内で売りさばききれない状態をいう

4 帝国主義的戦争 重要　確実な市場、つまり植民地を求めて朝鮮や中国などを侵略し、戦争を明治以来繰り返したことをさす

原典解説

日本財閥とその解体　持株会社整理委員会編、一九五一(昭和二十六)年刊。引用は一九四六(昭和二十一)年十月に来日したアメリカの財閥調査団団長コーウィン・エドワーズの見解

農地改革

1 封建的圧制 重要　寄生地主が収穫の半分以上もの現物(米)小作料を徴収し、終身・世襲的な地主・小作関係の下で、家事を恣意的かつ無償奉仕的に手伝わせるなど、小作農民をあたかも封建領主の人格的・身分的隷属下にある農奴同様に支配してきたことをさす

2 桎梏　くびかせ。ここでは寄生地主制のこと

3 労働の成果を享受　寄生地主制を廃止して、農民に商品生産者としての道をひらくことを意味する

4全人口の過半が耕作に従事　一九四六（昭和二十一）年には、全人口の四十五％（三千四百二十四万人）を農家が占めていた

5芟除　刈り取って、除く

6その病根の……次の如し　日本農業の発展をさまたげてきた要因としては、①極端に零細な経営規模、②寄生地主の支配をうける多数の小作農民の存在、③寄生地主制の成立をもたらした農村金融における高い利息、④都市の商工業にくらべて重い農民に対する課税、⑤戦時中以来の強制的な食料供出制度の五つ

7不在地主　重要　農地があるところに住んでいない地主、寄生地主の代表的なもの

原典解説

農地改革顛末概要　農地改革記録委員会編、一九五一（昭和二十六）年刊

設問

問❶　日本占領の責任者である連合国軍最高司令官はだれか。

問❷　寄生地主制を解体して、自作農民を大量に生み出した改革は何か。

B　耕作せざる所有者より農地を適正価格を以て買取る制度　（農地改革顛末概要）

解説

農地改革は、財閥解体とともに経済民主化の一環をなし、日本側のイニシアティブではじまった。政府は、農地調整法を改正して、不在地主の全所有地と在村地主の所有地で五町歩以上の分を小作人に譲渡させようとしていた。一九四五（昭和二十）年十二月、GHQが史料の農地改革指令を発したので、政府は既定方針どおり改革をすすめた。この第一次農地改革では、小作地の三十九％しか改革の対象とならず、地主の耕作予定地も除外されていたため、むしろ地主の土地取上げが激増した。これによって小作争議が激増し、一九四六（昭和二十一）年二月には日本農民組合も結成された。五月には、対日理事会でソ連が全小作地と不耕作ないし不在地主の農地で六町歩以上の分とを無償で収用して小作人に売り渡すという改革案を提出した。アメリカはこれに反対し、急拠、イギリス案が提案された。それは、不在地主を認めず、在村地主も全保有地三町歩以内（北海道は十二町歩）、うち小作地一町歩以内（北海道四町歩）に限り、それ以上の分は国が買上げ小作人に譲渡するというものだった。六月、GHQはイギリス案による第二次農地改革を勧告した。これをうけて、十月には農地調整法が再改正され、また自作農創設特別措置法が制定され、一九四七（昭和二十二）年三月には中央農地委員会が発足して地主からの農地買収が始まり、以後買収は一九五〇（昭和二十五）年七月まで十六回にわたって行われた。農地改革はきわめて順調にすすみ、一九四八（昭和二十三）年十月には買収の九割、十二月には小作農への売渡しの九割が終了している。その背景には、小作農を中心とする耕作農民が農地改革を積極的に支持・推進したことがある。一九四六年に十万人の参加で再建された日本農民組合（日農）は、翌年には百三十万人の組織に膨張し、他の農民組合もあわせると、二百万人以上の農民が農地改革を支持・推進する組合の傘下にあった。一方、地主の方は、農地改革が新旧両憲法で保障されている私有財産権を侵害するものだとの訴訟をおこすなどの抵抗を試みたものの、この裁判も最高裁が農地改革を新憲法の社会的基盤を創出するために占領軍がとった超憲法的施策だとして地主側敗訴の判決を出すなどして、有効なものとはなり得なかった。こうして、全国の小作地の約八十七・八％（百九十四万町歩）が解放され、小作農は全農家戸数の八％（一九三八年は二十六％）となり、寄生地主制は解体された。しかし、山林・原野は未解放のまま残った。また、農業経営の零細性も解消されず、食糧難のため戦後も継続された戦時中以来の食糧管理制度の下で、価格が安定し販売に不安のない米作への強い依存状態が続いた。

❷日本国憲法の制定

①象徴天皇制への道 ★

(b) 日本における最終的な政治形態は、日本国民が自由に表明した意思によって決定されるべきものであるが、天皇制を現在の形態で維持することは、前述の一般的な目的❶に合致しない……

(d) 日本人が、天皇制を廃止するか、あるいはより民主主義的な方向にそれを改革することを、奨励支持しなければならない。しかし、日本人が天皇制を維持すると決定したときは、最高司令官は、日本政府当局に対し、前記の(a)および(c)で列挙したもののほか、次に掲げる安全装置❷が必要なことについても、注意を喚起しなければならない。

（日本国憲法制定の過程）

解説 アメリカ政府の国務・陸軍・海軍三省調整委員会（略称SWNCC）は、一九四六（昭和二十一）年一月七日、極東小委員会が作成した日本の統治体制の改革に関する報告書を承認し、十一日にマッカーサーに伝達した。そこでは、政治形態の最終決定を日本国民に委ねるとしながらも、天皇制の現状維持を不適当とし、①責任内閣制（国務大臣の立法府への連帯責任）、②天皇の行動の、内閣の助言の範囲内への限定、③天皇の軍事的権限の剝奪などの改革の骨子が提示され、日本国憲法の象徴天皇制となる。

②日本国憲法前文

一九四六（昭和二十一）年十一月三日公布
一九四七（昭和二十二）年五月三日施行 ★

日本国民は、正当に選挙❶された国会における代表者を通じて行動し❷、われらとわれらの子孫のために、諸国民との協和による成果と、わが国全土にわたつて自由のもたらす恵沢を確保し、政

象徴天皇制への道

❶前述の一般的な目的　報告書の結論(a)の部分で、七項目からなり、国民主権、立法府の行政府への優越、基本的人権の保障など、日本の民主化のための改革の基本方向

❷次に掲げる安全装置　六項目からなり、責任内閣制、天皇への助言制とその軍事的権限の剝奪などがあげられている

原典解説

日本国憲法制定の過程　高柳賢三ほか編、一九七二（昭和四十七）年刊。日本国憲法制定過程にかかわるアメリカ側の史料などを収録

日本国憲法前文

❶正当に選挙　男女平等の普通選挙など、主権者である国民の意思を公正に反映する選挙制度を要請している

府の行為によつて再び戦争の惨禍が起ることのないやうにする[3]ことを決意し、ここに主権が国民に存する[4]ことを宣言し、この憲法を確定する。……日本国民は、恒久の平和を念願し、人間相互の関係を支配する崇高な理想を深く自覚するのであつて、平和を愛する諸国民の公正と信義に信頼して、われらの安全と生存を保持しようと決意した[5]。

（官報）

参考史料　マッカーサー・ノート　★

1　天皇は、国の元首[1]の地位にある。皇位は世襲[2]される。天皇の職務および権能[3]は、憲法に基づき行使され、憲法に示された国民の基本的意思に応えるものとする。

2　国権の発動たる戦争は、廃止する。日本は、紛争解決のための手段としての戦争、さらに自己の安全を保持するための手段としての戦争をも、放棄する。日本は、その防衛と保護を、今や世界を動かしつつある崇高な理想に委ねる。……

3　日本の封建制度は廃止される。……華族の地位[4]は、今後はどのような国民的または市民的な政治権力も伴うものではない。

（日本国憲法制定の過程）

参考史料　憲法研究会「憲法草案要綱」　★

根本原則（統治権）

一、日本国ノ統治権[1]ハ日本国民ヨリ発ス
一、天皇ハ国政ヲ親ラセス、国政ノ一切ノ最高責任者ハ内閣トス
一、天皇ハ国民ノ委任ニヨリ専ラ国家的儀礼[2]ヲ司ル
一、天皇ノ即位ハ議会ノ承認ヲ経ルモノトス
一、摂政ヲ置クハ議会ノ議決ニヨル

国民権利義務

一、国民ハ法律ノ前ニ平等[3]ニシテ出生又ハ身分ニ基ク一切ノ差別ハ之ヲ廃止ス
一、爵位勲章其ノ他ノ栄典ハ総テ廃止ス

---

2 国会に……行動し　議会制民主主義をとることを意味する

3 戦争の惨禍が……にする　第九条の戦争放棄・戦力不保持の規定として具体化されている

4 主権が国民に存する 重要　天皇は第一条で日本および日本国民統合の象徴とされた

5 日本国民は……決意した　第九条での平和主義の規定と対応している

原典解説

官報　三六四ページ参照

マッカーサー・ノート

1 天皇は、国の元首　日本国憲法第一条では「日本国の象徴」

2 皇位は世襲　日本国憲法第二条

3 天皇の職務および権能　日本国憲法第三条で天皇の国事行為には内閣の助言と承認が必要とされた

4 華族の地位　日本国憲法第十四条で華族制度は廃止された

憲法研究会「憲法草案要綱」

1 日本国ノ統治権　「主権の存する日本国民」（日本国憲法第一条）に対応

一、国民ノ言論学術芸術宗教ノ自由[4]ヲ妨ケル如何ナル法令ヲモ発布スルヲ得ス……
一、国民ハ労働ノ義務ヲ有ス
一、国民ハ労働ニ従事シ其ノ労働ニ対シテ報酬ヲ受クルノ権利ヲ有ス
一、国民ハ健康ニシテ文化的水準ノ生活[5]ヲ営ム権利ヲ有ス……
一、男女ハ公的並私的ニ完全ニ平等ノ権利ヲ享有ス……

議会

一、議会ハ立法権[6]ヲ掌握ス、法律ヲ議決シ歳入及歳出予算ヲ承認シ行政ニ関スル準則ヲ定メ及其ノ執行ヲ監督ス、条約ニシテ立法事項ニ関スルモノハ其ノ承認ヲ得ルヲ要ス
一、議会ハ二院ヨリ成ル
一、第一院ハ全国一区ノ大選挙区制ニヨリ満二十歳以上ノ男女平等直接秘密選挙(比例代表ノ主義)ニヨリ満二十歳以上ノ者ヨリ公選セラレタル議員ヲ以テ組織サレ其ノ権限ハ第二院ニ優先ス
一、第二院ハ各種職業並其ノ中ノ階層ヨリ公選セラレタル満二十歳以上ノ議員ヲ以テ組織サル
一、第一院ニ於テ二度可決サレタル一切ノ法律案ハ第二院[7]ニ於テ否決スルヲ得ス……

内閣

一、総理大臣ハ両院議長ノ推薦ニヨリテ決ス、各省大臣国務大臣[8]ハ総理大臣任命ス
一、内閣ハ外ニ対シテ国ヲ代表ス
一、内閣ハ議会ニ対シ連帯責任[9]ヲ負フ其ノ職ニ在ルニハ議会ノ信任アルコトヲ要ス
一、国民投票ニヨリテ不信任ヲ決議サレタルトキハ内閣ハ其ノ職ヲ去ルヘシ
一、内閣ハ官吏ヲ任免ス
一、内閣ハ国民ノ名ニ於テ恩赦権(おんしゃけん)ヲ行フ
一、内閣ハ法律ヲ執行スル為ニ命令ヲ発ス

司法

一、司法権ハ国民ノ名ニヨリ裁判所構成法及陪審法(ばいしんほう)ノ定ムル所ニヨリ裁判之ヲ行フ
一、裁判官[10]ハ独立ニシテ唯(ただ)法律ニノミ服ス

2国家的儀礼 「天皇は、この憲法の定める国事に関する行為のみを行ひ、国政に関する権能を有しない。」(同第四条)に対応

3法律ノ前ニ平等 「すべて国民は、法の下に平等であって……差別されない。」(同第十四条)に対応

4言論学術芸術宗教ノ自由 同第二十一条の言論、第二十三条の学問、第二十条の信教の各自由に対応

5生活 「すべての国民は、健康で文化的な最低限度の生活を営む権利を有する。」(同第二十五条)に対応

6立法権 「国会は、……国の唯一の立法機関である。」(同第四十一条)に対応

7第二院 「衆議院で可決し、参議院でこれと異なった議決をした法律案は、衆議院で……再び可決したときは、法律となる。」(同第五十九条)に対応

8各省大臣国務大臣 「内閣総理大臣は、国務大臣を任命する。」(同第六十八条)に対応

9連帯責任 「内閣は、行政権の行使について、国会に対し連帯して責任を負ふ。」(同第六十六条)に対応

一、大審院ハ最高ノ司法機関ニシテ一切ノ下級司法機関ヲ監督ス……

補則

一、憲法ハ立法ニヨリ改正ス、但シ議員ノ三分ノ二以上ノ出席及出席議員ノ半数以上ノ同意アルヲ要ス、国民請願ニ基キ国民投票ヲ以テ憲法ノ改正ヲ決スル場合ニ於テハ有権者ノ過半数ノ同意アルコトヲ要ス

一、此ノ憲法[11]ノ規定並精神ニ反スル一切ノ法令及制度ハ直チニ廃止ス

一、皇室典範[12]ハ議会ノ議ヲ経テ定ムルヲ要ス

（日本国憲法成立史）

10 裁判官　「すべて裁判官は、その良心に従ひ独立してその職権を行ひ、この憲法及び法律にのみ拘束される。」（同第七十六条）に対応

11 憲法　「この憲法は、国の最高法規であって、その条規に反する法律、命令、詔勅及び国務に関するその他の行為の全部又は一部は、その効力を有しない。」（同第九十八条）に対応

12 皇室典範　「国会の議決した皇室典範」（同第二条）に対応

原典解説

日本国憲法成立史　佐藤達夫著。一九六四（昭和三十九）年刊

解説

一九四五（昭和二十）年十月十一日、マッカーサーは、幣原喜重郎首相に五大改革の指令を発した際、憲法の自由主義化も示唆した。幣原内閣は、二十七日、松本烝治国務相を委員長とする憲法問題調査委員会を設置し、大日本帝国憲法を字句修正した程度の松本案が一九四六（昭和二十一）年二月八日にGHQに提出された。これに先立って、マッカーサーは、二月三日、①天皇は国家元首、②戦争放棄、③封建制度の廃止の三原則からなるマッカーサー・ノートをGHQ民政局に示して憲法草案の起草を命じていた。民政局は、当時発表されていた民間の憲法草案などを参考にして急拠草案を作成し、十日には完成にこぎつけた。そこで、マッカーサーは、松本案をしりぞけ、民政局の草案を十三日に提示した。これを受けて、幣原内閣は憲法改正草案要綱をまとめ、三月六日に発表した。GHQ＝政府案は、憲法学者の鈴木安蔵らの憲法研究会が一九四五年十二月二十七日に発表した憲法草案に近い内容だったが、それを参考にしたためである。同会の案は国民主権をとる一方で、天皇制も残していた。同会の高野岩三郎は大統領制をとる日本共和国憲法私案要綱を発表している。政党では、日本共産党が一九四五年十二月に人民主権をとる憲法草案要綱を発表する一方、日本自由党は翌年一月に天皇機関説をとる案、日本進歩党は二月に天皇主権説をとる案を出した。日本社会党も二月に、主権は天皇を含む国民協同体にあるという天皇機関説的な案を発表した。

一九四六（昭和二十一）年六月二十日、第一次吉田茂内閣は憲法草案を帝国議会に提出した。一九四五年十二月の選挙法改正で女性の参政権が実現しており（総選挙は一九四六年四月）、新憲法の制定には女性も参加している。議会は十月七日、修正の上、新憲法を可決し、日本国憲法は、十一月三日に公布され、一九四七（昭和二十二）年五月三日に施行された。

3 戦争放棄――吉田茂首相の答弁 ★

戦争抛棄に関する本案の規定は、直接には自衛権を否定はして居りませぬが、第九条第二項❶に於て一切の軍備と国の交戦権を認めない結果、自衛権の発動としての戦争も、又交戦権も抛棄したものであります。従来近年の戦争は多く自衛権の名に於て戦われたのであります。満洲事変❷然り、大東亜戦争❸亦然りであります。今日我が国に対する疑惑は、日本は好戦国である、何時再軍備をなして復讐戦をして世界の平和を脅かさないとも分らないということが、日本に対する大なる疑惑であり、又誤解であります。先ず此の誤解を正すことが今日我々としてなすべき第一のことであると思うのであります。

（逐条日本国憲法審議録）

解説

日本国憲法第九条の戦争放棄の条項を設けることについては、GHQと政府の間に当初から何らの対立もなかった。史料は、新憲法審議の際の議会における吉田茂首相の答弁であり、彼は第九条が交戦権の全面放棄を規定しており、自衛戦争も認められないという立場を表明している。しかし、一九四七（昭和二十二）年ごろからアメリカの占領政策が反共優先、日本の反共軍事拠点化へと転換すると、第九条の解釈も変更されていった。吉田首相自身、一九五〇（昭和二十五）年一月には自衛権の存在を認める立場に転じ、七月に警察予備隊は軍隊ではないと国会で答弁していたが、一九五一（昭和二十六）年一月には軍隊も自衛力に含まれると言うようになった。一九五五（昭和三十）年には鳩山一郎首相が第九条の改正を表明し、一九五七（昭和三十二）年には岸信介首相が核兵器も保有可能との立場をとっている。

戦争放棄

❶**第九条第二項** 重要 日本国憲法第九条第二項は、第一項で戦争、武力による威嚇（おどし）および武力行使を、国際紛争の解決手段として永久に用いないことが宣言されている。この戦争放棄の条項をうけて、第二項には「前記の目的を達するため、陸海空軍その他の戦力は、これを保持しない。国の交戦権は、これを認めない。」と規定されている

❷**満洲事変** 重要 満洲事変は、柳条湖事件（満鉄爆破）をきっかけに中国軍に反撃するとの名目でおこされた。実際には、関東軍が満鉄を爆破しておこした計画的侵略戦争だった

❸**大東亜戦争** 重要 太平洋戦争のこと。この戦争は、日本の存立を脅かす、米英中蘭の「ABCD包囲陣」を打破する「自存自衛」の戦争としておこされた。実際には、中国侵略の行きづまりを、東南アジアへの侵略を拡大することで打開しようとしたものだった

原典解説

逐条日本国憲法審議録 日本国憲法の審議についての記録をのせる。清水伸編

④ 教育基本法　一九四七(昭和二十二)年三月三十一日公布　★

われらは、さきに、日本国憲法を確定し、民主的で文化的な国家を建設して、世界の平和と人類の福祉に貢献しようとする決意を示した。この理想の実現は、根本において教育の力にまつべきものである。

われらは、個人の尊厳を重んじ、真理と平和を希求する人間の育成を期するとともに、普遍的[1]にしてしかも個性[2]ゆたかな文化の創造をめざす教育を普及徹底しなければならない。……

第一条（教育の目的）　教育は、人格の完成をめざし、平和的な国家及び社会の形成者として、真理と正義を愛し、個人の価値をたつとび、勤労と責任を重んじ、自主的精神に充ちた心身ともに健康な国民の育成を期して行われなければならない。

第三条（教育の機会均等）　すべて国民は、ひとしく、その能力に応ずる教育を受ける機会を与えられなければならないものであつて、人種、信条、性別、社会的身分、経済的地位又は門地[3]によつて、教育上差別されない。……

第十条（教育行政）　教育は、不当な支配に服することなく、国民全体に対し直接に責任を負つて行われるべきものである。

（官報）

解説

一九四六(昭和二十一)年八月、アメリカから来日した教育使節団の勧告を受けて、教育刷新委員会が設けられ、その第一回建議により、一九四七(昭和二十二)年三月、**教育基本法**が成立した。そこでは、①個人の尊厳を重んじ、真理と平和を求める人間という日本国憲法体制の担い手を育てるとの教育目標を定め、②教育の機会均等、義務教育九年制、男女共学などの教育制度の骨格を示し、③教育への行政の介入を排している。こうして、明治以来の国家主義的な教育は全面的に否定された。

教育基本法

1 普遍的　神話を根拠に日本を「神国」として世界の諸国から区別し、「八紘一宇」、つまり世界を日本の下に統一する特別の使命をもつ国だとの立場からの教育が強められていた

2 個性　戦前は、日本人ひとりひとりの個性を育てることではなく、民族としての自覚や共通性を身につけることに教育の目標がおかれていた

3 門地　家柄・出身

労働三法 → p.446

(2)労働関係調整法

1 労働争議 重要　労働条件をめぐる労働者と使用者の紛争。労働者側はストライキ(就労拒否)、使用者側はロックアウト(工場閉鎖)や解雇などの手段にうったえて相手を譲歩・屈服させようとする

5 労働三法 ★

(1)労働組合法　一九四五(昭和二十)年十二月二十二日公布 ★

第一条　本法ハ団結権ノ保障及団体交渉権ノ保護助成ニ依リ労働者ノ地位ノ向上ヲ図リ経済ノ興隆ニ寄与スルコトヲ以テ目的トス……

第十一条　使用者ハ労働者ガ労働組合ノ組合員タルノ故ヲ以テ之ヲ解雇シ其ノ他之ニ対シ不利益ナル取扱ヲ為スコトヲ得ズ　使用者ハ労働者ガ組合ニ加入セザルコト又ハ組合ヨリ脱退スルコトヲ雇傭条件ト為スコトヲ得ズ　(官報)

(2)労働関係調整法　一九四六(昭和二十一)年九月二十七日公布 ★

第一条　この法律は労働組合法と相俟って、労働関係の公正な調整を図り、労働争議❶を予防し、又は解決して、産業の平和❷を維持し、もって経済の興隆に寄与することを目的とする。(官報)

(3)労働基準法　一九四七(昭和二十二)年四月七日公布 ★

第一条　労働条件は、労働者が人たるに値する生活を営むための必要を充たすべきものでなければならない。❶……

第二条　労働条件は、労働者と使用者❷が対等の立場において決定すべきものである。❸　(官報)

解説

五大改革指令による労働改革で、労働三法が成立した。まず、一九四五(昭和二十)年十二月に労働組合法が制定され、労働組合の組織・団結の自由、組合の自主性確保・使用者による不当労働行為の禁止、団体交渉権などが規定された(一九四九年全面改定)。一九四六年九月には労働関係調整法が制定され、斡旋・調停・仲裁など労働争議の調整方法などが規定された。一九四七年四月には労働基準法が制定され、週四十八時間労働、年次有給休暇など、労働条件の基準が規定された。

❷**産業の平和**　労働争議がおこると、生産や営業が平常どおり続けられなくなる。この状態を産業の平和がみだされたととらえている

(3)労働基準法

❶**労働条件は、……なければならない**　日本国憲法第二十五条に「すべて国民は、健康で文化的な最低限度の生活を営む権利を有する。」と規定されており、労働条件がこうした生活をさまたげるようなものであってはならないとの趣旨である

❷**使用者**　資本家のほか、国や自治体なども含む

❸**対等の立場に……ものである**　戦前の雇用関係が、労働者の団結権や団体交渉権、争議権を認めないなど、労働者側に著しく不利であったことへの反省に立って、この条項は制定されている

設問

問❶　日本国憲法を制定した時の内閣総理大臣はだれか。

問❷　戦後の国民教育の根本理念を定めた法律は何か。

❸経済の復興

1 経済安定九原則 ★

一、極力経費の節減をはかり、また必要であり、かつ適当なりと考えられる手段を最大限度に講じてただちに総予算の均衡❶をはかること。

二、徴税計画❷を促進強化し、脱税者に対する刑事訴追を迅速広範にまた強力に行うこと。

三、信用❸の拡張は日本の経済復興に寄与するための計画に対するほかは厳重に制限されていることを保証すること。……

四、賃金安定実現のため効果的な計画を立てること。

五、現在の物価統制を強化し、必要の場合はその範囲を拡張すること。

六、外国貿易統制事務を改善し、また現在の外国為替統制を強化し、これらの機能を日本側機関に引継いで差支えなきにいたるように意を用いること。……

八、一切の重要国産原料、および製品の増産をはかること。……

以上の計画は単一為替レート❹の設定を早期に実現させる途を開くためにはぜひとも実施されねばならぬものである。

（朝日新聞）

❖解説❖

一九四八(昭和二十三)年一月、アメリカのロイヤル陸軍長官は、中国での国民党と共産党の内戦の激化という情勢を背景に、日本を「極東の工場」「反共の防壁」として復興、自立させると演説し、アメリカの対日政策の転換が明らかとなった。このころ、アメリカの景気は後退しはじめ、戦後の日本経済を

経済安定九原則

❶**総予算の均衡** 重要 一九四九(昭和二十四)年度の超均衡予算として具体化された。それは一九四九年二月に来日したドッジが自ら作成したものである

❷**徴税計画** のちシャウプ勧告にもとづく税制改革として具体化した

❸**信用** 金融機関の貸出しのこと

❹**単一為替レート** 重要 一九四九(昭和二十四)年四月、一ドル＝三六〇円とされた

原典解説

朝日新聞 一八七九(明治十二)年に大阪で創刊。一八八八(明治二十一)年に東京朝日新聞をつくり、翌年、大阪朝日新聞と改称して、別個に編集・発行した。一九四〇(昭和十五)年に朝日新聞の名称に統一した

支えてきた**ガリオア**（占領地域救済資金）と**エロア**（占領地域経済復興援助資金）の対日援助を打ち切らざるをえなくなっていた。そこで、十二月、アメリカ政府は、**経済安定九原則**の実行を日本政府に求め、ロイヤル演説の方向での日本経済の自立をめざした。その内容は、①財政の均衡、②徴税の強化・促進、③融資の制限、④賃金の安定、⑤物価統制の強化、⑥貿易・為替管理の改善（単一為替レートの設定）、⑦輸出の振興、⑧重要原料などの増産、⑨食糧供出の改善である。

２ ドッジ声明　★

日本の経済は両足を地につけていず、竹馬（たけうま）に乗っているようなものだ。竹馬の片足は、米国の援助[1]、他方は国内的な補助金[2]の機構である。竹馬の足をあまり高くしすぎると転（ころ）んで首を折る危険がある。今たゞちにそれをちゞめることが必要だ。つゞけて外国の援助を仰（あお）ぎ、補助金を増大し、物価を引き上げることはインフレの激化を来（きた）すのみならず、国家を自滅（じめつ）に導く恐れが十分にある。

（朝日新聞）

ドッジ声明

1 米国の援助　ガリオア・エロア資金の援助をさす

2 補助金　価格調整補給金などをさす。一般会計の歳出に占める割合は一九四九（昭和二十四）年度には二十七％にものぼっていた

設問

問❶　経済安定九原則を実現するため日本に派遣され、日本の財政の大幅な改革をすすめたのはだれか。

問❷　単一為替レートのもとで、一ドルは何円と定められたか。

❖解説❖

一九四九（昭和二十四）年二月、ロイヤル陸軍長官とともに来日したGHQ金融顧問（デトロイト銀行頭取）の**ドッジ**は、日本経済をこれまで支えていた竹馬の足であるアメリカの援助と政府の各種補助金とを切り落とすことが必要だとして、超均衡予算を第三次吉田茂内閣におしつけ、超デフレ政策をすめさせた。これを**ドッジ・ライン**という。四月には**一ドル＝三百六十円の単一為替レート**が決定され、八月には経済学者**シャウプ**を団長とする使節団が来日してGHQに税制改革の構想（**シャウプ勧告**）を提言した。その内容は、①国税の所得税中心化、②地方税の付加税から独立税への転換、③予定申告制度や青色申告制度の採用などを骨子とし、法人税の大幅減税による資本蓄積の促進、地方税の増額による中央政府の負担軽減をねらっていた。この**シャウプ税制改革**は、直接税を軸として大衆課税を強化し、ドッジ・ラインを税制面から支えるものであった。

4 占領政策の転換

1 ロイヤル陸軍長官の演説 ★

われわれのドイツ及び日本に対する勝利の最も失望的な面の一つは、占領問題についてわれわれに負わされて来た責任と費用であった。……降伏直後わが政策の目的[1]は、……日本の侵略の防止、すなわち武装解除による直接の防止と、再び侵略戦争の精神を発展せしめないような種類の政府の創設による間接の防止とであった。日本の真の幸福、または国家としての強さは断然二次的な考慮であった。……その後新しい情勢[2]が、世界の政治及び経済に、国防問題に、また人道上の考慮に生じた。……陸軍省及国務省は、両者共に、今後政治的安定が続き、自由な政府が成功するためには、健全な自立経済がなければならないこと……米国が永久に年々数億ドルを占領地救済資金[3]に注入し続け得るものではなく、……被占領国が自己の生産と輸出をもって自己の必需品代金を支払い得るに至ったとき、……打切り[4]得るものであることをも認識している。……**われわれは、自立すると同時に、今後極東に生ずべき他の全体主義的戦争の脅威に対する制止役として役立つほど充分に強くかつ充分に安定した自足的民主政治を日本に建設するという、同様に確固たる目的を固守するものである。**……

（昭和財政史）

❖解説❖

ヨーロッパでの東西冷戦は、一九四六（昭和二十一）年三月のチャーチル前英首相のフルトン演説（「鉄のカーテン」）、一九四七（昭和二十二）年三月のトルーマン・ドクトリン（米大統領の対ソ封じ込め戦略表明）、六月のマーシャル・プラン（米国務長官の反共ヨーロッパ復興計画）、十月のコミンフォル

ロイヤル陸軍長官の演説

1 降伏直後わが政策の目的　日本の非軍事化と民主化をすすめ、再びアメリカの脅威とならないようにすること（四三四ページ参照）

2 新しい情勢　ヨーロッパでの東西冷戦と中国の国共内戦の激化

3 占領地救済資金　ロイヤル演説がなされた一九四八（昭和二十三）年一月当時、日本は、占領地の住民救済のため食糧や医薬品の受給資金としてガリオア資金（占領地域救済資金）の援助を受けていた。占領地の産業復興のため羊毛や綿花などの原材料の輸入資金を貸与するエロア資金（占領地域経済復興援助資金）の援助は日本経済の復興、自立のため、同年八月より始まっている

4 打切り　ガリオア資金の援助は一九五一（昭和二十六）年六月末で打切られた

原典解説

昭和財政史　大蔵省財政史室編。一九八一（昭和五十六）年刊

ム(共産党および労働者党情報局)結成と、激化の一途をたどっていた。一方、中国での国民党と共産党の内戦も激しくなり、一九四六年十二月には、仏領インドシナで、ベトナム民主共和国軍と、仏軍との間でインドシナ戦争も始まっている。朝鮮半島も米ソで分割占領されており、米軍占領下の日本でも左翼の影響力は大きかった。一九四八(昭和二十三)年一月、ロイヤル米陸軍長官は、こうした情勢を背景に、日本の反共自立への占領政策の転換を表明した。

2 マッカーサーの年頭あいさつ(一九五〇年)★

新しき年[1]を迎えるにあたって、現在あらゆる日本人がひとしく不安にかられている二つの極めて重要な未解決の問題がある。その一つは中国が共産主義の支配下にはいった[2]ため全世界的なイデオロギーの闘争が日本に身近なものとなったことであり、もう一つは対日講和会議の開催が手続[3]にかんする各国の意見の対立から遅れていることである。……現在一部の皮肉屋たちは、日本が憲法によって戦争と武力による安全保障の考え方を放棄したことを、単なる夢想にすぎないとあざけっているが、諸君はこうした連中の言葉をあまり気にかけてはいけない。……この憲法の規定はたとえどのような理屈をならべようとも、相手側から仕掛けてきた攻撃にたいする自己防衛の冒しがたい権利を全然否定したものとは絶対に解釈できない。……

(朝日新聞)

解説

一九四九(昭和二十四)年十月、中国共産党が内戦に勝利して中華人民共和国が成立すると、アメリカは早期講和と日本の恒久的軍事基地化・再軍備の方針をかためた。マッカーサーは、一九五〇(昭和二十五)年の年頭あいさつで日本国憲法が自衛権を否定していないという解釈を示し、再軍備を示唆した。その背景には、米ソの冷戦が朝鮮半島の緊張を高めており、戦争勃発時に出撃・兵站基地となる日本国内の治安維持を強化する必要があった。一九四九年七～八月には、下山・三鷹・松川事件があいついでおこって労働運動が抑えられ、日本共産党やその支持者は職場から追放された(レッド・パージ)。

マッカーサーの年頭あいさつ

[1]新しき年　一九五〇(昭和二十五)年。この年朝鮮戦争が始まった

[2]中国が共産主義の支配下にはいった　一九四九(昭和二十四)年十月、中華人民共和国が成立

[3]手続　アメリカは、対日講和会議における米英中ソの拒否権を認めない立場をとり、ソ連と対立した

原典解説

朝日新聞　四四七ページ参照

3 日本の再軍備 ★

(1) 警察予備隊令　一九五〇（昭和二十五）年八月十日公布 ★

第一条　この政令は、わが国の平和と秩序を維持し、公共の福祉を保障するのに必要な限度内で、国家地方警察及び自治体警察[1]の警察力を補うため警察予備隊[2]を設け、その組織等に関し規定することを目的とする。（官報）

(2) 自衛隊法　一九五四（昭和二十九）年六月九日公布 ★

第三条　自衛隊は、わが国の平和と独立を守り、国の安全を保つため、直接侵略及び間接侵略に対しわが国を防衛することを主たる任務とし、必要に応じ、公共の秩序の維持に当るものとする。

第七条　内閣総理大臣は、内閣を代表して自衛隊の最高の指揮監督権を有する。

第七十六条　内閣総理大臣は、外部からの武力攻撃（外部からの武力攻撃のおそれのある場合を含む）に際して、わが国を防衛するため必要があると認める場合には、国会の承認……を得て、自衛隊の全部又は一部の出動を命ずることができる。ただし、特に緊急の必要がある場合には、国会の承認を得ないで出動を命ずることができる。（官報）

解説

朝鮮戦争勃発直後の一九五〇（昭和二十五）年七月八日、マッカーサーは米軍の出動によって手薄となった日本国内の治安対策のため、「日本警察力」の増強をはかるべく、警察予備隊の創設と海上警察力の増強を日本政府に指令した。八月十日、ポツダム政令として警察予備隊令が出され、年末までに七万五千人の警察予備隊が編成された。アメリカは、米軍の朝鮮出動による空白を埋める応急措置として日本再軍備に踏み切ったのである。

サンフランシスコ講和後、日本の再軍備は急速に

日本の再軍備

(1) 警察予備隊令

[1] 自治体警察 重要　一九四八（昭和二十三）年の警察法により、警察は、市町村の自治体警察と国家地方警察の二本立てとなった。一九五四（昭和二十九）年の改正で、自治体警察は都道府県警察に改組された

[2] 警察予備隊 重要　一九五二（昭和二十七）年に保安隊、一九五四（昭和二十九）年に自衛隊に改組

原典解説

官報　三六四ページ参照

進み、一九五二(昭和二十七)年八月に保安庁が新設され**警察予備隊**が**保安隊**に改組され、一九五四(昭和二十九)年三月には**MSA協定**が調印された。これは、アメリカが軍事・経済援助を与えた代償として相手国に一定の軍事的義務を負わせることを定めた相互安全保障法(一九五一年成立)による援助をアメリカから受け入れるための協定で、日本に再軍備を義務づけていた。アメリカは、一九五三(昭和二十八)年五月にMSA援助の日本適用を表明していた。一方、日本政府は、朝鮮戦争休戦にともなう**特需**の激減をこの援助を受け入れることでカバーしようとしていた。一九五三年十月、池田勇人自由党政務調査委員長とロバートソン国務次官補との会談で、①日本の地上軍を三年間に十八万に増強、②アメリカの余剰農産物の購入代金を軍事産業資金として円で積立て、③再軍備のための愛国心教育などが合意された。この**池田・ロバートソン会談**によってMSA協定は締結され、これに対応して政府は**防衛二法**(自衛隊法と防衛庁設置法)を成立させ、一九五四(昭和二十九)年七月、保安庁を防衛庁、保安隊を陸上・海上・航空**自衛隊**に改組した。このとき、隊員は十五万二千人だったが、一九五八(昭和三十三)年度から実施された防衛力整備計画によって、今日では世界有数の軍事力を保持するにいたっている。

4 破壊活動防止法　一九五二(昭和二十七)年七月二十一日公布　★

第一条　この法律は、団体の活動として暴力主義的破壊活動❶を行った団体に対する必要な規制措置を定めるとともに、暴力主義的破壊活動に関する刑罰規定を補整し、もつて、公共の安全の確保に寄与することを目的とする。

(官報)

解説

講和条約の発効により、超憲法的な治安立法であった団体等規正令などが効力を失うため、それらにかわるものとして、一九五二(昭和二十七)年七月、破壊活動防止法が公布された。同年五月一日に皇居前広場でデモ隊と警官隊が衝突したメーデー事件などを背景に、内乱、外患援助(外国からの侵略への協力)、政治的目的のための刑法上の犯罪などの「暴力主義的破壊活動」を防止するとの理由で制定され、公安調査庁が設けられた。思想統制の危険があるとして、反対運動が展開されている。

破壊活動防止法

❶**暴力主義的破壊活動**　内乱、外国からの侵略への協力(外患援助)、政治的目的のための刑法上の犯罪などをさす

設問

問❶　朝鮮戦争に際して、米軍が出動して手薄となった日本本土の治安維持のため創設されたのは何か。

問❷　暴力を手段とする社会運動の取締りを目的として制定された法律は何か。

⑤講和と安保体制

1 サンフランシスコ平和条約　一九五一(昭和二十六)年九月八日調印　★★★★

第一条（a）日本国と各連合国との間の戦争状態は、第二十三条[1]の定めるところによりこの条約が日本国と当該連合国との間に効力を生ずる日[2]に終了する。

（b）**連合国は日本国及びその領水[3]に対する日本国民の完全な主権を承認する。**

第二条（a）日本国は、**朝鮮の独立を承認**して、済州島、巨文島及び鬱陵島を含む朝鮮に対するすべての権利、権原[4]及び請求権を放棄する。

（b）日本国は、**台湾及び澎湖諸島**に対するすべての権利、権原及び請求権を放棄する。

（c）日本国は、**千島列島**並びに日本国が千九百五年九月五日のポーツマス条約の結果として主権を獲得した**樺太の一部**及びこれに近接する諸島に対するすべての権利、権原及び請求権を放棄する。……

第三条　日本国は、北緯二十九度以南の南西諸島（琉球諸島及び大東諸島[5]を含む。）、孀婦岩の南の南方諸島（小笠原群島、西之島及び火山列島[6]を含む。）並びに沖の鳥島及び南鳥島を合衆国を唯一の施政権者とする信託統治制度[7]の下におくこととする国際連合に対する合衆国のいかなる提案にも同意する。このような提案[8]が行われ且つ可決されるまで、合衆国は、領水を含むこれらの諸島の領域及び住民に対して、行政、立法及び司法上の権力の全部及び一部を行使する権利を有するものとする。

第六条（a）連合国のすべての占領軍は、この条約の効力発生の後なるべくすみやかに、且つ、

サンフランシスコ平和条約

1 **第二十三条**　この条約の批准についての規定

2 **効力を生ずる日**　一九五二(昭和二十七)年四月二十八日

3 **領水**　領海。当時は三カイリ

4 **権原**　法律上、権利を正当なものとする根拠

5 **琉球諸島及び大東諸島**　重要　一九七二(昭和四十七)年五月に返還。現在の沖縄県

6 **小笠原群島、西之島及び火山列島**　重要　一九六八(昭和四十三)年六月に返還。現在の東京都小笠原村

7 **信託統治制度**　重要　国際連合が、日本・イタリアの統治下から離れた地域の行政権を加盟国にゆだねる制度

8 **このような提案**　アメリカはこうした提案を行わなかった

いかなる場合にもその後九十日以内に、日本国から撤退しなければならない。但し、この規定は、一又は二以上の連合国を一方とし、日本国を他方として双方の間に締結された若しくは締結される二国間若しくは多数国間の協定に基く、又はその結果としての外国軍隊の日本国の領域における駐とん又は駐留を妨げるものではない。[9]

（法令全書）

解説

一九五一（昭和二十六）年九月、サンフランシスコ講和会議が開かれ、五十二か国が参加した。しかし、戦争で最大の被害をこうむった中国は招かれず、またインドやビルマはこれに反発して参加しなかった。ソ連とチェコスロヴァキア・ポーランドは会議には参加したが、サンフランシスコ平和条約には調印しなかった。条約は、①日本再軍備の制限条項を欠き、②第六条で条約発効後九十日以内に全占領軍を撤退するとしながら、但書で特別協定による外国軍隊の駐留を認め、③第三条で沖縄・小笠原などをアメリカの施政権下におき、④第二条（C）項で千島の領有権を放棄するなどの問題点をはらんでいた。また、第十四条で賠償義務が課され、ビルマに千二百二十四億円（一九五五、六三年）、フィリピンに千九百八十億円（一九五六年）、インドネシアに八百三億円（一九五八年）、南ベトナムに百四十億円（一九六〇年）が支払われたが、他の諸国は請求権を放棄した。なお、インドとは一九五二（昭和二十七）年六月、ビルマとは一九五四（昭和二十九）年十一月に平和条約が締結されている。

2 日米安保条約 ★★★

⑴安保条約（日米安全保障条約）

一九五一（昭和二十六）年九月八日調印 ★★

平和条約[1]は、日本国が主権国として集団的安全保障取極を締結する権利を有することを承認し、さらに、国際連合憲章は、すべての国が個別的及び集団的自衛の固有の権利を有することを承認している。……但し、アメリカ合衆国は、日本国が、……直接及び間接の侵略[2]に対する自国の防

9 **外国軍隊の日本国の……妨げるものではない**　この部分が日米安保条約による米軍駐留の根拠とされた

原典解説

法令全書　二九六ページ参照

日米安保条約

⑴安保条約

1 **平和条約**　サンフランシスコ平和条約

2 **間接の侵略**　外国の影響でおこされた内乱などを「間接侵略」とする

3 **極東**　東アジア・東南アジアをさす

衛のため漸増的に自ら責任を負うことを期待する。……

第一条　平和条約及びこの条約の効力発生と同時に、アメリカ合衆国の陸軍、空軍及び海軍を日本国内及びその附近に配備する権利を、日本国は、許与し、アメリカ合衆国は、これを受諾する。この軍隊は、極東❸における国際の平和と安全の維持に寄与し、並びに、一又は二以上の外部の国による教唆又は干渉によって引き起された日本国における大規模の内乱及び騒じょうを鎮圧するため❹日本国政府の明示の要請に応じて与えられる援助を含めて、外部からの武力攻撃に対する日本国の安全に寄与するために使用することができる。❺

第三条　アメリカ合衆国の軍隊の日本国内及びその附近における配備を規律する条件は、両政府間の行政協定❻で決定する。

（日本外交主要文書・年表）

(2) 新安保条約（日米相互協力及び安全保障条約）

一九六〇（昭和三十五）年一月十九日調印　★★

第二条　締約国は、……両国の間の経済的協力を促進する。

第三条　締約国は、個別的に及び相互に協力して、継続的かつ効果的な自助及び相互援助により、武力攻撃に抵抗するそれぞれの能力を、憲法上の規定に従うことを条件として、維持し発展させる。❶

第四条　締約国は、この条約の実施に関して随時協議し、また、日本国の安全又は極東❷における国際の平和及び安全に対する脅威が生じたときはいつでも、いずれか一方の締約国の要請により協議する。❸

第五条　各締約国は、日本国の施政の下にある領域における、いずれか一方に対する武力攻撃❹が、自国の平和及び安全を危うくするものであることを認め、自国の憲法上の規定及び手続に従って共通の危険に対処するように行動❺することを宣言する。……

---

❹日本国における……鎮圧するため　アメリカに日本の内政への介入を認めている

❺外部からの……使用することができる　アメリカは日本の安全保障に対する義務を負っていない

❻両政府間の行政協定　重要　一九五二（昭和二十七）年二月に調印。アメリカは日本国内に基地をおき、日本は駐留軍の費用を分担することになった

(2)新安保条約

❶締約国は、……維持し発展させる　日米の軍事同盟のとりきめ。これにより、日本も防衛責任を負った

❷極東　重要　当時、日本政府は「極東」の範囲を、フィリピン以北、中国の一部、沿海州などとした

❸締約国の要請により協議する　日米安全保障協議委員会が協議機関として設けられた

❹日本国の……一方に対する武力攻撃　アメリカ軍が日本国内の内乱などの鎮圧のために出動できるとした安保条約の規定はなくなった

❺共通の危険に対処するように行動　日米共同作戦行動のとりきめ

第六条　日本国の安全に寄与し、並びに極東における国際の平和及び安全の維持に寄与するため、アメリカ合衆国は、その陸軍、空軍及び海軍が日本国において施設及び区域を使用することを許される。❻……

第十条　……**この条約が十年間効力を存続した後は**、いずれの締約国も、他方の締約国に対しこの条約を終了させる意思を通告することができ、その場合には、この条約は、そのような通告が行われた後一年で終了する。

（日本外交主要文書・年表）

❻アメリカ合衆国は、……許される　日米地位協定によって具体的にとりきめられた

原典解説　日本外交主要文書・年表　四三五ページ参照

解説

サンフランシスコ平和条約調印と同日(一九五一年九月八日)、アチソン国務長官と吉田茂首相との間で**日米安全保障条約**(安保条約)が調印された。前文と本文五か条からなり、①平和条約発効後の米軍駐留を合法化し、極東有事と内乱・騒擾を含む外国の対日攻撃の際の米軍出動を認め(第一条)、②アメリカの同意なしに日本は第三国に基地提供や軍隊駐留の権利を与えられず(第二条)、③日本の再軍備が期待され(前文)、④有効期限が明示されていなかった。安保条約第四条にもとづき、一九五二(昭和二十七)年二月には**日米行政協定**も調印され、①施設・区域の米軍への無償提供、②米軍によるその使用・運営・防衛の権利の承認、③米軍関係の関税などの免除、④公益事業などの米軍の優先的利用、⑤米軍人・軍属とその家族の刑事裁判上の特権、⑥防衛分担金の負担などが定められた。

安保条約が日本の主権をおかしているとして基地反対運動などが広がる一方、アメリカも日本の再軍備を一層すすめて、これと米軍を組み合わせる態勢へと軍事戦略を変更するにいたった。安保条約の改定交渉はアメリカの主導で一九五八(昭和三十三)年十月にはじめられ、日本国内の強い反対(**安保闘争**)を押しきって一九六〇(昭和三十五)年一月に**日米相互協力及び安全保障条約**(新安保条約)が調印された。新安保条約は、日本と極東の安全のため米軍が日本に駐留し基地を使用する点では安保条約と同じだが、①アメリカの日本防衛義務の明確化、②事前・臨時の協議制度、③十年の条約有効期間、④経済協力の約束など、双務的なものとなっている。しかし、安保条約が軍事基地の提供協定であったのに対し、新安保条約は軍事同盟であり、①共同防衛義務(第五条)には日本領土内の米軍への第三国からの攻撃への対処も含まれ、②範囲不明の極東条項(第四、六条)により米軍がかかわる紛争に巻き込まれる危険性があり、③事前協議もアメリカ側が発議の主導権をもつなどの問題点がある。

3 沖縄返還協定（琉球諸島及び大東諸島に関する日本国とアメリカ合衆国との間の協定） 一九七一（昭和四十六）年六月十七日調印 ★

第一条 1、アメリカ合衆国は、……琉球諸島及び大東諸島に関し、千九百五十一年九月八日にサン・フランシスコ市で署名された日本国との平和条約第三条の規定[1]に基づくすべての権利及び利益を、この協定の効力発生の日から日本国のために放棄する。……

（日本外交主要文書・年表）

沖縄返還協定

[1]平和条約第三条の規定 サンフランシスコ平和条約第三条で、沖縄はアメリカの施政権のもとにおかれた

設問

問❶ 日本が連合国との講和条約を結んだアメリカの都市はどこか。

問❷ 新安保条約で米軍が日本の基地を使用して軍事行動をおこす際の条件とされた制度は何か。

解説

現在の日本の領土の範囲は、一九四三（昭和十八）年十一月のカイロ宣言（日本が戦争などで手に入れた満洲・台湾・澎湖諸島、朝鮮、南洋群島の返還）、一九四五（昭和二十）年二月のヤルタ協定（ソ連の対日参戦の代償として樺太、千島、旅順・大連のソ連への引き渡し）、一九四五（昭和二十）年七月のポツダム宣言（本州など四島と諸小島への領土の限定）にもとづいている。**サンフランシスコ平和条約**で、樺太・千島の主権放棄と沖縄・小笠原などのアメリカによる統治が規定され、今日の領土の原型が確定した。その後、一九五三（昭和二十八）年に**奄美群島**が返還された。

アメリカは、ベトナム戦争の激化にともない同盟国への軍事的分担の拡大をはかったが、**佐藤栄作**内閣は沖縄の本土復帰＝返還運動の高揚に押され、対米協力を代償として沖縄・小笠原の施政権返還を求めた。佐藤は、一九六七（昭和四十二）年十一月には訪米してジョンソン大統領と会談し、①沖縄返還は一九六八（昭和四十三）年をめどに継続協議とし、②小笠原は一年以内に返還するとの約束をとりつけた。その結果、**小笠原諸島**は一九六八年四月に返還協定が調印され、六月に返還された。さらに、一九六九（昭和四十四）年十一月の訪米で、ニクソン大統領と沖縄の一九七二（昭和四十七）年返還を決めた。一九七一（昭和四十六）年六月に返還協定が調印され、一九七二年五月に返還された。「核抜き、本土なみ」が返還条件だったが、①米軍基地の現状維持（沖縄本島の面積の二割余が基地）、②核兵器の有無不明などの問題点が残った。返還後も、広大な基地の存在が沖縄の地域開発を阻害し、米兵による暴行事件等も繰り返されるなど、**沖縄の基地問題**は深刻化している。

6 近隣諸国との友好

1 日ソ間の関係改善 ★★

(1)日ソ共同宣言　一九五六(昭和三十一)年十月十九日調印 ★★

一、日本国とソヴィエト社会主義共和国連邦との間の戦争状態は、この宣言が効力を生ずる日に終了し、両国の間に平和及び友好善隣関係が回復される。

二、日本国とソヴィエト社会主義共和国連邦との間に外交及び領事関係が回復される。両国は、大使の資格を有する外交使節を遅滞なく交換するものとする。……

四、ソヴィエト社会主義共和国連邦は、国際連合への加入に関する日本国の申請を支持するものとする。[1]

九、日本国及びソヴィエト社会主義共和国連邦は、両国間に正常な外交関係が回復された後、平和条約の締結に関する交渉を継続することに同意する。

ソヴィエト社会主義共和国連邦は、日本国の要望にこたえ、かつ日本国の利益を考慮して、歯舞群島及び色丹島を日本国に引き渡すことに同意する。ただし、これらの諸島は、日本国とソヴィエト社会主義共和国連邦との間の平和条約が締結された後に現実に引き渡されるものとする。

(日本外交主要文書・年表)

(2)日ソ共同声明　一九九一(平成三)年四月十八日調印 ★

……歯舞群島、色丹島、国後島及び択捉島[1]の帰属についての双方の立場を考慮しつつ領土画定の問題を含む日本国とソヴィエト社会主義共和国連邦との間の平和条約の作成と締結に関する諸

日ソ間の関係改善

(1)日ソ共同宣言

[1]国際連合への加入に……支持するものとする　安全保障理事会の拒否権をもつ常任理事国であるソ連が反対している限り、日本の国際連合への加盟は難しかった

(2)日ソ共同声明

[1]歯舞……択捉島　いわゆる北方領土。歯舞群島、色丹島は北海道の属島で、一九五六年の日ソ共同宣言では平和条約締結後の返還が明記されていたが、のち一九六〇年調印の日米新安保条約を理由にソ連が反故にした。国後島、択捉島は千島列島に属し、一八五四年締結の日露和親条約で日本の領土として確定したもので、日本政府は一九五一年調印のサンフランシスコ平和条約で領土主権を放棄した「千島列島」(一八七五年締結の樺太・千島交換条約で日本領土となった得撫島以北)には属さないとの見解をとっている

問題の全体について詳細かつ徹底的な話し合いを行った。……総理大臣及び大統領は、会談において、平和条約の準備を完了させるための作業を加速することが第一義的に重要であることを強調するとともに、この目的のため、日本国及びソヴィエト社会主義共和国連邦が戦争状態の終了及び外交関係の回復を共同で宣言した一九五六年以来長年にわたって二国間交渉を通じて蓄積されたすべての肯定的要素❷を活用しつつ建設的かつ精力的に作業するとの確固たる意思を表明した。……相互関係における善隣、互恵及び信頼の雰囲気の中で行われる貿易経済・科学技術及び政治の分野での並びに社会活動、文化、教育、観光、スポーツ、両国国民間の広範で自由な往来を通じての建設的な協力❸の展開が合目的的であると認められた。（朝日新聞）

❷**すべての肯定的要素**　一九五六年の日ソ共同宣言や一九七三年の日ソ両首脳の口頭確認などの内容を含むかにも受け取れるが、抽象的表現で明記されていない

❸**建設的な協力**　ソ連側が求める金融支援は北方領土問題での進展がなかったところから見送られ、技術支援にとどめられた

原典解説

日本外交主要文書・年表　四三五ページ参照

朝日新聞　四四七ページ参照

解説

一九五四(昭和二十九)年十二月に成立した鳩山一郎内閣は、それまでの吉田茂政権の向米一辺倒に対して自主外交を唱えていた。ソ連もこれをとらえ、一九五五(昭和三十)年一月、駐日代表部元首席ドムニツキーの鳩山首相宛の書簡で日ソ国交回復をよびかけた。六月からロンドンで松本俊一とマリクの両全権間で交渉がもたれたが、領土問題で対立して一九五六(昭和三十一)年三月に途絶した。そこで、同年五月に河野一郎農相、七月に重光葵外相があいついで訪ソして交渉を再開し、十月には鳩山首相も訪ソして**日ソ共同宣言**を発して復交が実現した。領土問題は未解決のまま残されたが、平和条約交渉の継続が約束され、また、史料にあるように、ソ連から日本の**国際連合加盟**を支持するとの約束をとりつけた。こうして、十二月、日本は国連に加盟し、国際社会に復帰した。

その後、一九七三(昭和四十八)年十月、田中角栄首相が訪ソし、ブレジネフ書記長と会談して、日ソ共同声明が発表された。しかし、領土問題については進展がなく、「未解決の諸問題」という表現で妥協された。ただし、田中首相が口頭で未解決の諸問題には領土問題が含まれているかどうか確認したところ、ブレジネフは肯定したという。だが、それは明文の形では残されなかった。

一九九一(平成三)年四月、ソ連の元首としてはじめてゴルバチョフ大統領が来日し、北方領土問題と両国間の関係改善、とりわけ経済関係の発展について、海部俊樹首相と会談を行い、**日ソ共同声明**が出された。ソ連は、「未解決の領土問題はない」との従来の立場を捨て、日本との領土交渉にはじめて応

じた。しかし、一九五六(昭和三十一)年の日ソ共同宣言での平和条約締結後の歯舞群島・色丹島返還の約束を声明で明記して確認できず、領土問題での進展はみられなかった。ゴルバチョフ政権の不安定さが領土問題でのソ連側の譲歩を困難にしたとみられるが、日本側もソ連の望む金融支援には応じなかった。一九九一(平成三)年十二月、ソ連が解体してロシアをはじめとする独立国家共同体(CIS)が発足したが、ひき続きこの問題はロシアとの間で交渉が行われている。

2 日韓基本条約　一九六五(昭和四十)年六月二十二日調印　★★

第一条　両締約国間に外交及び領事関係が開設される。両締約国は、大使の資格を有する外交使節を遅滞なく交換するものとする。また、両締約国は、両国政府により合意される場所に領事館を設置する。

第二条　千九百十年八月二十二日[1]以前に大日本帝国と大韓帝国との間で締結されたすべての条約及び協定は、もはや無効であることが確認される。

第三条　**大韓民国政府は、**国際連合総会決議第百九十五号(Ⅲ)[2]に明らかに示されているとおりの**朝鮮にある唯一の合法的な政府**[3]**であることが確認される。**

(日本外交主要文書・年表)

解説

佐藤栄作内閣は、アメリカや財界の強い要望をいれ、池田勇人内閣の下で中断していた日韓交渉を再開し、十四年間におよぶ難交渉をまとめ、一九六五(昭和四十)年六月、**日韓基本条約**と関連四協定に調印した。条約は、①韓国政府を朝鮮半島における唯一の合法政府とみなして朝鮮民主主義人民共和国政府の存在を否認、②竹島の帰属などの問題点があった。日本は、韓国に無償三億ドル、有償二億ドル、民間借款三億ドル以上の経済協力をそこで約束し、以後、韓国経済への日本の進出が急速に進んだ。

日韓基本条約

[1] **千九百十年八月二十二日**　韓国併合条約調印の日。同条約がはじめから無効であったとする韓国側の主張をうけて、こういう表現がとられた

[2] **国際連合総会決議第百九十五号(Ⅲ)**　一九四八(昭和二十三)年十二月十二日の決議。そこでは韓国政府の施政地域を北緯三十八度以南とし、それ以北の朝鮮民主主義人民共和国政府(北朝鮮)の存在を暗示している

[3] **朝鮮にある唯一の合法的な政府**　重要　日本はこれにより、韓国を朝鮮における唯一の合法政府と認め、北朝鮮との外交関係樹立に道をとざした形となった

3 日中国交回復 ★★★

(1) 日中共同声明　一九七二(昭和四十七)年九月二十九日調印　★★

……日本側は、過去において日本国が戦争を通じて中国国民に重大な損害を与えたことについての責任を痛感(つうかん)し、深く反省する。また、日本側は、中華人民共和国政府が提起した「復交三原則」❶を十分理解する立場に立って国交正常化の実現をはかるという見解を再確認する。……

一、日本国と中華人民共和国との間のこれまでの不正常な状態は、この共同声明が発出される日❷に終了する。

二、**日本国政府は、中華人民共和国政府が中国の唯一の合法政府❸であることを承認する。**

三、中華人民共和国政府は、台湾が中華人民共和国の領土の不可分の一部であることを重ねて表明する。日本国政府は、この中華人民共和国政府の立場を十分理解し、尊重し、ポツダム宣言第八項❹に基づく立場を堅持する。

五、中華人民共和国政府は、中日両国国民の友好のために、日本国に対する戦争賠償の請求を放棄することを宣言する。

六、日本国政府及び中華人民共和国政府は、主権及び領土保全の相互尊重、相互不可侵、内政に対する相互不干渉、平等及び互恵(ごけい)並びに平和共存の諸原則の基礎の上に両国間の恒久的(こうきゅうてき)な平和友好関係を確立することに合意する。

七、日中両国間の国交正常化は、第三国に対するものではない。両国のいずれも、アジア・太平洋地域において覇権(はけん)❺を求めるべきではなく、このような覇権を確立しようとする他のいかなる国あるいは国の集団による試みにも反対する。

（日本外交主要文書・年表）

日中国交回復

(1) 日中共同声明

❶**復交三原則** 重要　①中華人民共和国が中国を代表する唯一の合法政府、②台湾は中華人民共和国の不可分の領土の一部、③「日華平和条約(日台条約)」は不法・無効であり、廃棄すること

❷**共同声明が発出される日**　一九七二(昭和四十七)年九月二十九日

❸**中国の唯一の合法政府** 重要　「二つの中国」、「一つの中国、一つの台湾」の立場をいずれも否定し、日本は台湾の「中華民国国民政府」と断交し、「日台条約」も失効した

❹**ポツダム宣言第八項**　満洲・台湾・澎湖(ほうこ)島を中国に返還するというカイロ宣言の条項の履行がそこでうたわれている

❺**覇権** 重要　他国・他民族を支配しようとする外交政策。中国側は、こうした外交政策をとる国としてソ連を想定していた

(2)日中平和友好条約　一九七八(昭和五十三)年八月十二日調印　★

第一条　1　両締約国は、主権及び領土保全の相互尊重、相互不可侵、内政に対する相互不干渉、平等及び互恵並びに平和共存の諸原則の基礎の上に、両国間の恒久的な平和友好関係を発展させるものとする。❶

2　両締約国は、前記の諸原則及び国際連合憲章の原則に基づき、相互の関係において、すべての紛争を平和的手段により解決し及び武力又は武力による威嚇に訴えないことを確認する。

第二条　両締約国は、そのいずれも、アジア・太平洋地域においても又は他のいずれの地域においても覇権を求めるべきでなく、また、このような覇権を確立しようとする他のいかなる国又は国の集団による試みにも反対することを表明する。❷

第四条　この条約は、第三国との関係に関する各締約国の立場に影響を及ぼすものではない。❸

(日本外交主要文書・年表)

解説

一九七二(昭和四十七)年二月、アメリカのニクソン大統領は泥沼化したベトナム戦争から抜け出すために、激化する中ソ対立を利用して、突然訪中した。一九七一(昭和四十六)年に実現した中国の国際連合加盟の際にも、アメリカに追随して中国敵視政策をとっていた佐藤栄作内閣は一九七二年七月に退陣した。かわった田中角栄首相は九月に訪中して、日中共同声明を出して日中国交回復を実現した。声明では、日本が、①中華人民共和国を唯一の合法政権と認め、②台湾を中国の不可分の領土と理解する一方、中国は対日賠償請求権を放棄した。日本は、台湾の国民党政権とは断交したが、経済関係はその後も一層密接に発展し、また、安保条約の極東条項には台湾が含まれるとの立場には変化はなかった。また、声明で締結が約束された日中平和友好条約は、覇権主義反対の本文明記に日本側が難色を示して交渉が難航した。しかし、石油危機後の不況対策とからんで日中間の経済交流の発展を急いだ福田赳夫内閣は、日本の経済協力を求める中国側と妥協をはかり、一九七八(昭和五十三)年八月、条約の調印に踏み切った。

(2)日中平和友好条約

❶両締約国は、……発展させるものとする　日中共同声明第六項にもとづいている

❷両締約国は、……反対することを表明する　日中共同声明第七項(覇権条項)にもとづいている。この条項を入れるかどうかが条約締結交渉の焦点だった。日本側は、ソ連を刺激することを恐れ、この条項を入れることに反対していた

❸この条約は、……影響を及ぼすものではない　この条項は日本側の主張で盛り込まれた。これによって、日本と米ソ両国との関係にこの条約が影響を及ぼさないことを中国側も認める形となった

設問

問❶　日ソ共同宣言を出してソ連との国交を回復した日本の首相はだれか。

問❷　日韓基本条約を締結し、大韓民国を朝鮮半島における唯一の合法政府と認めた首相はだれか。

7 高度経済成長

1 経済の復興―「もはや戦後ではない」 ★★

戦後日本経済の回復の速かさには誠に万人の意表外にでるものがあつた。それは日本国民の勤勉な努力によつて培われ、世界情勢の好都合な発展によつて育くまれた。

しかし敗戦によつて落ち込んだ谷が深かつた1という事実そのものが、その谷からはい上るスピードを速からしめたという事情も忘れることはできない。経済の浮揚力には事欠かなかつた。経済政策としては、ただ浮き揚る過程で国際収支の悪化やインフレの壁に突き当るのを避ける2ことに努めれば良かつた。消費者は常にもつと多く物を買おうと心掛け、企業者は常にもつと多く投資しようと待ち構えていた。いまや経済の回復による浮揚力はほぼ使い尽された。なるほど、貧乏な日本のこと故、世界の他の国々にくらべれば、消費や投資の潜在需要はまだ高いかもしれないが、戦後の一時期にくらべれば、その欲望の熾烈さは明かに減少した。もはや「戦後」ではない。3われわれはいまや異つた事態に当面しようとしている。回復を通じての成長は終つた。今後の成長は近代化によつて支えられる。そして近代化の進歩も速かにしてかつ安定的な経済の成長によつて初めて可能となるのである。

（昭和三十一年度　経済白書）

経済の復興

1敗戦に……深かった　一九四六(昭和二十一)年の実質国民総生産は、一九四一(昭和十六)年の約半分、一九一九(大正八)年と同水準にまで落ち込んでいた

2国際収支……避ける　ドッジ・ラインによって、国際収支の改善とインフレの収束がはかられた

3もはや「戦後」ではない　鉄工業生産指数でみると、一九五一(昭和二十六)年に戦前の水準(一九三四～三六年平均)を回復し、一九五六(昭和三十一)年は戦前の最高水準を大きく上まわり、史上最高となった

原典解説

昭和三十一年度　経済白書　経済企画庁編、一九五六(昭和三十一)年刊。戦後復興から高度経済成長への経済政策の転換を宣言する役割をはたした

解説

日本経済は、ドッジ・ラインの下でデフレ不況に陥っていたが、一九五〇(昭和二十五)年に始まった朝鮮戦争で、米軍の軍需品買い付け・兵器修理・基地建設・朝鮮救済物資調達などにより、繊維・トラック・機関車・鋼材・セメントやサービス部門の需要が一挙に増大した。この特需で日本経済の戦後復

興は急速に進み、一九五三(昭和二十八)年には鉄工業生産が戦前水準を回復し、一九五六(昭和三十一)年には史上最高水準に達し、『経済白書』は「もはや『戦後』ではない」と宣言した。この過程で産業構造も重化学工業中心へと変化していった。

2 国民所得倍増計画の構想　一九六〇(昭和三十五)年十二月二十七日閣議決定★★

（1）計画の目的

国民所得倍増計画[1]は、速やかに国民総生産[2]を倍増して、雇用の増大による完全雇用[3]の達成をはかり、国民の生活水準を大巾に引き上げることを目的とするものでなければならない。この場合とくに農業と非農業間、大企業と中小企業間、地域相互間ならびに所得階層間に存在する生活上および所得上の格差の是正につとめ、もつて国民経済と国民生活の均衡ある発展を期さなければならない。

（2）計画の目標

国民所得倍増計画は、今後十年以内に国民総生産二六兆円（三十三年度価格）に到達することを目標とするが、これを達成するため、計画の前半期において、技術革新[4]の急速な進展、豊富な労働力の存在など成長を支える極めて強い要因の存在にかんがみ、適切な政策の運営と国民各位の協力により計画当初三カ年について三五年度一三兆六千億円（三十三年度価格一三兆円）から年平均九％の経済成長を達成し、昭和三十八年度に一七兆六千億円（三十五年度価格）の実現を期する。

（3）計画実施上とくに留意すべき諸点とその対策の方向

経済審議会[5]の答申の計画は、これを尊重するが、経済成長の実勢はもとより、その他諸般の情

国民所得倍増計画の構想

1 国民所得 重要　国内で生産・分配・支出された財貨とサービスの総額

2 国民総生産 重要　国民所得と同じだが、市場価格で評価されるため、より正確な算定値が得られる。GNPが略称

3 完全雇用　非自発な失業者がいない雇用状態

4 技術革新 重要　新しい生産技術により新商品を開発すること。イノベーションという

5 経済審議会　通商産業大臣の諮問機関で、国の産業経済政策について提言した

勢に応じ、弾力的に措置するとともに、経済の実態に即して、前記計画の目的に副うよう施策を行わなければならない。とくにこの場合次の諸点の施策に遺憾なきを期するものとする。

（イ）農業近代化の推進

国民経済の均衡ある発展を確保するため、農業の生産、所得及び構造等の各般の施策にわたり新たなる抜本的農政の基底となる**農業基本法**[6]を制定して**農業の近代化**を推進する。……

（ロ）中小企業の近代化

中小企業の生産性を高め、**二重構造**[7]の緩和と、企業間格差の是正をはかるため、各般の施策を強力に推進するとともにとくに中小企業近代化資金の適正な供給を確保するものとする。

（ハ）後進地域の開発促進

後進性の強い地域（南九州、西九州、山陰、四国南部等を含む。）の開発促進ならびに所得格差是正のため、速やかに**国土総合開発計画**[8]を策定し、その資源の開発につとめる。……

（ニ）産業の適正配置の推進と公共投資の地域別配分の再検討

産業の適正配置にあたつては、わが国の高度成長を長期にわたつて持続し、企業の国際競争力を強化し、社会資本の効率を高めるために経済合理性を尊重してゆくことはもとより必要であるが、これが地域相互間の格差の拡大をもたらすものであつてはならない。……

（ホ）世界経済の発展に対する積極的協力

生産性[9]向上にもとづく**輸出競争力**[10]の強化とこれによる輸出拡大、外貨収入の増大が、この計画の達成の重要な鍵であることにかんがみ、強力な輸出振興策ならびに観光、海運その他貿易外収入[11]増加策を講ずるとともに、低開発諸国の経済発展を促進し、その所得水準を高めるため、広く各国との経済協力を積極的に促進するものとする。

（国民所得倍増計画）

---

6 農業基本法 重要　一九六一（昭和三十六）年に公布。食糧需要の調整と農家所得の安定を目指して、農業の近代化と構造改善をすすめることを定めた

7 二重構造　大企業と、その下請けの中小企業が併存する戦前以来の産業構造

8 国土総合開発計画　地下資源・農林資源・電源の開発、産業・交通などの立地、人口の配分など、国土と資源を利用・開発する国の長期的な総合計画

9 生産性　生産過程に投入される原料や労働力が生み出す価値の大きさ

10 輸出競争力　国外市場において価格や品質などで日本商品が外国商品と競争する力

11 貿易外収入　商品取引収入である貿易収入以外の、サービス取引収入で、運賃・保険料・海外旅行費・海外投資収益・外債利子などの総称

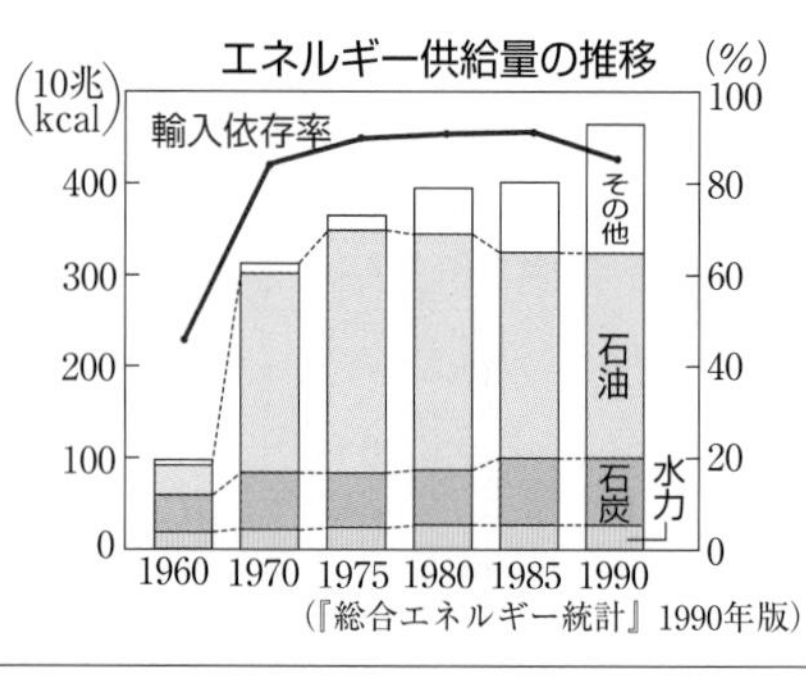

（『総合エネルギー統計』1990年版）

設問

問❶　国民所得倍増計画をかかげ、高度経済成長政策をすすめた首相はだれか。

問❷　高度経済成長を支えるため、石炭にかわるエネルギーとして登場したものは何か。

解説

一九六〇（昭和三十五）年の安保闘争で倒れた岸信介内閣の後を受けて成立した池田勇人内閣は、「国民所得倍増計画」と名付けた経済の高度成長政策を決定し、国民の関心を外交・軍事から産業・経済へ向けさせ、経済発展によって国民生活を向上させることで政治危機を乗り切ろうとした。「国民所得」とは「国民総生産」と同じ内容の経済用語だったが、国民の多くは「個人所得」と誤解し、それが「倍増」するものと期待し、池田内閣のねらいは的中した。

計画では、経済成長の年率を九％に設定し、それを実現するため農業・中小企業・国土開発・国際収支を重点政策とした。農業では、農業基本法を制定して農業構造改善事業をすすめ、耕地整理と農業用水の整備を軸として土地改良を実施し、農機具を導入して省力化と収量拡大をはかり、農村の労働力を都市へ移動させた。国土開発では、鉄道・道路・港湾の整備と、ダム建設による治水と電源開発（水力発電）、新産業都市建設促進法による地方への工場誘致などを公共事業としてすすめた。中小企業も、大企業での技術革新に対応できるよう、金融面から整理していった。国際収支では、物資や資本の自由な対外取引を認める開放経済体制への移行をすすめて原料や資本の輸入を拡大する一方、生産性の向上による日本商品の輸出競争力を強化して輸出を増加させて、貿易収支の拡大均衡をはかりつつ、貿易外収入を拡大してその補完をめざした。これらの政策はいずれも都市の工業生産を飛躍的に発展させるための条件づくりだった。その結果、重化学工業中心の経済構造ができあがり、①エネルギーや食料の自給率の低下、②農村過疎化と都市過密化（住宅・交通・ゴミ問題）、③物価高、④公害などの問題が生じた。一九七三（昭和四十八）年の石油危機（オイル・ショック）以降、成長率四％前後の安定成長にかわった。

8 現代の課題

1 核問題と世界平和 ★

(1)核兵器拡散防止条約　一九六八(昭和四十三)年七月一日調印 ★

第一条　締約国である各核兵器国[1]は、核兵器その他の核爆発装置又はその管理をいかなる者に対しても直接又は間接に移譲しないこと及び核兵器その他の核爆発装置の製造若しくはその他の方法による取得又は核兵器その他の核爆発装置の管理の取得につきいかなる非核兵器国に対しても何ら援助、奨励又は勧誘を行わないことを約束する。

第四条　1　この条約のいかなる規定も、無差別にかつ第一条及び第二条[2]の規定に従って平和的目的のための原子力の研究、生産及び利用を発展させることについてのすべての締約国の奪い得ない権利に影響を及ぼすものと解してはならない。

第六条　各締約国は、核軍備競争の早期の停止及び核軍備の縮小に関する効果的な措置につき、並びに厳重かつ効果的な国際管理の下における全面的かつ完全な軍備縮小に関する条約について、誠実に交渉を行うことを約束する。[3]

(日本外交主要文書・年表)

❖解説❖

戦後、アメリカは核兵器を独占的に保有して国際政治で優位に立っていたが、一九四九(昭和二十四)年八月にソ連も原爆実験に成功した。以後、米ソの冷戦は核兵器の開発・保有の競争を軸として展開され、朝鮮戦争ではその使用の危険性も高まった。

しかし、一九五四(昭和二十九)年に太平洋のビキニ環礁で漁船の第五福竜丸がアメリカの核実験で被曝した事件を機に、日本国内で原水爆禁止運動がおこり、全世界で核兵器の廃絶を求める世論が高まって、核戦争の危機が回避された。

核問題と世界平和

(1)核兵器拡散防止条約

[1]核兵器国　第九条で一九六七(昭和四十二)年一月一日以前に核爆発をさせた国、核兵器をもった国で、該当国は米・英・ソ・仏・中。仏・中は一九九二年に批准

[2]第一条及び第二条　非核兵器国は核兵器を受領、製造、取得せず、援助を求めないことを約束している

[3]各締約国は、……約束する　この条項にもとづき、一九七〇(昭和四十五)年四月以降、米ソ両国は戦略兵器制限交渉(SALT)をすすめたが、核軍縮の実質的進展はみられなかった

原典解説

日本外交主要文書・年表　四三五ページ参照

朝鮮戦争後の雪どけムードを背景に、一九六三(昭和三十八)年八月、米・英・ソ三か国はモスクワで**部分的核実験禁止条約**に調印した。これは、フランスや中国の核兵器保有の動きを抑えることにねらいがあったため両国は参加せず、また、地下核実験を認めていたので、核軍拡競争に歯止めをかけられなかった。さらに、一九六八(昭和四十三)年七月には**核兵器拡散防止条約**(正式には、核兵器の不拡散に関する条約)も調印されたが、これにも仏・中両国は参加しなかった(両国とも一九九二年に批准)。その後、米ソ間で戦略兵器制限交渉(SALT)がなされたが、核軍拡競争は一向に衰えなかった。

一九八〇年代になると、欧米諸国では原子力発電所の事故があいつぐなかで核兵器の脅威に対して世論が敏感となり、その廃絶を求める国際世論が高まる一方、米ソ両国の財政・経済も核軍拡競争の莫大な負担に耐えきれなくなり、核軍縮への気運は盛り上がった。世界で唯一の被爆国である日本は、核兵器のない世界という国民的悲願を達成するため、国際世論へねばり強く働きかけるとともに、非核三原則(核兵器をつくらず、もたず、もちこませず)を貫徹させていくことが必要である。

2 PKO協力法　一九九二(平成四)年六月十九日公布 ★

(目的)

第一条　この法律は、**国際連合平和維持活動**[1]及び人道的な国際救援活動に対し適切かつ迅速な協力を行うため、国際平和協力業務実施計画及び国際平和協力業務実施要領の策定手続、**国際平和協力隊**[2]の設置等について定めることにより、国際平和協力業務の実施体制を整備するとともに、これらの活動に対する物資協力のための措置等を講じ、もって我が国が国際連合を中心とした国際平和のための努力に積極的に寄与することを目的とする。

(国際連合平和維持活動等に対する協力の基本原則)

第二条　政府は、この法律に基づく国際平和協力業務の実施、物資協力、これらについての国以

PKO協力法

1国際連合平和維持活動 重要　国際連合が関係国の同意を得て、国連平和維持軍・停戦監視団などを紛争地域に送り、休戦や停戦の監視や治安の維持を行うこと。PKOと略称される

2国際平和協力隊　PKO活動のため編成された、自衛隊その他からなる組織

外の者の協力等を適切に組み合わせるとともに、国際平和協力業務の実施等に携わる者の創意と知見を活用することにより、国際連合平和維持活動、人道的な国際救援活動及び国際的な選挙監視活動に効果的に協力するものとする。

2　国際平和協力業務の実施等は、**武力による威嚇又は武力の行使に当たるものであってはならない。**

（中略）

（定義）

第三条　この法律において、次の各号に掲げる用語の意義は、それぞれ当該各号に定めるところによる。

一　国際連合平和維持活動　**国際連合**[3]の総会又は**安全保障理事会**[4]が行う決議に基づき、武力紛争の当事者間の武力紛争の再発の防止に関する合意の遵守の確保、武力紛争の終了後に行われる民主的な手段による統治組織の設立の援助その他紛争に対処して国際の平和及び安全を維持するために国際連合の統括の下に行われる活動であって、武力紛争の停止及びこれを維持するとの紛争当事者間の合意があり、かつ、当該活動が行われる地域の属する国及び紛争当事者の当該活動が行われることについての同意がある場合（武力紛争が発生していない場合においては、当該活動が行われる地域の属する国の当該同意がある場合）に、**国際連合事務総長**[5]の要請に基づき参加する二以上の国及び国際連合によって、いずれの紛争当事者にも偏ることなく実施されるものをいう。

二　人道的な国際救援活動　国際連合の総会、安全保障理事会若しくは経済社会理事会が

[3] **国際連合**　一九四五（昭和二十）年十月に発足した国際平和機構。日本は一九五六（昭和三十一）年十二月に加盟した

[4] **安全保障理事会**　国際紛争の解決に必要な経済・外交・軍事での制裁権をもつ。アメリカ・イギリス・ロシア・フランス・中国が常任理事国で、理事会決議の拒否権をもつ

[5] **国際連合事務総長**　アメリカのニューヨークに置かれた国連本部事務局の責任者

行う決議又は別表に掲げる国際機関が行う要請に基づき、国際の平和及び安全の維持を危うくするおそれのある紛争（以下単に「紛争」という。）によって被害を受け若しくは受けるおそれがある住民その他の者の救援のために又は紛争によって生じた被害の復旧のために人道的精神に基づいて行われる活動であって、当該活動が行われる地域の属する国の当該活動が行われることについての同意があり、かつ、当該活動が行われる地域の属する国が紛争当事者である場合においては武力紛争の停止及びこれを維持するとの紛争当事者間の合意がある場合に、国際連合その他の国際機関又は国際連合加盟国その他の国によって実施されるもの（国際連合平和維持活動として実施される活動を除く。）をいう。

（官報）

解説

ベトナム戦争中、中立を保っていたカンボジアで、一九七〇（昭和四十五）年クーデタが起こり、それをきっかけに戦争に巻き込まれ、以後紛争が続いた。一九九一（平成三）年十月、日本も参加してパリで和平協定が調印された。協定により国連カンボジア暫定行政機構（UNTAC）が設置され、責任者には日本人の国連職員明石康が就任し、日本にも国連平和維持活動（PKO）への参加が要請された。日本は、一九九一年一～二月に起こった湾岸戦争の際にアメリカを支持したが、同国を中心とする多国籍軍には参加しなかった。その代償として二兆円の戦費拠出に応じなければならなかった。そこで、一九九二（平成四）年六月、国際連合平和維持活動（PKO）協力法を制定し、自衛隊その他の要員からなる国際平和協力隊を編成して、カンボジアへ派遣した。日本国内には、憲法第九条が禁ずる対外武力行使や、政府見解で禁じられている自衛隊の集団的自衛権行使につながるものとして、カンボジアでのPKO活動への参加に反対する意見もあった。

官報　三六四ページ参照

3 アイヌ文化の振興

(1)アイヌ文化振興法　一九九七(平成九)年五月十四日公布　★

(目的)

第一条　この法律は、アイヌの人々の誇りの源泉であるアイヌの伝統及びアイヌ文化が置かれている状況にかんがみ、アイヌ文化の振興並びにアイヌの伝統等に関する国民に対する知識の普及及び啓発を図るための施策を推進することにより、アイヌの人々の民族としての誇りが尊重される社会の実現を図り、あわせて我が国の多様な文化の発展に寄与することを目的とする。（官報）

(2)アイヌ施策推進法　二〇一九(平成三十一)年四月二十六日公布

(目的)

第一条　この法律は、日本列島北部周辺、とりわけ北海道の先住民族であるアイヌの人々の誇りの源泉であるアイヌの伝統及びアイヌ文化（以下「アイヌの伝統等」という。）が置かれている状況並びに近年における先住民族をめぐる国際情勢に鑑み、アイヌ施策の推進に関し、基本理念、国等の責務、政府による基本方針の策定、民族共生象徴空間構成施設の管理に関する措置、市町村（特別区を含む。以下同じ。）によるアイヌ施策推進地域計画の作成及びその内閣総理大臣による認定、当該認定を受けたアイヌ施策推進地域計画に基づく事業に対する特別の措置、アイヌ政策推進本部の設置等について定めることにより、アイヌの人々が民族としての誇りを持って生活することができ、及びその誇りが尊重される社会の実現を図り、もって全ての国民が相互に人格と個性を尊重し合いながら共生する社会の実現に資することを目的とする。

（定義）

第二条　この法律において「アイヌ文化」とは、アイヌ語並びにアイヌにおいて継承されてきた生活様式、音楽、舞踊、工芸その他の文化的所産及びこれらから発展した文化的所産をいう。

（基本理念）

第三条　アイヌ施策の推進は、アイヌの人々の民族としての誇りが尊重されるよう、アイヌの人々の誇りの源泉であるアイヌの伝統等並びに我が国を含む国際社会において重要な課題である多様な民族の共生及び多様な文化の発展についての国民の理解を深めることを旨として、行われなければならない。

（官報）

設問

問❶　核兵器保有国の拡大を抑えるために結ばれた条約は何か。

問❷　アイヌをはじめて先住民族と明記した法律は何か。

❖解説❖

北海道の先住民族であるアイヌは、一八〇四（文化元）年の人口調査では二万千六百九十七人いたとされる。明治以降、日本人への同化がすすんだが、政府は一八九九（明治三十二）年三月、**北海道旧土人保護法**を公布して、アイヌの自立を産業や教育によってはかる方針を打ち出した。しかし、その内容は、アイヌ独自の風俗や習慣の廃止を強要し、伝統的な狩猟（しゅりょう）・漁労（ぎょろう）法を禁じて農耕民への転換を強制するもので、日本人への同化を一層すすめる結果をまねいた。戦後、改正されたものの同法は存続したため、同法の廃止と新法の制定を求める運動がすすめられた。ようやく一九九七（平成九）年、**アイヌ文化振興法**が制定され、アイヌは民族としてはじめて位置づけられた。さらに二〇一九年には、**アイヌ施策推進法**が制定され、アイヌは先住民族としてはじめて規定された。

設問解答

第1編　原始・古代

第1章　日本文化の黎明

❶日本文化の黎明（p一三）
問①　岩宿遺跡　問②　大森貝塚　問③　E・S・モース

第2章　古代国家の形成と発展

❶小国の分立（p一六）
問①　奴国　問②　帥升　問③　生口

❷邪馬台国（p二一）
問①　親魏倭王　問②　シャーマン（巫女）　問③　帯方郡

❸統一国家の形成（p二五）
問①　高句麗好太王碑文　問②　武　問③『宋書』倭国伝

❹ヤマト政権と大陸文化（p二八）
問①　隅田八幡神社人物画像鏡　問②　ワカタケル（雄略天皇）

❺仏教の伝来（p三〇）
問①　聖明王　問②　欽明天皇　問③　蘇我氏

❻ヤマト政権の動揺（p三二）
問①　筑紫国造磐井　問②　新羅

❼推古朝の政治（p三五）
問①　小野妹子　問②　裴世清

❽飛鳥文化（p三七）
問①　法隆寺　問②　日本書紀

❾大化の改新と改新政治（p四三）
問①　中大兄皇子　問②　改新の詔　問③　壬申の乱

❿律令制度（p四六）
問①　戸籍　問②　口分田　問③　雑徭

⓫農民の生活（p五三）
問①　計帳　問②　運脚　問③　山上憶良

⓬平城京（p五五）
問①　大宰府　問②　和同開珎　問③　蓄銭叙位令

⓭遣唐使（p五七）
問①　鑑真

⓮国家仏教（p六二）
問①　鎮護国家　問②　国分寺　問③　盧舎那仏

⓯班田制の動揺（p六四）
問①　三世一身の法　問②　墾田永年私財法
問③　初期荘園

⓰天平文化（p六七）
問①　古事記　問②　風土記　問③　万葉集

第3章　貴族政治の展開と地方の動き

❶平安遷都（p六九）
問①　桓武天皇

❷律令制の再建と弘仁・貞観文化（p七一）
問①　健児の制　問②　格式

❸摂関政治（p七三）
問①　藤原良房　問②　藤原基経

❹遣唐使派遣の停止（p七五）
問①　菅原道真　問②　刀伊の入寇

❺延喜・天暦の治（p七九）
問①　醍醐天皇　問②　勅旨田　問③　課丁（納税者）の激減

❻藤原氏の繁栄（p八二）
問①　藤原道長　問②　小右記

❼地方政治の乱れ（p八五）
問①　受領　問②　尾張国郡司百姓等解（解文）

❽国風文化と浄土教（p八九）
問①　紀貫之　問②　源信（恵心僧都）

❾荘園の発達（p九三）
問①　田堵　問②　荘官

❿武士の台頭（p九七）
問①　僦馬の党　問②　平将門　問③　棟梁

⓫後三条天皇の親政（p一〇〇）
問①　後三条天皇　問②　記録荘園券契所

第2編　中世

第4章　武家社会の成立

❶院政（p一〇三）
問①　白河上皇　問②　僧兵

❷平氏政権（p一〇六）
問①　平清盛　問②　福原

❸平安末期の文化（p一〇七）
問①　梁塵秘抄

❹鎌倉幕府の成立（p一一三）
問①　大江広元　問②　大犯三カ条　問③　九条兼実

❺承久の乱（p一一七）
問①　後鳥羽上皇　問②　北条義時　問③　新補率法

❻御成敗式目の制定（p一二三）
問①　北条泰時　問②　先例と道理　問③　武家のみ

❼武士と荘園（p一二八）
問①　惣領制　問②　地頭請　問③　下地中分

❽産業の発達（p一三〇）
問①　二毛作　問②　借上

❾鎌倉仏教（p一三四）
問① 悪人正機説 問② 道元 問③ 立正安国論

❿鎌倉文化（p一三七）
問① 道理 問② 新古今和歌集

⓫蒙古襲来（p一四二）
問① 北条時宗 問② 異国警固番役

⓬鎌倉幕府の衰退（p一四四）
問① 窮乏する御家人の救済 問② 悪党

第5章 武家社会の展開と庶民の台頭

❶建武の新政（p一四八）
問① 雑訴決断所

❷室町幕府の成立（p一五〇）
問① 建武式目

❸守護大名の成長（p一五四）
問① 半済（令） 問② 守護請

❹日明貿易（p一五六）
問① 足利義満 問② 勘合

❺惣村の発達（p一五九）
問① 惣（惣村） 問② 寄合 問③ 宮座 問④ 郷村制

❻土一揆（p一六三）
問① 馬借 問② 徳政令の発布 問③ 嘉吉の徳政一揆

❼応仁の乱（p一六七）
問① 足利義教 問② 足利義政 問③ 細川勝元

❽国一揆と一向一揆（p一七二）
問① 山城の国一揆 問② 富樫政親 問③ 「百姓ノ持タル国」

❾下剋上の世（p一七四）
問① 山名持豊（宗全） 問② 足軽

❿産業の発達（p一七七）
問① 座 問② 撰銭令

⓫室町文化（p一八二）
問① 蓮如 問② 飯尾宗祇 問③ 世阿弥

⓬戦国大名（p一八六）
問① 喧嘩両成敗 問② 朝倉孝景条々 問③ 堺

第3編 近世

第6章 幕藩体制の成立

❶ヨーロッパ人の来航（p一九〇）
問① ポルトガル 問② フランシスコ・ザビエル

❷信長の統一事業（p一九四）
問① 楽市令 問② 指出検地

❸太閤検地（p一九七）
問① 太閤検地 問② 石盛（斗代）

❹兵農分離（p二〇二）
問① 兵農分離 問② 人掃令

❺秀吉の対外政策（p二〇六）
問① 貿易は続けられた 問② 李舜臣

❻桃山文化（p二〇八）
問① 阿国 問② 千利休

❼江戸幕府の成立（p二一二）
問① 参勤交代

❽農民の統制（p二一九）
問① 田畑永代売買禁止令 問② 分地制限令

❾家制度と女性（p二二〇）
問① 離縁状（三行半） 問② 東慶寺

❿江戸初期の外交と「鎖国」（p二二六）
問① 老中奉書 問② ポルトガル

⓫文治政治への転換（p二二八）
問① 末期養子の禁の緩和、殉死の禁止 問② 生類憐みの令

⓬正徳の政治（p二三二）
問① 新井白石 問② 海舶互市新例（正徳新令）

⓭農業の発達（p二三三）
問① 商品作物 問② 干鰯

⓮商業の発展（p二三五）
問① 天下の台所 問② 両替商

⓯元禄文化（p二三八）
問① 読史余論

第7章 幕藩体制の動揺

❶武家の窮乏（p二四二）
問① 荻生徂徠

❷享保の改革（p二四七）
問① 上げ米 問② 足高の制 問③ 相対済し令

❸田沼政治（p二四九）
問① 田沼意次 問② 株仲間

❹百姓一揆と打ちこわし（p二五三）
問① 領主の収奪、農民の階層分化 問② 打ちこわし

❺寛政の改革（p二五九）
問① 寛政異学の禁 問② 棄捐令

❻農村の変化（p二六一）
問① 工場制手工業（マニュファクチュア）

❼大御所時代（p二六六）
問① 大塩平八郎 問② 徳川斉昭

❽天保の改革（p二七〇）
問① 株仲間解散令 問② 人返しの法 問③ 上知令

❾化政文化（p二七四）

問① 本居宣長　問② 解体新書

⑩社会批判の思想（p二七八）
問① 安藤昌益　問② 本多利明

第4編　近現代

第8章　近代国家の成立

❶外圧の激化（p二八四）
問① 天保の薪水給与令　問② オランダ

❷開国（p二八九）
問① 日米和親条約　問② ハリス

❸開国の影響（p二九二）
問① 五品江戸廻送令　問② 生糸

❹幕府の滅亡（p二九六）
問① 徳川慶喜　問② 総裁・議定・参与

❺新政府の発足（p三〇〇）
問① 五箇条の誓文　問② 政体書

❻中央集権体制の成立（p三〇三）
問① 知藩事　問② 廃藩置県

❼四民平等と徴兵制度（p三〇六）
問① 山県有朋

❽地租改正と殖産興業（p三〇九）
問① 地租改正　問② 内務省

❾文明開化（p三一三）
問① 福沢諭吉

❿明治初期の外交（p三一五）
問① 樺太・千島交換条約　問② 江華島事件

⓫自由民権運動（p三一八）
問① 民撰議院設立建白書　問② 元老院

⓬言論・政治活動の弾圧（p三二一）
問① 讒謗律　問② 保安条例

⓭国会開設運動の高揚と政党の結成（p三二七）
問① 立志社　問② 自由党

⓮自由民権運動の激化（p三二九）
問① 困民党　問② 三大事件建白運動

⓯大日本帝国憲法の制定（p三三四）
問① 天皇大権　問② 緊急勅令

⓰帝国憲法体制（p三三六）
問① 戸主　問② 山県有朋

⓱初期議会（p三三九）
問① 超然主義

⓲条約改正（p三四二）
問① 井上馨　問② 内地雑居

⓳朝鮮問題と日清戦争（p三四七）
問① 脱亜論　問② 遼東半島

⓴日清戦争後の政局と外交（p三五二）
問① ロシア　問② 伊藤博文

㉑日露戦争（p三五六）
問① ポーツマス　問② 小村寿太郎

㉒韓国併合（p三五八）
問① 伊藤博文　問② 韓国併合条約

㉓産業革命（p三六〇）
問① 官営八幡製鉄所　問② 大阪紡績会社

㉔社会問題の発生（p三六四）
問① 田中正造　問② 横山源之助

㉕社会運動の展開（p三六八）
問① 治安警察法　問② 社会民主党

㉖教育と思想の統制（p三七一）
問① 教育勅語　問② 戊申詔書

㉗明治の文化（p三七三）
問① 坪内逍遙　問② 田口卯吉

第9章　国際情勢の推移と日本

❶大正政変（p三七四）
問① 大正政変　問② 尾崎行雄

❷第一次世界大戦と日本（p三八〇）
問① 二十一カ条の要求　問② 石井・ランシング協定

❸大戦景気（p三八二）
問① 船成金　問② 債権国

❹大正デモクラシー（p三八四）
問① 吉野作造　問② 河上肇

❺米騒動と社会運動の高揚（p三八八）
問① 米騒動　問② 全国水平社

❻普通選挙と治安維持法（p三九三）
問① 加藤高明　問② 治安維持法

❼国際協調外交（p三九八）
問① ワシントン海軍軍縮条約　問② ロンドン海軍軍縮条約

❽経済恐慌と強硬外交（p四〇〇）
問① モラトリアム（支払猶予令）　問② 東方会議

❾満洲事変（p四〇六）
問① 柳条湖事件　問② リットン卿

❿ファシズムの進展（p四一〇）
問① 二・二六事件　問② 美濃部達吉

⓫日中戦争と戦時体制（p四一六）
問① 国家総動員法　問② 大政翼賛会

⓬太平洋戦争（p四二七）
問① 枢軸　問② 松岡洋右

⓭敗戦（p四三三）
問① ポツダム宣言

第10章　現代の世界と日本

❶戦後の改革（p四三九）
問① マッカーサー　問② 農地改革

❷日本国憲法の制定（p四四六）
問① 吉田茂　問② 教育基本法

❸経済の復興（p四四八）

問① ドッジ　問② 三六〇円

❹占領政策の転換（p四五二）

問① 警察予備隊　問② 破壊活動防止法

❺講和と安保体制（p四五七）

問① サンフランシスコ　問② 事前協議制

❻近隣諸国との友好（p四六二）

問① 鳩山一郎　問② 佐藤栄作

❼高度経済成長（p四六六）

問① 池田勇人　問② 石油

❽現代の課題（p四七二）

問① 核兵器拡散防止条約　問② アイヌ施策推進法

索引

あ

い

う

え

お

訂正情報配信サイト　54286-02

利用に際しては，一般に，通信料が発生します。

https://dg-w.jp/f/7a86a

☆レイアウト
川辺一夫
☆表紙デザイン
TOPPANクロレ株式会社

表紙写真
「富嶽三十六景」凱風快晴　東京国立博物館蔵
裏表紙写真
「十二類巻物」写本　国立国会図書館ウェブサイト

詳録 新日本史史料集成

1991年２月１日　初版　第１刷発行
2023年１月10日　改訂39版 第１刷発行
2025年１月10日　改訂39版 第２刷発行

監　修　広島大学名誉教授　坂本賞三
東京工業大学名誉教授
国立歴史民俗博物館名誉教授　福田豊彦
広島大学名誉教授　頼　祺一
編　著　立正大学名誉教授　奥田晴樹
発行者　松　本　洋　介
発行所　株式会社 第一学習社
印刷所　TOPPANクロレ株式会社

広　島：〒733-8521　広島市西区横川新町７番14号　☎082-234-6800
東　京：〒113-0021　東京都文京区本駒込５丁目16番７号　☎03-5834-2530
大　阪：〒564-0052　吹田市広芝町８番24号　☎06-6380-1391
札　幌：☎011-811-1848　仙　台：☎022-271-5313　新　潟：☎025-290-6077
つくば：☎029-853-1080　横　浜：☎045-953-6191　名古屋：☎052-769-1339
神　戸：☎078-937-0255　広　島：☎082-222-8565　福　岡：☎092-771-1651

書籍コード　54286-02　＊落丁、乱丁本はおとりかえいたします。

ホームページ　https://www.daiichi-g.co.jp/　ISBN978-4-8040-5428-5

※西暦年代には改元年も含む

西暦年代	時代
1844～48	江戸
1256～57	鎌倉
1340～46	南朝
1555～58	室町
1142～44	平安
1455～57	室町
1261～64	鎌倉
810～24	平安
1058～65	平安
964～68	平安
1379～81	北朝
1381～84	南朝
1099～1104	平安
854～57	平安
1021～24	平安
1177～81	平安
1384～87	北朝
1182～85	平安
686	飛鳥
1299～1302	鎌倉
1171～75	平安
1232～33	鎌倉
1288～93	鎌倉
1652～55	江戸
1222～24	鎌倉
1257～59	鎌倉
859～77	平安
1219～22	鎌倉
1332～33	北朝
1684～88	江戸
1259～60	鎌倉
1207～11	鎌倉
976～78	平安
1199～1210	鎌倉
1362～68	北朝
898～901	平安
1324～26	鎌倉
1428～29	室町
1711～16	江戸
1097～99	平安
1346～70	南朝
931～38	平安
1644～48	江戸
1074～77	平安
990～95	平安
1077～81	平安
1312～17	鎌倉
1926～1989	昭和
834～48	平安
1345～50	北朝
1065～69	平安
724～29	奈良
767～70	奈良
1521～28	室町

年号	読　み	西暦年代	時代
大　化	たいか	645～50	飛鳥
大　正	たいしょう	1912～26	大正
大　治	だいじ	1126～31	平安
大　同	だいどう	806～10	平安
大　宝	たいほう	701～04	飛鳥
	〔ち〕		
長　寛	ちょうかん	1163～65	平安
長　久	ちょうきゅう	1140～44	平安
長　享	ちょうきょう	1487～89	室町
長　元	ちょうげん	1028～37	平安
長　治	ちょうじ	1104～06	平安
長　承	ちょうしょう	1132～35	平安
長　徳	ちょうとく	995～99	平安
長　保	ちょうほ	999～1004	平安
長　暦	ちょうりゃく	1037～40	平安
長　禄	ちょうろく	1457～60	室町
長　和	ちょうわ	1012～17	平安
	〔て〕		
天　安	てんあん	857～59	平安
天　永	てんえい	1110～13	平安
天　延	てんえん	973～76	平安
天　喜	てんぎ	1053～58	平安
天　慶	てんぎょう	938～47	平安
天　元	てんげん	978～83	平安
天　治	てんじ	1124～26	平安
天　授	てんじゅ	1375～81	南朝
天　正	てんしょう	1573～92	安土桃山
天　承	てんしょう	1131～32	平安
天　長	てんちょう	824～34	平安
天　徳	てんとく	957～61	平安
天　和	てんな	1681～84	江戸
天　仁	てんにん	1108～10	平安
天　応	てんのう	781～82	奈良
天　平	てんぴょう	729～49	奈良
天平感宝	てんぴょうかんぽう	749	奈良
天平勝宝	てんぴょうしょうほう	749～57	奈良
天平神護	てんぴょうじんご	765～67	奈良
天平宝字	てんぴょうほうじ	757～65	奈良
天　福	てんぷく	1233～34	鎌倉
天　文	てんぶん	1532～55	室町
天　保	てんぽう	1830～44	江戸
天　明	てんめい	1781～89	江戸
天　養	てんよう	1144～45	平安
天　暦	てんりゃく	947～57	平安
天　禄	てんろく	970～73	平安
	〔と〕		
徳　治	とくじ	1306～08	鎌倉
	〔に〕		
仁　安	にんあん	1166～69	平安
仁　治	にんじ	1240～43	鎌倉
仁　寿	にんじゅ	851～54	平安
仁　和	にんな	885～89	平安
仁　平	にんぴょう	1151～54	平安
	〔は〕		
白　雉	はくち	650～54	飛鳥

年号	読　み	西暦年代	時代
	〔ふ〕		
文　安	ぶんあん	1444～49	室町
文　永	ぶんえい	1264～75	鎌倉
文　応	ぶんおう	1260～61	鎌倉
文　化	ぶんか	1804～18	江戸
文　亀	ぶんき	1501～04	室町
文　久	ぶんきゅう	1861～64	江戸
文　治	ぶんじ	1185～90	鎌倉
文　正	ぶんしょう	1466～67	室町
文　政	ぶんせい	1818～30	江戸
文　中	ぶんちゅう	1372～75	南朝
文　和	ぶんな	1352～56	北朝
文　保	ぶんぽ	1317～19	鎌倉
文　明	ぶんめい	1469～87	室町
文　暦	ぶんりゃく	1234～35	鎌倉
文　禄	ぶんろく	1592～96	安土桃山
	〔へ〕		
平　治	へいじ	1159～60	平安
平　成	へいせい	1989～2019	平成
	〔ほ〕		
保　安	ほうあん	1120～24	平安
宝　永	ほうえい	1704～11	江戸
保　延	ほうえん	1135～41	平安
宝　亀	ほうき	770～80	奈良
保　元	ほうげん	1156～59	平安
宝　治	ほうじ	1247～49	鎌倉
宝　徳	ほうとく	1449～52	室町
宝　暦	ほうれき	1751～64	江戸
	〔ま〕		
万　延	まんえん	1860～61	江戸
万　治	まんじ	1658～61	江戸
万　寿	まんじゅ	1024～28	平安
	〔め〕		
明　応	めいおう	1492～1501	室町
明　治	めいじ	1868～1912	明治
明　徳	めいとく	1390～94	北朝
明　暦	めいれき	1655～58	江戸
明　和	めいわ	1764～72	江戸
	〔よ〕		
養　老	ようろう	717～24	奈良
養　和	ようわ	1181～82	平安
	〔り〕		
暦　応	りゃくおう	1338～42	北朝
暦　仁	りゃくにん	1238～39	鎌倉
	〔れ〕		
霊　亀	れいき	715～17	奈良
令　和	れいわ	2019～	令和
	〔わ〕		
和　銅	わどう	708～15	奈良